Langenfeld
Handbuch der Eheverträge und Scheidungsvereinbarungen

Handbuch der Eheverträge und Scheidungsvereinbarungen

von

Prof. Dr. Gerrit Langenfeld

Notar und Notariatsdirektor in Karlsruhe
Honorarprofessor der Universität Heidelberg

4., neubearbeitete und erweiterte Auflage

VERLAG C. H. BECK MÜNCHEN 2000

Wichtiger Hinweis für die Benutzer dieses Handbuchs

Im hinteren Buchumschlag ist eine Diskette mit Mustertexten enthalten.
Durch ein Diskettensymbol neben der jeweiligen Randnummer ist gekennzeichnet, welche Texte auf der Diskette gespeichert sind.
Die Daten sind im RTF-Format abgespeichert und können von allen gängigen Textverarbeitungsprogrammen gelesen werden.

CIP-Titelaufnahme der Deutschen Bibliothek

Langenfeld, Gerrit:
Handbuch der Eheverträge und Scheidungsvereinbarungen/
von Gerrit Langenfeld – 4., neubearb. und erw. Aufl. –
München: Beck 2000
ISBN 3 406 46760 1

ISBN 3 406 46760 1

© 2000 Verlag C. H. Beck oHG
Wilhelmstraße 9, 80801 München
Satz und Druck: C. H. Beck'sche Buchdruckerei Nördlingen
(Adresse wie Verlag)

Gedruckt auf säurefreiem, alterungsbeständigem Papier
(hergestellt aus chlorfrei gebleichtem Zellstoff)

Vorwort zur vierten Auflage

Das in der Erstauflage dieses Buches entwickelte und in den folgenden Auflagen ausgebaute Konzept der Ehevertragsgestaltung nach Ehetypen hat sich in der Praxis und der Folgeliteratur endgültig durchgesetzt. In die dritte Auflage wurde erstmals ein abschließendes Kapitel über die Grundsätze der Ehevertragsgestaltung mit der Darstellung von acht zentralen Fallgruppen und entsprechend ausformulierten Vertragstypen aufgenommen, das allgemein begrüßt wurde. Nicht zuletzt ermöglicht eine derartige zusammenfassende Darstellung die schnelle Information über den Stand der Fallgruppen- und Vertragstypenbildung und die Zuordnung des konkreten Falles zu einer dieser Fallgruppen. In der nun vorgelegten vierten Auflage habe ich dieses Kapitel insbesondere hinsichtlich der einzelnen Formulierungen der Vertragsklauseln eingehend überarbeitet und um die Fallgruppen des Ehevertrages über den vorehelichen Zugewinnausgleich bei Heirat nach längerer nichtehelicher Lebensgemeinschaft und des Ehevertrages zur Versorgung der zweiten Ehefrau durch Vereinbarung von Gütergemeinschaft erweitert.

In Verfolgung dieses Konzepts der zusammenfassenden Darstellung nach Fallgruppen und Vertragstypen wurden der Neuauflage zwei neue Kapitel angefügt, einmal ein Kapitel über ehebezogene Rechtsgeschäfte und schließlich ein Kapitel über Vereinbarungen anlässlich der Ehescheidung. Im neunten Kapitel über ehebezogene Rechtsgeschäfte sind unter anderem die verschiedenen Vertragstypen der ehebedingten Zuwendung dargestellt, die sich neben den unterschiedlichen Zuwendungszwecken vor allem durch den Einsatz der Rückforderungsklausel für den Scheidungsfall unterscheiden. Weiterhin werden Zuwendungen an Schwiegerkinder aufgearbeitet und ganz neue Vorschläge für die Gestaltung von Vermögensgesellschaften zwischen Ehegatten formuliert.

Das abschließende zehnte Kapitel über Vereinbarungen anlässlich der Ehescheidung verdeutlicht, dass auch in einem Bereich, der auf die konkrete Abwicklung des Einzelfalles zielt, Fallgruppenbildung möglich ist. So werden etwa Scheidungsvereinbarungen für die kurze, kinderlose Doppelverdienerehe, für die Hausfrauenehe mit Kindern, für die Auseinandersetzung hinsichtlich des Familienheims, für die Abwicklung von Luxusfällen und für die Besonderheiten der Beamtenehe dargestellt. Hier wie bei den anderen zusammenfassenden Kapiteln ermöglichen es die dargestellten typischen Ganzverträge, den Zusammenhang der einzelnen Regelungsmaterien zu verdeutlichen und Standardfälle sowie Standardformulierungen vorzustellen. In den Anmerkungen wird dann auf die jeweiligen Einzeldarstellungen der Materie in den vorangegangenen Kapiteln verwiesen, deren Lektüre die Begründung für die jeweilige Lösung und alternative Gestaltungen verdeutlicht.

Auch die Kapitel über die Darstellung des einschlägigen materiellen Rechts und der einzelnen Gestaltungsmöglichkeiten mit Musterformulierungen wurden sorgfältig überarbeitet und teilweise völlig neu formuliert oder erweitert. Hier ist auf neue Ausführungen über die Bestandskraft von Eheverträgen sowie die durch gesetzliche Neuregelungen erforderlich werdende Neudarstellung der einverständlichen Scheidung, der Geltendmachung des Kindesunterhalts nach der RegelbetragVO sowie der elterlichen Sorge und des Umgangsrechts hinzuweisen. Hier finden sich auch neue Formulierungen hinsichtlich der geänderten oder neu eröffneten Gestaltungsmöglichkeiten.

Vorwort

Anläßlich der von mir abgehaltenen Seminare und Vorträge zu den Themen dieses Buches durfte ich viele Anregungen und Verbesserungsvorschläge aus dem Kollegenkreis entgegennehmen, für die ich mich wie für die zahlreichen Zuschriften herzlich bedanken möchte. So entwickelt sich dieses zentrale Gebiet der Vertragsgestaltung durch den Konsens der Fachleute zum Wohl des rechtssuchenden Publikums weiter.

Karlsruhe, im April 2000   Gerrit Langenfeld

Inhaltsübersicht

Inhaltsverzeichnis	IX
Literaturverzeichnis	XXIII
1. Kapitel. Grundlagen	1
2. Kapitel. Die rechtliche Ordnung der Ehe	19
3. Kapitel. Scheidung und Scheidungsfolgen	51
4. Kapitel. Eheverträge	133
5. Kapitel. Getrenntlebens- und Scheidungsvereinbarungen	247
6. Kapitel. Vorsorgemaßnahmen außerhalb des Ehevertags	305
7. Kapitel. Kosten und Gebühren	331
8. Kapitel. Ehevertragsgestaltung nach Ehetypen	335
9. Kapitel. Ehebezogene Rechtsgeschäfte	373
10. Kapitel. Vereinbarungen anläßlich der Ehescheidung	399
Sachregister	425

Inhaltsverzeichnis

	Rdn.	Seite
Literaturverzeichnis		*XXIII*

1. Kapitel. Grundlagen

	Rdn.	Seite
§ 1 Der Ehevertrag	1	*1*
I. Begriff und Begriffswandel	1	*1*
II. Die Ehevertragsfreiheit	5	*2*
III. Abgrenzung von anderen Verträgen	10	*4*
IV. Scheidungsausschlußvereinbarungen, Vereinbarung des Verschuldensprinzips	13	*5*
V. Zeitpunkt und Form	15	*7*
VI. Ehevertragsgestaltung nach Ehetypen	18	*7*
VII. Zur Bestandskraft von Eheverträgen	23	*10*
1. Grundsätze	23	*10*
2. Anfechtung von Eheverträgen wegen Irrtums, Täuschung oder Drohung	24	*10*
3. Wegfall der Geschäftsgrundlage	25	*11*
4. Nichtigkeit wegen Sittenwidrigkeit	26	*11*
5. Ausübungskontrolle über § 242 BGB	29	*12*
6. Inhaltskontrolle wegen gestörter Vertragsparität mit einseitiger Belastung des unterlegenen Ehegatten	30	*13*
7. Folgerungen für die Beurkundungspraxis	31	*14*
§ 2 Die Scheidungsvereinbarung	32	*15*
I. Grundlagen	32	*15*
II. Prozessuales	33	*15*
III. Zulässigkeit und Schranken von Scheidungsvereinbarungen	34	*16*
IV. Formfragen	35	*17*
V. Verhältnis zum Ehevertrag und zum Getrenntlebensvertrag	36	*17*

2. Kapitel. Die rechtliche Ordnung der Ehe

	Rdn.	Seite
§ 1 Das eheliche Zusammenleben	37	*19*
I. Die Freiheit der Ehegatten	37	*19*
II. Das Ehebild des Gesetzes	38	*19*
III. Das gegenseitige Einvernehmen über die Eheführung	41	*22*
IV. Keine Ehestabilisierung durch Schadensersatzpflichten und Vertragsstrafen	45	*23*
V. Das Ehenamensrecht	48	*25*
1. Bestimmung des Ehenamens	48	*25*
2. Begleitname	50	*25*
3. Weiterführung des Ehenamens	51	*25*
4. Internationales Namensrecht	52	*25*
5. Vereinbarungsmöglichkeiten	53	*26*
§ 2 Familienunterhalt und Rechtsgeschäfte des täglichen Lebens	57	*28*
I. Familienunterhalt	57	*28*
1. Grundsätze	57	*28*
2. Haushaltskosten	58	*28*
3. Persönliche Bedürfnisse, Taschengeld	59	*28*
4. Kindesbedarf	60	*29*
5. Stiefkinder und Verschwägerte	61	*29*
6. Familienunterhalt in der Doppelverdienerehe	62	*29*
7. Prozeßkostenvorschußpflicht	63	*29*
8. Keine Rückforderung von Zuvielleistungen	64	*30*

Inhaltsverzeichnis

	Rdn.	Seite
II. Bedarfsdeckungsgeschäfte nach § 1357 BGB	65	30
1. Grundsätze	65	30
2. Zweck	66	30
3. Umfang der Bedarfsdeckungsgeschäfte	67	30
4. Wirkung	68	30
5. Ausschluß	69	31
III. Die gemietete Familienwohnung	72	31

§ 3 Vermögensbildung — 73 — 33

	Rdn.	Seite
I. Das Familieneigenheim	73	33
1. Erwerb des Familieneigenheims zum Alleineigentum, Miteigentum nach Bruchteilen oder in Gesellschaft bürgerlichen Rechts	73	33
2. Nutzung und Lastentragung bei intakter Ehe	77	35
II. Anlageimmobilien	79	36
III. Bankkonten	81	37
1. Laufende Konten	81	37
2. Sparkonten	82	37

§ 4 Schutzvorschriften für Ehegatten und Gläubiger — 83 — 38

	Rdn.	Seite
I. Gläubigerschutz durch Eigentumsvermutungen	83	38
1. Grundzüge der gesetzlichen Regelung	83	38
2. Vereinbarungen im Ramen von § 1362 BGB	85	38
II. Ehegattenschutz durch Verfügungsbeschränkungen	94	41
1. § 1365 BGB	94	41
2. Dispositionsmöglichkeiten im Rahmen des § 1365 BGB	109	45

§ 5 Altersvorsorge — 113 — 47

	Rdn.	Seite
I. Grundsätze	113	47
II. Versorgungswerke	114	47
III. Private Altersvorsorge	115	47

§ 6 Familienunternehmen — 116 — 48

	Rdn.	Seite
I. Mitarbeit des Ehegatten im Unternehmen des anderen	116	48
1. Mitarbeitspflicht	116	48
2. Ehegattenarbeitsverträge	117	48
II. Das Ehegattenunternehmen	118	48

§ 7 Steuerfolgen der Ehe — 119 — 49

	Rdn.	Seite
I. Grundsätze	119	49
II. Einkommensteuer	120	49
III. Erbschaft- und Schenkungssteuer	122	49

3. Kapitel. Scheidung und Scheidungsfolgen

§ 1 Die Scheidung — 123 — 51

	Rdn.	Seite
I. Das Zerrüttungsprinzip	123	51
II. Das Scheidungsverfahren	124	51
III. Das Getrenntleben	125	52

§ 2 Der Zugewinnausgleich — 126 — 53

	Rdn.	Seite
I. Die Zugewinngemeinschaft als gesetzlicher Güterstand	126	53
II. Zugewinnausgleich im Todesfall nach § 1371 BGB	132	55
III. Der güterrechtliche Zugewinnausgleich nach §§ 1372 ff. BGB	135	56
1. Ausgleich in Geld	135	56
2. Begrenzungen, Zu- und Abrechnungen	136	56

Inhaltsverzeichnis

	Rdn.	Seite
3. Zeitpunkt des Zugewinnausgleichs	144	58
4. Flankierende BGB-Vorschriften	145	58
5. Bewertungsfragen	148	58
6. Vermögensausgleich außerhalb des Zugewinnausgleichs	157	61
7. Wertung der gesetzlichen Regelung des Zugewinnausgleichs	162	63

§ 3 Die Rückabwicklung von Ehegattenzuwendungen im gesetzlichen Güterstand ... 168 65

	Rdn.	Seite
I. Ehegattenzuwendungen im Zugewinnausgleich	168	65
II. Fallgruppen der ehebedingten (unbenannten) Zuwendung	169	65
III. Vertragstypen der ehebedingten (unbenannten) Zuwendung	173	67
IV. Rechtsprechungsgrundsätze zur Rückabwicklung ehebedingter Zuwendungen im Scheidungsfall	184	69
V. Die unbenannte Zuwendung im Zugewinnausgleich	191	71
1. Die Anrechnung unbenannter Zuwendungen auf den Ausgleichsanspruch des Empfängers	191	71
2. Zugewinnausgleich bei Zuwendungen über den Ausgleichsanspruch hinaus	194	72
3. Problemfälle	196	73
4. Zugewinnausgleich bei beiderseitigen Zuwendungen	201	75
5. Zugewinnausgleich bei nicht anzurechnenden Zuordnungen	205	76
VI. Dingliche Rückforderung der Zuwendung?	209	77
1. Grundsätzlicher Vorrang des Zugewinnausgleichs	209	77
2. Rückforderung wegen Wegfalls der Geschäftsgrundlage	211	78
3. Keine Rückabwicklung über Bereicherungsrecht	212	79
4. Keine Rückabwicklung über Gesellschaftsrecht	217	80

§ 4 Die Rückabwicklung von Ehegattenzuwendungen bei Gütertrennung

	Rdn.	Seite
I. Korrektur und Ausgleich nur im Ausnahmefall	218	82
II. Ehegatteninnengesellschaft bei Vermögensbildung über den Bereich ehebebedingter Zuwendungen hinaus	219	82

§ 5 Die Ehegattenschenkung ... 223 87

	Rdn.	Seite
I. Rechtsprechungsgrundsätze zur Ehegattenschenkung	223	87
II. Privilegierung der Ehegattenschenkung?	226	88
III. Der Vertragstypus Ehegattenschenkung	228	91
IV. Dingliche Rückforderung der Ehegattenschenkung	234	92

§ 6 Steuerfolgen von Ehegattenzuwendungen ... 236 94

	Rdn.	Seite
I. Schenkungsteuer	236	94
II. Grunderwerbsteuer	237	95

§ 7 Gesamtschuldnerausgleich zwischen Ehegatten ... 238 96

§ 8 Der Versorgungsausgleich ... 245 99

	Rdn.	Seite
I. Grundgedanken und Rechtfertigung	245	99
II. Grundzüge des Versorgungsausgleichs	247	100
1. Anwendungsbereich	247	100
2. Gegenstand	248	100
3. Durchführung	249	101

§ 9 Der nacheheliche Unterhalt ... 258 104

	Rdn.	Seite
I. Grundsätze	258	104
II. Die einzelnen Unterhaltstatbestände	262	105
1. Unterhalt wegen Kindesbetreuung, § 1570 BGB	262	105
2. Unterhalt wegen Alters, § 1571 BGB	263	105
3. Unterhalt wegen Krankheit oder Gebrechen, § 1572 BGB	264	106
4. Unterhalt bis Erlangung angemessener Erwerbstätigkeit, §§ 1573, 1574 BGB	265	107

	Rdn.	Seite
5. Unterhalt zur Ausbildung, Fortbildung oder Umschulung, § 1575 BGB	269	*109*
6. Unterhalt aus Billigkeitsgründen, § 1576 BGB	270	*110*
7. Ausschluß des Unterhaltsanspruchs bei grober Unbilligkeit, § 1579 BGB	271	*110*
III. Der Umfang des Unterhalts	272	*111*
1. Bedürftigkeit des Unterhaltsberechtigten	272	*111*
2. Die Leistungsfähigkeit des Unterhaltsverpflichteten	277	*112*
3. Rangverhältnisse bei mehreren Berechtigten und Verpflichteten	278	*113*
4. Die Unterhaltsbemessung	280	*114*
5. Der Auskunftsanspruch, § 1580 BGB	298	*118*
6. Erlöschen des Unterhaltsanspruchs	300	*119*
§ 10 Der Getrenntlebensunterhalt	302	*120*
§ 11 Grundzüge des Kindesunterhalts	306	*122*
I. Ermittlung des Kindesunterhalts	306	*122*
II. Art der Unterhaltsgewährung	307	*122*
III. Tabellenunterhalt	308	*123*
IV. Krankenversicherung, Kindergeld	309	*123*
V. Unterhalt nach der Regelbetrag-VO	310	*123*
§ 12 Elterliche Sorge	311	*125*
I. Gesetzliche Regelung durch das Kindschaftsrechtsreformgesetz 1998	311	*125*
II. Gemeinsame elterliche Sorge nach Trennung und Scheidung	312	*125*
III. Regelungsbefugnisse des Familiengerichts	313	*126*
IV. Wertung, Regelungsbedarf	314	*126*
§ 13 Umgangsrecht	315	*127*
I. Gesetzliche Regelung durch das Kindschaftsrechtsreformgesetz 1998	315	*127*
II. Inhalt der Umgangsregelung	316	*127*
§ 14 Behandlung der Ehewohnung und des Hausrats nach der Hausratsverordnung	317	*128*
I. Grundsätze, Verhältnis zum Zugewinnausgleich	317	*128*
II. Voraussetzungen und Verfahren	319	*129*
III. Umfang der gerichtlichen Entscheidungsbefugnis über die Ehewohnung	320	*129*
IV. Umfang der gerichtlichen Entscheidungsbefugnis über den Hausrat	322	*130*
§ 15 Steuerfolgen der Scheidung	331	*131*
I. Grundsätze	331	*131*
II. Einkommensteuer	332	*131*
III. Sonstige Steuern	337	*132*

4. Kapitel. Eheverträge

	Rdn.	Seite
§ 1 Modifizierungen der Zugewinngemeinschaft	338	*133*
I. Vereinbarungsfreiheit bei Modifizierungen des gesetzlichen Güterstandes	338	*133*
II. Vereinbarungen über den Zugewinnausgleich insgesamt	356	*136*
1. Ausschluß lediglich des Zugewinnausgleichs unter Lebenden	356	*136*
2. Aufrechterhaltung lediglich der Verfügungsbeschränkungen	361	*137*
3. Gegenständliche Beschränkung des Zugewinnausgleichs	362	*137*
4. Zeitliche Beschränkung des Zugewinnausgleichs, Bedingung, Befristung, Rücktrittsvorbehalt	363	*137*
III. Vereinbarungen über die Berechnung des Zugewinnausgleichs	369	*138*
1. Gegenständliche Herausnahme von Gegenständen aus dem Zugewinnausgleich	369	*138*
2. Festsetzung des Anfangvermögens	384	*143*
3. Festsetzung des Endvermögens	391	*145*
4. Vereinbarung einer von § 1378 Abs. 1 BGB abweichenden Ausgleichsquote	394	*145*

Inhaltsverzeichnis

	Rdn.	Seite
5. Periodischer Zugewinnausgleich	395	145
6. Bewertungsvereinbarungen	396	146
7. Vereinbarungen bei Ehegattenzuwendungen	404	147
IV. Vereinbarungen über den Ausgleichsanspruch	406	148
1. Stundung der Ausgleichsforderung	406	148
2. Sicherung der künftigen Ausgleichsforderung	407	148
V. Keine erbschaftsteuerliche Berücksichtigung von Modifizierungen des gesetzlichen Güterstandes	408	148
§ 2 Die Gütertrennung	409	149
I. Grundzüge	409	149
II. Wertung der Gütertrennung	410	149
III. Richterliche Korrektur der Vermögensverteilung im Scheidungsfall	411	151
IV. Vereinbarungsmöglichkeiten bei Gütertrennung	415	152
§ 3 Die Gütergemeinschaft	418	154
I. Überblick	418	154
II. Das Gesamtgut der Gütergemeinschaft	421	154
III. Das Sondergut	428	156
IV. Das Vorbehaltsgut	431	157
V. Die Verwaltung des Gesamtguts	438	158
1. Verwaltung des Gesamtguts durch den Mann oder die Frau	440	158
2. Gemeinschaftliche Verwaltung des Gesamtguts	454	161
VI. Das Ende des Güterstandes	458	162
VII. Vereinbarungsmöglichkeiten im Güterstand der Gütergemeinschaft	460	163
VIII. Wertung der Gütergemeinschaft als Wahlgüterstand	493	167
IX. Steuerfragen der Gütergemeinschaft	503	169
X. Die fortgesetzte Gütergemeinschaft	506	170
XI. Vermögensauseinandersetzung bei Gütergemeinschaft	517	173
1. Grundsätze der Auseinandersetzung des Gesamtguts	517	173
2. Übernahmerecht und Werterstattungsansprüche	522	174
3. Ausschaltung der unechten Werterhöhung	527	175
4. Zeitpunkt des Wertersatzverlangens	529	176
5. Beiderseitiges Ersatzverlangen	530	176
6. Ausgleichsberechnung bei Übernahme von Grundpfanddarlehen	531	176
7. Keine Privilegierung von land- und forstwirtschaftlichen Betrieben	533	177
8. Gegenseitige Ansprüche der Ehegatten anläßlich der Auseinandersetzung	534	177
9. Ehegattenzuwendungen vom und zum Vorbehaltsgut bzw. Sondergut	539	178
§ 4 Ehevertragliche Vereinbarungen über den Versorgungsausgleich gem. § 1408 Abs. 2 BGB	544	180
I. Entstehungsgeschichte, Zweck, Rechtfertigung der Dispositionsfreiheit	544	180
II. Das Verhältnis von § 1408 Abs. 2 BGB zu den güterrechtlichen Regelungen	549	182
III. Zeitliche Grenzen von Vereinbarungen nach § 1408 Abs. 2 BGB	552	183
1. Vereinbarungen von Verlobten	552	183
2. Die Jahressperrfrist des § 1408 Abs. 2 S. 2 BGB	553	183
3. Die scheidungsbezogene Vereinbarung nach § 1408 Abs. 2 BGB	570	186
IV. Möglichkeiten und Grenzen von Vereinbarungen nach § 1408 Abs. 2 BGB	575	188
1. Keine Eingriffe in den Mechanismus des Versorgungsausgleichs	575	188
2. Modifizierungen sind zulässig	576	188
3. Totalausschluß, Verhältnis zu § 138 BGB	578	189
4. Verbot des Supersplittings	583	190
5. Anfechtung, Wegfall der Geschäftsgrundlage	597	193
6. Abänderung nach § 10 a VAHRG?	598	194
7. Beurkundungsrisiken, Belehrungspflichten des Notars	599	195
V. Einzelne Vereinbarungsmöglichkeiten	600	196
1. Herabsetzung der Ausgleichsquote	600	196

Inhaltsverzeichnis

	Rdn.	Seite
2. Erhöhung der Ausgleichsquote	603	197
3. Ausschluß von Randversorgungen	604	197
4. Einseitiger Ausschluß des Versorgungsausgleichs	606	197
5. Bedingung, Befristung, Rücktrittsvorbehalt	609	198
6. Ausschluß des Versorgungsausgleichs für bestimmte Ehezeiten	618	202
7. Vereinbarung des schuldrechtlichen Versorgungsausgleichs an Stelle des Wertausgleichs	621	203
8. Ausschluß des Versorgungsausgleichs mit Gegenleistung	624	204
9. Abhängigkeit des Versorungsausgleichs vom Scheidungsverschulden?	628	207
§ 5 Eheverträge über den rechtlichen Unterhalt	629	208
I. Grundsätze, Form, Bestandskraft	629	208
1. Zeitpunkt der Vereinbarung	631	208
2. Form der Vereinbarung	632	209
3. Anfechtung von Eheverträgen wegen Irrtums, Täuschung oder Drohung	633	209
4. Wegfall der Geschäftsgrundlage	634	210
5. Nichtigkeit wegen Sittenwidrigkeit	635	210
6. Inhaltskontrolle wegen gestörter Vertragsparität mit einseitiger Belastung des unterlegenen Ehegatten?	639	212
7. Folgerungen für die Beurkundungspraxis	640	213
II. Der Unterhaltsverzicht	641	213
III. Vertragliche Modifizierung des gesetzlichen Unterhaltsrechts	652	217
§ 6 Sonstige Regelungsinhalte von Eheverträgen	657	220
I. Vereinbarungen zur ehelichen Rollenverteilung	657	220
II. Verbindung mit einem Erbvertrag	658	221
III. Verbindung des Ehevertrags mit einem Erb- und Pflichtteilsverzicht	659	221
IV. Salvatorische Klauseln	660	221
V. Eintragung in das Güterrechtsregister	661	222
§ 7 Fragen der Auslandsberührung	662	224
I. Grundzüge des reformierten Internationalen Privatrechts	662	224
II. Allgemeine Ehewirkungen	663	224
III. Ehegüterrecht	669	226
1. Grundsätze	669	226
2. Grundsätze der Rechtswahl nach Art. 15 Abs. 2, 3 EGBGB	672	227
3. Rechtswahl nach Art. 15 Abs. 2 Nr. 1 und 2 EGBGB	676	229
4. Beschränkte Rechtswahl nach Art. 15 Abs. 2 Nr. 3 EGBGB	677	229
5. Die Übergangsvorschriften	685	232
6. Güterrechtsregister	686	233
IV. Vereinbarungen über den Versorgungsausgleich, den nachehelichen Unterhalt und den Kindesunterhalt	687	233
V. Ehevertrag bei Heirat mit einem Mohammedaner	688	233
1. Gefahren des islamischen Eherechts	688	233
2. Inhalt und Grenzen von Eheverträgen	689	234
3. Notar als Urkundsperson	690	234
4. Angaben zur Person	691	235
5. Zeugen	692	235
6. Ehefähigkeit	693	235
7. Vertragsformel	694	235
8. Heiratsgeld (Morgengabe, Mahr)	695	235
9. Gütertrennung	696	236
10. Einehe, Scheidungsrechte der Frau	697	236
11. Nachehelicher Unterhalt	698	236
12. Freizügigkeit der Frau	699	236
13. Zuteilung der Kinder	700	236
14. Weitere Formerfordernisse	701	237

Inhaltsverzeichnis

	Rdn.	Seite
§ 8 Überleitung der Eigentums- und Vermögensgemeinschaft nach FGB	703	240
I. Regelung im Familienrecht der ehem. DDR	703	240
II. Überleitung durch den Einigungsvertrag	704	240
III. Ergänzung durch das Registerverfahrensbeschleunigungsgesetz	705	240
§ 9 Rechts- und Steuerfragen des Güterstandswechsels	707	242
I. Zivilrechtliche Grundsätze	707	242
II. Fallgruppe	711	243
III. Schenkungs- und erbschaftsteuerliche Folgen des Güterstandswechsels	714	243
1. Vereinbarung der Gütergemeinschaft	714	243
2. Keine steuerwirksame rückwirkende Berechnung des Zugewinnausgleichs	715	244
3. Ausschluß von Zugewinnausgleichsansprüchen für die Vergangenheit	716	244
IV. Güterstandswechsel und Pflichtteilsrecht	717	244
V. Güterstandswechsel und Gläubigeranfechtung	723	246

5. Kapitel. Getrenntlebens- und Scheidungsvereinbarungen

	Rdn.	Seite
§ 1 Getrenntlebensvereinbarungen	723	247
I. Nicht scheidungsbezogene Vereinbarungen	723	247
1. Vertragstyp	723	247
2. Güterstand und Vermögensauseinandersetzung	724	247
3. Versorgungsausgleich	725	247
4. Getrenntlebensunterhalt und Kindesunterhalt	726	247
5. Krankenversicherung	727	248
6. Elterliche Sorge	727	249
7. Erb- und Pflichtteilsverzicht	727	249
II. Scheidungsbezogene Vereinbarungen	728	249
§ 2 Scheidungsvereinbarungen über die Vermögensauseinandersetzung	729	250
I. Grundsätze	729	250
1. Vorteile der einverständlichen Regelung	729	250
2. Güterstand beenden?	731	250
II. Einverständliche Abwicklung des Güterstandes	732	251
1. Zugewinnausgleich	732	251
2. Rückabwicklung oder Anrechnung von Ehegattenzuwendungen	733	251
3. Abwicklung der Gütergemeinschaft	734	251
III. Auseinandersetzung über das im Miteigentum stehende Familienheim	735	251
1. Nutzungslösung	735	251
2. Übernahmelösung	736	252
3. Verkaufslösung	737	253
4. Kraftfahrzeug	738	253
5. Bausparverträge	739	253
6. Lebensversicherungen	740	253
7. Bankkonten, Sparbücher, Depots	741	254
8. Hausratsauseinandersetzung	742	254
9. Schuldenregelung, Verhältnis zu Dritten	743	254
10. Hausratsauseinandersetzung	744	254
§ 3 Scheidungsvereinbarungen über den Versorgungsausgleich	745	255
I. Grundzüge des § 1587o BGB	745	255
II. Zeitliche Schranken einer Vereinbarung nach § 1587o BGB	746	256
1. Der ausschließliche Bereich des § 1587o BGB	746	256
2. Vereinbarungen vor Rechtshängigkeit der Scheidung	747	256
3. Zwischenzeitliche Aufgabe der Scheidungsabsicht	751	258
4. Vereinbarungen nach der Scheidung	752	259
III. Inhaltliche Grenzen	753	259
1. In-Prinzip	753	259

Inhaltsverzeichnis

	Rdn.	Seite
2. Verbot des Supersplitting	754	259
3. Versorgungseignung der Gegenleistung	761	261
IV. Form, Abänderung	762	262
1. Form von Vereinbarungen	762	262
2. Formbedürftigkeit auch der sonstigen Vereinbarungen	763	262
3. Gerichtliche Abänderung nach § 10 a Abs. 9 VAHRG	764	262
V. Die Ermittlung der gesetzlichen Anwartschaften als Vereinbarungs- und Genehmigungsgrundlage	765	262
1. Ermittlung durch das Familiengericht	765	262
2. Wirkung der gerichtlichen Genehmigung	766	264
3. Notarielle Ermittlung der gesetzlichen Anwartschaften	767	264
VI. Fallgruppen von Scheidungsvereinbarungen über den Versorgungsausgleich	773	266
1. Notwendigkeit der Fallgruppenbildung	773	266
2. Fälle des Ausschlusses mit Gegenleistung	774	266
3. Fälle des entschädigungslosen Ausschlusses	790	273
4. Vereinbarung des Realsplittings	796	276
VII. Steuerfragen von Vereinbarungen über den Versorgungsausgleich	797	276
§ 4 Scheidungsvereinbarungen über nachehelichen Unterhalt	**798**	**277**
I. Grundsätze, Form	798	277
II. Verhältnis zu anderen Scheidungsfolgen	803	278
III. Der Unterhaltsverzicht	809	279
1. Grundsätze	809	279
2. Verhältnis zu § 138 BGB	810	280
3. Verhältnis zum Sozialhilferecht	811	280
4. Verzicht zu Lasten nachrangiger Unterhaltsschuldner	813	281
5. Sittenwidrige Koppelung mit Kindesunterhalt, Sorgerecht oder Umgangsrecht	814	281
6. Renten- oder Versorgungsansprüche aus einer früheren Ehe	815	281
7. Unterhaltsverzicht und § 5 VAHRG	816	281
8. Verzicht mit Ausnahme des Notbedarfs	817	282
9. Verzicht gegen Abfindung	818	283
10. Korrektur über § 242 BGB?	819	283
IV. Modifizierende und novierende Unterhaltsvereinbarungen	820	283
V. Die novierende Unterhaltsvereinbarung	821	284
VI. Modifizierende Unterhaltsvereinbarungen	822	285
1. Vermeidung von Auslegungsschwierigkeiten	823	285
2. Wertsicherung	824	286
3. Abänderungsklage nach § 323 ZPO	826	286
4. Dynamisierung des Ehegattenunterhalts nach der RegelbetragsVO	828	287
5. Absicherung der Zahlungsverpflichtung	829	287
VII. Praxisrelevante Vereinbarungsmöglichkeiten	830	288
1. Begrenzung der Unterhaltstatbestände	830	288
2. Begrenzung des Unterhaltsmaßes	831	288
3. Begrenzung der Unterhaltzeit	832	289
4. Konkretisierungen und Modifizierungen	833	289
§ 5 Scheidungsvereinbarungen über den Kindesunterhalt	**842**	**292**
I. Vereinbarungsmöglichkeiten	842	292
II. Fragen der notariellen Vereinbarung	843	292
1. Vertrag zu Gunsten Dritter	843	292
2. Offene Vertretung des Kindes	844	293
III. Möglichkeiten der Unterhaltsfestsetzung	845	293
§ 6 Scheidungsvereinbarungen über die elterliche Sorge und das Umgangsrecht	**846**	**295**
I. Gemeinsame elterliche Sorge	846	295
1. keine familiengerichtliche Regelung	846	295
2. Regelungen der Scheidungsvereinbarungen	847	295

Inhaltsverzeichnis

	Rdn.	Seite
II. Teilweise alleinige elterliche Sorger	848	296
III. Alleinige elterliche Sorge	849	296
IV. Umgangsrecht	850	297
1. Regelungsgegenstand	850	297
2. Regelungskompetenz	851	297
3. Regelungsinhalt	853	298
§ 7 Erb- und Pflichtteilsverzicht im Rahmen von Scheidungsvereinbarungen	854	299
§ 8 Steuerfragen	855	300
1. Einkommensteuer	855	300
2. Schenkungsteuer	865	303
3. Grunderwerbsteuer	866	303

6. Kapitel. Vorsorgemaßnahmen außerhalb des Ehevertrags

	Rdn.	Seite
§ 1 Vollmachten	867	305
§ 2 Ehegattentestamente	868	305
§ 3 Zweckmäßige Vermögensverteilung	869	306
§ 4 Vereinbarte Rückforderung von Ehegattenzuwendungen, „Scheidungsklauseln"	870	307
1. Ausgangslage	870	307
2. Rückforderungsklausel im vorsorgenden Ehevertrag	871	307
3. Rückforderungsausschluß anläßlich der Zuwendung	872	308
4. Rückforderungsklauseln innerhalb des Zugewinnausgleichs	873	308
5. Rückforderungsklauseln mit teilweisem Ausschluß des Zugewinnausgleichs	879	312
6. Weitergegebene Rückforderungsklausel	880	313
7. Belehrung bei Verweigerung einer Scheidungsklausel	881	313
8. Rückforderungsrechte bei Zuwendungen aus Haftungsgründen	882	313
§ 5 Ehebezogene Zuwendungen an Schwiegerkinder	883	314
I. Ehebezogene Zuwendungen an Schwiegerkinder	883	314
II. Folgerungen für die Beratungs- und Beurkundungspraxis	884	315
III. Fallgruppen	885	316
1. Zuwendung von Geld zur Ablösung von Grundpfandrechten	885	316
2. Zuwendung von Geld zum Erwerb eines Familienheims	886	317
3. Grundstückszuwendung	887	318
§ 6 Ehegattenzuwendungen und deren Drittwirkung	889	320
I. Vertragstypen von Ehegattenzuwendungen	889	320
1. Vorzeitiger und freiwilliger Zugewinnausgleich	889	320
2. Zuwendungen aus Haftungsgründen	892	320
3. Zuwendungen zur Versorgung	893	320
4. Ehegattenzuwendungen im Anschluß an vorweg genommene Erbfolge oder Ausstattung	894	320
II. Die Bestandskraft ehebedingter Zuwendungen im Verhältnis zu Vertragserben und Pflichtteilsberechtigten	898	322
III. Anfechtungsrechte von Gläubigern	924	330

7. Kapitel. Kosten und Gebühren

	Rdn.	Seite
§ 1 Notargebühren bei Eheverträgen	925	331
§ 2 Notargebühren bei Scheidungsvereinbarungen	926	333

Inhaltsverzeichnis

	Rdn.	Seite
§ 3 Eintragung in das Güterrechtsregister	927	333
§ 4 Anwalts- und Gerichtskosten in Scheidungssachen	928	333

8. Kapitel. Ehevertragsgestaltung nach Ehetypen

	Rdn.	Seite
§ 1 Grundlagen, Verfahren	929	335
I. Vorstellungen der Beteiligten über Notwendigkeit und Inhalt eines Ehevertrages	929	335
II. Der Ablauf einer Verhandlung über den Ehevertrag	934	336
III. Ehevertragsgestaltung nach Ehetypen	935	337
1. Grundsätze	935	337
2. Ehetypen	936	337
3. Fallgruppenbildung	937	337
4. Die gesetzlich geregelte Fallgruppe	938	338
5. Der Bereich des Ehevertrages	939	338
6. Ehevertragstypen	940	338
7. Regelungstypen	941	339
8. Erweiterter Ehevertragsbegriff	942	339
§ 2 Fallgruppen und Typen des Ehevertrags	943	340
I. Grundsätze der Ehevertragsgestaltung	943	340
II. Der Ehevertrag der jungen Doppelverdienerehe mit Kinderwunsch	944	340
1. Fallgruppe	944	340
2. Ehevertragstype: Auflösend bedingter Ehevertrag	945	341
3. Erläuterungen	946	342
a) Zweistufiger Ehevertrag	946	342
b) Bedingung, Rücktrittsvorbehalt	947	342
c) Unterhaltsverzicht	948	342
d) Modifizierte Zugewinngemeinschaft	949	343
§ 3 Ehevertrag der jungen Ehe mit zeitanteiligen Ausschlüssen	950	344
I. Fallgruppe	950	344
II. Formulierungsvorschlag	951	344
III. Erläuterungen	952	345
1. Vorsorge für Frühscheidung	952	345
2. Modifizierung zeitanteiliger Versorgungsausgleich	953	345
3. Verbot des Supersplittings	954	345
§ 4 Ehevertrag des begüterten Erben	955	346
I. Fallgruppe	955	346
II. Vertragstyp: Gegenständliche Herausnahme aus dem Zugewinnausgleich	956	346
III. Erläuterungen	957	347
§ 5 Eheverträge von Unternehmern	958	348
I. Fallgruppe	958	348
II. Vertragstyp: Ehevertrag über die gegenständliche Herausnahme des Betriebsvermögens aus dem Zugewinnausgleich	959	348
1. Formulierungsvorschlag	959	348
2. Erläuterungen	960	350
III. Vertragstyp: Ehevertrag über Modifizierung der Scheidungsfolgen, insbesondere des nachehelichen Unterhalts	960	350
1. Formulierungsvorschlag	961	350
2. Erläuterungen	962	352
a) Bewertungsvereinbarung	962	352
b) Altersversorgung durch Anstellung	963	352
c) Begrenzung des nachehelichen Unterhalts	964	352

Inhaltsverzeichnis

	Rdn.	Seite
IV. Vertragstyp: Ehevertrag auf Gütertrennung mit Ausschluss des Versorgungsausgleichts gegen Lebensversicherung und Herabsetzung der Unterhaltsquote	964	352
1. Formulierungsvorschlag	965	352
2. Erläuterungen	966	353

§ 6 Der Ehevertrag der Partnerschaftsehe ... 967 354
I. Fallgruppe ... 967 354
II. Vertragstyp: Ehe und Erbvertrag der Partnerschaftsehe ... 968 354
  1. Formulierungsvorschlag ... 968 354
  2. Erläuterungen ... 969 355
    a) Modifizierte Zugewinngemeinschaft ... 969 355
    b) Verfügungsbeschränkungen ... 970 355
    c) Ehebedingte Zuwendungen ... 971 355
    d) Erbvertrag ... 971 355

§ 7 Ehevertrag bei großem Alters- und Vermögensunterschied ... 972 356
I. Fallgruppe ... 972 356
II. Vertragstyp: Ehevertrag der Diskrepanzehe ... 973 356
  1. Formulierungsvorschlag ... 973 356
  2. Erläuterungen ... 974 357

§ 8 Ehevertrag bei Heirat mit einem verschuldeten Partner ... 975 358
I. Fallgruppe ... 975 358
II. Vertragstyp: Vereinbarung negativen Anfangsvermögens ... 976 358
  1. Formulierungsvorschlag ... 976 358

§ 9 Ehevertrag über vorehelichen Zugewinnausgleich ... 977 359
I. Fallgruppe ... 977 359
II. Vertragstyp: Erweiterter Zugewinnausgleich ... 978 359
  1. Formulierungsvorschlag ... 978 359
  2. Erläuterungen ... 979 359

§ 10 Ehevertrag bei Wiederverheiratung älterer Eheleute ... 980 360
I. Fallgruppe ... 980
II. Vertragstyp: Ehevertrag Meine Kinder – Deine Kinder ... 981 360
  1. Formulierungsvorschlag ... 981 360
  2. Erläuterungen ... 982 361

§ 11 Ehevertrag zur Versorgung der zweiten Ehefrau ... 983 362
I. Fallgruppe ... 983 362
II. Ehevertrag über Wechsel in die Gütergemeinschaft ... 984 362
  1. Formulierungsvorschlag ... 984 362
  2. Erläuterungen ... 985 363

§ 12 Ehevertrag bei Heirat mit einem Muslim ... 986 365
I. Fallgruppe ... 986
II. Ehevertragstyp: Islamischer Ehevertrag ... 986 365
  1. Formulierungsvorschlag ... 987 365
  2. Erläuterungen ... 988 367

§ 13 Wahl des deutschen Ehegüterrechts bei gemischtnationaler Ehe ... 989 368
I. Fallgruppe ... 989 368
II. Ehevertragstyp: Rechtswahl und Ehevertrag ... 990 368
  1. Forumlierungsvorschlag ... 990 368
  2. Erläuterungen ... 991 369

Inhaltsverzeichnis

	Rdn.	Seite
§ 14 Rechtswahl für unbewegliches Vermögen	992	370
I. Fallgruppe	992	370
II. Ehevertragstyp: Beschränkte Rechtswahl	993	370
1. Formulierungsvorschlag	993	370
2. Erläuterungen	994	370
a) Beschränkte Rechtswahl	994	370
b) Gütertrennung	995	370
c) Einheitliche Rechtswahl	996	371

9. Kapitel. Ehebezogene Rechtsgeschäfte

	Rdn.	Seite
§ 1 Fallgruppen und Vertragstypen	997	373
I. Familienunterhalt	997	373
II. Ehebedingte „unbenannte" Zuwendungen	998	373
III. Zuwendungen nahestehender Dritter	999	373
IV. Ehegattenvermögensgesellschaften	1000	374
§ 2 Ehebedingte „unbenannte" Zuwendungen	1001	375
I. Fallgruppen der ehebedingten (unbenannten) Zuwendungen	1001	375
II. Rückforderung bei Scheidung	1002	375
III. Vertragstypen der ehebedingten (unbenannten) Zuwendung	1003	376
IV. Rechtsprechungsgrundsätze zur Rückabwicklung ehebedingter Zuwendungen im Scheidungsfall bei gesetzlichem Güterstand	1004	378
V. Ehebedingte Zuwendungen bei Gütertrennung	1005	379
VI. Formulierungsbeispiele	1006	379
1. Ehebedingte Zuwendung der Miteigentumshälfte am Familienheim im gesetzlichen Güterstand zum vorweggenommenen Zugewinnausgleich (§§ 1363 ff., 2370 BGB)	1006	379
2. Ehebedingte Zuwendung einer Eigentumswohnung bei Gütertrennung zum freiwilligen Zugewinnausgleich	1007	380
a) Formulierungsvorschlag	1007	380
b) Anmerkung	1008	380
3. Ehebedingte Zuwendungen aus Haftungsgründen	1009	381
a) Fallgruppe	1009	381
b) Formulierungsbeispiel	1010	381
c) Erläuterungen	1011	381
§ 3 Erwerbsrecht für den ein Hausgrundstück finanzierenden Ehegatten	1012	383
I. Fallgruppe	1012	383
II. Vertragstyp	1013	383
III. Erläuterungen	1014	383
§ 4 Ausstattung eines Kindes mit anschließender ehebedingter Zuwendung und Rückforderungsrecht	1015	384
I. Fallgruppe	1015	384
II. Vertragstyp	1016	384
III. Erläuterungen	1017	385
1. Ausstattung	1017	385
2. Unbenannte ehebedingte Zuwendung	1018	386
3. Vereinbarte Rückforderungsrechte	1019	386
§ 5 Zuwendungen an Schwiegerkinder	1020	388
I. Zuwendung von Geld zur Ablösung von Grundpfandrechten	1020	388
II. Zuwendung von Geld zum Erwerb des Familienheims	1022	388

Inhaltsverzeichnis

	Rdn.	Seite
§ 6 Vermögensgesellschaften zwischen Ehegatten	1025	390
I. Fall und Fallgruppen	1025	390
II. Vertragstyp Ehegattengesellschaft als Außengesellschaft	1026	393
III. Vertragstyp Ehegattengesellschaft als Innengesellschaft	1027	396

10. Kapitel. Vereinbarungen anlässlich der Ehescheidung

	Rdn.	Seite
§ 1 Einverständliche Abwicklung der gescheiterten Ehe	1028	399
I. Ziele des Gesetzgebers	1028	399
II. Unterschiede zum Ehevertrag	1029	400
III. Vorteile der Scheidungsvereinbarung	1030	400
IV. Darstellung an Fallgruppen und Vertragstypen	1031	400
§ 2 Scheidungsvereinbarung nach kurzer, kinderloser Doppelverdienerehe	1032	401
I. Fallgruppe	1032	401
II. Formulierungsvorschlag: Scheidungsvereinbarung bei Frühscheidung	1033	401
III. Erläuternde Hinweise	1034	402
1. Beendigung des Güterstandes	1034	402
2. Zugewinnausgleich	1035	402
3. Erb- und Pflichtteilsverzicht	1036	402
4. Grundsätze zum Ausschluss des Versorgungsausgleichs nach § 1587 o BGB	1037	403
5. Der Unterhaltsverzicht	1038	404
6. Formfragen	1039	405
7. Grundsätze der Hausratsteilung	1040	405
8. Anpassung sonstiger Rechtsverhältnisse	1041	406
9. Konkrete Regelung statt salvatorischer Klausel	1042	406
10. Kostenregelung	1043	406
§ 3 Scheidungsvereinbarung nach Hausfrauenehe mit Kindern ohne Grundbesitz	1044	407
I. Fallgruppe	1044	407
II. Formulierungsvorschlag: Scheidungsvereinbarung nach normaler Hausfrauenehe	1045	407
III. Erläuternde Hinweise	1046	408
1. Ehegattenunterhalt	1046	408
a) Konkretisierung des gesetzlichen Unterhalts	1046	408
b) Unterhalt zur Kranken- und Pflegeversicherung	1047	409
c) Vorsorgeunterhalt	1048	409
d) Ausschluss oder Modifikation der Anrechnungsmethode	1049	409
e) Vereinbarungen zum Abänderungsverfahren nach § 323 ZPO	1050	409
2. Kindesunterhalt	1051	410
a) Vertretung minderjähriger Kinder	1051	410
b) Höhe des Kindesunterhalts	1052	410
c) Vereinbarungen zum Kindesunterhalt	1053	410
3. Elterliche Sorge, Umgangsrecht	1054	411
§ 4 Scheidungsvereinbarung mit Auseinandersetzung über das Familienheim und novierender Unterhaltsvereinbarung	1055	412
I. Fallgruppe	1055	412
II. Formulierungsbeispiel	1056	412
III. Hinweise	1057	414
1. Auseinandersetzung über das Familienheim	1057	414
2. Novierende Unterhaltsvereinbarung	1058	414
3. Freistellungsvereinbarung hinsichtlich des Kindesunterhalts	1059	414
§ 5 Scheidungsvereinbarung bei einseitiger Loslösung eines Ehegatten aus der Ehe	1060	416
I. Fallgruppe	1060	416

Inhaltsverzeichnis

	Rdn.	Seite
II. Formulierungsbeispiel	1061	416
III. Hinweise	1062	417
1. Unterhaltsverzicht bei Unterhaltsausschluss	1062	417
2. Übertragung der elterlichen Sorge	1063	417
3. Freistellung vom Kindesunterhalt	1064	417

§ 6 Scheidungsvereinbarung bei gehobenen Einkommens- und Vermögensverhältnissen 1065   418

	Rdn.	Seite
I. Fallgruppe	1065	418
II. Formulierungsbeispiel	1066	418
III. Hinweise	1067	419
1. Unterhaltsabfindung	1067	419
2. Scheidungsbezogener Ausschluss des Versorgungsausgleichs nach § 1408 Abs. 2 BGB	1068	419
3. Steuerrechtliche Fragen	1069	420
4. Weitere Gegenleistungsregelungen	1070	420

§ 7 Scheidungsvereinbarung bei Beamtenehe 1072   422

	Rdn.	Seite
I. Fallgruppe	1072	422
II. Formulierungsbeispiel	1073	422
III. Hinweise	1074	422
1. Vereinbarung des schuldrechtlichen Versorgungsausgleichs	1974	422
2. Unterhaltsverzicht und beamtenrechtlicher Famlienzuschlag	1075	423

		Seite
Sachregister		425

Literaturverzeichnis

I. Kommentare zum BGB

Erman/Bearbeiter, 10. Auflage 1999
Jauernig/Bearbeiter, 9. Auflage 1999
MünchKomm/Bearbeiter = Münchener Kommentar, 3. Auflage ab 1992, Band 7 (Familienrecht I: §§ 1297–1588 BGB, VAHRG, VAÜG, HausrVO): 4. Aufl. 2000
Palandt/Bearbeiter, 59. Auflage 2000
Staudinger/Bearbeiter, 13. Bearbeitung 1993 ff. (Familienrecht: 1998/99)

II. Handbücher, Monographien

Ahrens, Wolfgang/Spieker, Ulrich: Maßgeblichkeit des Steuerrechts für familienrechtliche Ansprüche, 1990
Ambrock, Ernst: Ehe und Ehescheidung, 1977
Apfelbacher, Gabriele: Ehebedingte Zuwendungen und Ehegatten-Eigenheimgesellschaft, 1993
Altfelder, Stefan: Steuerliche Gestaltung des Ehegatten- und Kindesunterhalts, 1987
Bäumel, D./Bienwald W./Häußermann, R.: Familienrechtsreformkommentar, 1998
Becker, Friedemann: Versorgungsausgleichs-Verträge, 1983
Beck'sches Notar-Handbuch: (hrsg. von Brambring, G./Jerschke, H.-U.), 2. Aufl. 1997
Bergschneider, Ludwig, Verträge in Familiensachen, 1998
Berger, Göran: Die „modifizierte Zugewinngemeinschaft" in zivil- und steuerrechtlicher Sicht, 1989
Brambring, Günter: Der Ehevertrag, 4. Auflage 2000
Bosch, Friedrich Wilhelm (Hrsg.): Neuere Entwicklungen im Familienrecht, 1990
Bosch, Friedrich Wilhelm: Staatliches und kirchliches Eherecht – in Harmonie oder im Konflikt? 1988
Börger, Ulrike: Eheliches Güterrecht, 1989
Buschendorf, Axel: Die Grenzen der Vertragsfreiheit im Ehevermögensrecht, 1987
Damm, Holger: Die Bewertung landwirtschaftlicher Betriebe beim Zugewinnausgleich, 1986
Dethloff, Nina: Die einverständliche Scheidung, 1994
Diederichsen, Uwe u. a.: Ehescheidung in der Landwirtschaft, 1987
Diederichsen, Uwe: Vermögensauseinandersetzung bei der Ehescheidung, 5. Aufl. 1995
Firsching, K./Graba, H.-U.: Familienrecht – Band 1: Familiensachen, 6. Aufl. 1998
Frey, Oliver: Der Verzicht auf nachehelichen Unterhalt, 1988
Frey, Susanne: Die Sicherung des künftigen Zugewinnausgleichs, 1990
Gerhardt, P./von Heintschel-Heinegg, B. (Hrsg.): Handbuch des Fachanwalts Familienrecht, 2. Aufl. 1999
Gernhuber, Joachim/ Coester-Waltjen, Dagmar: Lehrbuch des Familienrechts, 4. Auflage 1994
Gießler, Hans: Vorläufiger Rechtsschutz in Ehe-, Familien- und Kindschaftssachen, 1987
Göppinger, H./Börger, U.: Vereinbarungen anläßlich der Ehescheidung, 7. Auflage 1998
Göppinger, Horst/Wax, Peter: Unterhaltsrecht, 7. Auflage 1999
Graba, Hans-Ulrich: Die Abänderung von Unterhaltstiteln, 2. Aufl. 2000
Graf, Jürgen Peter: Dispositionsbefugnisse über den Versorgungsausgleich, 1985
Hausmann, Rainer: Nichteheliche Lebensgemeinschaften und Vermögensausgleich, 1989
Haußleiter, O./Schulz, W.: Vermögensauseinandersetzung anläßlich Scheidung und Trennung, 2. Aufl. 1997
Heiß, B./Born, W. (Hrsg.): Unterhaltsrecht, 5. Aufl. 1999 ff.
Hepting, Reinhard: Ehevereinbarungen, 1984
Hoppenz, Rainer: Familiensachen, 6. Aufl. 1998
Jerschke, Hans-Ulrich: Mein und Dein in der Ehe, 8. Aufl. 2000
Johannsen, K./Henrich, D.: Eherecht – Scheidung, Trennung, Folgen, 3. Auflage 1999
Krenzler, Michael: Vereinbarungen bei Trennung und Scheidung, 2. Auflage 1995
Krüger, Dirk: Steuerfolgen ehelicher Güterrechtsgestaltungen, 1978

Literaturverzeichnis

Kanzleiter, R./Wegmann, B.: Vereinbarungen unter Ehegatten, 5. Auflage 1997
Langenfeld, Andrea: Vorsorgevollmacht, Betreuungsverfügung und Patiententestament nach dem neuen Betreuungsrecht, 1994
Langenfeld, Gerrit: Testamentsgestaltung, 2. Aufl. 1998
Langenfeld, Gerrit: Vertragsgestaltung, Methode – Verfahren – Vertragstypen, 2. Auf. 1997
Langenfeld, Gerrit/Gail, Winfried: Handbuch der Familienunternehmen, 8. Auflage, Stand 1999
Langenfeld, Gerrit/Günther, K.: Grundstückszuwendungen im Zivil- und Steuerrecht, 4. Auflage 1999
Lappe, Friedrich: Kosten in Familiensachen, 5. Auflage 1994
Lieb, Manfred: Gutachten zum 57. Deutschen Juristentag 1988
Lipp, Martin: Die ehelichen Pflichten und ihre Verletzung, 1988
Lohmann, Friedrich: Neue Rechtsprechung des Bundesgerichtshofs zum Familienrecht, 8. Auflage 1997
Lüderitz, Alexander: Familienrecht, 27. Auflage 1999
Müller-Alten, Lutz: Ehescheidung und Scheidungsverträge, 1984
Pawlowski, Hans-Martin: Die „Bürgerliche Ehe" als Organisation, 1983
Rahm, Walter/Künkel, Bernd: Handbuch des Familiengerichtsverfahrens, 4. Auflage, Stand 1995
Rolland/Autor: Familienrecht, Loseblatt-Kommentar, 1993 ff.
Reithmann, C./Albrecht, A./Basty, G.: Handbuch der notariellen Vertragsgestaltung, 7. Auflage 1995
Scholz, H./Stein, R. (Hrsg.): Praxishandbuch Familienrecht, Stand März 1999
Schulze zur Wiesche, Dieter: Vereinbarungen unter Familienangehörigen und ihre steuerlichen Folgen, 8. Auflage 1998
Schwab, Dieter: Konkurs der Familie? Familienrecht im Umbruch, 1994
Schwab, Dieter u. a.: Handbuch des Scheidungsrechts, 4. Auflage 2000
Schwab, Dieter: Familienrecht, 10. Auflage 2000
Schwenzer, Ingeborg: Vom Status zur Realbeziehung – Familienrecht im Wandel, 1987
Spiegelberger, Sebastian: Vermögensnachfolge, 1994
Wendl, P./Staudigl, S.: Das Unterhaltsrecht in der familienrechtlichen Praxis, 5. Aufl. 2000
Werthmann, Frank: Die unbenannte Zuwendung im Privatrechtssystem, 1990
Zimmermann, Stefan: Eheverträge, Scheidungs- und Unterhaltsvereinbarungen, 3. Auflage 1999

1. Kapitel. Grundlagen

§ 1. Der Ehevertrag

I. Begriff und Begriffswandel

Nach § 1408 Abs. 1 BGB können die Ehegatten ihre güterrechtlichen Verhältnisse durch **Ehevertrag** regeln. Der Ehevertrag muß nach § 1410 BGB bei gleichzeitiger Anwesenheit beider Teile zur Niederschrift eines Notars geschlossen werden. Durch den Regelungsbereich des Ehegüterrechts ist damit der **gesetzliche Begriff des Ehevertrages** abgesteckt. Gegenstand eines Ehevertrages können, was seit *v. Baligand*[1] allgemeine Meinung ist, nur güterrechtliche Rechtsverhältnisse sein. Der Ehevertrag des BGB ist gekennzeichnet einmal durch die vorgeschriebene notarielle Beurkundungsform, zum anderen inhaltlich durch die den Verlobten oder Eheleuten gewährte Freiheit, anstatt des gesetzlichen Güterstandes der Zugewinngemeinschaft die Wahlgüterstände der Gütertrennung oder Gütergemeinschaft zu vereinbaren und innerhalb der einzelnen Güterstände vertragliche Modifikationen vorzunehmen.

Bei Einführung des **Versorgungsausgleichs** im Jahre 1977 wurde den Verlobten und Ehegatten auch in diesem Bereich Vereinbarungsfreiheit zugestanden und in § 1408 Abs. 2 BGB bestimmt, daß diesbezügliche Regelungen in einem Ehevertrag zu erfolgen haben. Nach allgemeiner Ansicht wurde damit der Regelungsbereich des Ehevertrages nicht über das Ehegüterrecht hinaus erweitert, sondern der eigenständige Regelungsbereich des Versorgungsausgleichs lediglich den Vorschriften der §§ 1410, 1411 BGB unterworfen.[2]

Auch in der folgenden Darstellung wird der Begriff des Ehevertrages dogmatisch in diesem engen gesetzlichen Sinn verwendet. Wenn sich in ihr jedoch auch eingehende Erörterungen über vorsorgende Vereinbarungen zum Versorgungsausgleich und nachehelichen Unterhalt sowie zu Regelungen der allgemeinen Ehewirkungen wie Ehenamen, Familienunterhalt und eheliche Rollenverteilung finden, so macht dies deutlich, daß der Begriff „Ehevertrag" in der **Kautelarpraxis** schon lange in einem **funktional erweiterten Sinn** verwendet wird. Verbindende Klammer in diesem erweiterten Bereich ist die den Verlobten und Ehegatten von Gesetz gewährte Regelungsbefugnis. Gemeinsames Kennzeichen der Regelungen ist deren spezifische Ehebezogenheit. Die Definition des „Ehevertrages" in diesem erweiterten Sinn lautet so, daß unter den Begriff alle ehebezogenen familienrechtlichen Vereinbarungen von Verlobten und Ehegatten zur Regelung der allgemeinen Ehewirkungen, des ehelichen Güterrechts und der Scheidungsfolgen aufgrund gesetzlich gewährter Dispositionsbefugnisse fallen, die nicht auf einen konkreten Scheidungsfall bezogen sind. Die Regelung der bevorstehenden oder eingeleiteten Scheidung ist dann der Bereich der Scheidungsvereinbarung, wobei der Regelung des Getrenntlebens eine Zwischenstellung mit eigenständigem Regelungsbereich, aber auch Anleihen bei den beiden anderen Vertragstypen zukommt.

Gerade vom kautelarjuristischen Standpunkt aus besitzt ein derart **erweiterter Ehevertragsbegriff** Erkenntniswert. Sowohl die Verlobten und Ehegatten als auch der beratende und gestaltende Notar sehen die Gesamtheit der auf den bezeichne-

---
[1] Der Ehevertrag 1906, S. 4.
[2] Vgl. *Soergel/Gaul* § 1408 Rdn. 26.

ten Gebieten möglichen Vereinbarungen als einen Regelungszusammenhang mit gegenseitigen Interdependenzen. Dabei mögen einzelne Regelungsbefugnisse, etwa die Festlegung der ehelichen Rollenverteilung, oft nicht der notariellen Beurkundung für wert oder bedürftig erachtet werden. Zwischen anderen aber, etwa dem Ehegüterrecht, dem Versorgungsausgleich und dem nachehelichen Unterhalt, bestehen derart enge Abhängigkeiten, daß es ein Kunstfehler des Notars wäre, nicht bei jeder Verhandlung über einen Ehevertrag jede dieser Materien anzusprechen. Ihre Gesamtheit bildet für den Notar und damit spätestens auch nach notarieller Belehrung für die Beteiligten den Regelungskomplex „Ehevertrag". Der heuristische Wert des erweiterten Begriffs liegt damit in der Bewußtmachung des Regelungszusammenhangs zwecks sachgerechter Beratung, Willensbildung und Vertragsgestaltung.

4   Ein **Ehevertrag in diesem erweiterten Sinn** ist die vorsorgende Regelung des Gesamtbereichs der ehelichen Lebensgemeinschaft und der Scheidungsfolgen mit dem Ziel, in Ausübung der gesetzlichen Dispositionsbefugnisse für die beteiligten Eheleute eine sachgerechte individuelle Eheordnung zu gestalten.

II. Die Ehevertragsfreiheit

5   Die Ehevertragsfreiheit entspricht deutscher Rechtstradition. Im ausgehenden Mittelalter wurde sie in den vom selbstbewußten Bürgertum regierenden Städten zur vollen Entfaltung gebracht. Damals schon verstand man übrigens unter Ehevertrag oder Ehepakt die Gesamtregelung der personenrechtlichen, vermögensrechtlichen und auch erbrechtlichen Beziehungen der Verlobten oder Ehegatten im Hinblick auf die Ehe.[3] Die Ehevertragsfreiheit, hier wieder im engeren Sinn verstanden als Freiheit zur Regelung des Ehegüterrechts, hat wiederholte Angriffe, etwa bei den Beratungen zum BGB oder zum Gleichberechtigungsgesetz, unbeschadet überstanden. Auch Angriffen aus den Reihen der Sozialrechtler, die beispielsweise eine „soziale Gleichgewichtskontrolle"[4] fordern, wird sie nicht unterliegen. Nicht das geringste Verdienst an der praktischen Bewährung der Vertragsfreiheit haben die beurkundenden Notare, von *v. Baligand*[5] noch leicht herablassend „Handhaber der lokalen Kautelarjurisprudenz" genannt, die mit ihr immer sehr vorsichtig und behutsam umgegangen sind. Bei ihnen war die Ehevertragsfreiheit jederzeit in guten Händen, was den Gesetzgeber letztlich wohl auch zum Vertrauensbeweis des § 1408 Abs. 2 BGB bewogen hat. Gerichtsentscheidungen zum Ehevertragsrecht sind so spärlich wie auf sonst kaum einem Rechtsgebiet.

6   Die Ehevertragsfreiheit im **Ehegüterrecht** besteht darin, anstelle des gesetzlichen Güterstandes dessen Modifikation oder einen Wahlgüterstand in gesetzlicher oder modifizierter Form zu vereinbaren. Angesichts des traditionell geringen Aufklärungsstandes der Bevölkerung in rechtlicher Hinsicht hat sich dieses System des dispositiven Ehegüterrechts mit gesetzlichem Güterstand[6] bewährt. Die freie Auswahl des ehelichen Güterstandes unter Verzicht auf einen gesetzlichen Güterstand[7] würde die Beteiligten überfordern, die Einführung mehrerer gesetzlicher Güterstände nach Eheleitbildern[8] auf Abgrenzungsprobleme stoßen.

7   Durch § 1408 Abs. 2 BGB wurde die güterrechtliche Ehevertragsfreiheit auf den **Versorgungsausgleich** ausgedehnt. Hier müssen insofern die gleichen Grundsätze

---

[3] *v. Baligand* S. 2.
[4] AK-BGB/*Fieseler* §§ 1408–1413 Rdn. 3.
[5] S. 42.
[6] *Knur* Probleme der Zugewinngemeinschaft 1959, 10.
[7] *Schreiber* FamRZ 1954, 125.
[8] *Gernhuber/Coester-Waltjen* § 31 III 1.

§ 1. Der Ehevertrag

gelten wie im Ehegüterrecht. Die Freiheit in beiden Bereichen ist als durch Art. 6 Abs. 2 GG gewährleistet anzusehen. Sie ist erforderlich, um die Ehe gegenüber den Formen der nichtehelichen Lebensgemeinschaft „konkurrenzfähig" zu erhalten. In diese Richtung geht auch die Äußerung des BVerfG anläßlich der Bejahung der Verfassungsmäßigkeit des Versorgungsausgleichs,[9] es handele sich um „eine im Rahmen des Art. 6 Abs. 1 GG bedeutsame Gestaltungsfreiheit" der Verlobten und Ehegatten. Aus Art. 3 Abs. 2 GG folgte nach h. L. schon vor dem Gleichberechtigungsgesetz keine Einschränkung der Ehevertragsfreiheit.[10] Das Gleichberechtigungsgesetz hat den gesetzlichen Güterstand und die Wahlgüterstände dem Grundsatz der Gleichberechtigung von Mann und Frau angepaßt. Die Ehevertragsfreiheit gibt jedem Ehegatten die individuelle Freiheit, sich ungleich behandeln zu lassen.[11] In Extremfällen hilft die zivilrechtsimmanente Schranke des § 138 BGB.

Der **Umfang der Vertragsfreiheit** wird von Wissenschaft und Praxis bestimmt. Für den Ehevertrag gelten zunächst die allgemeinen zivilrechtlichen Schranken für die Wirksamkeit von Rechtsgeschäften. So ist ein Ehevertrag, der gem. § 138 BGB gegen die **guten Sitten** verstößt, etwa wenn er einen Ehegatten vermögensrechtlich völlig entmündigt und knebelt, unwirksam. Dies kommt aber nur im extremen Ausnahmefall in Betracht.[12] Ein Verstoß gegen **gesetzliche Verbote** macht den Ehevertrag nach § 134 BGB nichtig. Zu denken ist hier an das Verbot des § 1518 BGB bezüglich der Abänderung der Regeln der fortgesetzten Gütergemeinschaft oder an § 1409 BGB, der die globale Verweisung auf nicht mehr geltendes oder ausländisches Recht verbietet. Möglich ist im Rahmen von § 1409 Abs. 1 BGB aber die Vereinbarung alten oder ausländischen Rechts durch seine ausführliche inhaltliche Wiedergabe im Ehevertrag, soweit nicht allgemeine Schranken rechtsgeschäftlicher Gestaltungsfreiheit entgegenstehen. **Rechtsgeschäftliche Verfügungsbeschränkungen** im Sinne von § 137 BGB sind auch im Ehegüterrecht unzulässig.[13] Bei Nichtigkeit einzelner Vertragsteile kann sich über § 139 BGB die Nichtigkeit des gesamten Vertrages ergeben.[14]

§§ 310, 312 BGB finden dagegen auf Eheverträge keine Anwendung.[15] Eine **Anfechtbarkeit** nach §§ 119, 123, 142 BGB kommt in Betracht, wird jedoch wegen der notariellen Belehrung über die Rechtsfolgen des Vertrages selten zum Ziel führen. Die zunächst streitige Anwendbarkeit der aus der schuldrechtlichen Norm des § 242 BGB entwickelten Lehre vom **Wegfall der Vertragsgrundlage** auf den Ehevertrag als familienrechtliches Rechtsgeschäft[16] ist vom BGH anläßlich der Entschädigung von ehebedingten Arbeitsleistungen bei Scheidung[17] und in der Folge ganz allgemein dahingehend entschieden worden, daß bei familienrechtlichen Verträgen die Ehescheidung zum Wegfall der Geschäftsgrundlage führt.[18] Der Wegfall der Geschäftsgrundlage ist deshalb auch bei familienrechtlichen Verträgen nicht nur ein möglicher, sondern sogar ein praktisch wichtiger Fall. Im Bereich des Ehevertrags, der die vorsorgende Regelung des Ehegüterrechts und der Scheidungsfolgen enthält, führt die Ehescheidung allerdings nicht zum Wegfall der Geschäftsgrundlage, sondern, da sie die vereinbarten Rechtsfolgen auslöst und damit zum Inhalt der Ver-

---

[9] FamRZ 1980, 326/334.
[10] BGH FamRZ 1957, 247 m. w. N.
[11] *Soergel/Gaul* § 1408 Rdn. 19 m. w. N.
[12] Vgl. die von OLG Bamberg FamRZ 1984, 483 zutreffend verneinte Sittenwidrigkeit.
[13] *Soergel/Gaul* § 1408 Rdn. 12 m. w. N.
[14] *Soergel/Gaul* § 1408 Rdn. 19; vgl. OLG Stuttgart FamRZ 1987, 1034.
[15] *Soergel/Gaul* § 1408 Rdn. 13.
[16] Nachweise bei *Soergel/Gaul* § 1408 Rdn. 40.
[17] BGH NJW 1982, 2236.
[18] Vgl. Rdn. 168 ff.

einbarungen gehört, im Gegenteil zum Eintreten der vereinbarten Regelungen. Ein Wegfall der Geschäftsgrundlage mit der Folge der Anpassung der ehevertraglichen Vereinbarungen ist damit regelmäßig nicht denkbar. Schließlich unterliegen Eheverträge der **Anfechtung wegen Gläubigerbenachteiligung** nach §§ 129 ff. InsO, § 3 AnfG im gleichen Umfang wie andere Rechtsgeschäfte.[19]

9 Die Frage, ob sich über diese allgemeinen Schranken hinaus weitere Beschränkungen der Ehevertragsfreiheit durch **immanente familienrechtliche Schranken** ergeben, wird in der Literatur breit diskutiert. Es werden Probleme des Typenzwanges, des Verbots von „Phantasiegüterständen", der verbotenen „Denaturierung" eines Güterstandes, der Erhaltung des „Wesens" des Güterstandes und des „Verbots der Perplexität" güterrechtlicher Regelungen erörtert.[20] Die praktische Bedeutung der Diskussion ist recht gering. Es bringt nichts, über die klaren allgemeinen Grundsätze einen familienrechtlichen Nebel zu werfen. Auf aus unbestimmten Wesenserwägungen abgeleitete familienrechtliche Schranken der Ehevertragsfreiheit kann vollständig verzichtet werden.[21] An der Lehre von der **Typenbeschränkung** ist richtig, daß wie überall im dinglichen Bereich auch im Ehegüterrecht bestimmte vermögensrechtliche Rechtsformen vorgegeben sind. Hierzu gehören z.B. das Gesamtgut, das sich nur im Güterstand der Gütergemeinschaft, nicht etwa bei der Gütertrennung, vereinbaren läßt, oder die Verfügungsbeschränkungen des §§ 1365 ff. BGB, die zwar eingeschränkt oder abbedungen, nicht aber erweitert werden können. Weiterhin kann ein bestimmter Güterstand immer nur für das Gesamtvermögen, nicht nur für einzelne Vermögensmassen vereinbart werden, während für andere Vermögensmassen ein anderer Güterstand gelten soll, **Verbot von Mischgüterständen**.[22] Schließlich können die Ehegatten nicht in die **Rechtsstellung Dritter** nachteilig eingreifen, also z.B. nicht das Zusatzviertel des § 1371 Abs. 1 BGB vertraglich erhöhen, da dadurch Erb- und Pflichtteile Dritter beeinträchtigt würden, oder in den Ausbildungsanspruch des § 1371 Abs. 4 BGB eingreifen.[23]

Die Verbote der **Denaturierung eines Güterstandes** oder der Schaffung von **Phantasiegüterständen** haben keinen Erkenntniswert, wenn man nach der gesetzlichen Systematik von der Beibehaltung des gesetzlichen Güterstandes oder der Vereinbarung eines Wahlgüterstandes ausgeht und dann gegebenenfalls Modifikationen vornimmt. Auch eine Gütergemeinschaft mit geringem Gesamtgut und Zuweisung des beiderseitigen wesentlichen Vermögens in das jeweilige Vorbehaltsgut ist eine zulässige Form dieses Güterstandes und nicht etwa als „denaturierte Gütertrennung" unzulässig. Sachgerechter Einsatz der Modifizierungsmöglichkeiten ist immer zulässig. Für Phantasiegebilde wird sich kein Notar hergeben. Er wird ebenfalls wie bei sonstigen Beurkundungen jede innere Widersprüchlichkeit vermeiden. Das **Verbot der Perplexität** gilt insoweit für jede notarielle Tätigkeit.

III. Abgrenzung von anderen Verträgen

10 Die Abgrenzung des Ehevertrages über die güterrechtlichen Verhältnisse der Ehegatten gemäß § 1408 Abs. 1 BGB, der der Form des § 1410 BGB bedarf, von anderen schuldrechtlichen oder gesellschaftsrechtlichen Verträgen wird von der h.L.[24] nach dem Kriterium vorgenommen, ob das Rechtsgeschäft das Bestehen

---

[19] *Soergel/Gaul* § 1408 Rdn. 21 m.w.N.
[20] Nachweise bei *Soergel/Gaul* vor § 1408 Rdn. 12 ff.; MünchKomm/*Kanzleiter* § 1408 Rdn. 9 ff.
[21] MünchKomm/*Kanzleiter* § 1408 Rdn. 13.
[22] MünchKomm/*Kanzleiter* § 1408 Rdn 13.
[23] *Soergel/Gaul* § 1408 Rdn. 16.
[24] Vgl. *Soergel/Gaul* § 1408 Rdn. 7 m.w.N.

§ 1. Der Ehevertrag

der Ehe notwendig voraussetzt und den **Güterrechtsstatus** berührt oder ob es genausogut zwischen Dritten vorgenommen werden kann. So lassen sich Schenkungen, Auftragsverhältnisse, Vollmachten, Arbeitsverträge, Nießbrauchsbestellungen, gemeinschaftlicher und gesamthänderischer Rechtserwerb und Gesellschaftsverhältnisse, die alle jeweils hinsichtlich ihrer Form den allgemeinen oder gegebenenfalls ihren spezifischen Formvorschriften unterliegen, von den nach § 1410 BGB formbedürftigen Eheverträgen regelmäßig problemlos abgrenzen. Soweit mit derartigen Gestaltungen funktional ein güterrechtlicher Zweck verfolgt wird, werden sie dadurch nicht zu Eheverträgen. So kann z.B. ständig praktizierter Erwerb zu je ½ Miteigentum den Zugewinnausgleich vorwegnehmen und erübrigen. Rechtlich unterscheidet sich das jeweilige Einzelgeschäft jedoch nicht von Erwerbsgeschäften Dritter, bei denen nach den Motiven des Erwerbs über die schuldrechtliche causa, z.B. Kauf, hinaus genauso wenig gefragt wird wie bei Ehegatten. Eine ehevertragliche Abrede muß sich auf die gegenwärtige und zukünftige Gestaltung und Verteilung des Gesamtvermögens der Ehegatten beziehen[25] oder sich der spezifischen Gestaltungsformen des Ehegüterrechts bedienen.[26] Den Ehegatten bleibt damit die Möglichkeit, güterrechtliche Effekte auch außerhalb des Ehevertrages in nicht nach § 1410 BGB beurkundungspflichtiger Form zu erzielen.

So können sich Ehegatten zum Zweck des Erwerbs und des Haltens eines Familienheimes ebensogut zu einer **Gesellschaft bürgerlichen Rechts** zusammenschließen, wie sie zu Miteigentum nach Bruchteilen erwerben können.[27] Die Auseinandersetzung der Gesellschaft erfolgt nach §§ 730 ff. BGB. An sie schließt sich im gesetzlichen Güterstand das Zugewinnausgleichsverfahren an. Die Annahme einer **Ehegatten-Innengesellschaft** ohne Verlautbarung der Gesellschaft nach außen, etwa durch den Grundbucheintrag, ist nur bei Verfolgung eines über den typischen Rahmen der ehelichen Lebensgemeinschaft hinausgehenden Zwecks möglich.[28] Bringen Ehegatten ihr gesamtes oder im Wesentlichen gesamtes Vermögen in eine Ehegattengesellschaft ein, so müssen sie diese Rechtsbeziehung ausdrücklich dem Gesellschaftsrecht unter Beibehaltung der Zugewinngemeinschaft oder Gütertrennung im übrigen unterstellen, um der sonst im Zweifel vorzunehmenden Qualifizierung dieser Vereinbarung als Begründung von Gütergemeinschaft zu entgehen.[29] Die Ähnlichkeit der Rechtslage gestattet im Einzelfall auch die Umdeutung eines als Ehevertrag auf Gütergemeinschaft formnichtigen Rechtsgeschäftes in einen Gesellschaftsvertrag.[30] 11

Auch **Dienstverträge zwischen Ehegatten** sind unabhängig vom jeweiligen Güterstand und außerhalb des Ehegüterrechts möglich.[31] 12

IV. Scheidungsausschlußvereinbarungen, Vereinbarung des Verschuldensprinzips

Im Bereich des erweiterten Ehevertrags[32] fragt es sich, ob auch die **Scheidbarkeit der Ehe** als solche zur vertraglichen Disposition der Eheleute steht. Der 13

---

[25] MünchKomm/*Kanzleiter* § 1408 Rdn. 8.
[26] Kritik bei *Schwab* DNotZ-Sonderheft 1977, 51/56.
[27] BGH NJW 1982, 170.
[28] BGH NJW 1982, 2237; 1999, 2962.
[29] Soergel/*Gaul* vor § 1408 Rdn. 28.
[30] Gernhuber/*Coester-Waltjen* § 32 I 7 Fn. 17.
[31] Soergel/*Gaul* § 1408 Rdn. 30 ff.
[32] Vgl. Rdn. 3.

1. Kapitel. Grundlagen

BGH[33] hatte über die Wirksamkeit einer Vereinbarung zu befinden, durch die Ehegatten sich verpflichteten, sich nicht scheiden zu lassen und auch vor einem bestimmten Termin kein Scheidungsverfahren gegeneinander einzuleiten. Er entschied, daß die Ehegatten die Scheidung ihrer Ehe weder auf Dauer noch auf Zeit ausschließen können. Mit Recht[34] betont der BGH, daß es zu dem der Verfassung zugrundeliegenden Bild der verweltlichten bürgerlich-rechtlichen Ehe gehöre, daß die Ehegatten unter den vom Gesetz normierten Voraussetzungen geschieden werden können.[35] Art. 6 Abs. 1 GG gewähre ihnen das Recht, nach Eintritt der die Scheidung rechtfertigenden Voraussetzungen geschieden zu werden und damit ihre Eheschließungsfreiheit wiederzuerlangen.

Die Vorschriften des BGB über die Scheidung und ihre Voraussetzungen sind danach zwingend und der Disposition der Eheleute entzogen. Die Ehegatten können jedoch nach dem BGH[36] auf das Scheidungsrecht verzichten, soweit es bereits erwachsen ist. Die erneute Geltendmachung des Scheidungsbegehrens ist dann aber aufgrund neuer Tatsachen zulässig, spätestens also nach Ablauf einer weiteren dreijährigen Trennungsfrist, die nach § 1566 Abs. 2 BGB das Scheitern der Ehe unwiderlegbar vermuten läßt.

Ohne weitere Begründung lehnt der BGH[37] die Thesen *Hattenhauers*[38] ab, der aus dem Lebenszeitprinzip des § 1353 Abs. 1 S. 1 BGB in Verbindung mit Art. 2, 4 und 6 GG folgert, die Eheleute könnten ehevertraglich auf die Scheidungsmöglichkeiten der §§ 1564–1568 BGB verzichten und für alle Rechtsstreitigkeiten ihrer Ehe anstelle der staatlichen Gerichte den örtlich zuständigen kirchlichen Richter als Schiedsrichter gem. §§ 1025 ff. ZPO bestimmen. Demgegenüber hat *Knütel*[39] überzeugend nachgewiesen, daß die grundgesetzlich garantierte Eheschließungsfreiheit und Glaubensfreiheit zwingend auch die Freiheit zur Loslösung von einer gescheiterten Ehe und zum Wechsel des religiösen Bekenntnisses gebieten, und daß entgegenstehende Vereinbarungen deshalb unzulässig sind.

14 Zulässig ist es dagegen, den Eintritt begünstigender Scheidungsfolgen vertraglich für den Ehegatten auszuschließen, den das Verschulden am Scheitern der Ehe trifft.[40] Diskutiert wird eine derartige **Vereinbarung des Schuldprinzips** für den nachehelichen Unterhalt, also die Scheidungsfolge, die erst bei Scheidung einsetzt, künftige Leistungspflichten begründet und nach altem Scheidungsrecht verschuldensabhängig war.[41] Hier stellt die ehevertragliche Vereinbarung den Rechtszustand vor Einführung des Zerrüttungsprinzips wieder her. Der Zugewinnausgleich dagegen betrifft die vermögensmäßige Abrechnung der Ehezeit und war deshalb zu Recht nie verschuldensabhängig, was entsprechend auch für den Versorgungsausgleich zu gelten hat. Das stärkste Argument für die Zulässigkeit vertraglicher Vereinbarung des Verschuldensprinzips im Rahmen des § 1585 c BGB ist, daß der Ausschluß des nachehelichen Unterhalts für den schuldig geschiedenen Ehegatten lange

---

[33] FamRZ 1986, 655 = NJW 1986, 2046 = JR 1987, 15 m. Anm. *Richter*. Vgl. auch BGH FamRZ 1990, 372.
[34] Zustimmend *Richter* JR 1987, 15; vgl. auch *Knütel* FamRZ 1985, 1089.
[35] BVerfGE 31, 58, 82 f.
[36] AaO.
[37] AaO.
[38] Die Privatisierung der Ehe, Thesen zum zukünftigen Eherecht, 1986 und ZRP 1985, 200.
[39] FamRZ 1985, 1089; zustimmend *Richter* JR 1987, 17; gegen *Hattenhauer* auch *Heinrich* Festschrift *Müller-Freienfels* 1986, S. 302 ff.
[40] Ablehnend *Johannsen/Henrich/Büttner* § 1585 c Rdn. 14.
[41] *Walter* NJW 1981, 1409; *Langenfeld* NJW 1981, 2377; *Ludwig* DNotZ 1982, 651; *Herb* FamRZ 1988, 123.

geltendes Recht war. Von Sittenwidrigkeit nach § 138 BGB kann keine Rede sein, zumal die völlige Verschuldensunabhängigkeit des nachehelichen Unterhalts auf die Ablehnung der Mehrheit der Rechtsunterworfenen stieß und durch die Rechtsprechung[42] und schließlich auch den Gesetzgeber[43] korrigiert werden mußte. Ein Verstoß gegen den ordre public liegt schon deshalb nicht vor, weil das Scheidungsverschulden vom deutschen Richter auch nach geltendem Recht einmal im Rahmen des § 1579 Nr. 4 BGB und zum anderen dann zu prüfen ist, wenn nach dem deutschem IPR ausländisches Scheidungsrecht anwendbar ist, das hinsichtlich der Scheidungsfolgen auf das Scheidungsverschulden abstellt. Abzulehnen ist auch die Ansicht, der innere ordre public verbiete eine Wiedereinführung des Verschuldensprinzips über die Grenzen des § 1579 BGB hinaus.[44] Allerdings bestätigen die Erfahrungen der Praxis, daß sich die Beteiligten regelmäßig mit dem Regelungsbereich von § 1579 Nr. 6 BGB zufriedengeben, also kein Bedürfnis für eine weitergehende vertragliche Wiedereinführung des Verschuldensprinzips besteht.[45]

V. Zeitpunkt und Form

Wie sich aus § 1408 Abs. 1 BGB – „insbesondere auch nach Eingehung der Ehe" 15
– ergibt und von § 2276 Abs. 2 BGB vorausgesetzt wird, kann der Ehevertrag vor der Ehe und zu **jedem Zeitpunkt** während der Ehe abgeschlossen werden. Die in anderen Rechtsordnungen anzutreffende Unwandelbarkeit des einmal gewählten Güterstandes oder die gerichtliche Genehmigungspflicht von Güterstandserklärungen kennt das deutsche Recht nicht. Der Ehevertrag kann zu jedem dieser Zeitpunkte mit einem Erbvertrag verbunden werden, § 2276 BGB. Bei Verlobtenverträgen tritt die Wirksamkeit beider Verträge mit dem Eheschluß ein.

Wie sonstige Verträge kann auch der Ehevertrag mit einer **Bedingung** bzw. einem 16
Rücktrittsvorbehalt versehen werden.[46] Der Anschluß eines **Vorvertrages** in der Form des § 1410 BGB ist möglich.[47]

Nach § 1410 BGB muß der Ehevertrag bei gleichzeitiger Anwesenheit beider Teile zur **Niederschrift eines Notars** geschlossen werden. Diese Form bezweckt die Sicherstellung sachkundiger Beratung und Gestaltung, den Schutz vor einseitiger Benachteiligung und Übereilung und die Beweissicherung eines Statusaktes.

Gleichzeitige Anwesenheit bedeutet nicht persönliche Anwesenheit. Handeln mit 17
Vollmacht und Auftreten eines vollmachtslosen Vertreters mit nachträglicher Genehmigung sind möglich, wobei sowohl die Vollmacht als auch die nachträgliche Genehmigung nach § 167 Abs. 2 BGB formfrei sind.[48] Auch Bevollmächtigung unter Befreiung von den Beschränkungen des § 181 BGB wird als zulässig erachtet.[49] Der beurkundende Notar sollte jedoch in der Praxis angesichts der Bedeutung des Geschäfts regelmäßig auf der persönlichen gleichzeitigen Anwesenheit der beteiligten Verlobten oder Eheleute bestehen. Die in der Praxis seltenen Fälle der Beteiligung beschränkt Geschäftsfähiger oder Geschäftsunfähiger am Ehevertrag regelt § 1411 BGB.

---

[42] BGH FamRZ 1979, 569; 1980, 665; 1981, 439; 1982, 463; 1985, 267.
[43] Unterhaltsänderungsgesetz vom 20. 2. 1986, BGBl. I 301.
[44] So *Herb* FamRZ 1988, 123.
[45] MünchKomm/*Maurer* § 1585 c Rdn. 16.
[46] Soergel/*Gaul* § 1408 Rdn. 4 und 29 m.w.N.
[47] BGH FamRZ 1966, 492.
[48] BGH NJW 1998, 1857 m.Anm. *Langenfeld* LM § 167 Nr. 40 und *Kanzleiter* NJW 1999, 1612.
[49] Münchkomm/*Kanzleiter* § 1410 Rdn. 4.

VI. Ehevertragsgestaltung nach Ehetypen

18 Der Abschluß eines Ehevertrages ist regelmäßig nicht ein Akt des Beliebens rechtlich besonders aufgeklärter Eheleute, die sich einen Ehevertrag „leisten", obwohl es eigentlich für ihre Ehe auch beim gesetzlichen Ehe-, Ehevermögens- und Scheidungsfolgenrecht verbleiben könnte. Vielmehr ist der Ehevertrag für die Ehen, die vom gesetzlichen Modell abweichen, das **notwendige Korrektiv**, um einer nicht passenden gesetzlichen Regelung auszuweichen. Aus der Offenheit des Gesetzes hinsichtlich der ehelichen Rollenverteilung um seinem Verzicht auf die ausdrückliche Festlegung eines Eheleitbildes darf nicht geschlossen werden, das Gesetz ginge hinsichtlich des Ehevermögensrechts und des Scheidungsfolgenrechts nicht von einem bestimmten Ehetyp aus. Vielmehr geht das Gesetz, was das Ehevermögensrecht und die Scheidungsfolgen betrifft, immer noch und nach Einführung des Versorgungsausgleichs und des verschuldensunabhängigen, inhaltlich erweiterten nachehelichen Unterhalts in verstärktem Maße vom Typus der Hausfrauenehe bzw. Einverdienerehe aus. Der Zugewinnausgleich, der Versorgungsausgleich und der nacheheliche Unterhalt dienen der Sicherstellung des Ehegatten, der sich während der Ehe ganz in den Dienst der Familie gestellt hat und hierzu auf eigene Berufstätigkeit verzichtet hat. Da er deshalb weder eigenes Vermögen verdienen, noch eigene Altersversorgungsanwartschaften aufbauen, noch die Basis für den eigenen Unterhalt aufbauen oder erhalten konnte, gewährt ihm das Gesetz Ansprüche gegen den anderen Ehegatten auf hälftige Teilung des Zugewinns und der in der Ehezeit erworbenen Versorgungsanwartschaften und auf nachehelichen Unterhalt. Die nach § 1356 Abs. 1 S. 1 BGB bestehende Offenheit des Gesetzes für alle denkbaren gelebten Ehetypen setzt sich also im Ehevermögensrecht und im Scheidungsfolgenrecht nicht fort.[50] Daraus, daß das gesetzliche Ehevermögens- und Scheidungsfolgenrecht auf den Typus der Hausfrauenehe zugeschnitten ist, folgt, daß die gesetzliche Regelung die anderen Ehetypen, also insbesondere die Zuverdienerehe und die Doppelverdienerehe, mehr oder weniger verfehlt. Je weiter sich der von den Ehegatten gelebte Ehetyp von der Einverdienerehe entfernt, desto gravierender wird diese **Typenverfehlung**. Im Extremfall der Partnerschaftsehe beiderseitig voll berufstätiger und vermögensmäßig unabhängiger Eheleute sind der Zugewinnausgleich, der Versorgungsausgleich und der nacheheliche Unterhalt nicht typgerecht. Sie würden zu einem nicht gerechten Ausgleich unterschiedlicher Arbeitsleistung, Vermögensstruktur und Vermögensverwaltung im Scheidungsfall führen, dies lediglich deshalb, weil die Beteiligten verheiratet waren. Sinn und Funktion des Zugewinnausgleichs, Versorgungsausgleichs und nachehelichen Unterhalts würden pervertiert.

19 *Gernhuber*[51] hat erwogen, die **verschiedenen Ehetypen** jeweils gesetzlich zu regeln. Wegen der vielfältigen Übergänge zwischen den Ehetypen würde jedoch, wollte man ein derartiges Modell gesetzlich umsetzen, die Abgrenzung zu schwierig werden. Im Endeffekt würde, was von *Gernhuber* selbst als Gefahr gesehen wird, der Richter den Beteiligten im Nachherein bestimmen, welche Rechtsfolgen sich aus ihrem ehelichen Zusammenleben ergeben. Praktikabel ist allein das Modell des BGB mit der Regelung eines Ehetypus und der Gewährung von Ehevertragsfreiheit zur Anpassung des gesetzlichen Ehevermögens- und Scheidungsfolgenrechts an die jeweils gelebte Ehe. Diese **Ehevertragsfreiheit** ist deshalb nicht lediglich als ein mehr oder weniger unerwünschtes Dürfen zu verstehen, sondern als eine notwendige Korrekturmöglichkeit für die Fälle, in denen die gesetzliche Regelung den gelebten

---
[50] Vgl. *Langenfeld* DNotZ-Sonderheft 1985, 167; FamRZ 1987, 9; FamRZ 1994, 201.
[51] Eherecht und Ehetypen, 1981.

§ 1. Der Ehevertrag

Ehetyp verfehlt. Ein derartiges System eines gesetzlichen Güterstandes und Scheidungsfolgenrechts mit **Anpassungsfreiheit** ist die einzige praktikable Lösung.

Das Funktionieren dieses Modells setzt die entsprechende **rechtliche Information** 20 der Eheleute voraus. Leider sind in diesem Bereich, nicht zuletzt auch durch mangelnden Rechtsunterricht in unserem Schulsystem, ein wenig entwickeltes Rechtsbewußtsein und mangelnde Rechtskenntnisse festzustellen. Auch bei den Eheleuten, die sich beraten lassen, müssen erst einmal falsche Vorstellungen im güterrechtlichen Bereich hinsichtlich der vom Laien regelmäßig vermuteten dinglichen Vergemeinschaftung des ehelichen Zuerwerbs berichtigt werden. Ein zunehmend kritisches Rechtsbewußtsein ist aber erfreulicherweise bei der jungen Generation festzustellen, die die Ehe nicht mehr als die einzige Form des Zusammenlebens betrachtet, sondern häufig kritisch abwägt, ob man die Zusammenlebensform der nichtehelichen Lebensgemeinschaft wählen oder in ihr verbleiben solle, um nicht die Bindungen und Risiken der gesetzlichen Ehe einzugehen. Die bürgerliche Ehe steht heute in direkter **Konkurrenz zur nichtehelichen Lebensgemeinschaft.** Sie kann sich hier nur behaupten, wenn die Ehevertragsfreiheit bewußt und gezielt eingesetzt wird, um die Vorstellung der Beteiligten von Bindung und Freiheit in ihrem Zusammenleben zu verwirklichen und nicht passende Rechtsfolgen zu vermeiden.

Dabei ist es keineswegs so, daß die jungen Partner regelmäßig jede Bindung und jeden Ausgleich auf Vermögens- und Versorgungsebene sowie jeden Unterhalt nach Scheitern der Partnerschaft vermeiden möchten. Vielmehr sehen sie durchaus ein, daß das Risiko des Partners, der familienbedingt auf die eigene Existenzsicherung verzichtet, vom anderen Partner mitgetragen werden muß. So wird es auch im Bereich der nichtehelichen Lebensgemeinschaft immer häufiger, daß in Partnerschaftsverträgen ein derartiger vertraglicher Ausgleich vorgesehen wird. Wenn dies so ist, bleibt die Ehe, insbesondere wegen der unbestreitbaren Vorteile für die Kinder und der steuerlichen und erbrechtlichen Privilegierungen, bei richtiger Ehevertragsgestaltung nicht nur konkurrenzfähig, sondern ist der nichtehelichen Lebensgemeinschaft überlegen. Die nichteheliche Lebensgemeinschaft ist in einem stetigen Prozeß der Verrechtlichung begriffen. Noch leistet die Rechtsprechung unter Hinweis auf die von den Partnern gewählte Freiheit entschiedenen Widerstand gegen das Bestreben nach Gleichstellung mit der Ehe und Gesamtabrechnung aller vermögenswerten Leistungen nach Scheitern der Ehe.[52] Die gesetzliche Regelung der nichtehelichen Lebensgemeinschaft würde aber in noch extremerer Form als im Eherecht nur einen Typus aus der Vielzahl der Typen der nichtehelichen Lebensgemeinschaft regeln können und die anderen Typen verfehlen. Die Folge wäre dann auch in diesem Bereich das Bedürfnis nach abändernden und anpassenden Verträgen.

Die Kautelarjurisprudenz hat unter Berücksichtigung der verschiedenen Ehetypen 21 und der typischen Interessenkonstellationen die Aufgabe, **Fallgruppen** zu bilden und für diese jeweils Ehevertragsgestaltungen vorzusehen[53] Diese **Fallgruppenbildung**, die Orientierung an vorgefundenen typischen Sachverhalten und die **Bildung von Vertragstypen** als Richtlinie sachgerechter Vertragsgestaltung ist die angemessene Arbeitsweise der Kautelarjurisprudenz.[54] Die Bildung von Vertragstypen macht deren spezifische Probleme und ihre Lösung bewußt und verhilft so zum richtigen Vertrag. Der Rechtsgewinnungsvorgang verläuft weitgehend außerhalb der gesetzlichen Systematik nach eigenen Regeln. Prüfstein der Richtigkeit eines Vertragstypus ist der Konsens der Fachleute. Die Vertragstypen sind notwendigerweise immer offen und immer in Bewegung. Sie dienen als Orientierungspunkte und Richtig-

---

[52] Vgl. hierzu das Gutachten von *Lieb* zum Deutschen Juristentag 1988 m. w. N.
[53] Vgl. hierzu insbesondere *Langenfeld* FamRZ 1987, 9.
[54] Vgl. hierzu *Langenfeld* Vertragsgestaltung Methode, Verfahren, Vertragstypen, 2. Aufl. 1997.

1. Kapitel. Grundlagen

keitsgewähr der Streitvermeidung. In der Ausgewogenheit ihrer Gestaltung haben sie so evident zu sein, daß sie nach entsprechender Belehrung auf die Akzeptanz der Beteiligten rechnen können.

22 Im Ehevertragsbereich bedeutet das, daß ein **Katalog typischer Regelungen für typische Fälle** bereitzuhalten ist, der von den beteiligten Verlobten und Eheleuten nach entsprechender Belehrung und Erläuterung als sachgerecht anerkannt wird und gewährleistet, daß der Ehevertrag eine gerechte eheliche Ordnung unter Abbedingung und Modifizierung der nicht passenden gesetzlichen Bestimmungen gestaltet. So gesehen, auch in bewußter Auseinandersetzung mit der nichtehelichen Lebensgemeinschaft, ist der Ehevertrag im weiteren Sinne der Güterrechtsregelung und der Regelung der Scheidungsfolgen ein **existentielles Instrument persönlicher freiheitlicher Lebensgestaltung** auf der Grundlage des Schutzes von Ehe und Familie i. S. von Art. 6 des Grundgesetzes.

VII. Zur Bestandskraft von Eheverträgen

1. Grundsätze

23 Die zunehmende Zahl von Ehevertragsehen, das zunehmende Gebrauchmachen von Modifizierungen im Bereich des Ehegüterrechts und die hohe Scheidungsziffer führen auch zu einer Zunahme obergerichtlicher Entscheidungen zum Ehevertragsrecht. Wie immer kommen nicht die fallgruppengerechten Gestaltungen in die Rechtsmittelinstanz, sondern die „Ausreißer". So hatte sich der BGH mit extremen Fällen zu befassen, bei denen der Schutzgedanke des Scheidungsfolgenrechts und die Ehevertragsfreiheit im Widerstreit standen. Der BGH hat sich zurecht für die Freiheit entschieden.

Dies enthebt den Notar nicht seiner Verpflichtung, auf den fallgruppengerechten Ehevertrag hinzuwirken. Die Fälle und die zu ihnen entwickelten Rechtsprechungsgrundsätze sind im Hinblick auf die Beurkundungspraxis genauer zu untersuchen. Dies geschieht im folgenden unter den Aspekten Anfechtung, Wegfall der Geschäftsgrundlage, Sittenwidrigkeit und Inhalts- und Ausübungskontrolle.

2. Anfechtung von Eheverträgen wegen Irrtums, Täuschung oder Drohung

24 Wie alle Verträge können auch Eheverträge wegen Irrtums, Täuschung oder Drohung angefochten werden, §§ 119, 123 BGB. Im Rahmen seiner Aufklärungs- und Belehrungspflicht hat der Notar die Aufgabe, derartige Anfechtungslagen zu verhindern. Es sind aber Fälle denkbar, in denen dem Notar, auch wenn er pflichtgemäß aufzuklären versucht, Anfechtungslagen aus dem persönlichen Bereich nicht offenbart werden. So war es in dem vom BGH mit Urteil vom 22. 11. 1995[55] entschiedenen Fall der Ehe einer Frau aus vermögender Familie mit einem nicht vermögenden Mann, aus der zwei Monate nach Eheschließung ein Kind hervorging. Der Vater der Frau ließ dem Schwiegersohn einen Ehevertrag über Gütertrennung zuleiten, dessen Abschluss dieser nach Konsultation eines Anwalts verweigerte. Daraufhin täuscht die Frau einen Tablettenselbstmord vor und erklärte dem um ihr und des Kindes Leben besorgten Ehemann nach ihrer „Rettung", sie könne dem Druck der Familie wegen des unterbliebenen Ehevertrages nicht standhalten. Hierdurch bestimmt schloss der Mann den Ehevertrag ab. Der BGH gestattete ihm anlässlich der wenige Jahre später stattfindenden Scheidung, den Ehevertrag wegen arglistiger Täuschung anzufechten.

---

[55] FamRZ 1996, 605 = NJW-RR 1996, 1281.

§ 1. Der Ehevertrag

Hinsichtlich der nachfolgend zu erörternden Fälle der Ausnutzung einer seelischen Zwangslage ist mit dem BGH und der Literatur[56] davon auszugehen, dass eine Anfechtung wegen Drohung grundsätzlich ausscheidet.

3. Wegfall der Geschäftsgrundlage

Höchst problematisch ist es, die Wirksamkeit von Eheverträgen unter dem Gesichtspunkt des Wegfalls der Geschäftsgrundlage mit dem Argument in Frage zu stellen, die Ehe sei anders verlaufen, als es sich die Eheleute bei Vertragsschluss vorgestellt hätten. So ist z.B. die Aufgabe der Berufstätigkeit durch einen Ehegatten oder die Geburt eines Kindes regelmäßig ein vorhersehbarer und vom Notar in seine Belehrung aufzunehmender Umstand, der Regelungsinhalt und damit nicht Geschäftsgrundlage des Vertrages ist. So ist es vor allem beim Unterhaltsverzicht.[57] Es ist *Büttner*[61] darin zuzustimmen, dass ein Wegfall der Geschäftsgrundlage nur selten zu bejahen sein wird. Das OLG München[58] hat ihn mit der Folge der Unwirksamkeit des ehevertraglichen Ausschlusses des Versorgungsausgleichs in einem Fall angenommen, in dem die Eheleute im Ehevertrag einleitend festgestellt hatten: „Wir beide haben einen erlernten Beruf und werden in unserer Ehe unsere Alterssicherung getrennt aufbauen". Die Frau hatte dann wegen der Geburt eines Kindes ihre Berufstätigkeit aufgegeben. Die Entscheidung zeigt die Problematik derartiger dem Ehevertrag als Präambeln vorangestellter Absichtserklärungen auf.[59]

25

4. Nichtigkeit wegen Sittenwidrigkeit

a) Grundsätze. Bei nicht fallgruppengerechten, dem Rechtsgefühl widersprechenden Eheverträgen liegt die Annahme der Sittenwidrigkeit i.S. von § 138 Abs. 1 BGB nahe und wird auch von Juristen immer wieder spontan artikuliert. Hier sind aber zwei Warntafeln aufzustellen. Einmal kommt es für die Beurteilung auf die Umstände zur Zeit des Vertragsabschlusses an, nicht auf den Zeitpunkt des Eintritts der Rechtswirkung.[60] Zum zweiten soll die Vorschrift nur die Einhaltung der äußersten Grenzen der herrschenden Rechts- und Sozialmoral sichern.[61] Wie so oft hilft nur die Fallgruppenbildung, bei der die Rechtsprechung schon fortgeschritten ist.

26

b) Eintritt der Sozialhilfebedürftigkeit. Für die Scheidungsvereinbarung hat der BGH mit Urteil vom 8. 12. 1982[62] festgestellt, dass der Unterhaltsverzicht wegen Sittenwidrigkeit nichtig ist, wenn der verzichtende Ehegatte durch ihn zwangsläufig der Sozialhilfe anheimfällt. Diese sittenwidrige Belastung eines Dritten muss nicht auf einer Schädigungsabsicht beruhen.[63] Wohl aber muss den Vertragsschließenden die drittschädigende Auswirkung des Verzichts bewusst gewesen sein.[64] Das OLG Koblenz[65] hat sogar bei laufendem Sozialhilfebezug dieses Bewusstsein verneint, wenn die Parteien lediglich eine Ehestabilisierung erreichen wollten. Das Schädigungsbewusstsein wird schwer nachzuweisen sein, wenn in die Vereinbarung eine von den Parteien vorgestellte wirtschaftliche Sicherung etwa durch Aufnahme einer

27

---

[56] BGH NJW 1988, 2599; *Büttner* FamRZ 1998, 1/3.
[57] OLG Hamm FamRZ 1993, 973.
[58] FamRZ 1995, 95.
[59] Zur Funktion der Präambel auch als Festlegung der Vertragsgrundlage *Langenfeld*, Vertragsgestaltung, 2. A. 1997 Rdn. 182, 268.
[60] BGH FamRZ 1985, 789; FamRZ 1991, 306; FamRZ 1992, 1403.
[61] *Büttner,* FamRZ 1998, 1/4.
[62] NJW 1983, 1851 = BGHZ 86, 82.
[63] BGH aaO.
[64] OLG Köln FamRZ 1990, 634.
[65] FamRZ 1995, 171.

Berufstätigkeit ausdrücklich aufgenommen wird.[66] Beim vorsorgenden Ehevertrag von Verlobten liegen schon die objektiven Voraussetzungen der Drittbenachteiligung nicht vor, da zum Zeitpunkt des Vertragsschlusses die Ehe und damit Unterhaltsansprüche noch nicht bestehen und deshalb der Unterhaltsverzicht die Bedürftigkeit nicht erhöht.[67] Beim vorsorgenden Ehevertrag von Eheleuten fehlt es am subjektiven Drittschädigungsbewusstsein, da die Eheleute vom Bestand der Ehe ausgehen und lediglich von der vorsorgenden Ehevertragsfreiheit Gebrauch machen.[68] Sittenwidrigkeit wegen Benachteiligung der Sozialhilfe kommt damit nur in Betracht, wenn es sich um einen scheidungsbezogenen Ehevertrag i.S. der Vorbereitung der beabsichtigten oder erwogenen Scheidung handelt.

Diese Grundsätze gelten auch für den ehevertraglichen Ausschluss des Versorgungsausgleichs.[69]

28 *c) Ausnutzung psychischer Zwangslagen.* In zwei Entscheidungen hat der BGH[70] festgestellt, dass ein Unterhaltsverzicht bzw. Versorgungsausgleichsausschluss zulasten der schwangeren Verlobten auf Verlangen des Mannes, der nur bei Abschluss dieses Ehevertrages heiraten will, nicht sittenwidrig ist. Er begründet dies mit der Eheschließungsfreiheit des Mannes, der von einer Eheschließung absehen und sich auf die rechtlichen Pflichten eines nichtehelichen Vaters zurückziehen könnte. Der BGH verkennt die Zwangslage der Frau nicht, sieht aber die Geltendmachung der Eheschließungsfreiheit durch den Mann nicht als zu missbilligende Ausbeutung dieser Zwangslage an. An dieser Wertung stößt sich ein Teil der Literatur.[71]

Entsprechend hat der BGH in einem Fall entschieden, in dem der Mann nach einer Ehekrise zur Fortsetzung der seit vier Jahren bestehenden Ehe nur gegen Abschluss eines Ehevertrages über Gütertrennung, Versorgungsausgleichsausschluss und Unterhaltsverzicht bereit war.[72] Er lässt offen, wie nach langjähriger Ehe zu entscheiden wäre und zitiert ohne Wertung eine Entscheidung des OLG Karlsruhe,[73] die einen enstprechenden Vertrag mit zusätzlicher Übertragung der Haushälfte auf den Ehemann nach 25-jähriger Hausfrauenehe für sittenwidrig und nichtig angesehen hatte. Dies ist wohl so zu verstehen, dass sich der BGH die abweichende Entscheidung im Einzelfall offen halten will.[74]

5. Ausübungskontrolle über § 242 BGB

29 Liegen beim Unterhaltsverzicht die Voraussetzungen des Kindesbetreuungsunterhalts nach § 1570 BGB vor, so nimmt der BGH über § 242 BGB anstelle der Inhaltskontrolle mit dem Verdacht der Nichtigkeit eine Ausübungskontrolle vor.[75] Nach dieser Rechtsprechung,[76] ist dem auf Unterhalt in Anspruch genommenen

---

[66] *Büttner* FamRZ 1998, 1/4
[67] BGH NJW 1992, 3164 = LM Nr. 25 zu § 138 BGB m. Anm. *Langenfeld.*
[68] BGH NJW 1991, 913.
[69] BGH NJW 1997, 126 = LM Nr. 52 zu § 138 BGB m. Anm. *Langenfeld* = FamRZ 1996, 1536.
[70] BGH = LM § 138 BGB Nr. 23 m. Anm. *Langenfeld* = FamRZ 1992, 1403; NJW 1997, 126 = LM § 138 BGB Nr. 52 m.Anm. *Langenfeld* = FamRZ 1996, 1536.
[71] *Schwenzer* AcP 196 – 1996 – 88; *Büttner* FamRZ 1997, 600 und FamRZ 1998, 1; a.A. *Grziwotz* FamRZ 1997, 585.
[72] BGH FamRZ 1997, 156 = NJW 1997, 192 = DNotZ 1997, 410.
[73] FamRZ 1991, 332.
[74] Vgl. auch die Entscheidungen OLG Zweibrücken FamRZ 1996, 869 einerseits und OLG Koblenz FamRZ 1996, 121 andererseits.
[75] Vgl. *Langenfeld,* Von der Inhaltskontrolle zur Ausübungskontrolle, Festschrift Schippel 1996, 251.
[76] BGH FamRZ 1985, 787; FamRZ 1985, 788; FamRZ 1991, 306; FamRZ 1992, 1403; NJW 1995, 1148.

geschiedenen Ehegatten die Berufung auf einen Unterhaltsverzicht des anderen nach § 242 BGB verwehrt, wenn der Verzicht dadurch gegen Treu und Glauben verstösst, dass durch die Berufung auf ihn überwiegende schutzwürdige Interessen gemeinschaftlicher Kinder verletzt werden. Zwar kann der Unterhaltsverzicht grundsätzlich auch einem Unterhaltsanspruch aus § 1570 BGB entgegengehalten werden, jedoch kann sich der Ehemann nach Treu und Glauben nicht auf den Unterhaltsverzicht berufen, solange und soweit das Wohl des von der Ehefrau betreuten Kindes den Bestand der Unterhaltspflicht fordert. Dies gilt unabhängig davon, ob bei Abschluss des Unterhaltsverzichts die Geburt eines gemeinschaftlichen Kindes nicht bedacht oder sogar ausgeschlossen wurde, oder ob sie bereits bevorstand.

Die Berufung auf den Unterhaltsverzicht wird aber nicht endgültig und völlig ausgeschlossen, sondern nur zeitlich und in der Höhe des Unterhalts begrenzt. Zeitlich ist die Berufung auf den Verzicht nur solange ausgeschlossen, wenn die Notwendigkeit einer Betreuung des gemeinschaftlichen Kindes andauert. Es gelten also insofern die Rechtsprechungsgrundsätze über die Erwerbsobliegenheit des betreuenden Elternteils, nach denen eine Verpflichtung jedenfalls zu einer Teilzeitbeschäftigung nur zu verneinen ist, solange das Kind noch nicht acht Jahre alt ist. Weiterhin wird den zwingenen Interessen des Kindes hinsichtlich des an den betreuenden Elternteil zu zahlenden Unterhalts dadurch genügt, dass dem betreuenden Elternteil der notwendige Unterhalt i.S. des Mindesbedarfs, etwa nach der Düsseldorfer Tabelle, gewährt wird. Es ist also nur der Unterhalt zu zahlen, der es dem betreuenden Elternteil ermöglicht, sich der Pflege und Erziehung des Kindes zu widmen, ohne eine Erwerbstätigkeit aufzunehmen oder Sozialhilfe zu beanspruchen.

Nach Ansicht des OLG Düsseldorf[77] hat der Notar auf diese Rechtsprechung hinzuweisen und haftet bei Unterbleiben eines solchen Hinweises möglicherweise dem unterhaltspflichtigen Ehepartner auf Freistellung von den Unterhaltsansprüchen des anderen Ehegatten.

Der BGH[78] bezeichnet es als zweifelhaft, ob diese zum Unterhaltsverzicht entwickelten Grundsätze auf den ehevertraglichen Ausschluss des Versorgungsausgleichs übertragen werden können, sieht sich aber nicht zu einer abschließenden Beurteilung der Frage genötigt. Sie dürfte zu verneinen sein, da das Interesse der Kinder nicht so vital berührt wird wie beim Unterhaltsverzicht.

6. Inhaltskontrolle wegen gestörter Vertragsparität mit einseitiger Belastung des unterlegenen Ehegatten?

Nach der Rechtsprechung des BVerfG zur Bürgschaft[79] kann ein Vertrag bei struktureller Unterlegenheit eines Vertragsteils und hieraus folgender ungewöhnlicher Belastung dieses Vertragsteils über §§ 138, 242 BGB richterlich korrigiert werden. Hieran anknüpfend fordern *Schwenzer*[80] und *Büttner*[81] eine richterliche Inhaltskontrolle auch von Eheverträgen. Nach *Schwenzer* ist bei Eheverträgen von einer strukturellen Unterlegenheit der Frau auszugehen, die aus ihrer sozioökonomischen und psychologischen Situation folge. Der Mann sei älter als die Frau, habe einen höheren Ausbildungsstand und verdiene mehr. Infolge der bei der Frau vor-

---

[77] DNotZ 1997, 656.
[78] LM § 138 Nr. 52 aaO.
[79] BVerfG FamRZ 1994, 151 = NJW 1994, 36; NJW 1996, 2021; vgl. auch *Pape* NJW 1997, 980.
[80] AcP 196 – 1996 –, 88.
[81] FamRZ 1998, 1.

herrschenden Ethik der Anteilnahme sei sie in der Ehevertragshandlung dem Mann unterlegen.

Grziwotz[82] hält dem entgegen, die psychologische Situation sei nicht so einfach. Er beruft sich auf *Luhmann*,[83] nach dem sich der Mann häufig ohne Rücksicht auf die Folgen einem romantischen Verliebtsein hingibt, während die Frau bei Eingehung einer Ehe durch rationale Erwägungen kontrolliert, mit wem und zu welchen Bedingungen sie den Ausflug ins Land der Romantik unternimmt.

Auch *Büttner*[84] lehnt die Herleitung eines strukturellen Ungleichgewichts aus der Eigenschaft als Mann oder Frau ab. Beide seien als Menschen strukturell gleichwertige Vertragspartner. Ein strukturelles Ungleichgewicht könne sich aber aus der Unterlegenheit einer Ehevertragspartei in der Lebenslage bei Vertragsabschluss ergeben. Eine objektive, strukturelle Unterlegenheit liege z.B. vor, wenn die Frau wegen eines erwarteten Kindes ihre Interessen nicht mehr sachgerecht vertreten könne oder wenn sie wenige Tage vor der in großem Stil vorbereiteten Hochzeit mit der ultimativen Forderung nach Abschluss eines Ehevertrages konfrontiert werde. Sittenwidrig sei der Vertrag dann aber nur, wenn sein Inhalt einseitig belastend sei. Davon sei stets auszugehen, wenn auf den gesetzlich vorgesehenen Schutz entschädigungslos verzichtet werde und die angemessene soziale Absicherung damit entfalle.

Den bisherigen Standpunkt des BGH gibt *Gerber*[85] eindrucksvoll wieder. Die OLG halten sich überwiegend hieran,[86] weichen aber auch teilweise auf nicht haltbare Einzelfalljurisprudenz aus.[87]

7. Folgerungen für die Beurkundungspraxis

31 Für die Beurkundungspraxis ist von der Rechtsprechung des BGH auszugehen. Nach ihr ist grundsätzlich auch der nicht ehetypgerechte Ehevertrag von der Eheschließungsfreiheit gedeckt und nicht sittenwidrig und nichtig. Der Notar kann seine Beurkundung nicht nach § 4 BeurkG ablehnen.

Dies bedeutet aber nicht, dass der Notar nicht alles versuchen muss, um in der Ehevertagsverhandlung einen ehetypgerechten Vertrag zustandezubringen. Nur wenn seine Vorhaltungen und Belehrungen nichts fruchten, darf er die Beurkundung nicht ablehnen, hat aber dann – schon im eigenen Haftungsinteresse – die erfolgte Beratung und Folgenbelehrung in der Urkunde zweifelsfrei zu dokumentieren. Nur so wird er dem hohen Anspruch der Vertragsfreiheit und den berechtigten Erwartungen der Rechtsprechung gerecht. Der BGH führt in NJW 1997, 126 aus: *„Schutz davor, dass der Ehevertrag aus Unerfahrenheit oder Gesetzesunkenntnis abgeschlossen wird, bietet die aus § 17 BeurkG folgende Belehrungspflicht des beurkundenden Notars"*. Diesen Appell an die gesetzlichen Mindestpflichten hat der Notar angesichts der dargestellten Bedrohungen der Vertragsfreiheit zum Anlass zu nehmen, darüber hinaus in Anwendung der Grundsätze der Ehevertragsgestaltung nach Fallgruppen und Vertragstypen inhaltliche Standards zu setzen und nach Möglichkeit durchzusetzen. Funktion und Amt des Notars können auf Dauer nur bewahrt und verteidigt werden, wenn sich der Träger dieses Amtes zu inhaltlichen Vorgaben bekennt.

---

[82] FamRZ 1997, 585/589.
[83] Liebe als Passion, 4. A. 1982 S. 191 Fn. 31.
[84] AaO S. 5.
[85] Sonderheft 25. Deutscher Notartag Münster 1998 der DNotZ, 288 ff.
[86] Vgl. OLG Köln NJW-RR 1999, 1161; OLG Hamm NJW-RR 1999, 1306.
[87] Vgl. OLG Schleswig NJW-RR 1999, 1094 = MittBayNot 1999, 384 m. abl. Anm. *Grziwotz*.

§ 2. Die Scheidungsvereinbarung

I. Grundlagen

Ist der Ehevertrag das Instrument der Gestaltung der güterrechtlichen Verhältnisse 32
der Ehegatten und im begrifflich weiteren Sinn der vorsorgenden Regelung der
Scheidungsfolgen, so ist die Scheidungsvereinbarung die **konkrete Regelung der Folgen der Scheidung**, die einverständliche Liquidation der gescheiterten Ehe. Sie ist regelmäßiger Bestandteil einer einverständlichen Scheidung neuen Rechts nach §§ 1565
Abs. 1, 1566 Abs. 1 BGB, § 630 ZPO. Der verbliebene Rest ehelicher Solidarität,
auch Gründe der Vernunft, der Kostenersparnis und der Beschleunigung des Verfahrens bewegen die Eheleute dazu, den „Ehekonkurs" einverständlich abzuwickeln.

Durch die Neuregelungen des 1. Eherechtsreformgesetzes auf prozessualem, materiell-scheidungsrechtlichem und scheidungsfolgenrechtlichem Gebiet hat sich
gegenüber dem alten Recht Bedeutung und Häufigkeit von Scheidungsvereinbarung
erheblich verstärkt. Neben die bisher fast ausschließlich gehandhabte Scheidungsvereinbarung in der Form des gerichtlichen Vergleichs ist die notarielle Scheidungsvereinbarung getreten, deren Aneignung und Aufarbeitung durch die Kautelarjurisprudenz fortschreitet.[1] In notarieller Scheidungsvereinbarung können die Scheidungsfolgen bereits vor Klageeinreichung geregelt werden, wird das Verfahren
beschleunigt, genügt die Einschaltung nur eines Anwaltes und werden wesentliche
Kostenersparnisse erzielt.[2]

Schwerpunkte der Scheidungsvereinbarung bilden
- die **Vermögensauseinandersetzung** in allen Güterständen, bei Gütergemeinschaft die Auseinandersetzung des Gesamtguts, bei Gütertrennung die Auseinandersetzung gemeinschaftlichen Vermögens und die Rückabwicklung von Zuwendungen, bei Zugewinngemeinschaft auch der Zugewinnausgleich, § 1378 Abs. 2 BGB,
- die Auseinandersetzung von **Ehewohnung und Hausrat** nach der Hausratsordnung,
- der **Versorgungsausgleich**, § 1587 o BGB,
- die **Regelung des nachehelichen Unterhalts**, § 1585 c BGB,
- die **Regelung des Kindesunterhalts**, § 1629 Abs. 3, S. 2 BGB,
- Vorschläge an das Familiengericht zur **Regelung der elterlichen Sorge**, § 1671 BGB und des Umgangsrechts, § 1684 BGB,
- die **Kosten des Rechtsstreits**, § 93 a Abs. 1 S. 3 ZPO.

Für die Scheidungsvereinbarung insgesamt gilt, was die Begründung des Regierungsentwurfs zu § 1585 c BGB[3] für die Regelung des nachehelichen Unterhalts
feststellt, daß nämlich „zur Vermeidung unnötigen Streits im Scheidungsverfahren
und im Interesse des Ausschlusses späterer Unterhaltsstreitigkeiten ... eine möglichst
frühzeitige und vertragliche Lösung der unterhaltsrechtlichen Beziehung der Ehegatten für die Zeit nach der Scheidung sogar erwünscht" erscheint.

II. Prozessuales

Die Hauptbedeutung der Scheidungsvereinbarung liegt im Bereich der **einver-** 33
ständlichen Scheidung, d. h. der Scheidung nach einjährigem Getrenntleben auf-

---
[1] Vgl. *Langenfeld* NJW 1981, 2377; *Langenfeld* DNotZ 183, 139; *Richter* MittBayNot 1983, 95.
[2] *Jost* NJW 1980, 327.
[3] BT-Drucks. 7/650; BJM-Brosch. S. 211.

grund beiderseitigen Scheidungsantrags oder einseitigen Scheidungsantrags mit Zustimmung des anderen Ehegatten, §§ 1565, 1566 Abs. 1 BGB. Für die einverständliche Scheidung ist von § 630 ZPO auszugehen. Die Vorschrift wurde durch die Familienrechtsreform 1997 neu gefasst. Der Scheidungsantrag eines Ehegatten beim Familiengericht muss danach enthalten
- die Mitteilung, dass der andere Ehegatte der Scheidung zustimmt,
- die übereinstimmende Erklärung der Ehegatten, dass Anträge zur Übertragung der elterlichen Sorge oder eines Teils der elterlichen Sorge für die Kinder auf einen Elternteil und zur Regelung des Umgangs der Eltern mit den Kindern nicht gestellt werden, weil sich die Ehegatten über das Fortbestehen der Sorge und über den Umgang einig sind, oder, soweit eine gerichtliche Regelung erfolgen soll, die entsprechenden Anträge und jeweils die Zustimmung des anderen Ehegatten hierzu,
- die Einigung der Ehegatten über die Regelung der Unterhaltspflicht gegenüber einem Kinde,
- die Einigung der Ehegatten über den nachehelichen Ehegattenunterhalt,
- die Einigung der Ehegatten über die Rechtsverhältnisse an der Ehewohnung,
- die Einigung der Ehegatten über die Rechtsverhältnisse am Hausrat.

Das Gericht soll dem Scheidungsantrag erst stattgeben, wenn die Eheleute über den Kindesunterhalt, den nachehelichen Unterhalt und die Rechtsverhältnisse an Ehewohnung und Hausrat einen vollstreckbaren Schuldtitel herbeigeführt haben.

Die Herbeiführung eines derartigen Schudltitels wird erleichtert durch die Neufassung von § 794 Abs. 1 Nr. 5 ZPO in der Fassung der Zwangsvollstreckungsnovelle 1999. Seitdem können die Notare vollstreckbare Urkunden nicht mehr lediglich über die Zahlung von Geldsummen oder Leistung einer bestimmten Menge vertretbarer Sache oder Wertpapiere errichten, sondern allgemein über jeden Anspruch, der einer vergleichsweisen Regelung zugänglich ist, nicht auf Abgabe einer Willenserklärung gerichtet ist und nicht den Bestand eines Mietverhältnisses über Wohnraum betrifft. Damit ist es jetzt möglich, im Rahmen einer vollstreckbaren Urkunde einen vollstreckbaren Schuldtitel im vollen Umfang des § 630 Abs. 3 ZPO, also über alle dort bezeichneten Gegenstände herbeizuführen.

Über den Mindestinhalt von § 630 ZPO hinaus regelt die notarielle Scheidungsvereinbarung regelmäßig auch die Beendigung des Güterstandes durch Vereinbarung von Gütertrennung, die Durchführung des Zugewinnausgleichs, die Auseinandersetzung über Gegenstände im gemeinschaftlichen Eigentum der Eheleute, insbesondere über das Familieneigenheim, und den Versorgungsausgleich, soweit dieser nach § 1587o BGB oder § 1408 Abs. 2 BGB ausgeschlossen werden soll. Im idealen Fall wird so der einverständliche Ehekonkurs in einer notariellen Urkunde durchgeführt.

III. Zulässigkeit und Schranken von Scheidungsvereinbarungen

34 Nach geltendem Recht haben **scheidungserleichternde Vereinbarungen** im Rahmen der unstreitigen Scheidung instrumentale Bedeutung. Sie sind zur Vermeidung unnötigen Streits im Scheidungsverfahren in jedem Fall erwünscht.[4] Der für die alte Verschuldensscheidung spezifische Unwirksamkeitsgrund des Geltendmachens nicht oder nicht mehr bestehender Scheidungsgründe ist entfallen. Bei tatsächlicher Zerrüttung der Ehe ist auch die unzutreffende Behauptung, die einjährige Trennungsfrist des § 1566 Abs. 1 BGB sei abgelaufen, ohne Einfluß auf die Wirksamkeit der

---

[4] BJM-Brosch S. 211.

§ 2. Die Scheidungsvereinbarung

Vereinbarung.[5] Nach dem Wegfall des § 72 S. 2 und 3 EheG ist die Frage der Nichtigkeit einer Scheidungsvereinbarung nur noch nach den allgemeinen Vorschriften der §§ 134, 137 BGB zu beurteilen.

Ein **Verzicht** auf Zugewinnausgleich, nachehelichen Unterhalt und Versorgungsausgleich anläßlich der Scheidung, der lediglich zu Lasten eines Ehegatten geht, ist nur dann sittenwidrig und nichtig, wenn weitere Umstände hinzukommen, die dem Rechtsgeschäft ein Gepräge geben, das dem Anstandsgefühl aller billig und gerecht Denkenden widerspricht. Auch wenn bei **einseitigem Verzicht** eine gleichwertige Gegenleistung des anderen Ehegatten nicht vorliegt, also ein grobes Mißverhältnis von Leistung und Gegenleistung besteht, ist **Sittenwidrigkeit** entsprechend dem Rechtsgedanken des § 138 Abs. 2 BGB erst dann anzunehmen, wenn der Übervorteilende eine schwächere Position des Übervorteilten bewußt oder grob fahrlässig ausnutzt.[6] Ein derartiges Ausnutzen kann dann vorliegen, wenn ein Ehegatte den anderen wegen dessen Verschuldens am Scheitern der Ehe unter Druck setzt und ihm dadurch übermäßige Zugeständnisse erpreßt. Allerdings dürfte auch dies nur der Ausnahmefall sein. Gibt der am Scheitern der Ehe etwa durch Aufnahme von Beziehungen zu einem anderen Partner allein schuldige Ehegatte dieses Verschulden ohne weiteres zu und ist deshalb, und um sich schnell aus der Ehe lösen zu können, zu allen Zugeständnissen an den anderen Ehegatten bereit, so ist auch ein umfassender Verzicht nach längerer Ehedauer nicht sittenwidrig. Der freie Entschluß des sich aus der Ehe lösenden Ehegatten, neu anzufangen und vom anderen nichts haben zu wollen, ist in diesem Fall zu respektieren.

Dem Notar kann, soweit sich der Verdacht der Sittenwidrigkeit wegen bewußten Ausnutzens einer Zwangslage nicht geradezu aufdrängt, nicht zugemutet werden, hier Motivforschung zu treiben. Er genügt seiner Belehrungspflicht, wenn er die Beteiligten eindringlich auf die Rechtsfolgen der gewünschten Vereinbarung hinweist und damit verhindert, daß die Unwissenheit oder Leichtfertigkeit eines Ehegatten vom anderen ausgenutzt wird.

IV. Formfragen

Die **Formbedürftigkeit** der Scheidungsvereinbarung ergibt sich bei gerichtlicher 35
Protokollierung aus dem Prozeßrecht, bei außergerichtlichem Abschluß aus verschiedenen Vorschriften. Soweit nach § 630 Abs. 3 ZPO ein vollstreckbarer Titel herzustellen ist, bedarf dieser nach § 794 Abs. 1 Nr. 5 ZPO der notariellen Beurkundung. Die Beurkundungspflicht kann sich auch und daneben aus §§ 1587o, 313 BGB ergeben. Soweit dann, wie im Regelfall, die Scheidungsvereinbarung einen interdependenten, als Gesamtheit ausgehandelten und als solchen verstandenen Gesamtzusammenhang bildet, werden auch grundsätzlich nicht formbedürftige Vereinbarungsteile wie die Unterhaltsregelung nach § 125 BGB beurkundungspflichtig.

V. Verhältnis zum Ehevertrag und zum Getrenntlebensvertrag

Die Übergänge vom vorsorgenden Ehevertrag zur Scheidungsvereinbarung sind 36
fließend. Hierzu trägt insbesondere die gesetzliche Ausgestaltung der Dispositions-

---

[5] Soergel/Häberle § 1585 c Rdn. 17.
[6] v. Hornhardt DNotZ 1981, 448 gegen OLG Köln DNotZ 1981, 444; differenzierend MünchKomm/*Maurer* § 1585 c Rdn. 46 ff.; Soergel/Häberle § 1585 c Rdn. 14 ff.

1. Kapitel. Grundlagen

befugnisse über den Versorgungsausgleich bei. Um der gerichtlichen Genehmigungspflicht des § 1587o BGB zu entgehen, können die Ehegatten auch bei konkreter Scheidungsabsicht eine ehevertragliche Vereinbarung nach § 1408 Abs. 2 BGB treffen, wenn sie dann bis zum Scheidungsantrag die Jahresfrist des § 1408 Abs. 2 S. 2 BGB abwarten.[7] In einem derartigen **konkret scheidungsbezogenen Ehevertrag** kann auch durch Beendigung des Güterstandes der Zugewinngemeinschaft und einverständliche Abwicklung der Zugewinn endgültig ausgeglichen werden und ein gegenseitiger Unterhaltsverzicht erklärt werden.

Weiterhin ist es möglich, einen **Ehevertrag** über den Versorgungsausgleich nach § 1408 Abs. 2 BGB **hilfsweise**, nämlich für den Fall des Scheidungsantrags vor Ablauf der Jahresfrist, **auch als Scheidungsvereinbarung** nach § 1587o zu beurkunden.[8]

Eine Zwischenstellung zwischen Ehevertrag und Scheidungsvereinbarung mit Elementen beider, aber auch eigenen Regelungen, nimmt der **Getrenntlebensvertrag** ein.

Er kann enthalten:
– Vereinbarungen über den **Getrenntlebensunterhalt** nach § 1361 BGB,
– Vereinbarungen über die **Hausratsverteilung** § 1361a BGB,
– Vereinbarungen über die **elterliche Sorge** bei Getrenntleben, § 1671 BGB, und das Umgangsrecht,
– Vereinbarungen über den **Kindesunterhalt**,
– endgültige ehevertragliche Verfügungen über den **Zugewinnausgleich** nach Beendigung des Güterstandes,
– Vereinbarungen über den **Zugewinnausgleich** im Scheidungsfall nach § 1378 Abs. 3 S. 2 BGB,
– Vereinbarungen über den **Versorgungsausgleich** nach § 1408 Abs. 2 BGB,
– dingliche **Auseinandersetzungen** hinsichtlich Grundstücken und grundstücksgleichen Rechten
– und Vereinbarungen über die Handhabung der **Steuerpflichten**.

Der Getrenntlebensvertrag kann wie die Scheidungsvereinbarung wegen der **Formbedürftigkeit** einzelner Teile insgesamt formbedürftig sein.

---

[7] Vgl. Rdn. 544 ff.
[8] Vgl. Rdn. 544 ff.

2. Kapitel. Die rechtliche Ordnung der Ehe

§ 1. Das eheliche Zusammenleben

I. Die Freiheit der Ehegatten

Der Gesetzgeber des 1. EheRG hat sich der **Festlegung eines gesetzlichen Eheleitbildes enthalten.** Er bestimmt nur noch wenige Grundstrukturen der gesetzlichen Ehe. Dies sind das Lebenszeitprinzip, § 1353 Abs. 1 S. 1 BGB, die Verpflichtung zur ehelichen Lebensgemeinschaft, § 1353 Abs. 1 S. 2 BGB und die Verpflichtung zum Familienunterhalt, § 1360 BGB. Im übrigen regeln die Ehegatten den Inhalt der ehelichen Lebensgemeinschaft im gegenseitigen Einvernehmen, § 1356 Abs. 1 S. 1 BGB. Der Begriff der Haushaltsführung ist in diesem weiten Sinne zu verstehen. 37

Hinter der eher moderaten, fast bieder wirkenden Fassung des § 1356 Abs. 1 S. 1 BGB verbirgt sich das entscheidende Regelungsproblem jeder Ehe, der **gemeinsame Lebensplan**,[1] ein Einvernehmen über die Grundlagen und Konsequenzen des ehelichen Zusammenlebens, das jeden Tag neu hergestellt und bestätigt werden muß. Verlieren die Ehegatten die Fähigkeit zur Herstellung dieses Einvernehmens, scheitert die Ehe. Am Beginn der Ehe steht die Verpflichtung zur einvernehmlichen Regelung der **ehelichen Rollenverteilung,** also der Wahl eines Ehetyps, sei es der Einverdienerehe in der Form der Hausfrauenehe oder Hausmannehe, der Doppelverdienerehe oder Zuverdienerehe. Auch wenn es im Lauf der Ehe bei dieser grundsätzlichen Rollenverteilung bleibt, stehen weitere Entscheidungen zur einvernehmlichen Regelung an, etwa die Wahl des ehelichen Wohnsitzes, die Entscheidung über den Bau eines Familienheims, Entscheidungen über Erziehung und Ausbildung der Kinder und andere täglich gemeinsam zu treffende Entscheidungen. Sowohl bei der Wahl der Grundsätze der ehelichen Rollenverteilung als auch bei den täglichen Entscheidungen des Ehelebens läßt der Gesetzgeber den Eheleuten völlige Gestaltungsfreiheit und enthält sich der Vorgabe eines Eheleitbildes. Während im Ehegüterrecht den Eheleuten ein gesetzlicher Güterstand mit der Möglichkeit seiner Abänderung oder der Vereinbarung von Wahlgüterständen angeboten wird, werden die Eheleute bei der **Wahl der ehelichen Rollenverteilung** völlig allein gelassen. Auf ihre Fähigkeit zum Konsens kommt es also entscheidend an. Hier liegt eine wesentliche Abweichung vom alten Recht, wo § 1353 Abs. 1 BGB a.F. das Leitbild der Hausfrauenehe normierte.

Die Entscheidung über die eheliche Rollenverteilung ist damit eine der wichtigsten Entscheidungen der Eheleute geworden, was in seltsamer Diskrepanz dazu steht, daß diese Entscheidung oft stillschweigend durch faktische Übereinkunft getroffen wird, und daß die Rechtsnatur und die Rechtsfolgen des herzustellenden Einvernehmens mangels gesetzlicher Regelung weitgehend unklar und streitig sind.

II. Das Ehebild des Gesetzes

Die Geschichte der Kodifikationen der Ehe beginnt mit der Ehelehre von *Fichte*[2] die zum Ausgangspunkt der Reform des preußischen Eherechts im Allgemeinen 38

---

[1] BGH FamRZ 1981, 439.
[2] Grundlagen des Naturrechts nach Principien der Wissenschaftslehre, in: Sämtliche Werke 1845/1846, Anhang I § 8.

Landrecht wurde.³ Kern der Lehre von Fichte ist, daß die Ehe keinen Zweck außer ihr selbst hat, daß sie ihr eigener Zweck ist. Dies wurde zunächst auch von Savigny;⁴ durch die Feststellung untermauert, daß sich der gesamte Innenbereich der Familie rechtlicher Erfassung entziehe, da er von der Sitte bestimmt werde. Im Ergebnis begründete Savigny jedoch die Lehre von der **Ehe als Institution**, argumentierte hinsichtlich der ehelichen Pflichten mit dem später in der Rechtsprechung immer wieder auftauchenden „Wesen der Ehe" und ermöglichte es der Pandektenwissenschaft, aus den sittlichen Pflichten zwischen den Eheleuten rechtliche Pflichten zu machen.⁵

Das BGB verstand deshalb die Ehe als eine „vom Willen der Eheleute unabhängige sittliche Ordnung"⁶ mit aus ihr folgenden rechtlichen Pflichten. Von dieser **institutionellen Ehelehre** wurden die einzelnen Verhaltenspflichten als Rechtsfolgen aus dem patriarchalisch und christlich verstandenen sittlichen **Wesen der Ehe** abgeleitet und als zwingend und unabdingbar verstanden. Dem Gleichberechtigungsgebot des Art. 6 Abs. 2 GG konnte dieses Ehebild nicht auf die Dauer standhalten. Es mußte zu einem partnerschaftlichen und damit **interindividuellen Ehebild** kommen, zumal auch das Bundesverfassungsgericht schon früh⁷ betonte, die Gestaltung der Privatsphäre sei den Ehegatten selbst überlassen. Das Gleichberechtigungsgesetz blieb zwar noch beim Leitbild der Hausfrauenehe, stellte die Haushaltstätigkeit der Frau jedoch der Erwerbstätigkeit des Mannes gleich. Das 1. Eherechtsgesetz tat dann den Schritt zur offenen, von den Ehegatten autonom zu gestaltenden Ehe, indem es sich jeder Vorgabe eines Ehemodells enthielt und lediglich das Lebenszeitprinzip, die Verpflichtung zur ehelichen Lebensgemeinschaft, den gemeinsamen Ehe- und Familiennamen und die beiderseitige Verpflichtung zum Familienunterhalt als Grundstrukturen der bürgerlichen Ehe normierte.

39   Das **Ehebild der Eherechtsform** befindet sich in grundsätzlicher Übereinstimmung mit den neueren Ehelehren. Einen soziologisch-pragmatischen Ansatz hat die Ehelehre von *Gernhuber*⁸ der die Ehe als soziale Verhaltensform ansieht, deren Gestalt sich mit den allgemeinen sozialen Anschauungen wandelt. Die Eheleute haben insbesondere die Möglichkeit der Wahl des Ehetyps und autonomer Gestaltung ihres ehelichen Zusammenlebens. Die übrigen **interindividuellen Ehelehren** sind gekennzeichnet durch die Loslösung des Ehebildes von überindividuellen, also metaphysisch oder empirisch fundierten Inhalten und die Hinwendung zum Verständnis der Ehe als eines formalen offenen Rahmens, der der Ausgestaltung der Eheleute anheimgegeben ist. Zwingende Einzelpflichten über die Verpflichtung zur ehelichen Lebensgemeinschaft hinaus entfallen. Es bleibt nur noch die nicht sanktonierte Verpflichtung der Eheleute zur Einigung ohne jede Vorgabe des Inhalts der Einigung, in extremer Konsequenz, wie sie Ernst *Wolf*⁹ vertritt, ohne jede Bestandskraft und Bindung als reines Einigsein der Eheleute, bei dessen endgültigem Entfallen die Ehe gescheitert ist und geschieden werden muß. Ähnlich argumentiert vom Grundgesetz her *Ramm*¹⁰ der dann aber über die einzelnen Ehetypen, insbesondere die von ihm bevorzugte Doppelverdienerehe, zu inhaltlichen Aussagen kommt.

---

³ *Dörner* Industrialisierung und Familienrecht, 1974, S. 81.
⁴ System des heutigen Römischen Rechts, 1840/1849 Bd. I S. 316.
⁵ *Hepting* Ehevereinbarungen, S. 18f.
⁶ Motive IV 562.
⁷ BVerfG 6, 55/82.
⁸ FamRZ 1979, 193.
⁹ *Wolf/Lüke/Hax* Scheidung und Scheidungsrecht 1959, 271; *Wolf* JZ 1967, 659, 749; NJW 1968, 1497; FamRZ 1968, 493; JZ 1970, 441; JZ 1973, 647.
¹⁰ JZ 1968, 41; Familienrecht Band I, Recht der Ehe, 1984, S. 65 ff.; vgl. die ausführliche Besprechung von *Pawlowski* FamRZ 1986, 326.

§ 1. Das eheliche Zusammenleben

Streck[11] ist der Ansicht, daß zwar aus dem Begriff der ehelichen Lebensgemeinschaft des § 1353 Abs. 1 BGB keine konkrete Ehepflichten abgeleitet werden können, nimmt aber ein gegenseitiges Treueverhältnis zwischen den Ehegatten an, aus dem sich konkrete Einzelpflichten ergeben können. *Pawlowski*[12] sieht die Ehe als offenen Rahmen, der durch faktische Organisationsakte der Eheleute ohne rechtliche Verbindlichkeit ausgefüllt wird.

Hepting[13] weist, auf den Untersuchungen von *Comes*[14] und *Larenz*[15] aufbauend, nach, daß der **rechtsfreie Raum in der Ehe normativen Charakter** hat, also auf der Entscheidung von Gesetzgeber und Rechtsprechung beruhe. Dieser rechtsfreie Raum wird vom „Schwellenrecht" als Kollisionsrecht zwischen rechtlich geregeltem und rechtsfreiem Bereich bestimmt[16], wobei es je nach dem Charakter der Beziehung zwischen den Eheleuten einen zwingend regelungsfreien Bereich der rein persönlichen, von der Sitte bestimmten Beziehungen gibt, Bereiche des Übergangs wie die mehr vermögensrelevanten Beziehungen der Ehegatten und zwingend zu regelnde Bereiche wie die Grundstrukturen der Ehe, etwa das Lebenszeitprinzip, und wie Beziehungen zu Dritten, etwa unterhaltsberechtigten Kindern. Eine abgestufte Regelung ist insbesondere da erforderlich, wo rein persönliche Beziehungen der Ehegatten in vermögensrechtliche Beziehungen umschlagen, etwa beim Familienunterhalt. Als Prüfstein der Richtigkeit rechtlicher Regelungen können sich Gesetzgeber und Rechtsprechung dabei, wie *Hepting*[17] in Übereinstimmung mit der hier vertretenen kautelarjuristischen Grundauffassung feststellt, der typologischen Methode bedienen.

Die traditionelle Rechtsgeschäftslehre bedarf im Bereich des ehelichen Einvernehmens der Modifizierung durch die **Theorie der normativen Verbindlichkeit**.[18] Nach dieser Theorie wird der Begriff des Rechtsgeschäfts nicht primär durch den Rechtsbindungswillen der Beteiligten definiert, wie es die traditionelle, auf *Savigny*[19] zurückgehende voluntarische Rechtsgeschäftsauffassung tut, sondern durch **den Spruch der Rechtsordnung**,[20] der entscheidet, wann ein rechtlich verbindliches Geschäft vorliegt und wann nicht. Zur Annahme eines Rechtsgeschäfts ist hiernach nicht der Wille der Parteien, einer Abrede vertragsrechtliche Qualität zu verleihen, erforderlich. Vielmehr genügt der natürliche Wille der Parteien zur Einigung, wenn er sich auf einen vom objektiven Recht als rechtswirksam angeordneten Erfolg bezieht. Die Rechtsverbindlichkeit einer Absprache folgt unabhängig vom Rechtsbindungswillen der Parteien aus der Wertung durch das Recht. Die Theorie der normativen Verbindlichkeit erlaubt es, ehelichen Einigungen, die von den Eheleuten nicht als Verträge angesehen werden, rechtliche Verbindlichkeit beizulegen. Ein natürlicher Regelungswille der Eheleute genügt, wenn der Spruch der Rechtsordnung bestimmt, daß die Regelung verbindlich sein soll.[21] Bei der normativen Abgrenzung unverbindlicher von verbindlichen Regelungen hilft wiederum die **typologische Betrachtungsweise**, wie der von der Rechtsprechung gebildete Typus der

40

---

[11] Generalklausel und unbestimmter Begriff im Recht der allgemeinen Ehewirkungen, 1970.
[12] Die „bürgerliche Ehe" als Organisation, 1983.
[13] S. 62 ff.
[14] Der rechtsfreie Raum – Zur Frage der normativen Grenzen des Rechts, 1976.
[15] Methodenlehre der Rechtswissenschaft, 4. A. 1979, 355 ff., 505.
[16] *Comes* S. 22, 107 f.
[17] *Hepting* S. 275 ff.; vgl. dazu Rdn. 18 ff.
[18] *Hepting* S. 256 ff. unter Berufung auf *Willoweit* Abgrenzung und Relevanz nicht rechtsgeschäftlicher Vereinbarungen, 1969; ähnlich *Flume* AT BGB Bd. 2 § 7, 5.
[19] System des heutigen römischen Rechts Bd. 3, S. 258.
[20] *Willoweit* S. 102.
[21] *Hepting* S. 315.

unbenannten – ehebedingten – Zuwendung schlagend beweist,[22] unterstützt vom Vertrauensgedanken als haftungsbegründendem Faktor.[23] Für den rechtlich regelungsbedürftigen Bereich der Vermögenszuwendungen zwischen Ehegatten, also der unbenannten Zuwendungen, schlägt *Hepting* eine Erweiterung der traditionellen causa-Lehre um den „Geschäftszweck Ehe" als eigenen causa-Typ vor.[24] Zweckverfehlung löst er folgerichtig über den Wegfall der Geschäftsgrundlage, da er den Geschäftszweck Ehe nicht als Vertragsgrundlage, sondern als Vertragsinhalt begreift.[25]

III. Das gegenseitige Einvernehmen über die Eheführung

41   Die **Theorie der normativen Verbindlichkeit**[26] erlaubt es, das Einvernehmen des § 1356 Abs. 1 S. 1 BGB als Rechtsgeschäft zu begreifen.[27] Der Spruch der Rechtsordnung liegt vor. Das 1. EheRG will die eheliche Rollenverteilung der gesetzlichen Typisierung entziehen und dem Willen der Eheleute unterwerfen. Eine derartige Willensverwirklichung, vom Gesetz als Regelung bezeichnet, geschieht jedoch innerhalb des geltenden Rechtssystems durch Rechtsgeschäft.[28] Die Regelung löst auch weitere Rechtsfolgen aus, etwa hinsichtlich der Unterhaltspflicht gem. § 1360 S. 2 BGB, und hat Bedeutung im Hinblick auf § 844 Abs. 2, 845 BGB.[29]

In der grundsätzlichen Bejahung der **Rechtsgeschäftseigenschaft des Einvernehmens** des § 1356 Abs. 1 S. 1 BGB besteht in der Literatur fast einhellige Übereinstimmung, während die Einordnung in die Rechtsgeschäftstypen streitig ist. *Diederichsen*[30] sieht das Einvernehmen als Vertrag an. *Gernhuber*[31] will das gegenseitige Einvernehmen nicht als Vertrag, sondern als Ordnung verstehen. Die Eheleute bestimmen nach *Gernhuber* den Eheinhalt in autonomen Akt als Ordnung. Die konkreten Planungakte zur Erreichung bestimmter Einzelziele auf der Grundlage des durch Ordnung vorbestimmten Eheinhalts sind dann als Beschlüsse zu verstehen. Für den Beschlußcharakter des gegenseitigen Einvernehmens spricht sich auch *Wacke*[32] aus. Auch nach *Beitzke*[33] liegt der Beschlußcharakter näher als der Vertragscharakter. Einig sind sich die verschiedenen Meinungen in dem Punkt, daß die Vertragsvorschriften und die Vorschriften des Allgemeinen Teils, etwa §§ 106 ff. BGB, nur anwendbar sind, soweit dem nicht der besondere familienrechtliche Charakter des Einvernehmens entgegensteht. So entfällt die Anwendung der §§ 320 ff. BGB. Beschränkte Geschäftsfähigkeit ist ausreichend, der gesetzliche Vertreter des minderjährigen Ehegatten braucht der Vereinbarung nicht zuzustimmen. Die Anfechtung wegen Willensmängeln für die Vergangenheit scheidet aus.

42   Die Einordnung des Einvernehmens als Ordnung oder Beschluß begegnet dem Einwand, daß es nicht sachnotwendig ist, das Einvernehmen so deutlich und so weit von den sonstigen möglichen Vereinbarungen der Eheleute, etwa Vereinbarun-

---

[22] Vgl. Rdn. 169 ff.
[23] *Hepting* S. 280 ff.
[24] *Hepting* S. 343 ff.
[25] Hierzu eingehend Rdn. 184 ff.
[26] Vgl. Rdn. 39.
[27] So im Ergebnis auch *Schwab* Familienrecht, Rdn. 102.
[28] Palandt/*Diederichsen* 44. A. § 1356 Anm. 2 a, bb.
[29] *Diederichsen* NJW 1977 217/219.
[30] Palandt/*Diederichsen* 44. A § 1356 Anm. 2 a; wohl auch *Erman*/*Heckelmann* § 1356 Rz. 5, 6; Soergel/*Lange* § 1356 Rz. 8.
[31] FamRZ 1979, 193/196.
[32] MünchKomm/*Wacke* § 1356 Rdn. 9.
[33] Familienrecht § 12 III 2 a.

§ 1. Das eheliche Zusammenleben

gen zur Regelung des Güterstandes oder Vereinbarungen bei Ehegattenzuwendungen, abzuheben. In Übereinstimmung mit der Rechtsprechung des BGH zu den unbenannten Zuwendungen[34] dürfte es sachgerecht sein, das Einvernehmen als **besonderen familienrechtlichen Vertrag** zu begreifen.[35]

Hinsichtlich der **Anpassung** der getroffenen Vereinbarung **an zukünftige Umstände** ist *Gernhuber*[36] der Ansicht, die Lehre vom Wegfall der Geschäftsgrundlage sei kein taugliches Mittel, da Eheordnungen keine Schuldverhältnisse seien. Dem kann mit dieser Ausschließlichkeit nicht zugestimmt werden. Vielmehr gilt § 242 BGB in der besonderen Ausprägung des Wegfalls der Vereinbarungsgrundlage auch für den besonderen familienrechtlichen Vertrag des gegenseitigen Einvernehmens über die eheliche Rollenverteilung. Die ausdrückliche Vereinbarung sollte die Verpflichtung der Ehegatten vorsehen, bei veränderten Umständen einverständlich eine Anpassung ihrer Vereinbarungen vorzunehmen. Derartige Störungen des vorgesehenen Ehemodells können z.B. in unvorhergesehener Arbeitslosigkeit, Krankheit, nicht gewünschter Geburt eines Kindes oder in subjektiven oder seelischen Veränderungen liegen, etwa der zunehmenden Unzufriedenheit eines Ehegatten mit seinem Beruf oder seiner Tätigkeit im Haushalt. Kommt bei Störungen dieser und ähnlicher Art eine einvernehmliche Anpassung der Vereinbarung nicht zustande, so steht dem betroffenen Ehegatten auch ein einseitiges ius variandi[37] in der Form eines einseitigen Aufkündigungsrechts der betreffenden Vereinbarung bei wichtigem Grund zu.[38] In eine schriftliche oder notarielle Vereinbarung ist ein derartiges einseitiges Aufkündigungsrecht aus wichtigem Grund für die Zukunft ausdrücklich aufzunehmen. 43

Wichtigster Inhalt des ehelichen Einvernehmens gemäß § 1356 BGB ist die Regelung und Verteilung der Erwerbstätigkeit und Haushaltsführung. An **Ehetypen** im oben erläuterten Sinne sind denkbar etwa die Hausfrauenehe, die Hausmannsehe, die Ehe mit abwechselnder Berufstätigkeit, die Doppelverdienerehe, die Zuverdienerehe, die Mitarbeitsehe und die Ehe von Rentnern. Die Ehegatten haben in der Vereinbarung und Mischung dieser anderen Typen bis zur Grenze der Sittenwidrigkeit freien Spielraum. **Sittenwidrigkeit**[39] ist wohl nur in der Form der übermäßigen Beschränkung der persönlichen Handlungsfreiheit im Sinne einer **Knebelung** denkbar. Sie läge etwa dann vor, wenn sich ein Ehegatte völlig unter die Kuratel des anderen begeben würde oder wenn etwa ein Ehegatte sich unwiderruflich und für alle Zeit verpflichten würde, niemals und unter keinen Umständen berufstätig zu sein. Wie die Beispiele zeigen, fällt die Definierung der Sittenwidrigkeit schwer. Sittenwidrigkeit dürfte nur in den extremsten Ausnahmefällen praktisch gegeben sein. Im übrigen bewahrt die Anpassungspflicht und das Recht zur einseitigen Aufkündigung der Vereinbarung die Eheleute vor übermäßiger und sittenwidriger Festlegung. 44

IV. Keine Stabilisierung durch Schadensersatzpflichten und Vertragsstrafen

Diederichsen[40] schneidet das Problem von Schadensersatzprozessen eines Ehegatten gegen den anderen aus Vertragsbruch in Gefolge einer Scheidung wegen der 45

---

[34] Vgl. Rdn. 184 ff.
[35] So auch *Soergel/Lange* § 1357 Rdn. 8; *Lüke* Bosch-Festschrift 1976, 643; *Kurr* FamRZ 1978, 2; *Reinhardt* JZ 1983, 184; *Hepting* S. 92.
[36] FamRZ 1979, 193, 199f.
[37] *Bosch* FamRZ 1977, 571.
[38] *Gernhuber* FamRZ 1979, 193/199.
[39] Dazu *Gernhuber* FamRZ 1979, 193/197.
[40] NJW 1977, 217/219.

Vermögensdisposition an, die ein Ehegatte mit Rücksicht auf eine bestimmte Verteilung der ehelichen Aufgaben gemacht hat. Er hält **Schadensersatzansprüche** als für nicht von vornherein ausgeschlossen. Nun widersprechen zwar auch bei bestehender Ehe Leistungsklagen zwischen Eheleuten in vermögensrechtlichen Angelegenheiten mit Vollstreckungszwang grundsätzlich nicht dem sittlichen Empfinden. Der BGH hat dies für den Fall entschieden, daß ein Ehegatte dem anderen die Zustimmung zur gemeinsamen Steuerveranlagung verweigert hatte, und dieser Ehegatte den hieraus erlittenen Schaden gegen ihn geltend machte.[41] Mit Recht wird aber verneint, daß aus der Verletzung personaler Ehepflichten Schadensersatzansprüche hergeleitet werden können.[42] Schadensersatzansprüche sind erst denkbar, wenn die Vermögenssphäre berührt wird, etwa wenn direkter unterhaltsrechtlicher Bezug besteht.[43]

46   Nicht jede Vereinbarung über die eheliche Rollenverteilung impliziert **Vermögensdispositionen** der Ehegatten. Vereinbaren die Eheleute die Doppelverdienerehe, so kann jeder Ehegatte seine Erwerbsaussichten so realisieren, wie wenn er nicht verheiratet wäre. Dies gilt allerdings auch nur so lange, wie die berufliche Verwirklichung beiden Eheleuten am ehelichen Wohnsitz möglich ist. Stellt ein Ehegatte sein berufliches Fortkommen hinter das Festhalten am gemeinsamen ehelichen Wohnsitz zurück, so liegt hierin schon eine mittelbare Vermögensdisposition. Zunehmend den Charakter der Vermögensdisposition erhält die eheliche Rollenverteilung im Falle der teilweisen oder ganzen Aufgabe seines Berufes oder seiner Ausbildungsmöglichkeiten durch einen der Ehegatten. Er verzichtet hier darauf, durch eigenes Einkommen eigenes Vermögen und eigene Versorgungsanwartschaften zu bilden. Wäre beim Scheitern der Ehe der gesamte diesem Ehegatten hieraus entstehende Schaden zu ersetzen, so würde das sonstige Scheidungsfolgenrecht mit Zugewinnausgleich und nachehelichen Unterhaltsansprüchen völlig überspielt. Hieraus ergibt sich, daß im Normalfall und mangels abweichender Vereinbarung aus einem Bruch der Vereinbarungen hinsichtlich der ehelichen Rollenverteilung über das gesetzliche Scheidungsfolgenrecht hinaus keine weiteren Ansprüche, auch nicht auf Schadensersatz, bestehen können. Auch besondere Vereinbarungen, die dieses durch Eingehung einer Ehe und die besondere ehebedingte Rollenverteilung immer gegebene Lebensrisiko über das Scheidungsfolgenrecht hinaus in Schadensersatzansprüche umsetzen wollten, sind als unzulässig anzusehen.

47   Angesichts dessen, daß das Gesetz den Bruch der vereinbarten Rollenverteilung nicht sanktioniert, ist es denkbar, daß die Ehegatten selbst vertragliche Sanktionen in der Form **ehelicher Vertragsstrafen** autonom vereinbaren wollen.[44] Die h. L. lehnt Vertragsstrafen zur Sicherung eines bestimmten Verhaltens in der Ehe als sittenwidrig ab.[45] *Hepting*[46] hält Vertragsstrafen zwar grundsätzlich für möglich, weist aber für die Vereinbarungen über die eheliche Rollenverteilung auf Probleme mit der Ermittlung des erforderlichen Verschuldens und mit der jederzeitigen Aufkündbarkeit hin. Im Ergebnis sollte es dabei bleiben, daß die vertragliche Ummünzung persönlicher Ehepflichten in Geldansprüche aus Vertragsstrafe als unzulässig anzusehen ist.

---

[41] BGH NJW 1977, 378.
[42] BGHZ 23, 215; vgl. auch *Hepting* S. 103 ff.
[43] *Schwab* aaO.
[44] *Hepting* S. 111 ff.
[45] RGZ 158, 294/300; Staudinger/Hübner § 1353 Rz. 9; MünchKomm/*Wacke* § 1353 Rz. 19; vgl. auch OLG Hamm JZ 1988, 249 m. Anm. *Finger* = FamRZ 1988, 618 zur nichtehelichen Lebensgemeinschaft.
[46] S. 113 ff.

V. Das Ehenamensrecht

1. Bestimmung des Ehenamens

§ 1355 BGB in der Fassung des 1. EheRG ging davon aus, daß die Ehegatten einen gemeinsamen Familiennamen – Ehenamen – führen, den auch die Kinder erhalten. Bei Eheschließung konnte der Geburtsname des Mannes oder der der Frau als Ehename gewählt werden; hilfsweise wurde der Geburtsname des Mannes der Ehename. Nachdem das BVerfG mit Entscheidung vom 5. 3. 1991[47] festgestellt hatte, daß es mit dem Gleichberechtigungsgrundsatz unvereinbar ist, daß der Mannesname von Gesetzes wegen Ehename wird, wenn keine gemeinsame Bestimmung erfolgt, hat der Gesetzgeber im Familiennamensgesetz 1993 das Ehenamensrecht neu geregelt.[48]

48

Neu und dem deutschen Recht bisher unbekannt ist die Möglichkeit, daß die Ehegatten ihre zur Zeit der Eheschließung geführten Namen auch nach der Eheschließung weiterführen können, § 1355 Abs. 1 S. 3 BGB. Juristen und Historiker befürchten hier teilweise Schwierigkeiten bei der späteren Ermittlung von Verwandschaftsverhältnissen. Nach dem Willen des Gesetzgebers sollen die Eheleute auch künftig einen gemeinsamen Familiennamen – Ehenamen – bestimmen, § 1355 Abs. 1 S. 1 BGB, der entweder der Geburtsname des Mannes oder der Geburtsname der Frau sein kann, § 1355 Abs. 2 BGB. Geschiedene oder verwitwete Ehegatten können also nicht ihren erheirateten Namen zum Ehenamen einer neuen Ehe machen. Die Ehenamenserklärung soll bei der Eheschließung erfolgen, § 1355 Abs. 3 S. 1 BGB, kann aber noch binnen fünf Jahren nach Eheschließung in öffentlich beglaubigter Form nachgeholt werden, § 1355 Abs. 3 S. 2 BGB.

49

2. Begleitname

Ein Ehegatte, dessen Geburtsname nicht Ehename wird, kann durch Erklärung gegenüber dem Standesbeamten dem Ehenamen seinen Geburtsnamen oder den zur Zeit der Erklärung über die Bestimmung des Ehenamens geführten Namen voranstellen oder anfügen. Dies gilt nicht, wenn der Ehename aus mehreren Namen besteht. Besteht der Name eines Ehegatten aus mehreren Namen, so kann nur einer dieser Namen hinzugefügt werden. Die Erklärung kann gegenüber dem Standesbeamten widerrufen werden; in diesem Fall ist eine erneute Erklärung nicht zulässig. Die Erklärung und der Widerruf müssen öffentlich beglaubigt werden, § 1355 Abs. 4 BGB.

50

3. Weiterführung des Ehenamens

Der verwitwete oder geschiedene Ehegatte behält den Ehenamen. Er kann durch Erklärung gegenüber dem Standesbeamten seinen Geburtsnamen oder den Namen wieder annehmen, den er bis zur Bestimmung des Ehenamens geführt hat, oder seinen Geburtsnamen dem Ehenamen voranstellen oder anfügen.

51

4. Internationales Namensrecht

Bei Heirat eines deutschen Staatsangehörigen mit einem Ausländer können die Ehegatten nach Art. 10 Abs. 2 EGBGB bei oder nach der Eheschließung ihren künftig zu führenden Namen wählen nach dem Recht des Staates, dem einer von ihnen

52

---

[47] BVerfGE 84, 9 = NJW 1991, 1602.
[48] BGBl. I S. 2054.

angehört, also dem deutschen oder dem ausländischen Recht. Sind beide Ehegatten Ausländer, können sie deutsches Recht wählen, wenn einer von ihnen seinen gewöhnlichen Aufenthalt im Inland hat.

5. Vereinbarungsmöglichkeiten

53 Richtiger Ansicht nach stehen sämtliche Wahlmöglichkeiten im Bereich des Ehenamensrechts zur vertraglichen Disposition der Ehegatten. So können sich die Verlobten vor der Eheschließung verpflichten, den Namen des Mannes oder der Frau zum Ehenamen zu wählen.[49] Die einschränkende Meinung von *Rolland*[50] der den Fall der Heirat trotz widerrufener Einigung über den Ehenamen in Feld führt, ist lebensfremd. Ist für die Verlobten oder einen von ihnen mit Zustimmung des anderen der spätere Ehename wirklich wichtig, so wird es bei Bruch der Vereinbarung durch den Ehegatten nicht zur Eheschließung kommen. Auch notarielle Eheverträge über das zukünftige eheliche Güterrecht und sonstige Ehe- oder Eheschließungsfolgen, die von Verlobten geschlossen werden, stehen selbstverständlich unter der Bedingung des Eheschlusses, ohne daß ein Zwang zum Eheschluß bestünde. Dies gilt uneingeschränkt und ohne Besonderheit auch für eine Vereinbarung über den zukünftigen Ehenamen. Ein praktisches Bedürfnis für die voreheliche Verpflichtung zur Führung eines bestimmten Ehenamens kann sich aus den Interessen sowohl desjenigen Ehegatten ergeben, dessen Name weitergeführt werden soll, als auch desjenigen, dessen Name nicht Ehename werden soll. So kann es z.B. der Verlobten darauf ankommen, daß ihr Name zum Ehename gewählt wird, weil er mit dem industriellen oder gewerblichen Familienbetrieb verbunden ist, und die Verlobte ihren Eltern das Versprechen gegeben hat, der Name werde erhalten bleiben. Umgekehrt kann z.B. der Verlobte an der Ablegung eines Namens interessiert sein, der mit einem spektakulären Konkurs verbunden ist.

54 Ohne wirklich triftigen Grund wird im Anschluß an die h. L. des alten Rechts von *Rolland*[51] und *Gernhuber*[52] die Möglichkeit der Verlobten oder Eheleute verneint, das Recht eines Ehegatten zur Vorstellung des Begleitnamens durch Vereinbarung auszuschließen. Zuzustimmen ist hier *Wacke*[53] der auch dieses Recht für dispositiv hält. Es besteht hierfür ein anerkennenswertes Bedürfnis, wenn die Eheleute bestrebt sind, die Störung der Einheitlichkeit des Ehe- und Familiennamens durch den Begleitnamen eines Ehegatten zu vermeiden. Es ist sicher nicht jedermanns Geschmack, wenn die Kinder anders heißen als die Mutter, die dem Ehenamen ihren Geburts- oder vorehelichen Namen beigefügt hat. Gerade bei um Harmonie auch des Familiennamens besorgten Eheleuten kann es deshalb zu einer solchen Vereinbarung kommen. Ihr die Wirksamkeit zu versagen, wäre nicht gerechtfertigt. Die Richtigkeit dieses Ergebnisses bestätigt sich auch durch die schon vom Reichsgericht[54] befürwortete, unstreitige Möglichkeit, daß sich ein Ehegatte in einem Ehevertrag oder einer Scheidungsvereinbarung verpflichten kann, nach Ehescheidung den Ehenamen abzulegen und seinen Geburtsnamen oder den vor der Heirat geführten Namen wieder anzunehmen. Eine derartige Verpflichtung kann formlos begründet werden und wird nach § 894 ZPO vollstreckt.[55] Entsprechend

---

[49] *Diederichsen* NJW 1976, 1169/1170; MünchKomm/*Wacke* § 1355 Rdn. 14.
[50] § 1355 Rdn. 12.
[51] Erstauflage § 1355 Rdn. 48.
[52] § 16 I, 5.
[53] MünchKomm/*Wacke* § 1355 Rdn. 23.
[54] RGZ 86, 144.
[55] RG 76 Nr. 55; *Gernhuber* § 16 II 7; MünchKomm/*Wacke* § 1355 Rdn. 36; allgemeine Meinung.

kann sich der Ehegatte auch verpflichten, den Ehenamen nicht abzulegen, etwa wenn ihm die gemeinsamen Kinder zur alleinigen elterlichen Sorge zugeteilt sind und der andere Ehegatte im Interesse der Kinder auf die verbleibende Namensgleichheit Wert legt.

> **Formulierungsvorschlag für den Ehevertrag von Verlobten**
>
> Die Verlobten verpflichten sich, zum Ehenamen den Familiennamen der Frau zu wählen. Der zukünftige Ehemann verzichtet unwiderruflich auf das Recht, dem Ehenamen seinen Geburtsnamen voranzustellen. Er verpflichtet sich unwiderruflich, bei Auflösung der Ehe durch Scheidung den Ehenamen abzulegen und seinen Geburtsnamen wieder anzunehmen.
>
> **Formulierungsvorschlag für Scheidungsvereinbarung**
>
> Die Ehefrau verpflichtet sich für den Fall, daß ihr entsprechend dem gemeinsamen Vorschlag der Eheleute die alleinige elterliche Sorge über die ehelichen Kinder übertragen wird, für die Dauer dieser elterlichen Sorge den Ehenamen unverändert beizubehalten, damit ein gemeinsamer Name von Mutter und Kindern erhalten bleibt. Sie verpflichtet sich deshalb, für diese Zeit von ihren Rechten, ihren Geburtsnamen oder den zur Zeit der Eheschließung geführten Namen wieder anzunehmen oder ihn dem Ehenamen voranzustellen, keinen Gebrauch zu machen.

– *einstweilen frei* –   55, 56

§ 2. Familienunterhalt und Rechtsgeschäfte des täglichen Lebens

I. Familienunterhalt

1. Grundsätze

57 Nach § 1360 BGB sind die Ehegatten einander verpflichtet, durch ihre Arbeit und mit ihrem Vermögen die Familie angemessen zu unterhalten. Ist einem Ehegatten die Haushaltsführung überlassen, so leistet er durch sie seinen Unterhaltsbeitrag durch Arbeit. Familienunterhalt ist der gesamte Lebensbedarf der Familie, also alles, was zur Bestreitung der Haushaltskosten, der persönlichen Bedürfnisse der Ehegatten und des Lebensbedarfs der gemeinsamen Kinder erforderlich ist. Familienunterhalt schulden sich die Ehegatten in der Weise, daß je nach den Umständen jeder Ehegatte dem anderen Unterhalt schuldet und von ihm Unterhalt verlangen kann. Die konkrete Ausgestaltung der Beiträge richtet sich nach dem Einvernehmen über die Haushaltsführung,[1] das sich meist lediglich aus dem gelebten Ehetyp ergibt.

2. Haushaltskosten

58 Zu den Haushaltskosten gehören die Aufwendungen für die Ernährung der Familienmitglieder, für angemessene Wohnung und Einrichtung. Der haushaltsführende Ehegatte kann verlangen, daß ihm das erforderliche Wirtschaftsgeld für einen angemessen Zeitraum, bei monatlicher Lohn- oder Gehaltsauszahlung an den erwerbstätigen Ehegatten monatlich im voraus, zur Verfügung gestellt wird. Doppelverdiener können für das Wirtschaftsgeld eine gemeinsame Kasse oder ein gemeinsames Konto einrichten, sind hierzu einander aber nicht verpflichtet.[2] Zu den unterhaltsrechtlich geschuldeten Aufwendungen für Wohnung gehören Anschaffung, Instandhaltung und Erneuerung des angemessenen Hausrats, Miete und Nebenkosten, beim Eigenheim die Unterhaltskosten und die Hypothekenzinsen. Die Anschaffung und das Abbezahlen des Eigenheims werden nicht geschuldet, sie sind nicht Unterhalt, sondern Vermögensbildung.[3]

3. Persönliche Bedürfnisse, Taschengeld

59 Zu den persönlichen Bedürfnissen der Ehegatten gehören die Kosten für angemessene Kleidung, für Körperpflege, notwendige ärztliche Behandlung,[4] angemessene Krankenversicherung,[5] Aufbau einer angemessenen Altersversorgung[6] und für angemessene Freizeitgestaltung durch Liebhabereien, Sport, Vereinsmitgliedschaften, kulturelle und musische Betätigungen und Urlaub.[7] Auch Anschaffung und Betrieb eines Pkw gehören hierzu.[8] Der haushaltsführende Ehegatte hat darüber hinaus Anspruch auf ein Taschengeld zur Befriedigung sonstiger persönlicher Bedürfnisse. Für seine Höhe geht die Rechtsprechung[9] von 5% des durch unterhalts-

---

[1] § 1356 BGB, oben Rdn. 40ff.
[2] OLG München FamRZ 1982, 801; KG FamRZ 1979, 427.
[3] BGH NJW 1966, 2401; BGH FamRZ 1984, 980.
[4] BGH NJW 1982, 328 = FamRZ 1982, 145.
[5] OLG Hamm FamRZ 1987, 1142.
[6] MünchKomm/*Wacke* § 1360 a Rdn. 6 m.w.N.
[7] MünchKomm/*Wacke* aaO.
[8] BGH NJW 1983, 1113.
[9] OLG Zweibrücken FamRZ 1980, 445; OLG München FamRZ 1981, 449; OLG Hamm FamRZ 1985, 407; OLG Bamberg FamRZ 1988, 984. Zur geplanten gesetzlichen Regelung kritisch *Braun* NJW 2000, 97.

rechtlich relevante Abzüge bereinigten Nettoeinkommens des Alleinverdieners aus. Bereinigtes Nettoeinkommen in diesem Sinn ist das Bruttoeinkommen abzüglich von Steuern, Aufwendungen für Alters-, Arbeitslosen- und Krankheitsvorsorge, notwendigen Ausgaben für Vermögensbildung wie etwa Tilgungsleistungen für das Familieneigenheim, Aufwendungen zur Tilgung familienbedingter Schulden und des Kindesunterhalts. Unterhaltsrechtlich nicht geschuldet ist die Begleichung von Schulden des anderen Ehegatten.

4. Kindesbedarf

Zum Lebensbedarf der gemeinsamen Kinder, den jeder Ehegatte vom anderen anteilig verlangen kann, gehören die erforderlichen und angemessenen Aufwendungen für Nahrung, Kleidung, Gesundheitsfürsorge, Spiel und Sport, Erziehung, Berufsausbildung und Taschengeld. 60

5. Stiefkinder und Verschwägerte

Gesetzliche Unterhaltspflichten bestehen nur gegenüber eigenen leiblichen, legitimierten oder adoptierten Kinder, nicht gegenüber den einseitigen Kindern des Ehegatten, auch dann nicht, wenn diese im ehelichen Haushalt leben.[10] Der Ehegatte kann deren Unterhalt auch nicht als Haushaltskosten oder persönlichen Bedarf geltendmachen. Er kann lediglich seinen eigenen Beitrag zum Familienunterhalt entsprechend kürzen, wenn er Unterhalt an einseitige, minderjährige und unverheiratete Kinder zu leisten hat, die nach § 1609 Abs. 2 BGB dem Ehegatten gleichstehen. Dem nicht erwerbstätigen Ehegatten nützt diese Kürzungsbefugnis wenig. 61

Diese buchstäblich „stiefkindliche" Behandlung[11] könnte nur der Gesetzgeber beseitigen, der sich bisher hierzu nicht entschließen konnte. So bleibt nur die Regelung durch Vertrag der Ehegatten.[12] Entsprechendes gilt für sonstige Verschwägerte, etwa Schwiegereltern, die im ehelichen Haushalt leben.

6. Familienunterhalt in der Doppelverdienerehe

In der Doppelverdienerehe müssen beide Ehegatten zum Familienunterhalt sowohl Geld beisteuern wie auch sich die Haushaltsführung und Kinderbetreuung teilen. Die finanziellen Beiträge sind im Verhältnis der Einkommen zu leisten. Die persönlichen Beiträge zur Haushaltsführung und Kindesbetreuung sind bei gleichstarker beruflicher Belastung zu gleichen Anteilen zu leisten. Dabei muß nicht jede einzelne Arbeit aufgeteilt werden, wenn nur bei unterschiedliche Verrichtung die Gesamtbelastung gleichanteilig bleibt.[13] In der Zuverdienerehe verringert sich die finanzielle Beitragspflicht des teilberufstätigen Ehegatten und erhöht sich die persönliche Beitragspflicht. 62

7. Prozeßkostenvorschußpflicht

Nach § 1360a Abs. 4 BGB ist die Verpflichtung zur Leistung von Prozeßkostenvorschüssen in persönlichen Angelegenheiten und Strafverfahren des insoweit nicht leistungsfähigen Ehegatten Teil des Familienunterhalts. Der Anspruch geht dem Anspruch auf Prozeßkostenhilfe vor. In den Einzelheiten ist vieles streitig.[14] 63

---

[10] BGH FamRZ 1984, 462.
[11] MünchKomm/*Wacke* § 1360a Rdn. 11.
[12] Die Annahme stillschweigender Unterhaltsverträge ist regelmäßig nicht möglich, vgl. MünchKomm/*Wacke* § 1360a Rdn. 12.
[13] OLG Bamberg FamRZ 1983, 914.
[14] Vgl. z. B. MünchKomm/*Wacke* § 1360a Rdn. 20ff.

8. Keine Rückforderung von Zuvielleistungen

64   Nach § 1360b BGB können übermäßige Unterhaltsleistungen nicht zurückgefordert werden. Die gesetzliche Vermutung[15] soll im Interesse des Familienfriedens Streit vermeiden. Will ein Ehegatten sich die Rückforderung übermäßiger Unterhaltsleistungen im Scheidungsfall vorbehalten, so ist ein Rückforderungsrecht zu vereinbaren. Dies gilt insbesondere dann, wenn er dem anderen sein Studium finanziert.[16]

II. Bedarfsdeckungsgeschäfte nach § 1357 BGB

1. Grundsätze

65   Nach § 1357 BGB, der in allen Güterständen gilt, ist jeder Ehegatte berechtigt, Geschäfte zur angemessenen Deckung des Lebensbedarfs zu besorgen. Aus derartigen Geschäften werden beide Ehegatten berechtigt und verpflichtet. Es handelt sich um eine gegenseitige gesetzliche Verpflichtungsermächtigung, die mit dem Grundgesetz vereinbart ist.[17] Sie endet mit der nach § 1357 Abs. 2 BGB möglichen Ausschließung durch den jeweils anderen Ehegatten, sonst nach § 1357 Abs. 3 BGB mit dem Getrenntleben.

2. Zweck

66   Die Vorschrift erhöht die Kreditwürdigkeit der Familie, indem sie den direkten Zugriff auf den nichthandelnden Ehegatten ermöglicht,[18] führt aber auch zu einem verstärkten Gläubigerschutz,[19] dessen Berechtigung zweifelhaft ist.

3. Umfang der Bedarfsdeckungsgeschäfte

67   Die beiderseitige Schlüsselgewalt bezieht sich auf Rechtsgeschäfte zur angemessenen Deckung des Lebensbedarfs der Familie.[20] Dies sind in erster Linie die Haushaltsgeschäfte zur Beschaffung von Lebensmitteln, Putz- und Pflegemitteln und Hausrat, dann Geschäfte für den persönlichen Bedarf der Eheleute und Kinder, Reparaturaufträge für Hausrat, Sportgeräte und Pkw, die Beschaffung von Medikamenten und der Abschluß von Arzt- und Krankenhausverträgen für alle Familienmitglieder.[21] Die Rechtsprechung steckt den Umfang der Bedarfsdeckungsgeschäfte weit ab. Lediglich Geschäfte, die üblicherweise vor Abschluß gemeinsam zu besprechen sind, fallen nicht unter § 1357 BGB, so der Abschluß eines Bauvertrages über ein Wohnhaus,[22] die Aufnahme von Grundpfanddarlehen,[23] und der Abschluß von langfristigen Verträgen wie Miet- und Pachtverträgen.

4. Wirkung

68   Durch Rechtsgeschäfte, die im Rahmen der Schlüsselgewalt von einem Ehegatten abgeschlossen werden, werden beide Ehegatten als Gesamtschuldner nach § 421

---

[15] So richtig MünchKomm/*Wacke* § 1360b Rdn. 2; anders – Auslegungsregel – die h.L., Soergel/*Lange* § 1360b Rdn. 4; *Palandt/Brudermüller* § 1360b Rdn. 1.
[16] Zur Qualifizierung derartiger Leistungen als Unterhalt vgl. MünchKomm/*Wacke* § 1360a Rdn. 8.
[17] BVerfG NJW 1990, 175 = FamRZ 1989, 1273.
[18] MünchKomm/*Wacke* § 1375 Rdn. 2.
[19] BVerfG NJW 1990, 175 = FamRZ 1989, 1273.
[20] Meinungsstand bei MünchKomm/*Wacke* § 1357 Rdn. 9.
[21] Einzelheiten bei *Palandt/Brudermüller* § 1357 Rdn. 11 ff.
[22] BGH FamRZ 1989, 35.
[23] LG Aachen FamRZ 1989, 1176.

BGB verpflichtet.[24] An im Rahmen der Schlüsselgewalt angeschafften Gegenständen erwerben die Ehegatten nicht schon kraft Gesetzes je hälftiges Miteigentum. Jedoch ist die Einigungserklärung eines Ehegatten beim Erwerb von Hausrat für den gemeinsamen Haushalt regelmäßig, nämlich wenn nicht etwas anderes erklärt wird oder besondere Umstände dagegen sprechen, dahin zu verstehen, daß beide Ehegatten je hälftiges Miteigentum erwerben. Der Veräußerer übereignet an den Ehegatten, den es angeht.[25] Obwohl der BGH die in der Literatur vertretene unmittelbar dingliche Wirkung des § 1357 BGB ablehnt,[26] kommt er durch diese Auslegungsregel für den weiten Bereich des Hausrats zu je hälftigem Miteigentumserwerb der Eheleute. Für sonstigen Erwerb wird gelten, daß regelmäßig derjenige Eigentum erwirbt, der zahlt.[27]

5. Ausschluß

Der Ausschluß oder die Beschränkung der Schlüsselgewalt bedarf nach § 1357 Abs. 2 BGB eines ausreichenden Grundes und für die Wirkung Dritten gegenüber entweder deren Kenntnis oder der Eintragung im Güterrechtsregister. 69

Möglich ist auch der gegenseitige Ausschluß durch korrespondierende einseitige Ausschlußerklärungen. 70

> **Formulierungsvorschlag**
>
> An das Amtsgericht ... – Güterrechtsregister –
> Ich, der Ehemann, schließe hiermit die Berechtigung meiner Ehefrau, gemäß § 1357 BGB Geschäfte mit Wirkung für mich zu besorgen, aus. Ich, die Ehefrau, schließe hiermit ebenfalls das Recht meines Ehemannes, derartige Geschäfte für mich zu besorgen, aus. Unter Vorlage der Heiratsurkunde beantragen wir, diesen gegenseitigen Ausschluß in das Güterrechtsregister einzutragen (Beglaubigungsvermerk).

Ob der ehevertragliche Ausschluß des § 1357 BGB möglich ist, ist höchstrichterlich noch nicht geklärt. Mit den Argumenten des Gläubigerschutzes und der Vereitelung der sonst möglichen einseitigen Aufhebungserklärung durch die vertragliche Bindung wird er überwiegend abgelehnt. Für die Praxis ist deshalb zu wechselseitig abgegebenen Ausschlußerklärungen zu raten. 71

III. Die gemietete Familienwohnung

Die Familienwohnung gehört zum Familienunterhalt, den sich die Ehegatten schulden. Miete und Nebenkosten sind Teil der Haushaltskosten. Mietet ein Ehepaar eine Wohnung an, so wird schon der Vermieter auf einem Vertrag mit beiden Eheleuten bestehen, weil dann beide für den Mietzins haften und das Vermieterpfandrecht der §§ 559 ff. BGB dann an allen eingebrachten Sachen besteht. 72

Ist nur ein Ehegatte Mieter, etwa weil der andere in die schon vor Heirat gemietete Wohnung einzieht, so hat dies für den Ehegatten, der nicht Mieter ist, keine entscheidende Nachteile. Ihm steht bis zur Auflösung der Ehe ein Recht auf Mitbenutzung der Wohnung zu. Im Verhältnis zum Vermieter ist er in den Schutzbereich

---

[24] BGH NJW 1991, 2958.
[25] BGH NJW 1991, 2283 = FamRZ 1991, 923; OLG Koblenz FamRZ 1992, 1303.
[26] Literaturnachweise bei *Käppler* AcP 179, 245 und *Walter* Eigentumserwerb in der Ehe, 1981.
[27] MünchKomm/*Wacke* § 1357 Rdn. 37 m. w. N.

des Mietvertrages einbezogen, so daß auch ihm vertragliche Ersatzansprüche bei mangelhafter Beschaffenheit der Mietsache zustehen.

Beim Tod eines Ehegatten wird nach § 569 b BGB bei gemeinsamen Mietvertrag das Mietverhältnis mit dem überlebenden Ehegatten fortgesetzt. Stirbt der Ehegatte, der Alleinmieter war, so tritt mit seinem Tod der andere Ehegatte nach § 569 a BGB in den Mietvertrag ein.

§ 3. Vermögensbildung

I. Das Familieneigenheim

1. Erwerb des Familieneigenheims zu Alleineigentum, Miteigentum nach Bruchteilen oder in Gesellschaft bürgerlichen Rechts

Der **Erwerb des Familieneigenheims** ist für viele Eheleute neben und zeitlich meist vor der Berufsausbildung der Kinder der hauptsächliche Zweck innerhalb der Verwirklichung der ehelichen Lebensgemeinschaft, für den sie oft jahrzehntelange finanzielle Aufwendungen bei Einschränkung des sonstigen Lebensstandards in Kauf nehmen. Bei Scheidung ist der Streit um die Erhaltung und Zuteilung des Familieneigenheims regelmäßig ein zentraler Punkt. Die Weichen für die dingliche Zuteilung des Familieneigenheims werden bei dessen Erwerb gestellt. Dabei zeigt sich die Praxis, daß die Eheleute hier viel zu wenig problembewußt sind. Die Fälle, daß nur ein Ehegatte allein beim Notar erscheint und nicht hinterfragt deshalb auch zu Alleineigentum erwirbt, weil der andere familiär oder beruflich verhindert ist, sind seltener geworden, insbesondere weil regelmäßig schon der Bauplatzerwerb finanziert wird und die Kreditinstitute die Mitverschuldung beider Eheleute verlangen. Dagegen sind die Fälle, in denen aus Haftungsgründen nur ein Ehegatte erwirbt oder die, in denen wie selbstverständlich trotz überwiegender Finanzierung durch einen Ehegatten zu je hälftigem Miteigentum erworben wird, zahlreich geblieben. Die Vereinbarung von Rückforderungs- oder Erwerbsrechten für den Scheidungsfall sollte hier häufiger erwogen werden, als dies bisheriger Praxis entspricht. Im Fall der ehebedingten Zuwendung eines Miteigentumsanteils am ererbten oder im Wege vorweggenommener Erbfolge erworbenen Grundstück, wenn dies gemeinsam bebaut, renoviert oder auch nur unterhalten werden soll, empfiehlt sich regelmäßig die sog. Scheidungsklausel. Aber auch in anderen Fällen der Verwendung von Anfangsvermögen auf das Familieneigenheim ist an eine ausdrückliche Regelung für den Scheidungsfall zu denken.

a) Erwerb zu Alleineigentum eines Ehegatten. Steht das Familieneigenheim im Alleineigentum eines Ehegatten, so kann dies darauf beruhen, daß der Eigentümer-Ehegatte den Bauplatz, das Haus oder das Wohnungseigentum ererbt oder im Wege der vorweggenommenen Erbfolge erworben hat, oder der Eigentümer-Ehegatte den Erwerb aus eigenem Anfangsvermögen finanziert hat.

Wird ehelicher Zugewinn auf das Objekt verwendet, so bleibt dies im Bereich des Zugewinnausgleichs und bedarf keiner besonderen Regelung: Wertsteigernde Verwendungen fallen in den Zugewinnausgleich, unterhaltende Verwendungen sind Familienunterhalt. Lediglich dann, **wenn der Nichteigentümer eigenes Anfangsvermögen auf das Objekt verwendet**, empfiehlt sich der Abschluß eines Darlehensvertrags mit Darlehensfälligkeit bei Scheidung, da sonst im Zugewinnausgleich mindestens die Hälfte der Zuwendung verlorengeht.

Das Alleineigentum eines Ehegatten kann bei ehezeitlichem entgeltlichen Erwerb darauf beruhen, daß gezielt zu Eigentum des betrieblich nicht haftenden oder des nicht möglichen Pflichtteilsansprüchen erstehelicher oder nichtehelicher Kinder ausgesetzten Ehegatten erworben wurde. Soweit der Erwerb aus dem Zugewinnausgleich unterliegendem Vermögen erfolgt, steuert ein **vereinbartes Erwerbsrecht** des anderen Ehegatten für den Scheidungsfall lediglich die dingliche Rechtsverteilung beim Zugewinnausgleich im übrigen. Soweit der andere Ehegatte den Erwerb des Eigentümer-Ehegatten aber aus Anfangsvermögen finanziert, bewahrt ihn ein

73

74

entsprechendes **vereinbartes Erwerbsrecht** vor dem mindestens hälftigen Verlust dieses Anfangsvermögens im Zugewinnausgleich.

> **Formulierungsvorschlag**
>
> Der Erwerb des (Beschrieb des Objekts) wurde vom Ehegatten des Erwerbers aus Vermögen finanziert, das nach § 1374 BGB nicht dem Zugewinnausgleich unterliegt. Der Ehegatte hat deshalb das Recht, bei Scheidung der Ehe die Übereignung des Objekts zu seinem Alleineigentum verlangen zu können. In seinem Anfangsvermögen ist das Objekt dann mit DM ..., berichtigt um die Geldwertveränderung, anzusetzen. Etwaige auf dem Objekt abgesicherte, für den Erwerb oder die Erhaltung des Objekts verwendete Grundpfanddarlehen sind vom Erwerber zur Alleinschuld zu übernehmen und sind dann von seinem Endvermögen abzusetzen.

Die Formulierung stellt sicher, daß wertsteigernde Verwendungen von ehelichem Erwerb ausgleichspflichtig sind und die Grundpfanddarlehen objektbezogen bleiben. Besteht die Möglichkeit, daß der Eigentümer-Ehegatte eigenes Anfangsvermögen auf das Objekt verwenden wird, sind ergänzend die hierzu in Rdn. 870 ff. vorgeschlagenen Formulierungen aufzunehmen.

75 b) *Erwerb zu je hälftigem Miteigentum der Ehegatten.* Der Erwerb zu je hälftigem Miteigentum ist zu Recht die häufigste, **ja regelmäßige Erwerbsform** für das Familieneigenheim. Sie verwirklicht den Halbteilungsgrundsatz des Zugewinnausgleichs auf dinglicher Ebene und macht die dingliche Auseinandersetzung bei Scheidung auf der Basis der Gleichberechtigung erforderlich. Sie ist immer dann die eheangemessene Beteiligungsform, wenn Erwerb und Unterhaltung aus zugewinnausgleichspflichtigem Vermögen erfolgen. Nur dann, wenn ein Ehegatte privilegierten Erwerb i.S. von § 1374 BGB auf das in je hälftigem Miteigentum stehende Familieneigenheim verwendet, kommen Darlehensvereinbarungen oder Erwerbsrechte in Betracht, wie sie beim Alleineigentum behandelt wurden.

Kommt bei Ehescheidung eine einverständliche Auseinandersetzung der Miteigentümergemeinschaft durch Erwerb eines Miteigentumsanteils durch den anderen Ehegatten oder gemeinschaftlichen Verkauf nicht zustande, so führt der Aufhebungsanspruch jedes Ehegatten zur Zwangsversteigerung und Erlösteilung, §§ 749, 753 BGB. Der naheliegende Gedanke, das Aufhebungsrecht nach §§ 753 Abs. 2, 1010 BGB vorsorglich durch Vereinbarung auszuschließen, ist nicht zu realisieren, da § 749 Abs. 2, 3 BGB die Ausschlußvereinbarung bei Vorliegen eines wichtigen Grundes verbietet. Ein derartiger wichtiger Grund dürfte beim Familieneigenheim generell im Wegfall der ehelichen Lebensgemeinschaft zu sehen sein. Bei intakter Ehe besteht hier kein Regelungsbedarf, da die eheliche Lebensgemeinschaft hier dem Aufhebungsanspruch des § 749 BGB regelmäßig entgegensteht.

76 c) *Die Ehegatteneigenheimgesellschaft.* Ehegatten können sich, wie andere Partner auch, zu Gesellschaften bürgerlichen Rechts in der Form der Außen- oder Innengesellschaft zusammenschließen.[1] Die **Ehegatteneigenheimgesellschaft** ist **Außengesellschaft**, da sie sich durch Eintragung der Ehegatten „in Gesellschaft bürgerlichen Rechts" im Grundbuch und damit nach außen dokumentiert. Ob das bloße Halten und Verwalten eines Grundstücks Gesellschaftszweck i.S. von § 705 BGB sein kann oder ob nicht vielmehr die reine Vermögensverwertung den Bereich der Rechtsgemeinschaft nach §§ 741 ff. BGB nicht überschreitet, ist in der Literatur immer noch steitig.[2] Der BGH hat in einem grundlegenden Beschluß,[3] der die Zu-

---

[1] MünchKomm/*Schmidt* § 749 Rdn. 14 m.w.N.; BGHZ 37, 38/42 = NJW 1962, 1244/1245.
[2] Vgl. die neuerliche Kritik bei *Lipp* Die ehelichen Pflichten, S. 121 ff.
[3] BGHZ 82, 346 = NJW 1982, 1097.

§ 3. Vermögensbildung

stimmung der h. L. in der Literatur gefunden hat,[4] das **Halten und Verwalten eines Grundstücks als ausreichenden Gesellschaftszweck** angesehen.

Bei der Ehegatteneigenheimgesellschaft stellt sich zusätzlich die Frage, ob als gemeinschaftlicher Zweck einer Gesellschaft vereinbart werden kann, was die Ehepartner zugleich als Verwirklichung ihrer Lebensgemeinschaft ansehen.[5]

Für die **Kautelarpraxis** jedenfalls steht nach BGH und h. L. der Weg in die Ehegattengesellschaft offen. Daß die Kautelarpraxis diesen Weg nur zurückhaltend und regelmäßig wohl nur auf ausdrücklichen Wunsch der Eheleute beschreitet, dürfte richtig sein. *K. Schmidt*[6] bezeichnet die Eigenheimgesellschaft zu Recht als „hypertroph". Die Eigenheimgesellschaft erschöpft sich nicht im Bestehen von Gesamthandseigentum, sondern entwickelt als gesellschaftsrechtliche Zwischenstufe zwischen den Eheleuten und dem Grundeigentum ein Eigenleben, das weitgehend spezifischen Regeln des Gesellschaftsrechts und der Sondererbfolge gehorcht. Zu den familienrechtlichen, schuldrechtlichen, sachenrechtlichen und erbrechtlichen Beziehungen der Eheleute zueinander tritt als weiterer Bereich das Gesellschaftsrecht mit dem Sondererbrecht an der Mitgliedschaft.[7] Die Eigenheimgesellschaft bedarf angesichts der Mängel der gesetzlichen Regelung der §§ 705 ff. BGB eines Vertrages, der zumindest die Rechtsfolgen des Todes eines Gesellschafters regelt.[8] Sie ist im sachenrechtlichen Bereich angesichts der gesellschaftsrechtlichen An- und Abwachsung sehr elastisch,[9] führt sogar in gewisser Weise zu einer „Mobilisierung des Bodens", ist aber andererseits für den Laien wegen der komplizierten Verzahnung des Gesellschaftsrechts mit dem Sachenrecht nicht handhabbar.[10] Gleiches gilt für das Erbrecht. Gewarnt werden muß vor kautelarjuristischen Versuchen, durch die Fortsetzungsklausel in der Form der Anwachsung an den überlebenden Ehegatten mit Abfindungsausschluß für die Erben des erstversterbenden Ehegatten[11] Pflichtteilsrechte von Abkömmlingen zu umgehen. Angesichts der Tendenz der Rechtspechung zur Abwehr derartiger Versuche dürfte dies kaum gelingen.

Im Ergebnis ist die Ehegatteneigenheimgesellschaft nicht als empfehlenswerter Normalfall, sondern nur ausnahmsweise empfehlenswerter **Sonderfall** der Eigentumsordnung innerhalb der Ehe zu werten.

2. Nutzung und Lastentragung bei intakter Ehe

a) Rechtsgrundlagen der gemeinsamen Nutzung. Bei intakter Ehe hat jeder Ehegatte unabhängig von schuld- oder sachenrechtlichen Benutzungs- oder Mitbenutzungsansprüchen ein **aus dem Wesen der Ehe folgendes Besitzrecht am Familienheim**.[12] Dieses familienrechtliche Mitbenutzungsrecht besteht gerade auch dann, wenn das Familienheim im Eigentum des anderen Ehegatten steht. Als Recht zum Mitbesitz schließt es sachenrechtliche Herausgabeansprüche aus, §§ 985, 986 BGB. Es erstreckt sich auch auf das gemeinsam genutzte Hausgut, den Hausrat[13] und

77

---

[4] Zunächst in Kritik von OLG Düsseldorf BB 1973, 1325 = DNotZ 1973, 91; *Petzold* DNotZ 1973, 92 und BB 1973, 1332; *Flume* DB 1973, 2470; dem BGH zustimmend insbes. Münch-Komm/*Ulmer* vor § 705 Rdn. 147; Palandt/*Thomas* § 705 Rdn. 14; kritisch *K. Schmidt* AcP 182, 481.
[5] *Lipp* S. 127.
[6] AcP 182, 482/513.
[7] Vgl. dazu eingehend *Langenfeld/Gail* Handbuch der Familienunternehmen, Rz. IV, 210 ff.
[8] Dazu *Rapp* MittBayNot 1987, 70.
[9] Dazu die Beispiele von *K. Schmidt* AcP 182, 481/488 ff.
[10] *K. Schmidt* S. 598.
[11] Dazu *Langenfeld/Gail* Handbuch der Familienunternehmen, Rz. IV, 177.
[12] BGHZ 67, 221 = NJW 1977, 43 = FamRZ 1976, 691; BGHZ 71, 216 = NJW 1978, 1529 = FamRZ 1978, 496; *Graba* FamRZ 1987, 1722.
[13] *Eichenhofer* JZ 1987, 326 m. w. N.

kann auch freiberuflich oder gewerblich genutzte Räume im Familienheim umfassen.[14]

78   b) *Lastentragung im Rahmen der ehelichen Lebensgemeinschaft.* Die eheliche Lebensgemeinschaft **überlagert die sachenrechtliche Zuordnung** auch bei der Unterhaltung des Familienheims und der Bedienung der zu seiner Finanzierung aufgenommenen Darlehen.[15] Aus der konkreten Gestaltung des ehelichen Verhältnisses kann sich ergeben, daß der alleinverdienende Ehegatte etwa die Zins- und Tilgungsleistungen für das in je hälftigem Miteigentum stehende Familienheim allein tragen muß, während der andere Ehegatte seinen gleichwertigen Beitrag zur ehelichen Lebensgemeinschaft durch die Haushaltsführung erbringt, § 1360 S. 2 BGB. Ein Ausgleich im Innenverhältnis über §§ 426, 748, 755 BGB kommt dann nicht in Betracht, auch nicht rückwirkend nach Aufhebung der ehelichen Lebensgemeinschaft.[16] Für die Lastentragung beim Familienheim kommt es also entscheidend auf den von den Eheleuten gelebten Ehetyp unter Berücksichtigung der Einkommensverhältnisse, aber auch der Vermögensverhältnisse der Partner an.[17] Mit Aufhebung der ehelichen Lebensgemeinschaft entfällt das eheliche Gegenseitigkeitsverhältnis, also die familienrechtliche Überlagerung der allgemeinen schuld- und sachrechtlichen Beziehungen mit ex-nunc-Wirkung, nicht etwa für die Zeit der intakten Ehe. Für diese findet eine rückwirkende Abrechnung nicht statt.

II. Anlageimmobilien

79   Angesichts des Währungsrisikos ist die Geldanlage in Immobilien seit jeher praktiziert worden. Sie dient über die Mieterträge und die mögliche Veräußerung im Bedarfsfall auch der Alterssicherung. Ob derartige Immobilien zu Miteigentum oder je zu Alleineigentum erworben werden, ist die Frage des Einzelfalles. Soweit der Erwerb vom anderen Ehegatten bezahlt wird, liegt hierin eine Ehegattenzuwendung,[18] entweder zum freiwilligen oder vorzeitigen Zugewinnausgleich oder zur Versorgung oder Haftungsvermeidung. Die Rückforderung im Scheidungsfall mittels Scheidungsklausel[19] ist zu erwägen, wenn die Zuwendung zur Versorgung oder zur Haftungsvermeidung erfolgt. Sie ist regelmäßig zu empfehlen, wenn die Zuwendung im gesetzlichen Güterstand aus Anfangsvermögen nach § 1374 Abs. 2 BGB erfolgt, um den sonst regelmäßig eintretenden Verlust der Hälfte des Wertes der Zuwendung zu vermeiden.[20] In jedem Fall sichert die Scheidungsklausel den dinglichen Rückerhalt oder Erhalt der Immobilie, auch wenn dann auf der Grundlage der Vermögensverteilung nach Rückforderung der Zugewinnausgleich erfolgt.

80   Als Grundsatz für die dingliche Zuordnung von Anlageimmobilien sollte gelten, daß jeder Ehegatte sein Objekt aus seinem Vermögen oder Einkommen erwerben und finanzieren sollte, soweit nicht Zuwendungen vom Zugewinnausgleichsgedanken oder dem Bestreben nach Haftungsvermeidung bestimmt sind.

---

[14] So OLG Düsseldorf FamRZ 1988, 1053 für die Arztpraxis in dem im Eigentum des anderen Ehegatten stehenden Haus.
[15] BGHZ 87, 265 = NJW 1983, 1845 = JZ 1983, 852 m. Anm. *Frank.*
[16] BGHZ aaO.
[17] BGH FamRZ 1988, 264 = NJW-RR 1988, 259.
[18] vgl. Rdn. 170.
[19] Rdn. 870 ff.
[20] Vgl. Rdn. 196.

§ 3. Vermögensbildung

III. Bankkonten

1. Laufende Konten

Hinsichtlich laufender Bankkonten bestimmt der Ehetyp die Kontenführung. In der Einverdienerehe wird nur der erwerbstätige Ehegatte ein Konto haben. Er kann dem anderen Kontovollmacht erteilen, die er jederzeit widerrufen kann. In der Doppelverdienerehe kann man getrennte Konten führen oder ein Gemeinschaftskonto, über das jeder Ehegatte allein uneingeschränkt verfügen kann.[21] Die alleinige Verfügungsbefugnis jedes Ehegatten kann nur gemeinsam widerrufen werden.[22]

81

2. Sparkonto

Auch bei Sparkonten besteht die Möglichkeit jeweils getrennter Konten und gemeinsamer Konten als Oder-Konten, über die jeder Ehegatte allein uneingeschränkt verfügen kann. Es kann zur Vermeidung einseitiger Verfügungen zweckmäßig sein, das gemeinsame Sparkonto als Und-Konto zu führen, über das die Ehegatten nur gemeinsam verfügen können. Für die jeweilige Kontenführung können auch Haftungsgesichtspunkte ausschlaggebend sein. Im Zweifel sind immer getrennte Konten vorzuziehen.

82

---

[21] Oder-Konto, Ziff. 2 Abs. 3 BankAGB.
[22] BGHZ NJW 1991, 420.

§ 4. Schutzvorschriften für Ehegatten und Gläubiger

I. Gläubigerschutz durch Eigentumsvermutungen

1. Grundzüge der gesetzlichen Regelung

83   Zugunsten der Gläubiger eines Ehegatten wird vermutet, daß die sich im Besitz eines Ehegatten oder beider Ehegatten befindlichen beweglichen Sachen dem Schuldner gehören, § 1362 BGB. Die Vermutung gilt nicht, wenn die Ehegatten getrennt leben und sich die Sachen im Besitz des nichtschuldenden Ehegatten befinden. Für die ausschließlich zum persönlichen Gebrauch eines Ehegatten bestimmten Sachen wird vermutet, daß sie dem Ehegatten gehören, für dessen Gebrauch sie bestimmt sind. § 739 ZPO ergänzt § 1362 BGB für die Zwangsvollstreckung. Wird im Rahmen des § 1362 BGB vermutet, daß der Schuldner auch der Eigentümer der beweglichen Sachen ist, so gilt für die Durchführung der Zwangsvollstreckung er als alleiniger Gewahrsamsinhaber und Besitzer.

84   Die Vorschriften dienen dem **Gläubigerschutz** und sind **zwingendes Recht in allen Güterständen**. Die Gläubiger eines Ehegatten sollen vor einer Verschleierung der Eigentumslage durch ein Zusammenwirken beider Ehegatten bewahrt werden. Bei Gütergemeinschaft gehören bewegliche Gegenstände regelmäßig zum Gesamtgut, das für die Schulden beider Ehegatten haftet. § 1362 BGB bleibt jedoch für Gegenstände, die zum Vorbehaltsgut gehören, anwendbar.

Die Vorschrift gilt auch im Insolvenzverfahren. Der Insolvenzverwalter kann alles dem § 1362 BGB unterfallende Vermögen zur Insolvenzmasse ziehen, auch wenn es sich im Alleinbesitz des anderen Ehegatten befindet. Die Vermutung des § 1006 BGB, nach der zugunsten des Besitzers einer beweglichen Sache vermutet wird, daß er deren Eigentümer sei, wird durch § 1362 BGB ausgeschaltet. Die Vermutung des § 1362 BGB ist widerlegbar, § 292 ZPO. Soweit sie jedoch nicht widerlegt werden kann, tritt unwiderleglich die Gewahrsamsfiktion des § 739 ZPO ein. Letztere Vorschrift ist eine Ausnahme von den allgemeinen Pfändungsvorschriften der §§ 808, 809 ZPO. Nach ihnen darf der Gerichtsvollzieher nur solche Sachen pfänden, die sich im Gewahrsam des Schuldners oder eines zur Herausgabe bereiten Dritten befinden. Ist die Sache im Allein- oder Mitgewahrsam eines nicht zur Herausgabe bereiten Dritten, so steht diesem gegen die Pfändung die Erinnerung nach § 766 ZPO zu, weil der Gerichtsvollzieher § 809 ZPO verletzt hat. Daneben steht dem Dritten aus berechtigtem Besitz die Drittwiderspruchsklage des § 771 BGB zu. Diese Rechte hat der Ehegatte des Schuldners nach § 739 ZPO nicht. Für die Durchführung der Zwangsvollstreckung gilt nur der Ehegatte als Gewahrsamsinhaber, der Vollstreckungsschuldner ist. Im Interesse des Vollstreckungsgläubigers wird der Gewahrsam des Ehegatten des Vollstreckungsschuldners nicht geschützt. Der nichtschuldende Ehegatte hat nur die Möglichkeit, im Rahmen der Drittwiderspruchsklage des § 771 ZPO sein Eigentum oder Miteigentum geltend zu machen. Die Erinnerung nach § 766 ZPO wegen seines Allein- oder Mitgewahrsams steht ihm nicht zu.

2. Vereinbarungen im Rahmen von § 1362 BGB

85   Als Gläubigerschutzvorschrift ist § 1362 BGB nach allgemeiner Ansicht zwingend. **Die Vorschrift ist jedoch widerlegbar,** wenn der nichtschuldende Ehegatte sein Allein- oder Miteigentum an der Sache beweisen kann. Dieser Nachweis muß den Ehegatten mit zumutbaren und vernünftigen Mitteln zustehen, damit der Gläubigerschutz nicht übertrieben wird. Die Vorschrift dient im Interesse der Gläubiger

§ 4. Schutzvorschriften für Ehegatten und Gläubiger

eines Ehegatten der Verhinderung der Verschleierung der Eigentumslage durch die Ehegatten. Es liegt deshalb geradezu im Interesse der möglichen Gläubiger beider Ehegatten, daß die Eigentumslage nicht verschleiert, sondern für die Zukunft einwandfrei fixiert wird. Gerade angesichts des Schutzcharakters des § 1362 BGB sind klare Vereinbarungen der Ehegatten über die gegenwärtige und zukünftige Eigentumsverteilung zu fordern und zu begrüßen. Der Feststellung von *Wacke*[1] es müsse Aufgabe einer zeitgemäßen Rechtsanwendung sein, den Ehegatten liquide und nicht zu aufwendige Mittel an die Hand zu geben, den Eigentumsnachweis zweifelsfrei zu führen, ist deshalb grundsätzlich zuzustimmen.

Unter diesem Gesichtspunkt ist die Rechtsprechung des BGH[2] zu begrüßen, nach 86 der es genügt, den alleinigen **Eigentumserwerb** eines Ehegatten zu beweisen, während der Fortbestand des einmal erworbenen Eigentums vermutet wird.[3] Für vor der Ehe erworbene Gegenstände reicht der Nachweis des vorehelichen Alleinbesitzes aus. § 1006 Abs. 2 BGB begründet dann die Eigentumsvermutung für den nicht schuldenden Ehegatten. Bei Ersatzgegenständen für eingebrachten Hausrat ist die Berufung auf § 1370 BGB möglich.

Alles dies sind jedoch nur unvollkommene Hilfen im Einzelfall. Die entscheiden- 87 de Frage, die auch in der Praxis von den Eheleuten immer wieder angeschnitten wird, ist, ob sich die Eheleute umfassend und allgemein, auch für die Zukunft, vor Übergriffen der Gläubiger eines Ehegatten und der Beweisnot des anderen Ehegatten schützen können, wenn ein Ehegatte Schulden hat oder einen risikoreichen Beruf ausübt. Es sind dies etwa die Fälle, in denen jemand seinen verschuldeten Partner heiraten will oder einen Partner, der einen riskanten Beruf oder Erwerb ausübt, und sich davor schützen will, daß der von ihm eingebrachte oder aus seinen Mitteln bezahlte Hausrat von den gegenwärtigen oder zukünftigen Gläubigern des Ehegatten in Anspruch genommen werden kann. Verschleierungsabsichten oder Gläubigerbenachteiligungsabsichten scheiden hier aus. Vielmehr soll verhindert werden, daß die Gläubiger eines Ehegatten über § 1362 BGB Befriedigungsmöglichkeiten erhalten, die ihnen nicht zustehen.

Ein von den Ehegatten ohne Mitwirkung Dritter aufgenommenes **Vermögensver-** 88 **zeichnis** hat wegen der Gefahr rückdatierter nachträglicher Anfertigung zwecks Gläubigertäuschung nur geringen Beweiswert. Die für den gesetzlichen Güterstand in § 1377 Abs. 1 BGB enthaltene Richtigkeitsvermutung gilt nur im Verhältnis der Ehegatten untereinander. Den Rückdatierungsverdacht schließt die öffentliche Beglaubigung aus (§§ 1377 Abs. 2 S. 2, 1035 S. 2 BGB). Vollen Beweis erbringt nach *Wacke*[4] das in der Praxis sicherlich bedeutungslose behördlich oder notariell aufgenommene Verzeichnis gemäß § 1035 S. 3 BGB. Bei Heirat mit einem verschuldeten oder einem einen Risikoberuf ausübenden Ehegatten kann deshalb empfohlen werden, ein mit notarieller Unterschriftsbeglaubigung versehenes, besser noch beurkundetes Vermögensverzeichnis aufzunehmen und dies in gleicher Form von Zeit zu Zeit fortzuführen.[5] Da sich die Eigentumsübertragung zwischen Eheleuten für die Gegenstände, die sich im gemeinsamen Gewahrsam befinden, durch schlichten Konsens vollzieht, begründet ein derartiges Vermögensverzeichnis auch dann, wenn sich die verzeichneten Gegenstände bisher im Allein- oder Miteigentum des anderen Ehegatten befanden, im Sinne des BGH[6] den Beweis des alleinigen Eigentumser-

---

[1] MünchKomm/*Wacke* § 1362 Rdn. 8.
[2] NJW 1976, 238; NJW 1992, 1162.
[3] *Gernhuber/Coester-Waltjen* § 22 II 2.
[4] MünchKomm/*Wacke* § 1362 Rdn. 25.
[5] Vgl. Rdn. 88.
[6] NJW 1976, 238.

werbs und die Vermutung des Fortbestandes des einmal erworbenen Eigentums. Soweit in der Aufnahme des Verzeichnisses eine Übereignung durch Konsens liegt, ist diese innerhalb der Fristen der § 32 Nr. 2 KO, § 3 Abs. 1 Nr. 4 AnfG anfechtbar.[7] Ein derartiges Vermögensverzeichnis begründet, soweit es sich um Haushaltsgegenstände handelt, über die dingliche Surrogation des § 1370 BGB auch das zukünftige Eigentum des betreffenden Ehegatten an Ersatzgegenständen. Insofern kann also über § 1370 BGB die Eigentumsvermutung des § 1362 BGB widerlegt werden.[8]

89 Unzweifelhaft können die Eheleute in ehevertraglicher Form, etwa anläßlich der Vereinbarung von Gütertrennung, feststellen, **daß der gesamte Hausrat im Eigentum eines Ehegatten steht.** Die Ergänzung dieser Feststellung durch ein Vermögensverzeichnis ist nicht erforderlich. Soweit in der Feststellung des Alleineigentums eines Ehegatten am gesamten Hausrat eine Übereignung seitens des anderen Ehegatten durch schlichten Konsens liegt, ist diese im Rahmen der Anfechtungsvorschriften anfechtbar.

90 Die Ehegatten können aber auch, wie schon oben bei § 1357 BGB erläutert, **ehevertraglich für die Zukunft** festlegen, in wessen Eigentum z.B. Hausratsgegenstände fallen sollen. Im Einzelfall kann eine derartige Vereinbarung, soweit sie einseitig zu Lasten eines Ehegatten geht und diesen für alle Zukunft enteignet, gemäß § 138 BGB nichtig sein. Die Frage ist, ob eine derartige generelle und pauschale Vereinbarung über die künftige Eigentumszuordnung die gesetzliche Vermutung des § 1362 BGB generell außer Kraft setzen kann. Dies dürfte zu verneinen sein. Soll die Vereinbarung, daß aller zukünftiger Hausrat in das Alleineigentum eines Ehegatten fallen soll, nicht den anderen Ehegatten in sittenwidriger Weise knebeln, so muß sie als ausdrückliche Klausel die Möglichkeit abweichender Vereinbarung im Einzelfall enthalten. Wird diese Abweichungsmöglichkeit im Einzelfall nicht ausdrücklich vorbehalten, so dürfte sie im Wege der Auslegung zu ergänzen sein. Wenn aber die Möglichkeit der Abweichung im Einzelfall ausdrücklich oder im Wege ergänzender Auslegung vorbehalten bleiben muß, so eröffnet dies den Eheleuten wiederum die Möglichkeit der Verschleierung der Eigentumslage, deren Verhinderung die Vorschrift des § 1362 BGB dient. Wird nämlich derjenige Ehegatte betrieben, dem nach dem Ehevertrag grundsätzlich das Alleineigentum zufällt, so können die Eheleute eine abweichende Vereinbarung über die Eigentumszuordnung vorlegen. Wird der andere Ehegatte betrieben, haben die Ehegatten die Möglichkeit, es durch Nichtvorlage der abweichenden Einzelfallvereinbarung bei der generellen Regelung zu belassen. Im Ergebnis stünde also den Ehegatten die Möglichkeit zur **Manipulation der Eigentumsverhältnisse** zum Nachteil des jeweils betreibenden Gläubigers zu. Aus diesem Grund wird man dem in der Kautelarpraxis oft geäußerten Wunsch der Ehegatten, auch den zukünftigen Erwerb ein für allemal einem Ehegatten ehevertraglich zuzusprechen, nicht nachkommen können und den Eheleuten statt dessen empfehlen müssen, zukünftigen Eigentumserwerb im Einzelfall bei Anschaffung des Gegenstandes zweifelsfrei zu belegen, soweit nicht über § 1370 BGB dingliche Surrogation eintritt. Dabei ist allerdings nicht zu übersehen, daß nach allgemeiner Meinung die Ehegatten auch im Bereich § 1370 BGB im Einzelfall die dingliche Surrogation formlos abbedingen können.[9] Auch hier eröffnet sich dann den Ehegatten die oben dargelegte Möglichkeit zur Verschleierung der Eigentumslage, da sie je nach der Person des betriebenen Ehegatten die Möglichkeit haben, die Einzelfallvereinbarung vorzulegen oder nicht. Im Ergebnis wird man deshalb den Eheleuten,

---

[7] Zu den strafrechtlichen Folgen im Hinblick auf § 288 StGB vgl. *Schwarz* DNotZ 1995, 115.
[8] MünchKomm/*Wacke* § 1370 Rdn. 13.
[9] BayObLG FamRZ 1970, 31.

sofern sie eine entsprechende Vereinbarung wünschen, von einer generellen Festlegung etwa des zukünftigen Eigentumserwerbs am Hausrat zugunsten eines Ehegatten mit der Möglichkeit abweichender Vereinbarung im Einzelfall nicht grundsätzlich abraten können. Die Belehrung sollte jedoch den Hinweis enthalten, daß es **zweifelhaft ist, ob eine derartige generelle Abrede die Eigentumsvermutungen des § 1362 BGB ausschalten kann.**

Die von den Eheleuten in der Praxis regelmäßig gewünschte Möglichkeit, schon **den Gerichtsvollzieher** in derartigen Fällen **von der Pfändung abzuhalten,** kann durch ehevertragliche Vereinbarungen oder notarielle Vermögensverzeichnisse durchgreifend nicht geschaffen werden. Denn nach überwiegender Meinung steht dem anderen Ehegatten die Erinnerung des § 766 ZPO gegen den Pfändungsakt selbst auch dann nicht zu, wenn er gegenüber dem Gerichtsvollzieher die Vermutung des § 1362 BGB zu widerlegen vermag, da die Eigentumsverhältnisse weder vom Gerichtsvollzieher noch vom Vollstreckungsgericht zu klären sind.[10]

91

Allerdings darf nach allgemeiner Meinung der Gerichtsvollzieher die Vermutung des § 739 ZPO nicht mißbrauchen, wenn nach Lage der Dinge vernünftigerweise überhaupt kein Zweifel am Alleineigentum des nichtschuldenden Ehegatten bestehen kann. Also mag es im Einzelfall vielleicht doch gelingen, den Gerichtsvollzieher durch Vorlage etwa eines notariell beglaubigten oder beurkundeten Vermögensverzeichnisses oder einer entsprechenden ehevertraglichen Vereinbarung vom Alleineigentum des nichtschuldenden Ehegatten zu überzeugen und ihn zu veranlassen, von der Pfändung abzusehen. Rechtlich durchfechtbar ist dies nach h. L. aber nicht.

92

Formulierungsvorschlag für ehevertragliche Vereinbarung

Die Eheleute stellen fest, daß der gesamte vorhandene Hausrat und der PKW ... im alleinigen Eigentum der Ehefrau steht. Sie verweisen hierzu auf das anliegende, verlesene Verzeichnis, das einen Bestandteil dieser Urkunde bildet.
Zukünftiger Erwerb von Hausratsgegenständen soll mangels abweichender Vereinbarung im Einzelfall ebenfalls in das Alleineigentum der Ehefrau fallen. Die Eheleute verpflichten sich, bei jedem zukünftigen Erwerb möglichst unter Mitwirkung des Veräußerers einen Beleg über den Eigentumserwerb zu erstellen und aufzubewahren.

93

II. Ehegattenschutz durch Verfügungsbeschränkungen

1. § 1365 BGB

Nach § 1365 BGB kann sich ein Ehegatte nur mit Einwilligung des anderen Ehegatten verpflichten, über sein Vermögen im Ganzen zu verfügen. Hat er sich ohne Einwilligung verpflichtet, kann er die Verpflichtung nur mit Einwilligung des anderen Ehegatten erfüllen. Bei grundloser Verweigerung der Einwilligung oder Verhinderung des anderen Ehegatten an der Einwilligung und Gefahr im Verzug kann das Vormundschaftsgericht die Einwilligung ersetzen, wenn das Rechtsgeschäft den Grundsätzen einer ordnungsmäßigen Vermögensverwaltung entspricht. Ein ohne die erforderliche Einwilligung abgeschlossener Vertrag ist nach § 1366 BGB schwebend unwirksam und kann von dem anderen Ehegatten genehmigt werden.[11] Ein einseitiges Rechtsgeschäft, das ohne die erforderliche Einwilligung vorgenommen wurde, ist gemäß § 1367 BGB unwirksam. Nach § 1368 BGB kann der

94

---

[10] MünchKomm/*Wacke* § 1362 Rdn. 32 m. w. N.
[11] Zur Heilung schwebend unwirksamer Vermögensgeschäfte eines Ehegatten bei Beendigung des Güterstandes durch Scheidung oder Tod vgl. *Künzl* FamRZ 1988, 452.

Ehegatte, der die erforderliche Einwilligung nicht erteilt hat, die Unwirksamkeit des Rechtsgeschäftes gegen den Dritten gerichtlich geltend machen.

95 § 1365 BGB enthält ein **absolutes Veräußerungsverbot**.[12] Das Gesetz stellt den Familienschutz über den Verkehrsschutz. Gutgläubiger Erwerb von dem nach § 1365 BGB in seiner Verfügungsbefugnis eingeschränkten Ehegatten ist nicht möglich. Insofern handelt es sich bei §§ 1365 ff. BGB um eine Beschränkung des Rechts jedes Ehegatten, gemäß § 1364 BGB sein Vermögen selbständig zu verwalten. Geschützt werden soll die Familiengemeinschaft durch Erhaltung der wirtschaftlichen Grundlagen der Familie. Daneben dient die Vorschrift der Erhaltung der Grundlagen der Zugewinnausgleichsansprüche des anderen Ehegatten.[13] Im Ergebnis schützt die Vorschrift, da auch eine wirtschaftlich vollwertige Gegenleistung oder ein entsprechendes Surrogat den Tatbestand nicht ausschließt, auch vor Anlagegeschäften und Vermögensumschichtungen ohne Zustimmung des anderen Ehegatten. Der Tatbestand knüpft an eine Verfügung an. Nicht verfügende Akte, wie z.B. die Unterwerfung des Ehegatten unter die sofortige Zwangsvollstreckung hinsichtlich seines gesamten Vermögens als rein prozessuale Erklärung, unterliegen § 1365 BGB nicht.[14]

96 Nach allgemeiner Ansicht ist die Vorschrift nicht in dem Sinn wörtlich auszulegen, daß der Ehegatte ganz und restlos über sein gesamtes Vermögen verfügen muß. Es genügt die Verfügung über das **im wesentlichen ganze Vermögen**. Zu der breit und in großer Meinungsvielfalt diskutierten Frage, wieviel Vermögen dem Ehegatten noch verbleiben müsse, damit eine Gesamtvermögensverfügung im Sinne von § 1365 BGB nicht mehr vorliege, hat der BGH[15] eine gewisse Klärung dahingehend gebracht, daß der Tatbestand des § 1365 BGB grundsätzlich nicht erfüllt ist, wenn dem verfügenden Ehegatten Werte von etwa 15% seines ursprünglichen Gesamtvermögens verbleiben. Bei größeren Vermögen genügt ein Verbleiben von 10% des Gesamtvermögens.[16]

97 Die Streitfrage, ob bei der Prüfung des verbleibenden Restvermögens nur pfändbare Vermögensgegenstände berücksichtigt werden können[17] oder auch unpfändbare Gegenstände,[18] ist im Sinne der herrschenden Lehre dahingehend zu entscheiden, daß das gesamte Restvermögen ohne Rücksicht auf seine Pfändbarkeit berücksichtigt werden muß. Unpfändbare Gegenstände sind für die wirtschaftliche Grundlage der Ehe genauso wichtig wie pfändbare. Wie bei der Prüfung, ob über das Vermögen im Ganzen verfügt wird, eine Saldierung nicht vorgenommen wird, also § 1365 BGB auch bei Überschuldung angenommen werden kann, ist auch bei der Beurteilung des Restvermögens eine rein wirtschaftliche Betrachtungsweise ohne Rücksicht auf das Vollstreckungsrecht angebracht.

98 Nach allgemeiner Meinung kann § 1365 BGB auch erfüllt sein, wenn nicht über das gesamte Vermögen als Inbegriff aller oder mehrerer Vermögensgegenstände verfügt wird, sondern lediglich über einen **Einzelgegenstand**, der wertmäßig das gesamte Vermögen oder das wesentliche Vermögen ausmacht.[19] Die Frage spielt in

---

[12] BGHZ 40, 218.
[13] BGHZ 40, 218; *Staudinger/Thiele* § 1365 Rdnr. 2.
[14] *Gernhuber* § 35 II 1 m.w.N.
[15] BGHZ 77, 299 = NJW 1980, 2305.
[16] BGH NJW 1991, 1739.
[17] So *Palandt/Brudermüller* § 1365 Rdn. 5; OLG Frankfurt NJW 1960, 2190; *Riedel* Rpfleger 1961, 262; MDR 1962, 6; DRiZ 1962, 184.
[18] So die h.L. KG NJW 1976, 717; *Gernhuber* § 35 II 4; MünchKomm/*Koch* § 1365 Rdn. 20; *Erman/Heckelmann* § 1365 s. S. 66 Anm. 2b, cc.
[19] Vgl. *Benthin* FamRZ 1982, 338 m.w.N.

§ 4. Schutzvorschriften für Ehegatten und Gläubiger

der Praxis bei Grundstücksgeschäften eine erhebliche Rolle. Die von der Rechtsprechung zu § 419 BGB entwickelten Grundsätze finden auch im Rahmen des § 1365 BGB insoweit Anwendung.[20] Um die auf der Hand liegenden Nachteile dieser sog. Einzeltheorie für den Rechtsverkehr nicht zu überdehnen, fordert die herrschende **subjektive Theorie** bei der im Rahmen von § 1365 BGB zustimmungspflichtigen Verfügung eines Ehegatten über einen Einzelgegenstand zur Erfüllung des Tatbestandes die Kenntnis des Erwerbers wenigstens von den Umständen, aus denen sich die Identität von Einzelgegenstand und Gesamtvermögen ergibt.[21] Für diese Kenntnis kommt es auf den Zeitpunkt des Verpflichtungsgeschäfts an.[22]

Nach ganz herrschender Lehre ist im Rahmen von § 1365 BGB wie bei § 419 BGB ohne Bedeutung, daß als **Gegenleistung** oder **Surrogat** der Verfügung ein entsprechender oder sogar höherer Wert in das Vermögen des verfügenden Ehegatten einfließt.[23] 99

Streitig ist jedoch im Rahmen des § 1365 BGB, ob **zukünftiges Einkommen** wie Lohn-, Pensions- oder Rentenansprüche des verfügenden Ehegatten als verbleibendes Vermögen den § 1365 BGB ausschließen können. In diesem Zusammenhang wird regelmäßig der BGH[24] zitiert, nach dem ein gewerblicher Betrieb als Einkommensquelle ebenfalls berücksichtigungspflichtiges Vermögen darstellt. Dieser Entscheidung ist zuzustimmen, da der Ertragswert des Betriebes Vermögen im wirtschaftlichen Sinne darstellt und sich dieses Vermögen von den sonstigen laufenden Einkünften trennen läßt. Die Kapitalisierung sonstiger Ansprüche auf zukünftiges Einkommen ist jedoch mit der h.L. abzulehnen.[25] Laufendes Einkommen und zukünftige Renten- und Versorgungsberechtigungen sind nicht Vermögen im Sinne der Vorschrift. Unabhängig von der Gewißheit oder Ungewißheit derartiger Ansprüche handelt es sich bei ihnen um künftigen Erwerb, der nicht Bestandteil des gegenwärtigen Vermögens ist.[26] 100

Im besonders praxiswichtigen Bereich der **Grundstücksverfügungen** sind zunächst zur Ermittlung der Voraussetzungen des § 1365 BGB die dinglichen Belastungen des Grundstücks heranzuziehen.[27] Auch die Bestellung von Belastungen kann etwa den Wert des Grundstücks als einzigem Vermögensgegenstand derart ausschöpfen, daß sie gemäß § 1365 BGB zustimmungspflichtig ist. Die Gesamtvermögensverfügung ergibt sich allerdings nicht etwa aus der Erwägung, daß stets das gesamte Grundstück Belastungsobjekt ist,[28] sondern liegt erst dann vor, wenn die Belastung allein oder zusammen mit bereits bestehenden Vorbelastungen den Grundstückswert ganz oder nahezu ausschöpft.[29] Nicht zustimmungsbedürftig ist die Bestellung – wohl aber die Abtretung – von Eigentumsgrundpfandrechten, die Bestellung von Restkaufgeldgrundpfandrechten und die Bestellung von Finanzierungsgrundpfandrechten beim Erwerb. 101

---

[20] BGHZ 35, 135/143.
[21] BGHZ 43, 174; 65, 246; FamRZ 1969, 322; WM 1975, 865.
[22] BGHZ 106, 253 = NJW 1989, 1609; BGH NJW-RR 1990, 1154 = FamRZ 1990, 970.
[23] BGHZ 34, 145.
[24] FamRZ 1957, 383.
[25] BGH WM 1975, 865; OLG Karlsruhe FamRZ 1974, 306/309; *Riedel* Rpfleger 1961, 262 und DRiZ 1963, 183 Anm. 9; *Gernhuber/Coester-Waltjen* § 35 II 4; *Soergel/Lange* § 1365 Rdn. 19; *Staudinger/Thiele* § 1365 Rdn. 30; *Sandrock* Festschrift Bosch S. 841, 843 ff.; BGH FamRZ 1987, 909; BGH FamRZ 1996, 792.
[26] BGH FamRZ 1987, 909.
[27] BGHZ 77, 293.
[28] So eine Mindermeinung, vgl. *Haegele* FamRZ 1964, 597.
[29] Nachweise bei MünchKomm/*Gernhuber* § 1365 Rdn. 64.

102 Bei der Bestellung sonstiger dinglicher Rechte kommt es auf die wirtschaftliche Auswirkung im Einzelfall an.[30]

103 Das **Grundbuchamt** kann im Rahmen des § 1365 BGB den Nachweis der Zustimmungsfreiheit bzw. die Zustimmung nur fordern, wenn besondere Anhaltspunkte für ein Gesamtvermögensgeschäft sprechen.[31]

104 Für Verfügungen im Wege der **Zwangsvollstreckung** gilt § 1365 BGB seinem Wortlaut nach nicht. Nach h.L. ist jedoch die entsprechende Anwendung des § 1365 BGB auf Prozeßerklärungen vorzunehmen, wenn diese der Vermögensverfügung im Sinne der Vorschrift gleichkommen, also etwa beim Antrag des Grundstückseigentümers auf Teilungsversteigerung.[32]

105 Bei der **Errichtung letztwilliger Verfügungen** ist § 1365 BGB nicht zu beachten, ebenso nicht bei Ausschlagung einer Erbschaft oder eines Vermächtnisses und beim Pflichtteilverzicht. Die Verfügung über eine bereits angefallene Erbschaft kann jedoch § 1365 BGB unterfallen.

106 Die Eingehung von **Zahlungsverpflichtungen**, Darlehensverträgen, Bürgschaften, Wechsel- und Scheckverpflichtungen ist keine Verfügung im Sinne des § 1365 BGB, soweit sich die schuldrechtliche Verpflichtung nicht konkret auf das gesamte Vermögen des Ehegatten bezieht.[33] Hier besteht unzweifelhaft eine Lücke der gesetzlichen Regelung.

107 Zu erheblichen rechtlichen und praktischen Schwierigkeiten kann § 1365 BGB im Rahmen des **Gesellschaftsrechts** führen. Zunächst fragt es sich, ob eine Gesamtvermögensverfügung darin liegen kann, daß ein Ehegatte sich gesellschaftsvertraglich verpflichtet, sein gesamtes oder im wesentlichen gesamtes Vermögen in eine Personen- oder Kapitalgesellschaft einzubringen. Die Frage wird weniger für die Kapitalgesellschaft diskutiert, bei der der Wechsel in der Rechtspersönlichkeit des Eigentümers das Ergebnis nahelegt, als bei der Personengesellschaft, bei der lediglich eine gesamthänderische Bindung des eingebrachten Vermögens herbeigeführt wird. Nach ganz h.L. führt die Errichtung einer Gesellschaft des bürgerlichen Rechts, einer OHG oder einer KG mit der Begründung der Verpflichtung eines Ehegatten, zumindest nahezu sein ganzes Vermögen auf die Gesellschaft zu übertragen, zur Bejahung der Tatbestandsmäßigkeit, da das Gesamthandsvermögen der Gesellschaft ein aliud zum persönlichen Vermögen jedes Gesellschafters darstellt.[34] Wie bei der Belastung des das gesamte Vermögen ausmachenden Grundstücks dürfte es jedoch auch bei der das gesamte Vermögen ausmachenden Gesellschaftsbeteiligung richtiger sein, danach zu fragen, ob die einzelne gesellschaftsvertragliche Vereinbarung den Wert der Mitgliedschaft völlig ausschöpft. Dies ist dann zu bejahen, wenn die Gesellschaft umgewandelt wird, etwa von einer Personal- in eine Kapitalgesellschaft. Sie ist aber auch dann zu bejahen, wenn eine Abfindungsregelung vereinbart oder im Wege der Änderung herbeigeführt wird, die in bestimmten Fällen dem ausscheidenden Gesellschafter kein oder nur ein sehr geringes Entgelt zugesteht.[35]

108 Von diesem Standpunkt aus muß man die Mitwirkung eines Gesellschafters beim Auflösungsbeschluß und die **Kündigung der Gesellschaft** durch einen Gesellschafter

---

[30] BGH Rpfleger 1989, 404.
[31] Ganz h.L. MünchKomm/*Koch* § 1365 Rdn. 69 m.w.N.
[32] BayObLG FamRZ 1981, 41; OLG Bremen FamRZ 1984, 272; LG Bielefeld Rpfleger 1986, 272 m. Anm. *Böttcher* bei diesem auch umfassende Nachweise.
[33] BGH FamRZ 1983, 455.
[34] MünchKomm/*Koch* § 1365 Rdn. 70ff.; *Sandrock* Festschrift Duden S. 521ff.; jeweils m.w.N.
[35] Nachweise bei *Soergel/Lange* § 1365 Rdn. 52.

ebenfalls dem § 1365 BGB unterwerfen, da der Ehegatte, dessen gesamtes Vermögen durch seinen Geschäftsanteil verkörpert wird, über diesen Geschäftsanteil verfügt, wenn er beim Auflösungsbeschluß mitwirkt oder die Gesellschaft kündigt. Denn sein Anteil geht durch die dann folgende Liquidation unter und setzt sich im Liquidationsguthaben fort. Auf den Charakter oder die Höhe dieses Liquidationsguthabens oder der sonstigen Gegenleistung kommt es wie immer im Rahmen der §§ 1365, 419 BGB nicht an.[36]

2. Dispositionsmöglichkeiten im Rahmen des § 1365 BGB

Wie die vorhergehenden Erörterungen gezeigt haben, spielt § 1365 BGB in der Praxis eine nicht unerhebliche Rolle. Der **praktische Schwerpunkt** liegt dabei auf den **Grundstücksgeschäften** und im **Gesellschaftsrecht**. Die notarielle Praxis zeigt, daß bei den Grundstücksgeschäften die herrschende Einzeltheorie regelmäßig auf Erstaunen, Unverständnis und Ablehnung stößt. Verfügt ein Ehegatte z.B. über ein von ihm in die Ehe eingebrachtes oder während der Ehe durch Schenkung oder Erbschaft erworbenes Grundstück, so vermag er nicht einzusehen, was der andere Ehegatte mit dieser Verfügung zu tun haben soll. Oft ist sogar der andere, bei der Beurkundung des Verfügungsgeschäfts anwesende und mit ihm einverstandene Ehegatte nur schwer zur Unterschrift unter die Urkunde zu bewegen, da er mit diesem Vermögen seines Ehegatten demonstrativ nichts zu tun haben will. Als lebensfremd wird auch die Nichtberücksichtigung der Gegenleistung im Rahmen des § 1365 empfunden. Soweit das Vermögen nicht nur aus einem Vermögensgegenstand, etwa dem ererbten Grundstück, sondern aus mehreren verschiedenartigen und heterogenen Vermögensgegenständen besteht, sind Gesamtverfügungen im Sinne von § 1365 BGB äußerst selten. In der Praxis insbesondere der Grundstücksgeschäfte erweist sich deshalb § 1365 BGB regelmäßig eher als **unwillkommenes Hindernis** denn als von den Ehegatten begrüßte und in ihrem Sinn akzeptierte Schutzvorschrift für das Familienvermögen.

109

Die Problematik des § 1365 BGB im **Gesellschaftsrecht** liegt auf der Hand. Dem Familienschutz, der auch hier wohl mehr ein wohlgemeintes Postulat als eine praktische Notwendigkeit ist, steht das Interesse der anderen Gesellschafter und der Gesellschaft an der Funktionsfähigkeit des Gesellschaftsverhältnisses entgegen. Regelmäßig dürfte dieses Interesse überwiegen. Man denke etwa nur an die formwandelnde Umwandlung, die aus steuerlichen Gesichtspunkten oder sogar im Rahmen der Sanierung zur Erhaltung des Unternehmens existenzwichtig sein kann. Wenn hier jeder Gesellschafter erst einmal seinen unter Umständen ängstlichen und grundsätzlich widerstrebenden Ehepartner zur Einwilligung bewegen muß, kann wertvolle Zeit verstreichen bzw. erheblicher wirtschaftlicher Schaden entstehen. Dies würde um so mehr dann gelten, wenn sich etwa diejenigen Meinungen durchsetzen würden, die in jeder Änderung des Inhalts der Mitgliedschaft eine Gesamtvermögensverfügung sehen wollen. Die Praxis besteht daher seit jeher zu Recht auf der Ausschaltung des lästigen § 1365 BGB durch jeden einzelnen Gesellschafter. Allerdings schießen die Gesellschaftsverträge über das Ziel hinaus und laufen die Gefahr des Verstoßes gegen § 138 BGB, wenn sie jeden Gesellschafter zur Vereinbarung von Gütertrennung verpflichten. Die Wirkungen eines Ehevertrages auf Gütertrennung gehen über den Bereich der Gesellschaftsbeteiligung des jeweiligen Ehegatten weit hinaus. Dies gilt auch dann, wenn man ein berechtigtes Interesse der übrigen Gesellschafter und der Gesellschaft dahingehend anerkennen wollte, daß jeder Gesellschafter und damit auch seine Beteiligung von Zugewinnausgleichsansprüchen des Ehegatten bei Scheidung möglichst freigehalten werden soll. Auch hier

110

---

[36] *Staudinger/Thiele* § 1365 Rdn. 67 m. w. N.

würde es regelmäßig genügen, lediglich die Gesellschaftsbeteiligung aus dem Zugewinnausgleich herauszunehmen. Dieser Weg bietet sich auch bei § 1365 BGB an. Nach allgemeiner Ansicht kann § 1365 BGB nicht nur durch Abbedingung des gesetzlichen Güterstandes insgesamt, sondern auch durch gezielte, nur auf diese Vorschrift bezogene ehevertragliche Vereinbarung abbedungen werden, schließlich auch nur beschränkt auf bestimmte Gegenstände, etwa die Gesellschaftsbeteiligung.[37] Eintragungsfähig ist die bloße Beschränkung des § 1365 BGB nicht.[38] Jede Abbedingung und Einschränkung des § 1365 BGB hat ehevertraglichen Charakter und muß deshalb nach § 1410 BGB bei gleichzeitiger Anwesenheit beider Teile zur Niederschrift eines Notars geschlossen werden.

111 **Formulierungsvorschlag für Abbedingung des § 1365 BGB insgesamt**
Wir schließen hiermit die Verfügungsbeschränkung des § 1365 BGB für das beiderseitige Vermögen völlig aus. Im übrigen soll es jedoch bei den Regelungen des gesetzlichen Güterstandes verbleiben.

112 **Formulierungsvorschlag für gegenständlichen Ausschluß des § 1365 BGB**
Es soll bei den Regelungen des gesetzlichen Güterstandes verbleiben, auch was § 1365 BGB angeht. Über seine jeweilige Beteiligung an Handelsgesellschaften jeglicher Art soll jedoch jeder Ehegatte unbeschränkt ohne Einwilligung des anderen Ehegatten verfügen können. Wir schließen deshalb § 1365 BGB hinsichtlich solcher Beteiligungen aus.

---

[37] Allgemeine Meinung, vgl. *Mülke* AcP 161, 160; *Knur* DNotZ 1957, 470.
[38] BGHZ 41, 370.

§ 5. Altersvorsorge

I. Grundsätze

Zur Eheführung gehört auch die Altersvorsorge. Jeder Ehegatte hat im Rahmen 113
des Familienunterhalts Anspruch auf Alterssicherung. Dies bedeutet im Regelfall
nicht, daß etwa für die Hausfrau eine eigene Altersversorgung finanziert werden
muß. Es genügt der Versorgungsanwartschaftserwerb des berufstätigen Ehegatten,
an dem der andere abgeleitet in Form der Witwen- oder Witwerversorgung oder bei
Scheidung durch den Versorgungsausgleich teilnimmt. Selbständige und Freiberufler können auch Altersvorsorge durch Kapitalanlagen betreiben. Ist der nicht erwerbstätige Ehegatte durch ehevertragliche Vereinbarung von Gütertrennung oder
Ausschluß des Versorgungsausgleichs von der abgeleiteten Altersversorgung im
Scheidungsfall ausgeschlossen, so schuldet ihm der andere Ehegatte über den Familienunterhalt den Aufbau einer eigenen Altersversorgung.

II. Versorgungswerke

Arbeitnehmer sind in der gesetzlichen Rentenversicherung pflichtversichert. Be- 114
amte haben die Beamtenversorgung. Selbständige Erwerbstätige können unter bestimmten Voraussetzungen in die Pflichtversicherung aufgenommen werden. Freiwillig versichern können sich andere Selbständige und Hausfrauen. Über Möglichkeiten und Kosten-Nutzen-Vergleiche beraten die Versicherungsträger und die
Rentenberater. Betriebliche Altersversorgungen ergänzen die Vorsorge. Mit den
gesetzlichen Altersversorgungen ist jeweils auch die Vorsorge für den Krankheitsfall
des Versicherten und seiner Familie und den Invaliditätsfall des Versicherten verbunden.

III. Private Altersvorsorge

Private Altersvorsorge durch Vermögensanlage in Immobilien, Wertpapieren und 115
Geldern ist bei Selbständigen und Freiberuflern häufig. Sie wird ergänzt oder ersetzt
durch den Abschluß von Lebensversicherungsverträgen. Bei Eheleuten bietet sich
insbesondere die verbundene Lebensversicherung an, bei der das Leben beider versichert ist. Die Versicherungssumme wird beim Tode des Erstversterbenden, spätestens jedoch nach Ablauf der vereinbarten Versicherungsdauer fällig. Dadurch wird
der überlebende Ehegatte gesichert und gleichzeitig Altersvorsorge betrieben. Die
Beiträge sind niedriger als bei zwei Einzelversicherungen.

§ 6. Familienunternehmen

I. Mitarbeit des Ehegatten im Unternehmen des anderen

1. Mitarbeitspflicht

116 Obwohl das Gesetz seit der Eherechtsreform keine ausdrückliche Regelung mehr enthält, kann ein Ehegatte auch weiterhin zur Mitarbeit im Beruf oder Geschäft des anderen verpflichtet sein. Diese Verpflichtung kann sich aus der Pflicht zum Familienunterhalt ergeben, wenn das Geschäft sich als Lebensgrundlage der Familie nur trägt, wenn der Ehegatte mitarbeitet, wie dies in der Landwirtschaft, im handwerklichen Kleinbetrieb oder der Gastronomie der Fall sein kann. Die Mitarbeitspflicht kann sich auch aus der Beistandspflicht als Ausfluß der Verpflichtung zur ehelichen Lebensgemeinschaft ergeben, wenn Krankheit des Betriebsinhabers oder sonstige Zwangslagen es erfordern.[1] Denkbar ist eine Verpflichtung zur Mitarbeit auch dann, wenn dem anderen Ehegatten durch sie die Ausübung einer wissenschaftlichen, künstlerischen oder literarischen Tätigkeit ermöglicht wird, der er nicht zur Unterhaltserzielung, sondern aus Neigung nachgeht.[2]

2. Ehegattenarbeitsverträge

117 Bei nicht ganz unerheblicher oder vorübergehender Mitarbeit eines Ehegatten im Betrieb des anderen ist heute der Ehegattenarbeitsvertrag die Regel. Er bietet steuerliche Vorteile und erlaubt den Aufbau einer eigenen Altersversorgung des beschäftigten Ehegatten. Der an den Ehegatten gezahlte Arbeitslohn führt wegen der steuerlichen Zusammenveranlagung der Eheleute zwar nur zu einer Einkommensteuerersparnis in Höhe der Freibeträge, kann aber bei der Gewerbesteuer höher zu Buch schlagen, wenn die Vergütung an den Ehegatten den Gewerbeertrag mindert.[3]

II. Das Ehegattenunternehmen

118 Gemeinsame unternehmerische Tätigkeit von Ehegatten ist häufig. Der gesetzliche Güterstand als Güterstand der Gütertrennung erlaubt sie in jeder Rechtsform, die auch von sonstigen Geschäftspartnern gewählt würde. So ist auch zwischen Ehegatten die GmbH die derzeit beliebteste Rechtsform der Mitunternehmerschaft. Die besondere persönliche Verbundenheit der Eheleute erlaubt im Bereich der Betriebsaufspaltung Gestaltungen wie das „Wiesbadener Modell",[4] die zwischen Fremden zu riskant wären. Die steuerliche Anerkennung darf derartigen Ehegattenmodellen nicht mit der Begründung versagt werden, Ehegatten verfolgten gleichgerichtete wirtschaftliche Interessen.[5]

---

[1] BGH FamRZ 1959, 454; BGH NJW 1967, 1077.
[2] BGH NJW 1980, 2196.
[3] Darstellung der steuerlichen Folgen von Ehegattenarbeitsverträgen bei *Langenfeld/Gail* Handbuch der Familienunternehmen RZ II 500ff.
[4] Dazu *Langenfeld/Gail* Handbuch der Familienunternehmen RZ II, 302.
[5] BVerfGE 69, 185, 188; zu Familienunternehmen im Zivil- und Steuerrecht vgl. *Langenfeld/Gail* Handbuch der Familienunternehmen.

§ 7. Steuerfolgen der Ehe

I. Grundsätze

Gegenüber der nichtehelichen Lebensgemeinschaft werden Ehegatten bei der Einkommensteuer, der Vermögensteuer und der Erbschaft- und Schenkungsteuer begünstigt. Einkommensteuerlich können sie zwischen mehreren Veranlagungsformen wählen. Bei der Erbschaft- und Schenkungsteuer hat der begünstigte Ehegatte besondere Freibeträge und einen niedrigen Steuersatz. Die eheliche Verbundenheit erlaubt steuergünstige Gestaltung, etwa den Eigentumserwerb am betrieblichen Anlagevermögen durch den am Betrieb nicht beteiligten Ehegatten und die Verpachtung dieses Anlagevermögens an den Betrieb. Bei diesen Gestaltungen ist aber das Scheidungsrisiko zu bedenken und abzusichern. Für derartige Gestaltungen gilt steuerlich der Grundsatz, daß ihnen die Anerkennung nicht allein deshalb versagt werden darf, weil die Vertragsparteien verheiratet sind. Teilweise, so bei Arbeitsverträgen und Darlehen, stellt die Rechtsprechung an Verträge zwischen Ehegatten erhöhte Anforderungen und unterwirft sie einem strengen Fremdvergleich.

119

II. Einkommensteuer

Einkommensteuerlich haben unbeschränkt steuerpflichtige und nicht dauernd getrenntlebende Ehegatten ein Wahlrecht zwischen der getrennten Veranlagung, § 26a EStG, der Zusammenveranlagung, § 26b EStG und nur im Veranlagungszeitraum der Ehe der besonderen Veranlagung nach § 26c EStG.

120

Die Zusammenveranlagung ist in der Regel die günstigste Veranlagungsform. Sie wird nicht nur auf Antrag beider Ehegatten durchgeführt, sondern auch bei Nichtausübung des Wahlrechts, § 26 Abs. 3 EStG. Bei der Zusammenveranlagung werden zunächst die Einkünfte jedes Ehegatten gesondert ermittelt und dann zu einer gemeinsamen Summe der Einkünfte zusammengefaßt. Auf das zu versteuernde Einkommen wird der Splittingtarif angewendet. Aufgrund dieses Ehegattensplittings ergeben sich bei unterschiedlich hohen Einkommen und insbesondere in der Einverdienerehe Progressionsvorteile. Weitere Vorteile folgen aus den Freibetragsgewährungen.[1]

Die getrennte Veranlagung ist nur im Einzelfall günstiger, z.B. wenn beide Ehegatten die Voraussetzungen für die Gewährung eines Härteausgleichs bei den Nebeneinkünften erfüllen,[2] oder wenn die Einkommensgrenzen bei der Förderung selbstgenutzten Wohneigentums eine Rolle spielen.[3]

Die besondere Veranlagung kommt nur für das Jahr der Eheschließung und insbesondere für die Heirat zweier Verwitweter oder zweier Alleinstehender mit Kindern und etwa gleichem Einkommen in Betracht.[4]

III. Erbschaft- und Schenkungsteuer

Bei Schenkungserwerb unter Lebenden oder bei Erwerb von Todes wegen vom anderen Ehegatten hat der erwerbende Ehegatte nach § 16 Abs. 1 Nr. 1 ErbStG

121

---

[1] Z.B. § 13 Abs. 3, § 20 Abs. 4 EStG.
[2] § 46 Abs. 5 EStG, § 70 EStDV.
[3] Dazu *Braun/Günther* Steuer-Handbuch des Rechtsanwalts, Stichwort: „Eheleute, Besteuerung allgemein" Rdn. 13 mit Beispiel.
[4] *Braun/Günther* aaO Rdn. 14.

einen Steuerfreibetrag von 600 000,00 DM. Weiterhin hat er nach § 17 Abs. 1 ErbStG einen besonderen Versorgungsfreibetrag von 500 000,00 DM, der allerdings um den Kapitalwert von Versorgungsbezügen gekürzt wird, die vom anderen Ehegatten abgeleitet werden, weshalb dieser Freibetrag regelmäßig keine Rolle spielt. Weiterhin bleiben Hausrat, Kunstgegenstände und Sammlungen mit bestimmten Beträgen steuerfrei. Der Ehegatte gehört nach § 15 Abs. 1 Nr. 1 ErbStG der günstigsten Steuerklasse I an.

– einstweilen frei –

3. Kapitel. Scheidung und Scheidungsfolgen

§ 1. Die Scheidung

I. Das Zerrüttungsprinzip

Scheidung bedeutet Auflösung der Ehe durch gerichtliches Urteil mit Wirkung für **123** die Zukunft aufgrund bestimmter Scheidungsgründe. Mit dem 1. EheRG 1976 wurde das Scheidungsrecht auf neue Grundlagen gestellt. Scheidungsgrund ist seit 1. 1. 1977 nicht mehr eine schwere Pflichtverletzung eines Ehegatten – Verschuldensprinzip – sondern die Tatsache, daß die geistig-seelischen Grundlagen der Ehe bei einem oder bei beiden Ehegatten unheilbar zerstört sind – Zerrüttungsprinzip –. Auf ein Verschulden kommt es nicht mehr an. Auch derjenige, der die Zerrüttung selbst verschuldet hat, kann die Scheidung verlangen.

Die Ehegatten können die Ehe so, wie sie sie einverständlich eingegangen sind, auch einverständlich beenden. Diese einverständliche Scheidung – Konventionalscheidung – wird vom Gesetz anerkannt und in verschiedener Weise sogar als wünschenswerte Beendigung einer gescheiterten Ehe gefördert.

II. Das Scheidungsverfahren

Die Ehescheidung erfolgt auf Antrag eines oder beider Ehegatten durch gerichtliches **124** Urteil, § 1564 Abs. 1 S. 1 BGB. Mit Rechtskraft des Urteils ist die Ehe aufgelöst, § 1564 Abs. 1 S. 2 BGB. Zu regeln sind dann noch die Scheidungsfolgen, also der Zugewinnausgleich,[1] der Versorgungsausgleich,[2] der nacheheliche Unterhalt,[3] die Verteilung von Hausrat und Ehewohnung[4] und die elterliche Sorge.[5] Zuständig für die Scheidung sind die Familiengerichte,[6] die nach den Verfahrensregeln für Landgerichte prozedieren, soweit nichts Besonderes bestimmt ist.[7] Das Verfahren wird durch einen Antrag eingeleitet; es wird nicht mehr Scheidungsklage erhoben, sondern Scheidungsantrag gestellt.[8] Es gilt der Untersuchungsgrundsatz.[9] Es herrscht Anwaltszwang.[10] Jedoch muß der Antragsgegner nicht unbedingt einen Anwalt bevollmächtigen, was bei Konventionalscheidungen zur Kostenersparnis deshalb auch häufig unterbleibt. Wichtige Materien der Scheidungsfolgen wie das elterliche Sorgerecht, der Unterhalt und die Benutzung von Ehewohnung und Hausrat können durch einstweilige Anordnung geregelt werden.[11] Grundsätzlich erfolgt die Verhandlung von Scheidung und Scheidungsfolgen im Verbund;[12] über den

---

[1] Rdn. 135 ff.
[2] Rdn. 245 ff.
[3] Rdn. 258 ff.
[4] Rdn. 311 ff.
[5] Rdn. 322 ff.
[6] § 23 a Nr. 4, § 23 b Abs. 1 Nr. 1 GVG, § 606 Abs. 1 ZPO.
[7] §§ 608, 624 Abs. 3 ZPO.
[8] § 622 Abs. 1 ZPO.
[9] § 616 ZPO.
[10] § 78 Abs. 1 S. 2 Nr. 1 ZPO.
[11] §§ 620–620 g ZPO.
[12] § 623 ZPO.

erfolgreichen Scheidungsantrag und die Folgesachen wird einheitlich durch Urteil entschieden.[13]

III. Das Getrenntleben

125 Alleiniger gesetzlicher Scheidungsgrund ist das Scheitern der Ehe. Es wird unwiderlegbar vermutet, wenn die Ehegatten seit einem Jahr getrennt leben und beide Ehegatten die Scheidung beantragen oder der Antragsgegner der Scheidung zustimmt, oder wenn die Ehegatten seit drei Jahren getrennt leben.[14] Getrenntleben setzt getrennte Haushaltsführung und Trennungsabsicht von Seiten eines oder beider Ehegatten voraus.[15] Auch in der gemeinsamen Wohnung kann man getrennt leben.[16] Trotz gesetzlich möglicher Ausnahmen wird so gut wie keine Ehe geschieden, bevor die Mindesttrennungsdauer von einem Jahr verstrichen ist, und wird so gut wie jede Ehe geschieden, wenn das Getrenntleben drei Jahre gedauert hat.

---

[13] § 629 Abs. 1 ZPO.
[14] § 1566 BGB.
[15] § 1567 Abs. 1 S. 1 BGB.
[16] § 1567 Abs. 1 S. 2 BGB.

§ 2. Der Zugewinnausgleich

I. Die Zugewinngemeinschaft als gesetzlicher Güterstand

Nach dem Willen der **Väter des BGB** trat am 1. 1. 1900 an die Stelle der bis dahin in Deutschland geltenden weit über 100 ehelichen Güterrechte[1] der gesetzliche Güterstand der Verwaltung und Nutznießung des Mannes am eingebrachten Gut der Frau, hilfsweise die Gütertrennung. Daneben wurden die allgemeine Gütergemeinschaft, die Errungenschaftsgemeinschaft und die Fahrnisgemeinschaft als Vertragsgüterstände geregelt. Den Eheleuten wurde neben der Möglichkeit der Wahl eines abweichenden Güterstandes auch die Möglichkeit der Abänderung einzelner Normen des gesetzlichen Güterstandes oder eines Wahlgüterstandes gegeben. Der gesetzliche Güterstand der Verwaltung und Nutznießung des Mannes war schon veraltet, als er in Kraft trat. Dem Grundsatz der Gleichberechtigung der Geschlechter wurde er nicht gerecht.   126

Das **Gleichberechtigungsgesetz** behielt die als richtig erkannte Entscheidung bei, einen gesetzlichen Güterstand zu normieren, Wahlgüterstände zur Verfügung zu stellen und Ehevertragsfreiheit zu gewähren. Es normierte als neuen gesetzlichen Güterstand die Zugewinngemeinschaft. Als Vertragsgüterstände wurden die Gütertrennung und die Gütergemeinschaft angeboten. Die selten vereinbarten Wahlgüterstände der Errungenschafts- und Fahrnisgemeinschaft wurden aufgehoben.   127

Die Einführung eines **Systems der Gütertrennung mit Ausgleich des Zugewinns bei Beendigung des Güterstandes** war jahrzehntelang diskutiert worden. Der Gesetzgeber des Gleichberechtigungsgesetzes hat die Gütergemeinschaft bzw. die Errungenschaftsgemeinschaft nicht für geeignet erachtet, den gesetzlichen Güterstand zu bilden. Die damals gegebenen Argumente[2] haben noch heute Gültigkeit. Eine allgemeine Gütergemeinschaft gefährdet durch die gegenseitige Schuldenhaftung die Ehegatten. Die Errungenschaftsgemeinschaft, die teilweise als neuer gesetzlicher Güterstand vorgeschlagen worden war,[3] hat zusätzliche Nachteile. Die verschiedenen Gütermassen (Gesamtgut, eingebrachtes Gut des Mannes, eingebrachtes Gut der Frau) führen zu Verwicklungen. Es läßt sich häufig nicht feststellen, zu welcher Gütermasse ein Vermögensgegenstand gehört. Bei Erwerb aus Mitteln des eingebrachten Gutes und des Gesamtgutes kann ein Gegenstand allen drei Gütermassen angehören. Die Rechtslage läßt sich nur entwirren, wenn die Eheleute bei Eheschluß ein Inventar errichtet haben und während der Ehe laufend weiter eine entsprechende Buchführung vornehmen.[4] Durch diese Gemengelage wird die Auseinandersetzung erschwert. Die Notwendigkeit dinglicher Auseinandersetzung ist dabei schon ein Mangel an sich.   128

Die dingliche Ausgestaltung der Gemeinschaft ist unzweckmäßig. Eine dem Gleichberechtigungsgrundsatz entsprechende gemeinsame Verwaltung führt zu Problemen, wenn sich die Eheleute nicht einigen können. Hier muß dem Richter, wie im Rahmen des § 1365 BGB geschehen, ein eherechtlich unerwünschtes Ersetzungsrecht gegeben werden. Bei der Haftung ist fraglich, in welchem Umfang das Gesamtgut für die Verbindlichkeiten eines Ehegatten einschließlich dessen vorehe-   129

---

[1] Motive IV, 134.
[2] Begründung Gleichberechtigungsgesetz bei *Massfelder/Reinicke* S. 423 ff.
[3] *Altenstetter,* Deutscher Notartag 1952, 94.
[4] So schon Motive IV, 151 ff.

cher Verbindlichkeiten haftet. Hier war vorgeschlagen worden,[5] daß nur die Gesamtgutshälfte des betreffenden Ehegatten haften solle. Dann kann jedoch der Gläubiger diese Gesamtgutshälfte pfänden und die Auseinandersetzung des Gesamtguts bei bestehender Ehe herbeiführen. Dieses Ergebnis widerspricht dem Wesen der Ehe. Es bleiben deshalb hinsichtlich der Schuldenhaftung nur die Lösungen, daß einmal das Gesamtgut nicht haftet oder daß das Gesamtgut voll haftet. Würde das Gesamtgut für einseitige Verbindlichkeiten eines Ehegatten einschließlich der vorehelichen Verbindlichkeiten nicht haften, so läge hierin eine unerträgliche Entrechtung des Gläubigers. Die volle Haftung des Gesamtguts für derartige Verbindlichkeiten wäre jedoch für den anderen Ehegatten unerträglich und würde zu einer Gefährdung der Familie führen. Diese **Argumente gegen die Gütergemeinschaft** auch in der Form der Errungenschaftsgemeinschaft gelten fort und sind auch bei vertraglicher Vereinbarung dieser Güterstände in die Erwägungen einzubeziehen.

130   Wenn der Gesetzgeber des Gleichberechtigungsgesetzes mit der Wahl des gesetzlichen Güterstandes eine glückliche Hand bewiesen hat, so gilt dies nicht uneingeschränkt für die Wahl des Namens „Zugewinngemeinschaft". Noch im ersten Entwurf war der neue Güterstand als **„Gütertrennung mit Ausgleich des Zugewinns"** bezeichnet worden. Leider wurde dies im zweiten Entwurf aufgegeben, da Mißverständnisse über den Schwerpunkt des neuen Güterstandes (Gütertrennung statt Zugewinnausgleich) laut geworden seien. Gerade hierdurch wurden aber neue und fortwirkende Mißverständnisse hervorgerufen. Für den Laien liegt der Schwerpunkt der Betonung auf dem Wortbestandteil „Gemeinschaft". Er schließt aus der gesetzlichen Bezeichnung, daß es sich beim gesetzlichen Güterstand um eine Form der Gütergemeinschaft handelt. Der zugegebenermaßen handliche Begriff „Zugewinngemeinschaft" führt in dem entscheidenden Punkt zu Mißverständnissen bei den Beteiligten und sollte deshalb vom Gesetzgeber korrigiert werden.

131   Bei der Wahl des gesetzlichen Güterstandes ging man von der **Hausfrauenehe** aus. Erklärtes Ziel der Regelung ist der Schutz der Vermögensinteressen der nicht berufstätigen Frau. Zur näheren Begründung des Zugewinnausgleichs finden sich zahlreiche Formulierungsvarianten, die sich jedoch auf zwei Grundgedanken zurückführen lassen. Einmal kann man als **Rechtfertigung des Zugewinnausgleichs** in der Hausfrauenehe den **Entgeltgedanken** ansehen. Dabei wird darauf abgestellt, daß die Hausfrau mittelbar den Erwerb des Mannes mit verursacht. Die Tätigkeit der Hausfrau und Mutter trägt nach dieser Ansicht zu dem während der Ehe erworbenen Wohlstand mindestens in gleichem Maße bei wie die außerhäusliche Erwerbstätigkeit des Mannes. Die Hausfrauentätigkeit ist der Berufsarbeit des Mannes durchaus gleichwertig.[6] Es wurde auch von einer geldwerten Familienleistung der Frau gesprochen.[7]

Nach anderer Ansicht liegt die Rechtfertigung des Zugewinnausgleichs darin, daß die nicht berufstätige Hausfrau im Interesse der Familie auf eigenen Erwerb verzichtet. Der Zugewinnausgleich ist dann die **Entschädigung der Hausfrau für den Verzicht auf eigenen Vermögenserwerb.** Er dient ihrer Sicherstellung für den Lebensabend.[8] Der Zugewinnausgleich ist nach dieser Ansicht kein Lohn für geleistete Arbeit, sondern hat familienrechtliche Grundlagen. Er dient vor allem dazu, einen Ehegatten bei Auflösung der Ehe sicherzustellen.[9] In dem durch Funktions-

---

[5] *Altenstetter,* S. 90.
[6] So *Munk,* Verhandlungen des 33. Deutschen Juristentages, Heidelberg 1924, S. 370 f.
[7] *Rebstein-Metzger,* Deutscher Notartag 1952, S. 80 f.
[8] *Wieruszewski,* Verhandlungen des 33. Deutschen Juristentages, Heidelberg 1924, S. 358, 368 f.
[9] Begründung Gleichberechtigungsgesetz aaO, S. 479; so *Knur,* Deutscher Notartag 1952, 51/58; *Hagemeyer,* Deutscher Notartag 1952, 71 und *Massfeller,* Deutscher Notartag 1952, S. 91.

teilung erzwungenen **Verzicht der Hausfrau auf eigenen Erwerb** liegt die entscheidende Legitimation, ja die Notwendigkeit des Zugewinnausgleichs.[10]

II. Zugewinnausgleich im Todesfall nach § 1371 BGB

Für den Zugewinnausgleich in dem Fall, daß der Güterstand der Zugewinngemeinschaft durch den Tod eines Ehegatten beendet wird, hat der Gesetzgeber zur Vereinfachung des Zugewinnausgleichs und zur Vermeidung von Streitigkeiten zwischen dem überlebenden Ehegatten und den Kindern die sog. **erbrechtliche Lösung** des § 1371 BGB eingeführt. Nach ihr wird der Zugewinnausgleich im Todesfall dadurch verwirklicht, daß sich der gesetzliche Erbteil des überlebenden Ehegatten um ¼ der Erbschaft erhöht. Dabei ist es unerheblich, ob die Ehegatten im einzelnen Fall einen Zugewinn erzielt haben. Die erbrechtliche Lösung steht zur Disposition der Ehegatten. Die Abkömmlinge müssen sie akzeptieren. Sie haben keine Möglichkeit, geltendzumachen, der erstverstorbene Elternteil habe keinen der Erhöhung des Erbteils des überlebenden Elternteils entsprechenden Zugewinnüberschuß erzielt. Die in der Erbteilserhöhung des überlebenden Ehegatten liegende Verkürzung ihrer Erb- und Pflichtteilsansprüche müssen sie auch in diesem Fall dulden. Jedoch hat der überlebende Ehegatte nach § 1371 Abs. 3 BGB die Möglichkeit, die ihm angefallene Erbschaft auszuschlagen und neben dem Pflichtteil, der in diesem Fall nach § 1931 aus dem nicht erhöhten Ehegattenerbteil berechnet wird,[11] den Ausgleich des tatsächlich erzielten Zugewinns nach den Vorschriften der §§ 1373 ff. BGB zu verlangen. Er wird dies dann tun, wenn der nach den güterrechtlichen Vorschriften berechnete Zugewinnausgleichsanspruch wertmäßig den Zusatzerbteil von ¼ überschreitet.

132

Durch die Pauschalierung des Zugewinnausgleichs auf ¼ der Erbschaft nimmt das Gesetz **Ungereimtheiten** in Kauf. Dies ist offensichtlich, wenn der verstorbene Ehegatte keinen Zugewinn erzielt hat oder die Ehe nur von kurzer Dauer war. Den Abkömmlingen geht das Vermögen des Erblassers in Höhe des Zusatzerbteils der Ehegatten verloren. Sie können nur hoffen, daß ihnen der überlebende Ehegatte diesen Teil bis zu seinem Tod erhält und sie nicht enterben wird. Einseitige Abkömmlinge des Erblassers, wie ersteheliche oder nichteheliche Kinder, erben auf den Tod des Stiefelternteils nichts mehr, wenn dieser sie nicht ausdrücklich zu Erben einsetzt. Diesen Abkömmlingen gibt das Gesetz in § 1371 Abs. 4 BGB jedoch das Recht, von dem Stiefelternteil bei Bedarf die Mittel zu einer angemessenen Ausbildung aus dem Zusatzerbteil verlangen zu können.

133

Diese dogmatischen Ungereimtheiten werden gegen die erbrechtliche Lösung ins Feld geführt, wobei teilweise von einer Denaturierung des Güterstandes gesprochen wird.[12] Jedoch darf nicht übersehen werden, daß sich die erbrechtliche Lösung des § 1371 BGB **in der Praxis weitgehend bewährt hat**. Sie wird von den Eheleuten und den gemeinsamen Abkömmlingen als sachgerecht angesehen und allgemein akzeptiert. Die Ausschlagung der Erbschaft mit anschließender Geltendmachung des kleinen Pflichtteils und Ausgleich des tatsächlichen Zugewinns ist in der Praxis höchst selten. Dies liegt sicherlich daran, daß es regelmäßig nur bei rechtlich unberatenen Eheleuten und in einfachen Vermögensverhältnissen zu einer gemeinschaftlichen Erbfolge zwischen überlebendem Elternteil und Abkömmlingen entsprechend den gesetzlichen Erbfolgeregelungen kommt. Bei rechtlicher Beratung, insbesondere also bei gehobenen Vermögensverhältnissen, wird die gesetzliche Erbfolge immer

134

---

[10] *Lieb*, Gutachten S. 181.
[11] Kleiner Pflichtteil, BGHZ 42, 182 m. w. N.
[12] MünchKomm/*Koch* § 1371 Rdn. 3.

durch gemeinsame oder einseitige letztwillige Verfügungen ersetzt. Die Bedeutung des § 1371 BGB liegt hier im Wesentlichen nur in der Pflichtteilsberechnung, wobei sich bei sinkender Kinderzahl infolge von § 1931 Abs. 4 BGB gegenüber der Gütertrennung wesentliche Unterschiede kaum noch ergeben. Auch die praktische Bedeutung des § 1371 Abs. 4 BGB ist sehr gering. Bei Vorhandensein einseitiger Abkömmlinge besteht bei den Ehegatten regelmäßig entsprechendes Problembewußtsein, das zu einer gemeinsamen letztwilligen Regelung der Erbfolge führt.

III. Der güterrechtliche Zugewinnausgleich nach §§ 1372 ff. BGB

1. Ausgleich in Geld

135 Der gesetzliche Zugewinnausgleich nach §§ 1372 ff. BGB führt zu keiner dinglichen Verteilung des während der Ehezeit erworbenen Vermögens, sondern lediglich zu einem Ausgleich in Geld. Zunächst wird für jeden Ehegatten der jeweilige Zugewinn ermittelt als der Betrag in DM, um den das Endvermögen das Anfangsvermögen übersteigt, § 1373 BGB. Anfangsvermögen ist nach § 1374 Abs. 1 BGB das Vermögen, das einem Ehegatten nach Abzug der Verbindlichkeiten beim Eintritt des Güterstandes, regelmäßig also bei Eheschließung, gehört. Endvermögen ist nach § 1375 Abs. 1 BGB das Vermögen, das einem Ehegatten nach Abzug der Verbindlichkeiten bei der Beendigung des Güterstandes, regelmäßig also bei Scheidung, gehört. Da das Gesetz das Anfangs- und Endvermögen als in DM ausgedrückte Wertzahlen ansieht, sind die einzelnen Vermögensgegenstände als Rechnungsposten zu bewerten, § 1376 BGB, und zwar die Gegenstände des Anfangsvermögens auf den Zeitpunkt des Eintritts des Güterstandes, die Gegenstände des Endvermögens auf den Zeitpunkt der Beendigung des Güterstandes. Für jeden Ehegatten wird so ein Zugewinn in DM ermittelt. Der Vergleich der beiderseitigen Zugewinne ergibt nach § 1378 Abs. 1 BGB dann eine Ausgleichsforderung, wenn die Zugewinne unterschiedlich sind. Derjenige Ehegatte, der den geringeren Zugewinn erzielt hat, kann vom anderen die Häfte des Überschusses in Geld verlangen.

2. Begrenzungen, Zu- und Abrechnungen

136 Ergänzend ordnet das Gesetz Begrenzungen sowie Zu- und Abrechnungen an:

137 *a) Kein negatives Anfangsvermögen.* Nach § 1374 Abs. 1 BGB ist das Anfangsvermögen von Gesetzes wegen nie negativ. Ein Ehegatte, der bei Beginn des Güterstandes Verbindlichkeiten hat, hat trotzdem kein negatives Anfangsvermögen, sondern Anfangsvermögen null.[13] Das Gesetz will dadurch die Entstehung rechnerischen Zugewinns ohne entsprechendes Aktivvermögen zu Befriedigung der Ausgleichsforderung vermeiden.

138 *b) Privilegierter Erwerb.* Der Zugewinnausgleich soll sich nur auf Vermögen erstrecken, dessen Erwerb auf der gemeinsamen Lebensleistung der Eheleute beruht. Während der Ehe durch Erbschaft, vorweggenommene Erbfolge, Schenkung oder Ausstattung erworbenes Vermögen soll nicht ausgeglichen werden. Nach § 1374 Abs. 2 BGB wird der Wert so erworbenen Vermögens dem Anfangsvermögen des erwerbenden Ehegatten hinzugerechnet, vermindert also die Spanne seines Zugewinns.

139 Für die Bewertung ist bei rechtsgeschäftlichem Erwerb von Grundstücken nicht das Datum des Vertragsabschlusses, sondern das der Eintragung im Grundbuch

---

[13] BGH NJW 1995, 2165.

§ 2. Der Zugewinnausgleich

maßgebend.[14] Wird für den Erwerb – etwa im Wege vorweggenommener Erbfolge von den Eltern – eine Gegenleistung erbracht, die deutlich unter dem Verkehrswert liegt, so ist nur die Differenz zwischen der Gegenleistung und dem Verkehrswert als privilegierter Erwerb nach § 1374 Abs. 2 BGB dem Anfangsvermögen hinzuzurechnen.[15] Erfolgt die vorweggenommene Erbfolge in ein Grundstück unter Nießbrauchsvorbehalt oder ist ein ererbtes Grundstück mit einem Vermächtnisnießbrauch belastet, so wird der Nießbrauch vom Wert des Grundstücks nicht abgezogen. Privilegierter Erwerb ist der volle Wert des Grundstücks, dies unabhängig davon, ob der Nießbrauch vor Beendigung des Güterstandes erloschen ist oder nicht.[16] Bei der Grundstücksübergabe mit Altenteil gilt dasselbe.[17] Ausgleichstellungsgelder an Geschwister werden aber als Gegenleistung behandelt mit der Folge, daß nur der Grundstückswert nach Abzug dieser Gegenleistung dem Anfangsvermögen nach § 1374 Abs. 2 BGB hinzugerechnet wird.[18]

c) Illoyale Vermögensminderungen. Kein Ehegatte soll seinen Zugewinn dadurch 140 vermindern können, daß er Dritten unentgeltliche Zuwendungen macht oder sonst sein Vermögen illoyal vermindert. Deshalb wird nach § 1375 Abs. 2 dem Endvermögen der DM-Betrag hinzugerechnet, um den dieses Vermögen dadurch vermindert ist, daß der Ehegatte unentgeltliche Zuwendungen gemacht hat, die nicht Pflicht- oder Anstandszuwendungen waren, oder daß er Vermögen verschwendet hat oder daß er Handlungen in Benachteiligungsabsicht vorgenommen hat. Keine derartige Hinzurechnung erfolgt nach § 1375 Abs. 3 BGB, wenn seit der Vermögensminderung mindestens zehn Jahre vergangen sind oder wenn der andere Ehegatte mit der unentgeltlichen Zuwendung oder der Verschwendung einverstanden war.

d) Privilegierung der Land- und Forstwirtschaft. Land- und forstwirtschaftliche 141 Betriebe des Anfangs- und Endvermögens sind zu ihrem Bestandsschutz nach § 1376 Abs. 4 BGB dadurch privilegiert, daß sie lediglich mit dem Ertragswert angesetzt werden.[19]

e) Ausgleichspflicht nur aus Aktivvermögen. Nach § 1378 Abs. 2 BGB wird die 142 Höhe der Ausgleichsforderung durch den Wert des Vermögens begrenzt, das nach Abzug der Verbindlichkeiten bei Beendigung des Güterstandes vorhanden ist. Der rechnerische Zugewinnausgleich kann zu einer Ausgleichsforderung nach § 1378 Abs. 1 BGB führen, der beim Ausgleichsverpflichteten kein entsprechendes Aktivvermögen gegenübersteht. § 1378 Abs. 2 BGB, nach h.L.[20] eine reine Gläubigerschutzvorschrift, begrenzt hier den Ausgleichsanspruch auf den Wert des nach Befriedigung der Gläubiger tatsächlich noch vorhandenen Vermögens. Der ausgleichsberechtigte Ehegatte hat damit Nachrang gegenüber den Gläubigern des Ausgleichsverpflichteten. Der ausgleichsverpflichtete Ehegatte profitiert ebenfalls von dieser Begrenzung dadurch, daß er zur Befriedigung des Zugewinnausgleichsanspruchs keinen Kredit aufnehmen muß.

f) Anzurechnende Ehegattenzuwendungen. Die komplizierte Vorschrift des 143 § 1380 BGB[21] bezweckt, einen Ehegatten dadurch zu Zuwendungen an den anderen zu ermutigen, daß der Wert der Zuwendung auf einen etwaigen Zugewinnaus-

---

[14] OLG Bamberg FamRZ 1990, 408.
[15] OLG Bamberg FamRZ 1990, 408.
[16] BGH FamRZ 1990, 603.
[17] BGH FamRZ 1990, 1217.
[18] BGH FamRZ 1990, 1217.
[19] Zur Behandlung während der Ehezeit erworbener Nutzflächen vgl. BGHZ 113, 325 = NJW 1991, 1741.
[20] *Johannsen/Henrich/Jaeger* § 1378 Rdn. 4 m.w.N.
[21] Vgl. Rdn. 191 ff.

gleichsanspruch des Empfängers unabhängig davon angerechnet wird, ob sich der Gegenstand zum Zeitpunkt der Beendigung des Güterstandes noch im Vermögen des Empfängers befindet oder nicht. Die Sachgefahr trägt ab Zuwendung der Empfänger, der Wert der Zuwendung bleibt im Zugewinnausgleich zugunsten des Zugewendeten erhalten.

3. Zeitpunkt des Zugewinnausgleichs

144 Der Zugewinnausgleich realisiert sich erst bei Beendigung des Güterstandes. Bis dahin entsteht im gesetzlichen Güterstand keine Vermögensgemeinschaft, sondern besteht eine durch die Schutzvorschriften der §§ 1365, 1369 BGB[22] ergänzte Gütertrennung. Die Zugewinngemeinschaft endet zugleich mit der Ehe beim Tod eines Ehegatten oder mit dem Urteil, das die Ehe scheidet, aufhebt oder für nichtig erklärt. Bei bestehender Ehe endet die Zugewinngemeinschaft nach § 1388 BGB mit der Rechtskraft des Urteils, durch das der vorzeitige Zugewinnausgleich angeordnet wird, oder durch Ehevertrag. Der vorzeitige Zugewinnausgleich kann nach §§ 1385, 1386 BGB bei mehr als dreijährigem Getrenntleben oder bei Gefährdung der künftigen Ausgleichsforderung durch das Verhalten des anderen Ehegatten eingeklagt werden. Die ehevertragliche Beendigung des Güterstandes steht den Eheleuten jederzeit frei.

4. Flankierende BGB-Vorschriften

145 *a) Vermögensverzeichnis.* Die Ehegatten können nach § 1377 BGB zu jedem Zeitpunkt der Ehe gemeinsam ein Verzeichnis über Bestand und Wert der im jeweiligen Eigentum stehenden Vermögensgegenstände errichten, das dann in ihrem Verhältnis zueinander die Vermutung der Richtigkeit hat. Jeder Ehegatte kann verlangen, daß der andere bei der Aufnahme mitwirkt. Er kann auch verlangen, daß die Unterschriften unter das Verzeichnis notariell beglaubigt werden oder daß das Verzeichnis durch einen Notar aufgenommen wird, §§ 1377 Abs. 2, 1035 BGB. Er kann auf seine Kosten Wertgutachten veranlassen, § 1377 Abs. 2 S.3 BGB. Soweit kein Verzeichnis aufgenommen ist, wird nach § 1377 Abs. 3 BGB vermutet, daß kein Anfangsvermögen vorhanden war.

146 *b) Auskunftspflicht bei Beendigung des Güterstandes.* Ab Erhebung der Scheidungs-, Auflösungs- oder Nichtigkeitsklage kann jeder Ehegatte vom anderen nach § 1379 BGB Auskunft über den Bestand seines Endvermögens verlangen.[23]

147 *c) Rechtliche Behandlung der Ausgleichsforderung.* Die Ausgleichsforderung entsteht mit Beendigung des Güterstandes und ist von diesem Zeitpunkt an vererblich und übertragbar, § 1378 Abs. 3 S. 1 BGB. Sie verjährt regelmäßig in drei Jahren, § 1378 Abs. 4 BGB. Ihre Erfüllung kann im Ausnahmefall nach § 1381 BGB verweigert werden, wenn der Ausgleich des Zugewinns nach den Umständen des Falles grob unbillig wäre. Das Familiengericht kann unter den Voraussetzungen des § 1382 BGB auf Antrag Stundung gewähren. Es kann nach § 1383 BGB auf Antrag anordnen, daß dem Ausgleichsberechtigten unter Anrechnung auf die Ausgleichsforderung bestimmte Vermögensgegenstände des Ausgleichspflichtigen zu übertragen sind. Von diesen Möglichkeiten wird in der Praxis selten Gebrauch gemacht.

5. Bewertungsfragen

148 *a) Grundsätze.* Außer in § 1376 Abs. 4 für land- und forstwirtschaftliche Betriebe gibt das BGB keinen Bewertungsmaßstab vor. Nach allgemeiner Ansicht ist der

---

[22] Vgl. Rdn. 94 ff.
[23] Einzelheiten bei *Johannsen/Henrich/Jaeger* § 1379 Rdn. 2 ff.

§ 2. Der Zugewinnausgleich

„wirkliche Wert" der einzelnen Vermögensgegenstände zu ermitteln,[24] der in der Regel dem Verkehrswert, also dem bei Veräußerung des Gegenstandes zu erzielenden Erlös entspricht.[25] Modifizierungen ergeben sich aus den folgenden Fallgruppen.

b) Grundstücke. Bei Grundstücken ist der Veräußerungswert maßgeblich. Hier kann auf die aufgrund des Bundesbaugesetzes erlassene Verordnung über die Grundsätze der Ermittlung des Verkehrswertes von Grundstücken,[26] zurückgegriffen werden. Sie sieht als Bewertungsverfahren das Vergleichswertverfahren, das Ertragswertverfahren und das Sachwertverfahren vor. Sind in zeitlicher Nähe Vergleichsgrundstücke verkauft worden, so ergibt sich das Vergleichswertverfahren den Verkehrswert. Bei Renditeobjekten ist das Ertragswertverfahren die angemessene Methode. Bei selbst genutzten Einfamilienhäusern bleibt mangels Vergleichswerten nur das Sachwertverfahren.[27]

149

c) Unternehmen. Bei der Bewertung von Unternehmen im Zugewinnausgleich ist der Wert des fortgeführten Unternehmens zu ermitteln.[28] Abschläge zum Zwecke der Unternehmenserhaltung sind nicht zulässig. Nach heute in der Betriebswirtschaftslehre und Bewertungspraxis herrschender Auffassung ist der Ertragswert der allein maßgebende Wert.[29] Der Ertragswert ist eine in einem kapitalisierten Geldbetrag ausgedrückte Einschätzung der künftigen Erträge des Unternehmens auf den Bewertungsstichtag. Er schließt den Geschäftswert (good will) mit ein. Andere Bewertungsmöglichkeiten sind die Ermittlung des Substanzwertes des fortgeführten Unternehmens als Summierung der Wiederbeschaffungspreise aller selbständig veräußerbaren Gegenstände des Betriebsvermögens wie Grundstücke, Maschinen, Forderungen und die Ermittlung des Liquidationswertes als des Wertes, der bei Betriebsaufgabe und Veräußerung des Betriebsvermögens erzielt werden kann.

150

Nach der Rechtsprechung ist der Liquidationswert die unterste Grenze der Unternehmensbewertung[30] und im Zugewinnausgleich nur dann maßgeblich, wenn der Unternehmer-Ehegatte das Unternehmen auflösen wird,[31] etwa um den Zugewinnausgleich zahlen zu können. Die Kosten und Ertragsteuer der Liquidation sind dann abzuziehen.

151

Im übrigen ist nach der Ertragswertmethode vorzugehen, wobei der Wert zu ermitteln ist, der am Markt von einem Unternehmenskäufer gezahlt würde. Außer Betracht bleiben also die besonderen persönlichen Fähigkeiten des Unternehmer-Ehegatten, ein subjektiver Mehrwert.[32] Es muß auch der Fehler vermieden werden, durch einen überhöhten Wertansatz der Sache nach künftiges Einkommen des Unternehmer-Ehegatten vorweg als Zugewinnausgleich zu verteilen.[33]

Gebilligt hat der BGH[34] eine Mittelwertmethode als Wertfestsetzung auf die Hälfte der Summe aus Substanzwert ohne good will und Ertragswert. Entsprechen-

152

---

[24] BVerfG FamRZ 1985, 260; BGH FamRZ 1986, 39; BGH FamRZ 1991, 44.
[25] *Palandt/Brudermüller* § 1376 Rdn. 1.
[26] WertermittlungsVO idF vom 6. 12. 1988, BGBl I S. 2209.
[27] Einzelheiten m. w. N. Bei *Johannsen/Henrich/Jaeger* § 1376 Rdn. 12 f.
[28] Vgl. m. w. N. *Johannsen/Henrich/Jaeger* § 1376 Rdn. 14 ff.
[29] *Piltz/Wissmann* NJW 1985, 2673, 1674; Rid NJW 1986, 1317; *Großfeld,* Unternehmens- und Anteilbewertung im Gesellschaftsrecht, 3. A. 1994, S. 20 ff. Institut der Wirtschaftsprüfer, Grundsätze zur Durchführung von Unternehmensbewertungen, WPg 1983, 468.
[30] BGH FamRZ 1986, 779.
[31] BGH NJW 1982, 2441.
[32] BGH FamRZ 1977, 386; 1980, 37.
[33] *Johannsen/Henrich/Jaeger* § 1376 Rdn. 16.
[34] BGH FamRZ 1982, 54 m. w. N.

des gilt für die Bewertung von Unternehmensbeteiligungen wie GmbH-Geschäftsanteilen, Kommandit- und Komplementärbeteiligungen. Hier stellt sich zusätzlich zu den allgemeinen Bewertungsproblemen die Problematik der gesellschaftsvertraglichen Abfindungsklauseln, die zum Schutz des fortzuführenden Unternehmens und zur Vereinfachung die Abfindung ausscheidender Gesellschafter definieren und nicht selten einschränken. Der Klauselwert ist maßgeblich, wenn er sich bei Beendigung des Güterstandes schon realisiert hat[35] oder sicher realisieren wird, weil der Unternehmer-Ehegatte wegen des Zugewinnausgleichs gezwungen ist, gegen Entgelt aus der Gesellschaft auszuscheiden.[36] Bleibt der Unternehmer-Ehegatte jedoch Gesellschafter, so ist vom Vollwert des Anteils auszugehen und je nach den Umständen allenfalls ein geringer Abschlag vorzunehmen.[37]

153 *d) Freiberufliche Praxis.* Bei freiberuflichen Praxen geht der BGH[38] vom Substanzwert der Praxiseinrichtung aus, dem je nach Einzelfall ein Betrag für den good will hinzuzufügen ist.[39] Soweit die zuständige Standesorganisation eine Bewertungsmethode empfiehlt[40] ist diese regelmäßig anzuwenden, wobei dann auch die Ertragssteuern der Praxisveräußerung fiktiv abzusetzen sind.[41]

154 *e) Land- und forstwirtschaftliche Betriebe.* Für land- und forstwirtschaftliche Betriebe schreibt § 1376 Abs. 4 BGB den Ansatz mit dem Ertragswert vor, der sich nach § 2049 Abs. 2 BGB nach dem Reinertrag bestimmt, den der Betrieb nach seiner bisherigen wirtschaftlichen Bestimmung bei ordnungsmäßiger Bewirtschaftung nachhaltig gewähren kann. Es handelt sich um eine statische Verweisung auf das am 18. 6. 1957 geltende Landesrecht, das überwiegend den 25fachen Betrag des jährlichen Reinertrages für maßgeblich erklärt.[42] Gesetzgeberischer Zweck war die Betriebserhaltung im öffentlichen Interesse. Als Reflex begünstigt die Vorschrift auch den Betriebsinhaber.[43] Im Anschluß an eine Entscheidung des Bundesverfassungsgerichts wurde der Anwendungsbereich der Vorschrift auf die Fälle beschränkt, in denen eine Weiterführung oder Wiederaufnahme des Betriebes durch den Eigentümer oder einen Abkömmling erwartet werden kann.[44] Fremdverpachtete Betriebe, die als Einnahmequelle genutzt werden, werden damit nach allgemeinen Grundsätzen bewertet. Weiterhin sind hinzuerworbene Nutzflächen mit dem Verkehrswert anzusetzen.[45]

155 *f) Ausgleich inflationsbedingter Wertsteigerungen.* Da die Gegenstände des Anfangsvermögens auf den Zeitpunkt des Beginns des Güterstandes bewertet werden, die Gegenstände des Endvermögens auf den Zeitpunkt der Beendigung des Güterstandes, kommt es infolge des Kaufkraftverlustes des Geldes zu einem insoweit nur scheinbaren Zugewinn. Will man dessen Ausgleich vermeiden, so muß man den Wert des Rechnungspostens Anfangsvermögen auf die Kaufkraft zum Zeitpunkt der Beendigung des Güterstandes hochrechnen. Hierzu bedient sich der BGH[46] des

---

[35] BGH FamRZ 1980, 37.
[36] H. L., vgl. *Johannsen/Henrich/Jaeger* § 1376 Rdn. 18.
[37] BGH FamRZ 1986, 1196; *Johannsen/Henrich/Jaeger* § 1376 Rdn. 18.
[38] BGH FamRZ 1991, 43. Zur Bewertung einer Steuerberaterpraxis vgl. BGH NJW 1999, 784 = LM § 1376 Nr. 16 m. Anm. *Wolf Müller*.
[39] Vgl. *Kotzur* NJW 1988, 3239 m. w. N. insbes. zu Rechtsanwalts- und Arztpraxen.
[40] Z. B. BRAK-Mitteilungen 1986, 119 zur Bewertung von Anwaltspraxen.
[41] BGH FamRZ 1991, 43.
[42] Vgl. die Nachweise bei *Palandt/Edenhofer* Art. 137 EGBGB Rdn. 2.
[43] BVerfG FamRZ 1985, 256; FamRZ 1989, 939.
[44] BVerfG FamRZ 1989, 939; Gesetz zur Bewertung eines land- oder forstwirtschaftlichen Betriebes beim Zugewinnausgleich vom 14. 9. 1994, BGBl I 2324.
[45] BGH NJW 1991, 1741 = FamRZ 1991, 1166.
[46] BGHZ 61, 385 = FamRZ 1974, 83.

§ 2. Der Zugewinnausgleich

vom statistischen Bundesamt jährlich festgestellten Preisindex für die Lebenshaltung aller privaten Haushalte.[47] Die Formel lautet:

$$\frac{\text{Anfangsvermögen} \times \text{Index Endstichtag}}{\text{Index Anfangsstichtag}}$$

= bereinigtes Anfangsvermögen

Umzurechnen ist stets das gesamte Anfangsvermögen, und zwar der jeweilige Aktivsaldo.[48]

Da es sich beim Anfangs- und Endvermögen um Salden handelt, ist es auch systemwidrig und unzulässig, die Umwertung auf Gegenstände zu beschränken, die sowohl dem Anfangs- als auch dem Endvermögen angehören.[49] Der Zugewinnausgleich beruht auf einem Vergleich von Wertzahlen und fragt gerade nicht nach dem dinglichen Schicksal einzelner Gegenstände. Ist das Anfangsvermögen null, etwa weil die Verbindlichkeiten das vorhandene Aktivvermögen übersteigt, so ist der Wert des Endvermögens der auszugleichende Zugewinn. Eine Umrechnung des Anfangsvermögens entfällt.[50]

Bei Vermögensgegenständen, die nach § 1374 Abs. 2 BGB dem Anfangsvermögen hinzugerechnet werden, geschieht die Umrechnung mit Hilfe des Index des Jahres des Erwerbs.[51]

Die Formel lautet dann:

$$\frac{\text{Erwerbswert nach § 1374 II} \times \text{Index Endstichtag}}{\text{Index Erwerbstag}}$$

= bereinigter Wert des Erwerbs

Der so bereinigte Wert ist dann dem bereinigten Anfangsvermögen hinzuzurechnen.

Dieses bewußt pauschalierende Hochrechnungsverfahren fügt sich nahtlos in das ebenfalls pauschalierende Recht des gesetzlichen Zugewinnausgleichs ein und wird heute allein als praktikabel angesehen.[52]

6. Vermögensausgleich außerhalb des Zugewinnausgleichs

a) Zurücktreten des Zugewinnausgleichs in der Normalehe. In der Normalehe tritt die praktische Bedeutung des Zugewinnausgleichs hinter andere Ausgleichsmechanismen zurück. Die Vermögensmasse Hausrat unterfällt dem Zugewinnausgleich nicht, sondern wird nach der Hausratsverordnung richterlich verteilt, soweit sich die Eheleute nicht selbst einigen können. Während der Ehe führt insbesondere § 1357 BGB zu einer Vorwegnahme des Zugewinnausgleichs für Mobilien durch Erwerb zu je hälftigem Miteigentum. Im Immobilienbereich wird das Familieneigenheim regelmäßig zu je einhalb Miteigentum erworben. Auch dadurch wird sowohl im Erwerbszeitpunkt wie auch durch die nachfolgende Tilgung der Grundpfanddarlehen der je hälftigen Zugewinnausgleich verwirklicht. Entsprechendes gilt, wenn im Bereich des Geld- und Wertpapiervermögens gemeinsame Konten und Depots geführt werden.

Damit ist der Bereich der Vermögensbildung in der Normalehe nicht selten völlig abgedeckt, so daß sich der Zugewinnausgleich im Scheidungsfall erübrigt.

---

[47] Abgedruckt bei *Palandt/Brandesmüller* § 1376 Rdn. 21 und jeweils im Statistischen Jahrbuch.
[48] BGH NJW 1984, 434.
[49] BGH NJW 1984, 434.
[50] BGH aaO.
[51] BGHZ 101, 65 = FamRZ 1987, 791.
[52] *Johannsen/Henrich/Jaeger* § 1376 Rdn. 22

Er ist nur dann von Bedeutung, wenn Vermögen in einseitiger dinglicher Zuordnung, also zu Alleineigentum eines Ehegatten, erworben wurde, insbesondere bei einseitigen Bankguthaben, Immobilien-Alleineigentum eines Ehegatten und Betriebsvermögen.

158 **b) Das gemeinsame Familieneigenheim.** Nach der notariellen Erfahrung ist der Erwerb des Familieneigenheims zu je einhalb Miteigentum der Ehegatten der statistische Regelfall. Dies gilt sowohl für den Bauplatzerwerb zum Hausbau als Bauherr wie für den schlüsselfertigen Erwerb von Eigentumswohnungen und Einfamilienhäusern. Auf den Ehetyp kommt es dabei regelmäßig nicht an. Gerade in der Einverdienerehe und gerade dann, wenn Ansparen, Finanzieren und Abbezahlen des Eigenheims auf Jahre hinaus den finanziellen Überschuß des laufenden Einkommens abschöpfen, ist der Erwerb zu je hälftigem Miteigentum die fast ausschließliche Regel. Durch diese dingliche Zuordnung findet beim Erwerb ein vorgezogener, durch die Tilgung der Grundpfanddarlehen ein laufender Zugewinnausgleich statt. Eine Korrektur über den Gesamtschuldnerausgleich erfolgt nicht, da der Grundsatz des § 426 Abs. 1 S. 1 BGB durch die Gestaltung der ehelichen Lebensgemeinschaft in dem Sinne überlagert wird, daß der alleinverdienende Ehegatte die gemeinschaftlichen finanziellen Verpflichtungen trägt, auch wenn sie dem gemeinsamen Vermögenserwerb dienen.[53]

159 **c) Erwerb im Rahmen von § 1357 BGB.** An den im Rahmen der Schlüsselgewalt angeschafften Gegenständen erwerben die Eheleute regelmäßig je hälftiges Miteigentum.[54]

160 **d) Hausratsverteilung nach der HausratsVO.** Hausrat, der nach §§ 8, 9 der HausratsVO[55] verteilt werden kann, unterliegt nicht dem Zugewinnausgleich.[56] Damit ist dem Zugewinnausgleich ein wesentlicher Teil des Vermögens der Normalehe entzogen, da die Rechtsprechung den Bereich des Hausrats weit auffaßt. Hausratsgegenstände sind danach alle Gegenstände, die nach den ehelichen Lebensverhältnissen üblicherweise in der Familie und im Haushalt verwendet werden. Dazu gehören Möbel und sonstige Einrichtungsgegenstände, Haus- und Küchengeräte, Rundfunk-, Fernseh-, Video- und Phonogeräte, gemeinsam benützte Sportgeräte, Wohnwagen und Wohnmobil. Teppiche und Kunstgegenstände sind nur dann nicht Hausrat, wenn sie Teil einer Sammlung sind oder ausschließlich der Kapitalanlage dienen, Bücher nur dann nicht, wenn sie zur Fachbibliothek eines Ehegatten gehören. Der PKW ist Hausrat, es sei denn, er wird von einem Ehegatten überwiegend beruflich genutzt.[57] Die HausratsVO[58] gibt dem Richter die Möglichkeit, die Hausratsteilung als einen für die weitere Lebensführung der Scheidungsparteien wesentlichen Bereich schnell, sachgerecht und mit weitem Entscheidungsspielraum regeln zu können, wenn sich die Parteien selbst nicht einigen können. Beim Regelfall des im gemeinschaftlichen Eigentum stehenden Hausrats liegt hierin eine Möglichkeit fremdbestimmter, schneller Konfliktbeilegung, die die allgemeinen Regeln der §§ 730 ff. BGB nicht vorsehen. Geregelt ist diese richterliche Befugnis in § 8 HausratsVO. Danach verteilt der Richter Hausrat, der beiden Ehegatten gemeinsam gehört, gerecht und zweckmäßig, indem er die einzelnen Gegenstände jeweils einem Ehegatten zu Alleineigentum

---
[53] BGHZ 87, 265 = FamRZ 1983, 795 = NJW 1983, 1845.
[54] Vgl. Rdn. 68.
[55] 6. Durchführungsverordnung zum Ehegesetz i. d. F. v. 20. 2. 1986, BGBl. I S. 301.
[56] BGHZ 89, 137 = FamRZ 1984, 144 = NJW 1984, 484.
[57] OLG Hamburg FamRZ 1990, 1118.
[58] Zur Entstehungsgeschichte *Schubert* JZ 1983, 939; zur Verfassungsmäßigkeit BVerfG FamRZ 1991, 1413.

§ 2. Der Zugewinnausgleich

zuteilt. Die Zuteilung begründet Alleineigentum durch richterlichen Hoheitsakt, das Miteigentum erlischt. Bei Hausrat, der während der Ehe angeschafft wurde, wird gemeinschaftliches Eigentum vermutet. Da die dingliche Auslegung des § 1357 BGB bei diesem Hausrat regelmäßig zu je hälftigem Miteigentum führt, wird auch insofern der Anwendungsbereich des § 8 HausratsVO gefestigt. Nach § 8 Abs. 2 HausratsVO soll der Richter dem erwerbenden Ehegatten zugunsten des anderen eine Ausgleichszahlung auferlegen, wenn dies der Billigkeit entspricht.[59]

Die Zuweisung von im Alleineigentum eines Ehegatten stehenden Gegenständen 161 in das Eigentum des anderen Ehegatten ist nach § 9 Abs. 2 S. 2 HausratsVO zwar möglich, aber ohne praktische Bedeutung und richtiger Ansicht nach[60] verfassungswidrig.

7. Wertung der gesetzlichen Regelung des Zugewinnausgleichs

a) Allgemeine Akzeptanz. Der gesetzliche Zugewinnausgleich ist seinem Grund- 162 gedanken nach längst akzeptiert. Seine bewußt pauschalierende und vereinfachende gesetzliche Ausgestaltung wurde durch eine Rechtsprechung gleicher Zielsetzung stimmig ergänzt. Als rein schuldrechtliche Ausgleichsregelung ist der Zugewinnausgleich insgesamt der ehevertraglichen Modifizierung zugänglich.

b) Modifizierung und Ausschluß. Nach seinem Zweck und den Grundsätzen 163 der Ehevertragsgestaltung nach Ehetypen paßt der gesetzliche Zugewinnausgleich unverändert nur für die Einverdiener- oder Zuverdienerehe von Eheleuten mit bis zu mittleren Einkommensverhältnissen und ohne wesentliches voreheliches oder während der Ehe von dritter Seite erworbenes Vermögen. Das andere Extrem, dem nur die Gütertrennung gerecht wird, sind die Partnerschaftsehe einkommens- und vermögensmäßig unabhängiger Eheleute und die der Wiederverheiratung im vorgerückten Alter mit beiderseits erstehelichen Kindern. Die Gütertrennung kann hier sowohl für die Scheidung wie für die Eheauflösung durch den Tod eines Ehegatten durch Vereinbarung des Wahlgüterstandes nach § 1414 BGB verwirklicht werden. Alternative ist der Ausschluß des Zugewinns nur für den Scheidungsfall durch entsprechende Modifizierung des gesetzlichen Güterstandes (vgl. Rdn. 969).

Für den gesamten Zwischenbereich stehen Modifizierungen der Zugewinnge- 164 meinschaft zur Verfügung (vgl. Rdn. 356 ff.). Einige von ihnen sind zu Standardlösungen, zu kautelarjuristischen Vertragstypen erstarkt. So kann man die Ausgleichspflichtigkeit von Wertsteigerungen des Anfangsvermögens und des privilegierten Erwerbs nach § 1374 Abs. 2 BGB durch die dingliche Herausnahme der betreffenden Vermögensgegenstände aus der Berechnung des Zugewinn vermeiden (Rdn. 956).

Entsprechend kann man mit Betriebsvermögen verfahren, um den Betrieb als Le- 165 bensgrundlage des Unternehmers und der Betriebsangehörigen sowie volkswirtschaftlichen Wert nicht zu gefährden (Rdn. 969). Will man so weit nicht gehen, kann man für das Betriebsvermögen praktikable Bewertungsvorschriften vereinbaren (Rdn. 959).

Bei Heirat mit einem verschuldeten Partner kann man dessen Schuldsaldo entge- 166 gen § 1374 Abs. 1 letzter Halbsatz BGB zum negativen Anfangsvermögen deklarieren, um die Schuldentilgung im Rahmen des Zugewinnausgleichs der Vermögensbildung gleichzustellen (Rdn. 961).

---

[59] Dazu *Johannsen/Henrich/Brudermüller* HausratsVO § 8 Rdn. 4.
[60] *Johannsen/Henrich/Brudermüller* HausratsVO § 8 Rdn. 4.

167 Weitere Modifikationen ermöglichen im Einzelfall die Sicherung einer gerechten Vermögensverteilung insbesondere im Scheidungsfall (Rdn. 356 ff.). Die ehevertraglichen Modifizierungen des gesetzlichen Güterstandes sind deshalb unentbehrlich und ebenso praxiswichtig wie die gesetzliche Regelung.

§ 3. Die Rückabwicklung von Ehegattenzuwendungen im gesetzlichen Güterstand

I. Ehegattenzuwendungen im Zugewinnausgleich

168 Der Kauf oder die Errichtung eines Familieneigenheims in der Ehe gehört nicht zum Bereich des Familienunterhalts,[1] sondern stellt einen eigenen Bereich der Verwirklichung der ehelichen Lebensgemeinschaft dar, der häufig auf viele Jahre der bestimmende Inhalt der Ehe im Vermögensbereich ist. Die vermögensmäßige Wertschöpfung, also die Vermögensbildung, vollzieht und erschöpft sich in der Vielzahl der Ehen im Erwerb und der Entschuldung des Familieneigenheims. Hier kommt es dann nicht selten zu erheblichen Vermögenszuwendungen eines Ehegatten an den anderen, etwa wenn ein Ehegatte voreheliches Vermögen, Erbschaften oder Geldschenkungen auf den Erwerb des Familienheims zu je einhalb Miteigentum verwendet, oder wenn aus Haftungsgründen das Familienheim zu Alleineigentum eines Ehegatten erworben wird. Bei Scheidung der Ehe führen die Regeln des Zugewinnausgleichs hier nicht selten zu einer vom Standpunkt des Zuwendenden aus unvollkommenen Rückabwicklung. Er versucht deshalb, im Vorfeld des Zugewinnausgleichs eine Rückabwicklung über schuldrechtliche Anspruchsgrundlagen zu erreichen, etwa über den Schenkungswiderruf, die ungerechtfertigte Bereicherung oder den Wegfall der Geschäftsgrundlage. Der BGH hat sich dem grundsätzlich versagt. Er hat zunächst festgestellt, daß derartige Ehegattenzuwendungen im Regelfall keine Schenkungen i. S. von §§ 516 ff. BGB sind, sondern ehebedingte Zuwendungen eigener Art. Im Anschluß an *Lieb*[2] hat der BGH den Vertragstyp zunächst als „unbenannte Zuwendung" bezeichnet, benutzt aber mittlerweile die Bezeichnung „ehebedingte Zuwendung". Die Rückabwicklung derartiger Ehegattenzuwendungen ordnet der BGH grundsätzlich in den Zugewinnausgleich ein, dies mit der Begründung, der Wegfall der Grundlage solcher Zuwendungen durch die Scheidung der Ehe sei in den §§ 1363 ff. BGB speziell geregelt. Lediglich in Einzelfällen, etwa einer extrem ungerechten dinglichen Vermögenszuordnung infolge der Zuwendung, läßt der BGH eine Korrektur über § 242 BGB zu. Die Einzelheiten sind im folgenden zu erörtern. Schon hier soll aber dem BGH bescheinigt werden, daß es ihm überzeugend gelungen ist, den Vertragstyp Ehegattenzuwendung in das System der Scheidungsfolgen einzuordnen.

II. Fallgruppen der ehebedingten (unbenannten) Zuwendung

169 Der Vertragstyp der ehebedingten „unbenannten" Zuwendung knüpft an in der Rechtswirklichkeit vorfindbare Fallgruppen von Ehegattenzuwendungen an, die durch ihre Ehebezogenheit gekennzeichnet sind. Die Bildung von Fallgruppen und Vertragstypen im Bereich der Ehegattenzuwendungen ist ein kennzeichnendes Beispiel für die kautelarjuristische Methode der Bildung eigenständiger kautelarjuristischer Vertragstypen auf der Grundlage der Fallgruppenbildung unter Berücksichtigung des Vertragszwecks.

170 Zuwendungen eines Ehegatten an den anderen erfolgen regelmäßig zur Verwirklichung der ehelichen Lebensgemeinschaft, auch wenn sie nicht Familienunterhalt i. S. von § 1360a BGB sind. Derartige Zuwendungen stehen häufig im Zusammenhang mit dem Erwerb, der Errichtung oder der Erhaltung des Familienheims. Typische Fälle sind

---

[1] Vgl. Rdn. 58.
[2] Die Ehegattenmitarbeit im Spannungsfeld zwischen Rechtsgeschäft, Bereicherungsausgleich und gesetzlichem Güterstand, 1970, S. 170 ff.

- schlüsselfertiger Erwerb des Familienheims oder seine Errichtung auf erworbenem Bauplatz zu je hälftigem Miteigentum aus Mitteln, die der alleinverdienende Ehegatte während der Ehe erarbeitet hat;
- Erwerb oder Errichtung des Familienheims zu je hälftigem Miteigentum aus Anfangsvermögen eines Ehegatten nach § 1374 I BGB oder privilegiertem Erwerb eines Ehegatten nach § 1374 II BGB;
- die Weitergabe eines hälftigen Miteigentumsanteils seitens des Ehegatten, der das Haus ererbt oder im Wege vorweggenommener Erbfolge[3] erworben hat, an den anderen Ehegatten, weil dieser sich an Umbau, Ausbau, Renovierung und Unterhalt des Familienheims beteiligen soll;
- Verwendung von Geld oder Arbeitskraft auf das im Alleineigentum des anderen Ehegatten stehende Familienheim;
- Erwerb des Familienheims zum Alleineigentum des betrieblichen nicht haftenden Ehegatten oder Übertragung des Eigenheims oder Miteigentumsanteils des betrieblich haftenden Ehegatten auf den betrieblich nicht haftenden Ehegatten zur Vermeidung eines etwaigen Gläubigerzugriffs;
- Erwerb des Familienheims durch einen Ehegatten allein zu dessen Altersversorgung, insbesondere wenn der andere Ehegatte wesentlich älter ist und Kinder aus vorangegangener Ehe hat;
- Erwerb des auch freiberuflich oder betrieblich genutzten Hausgrundstücks durch den Ehegatten des Freiberuflers oder Betriebsinhabers zur Erzielung eines steuersparenden Verpachtungsmodells.

171 Derartige Zuwendungen sind keine im Rahmen des § 1350a BGB geschuldeten laufenden Unterhaltsleistungen. Der Erwerb oder Aufbau eines Eigenheims anstelle der Mietwohnung und die im Zusammenhang damit erbrachten Aufwendungen und Zuwendungen sind vielmehr ein außerordentlicher, regelmäßig einmaliger Vorgang, den kein Ehegatte dem anderen als Familienunterhalt schuldet, der aber dennoch der Verwirklichung der ehelichen Lebensgemeinschaft dient. Deshalb wird auch von den beteiligten Ehegatten das hälftige Miteigentum am Familienheim unabhängig vom Güterstand, von der Art seines Erwerbs und der Herkunft der Mittel als die „normale" ehegerechte Vermögenszuordnung angesehen, wie die notarielle Praxis zeigt.

172 Die Berechtigung dieser dinglichen Zuordnung bzw. des Halbteilungsgrundsatzes des schuldrechtlichen Zugewinnausgleichs wird aber häufig beim Scheitern der Ehe von dem Ehegatten, der im Zusammenhang mit dem Familienheim dem anderen Zuwendungen gemacht hat, in Frage gestellt, wenn
- der andere Ehegatte am Scheitern der Ehe schuld ist,
- oder die Zuwendung aus Anfangsvermögen oder privilegiertem Erwerb erfolgte und ihr Wert unter Anwendung der Grundsätze des Zugewinnausgleichs nicht voll zurückzuerstatten ist,
- oder die Zuwendung die hälftige Zugewinnbeteiligung des anderen Ehegatten übersteigt und der Mehrwert unter Anwendung der Grundsätze des Zugewinnausgleichs nicht voll zurückzuerstatten ist,
- oder schließlich der dingliche Verlust des Zuwendungsobjekts auch bei geldlichem Wertausgleich durch den Zugewinnausgleich vom Zuwendenden nicht akzeptiert wird.

Der Zuwendende ist in diesen Fällen bestrebt, durch Geltendmachung von Rückforderungsrechten die vor Zuwendung bestehende dingliche Rechtslage wiederherzustellen oder eine die Vermögensaufwendungen widerspiegelnde dingliche Rechtslage herzustellen, wobei er dann die Durchführung des Zugewinnausgleichs

---
[3] Zum Vertragstyp vorweggenommene Erbfolge vgl. *Langenfeld/Günther*, Rdn. 217.

auf der Grundlage der korrigierten dinglichen Rechtslage akzeptiert oder aber auch den Zugewinnausgleich wegen des Scheidungsverschuldens des anderen Teils nicht dulden will. Deshalb wird versucht, die gesetzlichen Regeln des Zugewinnausgleichs zu überspielen oder zu ergänzen, dies insbesondere über den Schenkungswiderruf nach § 530 BGB, Bereicherungsansprüche nach § 812 Abs. 1 S.2 BGB, gesellschaftsrechtliche Auseinandersetzungsansprüche oder Ansprüche auf Rückgewähr oder Wertersatz nach Billigkeit wegen Wegfalls der Geschäftsgrundlage.

III. Vertragstypen der ehebedingten (unbenannten) Zuwendung

Die Rechtsprechung des BGH zu den unbenannten Zuwendungen fügt sich nahtlos in die durch die Orientierung an Fallgruppen und Vertragstypen bestimmte,[4] kautelarjuristische Betrachtungsweise ein. Der Kautelarjurist kennt neben den gesetzlich geregelten Vertragstypen wie Kaufvertrag, Werkvertrag, Schenkung oder Ausstattung eine ganze Palette weiterer Vertragstypen, die sich entweder aus der Kombination gesetzlicher Typen ergeben, wie der aus kaufvertraglichen und werkvertraglichen Elementen bestehende Bauträgervertrag, oder eigenen, gesetzlich nicht geregelten Charakter haben, wie der Vertrag der vorweggenommenen Erbfolge oder eben die unbenannte Zuwendung. Gesetzlich nicht geregelte Vertragstypen sind nicht etwa causalos, sondern haben eine eigene, gesetzlich nicht geregelte causa. Diese causa und damit der Vertragstyp werden gebildet und bestimmt durch den Vertragszweck. Der Vertragszweck kann nicht rein objektiv ermittelt werden, sondern wird zumindest gleichwertig durch die gemeinsamen Vorstellungen der Vertragspartner bestimmt.[5]

173

Die von Sandweg[6] vertretene Auffassung, die ehebedingte Zuwendung sei kein eigener Vertragstyp, sondern lediglich eine causa des Behaltendürfens, geht von der falschen Vorstellung eines numerus clausus der schuldrechtlichen Vertragstypen aus. Sandweg will alle unentgeltlichen Zuwendungen als Schenkung ansehen. Es gibt aber einen weiten Bereich objektiv unentgeltlicher Verträge, die wegen ihres besonderen Vertragszwecks keine Schenkung sind.[7] Nach der Rechtsprechung des BGH[8] ist die ehebedingte Zuwendung ein eigener Vertragstyp, damit schuldrechtlich ein vollwertiger Vertrag, eine causa für die versprochene Leistung, nicht nur ein qualitatives Minus i. S. einer bloßen Behaltendürfens-causa.

174

Vertragszweck der unbenannten Zuwendung ist die Verwirklichung der ehelichen Lebensgemeinschaft. Die Zuwendung geschieht um der Ehe willen und als Beitrag zur Verwirklichung oder Ausgestaltung, Erhaltung oder Sicherung der ehelichen Lebensgemeinschaft.[9] Der Bestand der Ehe ist nicht Vertragszweck und damit causa der unbenannten Zuwendung, sondern ihre Vertragsgrundlage. Die Rechtsprechung des BGH, die die Ehescheidung nicht als Wegfall des Rechtsgrundes der unbenannten Zuwendung mit der Folge der Rückabwicklung über Bereicherungsrecht begreift, sondern als Wegfall der Geschäftsgrundlage der Zuwendung,

175

---

[4] Dazu *Langenfeld/Günther*, Rdn. 1 ff.; *Langenfeld*, Vertragsgestaltung-Methode-Verfahren-Vertragstypen, 2. Aufl. 1997.
[5] *Hepting*, Ehevereinbarungen, S. 421 ff.
[6] BWNotZ 1994, 9 f.
[7] Vgl. nur *Palandt/Putzo* § 516 Rdn. 3; *MünchKomm/Kollhosser* § 516 Rdn. 45 ff.; *Soergel/Mühl* vor § 516 Rdn. 3; *Staudinger/Reuss* § 516 Rdn. 15.
[8] BGH FamRZ 1982, 910; 1987, 43; 1990, 855 und der jetzt h.L. in der Literatur z.B. *Jaeger* DNotZ 1991, 444 f.; *Ludwig* FuR 1992, 5.
[9] BGH FamRZ 1990, 600 = NJW-RR 1990, 386.

ist also trotz der teilweise mißverständlichen Berufung auf die von Lieb formulierte „Causalosigkeit" der unbenannten Zuwendung folgerichtig und dogmatisch exakt.

176 Die Verwirklichung der ehelichen Lebensgemeinschaft als Vertragszweck und damit causa der unbenannten Zuwendung kennzeichnet zwar den Vertragstyp unbenannter Zuwendung in seiner grundsätzlichen Unterscheidung von anderen Vertragstypen wie Kauf oder Schenkung, bedarf aber weiterer Konkretisierung. Innerhalb des Bereichs der unbenannten Zuwendung gibt es wiederum Fallgruppen, die durch eigene Ausgangssituationen, Abläufe und Zwecke gekennzeichnet sind. Die Unterscheidung einzelner Typen der ehebedingten Zuwendung[10] wurde vom BGH ausdrücklich übernommen.[11] Im einzelnen gilt:

177 Zweck der Zuwendung kann sein, den Zuwendungsempfänger im Sinne des vorzeitigen Zugewinnausgleichs im gesetzlichen Güterstand oder freiwilligen Zugewinnausgleichs bei Gütertrennung dinglich am bisherigen ehelichen Zugewinn zu beteiligen.[12] Dies ist, wie die notarielle Praxis zeigt, häufig,[13] ja in der Form der Verwendung von einem Ehegatten angesparter Mittel auf den Hauserwerb zu je ½ Miteigentum sogar der häufigste Fall der unbenannten Zuwendung.[14]

178 Der Bereich der ehebedingten unbenannten Zuwendungen, die in allen Güterständen möglich sind, beschränkt sich aber nicht etwa auf die ehebedingten Zuwendungen, die wertmäßig im Rahmen eines hypothetischen Zugewinnanspruchs, berechnet auf den Zeitpunkt der Zuwendung, verbleiben. Vielmehr sind, was der BGH richtig gesehen hat, auch ehebedingte Zuwendungen des Anfangsvermögen unbenannte Zuwendungen, wenn sie der Verwirklichung der ehelichen Lebensgemeinschaft dienen.[15]

179 Ein typischer Fall ist hier der, daß ein Ehegatte einen Bauplatz oder ein Hausgrundstück im Wege der vorweggenommenen Erbfolge von seinen Eltern erhält und er sogleich einen hälftigen Miteigentumsanteil an den anderen Ehegatten weitergibt, weil die Bebauung, der Ausbau oder die Sanierung gemeinsam erfolgen soll.[16] Der ehebedingte Zweck ist hier die Schaffung des Familienheims, bei der die hälftige dingliche Teil-habe beider Ehegatten von diesen ehebedingt als gerecht und angemessen empfunden wird.

180 Auch Zuwendungen zur Vermeidung des Gläubigerzugriffs auf den Kern des Familienvermögens, etwa das Eigentum, also Rechtsgeschäfte zwischen Ehegatten zur haftungsgünstigen Verteilung des Familienvermögens, sind ehebedingt und erfolgen zur Verwirklichung der ehelichen Lebensgemeinschaft, da sie der Sicherung der Lebensgrundlage der Ehe und Familie dienen sollen. Auch sie sind deshalb dem Vertragstyp nach unbenannte Zuwendungen.[17]

---

[10] *Langenfeld,* DNotZ-Sonderheft 1985, 167/177; *Langenfeld,* Grundstückszuwendungen Rdn. 239 ff.
[11] BGH FamRZ 1990, 600 = NJW-RR 1990, 386 = MittBayNot 1990, 178 m. Anm. *Frank;* vgl. auch BFH NJW 1994, 2044.
[12] *Morhard* NJW 1987, 1734.
[13] Irrig a.A. *Jaeger* DNotZ 1991, 431/449.
[14] Zu einem Fall des freiwilligen Zugewinnausgleichs vgl. BGH NJW-RR 1989, 1220.
[15] Vgl. z.B. BGHZ 115, 132 = NJW 1991, 2553 = DNotZ 1992, 435.
[16] Vgl. *Langenfeld* NJW 1986, 2541.
[17] *Langenfeld,* DNotZ-Sonderheft 1985, 177; zustimmend BGH NJW-RR 1990, 386 = FamRZ 1990, 600 = MittBayNot 1990, 178 m. Anm. *Frank;* auch BGH NJW 1992, 238 = FamRZ 1992, 293 = DNotZ 1992, 439.

Weitere Typen der ehebedingten Zuwendung werden bestimmt durch den Zweck der Versorgung, insbesondere der Altersversorgung des anderen Ehegatten[18] oder durch steuerliche Zwecke.[19] **181**

Was den Ablauf der unbenannten Zuwendung betrifft, so sind die Fälle direkter Zuwendung von Eigentum oder Miteigentum am Zuwendungsobjekt, regelmäßig einem Grundstück, von einem Ehegatten an den anderen von den Fällen zu unterscheiden, bei denen ein Ehegatte dem anderen die Geldmittel zum Erwerb eines Vermögensgegenstandes von einem Dritten zuwendet. Häufig ist hier der Fall, daß der Erwerb des Familienheims zu je hälftigem Miteigentum ausschließlich von einem Ehegatten finanziert wird.[20] Hier hat der BGH in gelegentlich kritisierter Weise,[21] im Ergebnis aber zu Recht, die unbenannte Zuwendung auf das von dem Dritten erworbene Grundstück bzw. den Miteigentumsanteil hieran bezogen und die Rückforderungsproblematik so behandelt, als stamme das Grundstück aus dem Vermögen des zuwendenden Ehegatten. **182**

Was den Ausgangspunkt der unbenannten Zuwendung betrifft, so liegt zumindest im gesetzlichen Güterstand eine grundlegende, insbesondere bei der Rückforderungsproblematik zu bedenkende Unterscheidung darin, ob die unbenannte Zuwendung aus Vermögen erfolgt, das gesetzlichen Zugewinn darstellt, oder aus Vermögen, das als Anfangsvermögen nach § 1374 Abs. 1 BGB oder privilegierter Erwerb nach § 1374 Abs. 2 BGB wertmäßig dem Zugewinnausgleich entzogen ist. **183**

IV. Rechtsprechungsgrundsätze zur Rückabwicklung ehebedingter Zuwendungen im Scheidungsfall

Für die Rückabwicklung von Zuwendungen nach Scheidung der Ehe gelten grundsätzlich die Regeln des gesetzlichen Zugewinnausgleichs. Der BGH sieht die Ehescheidung als Wegfall der Geschäftsgrundlage derartiger Zuwendungen an. Soweit die güterrechtlichen Bestimmungen des Zugewinnausgleichs eingreifen, bedarf es in aller Regel eines Rückgriffs auf die zum Wegfall der Geschäftsgrundlage entwickelten Grundsätze nicht. Diese werden vielmehr durch die Zugewinnausgleichsregeln als spezielle gesetzliche Ausprägung des Wegfalls der Geschäftsgrundlage bei Ehescheidung verdrängt. Lediglich im Ausnahmefall extrem ungerechter und dem Zuwendenden nicht zumutbarer Vermögensverteilung kann über § 242 BGB in der Form des Wegfalls der Geschäftsgrundlage eine dingliche Rückabwicklung der Zuwendung in Betracht kommen. Auf der Grundlage der so hergestellten dinglichen Vermögensverteilung und Zug um Zug mit deren Herstellung hat dann aber der schuldrechtliche Zugewinnausgleich zu erfolgen. **184**

Der Rückgriff auf § 242 BGB bleibt aber auf extreme Ausnahmefälle beschränkt und kommt im allgemeinen nur dort in Betracht, wo die güterrechtlichen Ausgleichsregelungen nicht ausreichen, um schlechthin unangemessene und unträgliche Ergebnisse zu vermeiden.[22] Dies wiederum setzt die Prüfung voraus, ob sich bei Durchführung des Zugewinnausgleichs unter Einbeziehung der Zuwendung eine für den Zuwendenden schlechthin unangemessene und unzumutbare Abwicklung ergibt.[23] Eine derartige Unzumutbarkeit liegt noch nicht allein darin, daß der Zuwen- **185**

---

[18] BGH FamRZ 1988, 485 = NJW-RR 1988, 962; BGH NJW 1989, 1986 = FamRZ 1989, 599.
[19] BGH NJW-RR 1993, 1410.
[20] Vgl. BGH NJW 1977, 1234, BGH FamRZ 1982, 78.
[21] *Holzhauer* JuS 1983, 830/832.
[22] BGH NJW 1993, 386.
[23] BGH aaO.

dende bei Zuwendung von Anfangsvermögen im Zugewinnausgleich nur die Hälfte des Wertes der Zuwendung zurückerhält.[24]

186 Eine Rückabwicklung der unbenannten Zuwendung über andere Anspruchsgrundlagen lehnt der BGH ab. Ein Anspruch aus § 812 Abs. 1, S. 2, 1. Alternative BGB – condictio ob causam finitam – kommt nicht in Betracht. Er setzt den Wegfall einer Verpflichtung voraus, zu deren Erfüllung geleistet worden war. Aufgrund der durch die Scheidung weggefallenen ehelichen Lebensgemeinschaft bestand aber keine Verpflichtung zur Vornahme der Zuwendung. Die eheliche Lebensgemeinschaft war lediglich die Geschäftsgrundlage der Zuwendung. Ebenso scheidet ein Anspruch aus § 812 Abs. 1, S. 2, 2. Alternative BGB – condictio ob rem – aus. Er setzt voraus, daß der mit der Leistung nach dem Inhalt des Rechtsgeschäfts bezweckte Erfolg nicht eintritt. Der bezweckte Erfolg ist aber nicht etwa die Aufrechterhaltung der ehelichen Lebensgemeinschaft, sondern ein bestimmtes Vorhaben im Rahmen und auf der Grundlage der ehelichen Lebensgemeinschaft, also etwa die Schaffung eines Familienheims. Mit dessen Erstellung und Bezug ist und bleibt der gesetzliche Erfolg erreicht, auch wenn die Ehe dann scheitert. Mangels ausdrücklich vereinbarter Gesellschaft des bürgerlichen Rechts kann schließlich eine durch schlüssiges Verhalten zustandegekommene Ehegattengesellschaft nicht angenommen werden, wenn ein Ehegatte – wie bei Zuwendungen im Rahmen der Schaffung eines Familienheims – nur Beiträge leistet, die der Verwirklichung der ehelichen Lebensgemeinschaft dienen.

187 Unbenannte Zuwendungen entfalten damit regelmäßig nur im Rahmen des gesetzlichen Zugewinnausgleichs Wirkung. Soweit sie von nicht unerheblichem Wert sind, erfolgt mangels ausdrücklichen Ausschlusses ihre Anrechnung auf die Ausgleichsforderung des Empfängers gem. § 1380 BGB. Dabei kommt § 1380 BGB nur zur Anwendung, wenn der Zugewinnausgleichsanspruch des Empfängers höher ist als der Wert der Zuwendung im Zeitpunkt der Zuwendung. Dann wird der Wert der Zuwendung zur Berechnung der Ausgleichsforderung dem Vermögen des Ehegatten hinzugerechnet, der die Zuwendung gemacht hat, sowie, was das Gesetz nicht ausdrücklich anordnet, vom Vermögen des Ehegatten abgezogen, der die Zuwendung erhalten hat. Zur Neutralisierung der Zuwendung im Vermögen des Zuwendungsempfängers wird § 1374 Abs. 2 BGB also nicht benötigt. Auf den dann sich ergebenden Zugewinnausgleichsanspruch wird der Wert der Zuwendung angerechnet.

188 Beispiel:
Das Anfangsvermögen soll beiderseits Null sein. Der Mann hat in der Ehe 30 000,- DM erworben und der Frau hiervon 10 000,- DM zugewendet. Im ersten Schritt wird dem Endvermögen des Mannes von 20 000,- DM der Wert der Zuwendung von 10 000,- DM hinzugerechnet, was 30 000,- DM ergibt. Gleichzeitig wird der Wert der Zuwendung vom Endvermögen der Frau abgezogen, sodaß dieses Endvermögen damit Null ist. Dann hat die Frau gegen den Mann einen Zugewinnausgleichsanspruch von 15 000,- DM. Im zweiten Schritt wird auf diesen Zugewinnausgleichsanspruch der Wert der Zuwendung angerechnet, also 10 000,- DM auf 15 000,- DM, weshalb die Frau noch 5000,- DM Zugewinnausgleichsanspruch hat.
Ohne das komplizierte Anrechnungsverfahren wäre das rechnerische Ergebnis auf der Grundlage der tatsächlichen Endvermögen von 20 000,-, beim Mann und 10 000,- DM bei der Frau hier das gleiche. Dies gilt jedoch nur dann, wenn der Wert der Zuwendung im Vermögen der Frau noch vorhanden ist. Hat jedoch die Frau die Zuwendung ersatzlos ausgegeben, so wird das Verfahren nach § 1380 BGB erforderlich, um die Anrechnung der Zuwendung sicherzustellen. Dies ist der Sinn von § 1380 BGB. Der Gesetzgeber wollte den Wert der Zuwendung zum Zeitpunkt der Zuwendung als unveränderlichen Berechnungsfaktor für den Zugewinnausgleich erhalten. Das Schicksal der Zuwendung im Vermögen des Empfängers, das dieser nach § 1364 BGB ja selbständig verwaltet, sollte unerheblich sein.

---

[24] BGHZ 115, 132/136 = NJW 1991, 2553; BGH NJW 1993, 387.

§ 3. Die Rückabwicklung von Ehegattenzuwendungen

Ergebnis:
Die Anwendung von § 1380 BGB hat also immer zur Folge, daß sich der Zugewinnausgleichsanspruch des Zuwendungsempfängers um die Hälfte des Wertes der Zuwendung verringert.

Bei **Zuwendungen über den Ausgleichsanspruch hinaus** schließt § 1380 BGB nicht 189 etwa einen Ausgleichsanspruch des Zuwendungsempfängers aus. Vielmehr kommt § 1380 BGB nicht zur Anwendung. Der Zugewinnausgleich wird unter Berücksichtigung der tatsächlichen Vermögenssalden ohne Zu- oder Abrechnungen ermittelt.

Beispiel:
Die Ehegatten haben jeweils 30 000,– DM Zugewinn erzielt. Kurz vor Beendigung des Güterstandes wendet der Mann der Frau seine 30 000,– zu. Sein Endvermögen ist damit Null, das der Frau beträgt 60 000,– DM. Über den Zugewinnausgleich erhält der Mann damit seine 30 000,– DM zurück. Hatte nur der Mann 30 000,– DM erworben, während die Frau selbst keinen Zugewinn erzielt hatte, und wendet der Mann der Frau kurz vor Beendigung des Güterstandes diese 30 000,– DM zu, so erhält er sie zur Hälfte zurück. Die Ergebnisse entsprechen dem Halbteilungsgrundsatz des Zugewinnausgleichs.

Ehegattenzuwendungen im Güterstand der Gütertrennung werden entsprechend 190 behandelt, soweit nicht die Sonderregeln des Zugewinnausgleichs eine Rolle spielen. Auch bei Zuwendungen im Güterstand der Gütertrennung handelt es sich regelmäßig nicht um Schenkungen, sondern um ehebedingte unbenannte Zuwendungen. Deren Geschäftsgrundlage fällt bei Ehescheidung weg. Die Anwendung der Grundsätze über den Wegfall der Geschäftsgrundlage wird dann aber nicht wie bei der Zugewinngemeinschaft durch spezielle güterrechtliche Auseinandersetzungsregeln verdrängt. Die Grundsätze des Wegfalls der Geschäftsgrundlage nach § 242 BGB kommen vielmehr voll zur Anwendung, wobei es auf die Umstände des Einzelfalles ankommt. Die dingliche Rückabwicklung ist nur eine extreme Möglichkeit, der regelmäßig ein angemessener Ausgleich in Geld vorzuziehen sein wird. Ob und in welcher Form ein Ausgleich gegeben ist, hängt nach dem BGH[25] von den besonderen Umständen des Falles, insbesondere der Dauer der Ehe, dem Alter der Parteien, Art und Umfang der erbrachten Leistungen, der Höhe der dadurch bedingten und noch vorhandenen Vermögensmehrung und von den Einkommens- und Vermögensverhältnissen der Ehegatten überhaupt ab.[26] Bei Zuwendungen hinsichtlich des Familienheims verbleibt es regelmäßig, da diese eine auch bei Gütertrennung angemessene Beteiligung am ehelichen Vermögenszuwachs darstellen.[27]

V. Die unbenannte Zuwendung im Zugewinnausgleich

1. Die Anrechnung unbenannter Zuwendungen auf den Ausgleichsanspruch des Empfängers

Wie bei der Darstellung der Rechtsrechnungsgrundsätze bereits erläutert,[28] ist es 191 der **Sinn des § 1380 BGB**, den **Wert der Zuwendung** zum Zeitpunkt der Zuwendung als **unveränderlichen Berechnungsfaktor** für die Ausgleichsforderung des Zuwendungsempfängers auch dann **zu erhalten**, wenn der Wert der Zuwendung im Vermögen des Zuwendungsempfängers bei Beendigung des Güterstandes nicht mehr vorhanden ist oder durch Verlust von Anfangsvermögen oder Verbindlichkeiten neutralisiert wird. 1380 BGB soll dafür sorgen, daß der Zuwendungsempfänger

---
[25] NJW 1982, 2236.
[26] Zur Verjährung vergleiche BGH NJW-RR 1994, 258: 30-jährige Verjährung nach § 195 BGB; anders zuvor LG Köln FamRZ 1989, 510 mit Anmerkung *Wiek* FamRZ 1990, 1239; entsprechende Anwendung von § 1378 IV BGB.
[27] OLG Bamberg FamRZ 1995, 234.
[28] Rdn. 187 f.

das wirtschaftliche Schicksal der Zuwendung allein zu tragen hat. Seine Anwendung hat zur Folge, daß sich der Ausgleichsanspruch des Zuwendungsempfängers um die Hälfte des Wertes der Zuwendung vermindert, dies unabhängig davon wie der Empfänger sein Vermögen verwaltet. Hierdurch wird der Zuwendende zu Zuwendungen in Vorwegnahme des Zugewinnausgleichs ermutigt. Gäbe es § 1380 BGB nicht, so müßte er sich fragen, ob er nicht den Vermögensgegenstand selbst behalten und verwalten soll, um nicht das Risiko einzugehen, daß der Empfänger den Wert der Zuwendung durch schlechte Verwaltung seines Vermögens verliert und trotzdem den vollen Zugewinnausgleich ohne Anrechnung der Zuwendung geltend machen kann. § 1380 Abs. 2 S. 1 BGB wird deshalb vom BGH ergänzend so ausgelegt, daß der Wert der Zuwendung bei der Berechnung der Ausgleichsforderung dem Vermögen des Ehegatten hinzugerechnet wird, der die Zuwendung gemacht hat, sowie vom Vermögen des Ehegatten abgezogen wird, der die Zuwendung erhalten hat.[29] Diese der Zielsetzung des § 1380 BGB entsprechende, die Anwendung von § 1374 Abs. 2 BGB vermeidende Auslegung der Vorschrift wird von der Literatur grundsätzlich für richtig gehalten.[30]

192 Bei unbenannten Zuwendungen will Lipp[31] den § 1380 BGB überhaupt nicht anwenden, da wegen ehelicher Äquivalenz keine einseitige Zuwendung vorliege. Dies würde den Zugewinnausgleich um die Erhaltungsfunktion des § 1380 BGB berauben und ist schon deshalb abzulehnen.

193 Noch nicht abschließend geklärt ist die **Formbedürftigkeit der Anrechnungsbestimmung des § 1380 Abs. 1 S. 1 BGB.** Allgemeine Ansicht ist, daß die bei Zuwendung vom Zuwender einseitig angeordnete Anrechnungsbestimmung keiner Form bedarf. Nach der Zuwendung kann die Anrechnung nicht mehr einseitig angeordnet, wohl aber von den Ehegatten vereinbart werden. Eine derartige Vereinbarung greift in den Zugewinnausgleich ein und dürfte deshalb zum Schutz des potentiell benachteiligten Ehegatten vor unüberlegten Vereinbarungen zumindest der Form des § 1378 Abs. 3 S. 2 BGB,[32] wenn nicht der Ehevertragsform[33] bedürfen. Dasselbe dürfte für die nachträgliche Nichtanrechnungsbestimmung gelten.

2. Zugewinnausgleich bei Zuwendungen über den Ausgleichsanspruch hinaus

194 Nach der Rechtsprechung des BGH[34] **kommt § 1380 BGB nicht zur Anwendung,** wenn der Wert der Zuwendung den Zugewinnausgleichsanspruch übersteigt, den der Zuwendungsempfänger ohne die Zuwendung hätte. In diesem Fall wird der Zugewinnausgleich ohne Anwendung von § 1380 BGB durchgeführt, was dazu führen kann, daß der Zuwendende seinerseits einen geldlichen Ausgleichsanspruch geltend machen kann. Mit Recht lehnt der BGH die Literaturmeinung[35] ab, nach der § 1380 BGB bei übermäßigen Vorwegleistungen einen Ausgleichsanspruch des Zuwendenden ausschließen soll.[36] Nur diese Lösung fügt sich in das vom Gesetzge-

---

[29] BGHZ 82, 227 = FamRZ 1982, 246, 1093.
[30] *Reinicke/Tiedtke* WM 1982, 946/949; *Holzhauer* JuS 1983, 830/834; *Rauscher* AcP 186, 529/564; *Grünewald* NJW 1988, 109/110; *Johannsen/Henrich/Jaeger* § 1380 BGB Rdn. 2.
[31] JuS 1993, 89, 93.
[32] *Johannsen/Henrich/Jaeger* § 1380 Rdn. 9.
[33] So *Ermann/Heckelmann* § 1380 Rdn. 4; *RGRK/Funke* § 1380 Rdn. 3; *Soergel/Lange* § 1380 Rdn. 5, 11; für Formfreiheit *MünchKomm/Koch* § 1380 Rdn. 6; *Staudinger/Thiele* § 1380 Rdn. 15.
[34] BGHZ 82, 227 = FamRZ 1982, 246 = NJW 1982, 1093.
[35] *Lieb*, S. 126 ff.; *Johannsen* WM 1978, 654/657; *Kühne* FamRZ 1978, 221; *Staudinger/Thiele* § 1380 Rdn. 3.
[36] Zustimmend *Reinicke/Tiedtke* WM 1982, 946/952; *Tiedtke* JZ 1984, 1078, 1082 f.; *Holzhauer* JuS 1983, 830/834 f.; *Schwab* FamRZ 1984, 525/528; *Rauscher* AcP 186, 529/570; *Johannsen/Henrich/Jaeger* § 1381 Rdn. 16 f.

§ 3. Die Rückabwicklung von Ehegattenzuwendungen

ber bewußt gewählte, schematische Regelungssystem des Zugewinnausgleichs nahtlos an.[37]

In **Zweifelsfällen** ist eine **doppelte Rechnung**[38] aufzumachen: 195
- Zunächst ist unter Aufmachung von § 1380 BGB zu prüfen, ob der Empfängerehegatte noch einen Ausgleichsanspruch hat.
- Wenn dies nicht der Fall ist, ist ohne Anwendung von § 1380 BGB auf Grund der tatsächlichen Endvermögen zu prüfen, ob der Zuwendende seinerseits einen Ausgleichsanspruch hat.

Im **Beispiel** haben beide Ehegatten ein Anfangsvermögen von Null. Der Ehemann hat 30 000,- DM erworben und hiervon der Frau, die selbst nichts erworben hat, 20 000,- DM zugewendet. Die tatsächlichen Endvermögen betragen 10 000,- DM beim Mann und 20 000,- DM bei der Frau. Die erste Rechnung unter Anwendung von § 1380 BGB ergibt, daß die korrigierten Endvermögen beim Mann 30 000,- DM und bei der Frau Null betragen. Hierdurch hat die Frau einen Zugewinnausgleichsanspruch von 15 000,- DM, auf den die Zuwendung von 20 000,- DM anzurechnen wäre. Da sich so eine übermäßige Zuwendung ergibt, ist der Zugewinnausgleich ohne Anwendung von § 1380 BGB durchzuführen, der Mann hat gegen die Frau also einen Anspruch von 5000,- DM. Im Ergebnis ist der ehezeitliche Zugewinn wieder hälftig geteilt.

3. Problemfälle

Während die dargestellten Grundfälle den Halbteilungsgrundsatz des Zugewinnausgleichs verwirklichen, ergeben sich bei Ehegattenzuwendungen dann **Probleme, wenn der Wert der Zuwendung im Empfängervermögen neutralisiert wird** oder **wenn die Zuwendung aus Anfangsvermögen erfolgte.** Bei übermäßigen Zuwendungen[39] kann ein Zugewinnausgleichsanspruch des Zuwendenden ausgeschlossen sein, **wenn der Zuwendungsempfänger keinen Zugewinn erzielt hat.** Hat der Mann der Frau 30 000,- DM zugewendet und hat diese die Zuwendung verbraucht, so daß ihr Endvermögen Null ist, so erhält der Mann nichts zurück. Dieses Ergebnis ist zu akzeptieren, da im Zugewinnausgleich immer nur noch vorhandenes Vermögen ausgeglichen wird. 196

Problematischer ist der Fall, daß die **Zuwendung noch** im Vermögen des Empfängers **vorhanden** ist, dort aber durch andere Rechnungsposten, etwa durch Verbindlichkeiten oder verbrauchtes Anfangsvermögen, **neutralisiert** wird. Im **Beispiel** soll der Mann ein Anfangsvermögen von Null, die Frau ein Anfangsvermögen von 30 000,- DM haben. Der Mann erwirbt 30 000,- DM und wendet sie der Frau zu. Die Frau hat die Zuwendung noch, hat aber ihr Anfangsvermögen ausgegeben. Damit haben beide Ehegatten keinen Zugewinn erzielt, ein Zugewinnausgleich findet nicht statt. Der Zuwendende verliert seine Zuwendung auch wertmäßig völlig. Hier will ein Teil der Literatur[40] im Einzelfall einen billigen Ausgleich über § 242 BGB vornehmen. Dies ist abzulehnen. Die güterrechtliche Regelung ist im Interesse der Rechtssicherheit und Rechtsklarheit notwendigerweise starr und schematisch. Härten hat der Gesetzgeber bewußt in Kauf genommen, um die Rechtssicherheit zu gewährleisten. Auf Grund der Schematik der Zugewinnausgleichsberechnung kann es für jeden Ehegatten zu Vorteilen, aber auch zu Nachteilen kommen. So weist Tiedtke[41] zu Recht darauf hin, daß die nicht berufstätige 197

---

[37] *Jaeger* aaO.
[38] *Schwab* FamRZ 1984, 525/528.
[39] Oben Rdn. 194.
[40] *Holzhauer* JuS 1983, 830/836; *Göppinger* 6. A., Rdn. 520.
[41] DNotZ 1983, 161/164 f.

Frau dann einen entsprechenden Nachteil hat, wenn ihre häusliche und vielleicht auch betriebliche Mitarbeit nur dazu geführt hat, daß das Endvermögen des Mannes dem Anfangsvermögen entspricht, weil der Mann betriebliche Verluste hatte. Die Mitarbeit der Frau wirkt sich dann schließlich und endgültig nur im Vermögen des Mannes aus, ein Zugewinnausgleichsanspruch steht ihr nicht zu. Würde man, wie es Literatur und Rechtsprechung teilweise versuchen, jede tatsächliche oder vorgebliche Ungerechtigkeit im Rahmen des Zugewinnausgleichs über andere Anspruchsgrundlagen zu korrigieren versuchen, wäre es mit der Rechtssicherheit vorbei. Gerade das Ehegüterrecht braucht aber Rechtssicherheit. Im Rahmen der Ehevertragsfreiheit bleibt es den Ehegatten unbenommen, Ungerechtigkeiten vertraglich vorzubeugen. Bei unbenannten Zuwendungen können vereinbarte Rückforderungsrechte[42] ungerechte Ergebnisse vermeiden helfen.

198   *Netzer*[43] sucht ungerechte Ergebnisse durch eine neue Auslegung von § 1380 BGB zu vermeiden. Er hält im Rahmen von § 1380 BGB eine **Umkehr der Anspruchsrichtung** für möglich, eine mit dem Gesetz wohl nicht zu vereinbarende Lösung.[44]

199   Im Ergebnis ebenso zu entscheiden sind die Fälle der **Zuwendung aus Anfangsvermögen.** Hier erhält der Zuwendende nicht den gesamten Wert der Zuwendung zurück, sondern bestenfalls die Hälfte. *Rauscher*[45] bezeichnet dies mit Recht als systemgerecht, weil der Zugewinn nie eine negative Größe sein könne. Wendet bei einem Anfangsvermögen des Mannes von 20000,– DM der Mann der Frau, die selbst kein Anfangsvermögen hat, diese 20000,– DM zu, so erhält er im Zugewinnausgleich nur 10000,– DM zurück. § 1380 BGB ist nicht anwendbar. Durch die Zuwendung ist das Anfangsvermögen in den Zugewinnausgleich geraten. Beide Ehegatten haben im Ergebnis je 10000,– DM. Wäre ein negativer Zugewinn möglich, so hätte der Ehemann ein Endvermögen von minus 20000,– DM, die Ehefrau ein Endvermögen von plus 20000,– DM. Die Spanne des Zugewinns betrüge hier 40000,– DM, der Mann erhielte die Zuwendung im Zugewinnausgleich voll zurück.

200   Noch schlechter[46] steht der Zuwendende, wenn die **Zuwendung aus seinem Anfangsvermögen nicht zu einem Zugewinn des anderen Ehegatten führt.** Wendet der Mann der Frau die 20000,– DM aus seinem Anfangsvermögen zu und hat die Frau Verbindlichkeiten von 20000,– DM, so hat sie trotz der Zuwendung keinen ausgleichspflichtigen Zugewinn. Der Mann verliert die Zuwendung völlig. *Rauscher* nimmt dieses Ergebnis im Zugewinnausgleich hin und zieht die Konsequenz, daß der Zugewinnausgleich bei Zuwendungen aus Anfangsvermögen versagt. Der BGH[47] hält derartige Ergebnisse nicht von vornherein für unbillig.[48] In der Literatur[49] wird teilweise die Korrektur über § 242 BGB befürwortet.[50] *Reinicke/Tiedtke*[51] versagen die Berufung auf den Wegfall der Geschäftsgrundlage. Der Zuwendende

---

[42] Vgl. Rdn. 889 ff.
[43] FamRZ 1988, 676.
[44] Ebenso *Schwab* Hdb. VII Rdn. 182.
[45] AcP 186, 529/572.
[46] *Rauscher* AcP 186, 529/573.
[47] NJW 1982, 1093.
[48] Was von *Kühne* BGHZ 115, 132/136 = NJW 1991, 2553; BGH NJW 1993, 387, JR 1982, 237/238 als „kläglich" bezeichnet wird.
[49] *Holzhauer* JuS 1983, 830/835 f.; *Friedrich* JR 1986, 115; *Göppinger* 6. A. Rdn. 519.
[50] *Netzer* FamRZ 1988, 676 will auch diese Fälle über seine erweiternde Auslegung von § 1380 BGB lösen.
[51] WM 1982, 953; *Tiedtke* DNotZ 1983, 164.

§ 3. Die Rückabwicklung von Ehegattenzuwendungen

habe das Risiko auf sich genommen, daß die Zuwendung nur im Rahmen der Zugewinngemeinschaft berücksichtigt werde. Dem stimmt Grünewald[52] zu. Ungerechtigkeiten sind hier nur durch vereinbarte Rückforderungsrechte zu vermeiden.[53] In jedem Fall ist es falsch, hier am System des Zugewinnausgleichs über § 242 BGB Korrekturen vorzunehmen.

4. Zugewinnausgleich bei beiderseitigen Zuwendungen

Bei **beiderseitigen anrechnungspflichtigen Zuwendungen** bestehen zwei Berechnungsmöglichkeiten. Entweder nimmt man nach § 1380 BGB die Anrechnung nur der Leistung des ausgleichspflichtigen Ehegatten vor. Am **Beispiel** beiderseitigen Anfangsvermögens von Null, eines Endvermögens des Mannes von 60 000,– DM und eines Endvermögens der Frau von 40 000,– DM soll der Mann der Frau 20 000,– DM zugewendet haben, die Frau dem Mann 10 000,– DM. Nach der Rechenoperation des § 1380 BGB beträgt der Zugewinn des Mannes 80 000,– DM. der Frau 20 000,– DM. Auf den sich so ergebenden Zugewinnausgleichsanspruch von 30 000,– DM hat sich die Frau 20 000,– DM anrechnen zu lassen, erhält also 10 000,– DM. Im Ergebnis haben beide 50 000,– DM. 201

Die andere Möglichkeit ist, die Zuwendungen zu saldieren und dann nach § 1380 BGB zu verfahren. Die Differenz der Zuwendungen beträgt im Beispielsfall 10 000,– DM zugunsten des Mannes. Legt man diese Differenz der Berechnung nach § 1380 BGB zugrunde, so ergibt sich ein Zuwendungsverhältnis von 70 000,– DM zu 30 000,– DM. Auf den Zugewinnausgleichsanspruch von 20 000,– DM hat sich die Frau 10 000,– DM anrechnen zu lassen, erhält also ebenfalls 10 000,– DM. Das gleiche Ergebnis folgt, wenn man ohne Anwendung von § 1380 BGB von den tatsächlichen Endvermögen ausgeht. 202

Die Anrechnung gegenseitiger Zuwendungen unter Anwendung von § 1380 BGB kann im Normalfall auch dann nicht zu abweichenden Ergebnissen führen, wenn der Zuwendungswert nicht mehr im Vermögen des Zuwendungsempfängers enthalten ist.[54] Im Beispielsfall soll die Frau die Zuwendung des Mannes von 20 000,– DM verbraucht haben. Nach dem tatsächlichen Stand der Endvermögen hätte die Frau gegen den Mann einen Zugewinnausgleichsanspruch von 20 000,– DM. Beide Ehegatten hätten dann im Ergebnis 40 000,– DM, also den Verlust von 20 000,– DM je hälftig zu tragen, was dem Grundgedanken des Zugewinnausgleichs entspricht. Bei Anwendung von § 1380 BGB nach Saldierung der beiderseitigen Zuwendungen hätte die Frau sich auf einen Zugewinnausgleichsanspruch von 30 000,– DM die Zuwendungsdifferenz von 10 000,– DM anrechnen zu lassen, erhielte also ebenfalls 20 000,– DM. Bei Anwendung von § 1380 BGB mit Anrechnung nur der Zuwendung des Mannes an die Frau hätte die Frau sich auf einen Zugewinnausgleichsanspruch von 40 000,– DM die Zuwendung von 20 000,– DM anrechnen zu lassen, erhielte also ebenfalls 20 000,– DM. 203

Hat nur der Mann seinerseits die erhaltenen 10 000,– DM verbraucht, so errechnet sich der Zugewinnausgleich der Frau ohne Anwendung von § 1380 BGB aus der Zugewinndifferenz von 50 : 40 auf 5 000,– DM. Die Ehegatten haben den Verlust also wieder je hälftig zu tragen. Dasselbe Ergebnis folgt aus der Anwendung von § 1380 BGB bei Saldierung: Korrigierte Endvermögen 60:30, Zugewinnausgleichsanspruch der Frau 15 000,– DM, nach Anrechnung 5 000,– DM. Letztlich bei Nichtsaldierung: Korrigierte Endvermögen 70:20, Zugewinnausgleichsanspruch der 204

---

[52] NJW 1988, 109/110 Fn. 18.
[53] Vgl. Rdn. 889 ff.
[54] A. A. *Grünewald* NJW 1988, 109/112.

Frau 25 000,- DM, nach Anrechnung 5000,- DM.[55] Im Ergebnis dürfte es sich wegen der **Einheitlichkeit der Zugewinnausgleichsberechnung** empfehlen, ohne Rücksicht auf gegenläufige Zuwendungen nur die Zuwendung des ausgleichspflichtigen Ehegatten nach § 1380 BGB zu behandeln.

5. Zugewinnausgleich bei nicht anzurechnenden Zuwendungen

205   Wenn der Zuwendende anläßlich der Zuwendung angeordnet hat, der Empfänger brauche sich die Zuwendung nicht auf seine Ausgleichsforderung anrechnen zu lassen, so ist § 1380 BGB nicht anwendbar. Wie die Zugewinnausgleichsberechnung dann zu erfolgen hat, ist **höchstrichterlich noch nicht geklärt.** Es ist zu berücksichtigen, daß sich durch die Zuwendung das Vermögen des zuwendenden Ehegatten verringert hat und gleichzeitig das Vermögen des die Zuwendung erhaltenden Ehegatten entsprechend vergrößert wurde. Die Zuwendung kann sich bei Beendigung des Güterstandes noch im Vermögen des Zuwendungsempfängers befinden, sie kann aber auch verbraucht sein. Weiterhin kann der Zuwendungswert auch dann, wenn sich der Zuwendungsgegenstand noch im Vermögen des Zuwendungsempfängers befindet, durch verlorenes Anfangsvermögen oder Verbindlichkeiten neutralisiert werden. Die Möglichkeiten des Verbrauchs oder der Neutralisierung der Zuwendung erschweren die Lösung des Problems.

206   Nach *Reinicke/Tiedtke*[56] bestehen **drei Berechnungsmöglichkeiten.** Einmal könnte man den Zugewinnausgleichsanspruch des Empfängers so berechnen, wie wenn die nicht anzurechnende Zuwendung nicht gemacht worden wäre. Dann wäre der Wert der Zuwendung dem Vermögen des Zuwendenden hinzuzurechnen, und gleichzeitig wäre ihr Wert beim Vermögen des Empfängers abzuziehen. Der Zugewinnausgleichsanspruch würde also so berechnet, wie wenn die Zuwendung nicht geschehen wäre. Hat z.B. der Ehemann bei beiderseitigem Anfangsvermögen Null von seinem Zugewinn von 80 000,- DM der Ehefrau 20 000,- DM zugewendet und hat diese selbst keinen Zugewinn erzielt, so betragen die tatsächlichen Endvermögen beim Mann 60 000,- DM, bei der Frau 20 000,- DM. Nach Zu- und Abrechnung beträgt das Mannesvermögen 80 000,- DM, das der Frau Null, der Ausgleichsanspruch der Frau also 40 000,- DM. Eine Anrechnung der Zuwendung nach § 1380 BGB erfolgt nicht, weshalb die Frau im Ergebnis 60 000,- DM, der Mann lediglich 20 000,- DM hätte. Zusätzlich zum vollen Zugewinnausgleichsanspruch, wie er bestünde wenn die Zuwendung nicht gemacht worden wäre, könnte die Frau also noch die Zuwendung voll behalten. Diese Lösung begünstigt den Zuwendungsempfänger übermäßig und entspricht nicht dem Willen der Beteiligten.

207   Die **zweite Möglichkeit** wäre, vom tatsächlichen Stand der Endvermögen auszugehen und ohne Heranziehung von § 1380 BGB den Zugewinnausgleichsanspruch zu berechnen. In unserem Fall hätte bei den tatsächlichen Endvermögen 60 000,-/ 20 000,- DM die Frau einen Zugewinnausgleichsanspruch von 20 000,- DM. Dasselbe Ergebnis würde hier folgen, wenn die Zuwendung mit Anrechnungsbestimmung gemacht worden wäre. Nach Berichtigung der Endvermögen über § 1380 Abs. 2 S.1 BGB würden diese 80 000,- DM/Null. Auf den Ausgleichsanspruch von 40 000,- DM müßte die Frau sich den Zuwendungswert von 20 000,- DM anrechnen lassen, hätte also wiederum einen Zugewinnausgleichsanspruch von 20 000,- DM. Anders wäre das Ergebnis hier, wenn die Frau die Zuwendung verbraucht hätte oder diese in ihrem Vermögen durch verlorenes Anfangsvermögen oder Ver-

---

[55] Das Berechnungsbeispiel von *Grünewald* NJW 1988, 110/112 rechts oben ist untypisch, weil die Frau mehr Vermögen verliert als den Wert der Zuwendung.
[56] WM 1982, 946/953.

§ 3. Die Rückabwicklung von Ehegattenzuwendungen

bindlichkeiten neutralisiert würde. Hier würde die Anwendung von § 1380 BGB zu einem Ausgleichsanspruch von 20 000,- DM, die Nichtanwendung auf der Basis der tatsächlichen Endvermögen von 60 000,- DM/Null zu einem Ausgleichsanspruch von 30 000,- DM führen. Die Nichtanrechnungsbestimmung würde den Zuwendungsempfänger also nur dann begünstigen, wenn sich der Wert der Zuwendung in seinem Vermögen nicht mehr auswirken würde. *Rauscher*[57] bezeichnet dies als ungereimtes Ergebnis, *Grünewald*[58] als angemessen, weil sich die Nichtanrechnungsbestimmung dann in ihrer Wirkung darin erschöpfe, daß dem Zuwendenden durch sie die Werterhaltungsfunktion des § 1380 BGB nicht zugute komme. Für den Zuwendungsempfänger habe die Nichtanrechnungsbestimmung nur eine auf den Verbrauchs- oder Neutralisierungsfall begrenzte Privilegierungsfunktion.

Überwiegend[59] wird die **dritte Berechnungsart** befürwortet, die so vorgeht, daß 208 von den tatsächlichen Endvermögen ausgegangen wird und zur Zugewinnausgleichsberechnung beim Endvermögen des Zuwendungsempfängers der Wert der Zuwendung abgezogen wird, da dieser nach dem Willen des Zuwendenden auf den Zugewinnausgleichsanspruch gerade nicht angerechnet werden soll. Im Beispielsfall des nach vorhandenen Zuwendungswertes im Empfängervermögen wäre von den tatsächlichen Endvermögen 60 000,- DM/20 000,- DM auszugehen, der Zuwendungswert vom Endvermögen der Frau abzuziehen, damit berichtigte Endvermögen 60 000,- DM/Null, was zu einem Ausgleichsanspruch der Frau von 30 000,- DM führen würde. Durch die Nichtanrechnungsbestimmung wird bei dieser Berechnungsweise damit der Zuwendungsempfänger auch dann privilegiert, wenn er die Zuwendung nicht verbraucht oder wenn die Zuwendung in seinem Vermögen nicht durch verlorenes Anfangsvermögen neutralisiert wird. Dies ist das allein interessengerechte Ergebnis. Der Zuwendungsempfänger wird auch dann privilegiert, wenn er sein Vermögen anständig verwaltet. Der Zuwendende seinerseits hat durch die Nichtanrechnungsbestimmung darauf verzichtet, daß sich die Zuwendung im Vermögen des Empfängers bei der Berechnung von dessen ausgleichspflichtigem Vermögen werterhöhend und damit den Ausgleichsanspruch mindernd auswirkt. Zur Neutralisierung des Zuwendungswerts im Vermögen des Empfängers bedarf es der Anwendung von § 1374 Abs. 2 BGB[60] nicht. Vielmehr folgt der rechnerische Abzug des Zuwendungswerts direkt aus der Nichtanrechnungsbestimmung.[61] Es handelt sich hier auch nicht um eine dingliche Herausnahme des Zuwendungsgegenstandes aus dem Zugewinnausgleich mit Ehevertragscharakter,[62] sondern um die allein angemessene Zugewinnausgleichsberechnung bei Nichtanrechnungsbestimmung.

VI. Dingliche Rückforderung der Zuwendung?

1. Grundsätzlicher Vorrang des Zugewinnausgleichs

Bei der **Rückabwicklung von unbenannten Zuwendungen** nach Beendigung des 209 Güterstandes schließen die Regeln des gesetzlichen Zugewinnausgleichs nach der

---

[57] AcP 186, 529/567.
[58] NJW 1988, 109/111.
[59] *Reinicke/Tiedtke* aaO; *Göppinger* Vereinbarungen Rdn. 521a; *Rauscher* aaO; *Langenfeld* Vorauflage Rdn. 311 ff.
[60] So *Rauscher* aaO.
[61] *Reinicke/Tiedtke* aaO.
[62] So das Bedenken von *Grünewald* aaO.

Rechtsprechung des BGH[63] alle anderen Anspruchsgrundlagen aus, insbesondere regelmäßig auch die dingliche Rückforderung wegen Wegfalls der Geschäftsgrundlage, § 242 BGB. Diese Rechtsprechung ist dogmatisch richtig und führt zu praktikablen Ergebnissen. Unbenannte Zuwendungen dienen der Verwirklichung bestimmter ehebedingter Zwecke und haben ihre Geschäftsgrundlage im Bestehen der Ehe. Die Ehescheidung als Wegfall der Geschäftsgrundlage der Zuwendung anzusehen, wird den gemeinsamen Vorstellungen der Eheleute und dem besonderen familienrechtlichen Charakter derartiger Zuwendungen gerecht. Der gesetzliche Zugewinnausgleich regelt die Vermögensauseinandersetzung anläßlich der Ehescheidung im Interesse einer praktikablen Abwicklung bewußt vereinfachend und pauschalierend im Sinne der wertmäßigen Halbteilung des ehelichen Zugewinns. Die Eheleute haben die Möglichkeit, das Schicksal einzelner Zuwendungen zu regeln, indem sie den Zugewinnausgleich ehevertraglich modifizieren und daneben oder darüber hinaus noch bei den einzelnen Zuwendungen Rückforderungsrechte vertraglich vereinbaren.[64] Tun sie dies nicht, so akzeptieren sie, daß die Zuwendung in das pauschalierende Rechenwerk des Zugewinnausgleichs eingeht und dort nach den Grundsätzen des § 1380 BGB behandelt wird, ohne darüber hinaus eine Sonderbehandlung zu erfahren.

210 Das Funktionieren des gesetzlichen Zugewinnausgleichs setzt geradezu voraus, daß nach den vielfältigen Motivationen und Zufälligkeiten der dinglichen Vermögensverteilung in der Ehezeit nicht gefragt wird, sondern über eine vereinfachende Rechenoperation ein wertmäßiger hälftiger Ausgleich des ehezeitlichen Zuerwerbs ohne gezielten Eingriff in die dingliche Rechtslage erreicht wird. Eine dingliche Rückabwicklung einzelner Zuwendungen über § 242 BGB wird deshalb vom BGH zu Recht grundsätzlich versagt.[65] Sie kann nur im **Ausnahmefall extrem ungerechter dinglicher Vermögensverteilung** als Vorstufe des dann auf der Grundlage der dinglichen Rechtslage nach Rückabwicklung stattfindenden Zugewinnausgleichs in Betracht kommen. Der vom BGH postulierte Vorrang des Güterrechts vor der Rückabwicklung auf schuldrechtlicher Grundlage dient der Einschränkung der dinglichen Vermögenskorrektur zugunsten des vom Gesetz gewollten wertmäßigen Ausgleichs. Der Vorwurf,[66] die Zugewinngemeinschaft werde unzulässigerweise verdinglicht, geht fehl.

2. Rückforderung wegen Wegfalls der Geschäftsgrundlage

211 Die ausnahmsweise dingliche Korrektur über die Grundsätze des Wegfalls der Geschäftsgrundlage bei wertmäßigem Ausgleich dann, wenn der gesetzliche Zugewinnausgleich im Einzelfall zu einem untragbaren Ergebnis führt, entspricht der Korrekturfunktion des § 242 BGB und ist insofern zulässig.[67] Diese **Korrektur muß der Ausnahmefall** sein, um der Gefahr der Einzelfallgerechtigkeit bei Aufgabe der Rechtssicherheit[68] zu entgehen. Sie darf nicht zur Billigkeitsjustiz,[69] zur Anwendungsbeliebigkeit und Prognoseunfähigkeit der Rechtsanwendungsentscheidungen[70] führen. Dies kann nur durch **Fallgruppenbildung** erreicht werden.

---

[63] Vgl. Rdn. 184 ff.
[64] Vgl. Rdn. 890 ff.
[65] So auch *Schwab* FamRZ 1984, 525/533 f.
[66] *Rauscher* AcP 186, 529/542.
[67] A. A. *Rauscher* AcP 529/547.
[68] Zu Recht warnend *Holzhauer* JuS 1983, 830/836.
[69] *Gernhuber*, Familienrecht, S. 210 Fn. 13.
[70] *Joost* JZ 1985, 10/12.

3. Keine Rückabwicklung über Bereicherungsrecht

Der BGH lehnt die Rückabwicklung der unbenannten Ehegattenzuwendungen 212
über **Bereicherungsrecht** ab. Dem ist zuzustimmen.[71] Die condictio ob causam finitam des § 812 Abs. 1 S. 2 Alt. 1 BGB scheidet aus, da die Ehe als solche nicht Rechtsgrund der Zuwendung sein kann, weil das Eherecht zu der einzelnen Zuwendung nicht verpflichtet. Die condictio ob rem des § 812 Abs. 1 S. 2 Alt. 2 BGB ist nicht möglich, weil Zweck der Ehegattenzuwendung nicht der Fortbestand der Ehe als solcher ist, sondern ein einzelner Erfolg im Rahmen der Verwirklichung der ehelichen Lebensgemeinschaft, etwa die Schaffung eines Familienheims. Dieser Zweck wird durch die Zuwendung erreicht oder gefördert, während die Ehescheidung nur zum Wegfall der Geschäftsgrundlage der Zuwendung führt. Hinzu kommen dogmatische Einwände gegen den § 812 Abs. 1 S. 2 BGB insgesamt als eigenen Bereicherungstatbestand. Richtiger Ansicht nach geht § 812 Abs. 1 Satz 2 Alt. 1 BGB im allgemeinen Bereicherungstatbestand des § 812 Abs. 1 S. 1 BGB auf.[72] § 812 Abs. 1 S. 2 Alt. 2 BGB ist als „historisches Überbleibsel", als „Fremdkörper im modernen Bereicherungsrecht"[73] anzusehen. Insgesamt hat das Bereicherungsrecht den Nachteil, daß es über das Bestehen des rechtlichen Grundes nichts aussagt, sondern lediglich ein technisches Rückabwicklungsrecht ohne eigenen Wertungsgehalt ist.[74] Dagegen hat die Lösung über § 242 BGB den Vorteil, daß sie eine wertende Zumutbarkeitsprüfung bei der Zulassung der Rückforderung erforderlich macht.[75]

Nun kann man dem Bereicherungsrecht inhaltliche Kriterien zuordnen, wenn 213
man es nur bei **Zweckverfehlung** anwendet.[76] Dann besteht aber wieder die Schwierigkeit, diesen Zweck zu ermitteln und ihn nicht nachträglich zu unterstellen, damit bei Zweckverfehlung eine Rückabwicklung erfolgen kann.

Hepting[77] schlägt vor, den „**Geschäftszweck Ehe**" der unbenannten Zuwendung 214
als „causa minor" zuzuordnen, bei deren Wegfall dann Bereicherungsrecht zur Anwendung kommen soll. Die Rückgabe von Zuwendungen, deren Zweck bereits erreicht ist, kann damit aber nicht bewirkt werden.[78] Bei unbenannten Zuwendungen etwa zum Erwerb oder zur Errichtung des Familienheims ist die sofortige Zweckerreichung die Regel. Derartige Zuwendungen könnten dann nicht über das Bereicherungsrecht rückabgewickelt werden, wenn die Ehe scheitert. Die Lösung des BGH über § 242 BGB führt also zu einem größeren und variableren Anwendungsbereich.

Lipp[79] will die Rückforderung unbenannter Zuwendungen auf der Grundlage der 215
condictio ob rem des § 812 Abs. 1 S. 2 Alt. 2 BGB zulassen. Dieser Bereicherungstatbestand, der die Rückabwicklung nicht erzwingbarer Leistungen regele, biete sich bei ehebedingten Zuwendungen nach Auflösung der Ehe an. Zweck der Zuwendung sei nicht der einzelne Erfolg, wie etwa die Errichtung des Familienheims, sondern die Verwirklichung der ehelichen Lebensgemeinschaft in gegenseitigem Einvernehmen. Bei Scheitern der Ehe sei die Rückabwicklung über die condictio ob rem möglich. Neben den erwähnten grundsätzlichen Bedenken gegen die condictio

---

[71] Ebenso *Reinicke/Tiedtke* WM 1982, 946; *Rauscher* AcP 186, 529/536 f.
[72] MünchKomm/*Lieb* § 812 Rdn. 140.
[73] *V. Caemmerer*, Gesammelte Schriften I, 1968, 222 f.
[74] *V. Caemmerer* aaO, S. 219.
[75] *Henrich* FamRZ 1975, 533/537; *Rauscher* AcP 186, 529/540 f.
[76] *Joost* JZ 1985, 10/15.
[77] S. 319 ff.
[78] *Hepting*, S. 430.
[79] Die ehelichen Pflichten und ihre Verletzung, 1988, S. 152 ff.

ob rem begegnet diese Lösung vor allem dem Einwand, daß sie die Rückabwicklung von Ehegattenzuwendungen, soweit der Empfänger noch bereichert ist, zum Regelfall macht. Dies hätte in der Praxis zur Folge, daß sich die Ehegatten neben dem Zugewinnausgleichsverfahren noch mit gegenseitigen Kondiktionsklagen überziehen könnten. Der von vielen Autoren befürchteten Rechtsunsicherheit[80] wäre Tür und Tor geöffnet. Demgegenüber hat die Ablehnung des Bereicherungsrechts für die Rückabwicklung von Ehegattenzuwendungen und die Lösung über den Wegfall der Geschäftsgrundlage den Vorzug, daß man die Rückabwicklungsfälle wertend auf Ausnahmefälle bei extrem ungerechter Vermögensverteilung beschränken kann.

216   Auch gegenüber dem Argument der Praktikabilität hält *Lipp*[81] an seiner Meinung fest, die unbenannte Zuwendung sei bei Scheidung nach § 812 Abs. 1 Satz 2 Halbsatz 2 kondizierbar. Zweck der unbenannten Zuwendung sei die Verwirklichung der ehelichen Lebensgemeinschaft, der jeweilige konkrete Einzelzweck wie etwa die Schaffung des Familienheims sei nur Mittel zum Zweck. Lipp will[82] dann aber wohl die Fälle des vorzeitigen Zugewinnausgleichs von der Kondiktionsmöglichkeit ausnehmen, wobei er das Miteigentum am Familienheim als Konsequenz familienrechtlicher Gleichrangigkeit auch unterschiedlicher Vermögensbeiträge, nicht als ausgleichspflichtige Zuwendung ansieht. Hier wird die Abgrenzung ebenso willkürlich wie bei der Spezialitätslehre des BGH. Der BGH seinerseits sollte die Auffassung vom Vorrang des Zugewinnausgleichs vor den schuldrechtlichen Anspruchsgrundlagen besser durchhalten, insbesondere gegenüber dem Gesamtschuldnerausgleich und gegenüber § 242 BGB.[83]

4. Keine Rückabwicklung über Gesellschaftsrecht

217   Wie dargestellt[84] geht der BGH davon aus, dass die Ehescheidung zum Wegfall der Geschäftsgrundlage ehebedingter Zuwendungen führt und dann die Sonderregeln des Zugewinnausgleichs zur Anwendung kommen. Im Ausnahmefall der groben Unbilligkeit der Beibehaltung der dinglichen Rechtsverteilung, wie sie durch die Ehegattenzuwendung hergestellt wurde, schaltet der BGH in Anwendung von § 242 BGB eine dingliche Rückabwicklung vor, auf deren Grundlage dann der Zugewinnausgleich stattfindet.[85] Mit diesen Instrumenten kann im gesetzlichen Güterstand ein befriedigender Vermögensausgleich erreicht werden. Dies gilt auch für die Fälle, in denen die Ehegatten über den Bereich sowohl des Familienunterhalts wie der ehebedingten Zuwendungen hinaus gemeinsam Vermögenswerte geschaffen haben, die ihnen ihrer Vorstellung nach gemeinsam zustehen sollen, bei denen aber nur ein Ehegatte dinglich berechtigt wurde. Derartige Fälle gemeinsamer Vermögensbildung löst der BGH bei Gütertrennung jetzt über die Anwendung der Regeln der Ehegatteninnengesellschaft.[86] Dies hat im Rahmen der Gütertrennung, bei der das Gesetz keinen familienrechtlichen Ausgleich vorsieht und bei der insbesondere ein gesetzlicher Zugewinnausgleich nicht stattfindet, seine Berechtigung. Im gesetzlichen Güterstand wird auch eine derartige außerordentliche, über die normale eheliche Vermögensbildung hinausgehende Wertschöpfung vom Zugewinnausgleich erfasst und in Geld hälftig ausgeglichen, wenn die dingliche Zuordnung nur oder überwiegend zugunsten eines Ehegatten erfolgte.

---

[80] Vgl. Rdn. 421.
[81] JuS 1993, 96, dort insbes. Fn. 109.
[82] AaO S. 96 Ziff. VI, 3 zweitens.
[83] So auch *Tiedtke* JZ 1992, 334, 337. Gegen *Lipp* auch *Jaeger* DNotZ 1991, 431/451.
[84] Rdn. 184 ff.
[85] Rdn. 184 ff.
[86] Dazu Rdn. 1025 ff.

§ 3. Die Rückabwicklung von Ehegattenzuwendungen

Es kann also im Bereich des gesetzlichen Güterstandes bei der Rechtsprechung des BGH verbleiben, nach der ein Rückgriff auf die Ehegatteninnengesellschaft systemwidrig und überflüssig ist.[87] Die Einordnung des gesamten Vermögensausgleichs nur in den Zugewinnausgleich ermöglicht auch die problemlose Lösung von Beiträgen aus Anfangsvermögen oder privilegiertem Erwerb im Sinne von § 1374 BGB. Bei Annahme einer Ehegatteninnengesellschaft müssten diese Probleme über die Quotierung der Beteiligung am fiktiven Gesamthandsvermögen gelöst werden.

---

[87] BGH FamRZ 1972, 362; FamRZ 1974, 592 = NJW 1974, 2045; FamRZ 1975, 35; FamRZ 1982, 910 = NJW 1982, 2236; FamRZ 1987, 907 = NJW-RR 1988, 260.

§ 4. Die Rückabwicklung von Ehegattenzuwendungen bei Gütertrennung

I. Korrektur und Ausgleich nur im Ausnahmefall

218 Wie im gesetzlichen Güterstand fällt auch bei Gütertrennung durch die Scheidung die Geschäftsgrundlage der ehebedingten Zuwendungen weg.[1] Die entstehende Regelungslücke wird hier nicht durch die spezialgesetzliche Regelung des Zugewinnausgleichs geschlossen, wie dies im gesetzlichen Güterstand geschieht. Nach der traditionellen Auffassung von der Gütertrennung ist dies auch gewollt. Ehegatten, die Gütertrennung vereinbaren, wollen keine Korrektur im Scheidungsfall, sondern wissen, dass Zuwendungen ohne Rückforderungsklausel für den Scheidungsfall dem anderen Ehegatten endgültig verbleiben. Der BGH hat allerdings in dieses gesetzliche und auch so gewollte Modell Unsicherheit gebracht, in dem er auch bei Gütertrennung eine Korrektur der dinglichen Rechtsverteilung oder einen Ausgleich in Geld dann zugelassen hat, wenn die Beibehaltung der Vermögensverteilung für einen Ehegatten extrem ungerecht ist.[2] Ob der Zuwendende die ehebedingte Zuwendung gegenständlich oder wertmäßig ganz oder mindestens zum Teil zurückverlangen kann, hängt nach dieser Rechtsprechung des BGH „von den besonderen Umständen des Einzelfalles, insbesondere der Dauer der Ehe, dem Alter der Parteien, Art und Umfang der erbrachten Leistungen, der Höhe der dadurch bedingte und noch vorhandenen Vermögensmehrung und von ihren Einkommens- und Vermögensverhältnissen überhaupt ab".

Die Gütertrennung ist damit, was die gerade bei ihr so wichtigen und typischen ehebedingten Zuwendung betrifft, von einem sicheren zu einem unsicheren Güterstand geworden. Der Preis für die Gerechtigkeit des Einzelfalles besteht in der Aufgabe der Rechtssicherheit.[3] Da die Geschäftsgrundlage zur vertraglichen Disposition der Beteiligten steht, empfiehlt es sich, im Vertrag der Gütertrennung ausdrücklich zu regeln, dass eine Rückforderung ehebedingter Zuwendungen nur möglich ist, wenn sie bei der Zuwendung ausdrücklich vorbehalten wurde.[4]

II. Ehegatteninnengesellschaft bei Vermögensbildung über den Bereich ehebedingter Zuwendungen hinaus

219 Bei der Gütertrennungsehe hat der BGH in seinem Urteil vom 30. 6. 1999[5] in einem Fall auf die Ehegatteninnengesellschaft zurückgegriffen, in dem die Ehegatten über den Bereich des Familienunterhalts und den anschließenden Bereich ehebedingter Zuwendungen Vermögensbildung in außerordentlichem Umfang betrieben hatten.

Die Ehegatten hatten Gütertrennung vereinbart und im Laufe einer jahrzehntelangen Ehe nach und nach erheblichen Grundbesitz erworben, dies aus verschiedenen Gründen zum Alleineigentum der Ehefrau. Nach Scheidung der Ehe machte der Ehemann einen Vermögensausgleich geltend. Der BGH sah sich insbesondere auch in Würdigung der Entscheidung der Vorinstanz veranlasst, für diese Fallgruppe auf die Innengesellschaft zurückzugreifen.

---

[1] Vgl. Rdn. 184 ff.
[2] BGH NJW 1982, 2236.
[3] *Tiedtke* DNotZ 1983, 161/165.
[4] Vgl. Rdn. 1010.
[5] BGH NJW 1999, 2962.

§ 4. Die Rückabwicklung von Ehegattenzuwendungen bei Gütertrennung

Das Urteil hat grundlegende Bedeutung, der der BGH durch lehrbuchmäßig strukturierte Urteilsgründe Rechnung trägt. Das OLG Schleswig als Vorinstanz war von der ständigen Rechtsprechung des BGH zum Ausgleich ehebezogener Geld- und Arbeitsleistungen auf das Familienheim in der Gütertrennungsehe ausgegangen.[6] Grundlage dieser Entscheidungen wie der Rechtsprechung zu den ehebezogenen Zuwendungen überhaupt war und ist die richtige und grundsätzlich praktikable Auffassung des BGH, dass die Ehescheidung nicht den Rechtsgrund unbenannter ehebedingter Vermögenszuwendungen und nicht als Unterhalt geschuldeter Arbeitsleistungen entfallen lässt, sondern deren Vertragsgrundlage mit der Folge, dass im gesetzlichen Güterstand die Regeln des Zugewinnausgleichs als ausschließliche Spezialregelung zur Anwendung kommen, bei Gütertrennung dagegen kein Ausgleich erfolgt, wenn nicht bei grober Unbilligkeit die Zubilligung eines Ausgleichsanspruchs nach Treu und Glauben zwingend erscheint.

Diese Rechtsprechung hat Schwächen im Bereich der Gütertrennungsehe, weil sie den bis dahin sicheren, da jeden Vermögensausgleich ausschließenden Güterstand der Gütertrennung zu einem unsicheren, da richterlicher Billigkeitsentscheidung ausgelieferten Güterstand machte, was zu der Ehevertragsgestaltung Anlass gab, die Rückforderung ehebezogener Zuwendungen ehevertraglich auszuschließen, soweit nicht bei der jeweiligen Zuwendung die Rückforderung durch Scheidungsklausel ausdrücklich geregelt wurde.

Zu welchen kaum noch nachvollziehbaren Billigkeitsentscheidungen des Richters die Festsetzung eines Ausgleichsanspruchs in diesen Fällen führen kann, verdeutlicht die Rechnung des OLG Schleswig.[7] Das OLG rechnet den Finanzierungsanteil des Nichteigentümer-Ehemannes am Erwerb des ersten Hausgrundstücks hoch und gelangt zu einem Gesamtanteil an dem nach und nach zum Alleineigentum der Ehefrau erworbenen Grundbesitz von etwa einer Million DM. Hiervon zieht es Schulden des Ehemannes ab und vermindert den Restbetrag unter Berücksichtigung der Ehedauer und der Einkommens- und Vermögensverhältnisse der Ehegatten um die Hälfte. Eine weitere hälftige Reduzierung um die Hälfte nimmt es in analoger Anwendung von § 1579 Nr. 2 BGB deshalb vor, weil der Ehemann die Ehefrau fortgesetzt schwer beleidigt, verleumdet und misshandelt habe. Schließlich nimmt es eine weitere „Billigkeitskorrektur" durch Kürzung um ein weiteres Zehntel vor, weil die Erbin des Ehemannes jetzt den Anspruch geltend macht. So kommt das OLG schließlich zu einem Ausgleichsanspruch von etwa 175 000,00 DM. Der BGH hatte, was wohl evident ist, jeden Anlass, künftige Billigkeitsjudikatur dieser Art zu stoppen und nach festerem dogmatischem Boden für die künftige Lösung derartiger Fälle zu suchen. Dies ist ihm, was vorweggenommen werden soll, gelungen. 220

Der BGH kehrt für die Lösung der Fälle überobligationsmäßiger gemeinsamer Vermögensbildung in der Gütertrennungsehe zum Alleineigentum eines Ehegatten zur Heranziehung der Ehegatteninnengesellschaft zurück, die er anlässlich der Entwicklung der Grundsätze der ehebezogenen Zuwendung zunächst aufgegeben hatte. Es gilt angesichts dessen, den Bereich der Ehegatteninnengesellschaft entsprechend den detaillierten Ausführungen des BGH einzugrenzen, um Missverständnissen in der künftigen Gerichtspraxis vorzubeugen. 220a

Hierzu ist festzustellen, dass die Heranziehung der Ehegatteninnengesellschaft erst dann in Frage kommt, wenn folgende Negativvoraussetzungen sämtlich vorliegen:
– Das Ehegüterrecht gewährleistet keine befriedigende Lösung. Diese Folge kann „insbesondere" bei der Gütertrennung auftreten, wenn eine Beibehaltung der

---
[6] BGHZ 84, 361; 127, 48.
[7] Vgl. die Urteilsgründe BGH NJW 1999, 2962.

formalen Zuordnung der in der Ehe geschaffenen Vermögenswerte zum Vermögen eines Ehegatten angesichts der finanziellen Beiträge und/oder über das eheübliche Maß hinausgehenden Arbeitsleistungen des anderen Ehegatten unbillig erscheint.
- Es liegt keine bewusste und gezielte Vermehrung des Privatvermögens nur des anderen Ehegatten vor, dem die so geschaffenen Vermögenswerte nach dem übereinstimmenden Willen der Eheleute rechtlich und wirtschaftlich allein verbleiben sollen.
- Eine ausdrückliche Abrede über einen Vermögensausgleich für den Fall der Scheidung ist nicht getroffen.

In allen Fällen, in denen eine der vorstehenden Voraussetzungen gegeben ist, scheidet die Anwendung der Regelungen der Innengesellschaft aus. Nur wenn die obigen Negativvoraussetzungen allesamt vorliegen, kommt die Anwendung der §§ 722, 730 ff. BGB in Betracht.

220b Eine Abgrenzung hat dann weiter zu den Fällen zu erfolgen, die nach den Grundsätzen des Wegfalls der Geschäftsgrundlage bei Rückabwicklung ehebezogener Zuwendungen zu lösen sind. Hier betont der BGH, dass auf die Rechtsfigur der ehebezogenen Zuwendung zurückzugreifen ist und ein Ausgleich nach den Regeln des Wegfalls der Geschäftsgrundlage durchzuführen ist, wenn ein Ehegatte dem anderen einen Vermögenswert um der Ehe willen und als Beitrag zur Verwirklichung und Ausgestaltung, Erhaltung oder Sicherung der ehelichen Lebensgemeinschaft zukommen lässt, wobei er die Vorstellung oder Erwartung hegt, dass die eheliche Lebensgemeinschaft Bestand haben und er innerhalb dieser Gemeinschaft am Vermögenswert und dessen Früchten weiter teilhaben werde. Darin liegt die Geschäftsgrundlage der Zuwendung. Hierzu gehören nach der ausdrücklichen Feststellung des BGH auch Zuwendungen, die ein Ehegatte dem anderen im Interesse einer haftungsmäßig günstigeren Organisation des Familienvermögens macht, um es dem Zugriff von Gläubigern zu entziehen.[8]

221 Aus einem derartigen ehebezogenen Rechtsgeschäft eigener Art können sich insbesondere in der Gütertrennungsehe, bei der für die Rückabwicklung die Regeln des Zugewinnausgleichs nicht zur Verfügung stehen, nach Scheitern der Ehe über den Wegfall der Geschäftsgrundlage Ausgleichsansprüche ergeben, wenn die Beibehaltung der durch die Zuwendung herbeigeführten Vermögenslage dem benachteiligten Ehegatten nicht zumutbar ist. Die ehebezogene über den Familienunterhalt hinausgehende Vermögensmehrung kann auch in Arbeitsleistungen bestehen, was der BGH als ehebezogenen Vertrag eigener Art (Kooperationsvertrag) qualifiziert und wie die ehebezogene Zuwendung behandelt. Grundfälle waren und sind die Fälle der Schaffung eines Familienheims als Basis für die Führung der Ehe. Scheitert die Ehe, so hat ein Billigkeitsausgleich regelmäßig in Geld unter Berücksichtigung aller Einzelfallumstände zu erfolgen, z.B. der Ehedauer, der Frage, wie lange und mit welchem Erfolg die Zuwendung ihrem Zweck gedient hat, des Alters der Ehegatten, der Art und des Umfangs der vom Zuwendungsempfänger innerhalb seines Aufgabenbereichs erbrachten Leistungen, des Einsatzes eigenen Vermögens, der Höhe der noch vorhandenen Vermögensmehrung und des dem Zuwendenden verbleibenden Vermögens. Mehrere ehebezogenen Zuwendungen werden jeweils einzeln gewürdigt.

221a Nach den zutreffenden Ausführungen des BGH im vorliegenden Urteil beginnt der Bereich der Ehegatteninnengesellschaft erst dort, wo dieser Bereich der ehebe-

---

[8] Zu diesem Typ der ehebezogenen Zuwendung Langenfeld, DNotZ-Sonderheft 1985, 177; *Langenfeld*, Grundstückszuwendungen im Zivil- und Steuerrecht, 4. Auflage 1999, Rn. 688.

zogenen Zuwendung überschritten wird. Zur Heranziehung der Regeln der Innengesellschaft ist damit erforderlich:
- Der Zweck des Zusammenwirkens der Eheleute geht über den Einsatz von Vermögen und Arbeit nur in dem Bestreben, die Voraussetzungen für die Verwirklichung der ehelichen Lebensgemeinschaft etwa durch den Bau eines Familienheims zu schaffen, hinaus.
- Ein derartiger eheüberschreitender Zweck ist die Vermögensbildung als solche.
- Die Vermögensbildung erfolgt zur Alleinberechtigung oder zum Alleineigentum lediglich eines Ehegatten, wobei dem als Motiv nicht ein Geben um der Ehe willen zugrunde liegt, sondern sich die Vermögensverteilung entweder aus einer Verkennung der dinglichen Zuordnung in der Weise ergibt, dass man irrig von einer gemeinsamen Wertschöpfung ausgeht, oder aus dem Bestreben, das Vermögen aus Haftungsgründen nur auf einen Ehegatten zu verlagern. Erforderlich ist die Vorstellung der Ehegatten, dass die Gegenstände auch bei erkannter oder nicht erkannter formal-dinglicher Zuordnung zum Alleinvermögen eines Ehegatten wirtschaftlich beiden gehören sollen.
- Es liegt eine gleichberechtigte Mitarbeit bzw. Beteiligung beider Ehegatten vor, wobei allerdings die Gleichordnung nicht im Sinne einer Gleichwertigkeit, also etwa in Form gleichhoher oder gleichartiger Beiträge an Finanzierungsmitteln oder sonstigen Leistungen zu verstehen ist.
- Nicht erforderlich ist, dass die Ehegatten ihr zweckgerichtetes Zusammenwirken bewusst als gesellschaftsrechtliche Beziehung qualifizieren. Der BGH verlangt dabei über die rein faktische Willensübereinstimmung hinaus einen zumindest schlüssig zustandegekommenen Vertrag, der dann angenommen werden kann, wenn die Ehegatten mit der Vermögensbildung einen über die bloße Verwirklichung der ehelichen Lebensgemeinschaft hinausgehenden Zweck verfolgen, dies in der Vorstellung, dass das gemeinsam geschaffene Vermögen wirtschaftlich betrachtet nicht nur dem formal berechtigten, sondern auch dem anderen Ehegatten zustehen soll. Indizien hierfür ergeben sich z. B. aus Planung, Umfang und Dauer der Vermögensbildung und Absprachen über die Verwendung und Wiederanlage erzielter Erträge.

Der BGH betont, dass es bei der Heranziehung der Regelungen der Innengesellschaft in diesen Fällen nicht um die Schaffung eines neuen Gesellschaftstyps geht, sondern um die Schließung einer Regelungslücke durch Analogie, wenn weder das Schuldrecht noch das Familienrecht zu angemessenen Ausgleichslösungen führen. Eine derartige Fallgestaltung sieht der BGH mit vollem Recht als gegeben an, wenn sich die Ehegatten nicht nur in den Dienst eines ehebezogenen Einzelprojekts gestellt haben, sondern über Jahre hinweg mit unterschiedlichen Mitteln und Leistungen zum Erwerb eines Vermögens beigetragen haben. Der Vorteil der Anwendung der §§ 722, 730 ff. BGB liegt dann darin, dass nicht über Jahre hinweg alle Vermögensverschiebungen zurückzuverfolgen sind, sondern ein Gesamtausgleich im Zweifel unter Zugrundelegung einer gleichen Beteiligung der Ehegattengesellschafter an dem erworbenen Vermögen erfolgt. Der Ausgleichsanspruch besteht in der Form eines schuldrechtlichen Anspruchs auf Zahlung des Auseinandersetzungsguthabens auf den Stichtag der Trennung der Ehegatten, der die gemeinsame Vermögensbildung beendet hat. 221b

Es ist dem BGH gelungen, diese Fälle der gemeinsamen Vermögensmehrung außerhalb des Bereichs der Verfolgung typisch ehebedingter Zwecke wie der Schaffung eines Familienheims damit einer praktikablen Lösung zuzuführen. Aufgabe der Kautelarjurisprudenz ist es, diese gemeinsame Zweckverfolgung auf eine ausdrückliche vertragliche Grundlage zu stellen. Liegt etwa der Fall so, dass die Ehegatten den Erwerb der Grundstücke aus Haftungsgründen immer zum Alleineigen- 222 tum nur eines Ehegatten vornehmen, so kann entweder bei jedem Grundstückserwerb ein Erwerbsrecht des anderen Ehegatten hinsichtlich eines hälftigen Miteigentumsanteils für den Fall der Scheidung in der notariellen Urkunde vereinbart werden, oder es kann ein ausdrücklicher Vertrag über eine Innengesellschaft bürgerlichen Rechts abgeschlossen werden, in dem die Beteiligungsquoten und gegebenenfalls auch die Modalitäten der Auseinandersetzung bei Scheidung geregelt werden. Voraussetzung ist natürlich, dass sich die Ehegatten dem Kautelarjuristen, etwa ihrem Anwalt oder Notar, insofern offenbaren, oder der für alle Beurkundungen herangezogene Notar oder der beratende Anwalt die Ehegatten auf die Problematik und die Möglichkeiten vertraglicher Vorsorge hinweist.[9]

---

[9] Vgl. die Formulierungsvorschläge Rn. 1026 ff.

§ 5. Die Ehegattenschenkung

I. Rechtsprechungsgrundsätze zur Ehegattenschenkung

Der BGH geht davon aus, daß Zuwendungen unter Ehegatten in der Regel keine 223
Schenkungen i.S. der §§ 516 ff. BGB, sondern unbenannte ehebedingte Zuwendungen sind. Im Ausnahmefall kann aber auch Schenkung vorliegen.

Ausgehend von der traditionellen, im Wortlaut des § 516 Abs. 1 BGB zum Ausdruck kommenden Definition, daß Schenkung dann vorliegt, wenn beide Teile darüber einig sind, daß die Zuwendung unentgeltlich erfolgt, bestimmt der BGH[1] die Unentgeltlichkeit unter Berücksichtigung des Geschäftszwecks und der Vertragsgrundlage, also nach inhaltlichen Kriterien. Unentgeltlichkeit fehle nicht nur dann, wenn der Zuwendung nach dem Inhalt des Rechtsgeschäfts eine Leistung des Zuwendungsempfängers gegenüber stehe, die zu ihr in einem Gegenseitigkeitsverhältnis steht, sondern auch dann, wenn die Zuwendung rechtlich die Geschäftsgrundlage habe, daß dafür eine Verpflichtung eingegangen oder eine Leistung bewirkt wird. Dabei brauche diese Leistung nicht geldwerter oder vermögensrechtlicher Art zu sein, sie könne auch immateriellen Charakter haben. Hieraus ergebe sich, daß eine Zuwendung unter Ehegatten, der die Vorstellung oder Erwartung zugrunde liege, daß die eheliche Lebensgemeinschaft Bestand haben werde, oder die sonst um der Ehe willen und als Beitrag zur Verwirklichung oder Ausgestaltung, Erhaltung oder Sicherung der ehelichen Lebensgemeinschaft erbracht werde und die darin ihre Geschäftsgrundlage habe, keine Schenkung, sondern eine ehebedingte Zuwendung darstelle. Schenkung scheidet also nach Ansicht des BGH nicht nur dann aus, wenn der Vertragsinhalt des Zuwendungsgeschäfts ehebestimmt ist, sondern auch dann, wenn die Zuwendung auf ehebestimmter Geschäftsgrundlage erfolgt. Ehegattenschenkung kann damit nur vorliegen, wenn das Zuwendungsgeschäft objektiv und subjektiv unentgeltlich ist und seine Geschäftsgrundlage nicht der Bestand der Ehe ist.

Der BGH[2] zitiert auch zustimmend die unten[3] näher erläuterte Auffassung,[4] Schenkung komme nur dann in Frage, wenn es sich um von beiden Ehegatten akzeptierte echte Freigebigkeit ohne spezifisch ehebedingte Gründe handele.

Ziel der Berufung des zuwendenden Ehegatten auf Schenkungsrecht ist regelmä- 224
ßig, über den Schenkungswiderruf wegen groben Undanks nach § 530 BGB die dingliche Rückabwicklung der Zuwendung außerhalb des Zugewinnausgleichs zu erreichen. Der BGH läßt auch bei Berufung auf eheliches Fehlverhalten den Widerruf nach den allgemeinen Grundsätzen zu. Danach setzt eine schwere Verfehlung objektiv ein bestimmtes Muß von Schwere und subjektiv einen erkennbaren Mangel an Dankbarkeit voraus. Die gesamten Umstände des Einzelfalls, also auch die aus der Ehe fließenden besonderen Beziehungen, sind zu würdigen. Berücksichtigt werden muß auch das Verhalten des Schenkers. Es kann die Verfehlungen des Beschenkten zwar nicht schlechthin rechtfertigen, aber in milderem Licht erscheinen lassen. Die von Bosch[5] vertretene Ansicht, nach Wegfall des Verschuldensprinzips könne nur ein exzessives eheliches Fehlverhalten einen Schenkungswiderruf wegen

---

[1] FamRZ 1990, 600 = DNotZ 1991, 492 = NJW-RR 1990, 386 = MittBayNot 1990, 178 m. Anm. *Frank*.
[2] AaO.
[3] Rdn. 228 ff.
[4] *Langenfeld*, DNotZ-Sonderheft 1985, 177.
[5] Festschrift *Beitzke* 1979, 211.

groben Undanks rechtfertigen, lehnt der BGH ab. Soweit eine gegenständliche Rückgewähr der Zuwendung nach § 530 BGB erfolgt, findet im Anschluß an die dingliche Rückabwicklung der Zugewinnausgleich auf der Grundlage der dann bestehenden Vermögenszuordnung statt. Wenn dem Zuwendenden die Rückforderung versagt wird, wird die Ehegattenschenkung wie die unbenannte Zuwendung nach den zu § 1380 BGB entwickelten Grundsätzen behandelt.

225 Dabei kann sich der beschenkte Ehegatte nach Ansicht des BGH nicht darauf berufen, die Zuwendung sei nach § 1374 Abs. 2 BGB seinem Anfangsvermögen hinzuzurechnen und damit wertmäßig dem Zugewinnausgleich entzogen. Wie bei der unbenannten Zuwendung[6] hat der BGH[7] auch für die Ehegattenschenkung entschieden, daß die Anordnung von § 1374 Abs. 2 BGB auf Zuwendungen von dritter Seite beschränkt ist. Die Vorschrift passe nicht auf Zuwendungen zwischen Ehegatten.

II. Privilegierung der Ehegattenschenkung?

226 *Lipp*[8] vertritt mit beachtlichen Argumenten die Meinung, § 1374 Abs. 2 BGB sei auch auf Ehegattenschenkungen anzuwenden. Ohne die Anwendung von § 1374 Abs. 2 BGB werde im Normalfall des Zugewinnausgleichs die Ehegattenschenkung wertmäßig voll rückabgewickelt. Dies folge daraus, daß die Schenkung an den anderen Ehegatten einerseits das Vermögen des Beschenkten vermehre, andererseits aber das ausgleichspflichtige Vermögen des Schenkers entsprechend verringere. Hier liege der Unterschied zur Schenkung aus dem Vermögen eines Dritten.

Im Beispielsfall soll der Zugewinn des Mannes DM 60 000,– betragen, der Zugewinn der Frau DM 20 000,–. Der Mann hatte der Frau eine Schenkung von DM 15 000,– gemacht. Diese hat sein Vermögen von DM 75 000,– auf das tatsächliche Endvermögen von DM 60 000,– verringert und gleichzeitig das Vermögen der Frau von DM 5000,– auf das tatsächliche Endvermögen von DM 20 000,– vermehrt. Nimmt man nun den Zugewinnausgleich ohne Anwendung von §§ 1374 Abs. 2, 1380 vor, so hat die Frau gegen den Mann einen Zugewinnausgleichsanspruch von DM 20 000,–. Sie hat also DM 15 000,– im Wege der Schenkung erhalten und erhält im Zugewinnausgleich DM 20 000,–, insgesamt also DM 35 000,–. Hätte der Mann keine Schenkung gemacht, hätte die Frau einen Zugewinnausgleichsanspruch von DM 35 000,–. Durch die Schenkung hat sie also wertmäßig nichts gewonnen.

Dasselbe Ergebnis folgt aus der Anwendung der Rechtsprechungsgrundsätze des BGH zu § 1380. Nach ihnen ist dem Zugewinn des Mannes von DM 60 000,– der Wert der Schenkung von DM 15 000,– hinzuzuzählen, so daß sich ein Zugewinn des Mannes von DM 75 000,– ergibt. Vom Zugewinn der Frau von DM 20 000,– ist der Wert der Schenkung von DM 15 000,– abzuziehen, so daß sich ein Zugewinn der Frau von DM 5000,– ergibt. Hieraus folgt ein Zugewinnausgleichsanspruch von DM 35 000,– der Frau gegen den Mann, auf den sich die Frau den Wert der Schenkung von DM 15 000,– anrechnen lassen muß, was den Zugewinnausgleichsanspruch auf DM 20 000,– verringert. Sie behält also auch hier die Schenkung von DM 15 000,– und erhält im Zugewinnausgleich DM 20 000,–, insgesamt also DM 35 000,–. Auch hier besteht kein Unterschied zu dem Fall, daß die Schenkung nicht gemacht worden wäre.

Lipp will der Schenkung dadurch eine eigene, nicht mehr umkehrbare Bedeutung verleihen und sie als bewußt einseitige, freiwillige und endgültige Bereicherung des anderen Ehegatten zu dessen privater Verfügung dadurch würdigen, daß er über die Anwendung des § 1374 Abs. 2 BGB dem beschenkten Ehegatten auch die Hälfte des Wertes der Schenkung beläßt, die er sonst wie nach obigen Berechnungsmethoden wieder zurückgeben müßte. Im Beispielsfall würde dies so aussehen, daß von

---

[6] BGHZ 82, 227 = FamRZ 1982, 246 = NJW 1982, 1093.
[7] FamRZ 1987, 791.
[8] JuS 1993, 89.

dem tatsächlichen Endvermögen des Mannes von DM 60 000,- auszugehen ist, bei der Frau die Zuwendung von DM 15 000,- jedoch nach § 1374 Abs. 2 BGB Anfangsvermögen ist, ihr korrigierter Zugewinn also lediglich DM 5000,- beträgt. Die Frau hätte dann gegen den Mann einen Zugewinnausgleichsanspruch von DM 27 500,-. Die DM 7500,- Differenz sind die Hälfte der Zuwendung, die sie behalten darf. Insgesamt hat sie DM 42 500,- erhalten. Durch die Schenkung hat also nach der Berechnung von Lipp sich der Mann um die Hälfte von deren Wert endgültig entäußert. Hierin liegt der Unterschied zu dem Fall, daß er nicht geschenkt hätte.

Hat der schenkende Ehemann bei der Schenkung ausnahmsweise Anrechnung nach § 1380 BGB angeordnet, was nach meiner Auffassung[9] ausscheidet, da Ehegattenschenkung nur bei Nichtanrechnung vorliegen kann, so wird dadurch die Privilegierung nach § 1374 Abs. 2 BGB wieder rückgängig gemacht. Die Anwendung des § 1380 BGB führt dem Ausgleichsverfahren wieder zu, was ihm durch § 1374 Abs. 2 BGB entzogen war. Im Beispielsfall bedeutet dies, daß dem Endvermögen des Mannes nach § 1380 BGB der Wert der Schenkung hinzugerechnet wird, das berichtigte Endvermögen des Mannes also DM 75 000,- beträgt. Beim Endvermögen der Frau ist nach § 1380 BGB nichts abzuziehen, da die Schenkung hier schon nach § 1374 Abs. 2 BGB neutralisiert wurde. Das Endvermögen der Frau ist also DM 5000,-. Auf den sich hieraus ergebenden Zugewinnausgleichsanspruch der Frau von DM 35 000,- wird der Wert der Schenkung mit DM 15 000,- angerechnet, die Frau erhält also im Zugewinnausgleich noch DM 20 000,-. Insgesamt hat sie wieder DM 35 000,- erhalten.

Für das Ergebnis von *Lipp*, im Falle der Schenkung als bewußt einseitiger, freiwilliger und endgültiger Bereicherung des anderen Ehegatten über § 1374 Abs. 2 BGB auch bei Durchführung des Zugewinnausgleichs eine wertmäßige Bereicherung des anderen Ehegatten zu begründen, spricht die auch von mir vertretene Auffassung der Schenkung als echter Freigebigkeit. Wenn nach der von mir vertretenen Auffassung es sich im Ausnahmefall der Ehegattenzuwendung um eine Ehegattenschenkung handelt, ist es auch gerechtfertigt, den Wert der Schenkung dem Zugewinnausgleich zu entziehen, also die Schenkung nicht im Zugewinnausgleich zu neutralisieren.[10]

Diese Berechnungsmethode von *Lipp* gilt allerdings, was *Lipp* nicht ausdrücklich feststellt, nur für Zuwendungen aus Vermögen, das dem Zugewinnausgleich unterliegen würde. Erfolgt die Zuwendung dagegen aus Anfangsvermögen des Zuwendenden, so verliert der Zuwendende bei Anwendung von § 1374 Abs. 2 BGB nicht nur die Hälfte der Zuwendung, sondern deren vollen Wert. Auch dies ist aber nicht ungerecht, da es sich nach der hier vertretenen Auffassung um eine zwischen Ehegatten die Ausnahme bildende echte Freigebigkeit handelt, zu der sich der Zuwendende freiwillig entschlossen hat.

Lipp behandelt weiterhin die Fragen von Ehegattenschenkungen über den Ausgleichsanspruch des Empfängers hinaus. Als Beispiel bringt er hier den Fall, daß der Zugewinn des Mannes DM 60 000,- beträgt, der Zugewinn der Frau DM 80 000,-. Der Mann hat der Frau DM 15 000,- geschenkt.

Nach der Rechtsprechung des BGH wird § 1380 BGB nicht angewendet, wenn der Wert der Zuwendung höher ist als der Ausgleichsanspruch des Zuwendungsempfängers. Danach ist also unkorrigiert von obigen Zugewinnen auszugehen, weshalb der Mann einen Zugewinnausgleichsanspruch von DM 10 000,- gegen die Frau hat.

Würde man anders als der BGH den § 1380 BGB anwenden, so hätte der Mann im Ergebnis keinen Zugewinnausgleichsanspruch. Sein Zugewinn würde um den

---

[9] Vgl. Rdn. 223, 228 ff.
[10] Vgl. Rdn. 223, 228 ff.

3. Kapitel. Scheidung und Scheidungsfolgen

Schenkungswert auf DM 75 000,- erhöht, der Zugewinn der Frau entsprechend um DM 15 000,- auf DM 65 000,- verringert. Dann hätte die Frau gegen den Mann einen Ausgleichsanspruch von DM 5000,-, auf den der Wert der Zuwendung teilweise angerechnet würde, so daß für keinen Ehegatten ein Ausgleichsanspruch entsteht.

Hier will *Lipp* in zwei Berechnungsstufen die Anwendung des § 1380 BGB und des § 1374 Abs. 2 BGB kombinieren, und zwar so, daß zunächst soweit wie möglich angerechnet wird, und dann für den Restbetrag § 1374 Abs. 2 BGB angewendet wird. Im Beispielsfall würde zunächst nach Lipp durch Anwendung von § 1380 Abs. 2 der Zugewinn des Mannes von DM 60 000,- um den Wert der Schenkung von DM 15 000,-, auf DM 75 000,- erhöht. Bei der Frau ergibt die Berücksichtigung des Wertes der Schenkung von DM 15 000,- nach § 1374 Abs. 2 BGB einen Zugewinn von DM 65 000,-. Danach hätte die Frau gegen den Mann einen Zugewinnausgleichsanspruch von DM 5000,-, auf den nach § 1380 BGB ein Teil der Zuwendung von DM 5000,- angerechnet wird. Jetzt folgt der zweite Berechnungsschritt, bei dem beim Mann vom tatsächlichen Zugewinn von DM 60 000,- auszugehen ist, während bei der Frau in Anwendung von § 1374 II BGB vom tatsächlichen Zugewinn von DM 80 000,- der nach Abzug der Anrechnung von DM 5000,- noch verbleibende Restbetrag des Schenkungswertes von DM 10 000,- abzuziehen ist, was zu einem Zugewinn der Frau von DM 70 000,- führt. Im Ergebnis hat dann der Mann einen Zugewinnausgleichsanspruch von DM 5000,- gegen die Frau. Dieser bleibt im Unterschied zur Berechnungsmethode des BGH die Hälfte des Überschusses von DM 10 000,-, also der Betrag von DM 5000,- über die Anwendung des § 1374 Abs. 2 BGB erhalten.

In einem weiteren Beispiel behandelt *Lipp* den Fall, daß der Zugewinn des Mannes DM 60 000,-, der Zugewinn der Frau DM 100 000,- beträgt und der Mann der Frau DM 15 000,- geschenkt hat. Nach dem BGH ist § 1380 BGB nicht anzuwenden, der Mann hat gegen die Frau einen Zugewinnausgleichsanspruch von DM 20 000,-. Wendet man entgegen der Rechtsprechung des BGH den § 1380 BGB an, so wird der Zugewinn des Mannes rechnerisch um den Wert der Schenkung auf DM 75 000,- erhöht, gleichzeitig der Zugewinn der Frau entsprechend auf DM 85 000,- erniedrigt. Der Mann hätte gegen die Frau einen Ausgleichsanspruch von DM 5000,-.

Lipp wendet auch hier den § 1374 Abs. 2 BGB an. Es verbleibt also beim Endvermögen des Mannes von DM 60 000,-, während das Endvermögen der Frau DM 100 000,- abzüglich DM 15 000,-, also DM 85 000,- beträgt. Danach hat der Mann gegen die Frau einen Zugewinnausgleichsanspruch von DM 12 500,-. Er erhält die Hälfte des Wertes seiner Schenkung zurück, nicht aber, wie nach der Berechnungsmethode des BGH, den ganzen Wert der Schenkung. Auch hier bewirkt also die Anwendung des § 1374 Abs. 2 BGB die endgültige Anerkennung der Schenkung im Zugewinnausgleich dadurch, daß der beschenkte Ehegatte die Hälfte des Wertes der Zuwendung behalten darf, die er sonst im Zugewinnausgleich zurückgeben müßte.

227 Folgt man dieser Auffassung von *Lipp*, so ergibt sich eine unterschiedliche Behandlung von unbenannten Zuwendungen und Ehegattenschenkungen im Zugewinnausgleich. Unbenannte Zuwendungen aus ausgleichspflichtigem Vermögen werden im Zugewinnausgleich wieder so neutralisiert, als habe die Zuwendung wertmäßig nicht stattgefunden. Bei unbenannten Zuwendungen aus Anfangsvermögen verliert der Zuwendende die Hälfte des Wertes der Zuwendung. Ehegattenschenkungen aus ausgleichspflichtigem Vermögen führen über die Anwendung von § 1374 Abs. 2 BGB zum endgültigen Verlust der Hälfte des Wertes der Schenkung, bei Schenkung aus Anfangsvermögen zum Verlust des vollen Zuwendungswertes. Für die Berechtigung dieses unterschiedlichen Ergebnisses spricht der Charakter der Schenkung als echter Freigebigkeit, der seinem Sinn nach zwischen Ehegatten wie zwischen sonstigen Schenkparteien zu einer dauernden, lediglich über §§ 528, 530 BGB korrigierbaren Entreicherung und Bereicherung führen und nicht im Mechanismus des Zugewinnausgleichs annulliert werden sollte.

§ 5. Die Ehegattenschenkung

III. Der Vertragstypus Ehegattenschenkung

Die Rechtsprechung des BGH, nach der bei Ehegattenzuwendungen regelmäßig der eigenständige Vertragstyp der unbenannten Zuwendung vorliegt und nur im Ausnahmefall der ausdrücklichen Unentgeltlichkeitsabrede Schenkung anzunehmen ist, ist von der Literatur überwiegend dem Grundsatz nach akzeptiert worden. Die Literaturmeinungen, die unter Negierung der Möglichkeit außergesetzlicher Vertragstypen alle nicht direkt mit einer Gegenleistung verbundenen Rechtsgeschäfte in das gesetzliche Schenkungsrecht pressen wollen und deshalb auch die Ehegattenzuwendung grundsätzlich als Schenkung betrachten, sind in die Minderheit geraten. Soweit bei Ehegattenzuwendungen weitgehend Pflicht- oder Anstandsschenkungen angenommen werden[11] oder ein besonderer Vertragstyp der „ehebezogenen Schenkung" gebildet wird,[12] ist der Schritt aus dem allgemeinen Schenkungsrecht zur Anerkennung eines eigenständigen Vertragstyps der ehebedingten Zuwendung schon getan und das ganze nur noch eine Definitionsfrage. 228

Auch *Kollhosser*,[13] der im übrigen die Ehegattenzuwendung in das Schenkungsrecht rückeingliedern will, stellt ausdrücklich fest, daß die traditionelle, dem gesetzlichen Tatbestand der Schenkung zugrundeliegende Auffassung, daß Zuwendungen des berufstätigen Ehemannes an die haushaltsführende Ehefrau „Schenkungen" seien, angesichts veränderter gesellschaftlicher Vorstellungen nicht mehr haltbar ist. Diese überholte Auffassung vertrage sich nicht mehr mit dem Gedanken der Gleichberechtigung, der Partnerschaft und der Emanzipation in der Ehe. Man gehe trotz formeller Vermögenstrennung von der Vorstellung eines „Familienvermögens" hinsichtlich Familienheim und ersparten Vermögens aus, weshalb die objektiv unentgeltliche Zuwendung der Allein- oder Mitberechtigung an diesen Gegenständen nicht als Schenkung empfunden und bewertet werde, sondern als „Beitrag zur finanziellen Verwirklichung einer partnerschaftlichen Ehe" oder als „vorgezogener Zugewinnausgleich". Dem trage die Rechtsprechung über die ehebezogenen Zuwendungen auch begrifflich Rechnung. *Kollhosser* gibt hier die Wertungen wieder, die sich in der täglichen notariellen Praxis bestätigen, weshalb seit der Erstauflage dieses Handbuchs die Rechtsprechung zu den unbenannten Zuwendungen begrüßt würde. Der Vertragstyp ehebedingte unbenannte Zuwendung wird vom Vertragszweck bestimmt, nämlich der Verwirklichung der ehelichen Lebensgemeinschaft durch vorzeitigen oder freiwilligen Zugewinnausgleich, durch Versorgung des Ehegatten und durch haftungsgünstige oder steuergünstige Organisation des Familienvermögens. So würde es heute auf Empörung beider Ehegatten stoßen, wenn der Notar im Anschluß etwa an die hälftige Beteiligung der Hausfrau am Familienheim zum Ausdruck bringen würde, die Ehefrau möge sich beim Ehemann „für die Schenkung bedanken".[14] 229

Eine überzeugende Abgrenzung der Schenkung von anderen Vertragstypen, insbesondere der Unterhaltszahlung, ist möglich, wenn man als Kriterium der Schenkung nicht nur die Unentgeltlichkeit, sondern in erster Linie den **Vertragszweck der Freigebigkeit** ansieht. 230

Die h. L. glaubt, die Schenkung allein mit dem Tatbestandsmerkmal der Unentgeltlichkeit von anderen Zuwendungstypen abgrenzen zu können. Eine derartige 231

---

[11] So *Karakatsanes* FamRZ 1986, 1049 und 1178.
[12] So *Holzhauer* JuS 1983, 830/834; ähnlich *Schotten* NJW 1990, 2841.
[13] NJW 1994, 2313; vgl. auch ders. AcP 194 (1994) 231.
[14] Notarielle Altvordere pflegten in eine Schenkungsurkunde den Satz aufzunehmen: „Die Schenkung wird mit Dank angenommen."

Abgrenzung anhand der Unentgeltlichkeit im Sinne des beabsichtigten Fehlens einer Gegenleistung läuft auf einen reinen Voluntarismus ohne Berücksichtigung des typischen Vertragszwecks hinaus.[15] Danach liegt Schenkung vor und ist eine Zuwendung im Grundstücksbereich als Schenkung zu beurkunden, wenn die Beteiligten sie als Schenkung wollen, auch wenn dies mit dem offenkundigen Zweck des Rechtsgeschäfts nicht vereinbar ist. Entscheidend für den Rechtscharakter und die Rechtsfolgen der Zuwendung wäre dann die Überschrift und Formulierung des Notars. Ein derartiger Voluntarismus entspricht weder den Grundsätzen zweckorientierter Vertragstypologie noch einem wirklichen Interessenausgleich zwischen den Beteiligten. Maßgeblich für die sachgerechte Bezeichnung und Beurkundung des Rechtsgeschäfts und die Festlegung der Rechtsfolgen muß vielmehr der Vertragszweck sein.

232 Vertragszweck der Schenkung in diesem Sinn ist die Freigebigkeit, Freiwilligkeit oder Liberalität.[16] Die Zuwendung soll nach dem typischen Vertragszweck nicht nur schlicht und wertneutral unentgeltlich sein, sondern bewußt und von beiden Vertragsteilen gewollt freiwillig und freigebig erfolgen. Der Schenkungsbegriff erhält über die zu blasse Unentgeltlichkeitsabrede hinaus erst dann Konturen, wenn man ihn durch den Vertragszweck Freigebigkeit als gekennzeichnet ansieht.

233 Stellt man für Schenkungen zwischen Ehegatten auf den Vertragszweck Freigebigkeit ab, so bestätigt sich die Richtigkeit des vom BGH angenommenen Regel-Ausnahmeverhältnisses zwischen unbenannter Zuwendung und Schenkung, insbesondere für Zuwendungen im gesetzlichen Güterstand. Alle Zuwendungen, die im System des Zugewinnausgleichs verbleiben sollen, also die Zuwendungen, deren Anrechnung i.S. von § 1380 BGB bestimmt oder anzunehmen ist, sind unbenannte Zuwendung. Für die Ehegattenschenkungen verbleiben nur die echten Freigebigkeiten außerhalb des Zugewinnausgleichs, also ausschließlich[17] die Zuwendungen, deren Nichtanrechnung i.S. von § 1380 BGB bestimmt oder beiderseits vorausgesetzt wird.

Für die Beurkundungspraxis bedeutet dies, daß als Schenkung nur freigebige, bis auf die Rückforderungstatbestände der §§ 528, 530 BGB endgültige[18] Zuwendungen zwischen Ehegatten beurkundet werden dürfen, die zu einer im Zugewinnausgleich nicht mehr durch Anrechnung nach § 1380 BGB korrigierbaren Bereicherung des Empfängers führen sollen.

IV. Dingliche Rückforderung der Ehegattenschenkung

234 Noch ungeklärt ist die Frage, ob die **dingliche Rückabwicklung der Ehegattenschenkung** außer auf der Grundlage des Schenkungswiderrufs nach § 530 BGB auch noch auf der Grundlage des **Wegfalls der Geschäftsgrundlage** nach § 242 möglich ist. Die wohl überwiegende Ansicht läßt bei Sachverhalten, die außerhalb des Anwendungsbereichs der §§ 527, 528 und 530 BGB liegen, die Rückforderung eines Geschenkes auch wegen Wegfalls der Geschäftsgrundlage zu.[19]

---

[15] *Hepting*, Ehevereinbarungen, S. 416.
[16] So auch *Flume*, Allgemeiner Teil BGB II § 12 II 4c; *Kulka* ÖJZ 1969, 477; *Hepting*, Ehevereinbarungen S. 40; *Karakatsanes* FamRZ 1986, 1053; *Jaeger* DNotZ 1991, 431, 440.
[17] So richtig *Schwab* FamRZ 1984, 525/527; vgl. auch *Ludwig* FuR 1992, 4.
[18] Die Endgültigkeit der Vermögensverschiebung bei der Schenkung betont mit recht *Ludwig* FuR 1992, 1/4.
[19] BGH NJW 1953, 1585; BGH FamRZ 1968, 247; BGH FamRZ 1969, 28; *Erman/Seiler* § 527 Rdn. 6; *BGH/RGRK/Mezger* § 527 Rdn.1; *Palandt/Putzo* § 527 Anm. 1; *Staudinger/Reuß* § 257 Rdn. 8; *Kühne* JR 1982, 237/238; *Holzhauer* JuS 1983, 830/832; *Rauscher* AcP 186, 529/561;

§ 5. Die Ehegattenschenkung

Abgesehen davon, daß im gesetzlichen Güterstand auch bei einer Ehegattenschenkung die Anwendung des § 242 BGB wegen der Spezialität der Zugewinnausgleichsregelung ausgeschlossen sein dürfte, spricht vieles dafür, § 530 BGB als eine Sondervorschrift anzusehen, die den Gesamtbereich der dinglichen Rückforderung bei Schenkungen ausschließlich abdeckt.[20] Im Anwendungsbereich von Sondervorschriften ist die Berufung auf den Wegfall der Geschäftsgrundlage ausgeschlossen. Die dingliche Rückforderung ist nur eine mögliche Konsequenz des Wegfalls der Geschäftsgrundlage. Der Wegfall der Geschäftsgrundlage führt nur im Extremfall zur Unwirksamkeit oder Beendigung des Rechtsverhältnisses, während im Regelfall nur eine Umgestaltung und Anpassung des Rechtsverhältnisses an die veränderten Umstände nach Maßgabe des Einzelfalles etwa durch Herabsetzung oder Erhöhung von Verbindlichkeiten, Zubilligung von Ausgleichsansprüchen u.a. stattfindet. Die Rückübertragungsverpflichtung ist in diesem Sinne die extremste Form der Anpassung. Es dürfte richtig sein, sie im Schenkungsrecht als durch § 530 BGB abschließend geregelt anzusehen. Selbst wenn man die Berufung auf den Wegfall der Geschäftsgrundlage auch bei der Ehegattenschenkung zulassen will, muß man erst belegen, daß der Bestand der Ehe die Geschäftsgrundlage der Zuwendung war. Dies ist bei der Ehegattenschenkung, wenn man deren Bereich wie hier vertreten auf die reine nicht ehebedingte Freigebigkeit beschränkt, nicht ohne weiteres der Fall. Zumindest eine kausale Verknüpfung zwischen Schenkung und Bestand der Ehe muß im Einzelfall bestehen, wenn eine Rückforderung über § 242 BGB in Betracht kommen soll.

235

Bosch, Festschrift *Beitzke,* S. 139f.; *Seutemann* FamRZ 1983, 990; OLG Düsseldorf NJW 1966, 550; *Kollhosser* NJW 1994, 2317.
[20] So auch OLG Karlsruhe NJW 1989, 2136.

§ 6. Steuerfolgen von Ehegattenzuwendungen

I. Schenkungsteuer

236 Im Anschluß an die vom BGH[1] zu Beginn seiner Rechtsprechung betonte Entgeltlichkeit der unbenannten Zuwendung hatte der BFH mit Urteil vom 28. 11. 1984[2] entschieden, daß die unbenannte Zuwendung kein schenkungsteuerbarer Vorgang sei. Dem war die Finanzverwaltung[3] für Erwerbsvorgänge hinsichtlich des Familienheims gefolgt. Im Anschluß an die vom Erbrechtssenat des BGH[4] konstatierte objektive Unentgeltlichkeit der unbenannten Zuwendung hatte der BFH mit Urteil vom 2. 3. 1994[5] seine Rechtsprechung geändert und sah unbenannte Zuwendungen regelmäßig als der Schenkungsteuer nach § 7 Abs. 1 Nr. 1 ErbStG unterliegende freigebige Zuwendungen unter Ehegatten an. Dem ist die Finanzverwaltung gefolgt.[6] Allerdings waren nach Äußerungen von Richtern des II. Senats des BFH[7] doch wieder Ausnahmen, etwa im Versorgungsbereich, möglich. Berechtigt war auch die Kritik von Meinke,[8] der jedenfalls Zuwendungen in Vollzug der Teilhabe des Partners am gemeinsam erarbeiteten Vermögen nach dem Willen des historischen Gesetzgebers von § 7 Abs. 1 Nr. 1 ErbStG ausnehmen will. Crezelius[9] fragte zu recht, ob in der Einverdienerehe der erwerbstätige Ehegatte das Familienheim allein erwerben müsse, um die Schenkungsteuerpflicht zu vermeiden. Die Frage zu stellen heißt sie zu verneinen. Jedes andere Ergebnis bedeutet eine verfassungswidrige Diskriminierung der Einverdienerehe gegenüber der Doppelverdienerehe.[10] Der Gesetzgeber hat die Kritik anläßlich des Jahressteuergesetzes 1996 aufgegriffen.[11] Er hat in einem neu gefaßten § 13 Abs. 1 Nr. 4a ErbStG Zuwendungen unter Ehegatten, die im Zusammenhang mit dem Erwerb und der Unterhaltung eines als Familienheim genutzten Grundstücks erfolgen oder die Eigentumsverhältnisse an ihm regeln, von der Schenkungsteuer befreit.[12] Dadurch sind befreit die Übertragung des Eigentums oder Miteigentums an dem einem Ehegatten bereits gehörenden Grundstück, der Kauf oder die Herstellung aus den Mitteln eines Ehegatten bei gleichzeitiger Einräumung einer Miteigentümerstellung des anderen Ehegatten, die Anschaffung oder Herstellung durch einen Ehegatten aus Mitteln, die allein oder überwiegend vom zuwendenden Ehegatten stammen, die Tilgung eines im Zusammenhang mit dem Kauf oder der Herstellung eines solchen Grundstücks von einem oder von beiden Ehegatten aufgenommenen Darlehens ausschließlich aus dem Einkommen des zuwendenden Ehegatten und die Begleichung nachträglicher Herstellungs- und Erhaltungsaufwendungen am Familienwohnheim aus Mitteln eines Ehegatten, auch wenn der andere Ehegatte Eigentümer oder Miteigentümer ist. Die Regelung knüpft zeitlich an die Ländererlasse vom 26. 4. 1994 an.

---

[1] BGHZ 87, 145.
[2] BStBl 1985 II, 159.
[3] Gleichlautende Erlasse vom 10. 11. 1988 BStBl. 1988 I, 513.
[4] NJW 1992, 504.
[5] BStBl 1994 II, 366 = NJW 1994, 2044 = FamRZ 1994, 887.
[6] Erlaß vom 26. 4. 1994 BStBl. 1994 I, 297.
[7] *Albrecht* ZEV 1994, 149 (153); *Dötsch* DStR 1993, 638/642.
[8] ErbStG § 7 Rdn. 85 ff.
[9] NJW 1994, 3066.
[10] Vgl. auch *Langenfeld* ZEV 1194, 129; *Felix* BB 1994, 1343; *Lamminger/Traxel* BB 1995, 486.
[11] BT-Drucksache 13/2100; BR-Drucksache 304/95 Art. 15.
[12] Vergl. *Weinmann* ZEV 1995, 321.

II. Grunderwerbsteuer

Grunderwerbsteuer entsteht bei Erwerbsvorgängen zwischen Ehegatten nicht, § 3 Nr. 4 GrEStG.	237

§ 7. Gesamtschuldnerausgleich zwischen Ehegatten

238 Im Anschluß an die nunmehr gefestigte Rechtsprechung zur Behandlung der Ehegattenzuwendungen im Zugewinnausgleich hatte der BGH Veranlassung, das **Verhältnis des Gesamtschuldnerausgleichs zwischen Ehegatten zum Zugewinnausgleich** zu klären.[1]

239 Im **Ausgangsfall** aus dem Jahre 1983[2] hatten die in Hausfrauenehe lebenden Eheleute für das Familienheim und ein Ferienhaus Grundpfanddarlehen als Gesamtschuldner aufgenommen, die der Ehemann nach Rechtshängigkeit des Scheidungsverfahrens tilgte und deren hälftigen Ausgleich er nach § 426 Abs. 1 BGB von der Ehefrau verlangte. Der BGH bejaht einen derartigen Ausgleichsanspruch. Die Haftung der Gesamtschuldner zu gleichen Teilen nach § 426 Abs. 1 S.1 BGB werde bei je hälftigen Miteigentum an den finanzierten Grundstück durch die §§ 748, 755 BGB bestätigt. Eine andere Lastenverteilung könne sich aber aus der Gestaltung der ehelichen Lebensgemeinschaft ergeben, die die Miteigentumsgemeinschaft überlagere. Für die Zeit bis zum Scheitern der Ehe liege es nahe, aus den ehelichen Verhältnissen der Hausfrauenehe die alleinige Haftung des Mannes für die Darlehensschuld zu folgern: „Erwerben Ehegatten ein Haus und übernimmt einer von ihnen, der nach den Einkommens- und Vermögensverhältnissen allein dazu in der Lage ist, die Zins- und Tilgungsleistungen für die zur Finanzierung des Hauses gemeinschaftlich aufgenommenen Kredite, so bringen sie durch den Erwerb von Miteigentum je zur Hälfte in der Regel zum Ausdruck, es solle so angesehen werden, wie wenn jeder gleichviel zu den Kosten beigetragen habe. Wenn ein Ehegatte allein über ein Einkommen verfügt, während der andere den Haushalt versorgt, ist es üblich, daß der verdienende Teil die gemeinschaftlichen finanziellen Verpflichtungen trägt, auch wenn sie dem gemeinsamen Vermögenserwerb dienen. Dem liegt die Anschauung zugrunde, daß die finanziellen Leistungen des einen und die Haushaltsführung des anderen Teils grundsätzlich gleichwertige Beiträge zur ehelichen Lebensgemeinschaft darstellen... Ein Ausgleichsanspruch wegen finanzieller Mehrleistungen des einen Teils kommt dann grundsätzlich nicht in Betracht."

Durch das Scheitern der Ehe hätten sich aber die maßgebenden Umstände in dem Sinne geändert, daß nach Aufhebung der ehelichen Lebensgemeinschaft und damit des Gegenseitigkeitsverhältnisses von geldlichen und tatsächlichen Beiträgen zur Haushaltsführung kein Grund mehr bestehe, weshalb ein Ehegatte dem anderen eine weitere Vermögensmehrung zukommen lassen solle. Mangels sonstiger Umstände sei jetzt die anteilige Haftung nach § 426 Abs. 1 BGB anzuwenden. Diese Grundsätze wurden vom Familienrechts-Senat des BGH, von dem die folgenden Entscheidungen kommen, übernommen.

240 Zu **Mißverständnissen** hat aber die weitere Bemerkung des IX. Senats geführt, ein Vorrang der güterrechtlichen Bestimmungen des Zugewinnausgleichs entsprechend der Rechtslage bei der Rückgewähr ehebedingter Zuwendungen bestehe „jedenfalls nicht" bei Ansprüchen nach § 426 Abs. 1 S. 1 BGB, wenn Leistungen für die Zeit nach Rechtshängigkeit des Scheidungsverfahrens auszugleichen seien.

---

[1] BGHZ 87, 265 = FamRZ 1983, 795 = NJW 1983, 1845 = JZ 1983, 852 m. Anm. *Frank*; BGH FamRZ 1986, 881 = NJW-RR 1986, 1196; BGH NJW 1988, 133 = FamRZ 1987, 1239; BGH FamRZ 1988, 264 = NJW-RR 1988, 259; BGH FamRZ 1988, 596 zur Gütertrennung; BGH NJW-RR 1988, 966; BGH FamRZ 1988, 1031; BGH NJW-RR 1993, 386; BGH NJW 1995, 652 = FamRZ 1995, 216.

[2] IX. Zivilsenat, BGHZ 87, 265 = FamRZ 1983, 795 = NJW 1983, 1845 = JZ 1983, 852 m. Anm. *Frank*.

§ 7. Gesamtschuldnerausgleich zwischen Ehegatten

Hieraus wurde von einigen OLG[3] gefolgert, ein derartiger Vorrang des Zugewinnausgleichs vor dem Gesamtschuldnerausgleich bestehe bis zur Rechtshängigkeit des Scheidungsantrags, Freistellungs- und Ausgleichsansprüche der Ehegatten gegeneinander aus § 426 Abs. 1 S. 1 BGB kämen also erst nach diesem Zeitpunkt in Betracht.

Dem ist der nunmehr zuständige IV-b Senat entgegengetreten. Er hat klargestellt, **daß zu jedem Zeitpunkt der Ehe ein Gesamtschuldnerausgleich zwischen den Ehegatten stattfinden kann,** er also nicht durch die Vorschriften über den Zugewinnausgleich verdrängt wird.[4] Für einen Ausschluß des Gesamtschuldnerausgleichs bis zur Rechtshängigkeit des Scheidungsantrags sieht der BGH keine Veranlassung, da der Gesamtschuldnerausgleich bei richtiger Handhabung der güterrechtlichen Vorschriften das Ergebnis des Zugewinnausgleichs nicht zu verfälschen vermögen. Dies belegt der BGH an vier Fallkonstellationen: 241

– Sind die Ehegatten nach der gesetzlichen Regel des § 426 Abs. 1 S. 1 BGB im Verhältnis zueinander **zu gleichen Teilen** verpflichtet, so sind bei der Feststellung der Endvermögen nach § 1375 BGB bei jedem der Ehegatten als Passivposten die Gesamtschuld und als Aktivposten der Ausgleichsanspruch anzusetzen, der bereits vor der Tilgung als Befreiungsanspruch besteht. Vereinfachend kann man deshalb von Endvermögen jedes Ehegatten die hälftige Schuld absetzen.
– **Erfüllt ein Ehegatte** die im Innenverhältnis hälftig geschuldete Gesamtschuld, so bleibt sein Endvermögen unverändert, weil an die Stelle des zur Tilgung verwendeten Geldes der Ausgleichsanspruch gegen den anderen Ehegatten tritt. Beim anderen Ehegatten erfolgt ebenfalls keine Veränderung des Endvermögens, weil an die Stelle der ursprünglichen Verbindlichkeit gegenüber dem dritten Gläubiger nun die Ausgleichsschuld gegenüber dem Ehegatten tritt.
– Wird die Gesamtschuld im **Innenverhältnis nur von einem Ehegatten** geschuldet, so ist sie nur bei dessen Endvermögen abzusetzen. Tilgt dieser Ehegatte die Gesamtschuld, dann bleibt sein Endvermögen unverändert, da der Geldabfluß durch die Schuldtilgung neutralisiert wird. Das Vermögen des anderen Ehegatten ist nicht betroffen, da die Gesamtschuld, für die er im Innenverhältnis nicht einzustehen brauchte, keinen Rechnungsposten seines Endvermögens bildete.
– Zahlt **der im Innenverhältnis nicht haftende Ehegatte** die Gesamtschuld zurück, so wird die dadurch eingetretene Vermögensminderung durch die Ausgleichsforderung gegen den anderen Ehegatten ausgeglichen. Die bei diesem eingetretene Schuldbefreiung wird durch die Ausgleichsschuld neutralisiert.

Welche Schuldverteilung im Innenverhältnis der Ehegatten besteht, ermittelt der BGH unter Berücksichtigung aller Umstände des Einzelfalles. Eine abweichende Bestimmung vom Grundsatz gleicher Schuldanteile nach § 426 Abs. 1 S. 1 BGB kann sich dabei bei funktionierender Ehe aus einer ausdrücklichen oder stillschweigenden Vereinbarung der Eheleute auf der Grundlage des Einvernehmens über die eheliche Rollenverteilung ergeben. Im Falle der Einverdienerehe ohne weitere Einkünfte ist es der Normalfall, daß die Grundpfanddarlehen für das regelmäßig in je hälftigem Miteigentum stehende Familienheim vom Alleinverdienerehegatten bedient werden, während der andere Ehegatte seinen Beitrag zum Familienunterhalt durch die Haushaltsführung erbringt.[5] Gesamtschulden, die den Gewerbebetrieb eines Ehegatten betreffen, sind regelmäßig von diesem allein zu bedienen.[6] Wird das 242

---

[3] OLG Celle FamRZ 1985, 710; OLG Köln FamRZ 1988, 287.
[4] BGH FamRZ 1987, 1239 = NJW 1988, 133; BGH NJW-RR 1988, 133; BGH NJW-RR 1988, 966; BGH FamRZ 1988, 1031.
[5] BGHZ 87, 265 = NJW 1983, 1845 = FamRZ 1983, 795.
[6] BGH FamRZ 1986, 881.

Geschäft gemeinsam betrieben, verbleibt es bei dem je hälftigen Schuldausgleich im Innenverhältnis.[7] Bei Doppelverdienern oder Ehegatten mit Vermögenserträgen wird auch hinsichtlich des Familienheims regelmäßig ein Gesamtschuldnerausgleich im Verhältnis der Einkommen und des Vermögens vereinbart sein.[8]

243 Auch nach der Trennung können die Ehegatten durch die tatsächliche Ausgestaltung ihrer Beziehungen eine anderweitige Bestimmung i. S. des § 426 Abs. 1 Halbsatz 2 BGB treffen, etwa wenn der alleinverdienende Ehegatte das in je hälftigem Miteigentum stehende Familienheim mit Duldung des anderen allein bewohnt und die Lasten und Finanzierungskosten allein trägt, während der andere Ehegatte kein Nutzungsentgelt geltend macht. Er kann dann rückwirkend keinen Ausgleich verlangen.[9] Eines Hinweises des Zahlenden an den anderen Ehegatten, er werde die gemeinsamen Schulden wegen des Scheiterns der Ehe nicht mehr alleine tragen, bedarf es für die – auch rückwirkende – Geltendmachung des Ausgleichsanspruchs allerdings nicht.[10]

244 Der Rechtsprechung des BGH zum Gesamtschuldnerausgleich zwischen Ehegatten ist **zuzustimmen**. Es besteht weder die rechtliche Notwendigkeit noch die praktische Empfehlung, den für Ehegattenzuwendungen geltenden Vorrang des Zugewinnausgleichs auf den Gesamtschuldnerausgleich zu erstrecken. Die Leistung auf eine Gesamtschuld ist zwar mittelbar auch eine Zuwendung an den mitverpflichteten Ehegatten, da für diesen Schuldbefreiung eintritt, unmittelbar jedoch handelt es sich um die freiwillige oder erzwungene Erfüllung einer eigenen Verbindlichkeit des Leistenden. Die Leistung auf eine Ehegattengesamtschuld ist damit rechtlich ein aliud zur Ehegattenzuwendung. Daß praktisch keine Empfehlung besteht, den Gesamtschuldnerausgleich für die Ehezeit zu untersagen, weil er den Zugewinnausgleich erschweren oder gar verfälschen würde, belegen die obigen Beispiele. Ein in die Ehezeit rückwirkender Gesamtschuldnerausgleich wird der Ausnahmefall bleiben. Im Regelfall entspricht nämlich die von den Ehegatten tatsächlich gehandhabte Verteilung des Schuldendienstes der rechtlichen Verteilung nach § 426 Abs. 1 S. 1 BGB. Bedient in der Hausfrauenehe der Ehemann die Darlehen allein oder werden die Darlehen in der Doppelverdienerehe anteilig entsprechend den Einkommen verzinst und getilgt, so ist dies gleichzeitig auch die Bestimmung nach § 426 Abs. 1 S. 1 BGB. Beim Scheitern der Ehe ist hier rückwirkend nichts anzurechnen. Lediglich die zukünftige Schuldentragung ist dann unter Berücksichtigung des Wegfalls der ehelichen Lebensgemeinschaft neu zu definieren.

---

[7] BGH NJW 1988, 133 = FamRZ 1987, 1239.
[8] BGH FamRZ 1988, 264; BGH NJW-RR 1988, 966.
[9] BGH NJW-RR 1993, 386 = LM Nr. 95 zu § 426 I BGB.
[10] BGH NJW 1995, 652 = FamRZ 1995, 216.

§ 8. Der Versorgungsausgleich

I. Grundgedanken, Zweck und Rechtfertigung

Der durch das 1. Eherechtsreformgesetz eingeführte **Versorgungsausgleich** bezweckt die hälftige Teilung der während der Ehe erworbenen Anwartschaften und Aussichten der Eheleute auf eine Versorgung wegen Erwerbs- oder Berufsunfähigkeit oder wegen Alters. Zu seiner Rechtfertigung berief sich der Gesetzgeber auf die Gedanken des Zugewinnausgleichs und der Versorgung des sozial schwächeren Ehegatten. 245

Der Versorgungsausgleich ist einmal als **Ausdehnung des Gedankens des Zugewinnausgleichs** auch auf die Versorgungstitel zu verstehen.[1] Beide Ehegatten sollen an der während der Ehezeit geschaffenen Alters- und Invaliditätssicherung gleichmäßig teilhaben. Die hälftige Aufteilung der Anwartschaften rechtfertigt sich auf Grund der gemeinsamen Lebensleistung der Ehegatten.[2] In § 1360 S. 2 BGB stellt das Gesetz die Haushaltsführung der Erwerbstätigkeit gleich. Dies wird teilweise nicht nur als funktionsmäßige oder wirtschaftliche Gleichstellung angesehen, sondern auch als rechnerische Gleichstellung, die die hälftige Aufteilung des in der Ehe erworbenen Vermögens und der Versorgungsanwartschaften rechtfertigt.[3]

Die **gemeinsame Lebensleistung der Partner** ist nach dem Bundesverfassungsgericht[4] ein Grundgedanke des Versorgungsausgleichs. Der Bundesgerichtshof[5] stellt entsprechend einem auch zur Begründung des Zugewinnausgleichs herangezogenen Gedanken auf den **Verzicht des haushaltsführenden Ehegatten auf die Schaffung einer eigenen Altersversorgung** ab. Das Scheitern des ursprünglich gemeinsamen Lebensplanes hinsichtlich der beabsichtigten gemeinsamen Alterssicherung dürfe nicht allein zu Lasten dieses Ehegatten ausschlagen. Der Versorgungsausgleich sei insofern eine **Fortwirkung der ehelichen Lebensgemeinschaft**.

Neben den Gedanken des Zugewinnausgleichs hat der Gesetzgeber den **Versorgungsgedanken** gestellt. Dem Ehegatten, dem während der Ehe durch die Haushaltsführung und Kinderbetreuung der Aufbau einer eigenen Versorgung nicht möglich war, soll eine eigenständige soziale Sicherung verschafft werden.[6] Die so erreichte soziale Grundsicherung insbesondere der geschiedenen Hausfrau sollte die als unerträglich angesehenen Mängel des bisherigen Rechts beseitigen.

Im Scheidungsfolgenrecht **ergänzt der Versorgungsausgleich das Recht des nachehelichen Unterhalts.**[7] Die grundsätzlich schon bei Scheidung übertragenen Versorgungsrechte mindern bei Eintritt des Versorgungsfalles die Bedürftigkeit des Unterhaltsberechtigten oder schließen sie sogar ganz aus. So kann der Versorgungsausgleich an die Stelle des nachehelichen Unterhalts treten. Er wird als eigenständige Scheidungsfolge jedoch unabhängig von der Regelung des nachehelichen Unterhalts durchgeführt. Aus der gemeinsamen Zielsetzung beider Scheidungsfolgen, nämlich der wirtschaftlichen Sicherung des sozial schwächeren Teils nach der Scheidung, ergeben sich jedoch **Interdependenzen und Wechselwirkungen**, die insbesondere bei

---

[1] BT-Drucks. 7/4361 S. 18 f.
[2] BG-Drucks. 7/650 S. 155.
[3] *Rolland* vor §§ 1875 bis 1587 p; vgl. auch *Johannsen/Henrich/Hahne* Vor §§ 1587–1587 p Rdn. 4.
[4] BVerfGE 66, 324 = FamRZ 1984, 653; dazu *Wagenitz* FamRZ 1986, 18.
[5] FamRZ 1979, 477/480.
[6] BT-Drucks. 7/4361 S. 18.
[7] BGH NJW 1982, 1147/1148.

Vereinbarungen über den Versorgungsausgleich nicht außer acht gelassen werden können. Dem trägt z.B. auch § 1587o Abs. 2 S. 4 BGB Rechnung, der Vereinbarungen über den Versorgungsausgleich in den Gesamtzusammenhang der Scheidungsfolgenregelung einschließlich der Regelung des nachehelichen Unterhalts stellt.

246 Die **unterschiedlichen Zielsetzungen** des Versorgungsausgleichs, insbesondere die vom Gesetzgeber zunächst als sich harmonisch ergänzend angesehenen Gedanken des Zugewinnausgleichs und der sozialen Sicherstellung, erweisen sich für die Fragen des Umfangs der Dispositionsmöglichkeiten der Parteien teilweise als **antagonistisch**.[8] Stellt man lediglich auf den Gedanken des Zugewinnausgleichs ab, so ergibt sich ein weiter Vereinbarungsspielraum der Eheleute. Der sozialpolitischen Zielsetzung des Versorgungsausgleichs ist die Dispositionsfreiheit jedoch gefährlich, da sie zu einer Abbedingung gesetzlicher Positionen führen kann. Nicht außer Betracht bleiben kann jedoch, daß der Gesetzgeber hier nicht originäre Sozialpolitik getrieben hat, was etwa zur Einführung der „Hausfrauenrente" geführt hätte, sondern Sozialpolitik auf Kosten der betroffenen Eheleute.[9] Dies reduziert den Regelungszwang der Vorschriften über den Versorgungsausgleich als eines rein privatrechtlich ausgestalteten Rechtsinstituts auf den **Schutz des sozial schwächeren Ehegatten vor Übereilung und Übervorteilung.** Dieser wird sichergestellt durch die Beurkundungspflicht bei Vereinbarungen nach § 1587o BGB. Im übrigen können die Eheleute nicht aus Gründen des allgemeinen Wohls, also des staatlichen Interesses an der sozialen Sicherstellung jedes Bürgers, an einer von ihnen als gerecht empfundenen und objektiv vertretbaren Regelung gehindert sein.

II. Grundzüge des Versorgungsausgleichs

1. Anwendungsbereich

247 Der Versorgungsausgleich erfolgt nach §§ 1587 Abs. 1, 1564 BGB im Falle der Scheidung, und zwar auch bei Ehen, die vor dem 1. 7. 1977 geschlossen wurden. Dies gilt allerdings nur für das alte Bundesgebiet. Nach dem Einigungsvertrag war bis zum 31. 12. 1991, dem Zeitpunkt des Inkrafttretens des neuen Rentenrechts,[10] ein Versorgungsausgleich nicht durchzuführen.[11] Ab 1. 1. 1992 bis zur „Einkommensangleichung" gelten im Beitrittsgebiet für den Versorgungsausgleich weiter Sonderregelungen.[12] Der Grund hierfür liegt in dem unterschiedlichen Gewicht der Rentenwerte Ost und West. Die Rentenwerte Ost müssen über häufigere Anpassungen noch aufholen, sind deshalb angleichungsdynamisch und mit den Rentenwerten West nicht ohne weiteres vergleichbar. Vereinfachend zusammengefaßt ist in einfachen Fällen der Versorgungsausgleich durchzuführen, grundsätzlich im übrigen jedoch bis zur Einkommensangleichung auszusetzen, § 2 VAÜG.[13] Bei Auslandsberührung gilt Art. 17 EGBGB.

2. Gegenstand

248 Nach § 1587 BGB unterliegen dem Versorgungsausgleich in der Ehezeit erworbene Anwartschaften oder Aussichten auf eine Versorgung wegen Alters oder Be-

---

[8] Von *Maydell* FamRZ 1978, 749/751.
[9] Von *Maydell* aaO.
[10] SGB VI.
[11] Art. 234 § 6 I EGBGB.
[12] § 31 RentenüberleitungsG – RÜG – = Gesetz zur Überleitung des Versorgungsausgleichs auf das Beitrittsgebiet – VAÜG; vgl. hierzu *Hahne* FamRZ 1991, 1392.
[13] Vgl. im einzelnen *Ruland*, NJW 1992, 77, 85.

§ 8. Der Versorgungsausgleich

rufs- oder Erwerbsunfähigkeit. Es sind dies Renten oder Rentenanwartschaften aus der gesetzlichen Rentenversicherung, Pensionen von Beamten, Richtern und Soldaten, Leistungen der betrieblichen Altersversorgung, sonstige Renten oder wiederkehrende Leistungen und sonstige Leistungen und Anwartschaften, die der Alters- und Invaliditätssicherung dienen.[14] Nicht unter den Versorgungsausgleich fallen insbesondere Kapital-Lebensversicherungen,[15] Kapital-Lebensversicherungen mit Rentenwahlrecht, wenn das Wahlrecht bis zur Rechtshängigkeit des Scheidungsantrags nicht ausgeübt ist,[16] die Landabgabenrente nach §§ 41 ff. GAL[17] und Sachleistungen und Wohnungsrechte aus einem Leibgeding.[18]

3. Durchführung

a) Grundsätze. Die Durchführung des Versorgungsausgleichs richtet sich nach § 1587b BGB, §§ 1, 2 und 3b VAHRG. Sie erfolgt in mehreren Stufen. Zunächst werden die von jedem Ehegatten in der Ehezeit erworbenen Anwartschaften ermittelt. Hierzu kann das Familiengericht beim jeweiligen Versorgungsträger Auskünfte einholen, § 53b Abs. 2 FGG, § 11 Abs. 2 VAHRG. Die einzelnen so ermittelten Anrechte werden dann in einer volldynamischen Versorgung, bezogen auf das Ende der Ehezeit, zusammengefaßt. Die Umrechnung nicht volldynamischer Anrechte erfolgt mit Hilfe der Barwertverordnung und weiterer amtlicher Rechengrößen.[19] Der Barwert dieser Anrechte wird in Entgeltpunkte umgerechnet, woduch die volldynamische Rentenanwartschaft errechnet werden kann. 249

Als Ergebnis der Ermittlung, eventuellen Umrechnung und Addition der einzelnen Versorgungswerte ergibt sich für jeden Ehegatten eine nach der Rentenformel der §§ 63 Abs. 6, 64 SGB VI berechnete Monatsrente in DM. Diese beiden Monatsrenten werden miteinander verglichen. Hat ein Ehegatte eine höhere Rente erworben als der andere, so erhält der andere nach § 1587b BGB einen Ausgleich in Höhe der Hälfte des Überschusses. 250

Die Durchführung dieses Ausgleichs ist von der Art der auszugleichenden Versorgungsanrechte abhängig. Dabei hat das Gericht die folgende Reihenfolge einzuhalten.

b) Splitting nach § 1587b Abs. 1 BGB. Beim Splitting werden Anwartschaften in der gesetzlichen Rentenversicherung im Wege des Wertausgleichs nach § 1587b Abs. 1 BGB durch Abbuchung vom Versicherungskonto des Ausgleichspflichtigen auf ein bestehendes oder neu einzurichtendes Konto des Ausgleichsberechtigten ausgeglichen. Ab- und zugebucht wird eine Monatsrente in DM. Der Versicherungsträger nimmt den Vollzug vor, indem er den DM-Betrag nach Maßgabe des § 76 Abs. 4 SGB VI in Entgeltpunkte umrechnet und diese Entgeltpunkte dem Ausgleichspflichtigen abzieht und beim Ausgleichsberechtigten verbucht. Dies führt beim ausgleichsberechtigten Ehegatten zu einer Vermehrung seiner Entgeltpunkte und einer Erhöhung seiner Wartezeit. Die erworbenen Entgeltpunkte werden später zusammen mit etwaigen selbst erworbenen Entgeltpunkten im Rentenfall in die dann zu zahlende Rente umgerechnet. Beim ausgleichspflichtigen Ehegatten führt das Splitting zu einer Verringerung seiner Rentenansprüche. Die bereits erworbenen Wartezeiten bleiben jedoch unberührt. Der Ausgleichspflichtige kann sein Renten- 251

---

[14] Vgl. den Überblick bei *Palandt/Brudermüller* § 1587 Rdn. 4 ff.
[15] BGH FamRZ 1984, 156.
[16] BGHZ 88, 386.
[17] BGH FamRZ 1988, 272.
[18] BGH FamRZ 1993, 682 = LM Nr. 68 zu § 1587 BGB m. Anm. *Langenfeld*.
[19] Vgl. die Versorgungsausgleichs-Tabellen, fortlaufend in der NJW veröffentlicht, z. B. Beilage zu Heft 7/1995.

konto durch Zahlung von Beiträgen innerhalb von drei Monaten nach rechtskräftiger Entscheidung des Familiengerichts wieder auffüllen, § 187 SGB VI.

252 *c) Quasi-Splitting nach § 1587b Abs. 2 BGB.* Bei den Versorgungen der Beamten, Richter und Soldaten werden im Wege des Quasi-Splittings für den ausgleichsberechtigten Ehegatten Versorgungsanwartschaften auf einem Konto der gesetzlichen Rentenversicherung begründet, wobei der gesetzliche Rentenversicherungsträger seine Aufwendungen vom Träger der Beamtenversorgung ersetzt bekommt. Dem ausgleichspflichtigen Ehegatten werden seine Versorgungsbezüge entsprechend gekürzt, § 57 Abs. 1 S. 1 BeamtVG.

253 *d) Realteilung nach § 1 Abs. 2 VAHRG.* Sie findet für sonstige Versorgungen statt, wenn die maßgebende Versorgungsregelung sie vorsieht.[20]

254 *e) Erweitertes Quasi-Splitting nach § 1 Abs. 3 VAHRG.* Es findet nur bei öffentlich-rechtlich organisierten inländischen Versorgungsträgern statt.

255 *f) Begrenztes Supersplitting, Beitragszahlung.* Verbliebene Restmengen können im Wertausgleich durch begrenztes Supersplitting nach § 3b Abs. 1 Nr. 1 VAHRG bzw. durch zumutbare Beitragszahlung nach § 3b Abs. 1 Nr. 2 VAHRG ausgeglichen werden.

256 *g) Schuldrechtlicher Versorgungsausgleich.* Der subsidiäre schuldrechtliche Versorgungsausgleich nach § 1587f bis n BGB findet immer dann statt, wenn ein öffentlich-rechtlicher Versorgungsausgleich durch Splitting oder Quasisplitting oder eine Realteilung nicht möglich ist. Er scheidet dann aus, wenn ein unverfallbares, sonst dem schuldrechtlichen Versorgungsausgleich unterliegendes Anrecht durch erweiterten Ausgleich nach § 3 Abs. 1 Nr. 1 VAHRG zu Lasten eines anderen, öffentlich-rechtlich auszugleichenden Anrechts ausgeglichen werden kann, oder wenn das Gericht von der durch § 3 Abs. 1 Nr. 2 VAHRG in modifizierter Form wiedereingeführten Möglichkeit Gebrauch macht, den Ausgleichspflichtigen zur Beitragszahlung zu verpflichten. Beim schuldrechtlichen Versorgungsausgleich erhält der Ausgleichsberechtigte keine eigenständige Versorgung, sondern nur einen unterhaltsähnlichen, monatlich zahlbaren Geldanspruch gegen den Ausgleichsverpflichteten, der zur Voraussetzung hat, daß bei beiden geschiedenen Ehegatten der Versorgungsfall eingetreten ist. Wenn dies dem Ausgleichsverpflichteten zumutbar ist, kann der Ausgleichsberechtigte allerdings nach § 1587l BGB die Abfindung seiner künftigen Ansprüche in Form der Zahlung von Beiträgen zu einer gesetzlichen Rentenversicherung oder einer privaten Lebens- oder Rentenversicherung verlangen und so eine eigene Altersversorgung erlangen oder aufstocken. Weiterhin kann der Ausgleichsberechtigte nach § 1587i BGB verlangen, daß ihm die laufenden Ansprüche gegen den Versicherungsträger anteilig abgetreten werden.

257 Mit dem Tod des Ausgleichsberechtigten entfällt der Anspruch auf schuldrechtlichen Versorgungsausgleich. Dies galt, da es sich um eine abgeleitete Versorgung handelt, zunächst auch für den Tod des Ausgleichspflichtigen. Die hierdurch für den Ausgleichsberechtigten entstehende Versorgungslücke wurde durch die Einführung des **verlängerten schuldrechtlichen Versorgungsausgleichs** in § 3a VAHRG geschlossen. Der Ausgleichsberechtigte erhält durch ihn mit dem Tod des Ausgleichsverpflichteten einen Anspruch gegen den Versorgungsträger auf Fortzahlung des schuldrechtlichen Versorgungsausgleichs, wenn und soweit die Versorgungsordnung des Versorgungsträgers eine Hinterbliebenenrente vorsieht. Der Versorgungsfall braucht beim verstorbenen Ausgleichspflichtigen noch nicht eingetreten zu sein. Beim Ausgleichsberechtigten müssen die persönlichen Rentenvoraussetzun-

---

[20] Vgl. die Aufstellung bei *Johannsen/Henrich/Hahne* § 1 VAHRG Rdn. 20f.

gen entsprechend der Versorgungsordnung vorliegen. Der Versorgungsträger kann die Zahlung des verlängerten schuldrechtlichen Versorgungsausgleichs durch Realteilung oder sonstige Sicherung des geschiedenen Ehegatten abwenden.

§ 9. Der nacheheliche Unterhalt

I. Grundsätze

258 Als Folge des Übergangs des reformierten Scheidungsrechts vom Verschuldens- zum Zerrüttungsprinzip ergibt sich auch die **Verschuldensunabhängigkeit des Scheidungsfolgenrechts**, insbesondere des Rechts des nachehelichen Unterhalts. Wird zur Begründung des Scheidungsausspruchs von den Gerichten nach einem Scheidungsverschulden nicht mehr gefragt, so müssen auch die Scheidungsfolgen an andere Tatbestände als das Verschulden am Scheitern der Ehe anknüpfen. Im nachehelichen Unterhaltsrecht bekennt sich der Gesetzgeber grundsätzlich zur **Eigenverantwortung jedes geschiedenen Ehegatten** für seinen Unterhalt, stellt jedoch ein derart dichtes System von Unterhaltstatbeständen auf, daß die **Regel der Eigenverantwortlichkeit in der Praxis zur Ausnahme** wird. Konsequent verwirklicht ist damit jedoch die **Abkehr vom Verschuldensgrundsatz**.

259 **Grundtatbestand** des nachehelichen Unterhaltsrechts, selbst aber keine Anspruchsgrundlage, ist **§ 1569 BGB**, nach dem ein Ehegatte gegen den anderen Ehegatten einen Anspruch auf Unterhalt nach den nachfolgenden Unterhaltstatbeständen hat, wenn er nach der Scheidung nicht selbst für seinen Unterhalt sorgen kann. Die **einzelnen Unterhaltstatbestände** folgen dann in den §§ 1570 bis 1576 BGB. Ein geschiedener Ehegatte kann von dem anderen Unterhalt verlangen, solange und soweit von ihm wegen der **Pflege oder Erziehung eines gemeinschaftlichen Kindes** eine Erwerbstätigkeit nicht erwartet werden kann, § 1570 BGB, soweit von ihm im Zeitpunkt der Scheidung oder der Beendigung der Pflege oder Erziehung eines gemeinschaftlichen Kindes oder nach dem Wegfall der Voraussetzungen für einen Unterhaltsanspruch wegen Krankheit oder bis zur Erlangung angemessener Erwerbstätigkeit wegen seines **Alters** eine Erwerbstätigkeit nicht mehr erwartet werden kann, § 1571 BGB, solange und soweit von ihm im Zeitpunkt der Scheidung, der Beendigung der Pflege oder Erziehung eines gemeinschaftlichen Kindes, der Beendigung der Ausbildung, Fortbildung oder Umschulung oder des Wegfalls der Voraussetzungen für einen Unterhaltsanspruch zur Erlangung angemessener Erwerbstätigkeit an wegen **Krankheit** oder anderer Gebrechen oder Schwäche seiner körperlichen oder geistigen Kräfte eine Erwerbstätigkeit nicht mehr erwartet werden kann, § 1572 BGB, solange und soweit er nach der Scheidung **keine angemessene Erwerbstätigkeit** zu finden vermag, § 1573 BGB, wenn er eine aus ehebedingten Gründen nicht aufgenommene oder abgebrochene **Schul- oder Berufsausbildung** zur Erlangung einer angemessenen Erwerbstätigkeit fortsetzt oder aufnimmt, § 1575 BGB, schließlich soweit und solange von ihm aus sonstigen schwerwiegenden Gründen eine Erwerbstätigkeit nicht erwartet werden kann und die Versagung von Unterhalt unter Berücksichtigung beider Ehegatten **grob unbillig** wäre, § 1576 BGB. Der Billigkeitstatbestand des § 1576 BGB soll etwaige unerträgliche Lücken des Systems der gesetzlichen Unterhaltstatbestände schließen. § 1577 BGB regelt die Fragen der **Anrechnungspflichtigkeit von Einkünften und Vermögen** des Unterhaltsberechtigten, § 1481 BGB den **Wegfall von Unterhaltsansprüchen** bei fehlender oder verringerter Leistungsfähigkeit des anderen Teils. § 1578 BGB regelt das **Maß des Unterhalts**, ergänzt durch die **Auskunftspflicht** des § 1580 BGB.

260 Die 1986 neugefaßte **Härtevorschrift** des § 1579 BGB ermöglicht die Herabsetzung oder zeitliche Begrenzung des Unterhaltsanspruchs, soweit die Inanspruchnahme des Verpflichteten grob unbillig wäre. Das Gesetz normiert in § 1579 Nr. 1 bis 6 BGB einzelne Härtegründe und läßt in § 1579 Nr. 7 BGB andere ebenso schwerwiegende Gründe als Auffangtatbestand zu. Von besonderer Bedeutung ist

§ 9. Der nacheheliche Unterhalt

der Härtegrund des offensichtlich schwerwiegenden, eindeutig beim Berechtigten liegenden Fehlverhaltens gegen den Verpflichteten, § 1579 Nr. 6 BGB.

Die **Konkurrenz von Unterhaltsansprüchen** des geschiedenen und des neuen Ehegatten regeln §§ 1582, 1583 BGB, die **Rangfolge mehrerer Unterhaltspflichtiger** § 1584 BGB. Der Unterhalt ist in **Geld** und grundsätzlich nur **für die Zukunft** zu gewähren, §§ 1585, 1585 b BGB. Der Verpflichtete hat auf Verlangen **Sicherheit** zu leisten, § 1585 a BGB. Der Unterhaltsanspruch erlischt mit der **Wiederheirat** oder mit dem **Tod** des Berechtigten, § 1586 BGB. Er kann im Falle des Erlöschens durch Wiederheirat nach Auflösung der neuen Ehe wieder **aufleben**, § 1586 b BGB. Mit dem Tod des Unterhaltsverpflichteten geht die Unterhaltspflicht nach § 1586 b BGB auf die **Erben** als Nachlaßverbindlichkeit über. Der Erbe haftet jedoch nicht über den Betrag des kleinen, also nicht nach § 1371 Abs. 1 BGB erhöhten **Pflichtteils** hinaus, der dem Unterhaltsberechtigten zuständige, wenn die Ehe durch Tod aufgelöst worden wäre. 261

II. Die einzelnen Unterhaltstatbestände

1. Unterhalt wegen Kindesbetreuung, § 1570 BGB

Nach § 1570 BGB kann ein geschiedener Ehegatte von dem anderen Unterhalt verlangen, solange und soweit von ihm wegen der Pflege oder Erziehung eines gemeinschaftlichen Kindes eine Erwerbstätigkeit nicht erwartet werden kann. Gemeinschaftlich ist auch das von einem Ehegatten adoptierte Kind des anderen Ehegatten und das von beiden Ehegatten gemeinsam adoptierte Kind. Der betreuende Ehegatte erhält einen eigenen Unterhaltsanspruch, um die persönliche Betreuung der gemeinschaftlichen Kinder durch den sorgeberechtigten Elternteil sicherzustellen. Dieser gesetzliche Anspruch ist nicht selten Mitursache des Streits um die Kinder. Der Kindesbetreuungsunterhalt ist gegenüber anderen Unterhaltstatbeständen privilegiert.[1] Insbesondere gibt es bei ihm keinen Einsatzzeitpunkt, hat er gem. § 1582 BGB Vorrang vor dem Unterhaltsanspruch des neuen Ehegatten des Verpflichteten und lebt er nach § 1586 a BGB nach Auflösung der neuen Ehe des Berechtigten wieder auf. Dennoch kann auch auf Kindesbetreuungsunterhalt wirksam verzichtet werden und beurteilt sich die Sittenwidrigkeit des Verzichts nach den Verhältnissen zum Zeitpunkt des Vertragsabschlusses.[2] Die Berufung auf den Verzicht kann dem Verpflichteten aber versagt sein.[3] Pflege und Erziehung betreffen das körperliche und geistige Wohl des Kindes, seine Bildung und Ausbildung. Da Unterhalt nach § 1570 BGB nur verlangt werden kann, solange und soweit wegen der Kindesbetreuung eine eigene Erwerbstätigkeit vom betreuenden Elternteil nicht erwartet werden kann, hat dieser gestufte Erwerbsobliegenheiten. Bei Betreuung eines Kindes unter 8 Jahren braucht der Betreuende regelmäßig nicht zu arbeiten.[4] Ab dem Beginn der 3. Grundschulklasse bis zum 15. Geburtstag des Kindes besteht in der Regel eine Obliegenheit zur Halbtagsbeschäftigung, ab dann zur Ganztagstätigkeit. Entscheidend sind aber immer die Umstände des Einzelfalls.[5] 262

2. Unterhalt wegen Alters, § 1571 BGB

Nach § 1571 BGB kann ein geschiedener Ehegatte von dem anderen Unterhalt verlangen, wenn von ihm zu bestimmten Zeitpunkten wegen seines Alters eine 263

---
[1] Vgl. §§ 1579, 1582 Abs. 1 S. 2, 1571 Nr. 2, 1572 Nr. 2, 1577 Abs. 4 und 1586 a BGB.
[2] BGH FamRZ 1991, 306.
[3] Vgl. Rdn. 635 ff.
[4] BGH FamRZ 1983, 456.
[5] Vgl. MünchKomm/*Maurer* § 1570 Rdn. 9 ff.

Erwerbstätigkeit nicht mehr erwartet werden kann. Dies sind einmal der Zeitpunkt der Scheidung, dann der Zeitpunkt der Beendigung der Pflege oder Erziehung eines gemeinschaftlichen Kindes und schließlich die Zeitpunkte des Wegfalls der Voraussetzungen für einen Unterhaltsanspruch wegen Krankheit oder Gebrechen oder wegen Arbeitslosigkeit. Ansprüche auf Altersversorgung, die ganz oder teilweise durch den Versorgungsausgleich erworben sein können, mindern die Bedürftigkeit oder schließen sie aus. § 1571 BGB ist ein **Anschlußtatbestand**, der zum Tragen kommen kann, nachdem unter Umständen längere Zeit aus anderen Tatbeständen Unterhalt geschuldet wurde. Für die **Altersgrenze** können regelmäßig die Altersgrenzen der öffentlichen Versorgungssysteme herangezogen werden.[6] Jedoch stellen sie nur eine Obergrenze in dem Sinn dar, daß es auch schon vor ihrer Erreichung aus Altersgründen unmöglich sein kann, dem Ehegatten auf dem Arbeitsmarkt eine Stelle nachzuweisen, insbesondere dann, wenn er längere Zeit aus dem Arbeitsleben ausgeschieden war.[7]

3. Unterhalt wegen Krankheit oder Gebrechen, § 1572 BGB

264   Ein geschiedener Ehegatte kann nach § 1572 BGB von dem anderen Unterhalt verlangen, solange und soweit von ihm von bestimmten Zeitpunkten an wegen Krankheit oder anderer Gebrechen oder Schwäche seiner körperlichen oder geistigen Kräfte eine Erwerbstätigkeit nicht erwartet werden kann. Auch hier handelt es sich um einen **Anschlußtatbestand**. Die maßgeblichen Zeitpunkte sind entweder der Zeitpunkt der Scheidung oder der Zeitpunkt der Beendigung der Pflege oder Erziehung eines gemeinschaftlichen Kindes oder der Zeitpunkt der Beendigung der Ausbildung, Fortbildung oder Umschulung oder schließlich der Zeitpunkt des Wegfalls der Voraussetzungen für einen Unterhaltsanspruch wegen Arbeitslosigkeit. Nach h. L. genügt schon das **latente Vorhandensein** der später ausgebrochenen Krankheit zum Einsatzzeitpunkt.[8] Die Krankheit kann, muß aber nicht **ehebedingt** sein.[9] Dies ist zwar die logische Folgerung aus der Natur der Vorschrift als Anschlußtatbestand, bedeutet jedoch für den Unterhaltsverpflichteten unter Umständen eine arge Ausdehnung der fortwirkenden ehelichen Solidarität. Der Verpflichtete hat hier möglicherweise die Folgen einer bei Eheschluß und während der Ehe nicht voraussehbaren persönlichen Fehlentwicklung des Berechtigten zu tragen, einer **Lebensführungsschuld**, an der ihn kein Mitverschulden trifft. Korrektiv kann die mutwillige Herbeiführung der Bedürftigkeit im Sinne von § 1579 Nr. 3 BGB sein. Die Gerichte sind hier jedoch bisher sehr zurückhaltend.[10] Gefahren des § 1572 BGB für den Verpflichteten liegen weiterhin in schon vor der Eheschließung angelegten, von den Ehegatten bei Eheschluß noch nicht erkannten Krankheiten[11] und in nach der Scheidung aufgebauten Suchtkrankheiten.[12] Der an einer Suchtkrankheit erkrankte Ehegatte muß sich allerdings zur Vermeidung des Vorwurfs der Mutwilligkeit nach § 1579 Nr. 3 BGB alsbald den angezeigten Entziehungskuren unterziehen.[13] Zeitigen diese jedoch keinen Erfolg, so verbleibt es bei der Unterhaltspflicht des anderen Ehegatten.

---

[6] *Soergel/Häberle* § 1571 Rdn. 2; *MünchKomm/Maurer* § 1571 Rdn. 4 ff.
[7] *Soergel/Häberle* § 1571 Rdn. 3.
[8] *Soergel/Häberle* § 1572 Rdn. 5 m. w. N.
[9] BT-Drucks. 7/650 S. 124; *MünchKomm/Maurer* § 1572 Rdn. 4.
[10] OLG Celle FamRZ 1980, 256 zum Fall nachlässiger Medikamenteneinnahme; OLG Düsseldorf FamRZ 1987, 1262.
[11] Zucker: OLG Nürnberg FamRZ 1981, 964; Multiple Sklerose: BGH FamRZ 1981, 1163.
[12] Alkoholismus: OLG Karlsruhe FamRZ 1980, 1125; OLG Stuttgart FamRZ 1981, 963; BGH FamRZ 1981, 1142; Drogenabhängigkeit: Griesche FamRZ 1981, 423, 425.
[13] BGH FamRZ 1981, 1042, 1045; BGH FamRZ 1987, 359/361; BGH FamRZ 1988, 375 = NJW 1988, 1147.

§ 9. Der nacheheliche Unterhalt

4. Unterhalt bis zur Erlangung angemessener Erwerbstätigkeit, §§ 1573, 1574 BGB

Nach § 1573 BGB kann ein geschiedener Ehegatte, der keinen Unterhaltsanspruch nach §§ 1570 bis 1572 BGB hat, vom anderen gleichwohl Unterhalt verlangen, solange und soweit er nach der Scheidung keine angemessene Erwerbstätigkeit zu finden vermag. Nach h. L. sind auch die §§ 1575 und 1576 BGB vorrangig.[14] Auch hier handelt es sich also um einen **Anschlußtatbestand**. Dem geschiedenen Ehegatten wird das regelmäßig ehebedingte Risiko des anderen Ehegatten, nach der Scheidung, Ausbildung, Umschulung, Krankheit oder Kinderbetreuung keine angemessene Erwerbstätigkeit mehr zu finden, aufgebürdet. Der bedürftige Ehegatte darf im Zeitpunkt der Scheidung nicht oder nicht voll berufstätig gewesen sein.[15] Dies wird regelmäßig ehebedingt sein, jedoch ist die Ehebedingtheit nicht Anspruchsvoraussetzung, da sonst zu große Beweisschwierigkeiten entstünden.[16]

Unbilligkeiten etwa der Art, daß der Ehegatte in der Ehe pflichtwidrig nicht gearbeitet hat, kann mit § 1579 Abs. 1 Nr. 4 BGB begegnet werden.[17] An die Obliegenheit des Unterhaltsberechtigten, eine angemessene Erwerbstätigkeit zu suchen, sind strenge Anforderungen zu stellen.[18] Die Arbeitssuche ist so lange fortzusetzen, wie Unterhalt nach diesem Tatbestand beansprucht wird. Unter dieser Voraussetzung ist der Anspruch **zeitlich unbegrenzt**. Er kann bei Wegfall der angemessenen Erwerbstätigkeit unter den Voraussetzungen des § 1573 Abs. 4 BGB wieder aufleben, also dann, wenn die Einkünfte aus einer angemessenen Erwerbstätigkeit wegfallen, weil es dem Ehegatten trotz seiner Bemühungen nicht gelungen ist, seinen Unterhalt durch die Erwerbstätigkeit nach der Scheidung nachhaltig zu sichern. War es ihm gelungen, den Unterhalt teilweise nachhaltig zu sichern, so kann es den Unterschiedsbetrag zwischen dem nachhaltig gesicherten und dem vollen Unterhalt verlangen. Ein Wiederaufleben ist also ganz oder teilweise ausgeschlossen, wenn der Unterhalt durch die Erwerbstätigkeit **nachhaltig gesichert** war. Wann dies der Fall ist, ist im einzelnen streitig und ungeklärt.[19] Bei der zunehmenden Instabilität unseres Arbeitsmarktes bereitet die Auslegung erhebliche Schwierigkeiten. Als Richtlinie sollte gelten, daß ein nachträglicher Arbeitsplatzverlust dann nichts mehr an der nachhaltigen Sicherung des Unterhalts ändert und einen Unterhaltsanspruch gegen den geschiedenen Ehegatten dann nicht mehr aufleben läßt, wenn der Arbeitsplatzverlust nicht mehr den Nachwirkungen der Ehe zugerechnet werden kann, sondern auf sonstigen Gründen beruht.

Weitere Auslegungsschwierigkeiten bereitet § 1574 BGB, nach dem der geschiedene Ehegatte nur eine ihm **angemessene Erwerbstätigkeit** auszuüben braucht.[20] Nach dem Gesetz ist eine Erwerbstätigkeit angemessen, die der Ausbildung, den Fähigkeiten, dem Lebensalter und dem Gesundheitszustand des geschiedenen Ehegatten sowie den ehelichen Lebensverhältnissen entspricht. Bei den ehelichen Lebensverhältnissen sind die Dauer der Ehe und die Dauer der Pflege oder Erziehung eines gemeinschaftlichen Kindes zu berücksichtigen. Soweit es zur Aufnahme einer angemessenen Erwerbstätigkeit erforderlich ist, obliegt es dem geschiedenen Ehegatten, sich ausbilden, fortbilden oder umschulen zu lassen, wenn ein erfolgreicher Abschluß der Ausbildung zu erwarten ist. Bei der Beurteilung der Angemessenheit einer Erwerbstätigkeit kommt es einmal auf die **persönlichen Verhältnisse** des ge-

---
[14] *Soergel/Häberle* § 1573 Rdn. 2 m. w. N.
[15] BGH NJW 1980, 393 = FamRZ 1980, 126 m. w. N.
[16] BGH aaO.
[17] *Soergel/Häberle* § 1573 Rdn. 5.
[18] *Soergel/Häberle* § 1573 Rdn. 6.
[19] Vgl. MünchKomm/*Maurer* § 1573 Rdn. 22; BGH FamRZ 1985, 791.
[20] Dazu *Heiß* in: *Heiß/Born* Rdn. I 85 ff.

schiedenen Ehegatten und zum anderen auf die **ehelichen Lebensverhältnisse** an. Unter Berücksichtigung ihrer persönlichen Verhältnisse braucht die Lehrerin also nicht als Kindergartenhilfe, die gelernte Verkäuferin nicht als Putzfrau zu arbeiten. Auch während der Ehe erworbene und ausgeübte Tätigkeiten können die persönlichen Verhältnisse bestimmen. So braucht die Frau des mittelständischen Unternehmers, die im gemeinschaftlichen Betrieb über Jahre hinaus die Buchhaltung geführt hat, nach der Scheidung nicht wieder ihren ehemaligen Beruf als Verkäuferin auszuüben. Insbesondere die ehelichen Lebensverhältnisse haben häufig entscheidenden Einfluß auf die Angemessenheit beruflicher Tätigkeit. Die medizinisch-technische Angestellte, die viele Jahre lang als Ehefrau des Chefarztes ein großes Haus geführt hat, braucht nach der Scheidung nicht mehr ihren alten Beruf aufzunehmen. Der Skilehrer, der die Industriellentochter geheiratet hat und während längerer Ehe als Privatier auf großem Fuß gelebt hat, braucht nicht mehr an den Skihang zurück. Umgekehrt kann die Lehrerin, die einen Arbeiter geheiratet hat und sich während der Ehe von ihm unterhalten ließ, nicht von diesem Unterhalt verlangen, weil sie eine Anstellung im Schuldienst nicht mehr findet. Es ergibt sich also die wenig demokratische und zeitgemäße Folgerung, daß man unterhaltsmäßig herauf oder herunter heiraten kann, daß man in der Ehe mit Folgen für den nachehelichen Unterhalt einen Status erwerben oder verlieren kann.

266 Ein besonders häufig kritisierter Punkt des reformierten Rechts des nachehelichen Unterhalts ist der sogenannte **Aufstockungsanspruch des § 1573 Abs. 2 BGB**. Nach dieser Vorschrift kann der unterhaltsberechtigte Ehegatte, soweit die Einkünfte aus einer angemessenen Erwerbstätigkeit zu seinem vollen Unterhalt im Sinne von § 1578 BGB nicht ausreichen und soweit er nicht bereits einen Unterhaltsanspruch nach den §§ 1570 bis 1572 BGB hat, den Unterschiedsbetrag zwischen den Einkünften und dem vollen Unterhalt verlangen. Entscheidend hierfür ist, daß sich nach § 1578 BGB das Maß des Unterhalts nach den ehelichen Lebensverhältnissen bestimmt. Der Gesetzgeber hat hier den **höchsten denkbaren Unterhaltsbemessungsmaßstab** gewählt. Die ehelichen Lebensverhältnisse werden nach heutigen Vorstellungen im wesentlichen von den Einkommensverhältnissen der Ehegatten bestimmt.[21] Daneben kann größeres verwertbares Vermögen und die berufliche oder soziale Stellung mitbestimmend sein. Die Lebensstellung des nicht erwerbstätigen Ehegatten wird deshalb ohne Rücksicht auf seine berufliche Aus- oder Vorbildung, sein Vermögen und seine Herkunft vom Einkommen des berufstätigen Ehegatten bestimmt, unter Umständen nochmals angehoben durch größeres Vermögen des berufstätigen Ehegatten und dessen soziale oder gesellschaftliche Stellung.

267 § 1573 Abs. 2 BGB ist nach h.L. eine **selbständige Anspruchsgrundlage**.[22] Die Vorschrift gilt auch für denjenigen Ehegatten, der bereits vor der Scheidung eine ihm damals angemessene Erwerbstätigkeit ausübte, da auch für ihn die Unterhaltsspitze wegfällt.[23] Die ehemalige Sprechstundenhilfe, die nach der Ehe mit dem Chefarzt wieder in ihren ursprünglichen Beruf zurückkehrt, hat also, obwohl sie das gleiche Einkommen und die gleiche Stellung wie vor der Ehe wiedererlangt hat, den Aufstockungsanspruch des § 1573 Abs. 2 BGB. Die Vorschrift bezweckt eine Garantie des einmal erreichten Lebensstandards auch nach der Scheidung und soll **sozialen Abstieg** verhindern. Sie ist mit dieser Zielrichtung verfassungsgemäß.[24]

---

[21] *Soergel/Häberle* § 1578 Rdn. 2.
[22] OLG Celle FamRZ 1980, 581.
[23] BT-Drucks. 7/650 S. 126; BGH FamRZ 1981, 241; BGH FamRZ 1988, 265; BGH FamRZ 1990, 979.
[24] BVerfG FamRZ 1981, 745/751.

§ 9. Der nacheheliche Unterhalt

268 Die Lebensstandardgarantie des § 1573 Abs. 2 BGB ist als „Nerzklausel"[25] wiederholt scharf kritisiert worden.[26] Dem Gerechtigkeitsgefühl widersprechende Fälle sind unschwer zu bilden. Man denke nur an den Fall der Ehefrau des Chefarztes, die vor ihrer Verheiratung mit dem erheblich älteren Ehemann als Sprechstundenhilfe tätig war. Durch Grenntleben erzwingt sie die Scheidung, um mit ihrem gleichaltrigen Freund zusammenleben zu können. Sie ist wieder als Sprechstundenhilfe tätig. In der Ehe hatte sie einen Lebensstandard erreicht, der sich mit ihrem angemessenen Einkommen als Sprechstundenhilfe nicht finanzieren läßt. In diesem Fall hat sie gegen den geschiedenen Chefarzt einen Aufstockungsanspruch in Höhe der Differenz zwischen ihrem eigenen Einkommen und dem nach § 1578 BGB geschuldeten, an den ehelichen Lebensverhältnissen ausgerichteten Unterhalt. Hier liegen Ansatzpunkte insbesondere für vorsorgende ehevertragliche Vereinbarungen, um Ungerechtigkeiten zu vermeiden.

5. Unterhalt zur Ausbildung, Fortbildung oder Umschulung, § 1575 BGB

269 Nach § 1575 BGB hat ein geschiedener Ehegatte, der in Erwartung der Ehe oder während der Ehe eine Schul- oder Berufsausbildung nicht aufgenommen oder abgebrochen hat, einen Unterhaltsanspruch gegen den anderen Ehegatten, wenn er die unterlassene oder abgebrochene oder eine entsprechende Ausbildung sobald wie möglich aufnimmt, um eine angemessene und den Unterhalt nachhaltig sichernde Erwerbstätigkeit zu erlangen und der erfolgreiche Abschluß der Ausbildung zu erwarten ist. Der Anspruch besteht längstens für die Zeit, die für eine solche Ausbildung im allgemeinen üblich ist. Ehebedingte Verzögerungen der Ausbildung sind zu berücksichtigen. Entsprechendes gilt, wenn sich der geschiedene Ehegatte fortbilden oder umschulen läßt, um Nachteile auszugleichen, die durch die Ehe eingetreten sind. Verlangt der geschiedene Ehegatte nach Beendigung der Ausbildung, Fortbildung oder Umschulung Unterhalt wegen Arbeitslosigkeit nach § 1573 BGB, so bleibt bei der Bestimmung der angemessenen Erwerbstätigkeit nach § 1574 Abs. 2 BGB der etwa erreichte höhere Ausbildungsstand außer Betracht. Die Vorschrift soll **ehebedingte Nachteile in der Schul- und Berufsausbildung** ausgleichen. Bei Verzicht auf Aufnahme einer derartigen Ausbildung oder bei deren Abbruch in Erwartung der Ehe ist deshalb erforderlich, daß die Ehe der Grund für diese Verhaltensweise war. Dies gilt auch für den Verzicht auf Aufnahme der Ausbildung während der Ehe.[27] Bei Abbruch der Ausbildung während der Ehe genügt jedoch der zeitliche Zusammenhang, da sonst die Beweisschwierigkeiten zu groß wären.[28] Steht dem Unterhaltsberechtigten ein Anspruch auf Förderung nach dem Bundesausbildungsförderungsgesetz zu, so ist er insoweit nicht bedürftig.[29]

Schwab[30] hält die Vorschrift mit Recht rechtspolitisch für verfehlt. Schon aus §§ 1573, 1574 Abs. 3 BGB ergibt sich ein Anspruch auf Finanzierung einer Ausbildung, wenn diese notwendig ist, damit der Unterhaltsberechtigte zu einer angemessenen Erwerbstätigkeit gelangt. Darüber hinaus einen Unterhaltsanspruch zur Ausbildung, Fortbildung oder Umschulung zu gewähren, erscheint unangemessen. Auch der Gedanke des Ausgleichs ehebedingter Nachteile stellt für einen derartigen weitgehenden Anspruch keine zwingende Rechtfertigung dar. Der gemeinsame eheliche Lebensplan verlangt von beiden Ehegatten Anpassung und Verzicht. Dies

---

[25] *Lynker* Das neue Scheidungsrecht, 1977, S. 96.
[26] *Holzhauer* JZ 1977, 729/739 ff.; *Dieckmann* FamRZ 1977, 81, 86; *Müller-Freienfels* Festschrift Beitzke 1979, 311/321.
[27] *Soergel/Häberle* § 1575 Rdn. 3 m.w.N.
[28] BT-Drucks. 7/650 S. 131.
[29] BGH FamRZ 1980, 126; MünchKomm/*Maurer* § 1575 BGB Rdn. 4 f.
[30] *Schwab*, Erstauflage Rdn. 272.

gilt auch für den berufstätigen Mann. Nicht selten verzichtet auch dieser im Interesse der Familie auf berufliche Veränderungen und Verbesserungen.³¹ Die Gerichte neigen deshalb zu Recht zu einer restriktiven Auslegung der Vorschrift.³² Im Rahmen von Scheidungsvereinbarungen liegt hier häufig ein regelungsbedürftiger Punkt.

6. Unterhalt aus Billigkeitsgründen, § 1576 BGB

270 Nach § 1576 BGB kann ein geschiedener Ehegatte von dem anderen Unterhalt verlangen, soweit und solange von ihm über die vorhergehenden Unterhaltsbestände hinaus aus sonstigen schwerwiegenden Gründen eine Erwerbstätigkeit nicht erwartet werden kann und die Versagung von Unterhalt unter Berücksichtigung der Belange beider Ehegatten grob unbillig wäre. Schwerwiegende Gründe dürfen nicht allein deswegen berücksichtigt werden, weil sie zum Scheitern der Ehe geführt haben. Die sogenannte **positive Billigkeitsklausel** ist auf Anregung des Rechtsausschusses³³ über den Vermittlungsausschuß Gesetz geworden. Sie soll Lücken im nachehelichen Unterhaltssystem vermeiden lassen. Nach allgemeiner Ansicht ist sie **eng auszulegen**.³⁴ Deshalb sind bis auf seltene Ausnahmefälle nur ehebedingte Bedürfnislagen anspruchsbegründend.³⁵ Unter dieser Voraussetzung kann auch die Betreuung eines nicht gemeinschaftlichen Kindes ein schwerwiegender Grund im Sinne der Vorschrift sein, etwa wenn das ereheliche Kind der Frau mit Zustimmung des Mannes in den gemeinsamen Haushalt aufgenommen wurde und die Frau die Ehe andernfalls nicht eingegangen wäre.³⁶

Die Versagung von Unterhalt muß unter Berücksichtigung der Belange beider Ehegatten **grob unbillig** sein, also dem Gerechtigkeitsgefühl in unerträglicher Weise widersprechen. Deshalb hat die Frau wegen der Pflege und Erziehung eines während der Ehe geborenen Kindes keinen Unterhaltsanspruch, wenn rechtskräftig feststeht, daß der geschiedene Mann nicht der Vater des Kindes ist.³⁷ Satz 2 der Vorschrift soll sicherstellen, daß unter schwerwiegenden Gründen primär immer Gesichtspunkte mit wirtschaftlicher Auswirkung zu verstehen sind.³⁸

7. Ausschluß des Unterhaltsanspruchs bei grober Unbilligkeit, § 1579 BGB

271 Die **Härteregelung des § 1579 BGB** wurde durch das Unterhaltsänderungsgesetz 1986³⁹ neu gefaßt, nachdem das Bundesverfassungsgericht⁴⁰ § 1579 Abs. 2 a.F. für verfassungswidrig erklärt hatte. Die ständige Rechtsprechung des BGH zum Unterhaltsausschluß bei einseitigem, schweren und schuldhaftem ehelichen Fehlverhalten⁴¹ wurde in § 1579 Nr. 6 normiert. Weiterhin wurde die Alternative zwischen dem völligen Ausschluß des Unterhaltsanspruchs einerseits und seiner ungeschmälerten Belassung andererseits dadurch beseitigt, daß jetzt neben der Versagung von

---

³¹ Beispiele von *Schwab*. Der Studienrat, der im Hinblick auf die Versorgung von Frau und Kind von einer Habilitation Abstand nimmt, der Betriebswirt, der mit Rücksicht auf die Familie eine verheißungsvolle Fortbildung im Ausland ausschlägt.
³² MünchKomm/*Maurer* § 1575 Rdn. 17.
³³ BT-Drucks. 7/4361 S.31, 90.
³⁴ MünchKomm/*Maurer* § 1576 Rdn. 14; zur Rechtsprechung *Griesche* FamRZ 1981, 423/427.
³⁵ Zum Streitstand MünchKomm/*Maurer* § 1576 Rdn. 1.
³⁶ Zu diesen Fragen MünchKomm/*Maurer* § 1576 Rdn. 5 ff.
³⁷ OLG Celle FamRZ 1979, 238; differenzierend OLG Frankfurt FamRZ 1982, 299 m. Anm. *Bosch*.
³⁸ MünchKomm/*Maurer* § 1576 Rdn. 16.
³⁹ BGBl. I S. 301.
⁴⁰ BVerfG 57, 361 = NJW 1981, 1771 = FamRZ 1981, 745.
⁴¹ Vgl. *Soergel/Häberle* § 1579 Rdn. 15 ff.

§ 9. Der nacheheliche Unterhalt

Unterhaltsansprüchen auch deren Herabsetzung oder Begrenzung möglich ist. Die Vorschrift gewährleistet in ihrer jetzigen Form die Verfassungsmäßigkeit eines schuldunabhängigen Unterhaltsrechts.[42] Sie hat für vorsorgende und scheidungsbezogene Vereinbarungen über den nachehelichen Unterhalt richtungweisende Bedeutung. Einmal ist die immer schon zulässige Modifizierung von Unterhaltshöhe und Unterhaltsdauer jetzt ausdrücklich bestätigt worden. Zum anderen enthalten die gesetzlichen Härtetatbestände der § 1579 Nr. 1 bis 7 BGB auch Vorgaben für entsprechende Vereinbarungen, etwa den Unterhaltsausschluß bei nur kurzer Ehedauer (§ 1579 Nr. 1) oder die Berücksichtigung des Scheidungsverschuldens (§ 1579 Nr. 6). Die Vereinbarung kann in Anlehnung an die gesetzlichen Härtegründe deren Voraussetzungen übernehmen, konkretisieren, einschränken oder erweitern.

III. Der Umfang des Unterhalts

1. Bedürftigkeit des Unterhaltsberechtigten

Der geschiedene Ehegatte kann Unterhalt nach den vorstehend behandelten Vorschriften nicht verlangen, solange und soweit er sich aus seinen Einkünften und seinem Vermögen selber unterhalten kann, § 1577 Abs. 1 BGB. **Anrechnungspflichtige Einkünfte** sind das sogenannte **bereinigte Nettoarbeitseinkommen** (Bruttoarbeitseinkommen abzüglich Steuern und Sozialversicherungsbeträgen), die **Nebeneinkünfte** (13. und 14. Monatsgehalt, Weihnachtsgeld, Urlaubsgeld, Tantiemen, Prämien, Gewinnbeteiligungen, Trinkgelder, Naturalzuwendungen), **Einkünfte aus Überstunden**, soweit nicht unbillig,[43] der **Ortszuschlag** des Beamten, **Renteneinkünfte**, Einkünfte aus **Vermögen** (Mieterträge, Kapitalzinsen), das **Wohngeld, Arbeitslosengeld, Krankengeld** und verlorene Zuschüsse aus Bundesausbildungsförderungsgesetz. Nicht anzurechnen sind subsidiäre Sozialleistungen, das staatliche Kindergeld und sonstige subsidiäre oder ihrem Wesen nach allein in die Sphäre des Berechtigten fallende Leistungen wie etwa Schmerzensgelder.[44] Anzurechnen sind auch Einkünfte aus Arbeit oder Vermögen, die in zumutbarer Weise erzielt werden könnten, deren Erzielung der Unterhaltsberechtigte jedoch unterläßt.[45]

272

Freiwillige Zuwendungen Dritter, z. B. der Eltern, auf die der Unterhaltsberechtigte keinen Anspruch hat, sind nur dann anzurechnen, wenn der Dritte den Verpflichteten entlasten wollte. Sollten sie nur den Bedürftigen zugutekommen, bleibt die Bedürftigkeit bestehen.[46] Dies gilt nach dem BGH[47] grundsätzlich auch für Leistungen des **Partners der** vom geschiedenen Ehegatten eingegangenen **nichtehelichen Lebensgemeinschaft**. Soweit diese Leistungen jedoch als Entgelt für die Zurverfügungstellung von Wohnraum und die Haushaltsführung durch den geschiedenen Ehegatten anzusehen sind, mindern sie als anrechnungspflichtiges Einkommen dessen Bedürftigkeit.[48] Mangels Vorliegen oder mangels Beweisbarkeit entsprechender tatsächlicher Gegenleistungen des Partners der nichtehelichen Lebensgemeinschaft ist der wirkliche Wert der vom Unterhaltsberechtigten erbrachten Versorgungsleistungen und sonstigen Zuwendungen maßgebend. Der unterhaltsberech-

273

---

[42] *Soergel/Häberle* § 1579 Rdn. 2.
[43] BGH NJW 1980, 2251.
[44] Vgl. *Soergel/Häberle* § 1577 Rdn. 6 m. w. N.
[45] BGH FamRZ 1980, 126; FamRZ 1981, 539/541; FamRZ 1981, 1042/1044; *Soergel/Häberle* § 1577 Rdn. 10.
[46] BGH FamRZ 1980, 40/42; *Soergel/Häberle* § 1577 Rdn. 11.
[47] FamRZ 1980, 40.
[48] BGH FamRZ 1980, 40; *Soergel/Häberle* § 1577 Rdn. 12; MünchKomm/*Maurer* § 1577 Rdn. 16.

tigte geschiedene Ehegatte muß sich also grundsätzlich eine angemessene Vergütung für seine Dienste und sonstigen Leistungen an den Partner der nichtehelichen Lebensgemeinschaft auf seinen Unterhaltsanspruch anrechnen lassen.[49]

274 Auch der **Stamm seines Vermögens** ist vom Unterhaltsberechtigten grundsätzlich zu Geld zu machen, um hieraus seinen Unterhalt zu bestreiten. Hiervon macht § 1577 Abs. 3 BGB dann eine Ausnahme, wenn die Verwertung entweder unwirtschaftlich oder unter Berücksichtigung der beiderseitigen wirtschaftlichen Verhältnisse unbillig wäre. Bei der Prüfung der Unwirtschaftlichkeit sind sämtliche Umstände des Einzelfalles zu berücksichtigen.[50] Die Veräußerung des selbstgenutzten Eigenheims ist dann unbillig, wenn dem Unterhaltsverpflichteten unter Berücksichtigung der Scheidungslasten ein Eigenheim oder die Mittel zum Erwerb eines solchen verbleiben.

275 Schwierig auszulegen ist der „völlig mißglückte"[51] **§ 1577 Abs. 2 BGB**. Nach seinem Wortlaut sind Einkünfte nicht anzurechnen, soweit der Verpflichtete nicht den vollen Unterhalt im Sinne von § 1578 BGB leistet. Einkünfte, die den vollen Unterhalt übersteigen, sind insoweit anzurechnen, als dies unter Berücksichtigung der beiderseitigen wirtschaftlichen Verhältnisse der Billigkeit entspricht. In Klärung verschiedener Streitfragen hat der BGH[52] folgende **Grundsätze** zur Auslegung dieser Vorschrift aufgestellt:

276 Die Vorschrift ist nur auf die Einkünfte des Unterhaltsberechtigten aus unzumutbarer Erwerbstätigkeit anzuwenden, dagegen von vornherein nicht auf Einkünfte aus zumutbarer Erwerbstätigkeit. Der Unterhaltsberechtigte erhält die Vergünstigungen des § 1577 Abs. 2 BGB nicht nur für eine unzumutbare Erwerbstätigkeit, die durch die Nichterfüllung der Unterhaltspflicht des anderen geschiedenen Ehegatten veranlaßt worden ist, sondern auch für andere Einkünfte aus einer nicht gebotenen Arbeit, die etwa aus Neigung, zum Schuldenabbau oder zur Verbesserung des Lebenszuschnitts des Berechtigten bzw. seiner sorgeberechtigten Kinder aufgenommen wurde. Derartige Einkünfte aus unzumutbarer Erwerbstätigkeit sind bis zur Höhe der Differenz der tatsächlichen Unterhaltsleistungen des Schuldners zusammen mit etwaigen anderweitigen Einkünften des Berechtigten einerseits und dem vollen Unterhalt des Berechtigten andererseits gemäß § 1577 Abs. 2 S. 1 BGB nicht anzurechnen. Für darüber hinausgehende unzumutbare Einkünfte gilt § 1577 Abs. 2 S. 2 BGB. Soweit hiernach der überschießende Einkommensanteil anzurechnen ist, ist er nicht etwa im Sinne der sogenannten Differenzmethode in die abschließende Unterhaltsbemessung einzubeziehen, sondern von dem Unterhaltsbetrag, den der unterhaltspflichtige Ehegatte ohne Berücksichtigung des Einkommens aus unzumutbarer Tätigkeit schulden würde, direkt abzuziehen.

2. Die Leistungsfähigkeit des Unterhaltsverpflichteten

277 Zur Erfüllung seiner Unterhaltsverpflichtungen muß der Unterhaltsschuldner grundsätzlich sein volles Einkommen und Vermögen einsetzen. Es gelten hier wegen der erforderlichen Gleichbehandlung der geschiedenen Ehegatten **dieselben Grundsätze wie für das anrechenbare Einkommen des Unterhaltsberechtigten**. Jedoch ist beim Unterhaltsverpflichteten **alles Einkommen** zu berücksichtigen, auch soweit es auf „überobligationsmäßiger" Anstrengung beruht, also das tatsächliche Gesamt-

---

[49] BGH FamRZ 1983, 665/668 unter Berufung auf den Rechtsgedanken des § 850h Abs. 2 ZPO; BGH FamRZ 1983, 146/148; 1985, 359; 1987, 912.
[50] BT-Drucks. 7/650 S. 135; BGH FamRZ 1985, 357; BGH FamRZ 1986, 560.
[51] *Gernhuber* § 30 XIII 3.
[52] FamRZ 1983, 146 = NJW 1983, 933; vgl. *Soergel/Häberle* § 1577 Rdn. 16 ff.

einkommen, auch hier vermindert um die laufenden Steuern und Belastungen im Sinne des anrechenbaren Nettoeinkommens. Ist der Verpflichtete nach seinen Erwerbs- und Vermögensverhältnissen unter Berücksichtigung seiner sonstigen Verpflichtungen außerstande, ohne Gefährdung des eigenen angemessenen Unterhalts dem Berechtigten Unterhalt zu gewähren, so braucht er nach § 1581 BGB nur insoweit Unterhalt zu leisten, als dies mit Rücksicht auf die Bedürfnisse und die Erwerbs- und Vermögensverhältnisse der geschiedenen Ehegatten der Billigkeit entspricht. Das Gesetz wandelt somit bei mangelnder Leistungsfähigkeit des Verpflichteten den Unterhaltsanspruch des Berechtigten in einen **Billigkeitsanspruch** um. Diese Fälle der „**Verteilung des Mangels**" sind der typische **Anwendungsbereich der Unterhaltsschlüssel**, von denen sich die von den Familiensenaten des OLG Düsseldorf laufend fortgeführte Düsseldorfer Tabelle durchgesetzt hat.[53] Aus diesen Schlüsseln ergibt sich gegenüber dem unterhaltsberechtigten Ehegatten in Auslegung des Tatbestandsmerkmals des eigenen angemessenen Unterhalts auch der sogenannte **Mindestselbstbehalt des Verpflichteten**, der diesem zur Erhaltung seiner Arbeitskraft immer zu verbleiben hat.[54] Hinsichtlich der Verwertung des Vermögensstammes enthält § 1581 S. 2 BGB dieselbe Regelung wie § 1577 Abs. 3 BGB auf der Seite des Unterhaltsberechtigten. Den Stamm seines Vermögens braucht der Unterhaltsverpflichtete nicht zu verwerten, soweit die Verwertung unwirtschaftlich oder unter Berücksichtigung der beiderseitigen wirtschaftlichen Verhältnisse unbillig wäre. Ist eine Billigkeitswertung gemäß § 1581 BGB vorzunehmen, so kann diese auch dazu führen, daß gemäß § 1577 Abs. 2 S. 1 BGB grundsätzlich nicht anrechenbare unzumutbare Einkünfte des Unterhaltsberechtigten ganz oder teilweise berücksichtigt werden, um eine Ungleichbehandlung der Eheleute zu vermeiden.[55]

3. Rangverhältnisse bei mehreren Berechtigten und Verpflichteten

Die Rangverhältnisse zwischen mehreren Unterhaltsberechtigten und Unterhaltsverpflichteten werden in der Praxis in den sog. **Mangelfällen** interessant, wenn nämlich der primär Unterhaltsverpflichtete nicht für den vollen Unterhaltsbedarf aller Unterhaltsberechtigter aufkommen kann. Nach dem Gesetz hat der Unterhaltsanspruch des geschiedenen Ehegatten mit den Unterhaltsansprüchen der unverheirateten minderjährigen Kinder gleichen Rang, §§ 1609, 1582 Abs. 2 BGB. Bei Wiederverheiratung des zum Unterhalt verpflichteten Ehegatten haben die Ansprüche des geschiedenen unterhaltsberechtigten Ehegatten grundsätzlich Vorrang vor denen des neuen Ehegatten, § 1582 BGB. Dem liegt der Gedanke zugrunde, daß jeder geschiedene Ehegatte nur im Rahmen seiner finanziellen Möglichkeiten neue Unterhaltspflichten übernehmen kann, was dem neuen Ehegatten bei Heirat bekannt ist.[56]

278

Der unterhaltspflichtige geschiedene Ehegatte haftet grundsätzlich vor den Verwandten des Berechtigten, § 1584 S. 1 BGB. Soweit er jedoch bei Berücksichtigung seiner sonstigen Verpflichtungen den eigenen angemessenen Unterhalt gefährden würde, also nicht leistungsfähig ist, haften unterhaltspflichtige und leistungsfähige sonstige Verwandte des Berechtigten vorrangig, § 1584 S. 2 BGB. Kann der unterhaltspflichtige Ehegatte wenigstens einen Teil des dem anderen Ehegatten zustehenden Unterhalts ohne Gefährdung des eigenen Bedarfs erbringen, so verbleibt es

279

---

[53] Jeweils veröffentlicht in NJW und FamRZ, sowie im Anhang von *Heiß/Born* – Unterhaltsrecht; jeweils neueste Fundstellen bei *Palandt/Diederichsen* § 1601 Rdn. 15.
[54] BGH FamRZ 1990, 260 = NJW 1990, 1172.
[55] BGH FamRZ 1983, 146/150.
[56] BR-Drucks. 260/73 S. 143.

3. Kapitel. Scheidung und Scheidungsfolgen

insoweit bei seiner vorrangigen Haftung. Wegen des Restes muß sich dann der unterhaltsberechtigte Ehegatte an seine sonstigen unterhaltspflichtigen Verwandten, etwa an Eltern oder Kinder, halten.

4. Die Unterhaltsbemessung

280 Nach § 1578 Abs. 1 BGB bestimmt sich das Maß des Unterhalts nach den **ehelichen Lebensverhältnissen**, wie sie zur Zeit der Rechtskraft der Scheidung nachhaltig geprägt waren.[57] Der Unterhalt umfaßt den gesamten Lebensbedarf. Die ehelichen Lebensverhältnisse werden in erster Linie von den Einkommensverhältnissen der Eheleute bestimmt. Daneben kann das Vermögen ebenfalls maßgeblich sein, einmal als Quelle von Einkommen, dann auch hinsichtlich möglicher Verwertung. Die berufliche oder soziale Stellung ist innerhalb der Einkommensverhältnisse für den Lebenszuschnitt mitbestimmend.

281 Maßgeblich für die Unterhaltsbemessung sind die ehelichen Lebensverhältnisse **zum Zeitpunkt der Scheidung**, nicht etwa zum Zeitpunkt der Trennung.[58] Bis zum Zeitpunkt der rechtskräftigen Scheidung nimmt also der unterhaltsberechtigte Ehegatte an Verbesserungen oder Verschlechterungen des gemeinsamen, regelmäßig von den Vermögensverhältnissen des unterhaltsverpflichteten Ehegatten bestimmten Lebensstandards teil. Bei Scheidung bereits **angelegte und vorsehbare Veränderungen** sind zu berücksichtigen. Hierzu zählt z. B. die bevorstehende Regelbeförderung des Beamten,[59] der Eintritt des Ruhestandes und die Änderung der steuerlichen Einstufung nach Scheidung. Die ehelichen Lebensverhältnisse müssen eine gewisse **Dauerhaftigkeit und Konstanz** erreicht haben, nur zeitweilige und vorübergehende Veränderungen, insbesondere eine vorübergehende Verschlechterung, sind nicht zu berücksichtigen.[60] Nur im Einzelfall zu entscheiden ist die Frage nach der Berücksichtigung **trennungsbedingten Mehrbedarfs**.[61]

282 Haben die Eheleute über ihre Verhältnisse gelebt oder waren sie übertrieben sparsam, so ist abweichend von diesem tatsächlichen Lebenszuschnitt ein am Durchschnittsverhalten orientiertes, den Einkommens- und Vermögensverhältnissen angemessenes Konsumverhalten für die Unterhaltshöhe maßgeblich.[62]

283 Der geschuldete Unterhalt umfaßt nach § 1578 Abs. 1 S. 2 BGB den **gesamten Lebensbedarf**, also entsprechend dem allgemeinen Unterhaltsrecht die gesamte Palette von Wohnung, Nahrung, Bekleidung, Gesundheitspflege, geistigen und kulturellen Interessen, Freizeitgestaltung und Erholung. § 1578 Abs. 2 BGB stellt klar, daß zum Lebensbedarf auch die Kosten einer angemessenen Versicherung für den Fall der Krankheit sowie die Kosten einer Schul- oder Berufsausbildung, einer Fortbildung oder einer Umschulung nach den §§ 1574 und 1575 BGB gehören.

284 In § 1578 Abs. 3 BGB wird bestimmt, daß zum Lebensbedarf des geschiedenen Ehegatten, der einen Unterhaltsanspruch nach den §§ 1570 oder 1573 oder 1576 BGB hat, auch die Kosten einer angemessenen Versicherung für den Fall des Alters sowie der Berufs- oder Erwerbsunfähigkeit gehören. Das Gesetz normiert hier ausdrücklich den sogenannten **Vorsorgeunterhalt** als Teilanspruch innerhalb des nachehelichen Unterhalts, eine Folge der in der Einführung des Versorgungsausgleichs zum Ausdruck gekommenen Hinwendung des Gesetzgebers zur Versorgungsfrage.

---

[57] Vgl. *Luthin* FamRZ 1988, 1109 m. w. N.
[58] BGH NJW 1981, 753 = FamRZ 1981, 241; BGH FamRZ 1982, 576.
[59] BGH FamRZ 1982, 684; BGH FamRZ 1986, 783 m. Anm. *Luthin*.
[60] BT-Drucks. 7/650; BGH FamRZ 1982, 576.
[61] Dazu ausführlich mit Nachweisen *Wendl/Gutdeutsch* § 4 Rdn. 418 ff.
[62] BGH NJW 1979, 1985 = FamRZ 1979, 692.

§ 9. Der nacheheliche Unterhalt

Zum Lebensbedarf gehört auch der in § 1613 Abs. 2 BGB als unregelmäßiger außergewöhnlich hoher Bedarf definierte **Sonderbedarf**, z. B. Zahnarzt- oder Krankenhausbehandlung, Umzugskosten, nach h. L. auch Prozeßkosten im Umfang des § 1360a Abs. 4 BGB.[63] 285

Im Interesse der Praktikabilität, der Gleichbehandlung gleichgelagerter Fälle und der Rechtssicherheit erfolgt die **Ermittlung des Unterhaltsbedarfs** regelmäßig **pauschalierend**. Zu diesem Zweck wurden verschiedene **Unterhaltsschlüssel und Unterhaltstabellen** entwickelt.[64] Grundsätzlich erhält der Unterhaltsberechtigte ³/₇ des anrechnungsfähigen Erwerbseinkommens bzw. ½ des sonstigen Einkommens, oder, wenn der Berechtigte selbst Einkommen hat, des Unterschiedsbetrags der Einkommen. 286

Der BGH toleriert grundsätzlich die verschiedenen Tabellen und Richtlinien und entscheidet die an ihn herangetragenen Rechtsfragen, was dann wiederum zu einer Anpassung ersterer an die höchstrichterliche Rechtsprechung führt. 287

Die **Düsseldorfer Tabelle** enthält Unterhaltsbedarfsbeträge für den Kindesunterhalt, Unterhaltsrichtsätze für den unterhaltsberechtigten Ehegatten, ausgedrückt in Bruchteilen bzw. Vomhundertsätzen des anrechnungsfähigen Nettoeinkommen des Unterhaltspflichtigen, sowie in DM-Beträgen den notwendigen und den angemessenen Eigenbedarf des Unterhaltspflichtigen bzw. Unterhaltsberechtigten. Obwohl die Unterhaltsansprüche des geschiedenen Ehegatten und der unverheirateten minderjährigen Kinder nach §§ 1609, 1582 Abs. 2 BGB gleichen Rang haben, wird in der Praxis der Kindesunterhalt vorab vom Nettoeinkommen des Unterhaltspflichtigen abgezogen. 288

Umstritten und höchstrichterlich noch nicht endgültig geklärt ist die Frage der **Quotierung**, d.h. der Bemessung des Anteils des unterhaltsberechtigten Ehegatten am anrechnungsfähigen Nettoeinkommen des unterhaltspflichtigen Ehegatten. Hier rückt die Rechtsprechung zugunsten des Unterhaltsverpflichteten vom Halbteilungsgrundsatz ab.[65] 289

Ungeklärt ist auch noch die Frage der **Unterhaltsbemessung bei hohem Einkommen**, z.B. bei Freiberuflern.[66] Hier werden regelmäßig wesentliche Teile des Einkommens nicht zur laufenden Lebensführung, sondern zur Vermögensbildung verwendet. Die Gerichte versuchen in diesen Fällen, den Unterhaltsbedarf konkret zu berechnen. Jedenfalls für den Kindesunterhalt hat der BGH jüngst entschieden,[67] dass eine Fortschreibung der Düsseldorfer Tabelle bei Überschreitung der höchsten Einkommensgruppe unzulässig, vielmehr der Bedarf bei überdurchschnittlichen Verhältnissen stets konkret zu ermitteln ist. 290

Eine sogenannte **Sättigungsgrenze** gibt es nicht.[68] In der Praxis liegt hier naturgemäß ein Schwerpunkt der Scheidungsvereinbarungen, da bei gehobenen Einkommensverhältnissen die Unterhaltsfrage regelmäßig im Vorfeld des gerichtlichen Verfahrens einverständlich geregelt wird. 291

Bei der Unterhaltsberechnung in den Fällen beiderseitigen Einkommens, insbesondere also bei der **Doppelverdienerehe**, wird das zu quotierende Einkommen 292

---

[63] MünchKomm/*Maurer* § 1578 Rdn. 82.
[64] Vgl. die jährlichen NJW-Beilagen sowie den laufend aktualisierten Abruck in *Heiß/Born* Kap. 53.
[65] BGH FamRZ 1988, 265; OLG Düsseldorf FamRZ 1989, 57; *Luthin* FamRZ 1988, 1109; *Hampel* FamRZ 1989, 113.
[66] MünchKomm/*Maurer* § 1578 Rdn. 54.
[67] BGH FamRZ 2000, 358 m. abl. Anm. von *Deisenhofer;* anders noch KG FamRZ 1998, 1386.
[68] MünchKomm/*Maurer* § 1578 Rdn. 52 sowie *Heiß* in *Heiß/Born* § 3 Rdn. 474 m.w.N.

nach der sogenannten **Differenzmethode** ermittelt. Dabei wird zunächst die Differenz beider anrechnungsfähiger Nettoeinkommen ermittelt. Der sich so ergebende Betrag wird dann z.B. nach den Quoten der Düsseldorfer Tabelle verteilt, woraus sich dann der Unterhaltsanspruch des Unterhaltsberechtigten ergibt. Verdient beispielsweise der Ehemann 3000,- DM, die Ehefrau 1000,- DM, so erhält die Ehefrau von der Differenz von 2000,- DM nach der Düsseldorfer Tabelle 3/7, also 857,13 DM. Die Differenzmethode wird in der Praxis allgemein angewendet und ist vom BGH gebilligt.[69]

293 Überholt ist für den Regelfall die sogenannte **Substraktions- oder Anrechnungsmethode**, die für den Berechtigten wesentlich ungünstiger ist. Bei ihr wird zunächst der Unterhaltsanspruch des Berechtigten lediglich unter Berücksichtigung des höheren Einkommens des Unterhaltsverpflichteten ermittelt. Von diesem Unterhaltsanspruch wird dann das eigene anrechenbare Nettoeinkommen des Berechtigten abgezogen. Bei obigem Beispiel ergäbe sich, daß der Ehefrau von 3000,- DM 3/7 als Unterhalt zustehen, also 1285,71 DM. Hiervon ist ihr eigenes Einkommen von 1000,- DM abzuziehen, so daß ihr ein Unterhaltsanspruch von 285,71 DM verbleibt.

294 Die **Substraktionsmethode** will der BGH jedoch dann anwenden, wenn der unterhaltsberechtigte Ehegatte die **Berufstätigkeit erst nach der Trennung bzw. der Scheidung aufgenommen hat**.[70] Dabei sind trennungsbedingte Mehrkosten beiderseits zu berücksichtigen, also vorweg vom jeweiligen Einkommen abzuziehen. Der BGH begründet die Anwendung der Substraktionsmethode damit, daß die ehelichen Lebensverhältnisse in den Fällen, in denen der während der Ehe nicht berufstätige Ehegatte eine Berufstätigkeit erst nach Trennung oder Scheidung aufnimmt, nicht in einer Doppelverdienerehe, sondern in einer Alleinverdienerehe seien. Obwohl dies grundsätzlich richtig ist, überzeugt jedoch die daraus folgende Benachteiligung des Ehegatten, der erst nach Trennung oder Scheidung eine Berufstätigkeit aufnimmt, gegenüber dem Ehegatten, der schon während der Ehe berufstätig war, nicht. Es ist nur schwer einzusehen, warum derjenige Ehegatte, der ehebedingt auf eigene Berufstätigkeit verzichtet hat und nun nach Trennung oder Scheidung unter sowieso unverhältnismäßig größeren Schwierigkeiten eine Berufstätigkeit wiederaufnimmt, bei der Unterhaltsberechnung gegenüber dem Ehegatten benachteiligt werden soll, der die schon während der Ehezeit ausgeübte Berufstätigkeit ohne weitere Schwierigkeit fortsetzen kann. Auch nach Ansicht des BGH muß allerdings der Tatrichter die durch Anwendung der Substraktionsmethode im Fall der erst nach Trennung oder Scheidung aufgenommenen Berufstätigkeit erzielte Aufteilung auf ihre Angemessenheit im Einzelfall überprüfen.[71]

295 Der sogenannte **Vorsorgeunterhalt** des § 1578 Abs. 3 BGB ist ein Teil des Lebensbedarfs, ein unselbständiger Teilanspruch innerhalb des einheitlichen Unterhaltsanspruchs.[72] Die Unterhaltstabellen umfassen jedoch nur den Elementar- oder Basisunterhalt. Durch die ausdrückliche Einschließung der Kosten für die Alterssicherung gemäß §§ 1361 Abs. 1 S. 2 und 1578 Abs. 3 BGB in den unterhaltsrechtlich zu berücksichtigenden Lebensbedarf ist klargestellt, daß der Vorsorgeunterhalt zum Elementarunterhalt hinzukommt.[73] Konsequenz hieraus ist, daß der Vorsorgeunterhalt vor der Quotelung vom bereinigten Nettoeinkommen des Verpflichteten abzuziehen ist. Der Elementarunterhalt hat jedoch gegenüber dem Vorsorgeunterhalt

---

[69] BGH FamRZ 1982, 892/893; zur sog. „Additionsmethode" vgl. *Maier* FamRZ 1992, 1381.
[70] BGH FamRZ 1981, 539/541; 1981, 752/754; 1983, 144/146; 1983, 456; 1984, 356.
[71] Kritik bei *Hampel* FamRZ 1981, 851 und *v. Hornhardt* NJW 1982, 17.
[72] BGH FamRZ 1982, 255; FamRZ 1982, 465.
[73] BGH FamRZ 1981, 442; FamRZ 1982, 781.

§ 9. Der nacheheliche Unterhalt

Vorrang in dem Sinne, daß Vorsorgeunterhalt nur dann geschuldet wird, wenn der angemessene Mindestbedarf des Unterhaltspflichtigen und der notwendige Unterhaltsbedarf des Unterhaltsberechtigten abgedeckt sind.[74] Insbesondere ist der unterhaltspflichtige Ehegatte hinsichtlich des Vorsorgeunterhalts nicht mehr leistungsfähig, wenn ihm nach dessen Abzug der angemessene Selbsterhalt nicht mehr verbliebe.[75] Dem Unterhaltsberechtigten steht ein **Wahlrecht** zu, wie er den Vorsorgeunterhalt verwenden will.[76] Richtiger Ansicht nach wird man von ihm verlangen können, bei Geltendmachung des Vorsorgeunterhalts darzulegen, wie er ihn verwenden will.[77] Der Unterhaltsverpflichtete kann verlangen, daß der zweckgebundene Vorsorgeunterhalt bestimmungsgemäß verwendet wird. Im Rahmen dieses Rechts hat er einen Anspruch auf Auskunft und Rechnungslegung.[78] Verwendet der Unterhaltsberechtigte den Vorsorgeunterhalt nicht bestimmungsgemäß, so wird der Verpflichtete von späteren Unterhaltsansprüchen aus §§ 1571 und 1572 frei.[79] Im Hinblick auf die teilweise Selbständigkeit des Anspruchs auf Vorsorgeunterhalt und im Hinblick auf spätere Abänderungsklagen ist der Betrag des Vorsorgeunterhalts sowohl im Urteilstenor als auch in der Scheidungsvereinbarung getrennt zu bezeichnen.

Bei der **Berechnung des Vorsorgeunterhalts** geht man davon aus, daß der dem unterhaltsberechtigten Ehegatten insgesamt zu zahlende nacheheliche Unterhalt für diesen die Funktion eines **Verdienstersatzes** hat. Hieraus rechtfertigt es sich, den Unterhaltsberechtigten so zu behandeln, wie wenn er aus einer versicherungspflichtigen Erwerbstätigkeit Einkommen in Höhe des ihm zustehenden Elementarunterhalts hätte.[80] Das OLG Bremen[81] berechnet deshalb mit Billigung des BGH[82] und der Praxis den Vorsorgeunterhalt so, daß es ihn nach Maßgabe der Rentenversicherungsbeiträge des Arbeitgebers und des Arbeitnehmers von insgesamt 17,5% bemißt, die zu entrichten wären, wenn es sich bei dem Elementarunterhalt um ein Nettoeinkommen handelte und dieses gemäß § 14 Abs. 2 SGB IV durch Zuschlag von Lohnsteuer und Sozialabgaben in ein Bruttoeinkommen als Beitragsbemessungsgrundlage hochgerechnet würde. Aus dieser Berechnungsweise in Verbindung mit der Forderung des BGH,[83] den Vorsorgeunterhalt vom anrechenbaren Nettoeinkommen des Verpflichteten bzw. der Differenz der beiderseitigen anrechenbaren Nettoeinkommen vorweg abzuziehen und erst dann den Elementarunterhalt durch Quotelung zu ermitteln, ergibt sich das folgende **Verfahren:**

296

In der **ersten Stufe** wird aus dem anrechenbaren Einkommen des Unterhaltspflichtigen oder der Einkommensdifferenz beider anrechenbarer Einkommen durch Quotierung der Betrag ermittelt, der ohne Vorsorgeunterhalt als Elementarunterhalt anzusehen wäre. In der **zweiten Stufe** wird der so ermittelte Betrag gemäß § 14 Abs. 2 SGB IV durch Zuschlag der Lohnsteuer, der Arbeitnehmerbeiträge zur gesetzlichen Rentenversicherung und der Arbeitnehmerbeiträge zur Bundesanstalt für Arbeit in ein fiktives Bruttoeinkommen hochgerechnet. In der **dritten Stufe** wird der

297

---

[74] BGH FamRZ 1981, 442, 445; OLG Bamberg FamRZ 1982, 398; OLG Hamm FamRZ 1982, 172.
[75] OLG Bamberg aaO.
[76] BGH FamRZ 1981, 442/443.
[77] *Hampel* FamRZ 1979, 249/257; vgl. MünchKomm/*Maurer* § 1578 Rdn. 70.
[78] OLG Karlsruhe FamRZ 1978, 501.
[79] OLG Karlsruhe FamRZ 1978, 501.
[80] BGH FamRZ 1981, 444.
[81] FamRZ 1979, 121.
[82] FamRZ 1983, 152; zur Nichtberücksichtigung des Arbeitnehmerbeitrags zur gesetzlichen Krankenversicherung vgl. BGH FamRZ 1983, 888.
[83] FamRZ 1981, 442.

Vorsorgeunterhalt mit 17,5% dieses fiktiven Bruttoeinkommens errechnet. In der **vierten Stufe** wird der so errechnete Vorsorgeunterhalt vom Einkommen des Unterhaltspflichtigen oder der Einkommensdifferenz beider Einkommen vorweg abgezogen. In der **fünften Stufe** wird der Elementarunterhalt des Berechtigten als Quote aus dem verbleibenden Rest des Einkommens des Unterhaltspflichtigen oder der Einkommensdifferenz beider Einkommen ermittelt. Die Praxis bedient sich zur Berechnung des fiktiven Bruttoeinkommens (Stufe 2) meist einer **Tabelle des OLG Bremen**,[84] aus der sich der Zuschlag zum anrechenbaren Nettoeinkommen in Prozenten ablesen läßt.

5. Der Auskunftsanspruch, § 1580 BGB

298   Nach § 1580 BGB sind die geschiedenen Ehegatten einander verpflichtet, auf Verlangen über ihre Einkünfte und ihr Vermögen Auskunft zu erteilen.[85] Gemäß dem entsprechend anzuwendenden § 1605 BGB sind über die Höhe der Einkünfte auf Verlangen **Belege**, insbesondere Bescheinigungen des Arbeitgebers vorzulegen. Die allgemeinen Vorschriften der §§ 260, 261 BGB sind wiederum entsprechend anzuwenden. Vor Ablauf von zwei Jahren kann Auskunft erneut nur verlangt werden, wenn glaubhaft gemacht wird, daß der zur Auskunft Verpflichtete später wesentlich höhere Einkünfte oder weiteres Vermögen erworben hat. Grundsätzlich besteht die Pflicht zur Auskunftserteilung nur, soweit die Auskunft zur Feststellung des Unterhaltsanspruchs erforderlich ist. Einkünfte und Vermögen brauchen nicht mehr offenbart zu werden, wenn sich an der Höhe des Unterhaltsanspruchs nichts mehr ändern kann.[86] Der Auskunftsverpflichtete kann den Auskunftsberechtigten nicht darauf verweisen, daß nach dem gegenwärtigen Stand der handels- und steuerrechtlichen Gewinn- und Einkommensermittlung seines Handelsunternehmens oder seiner gesellschaftlichen Beteiligung eine Auskunft nicht möglich sei. Er muß vielmehr gegebenenfalls seine Einnahmen und Ausgaben aus seinen Büchern oder Unterlagen zusammenstellen und den Einnahmeüberschuß errechnen, um dem Unterhaltsberechtigten alsbald die Feststellung zu ermöglichen, ob und in welcher Höhe er Unterhaltsansprüche hat.[87]

299   Bei **wechselndem Einkommen**, insbesondere bei Freiberuflern und Gewerbetreibenden, muß sich die Auskunft auf einen längeren Zeitraum erstrecken, damit eine sichere Beurteilung der Einkommensverhältnisse möglich ist. Regelmäßig ist deshalb hier eine Offenlegung der Einkommens- und Vermögensverhältnisse für die zurückliegenden **drei Jahre** geboten.[88] Im Rahmen der Pflicht zur Vorlage von Belegen kann von dem Gesellschafter einer Handelsgesellschaft die Vorlage von Bilanzen nebst Gewinn- und Verlustrechnung auch dann verlangt werden, wenn er nicht alleiniger Inhaber des Unternehmens ist.[89] Vorzulegen sind die Originalbelege. Der Berechtigte kann sich davon Kopien anfertigen.[90] Grundsätzlich besteht die Verpflichtung zur Vorlage des **Einkommensteuerbescheids** bzw. der **Einkommensteuererklärung**.[91] Diese Verpflichtung kann ausnahmsweise entfallen, wenn der Verpflichtete seine Einkünfte bereits in anderer Weise ausreichend belegt hat,[92] wenn

---

[84] Laufend veröffentlicht in FamRZ und NJW; abgedruckt in *Heiß/Born*, Kap. 53 Nr. 4b.
[85] Vgl. die Berechnungsvorschläge von *Gröning* FamRZ 1983, 331; *Soergel/Häberle* § 1578 Rdn. 49 ff.
[86] BGH FamRZ 1982, 151; OLG Hamburg FamRZ 1982, 628.
[87] OLG Koblenz FamRZ 1981, 992.
[88] BGH FamRZ 1982, 151.
[89] BGH FamRZ 1982, 680.
[90] KG FamRZ 1982, 614.
[91] BGH FamRZ 1982, 151; FamRZ 1982, 680.
[92] BGH FamRZ 1982, 680/682.

die Gefahr einer mißbräuchlichen Verwendung durch den Auskunftsberechtigten besteht und die Vorlage deshalb nicht zumutbar ist,[93] oder wenn Interessen Dritter entgegenstehen, insbesondere wenn sich aus dem Einkommensteuerbescheid bzw. der Einkommensteuererklärung infolge gemeinsamer Veranlagung auch das Einkommen der zweiten Ehefrau des Unterhaltsverpflichteten ergibt.[94] Die den auskunftspflichtigen Ehegatten nicht betreffenden Teile des gemeinsamen Steuerbescheids können unkenntlich gemacht werden.[95]

6. Erlöschen des Unterhaltsanspruchs

Der Unterhaltsanspruch kann erlöschen durch Abfindung in Kapital gemäß § 1585 Abs. 2 BGB, Wegfall des Unterhaltstatbestandes, Tod des Berechtigten, Wiederverheiratung des Berechtigten oder Unterhaltsverzicht. Der durch Wiederverheiratung des Berechtigten weggefallene Anspruch kann gemäß § 1585a BGB nach Auflösung der zweiten Ehe wieder aufleben, wenn aus der früheren Ehe ein gemeinsames Kind zu betreuen ist, und anschließend Unterhalt wegen Alter, Krankheit oder Arbeitslosigkeit verlangt werden kann. Auch durch tatsächliche Leistungen des Partners der nichtehelichen Lebensgemeinschaft bzw. durch die von der Rechtsprechung vorgenommene fiktive Vergütung für Leistungen an den Partner der nichtehelichen Lebensgemeinschaft seitens des geschiedenen Ehegatten kann der Unterhaltsanspruch entfallen. Der Unterhaltsanspruch kann auch bei grober Unbilligkeit gemäß § 1579 BGB ausgeschlossen sein. 300

Mit dem **Tod des verpflichteten Ehegatten** erlischt der Unterhaltsanspruch grundsätzlich nicht, ist aber von den Erben nur bis zur Höhe des fiktiven, nicht nach § 1371 Abs. 1 BGB erhöhten Pflichtteils des Überlebenden zu leisten, § 1586b BGB. Ist kein Nachlaß vorhanden, so ist der Unterhaltsanspruch nicht durchsetzbar. Geschiedenen Ehefrauen, die noch Kinder zu betreuen haben und deshalb nicht erwerbstätig sein können, steht nach dem Tod des geschiedenen Ehemannes die Erziehungsrente nach § 47 SGB VI zu, wenn sie vor dem Tod des geschiedenen Ehemannes eine Versicherungszeit von mindestens 60 Kalendermonaten zurückgelegt haben.[96] 301

---

[93] BGH aaO.
[94] KG FamRZ 1981, 1099.
[95] BGH FamRZ 1983, 680.
[96] Dazu MünchKomm/*Dörr* vor § 1587 Rdn. 10.

§ 10. Der Getrenntlebensunterhalt

302 Nach § 1361 BGB kann ein Ehegatte von dem anderen den nach den Lebensverhältnissen und den Erwerbs- und Vermögensverhältnissen der Ehegatten angemessenen Unterhalt verlangen, wenn die Ehegatten getrennt leben. Mit Rechtskraft des Scheidungsurteils wird dieser Anspruch auf nachehelichen Unterhalt ersetzt. Für den Anspruch auf Getrenntlebensunterhalt gelten zunächst die allgemeinen Regeln der §§ 1610 ff. BGB. Insbesondere ist der Anspruch auf Getrenntlebensunterhalt **nicht, auch nicht teilweise, verzichtbar, § 1614 BGB**. Ab Rechtshängigkeit des Scheidungsverfahrens gibt § 1361 Abs. 1 S. 2 BGB dem getrenntlebenden Ehegatten auch einen Anspruch auf **Vorsorgeunterhalt**. Dieser Anspruch soll eine Lücke in der sozialen Biographie des Ehegatten schließen,[1] da im Versorgungsausgleich die Zeit von der Rechtshängigkeit des Scheidungsantrags an nicht berücksichtigt wird. Der Berechtigte erhält die Möglichkeit, sich vom Zeitpunkt der Rechtshängigkeit des Scheidungsantrags an selbst eine weitergehende Alterversorgung aufbauen zu können.

303 Für die **Berechnung** des Getrenntlebensunterhalts und des Vorsorgeunterhalts bei Getrenntleben gelten die beim nachehelichen Unterhalt dargestellten Grundsätze. Abweichungen können sich im Einzelfall aus der Vorläufigkeit des Getrenntlebensunterhalts, z.B. hinsichtlich der Ungewißheit ergeben, ob die Ehe im Endeffekt geschieden werden wird oder nicht. Dies spielt insbesondere hinsichtlich der Verpflichtung des unterhaltsberechtigten Ehegatten, eine eigene **Erwerbstätigkeit** aufzunehmen, eine Rolle. Vom unterhaltsberechtigten Ehegatten kann nicht verlangt werden, sich hinsichtlich einer Erwerbstätigkeit auf das endgültige Scheitern der Ehe einzustellen, wenn er die Fortsetzung der Ehe wünscht und die nicht völlig unbegründete Hoffnung hat, es werde im Ergebnis bei der Ehe verbleiben. Im Gegensatz zu § 1570 BGB kann deshalb unter Umständen auch die Versorgung von Kindern aus einer Vorehe von der Verpflichtung zur eigenen Erwerbstätigkeit entlasten.[2] Nach § 1361 Abs. 2 BGB kann der nicht erwerbstätige Ehegatte nur dann darauf verwiesen werden, seinen Unterhalt durch eine Erwerbstätigkeit selbst zu verdienen, wenn dies von ihm nach seinen persönlichen Verhältnissen, insbesondere wegen einer früheren Erwerbstätigkeit unter Berücksichtigung der Dauer der Ehe, und nach den wirtschaftlichen Verhältnissen beider Ehegatten erwartet werden kann. Trotz der gebotenen engen Auslegung der Vorschrift verlangt die Rechtsprechung des BGH z.B. von der Mutter eines 11jährigen Schulkindes die Übernahme einer Teilzeitbeschäftigung,[3] schließt auch bei Betreuung von schulpflichtigen Kindern die Teilzeitbeschäftigung nicht von vornherein aus[4] und verlangt in Mangelfällen jede zumutbare Mitarbeit der getrenntlebenden Ehefrau auch im Sinne einer aushilfsweisen Tätigkeit.[5] Eine während der Ehe ausgeübte Berufstätigkeit ist grundsätzlich fortzusetzen.[6] Jedoch kann die Fortsetzung der vollen Erwerbstätigkeit nach der Trennung dann unzumutbar sein, wenn etwa eine notwendige Betreuungsperson für die Kinder wegfällt oder wenn sich der unterhaltsberechtigte Ehegatte ehebedingt zu einer besonderen Anstrengung bereit gefunden hatte, für die jetzt keine Motivation mehr besteht.[7]

---

[1] BT-Drucks. 7/4361 S. 27.
[2] BGH FamRZ 1979, 569; OLG Düsseldorf FamRZ 1978, 118.
[3] BGH FamRZ 1981, 17.
[4] BGH FamRZ 1979, 571/572.
[5] BGH FamRZ 1982, 23/24.
[6] BGH FamRZ 1981, 1159.
[7] OLG München FamRZ 1982, 270.

Erhebliche praktische Konsequenzen hat die Auffassung des BGH, daß zwischen 304
dem Unterhaltsanspruch bei Getrenntleben nach § 1361 BGB und den Unterhaltsansprüchen nach der Scheidung gemäß §§ 1569 ff. BGB **keine Identität** besteht.[8]
Hierdurch wird der unterhaltsberechtigte Ehegatte für den nachehelichen Unterhalt auf eine neue Klage verwiesen, da der in einem früheren Urteil zuerkannte Unterhaltsanspruch auf Getrenntlebensunterhalt mit der Rechtskraft des Scheidungsurteils erlischt.[9] Ein etwa während des Getrenntlebens herbeigeführter Verzug wirkt nicht auf die Zeit nach der Scheidung fort, sondern muß hinsichtlich des nachehelichen Unterhalts erneut hergestellt werden. Der nacheheliche Unterhalt muß regelmäßig in den Verfahrensverbund einbezogen werden, damit der unterhaltsbedürftige Ehegatte nicht der Gefahr ausgesetzt ist, nach Rechtskraft der Scheidung keinen Unterhaltstitel zu haben. Hilfsweise muß selbst derjenige Ehegatte Unterhaltsklage erheben, der nicht geschieden werden will.[10] Ein Urteil über den Getrenntlebensunterhalt kann nicht nach § 323 ZPO in ein solches über den nachehelichen Unterhalt abgeändert werden.[11] Gegenüber der Vollstreckung aus dem Trennungsunterhaltstitel kann der Unterhaltsschuldner durch Vorlage des rechtskräftigen Scheidungsurteils im Wege der Vollstreckungsgegenklage die Feststellung der Unzulässigkeit der Zwangsvollstreckung und deren Einstellung erreichen, selbst wenn sicher ist, daß er denselben oder mindestens einen Teil des bereits titulierten Unterhalts als nachehelichen Unterhalt weiterbezahlen muß.[12] Ein über den Unterhalt getrenntlebender Ehegatten abgeschlossener Prozeßvergleich kann nicht durch nachträgliche außergerichtliche Vereinbarung der geschiedenen Eheleute dahingehend abgeändert werden, daß an die Stelle des Anspruchs auf Trennungsunterhalt der Anspruch auf nachehelichen Unterhalt gesetzt und zum Gegenstand der Zwangsvollstreckung gemacht wird.[13]

Für die Scheidungsvereinbarung ergibt sich aus dieser **Nichtidentitätslehre** die 305
Folgerung, daß in den Fällen, in denen der Getrenntlebensunterhalt und der nacheheliche Unterhalt gleichlautend sein sollen, ausdrücklich zu bestimmen ist, daß der Getrenntlebensunterhalt in der vereinbarten Höhe nach Scheidung als nachehelicher Unterhalt weitergezahlt werden soll, wobei sich auch die **getrennte Zwangsvollstreckungsunterwerfung** wegen beider Unterhaltsansprüche empfiehlt.

---

[8] BGH FamRZ 1980, 2811; 1981, 242; 1981, 441; 1982, 465.
[9] BGH FamRZ 1980, 1099.
[10] *Borgmann*, AnwBl. 1981, 15.
[11] BGH NJW 1980, 2811.
[12] BGH FamRZ 1981, 242.
[13] BGH FamRZ 1982, 782; OLG Düsseldorf NJW 1982, 831.

§ 11. Grundzüge des Kindesunterhalts

I. Ermittlung des Kindesunterhalts

306 Seit dem 1998 ergangenen Kindesunterhaltsgesetz, das die Regelungen zum Unterhalt ehelicher und nichtehelicher Kinder vereinheitlichte, richten sich Unterhaltsansprüche minderjähriger ehelicher Kinder nach den Vorschriften der §§ 1601 ff. BGB zum Verwandtenunterhalt. Grundlegender Unterhaltstatbestand ist § 1601 BGB, nach dem Verwandte in gerader Linie verpflichtet sind, einander Unterhalt zu gewähren. Unterhaltsberechtigt ist das Kind nach § 1602 BGB dann, wenn und soweit es nach Verwertung der Einkünfte seines Vermögens und des Ertrags seiner Arbeit außerstande ist, sich selbst zu unterhalten. Das Maß des zu gewährenden Unterhalts bestimmt sich i. S. eines angemessenen Unterhalts nach der Lebensstellung des Kindes, § 1610 BGB. Der Unterhalt umfasst den gesamten Lebensbedarf einschließlich der Kosten einer Berufsausbildung und der Kosten der Erziehung. Die Unterhaltspflicht trifft die Eltern nur im Rahmen ihrer Leistungsfähigkeit, § 1603 BGB. Sind die Eltern nach § 1603 Abs. 1 BGB unter Berücksichtigung ihrer sonstigen Verpflichtungen außerstande, den Kindesunterhalt ohne Gefährdung ihres eigenen angemessenen Unterhalts zu gewähren, so sind sie gegenüber minderjährigen unverheirateten Kindern verpflichtet, alle verfügbaren Mittel zu ihrem und der Kinder Unterhalt gleichmäßig zu verwenden, § 1603 Abs. 2 BGB. Dies gilt auch gegenüber volljährigen, aber noch nicht einundzwanzigjährigen Kindern, solange sie im elterlichen Haushalt leben und sich in der allgemeinen Schulausbildung befinden. Diese Verpflichtung tritt nicht gegenüber einem Kind ein, dessen Unterhalt aus dem Stamm seines Vermögens bestritten werden kann.

II. Art der Unterhaltsgewährung

307 Befindet sich ein minderjähriges unverheiratetes Kind im Haushalt der gemeinsam sorgeberechtigten Eltern, so bestimmen diese in Ausübung der elterlichen Sorge die Art der Unterhaltsgewährung, § 1612 Abs. 2 BGB. Der Unterhalt wird hier regelmäßig durch Betreuung als Naturalunterhalt, ergänzt durch ein Taschengeld als Barunterhalt geleistet. Mit der Volljährigkeit ist das Kind als Erwachsener zu behandeln, ein Betreuungsunterhalt entfällt.[1] Bedürftigkeit besteht regelmäßig nur, wenn die Voraussetzungen des Ausbildungsunterhalts nach § 1610 Abs. 2 BGB vorliegen.

Leben die Eltern getrennt oder sind sie geschieden, so kann das Unterhaltsbestimmungsrecht als Teil der Personensorge für minderjährige Kinder nach § 1631 Abs. 1 BGB nur vom sorgeberechtigten Elternteil wahrgenommen werden. Bei fortdauernder gemeinsamer Sorge hat der Elternteil das Bestimmungsrecht, der das Kind in Obhut hat und es damit nach § 1629 Abs. 2 BGB vertritt. Der Elternteil, der das Kind in Obhut hat, erbringt den Naturalunterhalt, der andere Elternteil den Barunterhalt.[2] Der Naturalunterhalt, bei Minderjährigen üblicherweise als Betreuungsunterhalt bezeichnet,[3] umfasst insbesondere Pflege, Erziehung, freie Kost, Unterbringung und Kleidung.

---

[1] BGH FamRZ 1994, 696, 698.
[2] BGH FamRZ 1992, 426.
[3] Vgl. Hdb-FamR/*Gerhardt* 6. Kap. Rn. 133.

§ 11. Grundzüge des Kindesunterhalts

III. Tabellenunterhalt

Der angemessene Barunterhalt von Kindern nach § 1610 Abs. 1 BGB wird in der 308
Gerichtspraxis zur möglichst gleichmäßigen Behandlung pauschal nach Unterhaltsrichtsätzen gemäß Tabellen festgesetzt. Maßgebend sind die Düsseldorfer Tabelle ergänzt für das Beitrittsgebiet durch die Berliner Tabelle als Vortabelle.[4] Die Düsseldorfer Tabelle ist in zwölf Einkommensgruppen und vier Altersstufen unterteilt. Die Einkommensgruppen umfassen (Stand 1. 7. 1999) Monatseinkommen von bis zu 2400 DM in Gruppe 1 und 7200–8000 DM in Gruppe 12. Sie beziehen sich auf das sog. bereinigte Nettoeinkommen, d.h. das Bruttoeinkommen abzüglich Einkommen- und Kirchensteuer, Vorsorgeaufwendungen für Alter und Krankheit, berufsbedingte Aufwendungen Nichtselbständiger, konkreten Mehrbedarf wegen Krankheit oder Alters und berücksichtigungswürdige Schulden.[5] Die Altersstufen unterscheiden gemäß § 1612a Abs. 3 BGB Kinder bis zu 5 Jahren, von 6 bis 11 Jahren, von 12 bis 17 Jahren und ab 18 Jahren. Die Unterhaltsrichtsätze, z.B. bei 4500,00 DM Nettoeinkommen 725,00 DM für ein zehnjähriges Kind, beziehen sich auf einen gegenüber einem Ehegatten und zwei Kindern Unterhaltspflichtigen. Bei einer größeren oder geringeren Anzahl Unterhaltsberechtigter sind Ab- oder Zuschläge z.B. durch Einstufung in eine niedrigere bzw. höhere Einkommensgruppe vorzunehmen. Die Düsseldorfer Tabelle weist für jede Einkommensgruppe einen Bedarfskontrollbetrag aus, der eine ausgewogene Verteilung des Einkommens zwischen dem Unterhaltspflichtigen und den unterhaltsberechtigten Kindern gewährleisten soll. Wird der Bedarfskontrollbetrag unter Berücksichtigung auch des Ehegattenunterhalts unterschritten, so ist der Tabellenbetrag der niedrigeren Einkommensgruppe, deren Bedarfskontrollbetrag nicht unterschritten wird, anzusetzen.

IV. Krankenversicherung, Kindergeld

Die Tabellensätze enthalten keine Krankenversicherung. Ist das minderjährige 309
Kind ausnahmsweise nicht familienversichert, so ist die Krankenversicherung neben dem Tabellenunterhalt zu bezahlen, wobei der zu zahlende Betrag vorab bei der Ermittlung des bereinigten Nettoeinkommens des Verpflichteten abzuziehen ist.

Auch das staatliche Kindergeld ist in den Tabellenbeträgen nicht enthalten. Seine Anrechnung ergibt sich aus § 1612b BGB. Erhält der kindesbetreuende Ehegatte nach § 64 Abs. 2 S. 1 EStG das Kindergeld, so verringert sich der Barunterhalt des Kindes um die Hälfte des Kindergeldes. Abweichend von der bisherigen Rechtsprechung ist nach der Regelung des § 1612b BGB bei mehreren Kindern nicht anteilig, sondern jeweils für jedes Kind in Höhe des auf dieses Kind entfallenden Betrages (erstes und zweites Kind je 220,00 DM, drittes Kind 300,00 DM, viertes und jedes weitere Kind 350,00 DM) zu verrechnen.[6]

V. Unterhalt nach der Regelbetrag-VO

Der Kindesunterhalt nach Tabelle kann als statischer Unterhalt i.S. des ermittel- 310
ten Monatsbetrags verlangt werden. Änderungen sind dann jeweils nach § 323 ZPO geltend zu machen. Dieses Verfahren sollte die Ausnahme werden, nachdem das Kindesunterhaltsgesetz 1998 in § 1612a BGB den dynamisierten Kindesunter-

---

[4] Vgl. zum Stand 1. 7. 1999 die Beilage zu Heft 34/1999 der NJW.
[5] Einzelheiten z.B. bei Hdb-FamR/Gerhardt 6, Kap. Rn. 67 ff.
[6] Einzelheiten bei *Wendel/Scholz* § 2 Rdn. 503 ff.

halt eingeführt hat. Nach § 1612a Abs. 1 BGB kann ein minderjähriges Kind von einem Elternteil, mit dem es nicht in einem Haushalt lebt, den Unterhalt als Vomhundertsatz eines oder des jeweiligen Regelbetrages nach der Regelbetrag-Verordnung verlangen. Die Regelbetrag-VO wurde am 6. 4. 1998 erstmals erlassen,[7] am 28. 5. 1999 erstmals verändert und wird beginnend mit dem 1. 7. 1999 jeweils zum 1. 7. jeden zweiten Jahres vom Bundesministerium der Justiz durch Rechtsverordnung der Veränderung der Nettolohnentwicklung angepasst. Die Altersstufen nach § 1612a Abs. 2 BGB wurden, wie oben dargelegt, in die Düsseldorfer Tabelle übernommen. Die Düsseldorfer Tabelle wurde auch im übrigen der am 1. 7. 1999 geltenden Fassung der Regelbetrag-VO dadurch angepasst, dass die Unterhaltsrichtsätze der ersten Einkommensstufe den Regelbeträgen für die jeweiligen Altersstufen entsprechen. Bei den Unterhaltsrichtsätzen der Einkommensstufen 2 bis 12 ist dann jeweils der Vomhundertsatz des Regelbetrages der 1. Einkommensstufe d.h. der Regelbetrag-VO angegeben.

Der Rechtsanwender hat als Ausgangspunkt zu beachten, dass der dynamisierte Unterhalt nach § 1612a BGB i.V.m. der Regelbetrag-VO keine besondere Methode der Unterhaltsberechnung darstellt, sondern nur eine andere Form der Geltendmachung, Festlegung und Anpassung des nach Tabelle ermittelten angemessenen Unterhalts i.S. von § 1610 BGB. Zunächst sind also – erster Schritt – das unterhaltsrelevante Einkommen und die sonstigen unterhaltsrelevanten Faktoren festzustellen. Dann ist – zweiter Schritt – der geschuldete Unterhalt aus der Düsseldorfer Tabelle zu entnehmen. Dann ist – dritter Schritt – zu entscheiden, ob der Unterhalt als statischer Unterhalt in DM geltendgemacht werden soll oder in Anwendung von § 1612a BGB als Vomhundertsatz des jeweiligen Regelbetrags nach der Regelbetrag-VO. Diesen Vomhundertsatz kann man ebenfalls der Düsseldorfer Tabelle entnehmen.

Bedient man sich der Regelung des § 1612a BGB, so kann man nach § 1612a Abs. 1 Alt. 1 1 BGB nur den Vomhundertsatz für den zur Zeit geltenden Regelbetrag oder nach § 1612a Abs. 1 Alt. 2 BGB den Vomhundertsatz für den jeweiligen Regelbetrag geltend machen. Regelmäßig empfiehlt es sich zur Sicherung der künftigen automatischen Anpassung an die Änderungen der Regelbeträge durch geänderte Regelbetrag-VO und geänderte Altersgruppe des Kindes, den jeweiligen Regelbetrag geltend zu machen.[8]

Unabhängig von der Art der Geltendmachung des Unterhalts können Änderungen in den unterhaltsbestimmenden Daten, etwa die Erhöhung des Einkommens des Unterhaltspflichtigen, zur Abänderungsklage nach § 323 ZPO führen. Dem Kind kommt hier der gesetzliche Auskunftsanspruch nach § 1605 BGB zugute. Die gesetzliche Vertretung des Kindes erfolgt durch den alleinsorgeberechtigten Ehegatten nach § 1629 Abs. 1 BGB oder bei gemeinsamer elterlicher Sorge nach § 1629 Abs. 2 S. 2 BGB durch den Elternteil, in dessen Obhut sich das Kind befindet.

---

[7] BGBl I S. 666.
[8] Hierzu näher *Wendel/Thalmann* § 8 Rdn. 324.

§ 12. Elterliche Sorge

I. Gesetzliche Regelung durch das Kindschaftsrechtsreformgesetz 1998

Nach § 1671 Abs. 4 S. 1 BGB in der Fassung des Sorgerechtsgesetzes 1980 war die Belassung der gemeinschaftlichen elterlichen Sorge nach Scheidung der Ehe in jedem Fall ausgeschlossen. Nachdem das BVerfG diese Regelung für grundgesetzwidrig erklärt hatte,[1] brachte das Gesetz zur Reform des Kindschaftsrechts ab 1. 7. 1998 die erforderliche gesetzliche Neuregelung, die gleichzeitig auch die Gleichstellung nichtehelicher Kinder verwirklichte. Für die Eltern ehelicher Kinder stellt die Ehescheidung keine Zäsur in der elterlichen Sorge mehr dar. Es verbleibt ohne die Notwendigkeit einer familiengerichtlichen Entscheidung bei der gemeinsamen elterlichen Sorge. Ab Beginn des Getrenntlebens, während des Scheidungsverfahrens und auch nach Rechtskraft der Scheidung kann jeder Elternteil nach § 1671 BGB beim Familiengericht beantragen, dass ihm die alleinige elterliche Sorge oder ein Teil derselben übertragen wird. Die Entscheidung kann nach § 1696 BGB aus triftigen, das Wohl des Kindes nachhaltig berührenden Gründen wieder geändert werden.

311

II. Gemeinsame elterliche Sorge nach Trennung und Scheidung

Stellt nach der Trennung und im Scheidungsverfahren kein Elternteil einen Antrag zur gerichtlichen Regelung der elterlichen Sorge, so bleibt es ohne familiengerichtliche Entscheidung bei der gemeinsamen elterlichen Sorge. Der Zwangsverbund ist entfallen. § 1687 BGB gibt dem Elternteil, in dessen Obhut sich das Kind befindet, ein alleiniges Entscheidungsrecht in Angelegenheiten des täglichen Lebens.

312

Die Eltern können die Ausübung der elterlichen Sorge und die Verteilung ihrer Aufgaben einvernehmlich außerhalb des familiengerichtlichen Verfahrens regeln. Als Modelle werden diskutiert[2]
– das Eingliederungs- oder Domizilmodell, bei dem das Kind ständig bei einem Elternteil lebt und mit dem anderen Elternteil im Rahmen des Umgangsrechts verkehrt,
– das Wechselmodell, bei dem das Kind abwechselnd bei Mutter oder Vater lebt und jeweils der andere Elternteil ein Besuchsrecht hat, und
– das Nestmodell, bei dem das Kind in derselben Wohnung abwechselnd, z.B. je nach Tagen oder Tageszeit von Vater oder Mutter betreut wird.

Beim Wechsel- oder Nestmodell sind die Fragen der Unterhaltsgewährung durch Betreuung oder in Geld einverständlich zu regeln. Funktionieren diese beiden Modelle nicht und wird das Familiengericht angerufen, so läuft dessen Entscheidung im Regelfall auf das Eingliederungsmodell als die konfliktvermeidende und klare Lösung hinaus.[3]

Können sich die Eltern im Rahmen der Ausübung der gemeinsamen elterlichen Sorge in einer einzelnen Angelegenheit oder einer bestimmten Art von Angelegenheiten der elterlichen Sorge, deren Regelung für das Kind von erheblicher Bedeutung ist, nicht einigen, so kann das Familiengericht auf Antrag eines Elternteils die Entscheidung einem Elternteil übertragen, § 1628 BGB.

---

[1] BVerfG E 61, 358 = FamRZ 1982, 1179 = NJW 1983, 101.
[2] Vgl. *Oelkers/Kasten* FamRZ 1993, 18, 20.
[3] *Schwab/Motzer*, Hdb. Scheidungsrecht III Rn. 43.

III. Regelungsbefugnisse des Familiengerichts

313 Das Familiengericht ist nach § 52 FGG verpflichtet, in jedem Stadium des Verfahrens auf eine gütliche Beilegung von Meinungsverschiedenheiten der Eltern über Sorge und Umgang hinzuwirken. Es kann insoweit das Verfahren aussetzen und von Amts wegen einstweilige Anordnungen erlassen. Es soll auf die Beratungs- und Hilfsmöglichkeiten durch das Jugendamt hinweisen (§ 17 Abs. 2 S. 1 SGB VIII). Dem Kind kann ein Verfahrenspfleger als „Anwalt des Kindes" beigeordnet werden, § 50 FGG.

Eingreifende Entscheidungsbefugnisse hat das Familiengericht hinsichtlich
– der Herausgabe des Kindes, § 1632 Abs. 1 BGB,
– des Entzugs der elterlichen Sorge, § 1666 BGB,
– der Verwaltung des Kindesvermögens, § 1667 BGB,
– der Übertragung der alleinigen elterlichen Sorge auf einen Elternteil, § 1671 BGB,
– der Regelung des Umgangsrechts, §§ 1684, 1685 BGB,
– der Entscheidung über das Auskunftsrecht, § 1686 BGB,
– der Einschränkung oder des Ausschlusses der Alleinentscheidungsbefugnis des betreuenden Elternteils, § 1687 Abs. 2 BGB, und
– der Abänderung dieser vorbezeichneten Entscheidungen, § 1696 BGB.[4]

IV. Wertung, Regelungsbedarf

314 Die Regelung der elterlichen Sorge durch das Gesetz zur Reform des Kindschaftsrechts ist kompliziert und streitträchtig. Die alleinige elterliche Sorge durch einen Elternteil hat nach wie vor den Vorzug der klaren und künftig streitvermeidenden Zäsur nach dem Scheitern der ehelichen Lebensgemeinschaft. Der fortdauernde Einigungszwang der Eltern bei gemeinsamer elterlicher Sorge nach Scheidung ist konfliktträchtig und zumindest dann, wenn solche Konflikte auftreten und ausgetragen werden, auch für das Kind belastend. Das immer wieder anzutreffende Argument, die gemeinsame elterliche Sorge nach Scheidung sei kindgerechter als die elterliche Sorge nur durch einen Elternteil, ist in seiner Berechtigung nach wie vor zweifelhaft.

Für die Scheidungsvereinbarung gilt, dass über das Gesetz hinaus Regelungen etwa durch Erteilung von Vollmachten angestrebt werden sollten.[5]

---

[4] Eine ausführliche Darstellung des neuen Sorgerechts findet sich etwa bei *Scholz/Sterin/Fröhlich*, Teil E.

[5] Vgl. Rdn. 1045 ff.

§ 13. Umgangsrecht

I. Gesetzliche Regelung durch das Kindschaftsrechtsreformgesetz 1998

Seit dem Kindschaftsrechtsreformgesetz ist das Umgangsrecht nicht mehr als Elternrecht konzipiert, sondern als Recht des Kindes auf Umgang mit jedem Elternteil, § 1684 Abs. 1 HS 1 BGB. Jeder Elternteil ist zum Umgang mit dem Kind verpflichtet und berechtigt, § 1684 Abs. 1 HS 2 BGB. Neu ist das Umgangsrecht anderer Bezugspersonen wie Großeltern, Geschwister, Ehegatten des betreuenden Elternteils und Pflegeeltern, § 1685 BGB. Ein Ausschluss des Umgangsrechts durch das Familiengericht ist nach § 1684 Abs. 4 S. 2 BGB nur dann möglich, wenn andernfalls das Wohl des Kindes gefährdet wäre. Regelmäßig ist zunächst der beschützte Umgang in Anwesenheit eines Dritten, z.B. eines Mitarbeiters des Jugendamtes, anzuordnen, § 1684 Abs. 4 S. 3, 4 BGB. Das Familiengericht kann, wenn eine Einigung der Beteiligten nicht vorliegt, Umfang und Ausübung des Umgangsrechts von Amts wegen regeln, § 1684 Abs. 3 BGB.

315

II. Inhalt der Umgangsregelung

Das Gesetz gibt Inhalte für die einverständliche Regelung der Beteiligten bzw. die familiengerichtliche Regelung des Umgangsrechts nicht vor. Als Grundsatz gilt,[1] dass eine kindgerechte individuelle Regelung zu treffen ist, bei der die Belastbarkeit des Kindes, die bisherige Intensität der Beziehungen zum Umgangsberechtigten, die Entfernung der Wohnorte und die sonstigen Bindungen und Interessen des Kindes und der Eltern zu berücksichtigen sind.[2] Zu regeln sind z.B.
– die Besuchsdauer bzw. Besuchstage, z.B. von Freitag 17.00 Uhr bis Sonntag 14.00 Uhr,
– die Besuchsabstände, z.B. jedes dritte Wochenende,
– die Mitnahme in die Ferien,
– der Umgang an Feiertagen und persönlichen Festtagen,
– der Ort für die Ausübung des Umgangsrechts,
– die Modalitäten des Abholens und Zurückbringens,
– das Ausfallen von Besuchszeiten bei Krankheit usw. und seine Folgen.[3]

316

---

[1] Vgl. Hdb-FamR/*Oelkers* Kap. 4 Rn. 378.
[2] OLG Hamm FamRZ 1990, 654.
[3] Vertiefend *Fröhlich* in Scholz/Stein Teil E Rdn. 161.

§ 14. Behandlung der Ehewohnung und des Hausrats nach der Hausratsverordnung

I. Grundsätze, Verhältnis zum Zugewinnausgleich

317 Können sich die Ehegatten anläßlich der Scheidung nicht darüber einigen, wer von ihnen die Ehewohnung künftig bewohnen und wer die Wohnungseinrichtung und den sonstigen Hausrat erhalten soll, so entscheidet darüber auf Antrag der Richter nach billigem Ermessen, § 1 HRVO.[1] Dies gilt für alle Güterstände.
Der Gesetzgeber des Gleichberechtigungsgesetzes hat es versäumt, die Hausratsverordnung mit dem neuen gesetzlichen Güterstand der Zugewinngemeinschaft abzustimmen[2] Die hieraus entstandenen Streitfragen, ob und inwieweit die Hausratsverordnung die Vorschriften über den Zugewinnausgleich ausschließt, hat der BGH[3] dahingehend entschieden, daß Hausrat, der nach der Hausratsverordnung verteilt werden kann, nicht dem Zugewinnausgleich unterliegt. Die Hausratsverordnung stellt insoweit eine die güterrechtlichen Vorschriften verdrängende Sonderregelung dar. Zu beachten ist, daß der BGH nicht allen Hausrat vom Zugewinnausgleich ausgenommen hat, sondern lediglich den Hausrat, der i.S. von § 8 Hausratsverordnung gemeinsames Eigentum der Ehegatten ist oder für den das gemeinsame Eigentum vermutet wird, sowie den Hausrat, der ausnahmsweise tatsächlich vom Familiengericht dem anderen Ehegatten nach § 9 Hausratsverordnung zugeteilt wird. Sonstiger Hausrat, der im Alleineigentum eines Ehegatten steht, verbleibt im Zugewinnausgleich. Dieser Lösung ist mit der überwiegenden Literaturmeinung zuzustimmen.[4] Dabei ist es konsequent und richtig, den vom BGH[5] ausdrücklich nur vom Endvermögen nach § 1375 BGB ausgenommenen Hausrat auch von der Berechnung des Anfangsvermögens nach § 1374 BGB auszunehmen.[6]

318 Nach der vom BGH[7] im Anschluß an Kuhnt[8] gegebenen Definition sind Hausrat alle beweglichen Sachen, die nach den Vermögens- und Einkommensverhältnissen der Eheleute für die Wohnung, die Hauswirtschaft und das Zusammenleben der Familie bestimmt sind. Hinzu kommen Rechte und Ansprüche sowie Verbindlichkeiten, die derartige Sachen betreffen. Maßgeblicher Zeitpunkt für die Beurteilung der Hausratseigenschaft ist die Rechtskraft des Scheidungsurteils.[9] Zum Hausrat gehören auch Sachen, die der Ausschmückung der Wohnung dienen, also auch Ziergegenstände und Kunstgegenstände. Auch Gegenstände von hohem Wert einschließlich kostbarer Kunstgegenstände gehören zum Hausrat, wenn sie ihrer Art nach als Hausratsgegenstände geeignet sind und nach dem Lebenszuschnitt der Ehegatten als solche dienen.[10] Ausgenommen sind wiederum Gegenstände, die aus-

---

[1] Verordnung über die Behandlung der Ehewohnung und des Hausrats – Hausratsverordnung vom 21. 10. 1944 in der Fassung vom 20. 2. 1986, BGBl 1986 I 301.
[2] *Johannsen/Henrich/Brudermüller* HausratsVO, Vorbem. Rdn. 8.
[3] FamRZ 1984, 144 = NJW 1984, 484 = BGHZ 89, 137.
[4] *Lange* JZ 1984, 383; *Schwab* FamRZ 1984, 429; *Tiedtke* JZ 1984, 1078/1081; *Smid* NJW 1985, 173/177; *Johannsen/Henrich/Jaeger* Eherecht § 1375 Rdn. 9; kritisch *Gernhuber* FamRZ 1984, 1053, 1056.
[5] AaO.
[6] *Lange* JZ 1984, 383; a. A. *Johannsen/Henrich/Jaeger* Eherecht § 1374 Rdn. 13.
[7] AaO.
[8] AcP 150, 130/132.
[9] OLG Düsseldorf FamRZ 1986, 1132 m. w. N.; FamRZ 1986, 1134.
[10] BGH FamRZ 1984, 575.

schließlich der Kapitalanlage dienen oder als Objektsammlung anzusehen sind. Auch Gegenstände, die lediglich den individuellen Bedürfnissen oder den persönlichen Interessen des einzelnen Ehegatten dienen, gehören nicht zum Hausrat.[11] Angesichts der Beweis- und Abgrenzungsschwierigkeiten empfiehlt sich häufig die vorsorgende ehevertragliche Regelung, welche Gegenstände nicht Hausrat sein sollen, oder die zulässige Bestimmung,[12] daß sämtlicher Hausrat einschließlich desjenigen, der in Zukunft angeschafft wird, einem Ehegatten zu Alleineigentum zustehen soll.

II. Voraussetzungen und Verfahren

Voraussetzung einer gerichtlichen Regelung ist, daß keine Einigung der Ehegatten vorliegt. Das Gesetz will Prozesse über Ehewohnung und Hausrat vermeiden. Bei teilweiser Einigung ist nur noch über den strittigen Rest zu entscheiden.[13] Während des Getrenntlebens vor Scheidungsantrag sind die §§ 1361a, 1361b BGB i.V.m. § 18a HRVO maßgeblich, nach Scheidungsantrag lediglich noch die HRVO. Zuständig ist stets das Familiengericht, § 621 Abs. 1 Nr. 7 ZPO. Im Rahmen des Scheidungsverfahrens kann die gerichtliche Regelung im Verbund mit der Scheidung erfolgen, § 623 ZPO, aber auch nach der Scheidung aufgrund nachträglichen Antrags, § 623 Abs. 1 und 3 ZPO, oder nach Abtrennung des Verfahrens, §§ 626 Abs. 2, 628 Abs. 1 Nr. 3 ZPO. 319

III. Umfang der gerichtlichen Entscheidungsbefugnis über die Ehewohnung

1. Mietwohnung.

Sind beide Ehegatten Mieter, so kann der Richter nach § 5 Abs. 1 HRVO bestimmen, daß das Mietverhältnis von einem von ihnen allein fortgesetzt wird. Der Vermieter kann dies nicht verhindern, ist aber am Verfahren zu beteiligen, § 7 HRVO. Zu seinem Schutz kann der Richter nach § 5 Abs. 1 S.2 HRVO anordnen, daß eine Sicherheit etwa durch Mietkaution geleistet wird. In der Regel wird demjenigen Ehegatten die Wohnung zugewiesen, der die elterliche Sorge für die Kinder erhält. Es ist immer auf alle Umstände des Einzelfalls abzustellen, § 2 HRVO. Hat der weichende Ehegatte zum Um- oder Ausbau der Wohnung beigetragen oder entstehen ihm hohe Kosten für den Umzug oder die Ersatzwohnung, so kann der Richter in entsprechender Anwendung von § 8 Abs. 3 S. 2 HRVO Ausgleichszahlungen anordnen.[14] 320

Ist nur ein Ehegatte Mieter, so kann der Richter nach § 5 Abs. 1 S.1 HRVO auch gegen den Widerspruch des Vermieters bestimmen, daß der andere an seiner Stelle in das Mietverhältnis eintritt.

2. Eigenheim, Eigentumswohnung.

Die Eigentumsverhältnisse kann das Gericht nicht ändern, es kann auch keine dinglichen Rechte wie Nießbrauch oder dingliches Wohnungsrecht begründen.[15] Steht die Wohnung im Miteigentum beider Ehegatten, so kann eine Aufteilung oder eine Zuweisung zur alleinigen Benutzung nach billigem Ermessen i.S. von § 2 321

---

[11] OLG Düsseldorf FamRZ 1986, 1134.
[12] OLG Düsseldorf FamRZ 1986, 1132.
[13] BGHZ 18, 143; OLG Hamm FamRZ 1990, 1126.
[14] *Brudermüller* FamRZ 1989, 7.
[15] BGHZ 68, 299.

HRVO erfolgen.[16] Die Teilungsversteigerung nach § 753 BGB, § 180 ZVG wird hierdurch nicht verhindert. Das Gericht hat auch sorgfältig zu erwägen, ob es durch Begründung eines Mietverhältnisses für den in der Wohnung verbleibenden Ehegatten die Teilungsversteigerung erschweren und den erzielbaren Erlös schmälern sollte.[17]

Steht die Wohnung im Alleineigentum eines Ehegatten, so kommt nur im Ausnahmefall des § 3 HRVO eine zeitlich begrenzte[18] Nutzungszuweisung an den anderen Ehegatten in Betracht.

IV. Umfang der gerichtlichen Entscheidungsbefugnis über den Hausrat

322   Zum Hausrat gehören alle beweglichen Sachen, die nach den Einkommens- und Vermögensverhältnissen der Eheleute für die Wohnung, die Hauswirtschaft und das Zusammenleben der Eheleute bestimmt sind.[19] Hierzu gehören auch dem Raumschmuck dienende wertvolle Kunstgegenstände, soweit sie nicht Teil einer Sammlung sind. Der PkW ist nur ausnahmsweise Hausrat.[20] Nicht zum Hausrat gehören die Gegenstände des persönlichen Bedarfs jedes Ehegatten wie Kleidung, Schmuck, Hobby- und Sportgeräte.

Für die Verteilung kommt es darauf an, ob die einzelnen Hausratsgegenstände im gemeinsamen Eigentum beider Ehegatten stehen oder im Alleineigentum eines Ehegatten. Hausratsgegenstände, die beiden Ehegatten gemeinsam gehören, verteilt der Richter nach § 8 HRVO gerecht und zweckmäßig. Bei Gegenständen, die während der Ehe für den gemeinsamen Haushalt angeschafft wurden, wird das gemeinsame Eigentum vermutet. Die zugeteilten Gegenstände gehen in das Alleineigentum des Empfängers über. Der Richter soll ihm eine Ausgleichszahlung auferlegen, wenn dies der Billigkeit entspricht.

Notwendige Gegenstände, die im Alleineigentum eines Ehegatten stehen, kann der Richter dem anderen Ehegatten zuweisen, wenn dieser auf ihre Weiterbenutzung angewiesen ist und dies dem anderen zumutbar ist. Die Zuweisung erfolgt nach § 9 HRVO regelmäßig zur Miete bei Festsetzung des Mietzinses, im Einzelfall zu Eigentum gegen angemessenes Entgelt. Richtiger Ansicht nach ist die erste Alternative ohne praktische Bedeutung, die zweite verfassungswidrig.[21]

323–330   – in dieser Aufl. nicht belegt –

---

[16] BayObLG FamRZ 1974, 22.
[17] Dazu *Johannsen/Henrich/Brudermüller* § 3 HRVO Rdn. 14.
[18] *Johannsen/Henrich/Brudermüller* § 3 HRVO Rdn. 9.
[19] BGH FamRZ 1984, 575.
[20] BGH FamRZ 1991, 43.
[21] So insbes. *Johannsen/Henrich/Voelkow* § 9 HRVO Rdn. 1-3.

§ 15. Steuerfolgen der Scheidung

I. Grundsätze

Mit der Ehescheidung erlöschen grundsätzlich die nur den Ehegatten gewährten Möglichkeiten und Vorteile.[1] Die in den Scheidungsfolgen fortwirkende eheliche Solidarität wird aber auch steuerrechtlich privilegiert durch das begrenzte Realsplitting bei Unterhaltsleistungen, die Möglichkeit des Abzugs von Unterhaltsleistungen als außergewöhnliche Belastung, die Behandlung des schuldrechtlichen Versorgungsausgleichs als dauernde Last und die Grunderwerbsteuerfreiheit der Vermögensauseinandersetzung. Die Trennungs- und Scheidungskosten bilden außergewöhnliche Belastungen. Grundsätzlich aber ist die Scheidung mit ihren Folgen ein steuerlich nicht relevanter Vorgang im Vermögens- bzw. Unterhaltsbereich. 331

II. Einkommensteuer

Das Veranlagungswahlrecht der Eheleute[2] erlischt mit dem dauernden Getrenntleben.[3] Für das Trennungsjahr, zu dessen Beginn die Eheleute noch nicht getrennt gelebt haben, können die Eheleute noch zusammen zur Einkommensteuer veranlagt werden. 332

Die während intakter Ehe bestehende familienrechtliche Verpflichtung der Eheleute untereinander, der steuergünstigsten Veranlagungsform zuzustimmen, bleibt auch während des Getrenntlebens bestehen und nach Scheidung als Nachwirkung der Ehe erhalten.[4] Aus ihr ergibt sich insbesondere die Verpflichtung zur Zustimmung zum begrenzten Realsplitting[5] gegen Erstattung der hierdurch entstehenden Belastungen. Alternativ hierzu kann der Unterhaltsverpflichtete die jährlichen Unterhaltsleistungen als außergewöhnliche Belastungen i.S. von § 33a Abs. 1 Nr. 2 EStG geltend machen.[6] 333

Auch die unmittelbar durch die Trennung und Scheidung veranlaßten Aufwendungen bilden außergewöhnliche Belastungen i.S. des § 33 EStG.[7] Die Finanzverwaltung[8] erkennt sämtliche Anwalts- und Verfahrenskosten der Ehescheidung und der Scheidungsfolgenregelungen als zwangsläufig erwachsen an, nicht aber sonstige Folgekosten wie Umzug, Einrichtung oder Getrenntlebenskosten.[9] 334

Der Zugewinnausgleich ist ein Vorgang im Vermögensbereich und berührt das Einkommen nicht. Die Zugewinnausgleichsforderung kann nicht als außergewöhnliche Belastung abgezogen werden, auch nicht mit ihr verbundene Finanzierungszinsen. Die Zugewinnausgleichsschuld ist auch dann keine betriebliche Schuld, wenn der auszugleichende Zugewinn im Bereich des Betriebsvermögens entstanden 335

---

[1] Vgl. dazu Rdn. 119 ff.
[2] Vgl. Rdn. 120.
[3] § 26 Abs. 1 S. 1 EStG, Abschn. 174 EStR 1999; zu Einzelheiten mit Nachweisen *Liebelt* NJW 1994, 609.
[4] *Liebelt* NJW 1994, 610 m. w. N.
[5] Hierzu Rdn. 856.
[6] Dazu Rdn. 860.
[7] BFHE 168, 39 = BStBl II 1992, 795.
[8] Abschn. 189 „Zivilprozess" EStR.
[9] Zu Einzelheiten m. w. N. *Liebelt* NJW 1994, 614.

ist.[10] Wird die Zugewinnausgleichsforderung in diesem Fall in ein Darlehen umgewandelt, so entstehen keine Betriebsausgaben.[11] Die Abfindung mit Gegenständen des Betriebsvermögens kann aber zu steuerpflichtigen Entnahmen führen. Die einkommensteuerliche Behandlung des Versorgungsausgleichs ergibt sich aus dem BMF-Schreiben vom 20. 7. 1981.[12] Danach vollzieht sich der Versorgungsausgleich grundsätzlich im Vermögensbereich und hat keine einkommensteuerlichen Auswirkungen. Lediglich die Aufstockung im Versorgungsausgleich verlorener Anwartschaften ist als Sonderausgabe bzw. Werbungskosten abziehbar. Zahlungen im Bereich des schuldrechtlichen Versorgungsausgleichs sind als dauernde Last abziehbar und vom Empfänger korrespondierend als wiederkehrende Bezüge zu versteuern. Entsprechendes gilt bei Scheidungsvereinbarungen, in denen als Gegenleistung für den Verzicht auf Zugewinnausgleich oder Versorgungsausgleich dauernde Lasten vereinbart werden.[13]

336 Im Bereich der Steuervergünstigungen nach § 10e EStG verwandelt sich durch die Scheidung die ehebezogene Objektbeschränkung in eine personenbezogene Objektbeschränkung. Hierdurch tritt regelmäßig für beide Ehegatten Objektverbrauch ein.[14]

III. Sonstige Steuern

337 Der Verzicht auf den Zugewinnausgleich kann eine steuerbare Schenkung an den verpflichteten Ehegatten sein. Grundstücksübertragungen anläßlich der Scheidung sind nach § 3 Nr. 5 GrEStG von der Grunderwerbsteuer befreit.

---

[10] BFHE 170, 134 = BStBl. II 1993, 434.
[11] Anders noch BFHE 156, 131 = BStBl. II 1989, 706.
[12] BStBl. I 1981, 567.
[13] Vgl. Rdn. 797.
[14] *Schmidt/Drenseck* EStG § 10e Rdn. 65 ff.; BMF-Schreiben vom 31. 12. 1994 – BStBl. I 1994, 887, Ziff. 23 ff.

4. Kapitel. Eheverträge

§ 1. Modifizierungen der Zugewinngemeinschaft
I. Vereinbarungsfreiheit bei Modifizierungen des gesetzlichen Güterstandes

Der Zugewinnausgleich nach §§ 1363 ff. BGB wird durch Rechenoperationen 338 vollzogen und resultiert in einer Geldforderung. Aus seinem rein schuldrechtlichen Charakter ergibt sich der Grundsatz, daß in seinem Rahmen alle denkbaren modifizierenden Vereinbarungen möglich und zulässig sind.[1] Die in der Literatur[2] immer wieder geäußerte Behauptung, aus dem „Wesen der Zugewinngemeinschaft" ergäben sich Grenzen der Vertragsfreiheit, ist unzutreffend. Ziel des gesetzlichen Güterstandes ist der hälftige Zugewinnausgleich in Geld. Er beruht auf den gesetzlichen Prämissen der Teilhabe des haushaltsführenden Ehegatten am ehezeitlichen Vermögenszuwachs und der Gleichwertigkeit von Haushaltsführung und Erwerbstätigkeit. Beide Prämissen sind uneingeschränkt nur bei der Einverdienerehe ohne Anfangsvermögen und ehezeitlichen privilegierten Erwerb stimmig, verfehlen aber die übrigen Ehetypen mehr oder weniger. Der Vertragsgüterstand Gütertrennung andererseits wird nicht allen übrigen Ehetypen gerecht. Modifikationen der verschiedensten Art im Bereich des gesetzlichen Güterstandes sind also erforderlich, um für jeden Ehetyp eine gerechte Ordnung zu gestalten. Insofern gibt es kein fest definiertes, unveränderliches „Wesen" des gesetzlichen Güterstandes. Vielmehr füllt der gesetzliche Güterstand einschließlich seiner Modifikationen die Spanne zwischen dem vollen Zugewinnausgleich und der reinen Gütertrennung aus, wobei die ehevertraglichen Modifikationen die Ehetypen zwischen der Einverdienerehe ohne Anfangsvermögen i.S. von § 1374 BGB und der Ehe vermögensmäßig beiderseits unabhängiger Partner regeln. Die Modifikationen des gesetzlichen Güterstandes, die sich teilweise zu Standardlösungen, also eigenen Vertragstypen verfestigt haben, sind für die Ehevertragspraxis genau so wichtig wie die gesetzliche Zugewinngemeinschaft und die Gütertrennung, ja haben sogar letztere weitgehend verdrängt. Jeder Modifikationstyp hat sein „Wesen", das sich aus seinem Zweck, nämlich der Regelung eines besonderen Ehetyps ergibt. Das so verstandene „Wesen" schränkt deshalb die Vertragsfreiheit nicht i.S. der Unzulässigkeit von Modifikationen ein, sondern gibt der Vertragsfreiheit inhaltliche Vorgaben. Eine nicht ehetypgerechte Modifikation ist nicht unzulässig, kann aber unter den Voraussetzungen des § 138 BGB sittenwidrig sein und beschwört die Gefahr einer richterlichen Inhalts- oder Ausübungskontrolle nach § 242 BGB herauf.

Zulässig im Sinne von rechtlich möglich sind im einzelnen folgende Modifikatio- 339 nen:[3]

Die **Verfügungsbeschränkungen** der §§ 1365 ff. BGB können eingeschränkt oder 340 ausgeschlossen werden, dies auch nur für einen Ehegatten, nicht aber erweitert

---
[1] So mit Recht allgemein für Güterstandsmodifikationen MünchKomm/*Kanzleiter*, § 1408 Rdn. 13; vgl. auch *Plate* MittRhNotK 1999, 257–273.
[2] *Kipp/Wolf* § 41 IV, 1, *Dölle* § 43 C III 2 b. Auch die Forderung von *Gernhuber* S. 478, das „spezifische Ordnungsziel des Güterstandes" müsse gewahrt bleiben, geht in die falsche Richtung.
[3] Es wird insoweit der liberalen Kommentierung von MünchKomm/*Kanzleiter* § 1408 Rdn. 14 gefolgt, zu Streitfragen der folgende Text.

4. Kapitel. Eheverträge

werden.⁴ Da die Verfügungsbeschränkungen mehr rechtliche Probleme als praktischen Nutzen mit sich bringen, ist ihr ehevertraglicher Ausschluß anläßlich sonstiger Modifizierungen des gesetzlichen Güterstandes häufig.

341 Der **Zugewinnausgleich** kann insgesamt bedingt oder befristet werden.

342 Auch **voreheliches** Vermögen kann in den Zugewinnausgleich einbezogen werden.⁵ Der BGH,⁶ hat für die eheähnliche Lebensgemeinschaft einen Quasi-Zugewinnausgleich vorgenommen. Dementsprechend steht der ehevertraglichen Vereinbarung bisher nichtehelich zusammenlebender Partner, den Zugewinnausgleich nicht erst ab Beginn des Güterstandes, sondern schon ab Beginn des nichtehelichen Zusammenlebens zu berechnen, nichts entgegen.

343 Entsprechend kann bei Vereinbarung des gesetzlichen Güterstandes erst zu einem späteren Ehezeitpunkt der Zugewinnausgleich rückwirkend vereinbart werden.⁷

344 Die Eckdaten des Zugewinnausgleichs, also das Anfangs- oder Endvermögen jedes Ehegatten nach §§ 1374, 1375 BGB können in DM-Beträgen festgelegt werden. So können die Anfangsvermögen entsprechend dem tatsächlichen Vermögensstand festgelegt, aber auch von ihm abweichend bestimmt werden, woraus sich eine Verringerung oder Erhöhung des Zugewinnausgleichs ergeben kann.⁸ Auch hierdurch kann man die Zeit des vorehelichen Zusammenlebens im Ergebnis in den Zugewinnausgleich einbeziehen.

345 Die mögliche **Ausgleichsforderung nach § 1378 BGB** kann höhenmäßig begrenzt oder sonst pauschaliert werden.

346 **Einzelne Vermögensgegenstände** oder Vermögensmassen, etwa das Betriebsvermögen⁹ oder das Anfangsvermögen oder privilegierter Erwerb i.S. von § 1374 Abs. 2 BGB können aus der Berechnung des Zugewinnausgleichs herausgenommen werden, dies ist eine praxishäufige Modifizierung.¹⁰

347 Der Zugewinnausgleich unter Lebenden kann bei Beibehaltung des Zugewinnausgleichs im Todesfall ausgeschlossen werden, auch dies eine praxishäufige Modifizierung.¹¹

348 Es können Vereinbarungen über die Bewertung einzelner Vermögensgegenstände getroffen werden, eine insbesondere bei Grundbesitz oder Betriebsvermögen sinnvolle Vereinbarungsmöglichkeit.¹²

349 Die hälftige **Zugewinnausgleichsquote** des § 1378 Abs. 1 BGB kann ermäßigt, aber auch erhöht werden.¹³

---

[4] MünchKomm/*Kanzleiter* § 1408 Rdn. 14.
[5] A. A. Gernhuber/Coester-Waltjen § 32 III 4 mit dem oben widerlegten Argument, das „Ordnungsziel der Gesamtregelung" werde verletzt.
[6] BGH NJW 1992, 427 = LM § 242 B b BGB Nr.137m. Anm. *Langenfeld*.
[7] Vgl. Rdn. 706 ff.
[8] Gegen die Erhöhung als Einzelmeinung *Massfeller* DB 1957, 738, wie hier die ganz. h.L., vgl. MünchKomm/*Kanzleiter* § 1408 Rdn. 14 m.w. N.
[9] Diese Fallgruppe ist abgesegnet durch BGH NJW 1997, 2239 = LM § 1363 Nr. 3 m. Anm. *Langenfeld*.
[10] Vgl. Rdn. 369 ff.
[11] Vgl. Rdn. 356, die umgekehrte Modifizierung – Zugewinnausgleich nur unter Lebenden – ist ebenfalls zulässig.
[12] Vgl. Rdn. 396.
[13] Johannsen/Henrich/*Jaeger* § 1372 Rdn. 4; MünchKomm/*Kanzleiter* § 1408 Rdn. 14.

§ 1. Modifizierungen der Zugewinngemeinschaft

Die Ausgleichspauschale des § 1371 Abs. 1 BGB kann ehevertraglich herabgesetzt werden.[14] Da auch nach der die Zulässigkeit bejahenden Meinung[15] Pflichtteilsansprüche etwa der Abkömmlinge durch die Erhöhung nicht verringert werden können, sollte man im Interesse einer sauberen Abgrenzung der Bereiche ehevertragliche Vereinbarungen über die Quote des § 1371 Abs. 1 BGB hinaus als unwirksam ansehen mit der Folge, daß Quotenerhöhungen nur als letztwillige Verfügungen möglich sind und dann den Pflichtteilsvorschriften unterliegen.[16]

350

Der Zugewinnausgleich nach der güterrechtlichen Lösung des § 1371 Abs. 2 BGB steht dagegen voll zur ehevertraglichen Disposition.[17] Er kann wie der Zugewinnausgleich unter Lebenden modifiziert und ausgeschlossen werden. Es kann deshalb auch der Ausgleich nach § 1371 Abs. 1 BGB belassen, der Ausgleich nach § 1371 Abs. 2 BGB aber ausgeschlossen werden.

351

Als Modifizierung des gesetzlichen Güterstandes möglich ist auch der **völlige Ausschluß des Zugewinnausgleichs** bei Belassung lediglich der Verfügungsbeschränkungen der §§ 1365 ff. BGB. Angesichts der rechtlichen und tatsächlichen Fragwürdigkeit der Verfügungsbeschränkungen ist dies aber keine praxisrelevante Gestaltungsmöglichkeit.

352

Die verschiedenen Modifizierungen verändern immer den gesetzlichen Ausgleichsmechanismus und wirken sich deshalb immer zugunsten des einen und zulasten des anderen Ehegatten aus. Regelmäßig steht aufgrund der tatsächlichen Verhältnisse von vorneherein fest, wer Begünstigter und wer Belasteter sein wird. Deshalb ist auch die ehevertragliche Beschränkung der Ausgleichspflicht auf einen Ehegatten und die Befreiung des anderen Ehegatten von ihr möglich,[18] soweit sie nicht im Einzelfall sittenwidrig ist.[19]

353

Mit der Prämisse, die Tatsache, daß Güterstände in ihrer Totalität zur Disposition des Ehegatten stehen, besage noch nicht, daß über jede einzelne Regelung gesondert disponiert werden könne,[20] werden ehegatten – und eheschützende Vorschriften des Zugewinnausgleichs für zwingend erklärt. So wird behauptet, es könnten für sich allein bei Beibehaltung des Zugewinnausgleichs nicht ausgeschlossen werden der Auskunftsanspruch des § 1379 BGB, die Einrede aus § 1381 BGB und die Möglichkeit des vorzeitigen Zugewinnausgleichsanspruchs nach §§ 1385, 1386 BGB.[21] Diese Ansicht überzeugt nicht. Schon vom Ergebnis her sind für den von der Vereinbarung betroffenen Ehegatten Einschränkungen des Zugewinnausgleichs immer noch besser als dessen völliger Ausschluß. Es genügt völlig, im Einzelfall über §§ 138, 242 BGB eine etwa notwendige ex-post-Korrektur vorzunehmen. Wegen ihres drittschützenden Charakters werden die §§ 1371 Abs. 4, 1378 Abs. 2 BGB überwiegend als zwingend angesehen.[22] Auch dies überzeugt nicht, da der Drittschutz insgesamt durch Abbedingung des Güterstandes disponibel ist.

354

---

[14] *Soergel/Lange* § 1371 Rdn. 7. Ob sie erhöht werden kann, ist streitig. Für die Zulässigkeit MünchKomm/*Kanzleiter* § 1408 Rdn. 14; dagegen die h. L., so *Soergel/Gaul* § 1408 Rdn. 16; *Soergel/Lange* § 1371 Rdn. 7, letzterer mit dem Hinweis, ein insoweit nichtiger Ehevertrag könne in eine letztwillige Verfügung umgedeutet werden.
[15] *Kanzleiter* aaO.
[16] *Soergel/Lange* § 1371 Rdn. 7.
[17] *Soergel/Lange* § 1371 Rdn. 7.
[18] *Dölle* § 58 II; *Staudinger/Thiele* § 1408 Rdn. 19; MünchKomm/*Kanzleiter* § 1408 Rdn. 14.
[19] OLG Stuttgart DNotZ 1983, 693 m. Anm. *Kanzleiter*.
[20] So *Gernhuber* § 32 III 4.
[21] *Soergel/Lange*, § 1372 Rdn. 6; *Johannsen/Henrich/Jaeger*, § 1372 Rdn. 4.
[22] Z. B. MünchKomm/*Koch* § 1371 Rdn. 87.

355 Im Ergebnis erscheinen bis auf die nicht systemgerechte Erhöhung der Quote des § 1371 Abs. 1 BGB alle in der Literatur erörterten Einschränkungen der Vertragsfreiheit entbehrlich; die Korrekturmöglichkeiten über §§ 138, 242 BGB genügen.

II. Vereinbarungen über den Zugewinnausgleich insgesamt

1. Ausschluß lediglich des Zugewinnausgleichs unter Lebenden

356 Es ist unbestritten zulässig, den gesetzlichen Güterstand in der Weise zu modifizieren, daß der Zugewinnausgleich nur für den Fall der Ehescheidung und der – sehr seltenen – Aufhebung der Ehe nach §§ 1313 ff. BGB auszuschließen, ihn aber für den Fall der Auflösung durch den Tod eines Ehegatten zu belassen.[23] Diese häufigste und deshalb verbreitet unter der Bezeichnung „Modifizierte Zugewinngemeinschaft" praktizierte Gestaltung[24] verbindet die Vorteile der Gütertrennung mit den erbrechtlichen und erbschaftsteuerlichen Vorteilen der Zugewinngemeinschaft. Sie ist für den Regelfall der Vereinbarung von Gütertrennung vorzuziehen und bewirkt eine bessere Gütertrennungslösung als ein Ehevertrag nach § 1414 BGB. Im Fall der Ehescheidung findet kein Zugewinnausgleich statt. Der Vertragstyp eignet sich deshalb für alle Fallgruppen, in denen nach den Grundsätzen der Ehevertragsgestaltung nach Ehetypen[25] Gütertrennung angezeigt ist, insbesondere für die Partnerschaftsehe vermögensmäßig unabhängiger Eheleute und die Unternehmerehe, wenn die Versorgung des anderen Ehegatten sichergestellt ist. Ergänzend empfiehlt es sich regelmäßig, auch die Verfügungsbeschränkungen der §§ 1365 ff. BGB abzubedingen.

357 Wird eine Ehe nicht geschieden, sondern durch den Tod eines Ehegatten aufgelöst, so kommt dem überlebenden Ehegatten einmal die Erbteilserhöhung um ein Viertel der Erbschaft nach § 1371 Abs. 1 zugute, zum anderen der erbschaftsteuerliche Freibetrag aus § 5 ErbStG.[26] Wird er nicht Erbe oder Vermächtnisnehmer, so kann er nach § 1371 Abs. 2 BGB den Ausgleich des tatsächlichen Zugewinns verlangen.

358 Von besonderer Bedeutung ist dabei die Möglichkeit, mit der Finanzbehörde nach § 5 ErbStG einen fiktiven Zugewinnausgleich mit der Folge vorzunehmen, daß ein sich ergebender Zugewinnausgleichsanspruch erbschaftsteuerfrei bleibt. Die Möglichkeit wird immer wichtiger, da die Ehegattenfreibeträge nach §§ 16, 17 ErbStG angesichts der ständig steigenden Nachlaßwerte zunehmend unzulänglich werden.

359 Auch die Erbteilserhöhung nach § 1371 Abs. 1 BGB ist im Regelfall willkommen, da sie die Pflichtteile der Abkömmlinge entsprechend verringert. Lediglich in der Unternehmerehe kann es angezeigt sein, den Erb- und damit Pflichtteil des Ehegatten möglichst gering zu halten, um die Unternehmensnachfolge auf die Abkömmlinge nicht zu gefährden. Eine Verringerung des Ehegattenpflichtteils tritt nach § 1931 Abs. 4 BGB bei Gütertrennung aber noch nicht bei Vorhandensein lediglich eines Abkömmlings, sondern erst ab zwei Abkömmlingen ein. Weiterhin wird die Unternehmensnachfolge im Regelfall unter Mitwirkung des Ehegatten vollzogen, wobei dann entsprechende Pflichtteilsverzichte erklärt werden können. Auch in der Unternehmerehe ist damit regelmäßig die obige Modifizierung besser als die völlige

---
[23] Vgl. nur *Soergel/Gaul* § 1408 Rdn. 18; *Palandt/Brudermüller* § 1414 Rdn. 1.
[24] Vgl. Erstauflage 1984 Rdn. 136 f.
[25] Rdn. 935 ff.
[26] Vgl. *Meincke* DStR 1986, 135, 139.

§ 1. Modifizierungen der Zugewinngemeinschaft

Gütertrennung. Letztere kommt damit in der Regel nur noch in Betracht, wenn sich die Ehegatten gegenseitig nicht beerben wollen, etwa im Fall der Wiederverheiratung älterer Witwer mit beiderseits erstehelichen Kindern.[27]

> **Formulierungsvorschlag**
>
> Für den Fall der Beendigung des Güterstandes durch den Tod eines Ehegatten soll es beim Zugewinnausgleich durch Erbteilserhöhung oder güterrechtliche Lösung verbleiben. Wird jedoch der Güterstand auf andere Weise als durch den Tod eines Ehegatten beendet, so findet kein Zugewinnausgleich statt. Dies gilt auch für den vorzeitigen Zugewinnausgleich bei Getrenntleben.

360

2. Aufrechterhaltung lediglich der Verfügungsbeschränkungen

Zulässig ist die Modifizierung des gesetzlichen Güterstandes in dem Sinne, daß der Zugewinnausgleich sowohl bei Scheidung als auch bei Tod völlig ausgeschlossen wird, während lediglich die Verfügungsbeschränkungen der §§ 1365 und 1369 BGB aufrechterhalten werden. Eine derartige Vereinbarung führt nicht zum Eintritt von Gütertrennung.[28] Die praktische Bedeutung der Möglichkeit steht im umgekehrten Verhältnis zur Breite ihrer literarischen Erörterung, da dann, wenn der völlige Ausschluß des Zugewinnausgleichs indiziert ist, auch die Verfügungsbeschränkungen keine Funktion haben, ja fast immer dem erstrebten Ehemodell hinderlich sind.

361

3. Gegenständliche Beschränkung des Zugewinnausgleichs

Der Zugewinnausgleich kann auch auf gegenständlich abgegrenzte Vermögensteile, etwa nur die Fahrnis oder etwa nur die Liegenschaften, beschränkt werden.

362

4. Zeitliche Beschränkung des Zugewinnausgleichs, Bedingung, Befristung, Rücktrittsvorbehalt[29]

Die Bedingung ist das kautelarjuristische Instrument der Anpassung von Verträgen mit Dauerwirkung an künftige veränderte Umstände. Im Ehevertragsbereich ist an die mögliche künftige Änderung des Ehetyps zu denken. Zu regeln sind dabei nur Änderungen, die mit einer gewissen Wahrscheinlichkeit eintreten können. Ein derartiger Fall ist die Doppelverdienerehe junger Eheleute, die durch die Geburt von Kindern und die damit verbundene Aufgabe der Berufstätigkeit durch einen Ehegatten zur Einverdienerehe werden kann. Der bei Doppelverdienerehe noch sachgerechte und häufig gewünschte[30] Ausschluß des Zugewinnausgleichs ist nach kindbedingter Berufsaufgabe nicht mehr ehetypgerecht. Daß die durch die Geburt eines Kindes veränderte Ehesituation nicht einseitig zulasten etwa der Frau gehen kann, ist für den Partner einsichtig.[31] Den reibungslosen Übergang vom Ausschluß des Zugewinnausgleichs bei Scheidung durch Gütertrennung oder modifizierte Zugewinngemeinschaft zur – gegebenenfalls wieder modifizierten – Durchführung des Zugewinnausgleichs bewirkt die auflösende Bedingung.

363

---

[27] Vgl. Rdn. 980 ff.
[28] MünchKomm/*Kanzleiter* § 1408 Rdn. 14.
[29] Vgl. die Vertragstypen Rdn. 944 ff.
[30] Vgl. *Brambring* Rdn. 92.
[31] *Brambring,* Rdn. 92.

4. Kapitel. Eheverträge

364 Formulierungsvorschlag

Der Ausschluß des Zugewinnausgleichs unter Lebenden entfällt und der gesetzliche Güterstand tritt mit der Folge ein, daß der Zugewinnausgleich für die gesamte Ehezeit (oder: ab dem der Berufsaufgabe folgenden Monatsersten) stattfindet, wenn ein Ehegatte zur Betreuung eines gemeinsamen Kindes seine Berufstätigkeit durch Auflösung seines Arbeitsverhältnisses aufgibt.

oder:

365 Gibt ein Ehegatte zur Betreuung eines gemeinsamen Kindes seine Berufstätigkeit durch Auflösung seines Arbeitsverhältnisses auf, so entfällt die Gütertrennung und tritt der gesetzliche Güterstand mit folgenden Modifizierungen in Kraft: ...

366 Statt der Automatik der Bedingung kann auch lediglich ein Rücktrittsvorbehalt vereinbart werden. Er hat den Vorteil, daß der zum Rücktritt berechtigte Ehegatte den Rücktritt nicht zu erklären braucht, wenn er es nicht will, jedoch den Nachteil, daß der rücktrittsberechtigte Ehegatte zur Lösung vom Vertrag einen einseitigen Schritt unternehmen muß, der zur Störung des Ehefriedens führen kann. Es besteht dann die Gefahr, daß er insoweit seine Schwellenangst nicht überwindet, obwohl er dadurch Nachteile hat. Zur Sicherung des Beweises und der Beratung sollte in jedem Fall die Form des Rücktritts vom Erbvertrag bestimmt werden.

367 Formulierungsvorschlag

Der Zugewinnausgleich soll nur im Falle der Beendigung des Güterstandes durch den Tod eines Ehegatten stattfinden. Für die übrigen Fälle der Beendigung des Güterstandes wird er ausgeschlossen. Die Ehefrau ist jedoch berechtigt, von diesem Ausschluß des Zugewinnausgleichs zurückzutreten, wenn ein gemeinsames Kind geboren wird. Der Rücktritt ist zur Urkunde eines Notars zu erklären und dem anderen Ehegatten zuzustellen.

368 Möglich ist als Befristung auch lediglich der Ausschluß des Zugewinnausgleichs für den Fall der Frühscheidung.

Formulierungsvorschlag

Wird innerhalb von 5 Jahren nach Eheschließung Scheidungsantrag gestellt, so findet ein Zugewinnausgleich nicht statt..

III. Vereinbarungen über die Berechnung des Zugewinnausgleichs

1. Gegenständliche Herausnahme von Gegenständen aus dem Zugewinnausgleich

369 *a) Ausgangspunkt.* Bei vorehelichem Vermögen oder privilegiertem Erwerb im Sinne von § 1374 BGB kann es dadurch zu Ungerechtigkeiten kommen, daß zwar der Anfangswert dieser Gegenstände einschließlich der rein inflationsbedingten Wertsteigerung dem Zugewinnausgleich entzogen ist, jedoch außerordentliche Wertsteigerungen über die Geldentwertung hinaus und Erträge dieser Gegenstände ausgleichspflichtigen Zugewinn darstellen. Der Gesetzgeber des Gleichberechtigungsgesetzes hat dieses Problem etwa in den Fällen, in denen ein Ackergrundstück des Anfangsvermögens während der Ehe Bauland wird, gesehen und ausdrücklich in Kauf genommen. Von den Beteiligten selbst und insbesondere auch von Eltern

§ 1. Modifizierungen der Zugewinngemeinschaft

und sonstigen Verwandten, die einem Ehegatten privilegierten Erwerb zugewendet haben oder zuwenden wollen, wird diese Konsequenz des Zugewinnausgleichs jedoch regelmäßig als ungerecht empfunden.

Eine ähnliche Interessenlage besteht bei Betriebsvermögen oder betrieblichen Beteiligungen im Vermögen eines Ehegatten.[32] Auch derartiges Vermögen kann Anfangsvermögen oder privilegierter Erwerb nach § 1374 Abs. 2 BGB sein. Aber auch wenn es auf andere Weise während der Ehe erworben wurde, können Gesichtspunkte des Unternehmensschutzes dafür sprechen, dieses Vermögen vom Zugewinnausgleich auszunehmen. 370

b) Gestaltung. In den meisten derartigen Fällen wäre es unangemessen, dem Zugewinnausgleich durch Vereinbarung von Gütertrennung ganz aus dem Wege zu gehen. Regelmäßig wollen es die Eheleute hinsichtlich des übrigen Vermögenserwerbs durchaus beim Zugewinnausgleich belassen. Sie wünschen eine ehevertragliche Vereinbarung des Inhalts, daß bestimmte Vermögensgegenstände aus dem Zugewinnausgleich herausgehalten werden. Dieses Ziel wird durch eine Vereinbarung des Inhalts erreicht, daß ein bestimmter Vermögensgegenstand oder ein bestimmter Vermögenskomplex wie der Gewerbebetrieb weder beim Anfangsvermögen noch beim Endvermögen zum Ansatz kommt. Dabei sollte ausdrücklich bestimmt werden, daß auch die diese Gegenstände betreffenden Verbindlichkeiten vom Zugewinnausgleich auszunehmen sind, da sie sonst das übrige ausgleichspflichtige Vermögen verringern würden. 371

Formulierungsvorschlag 372

Hinsichtlich des ehelichen Güterrechts soll es grundsätzlich beim gesetzlichen Güterstand verbleiben. Jedoch sollen die im anliegenden Verzeichnis, auf das verwiesen wird, aufgeführten Vermögensgegenstände des Anfangsvermögens des Ehemannes beim Zugewinnausgleich bei Beendigung der Ehe aus anderen Gründen als dem Tod eines Ehegatten in keiner Weise berücksichtigt werden. Sie sollen deshalb weder zur Berechnung des Anfangsvermögens noch des Endvermögens dieses Ehegatten hinzugezogen werden. Dasselbe gilt für zukünftigen privilegierten Erwerb jedes Ehegatten von Todes wegen oder mit Rücksicht auf ein künftiges Erbrecht, durch Schenkung oder Ausstattung. Auch die diese Gegenstände betreffenden Verbindlichkeiten, etwa Grundpfanddarlehen bei Grundstücken, sollen im Zugewinnausgleich keine Berücksichtigung finden.

oder:

Der Ehemann bringt in die Ehe den von seinem Vater im Wege der vorweggenommenen Erbfolge übernommenen Gewerbebetrieb unter der Firma . . . ein. Die Ehefrau beabsichtigt, ebenfalls einen Gewerbebetrieb zu begründen. Die Eheleute vereinbaren hiermit, daß jegliches Betriebsvermögen eines Ehegatten einschließlich der Verbindlichkeiten nicht ausgleichspflichtig sein soll, daß es also weder beim Anfangsvermögen noch beim Endvermögen eines Ehegatten Berücksichtigung finden soll. 373

Es kann nicht übersehen werden, daß die gegenständliche Herausnahme einzelner Gegenstände oder Vermögensmassen aus dem Zugewinnausgleich gegenüber der generellen Vereinbarung von Gütertrennung auch Nachteile haben kann. Zu Schwierigkeiten kann einmal die Berücksichtigung von Ersatzgegenständen führen. So ist durchaus denkbar, daß die Ehefrau das erbte Mehrfamilienhaus veräußert, um das Geld anderweitig anzulegen. Möglich ist hier die Vereinbarung, daß auch 374

---

[32] Dazu *Fasselt* DB 1982, 939; der BGH hat diesen Vertragstyp abgesegnet, BGH NJW 1997, 2239 = LM § 1363 Nr. 3 m. Anm. *Langenfeld*.

Surrogate der gegenständlich aus dem Zugewinnausgleich herausgenommenen Vermögensteile bei der Berechnung des Endvermögens nicht berücksichtigt werden sollen. Im Einzelfall kann hier natürlich Streit entstehen. Empfehlenswert ist die Klausel, daß die Eheleute einander zur Verzeichnung derartiger Surrogate verpflichtet sind. Für diese nachträgliche Verzeichnung kann auch die Form des Ehevertrages vorgesehen werden.

375 **Formulierungsvorschlag**
Auch Surrogate dieser aus dem Zugewinnausgleich herausgenommenen Gegenstände sollen nicht ausgleichspflichtiges Vermögen darstellen. Sie werden also bei der Berechnung des Endvermögens nicht berücksichtigt. Die Eheleute sind einander verpflichtet, über derartige Ersatzgegenstände ein Verzeichnis anzulegen und fortzuführen. Auf Verlangen hat diese Fortführung in notarieller Form zu erfolgen.

376 Zu weiteren Schwierigkeiten können Verwendungen auf den jeweils aus dem Zugewinnausgleich ausgenommenen Gegenstand führen. Verwendungen aus dem Vermögen des anderen Ehegatten sind für diesen regelmäßig verloren. Bei eigenen Verwendungen des Eigentümers auf den Vermögensgegenstand kann diesem der Vorwurf gemacht werden, er habe für dieses Vermögensstück unverhältnismäßig mehr getan als für sein sonstiges Vermögen. Dies kann zur Anwendung von § 1375 Abs. 2 BGB Nr. 3 BGB führen. Das Problem läßt sich sachgerecht wohl so lösen, daß ehevertraglich bestimmt wird, daß die Erträge der jeweiligen Gegenstände, die sonst in den Zugewinnausgleich fallen würden, auf diese Gegenstände verwendet werden können. Bei sonstigen Verwendungen soll jedoch der Zugewinnausgleich stattfinden mit dem Ergebnis, daß die Hälfte dieser Verwendungen dem anderen Ehegatten zusteht. Am Beispiel bedeutet das, daß die Ehefrau, die selbst keinen Zugewinn erzielt hat, vom Mann 50.000,- DM im Wege des Zugewinnausgleichs erhält, wenn dieser aus seinem sonstigen Vermögen auf seinen vom Zugewinn ausgenommenen Betrieb 100.000,- DM verwendet hat. Hat die Frau für die Renovierung des vom Zugewinnausgleich ausgenommenen Hauses des Mannes 100.000,- DM verwendet und wurde beiderseits sonst kein Zugewinn erzielt, so erhält sie im Zugewinnausgleich 50.000,- DM zurück. Unbenommen bleibt ihr natürlich, im Einzelfall ausdrücklich Darlehen zu vereinbaren.

377 Der hier und in den Vorauflagen benutzte und formulierte Verwendungsbegriff ist in einem umfassenden familienrechtlichen Sinn zu verstehen als alles, was auf den vom Zugewinnausgleich ausgenommenen Vermögensgegenstand wertsteigernd aufgewendet wird. *Norbert Mayer*[33] hat darauf hingewiesen, daß der sachenrechtliche Verwendungsbegriff[34] lediglich die Vermögensaufwendungen umfaßt, die die Sache selbst wiederherstellen, erhalten oder verbessern, nicht dagegen die Aufwendungen zur Finanzierung des vom Zugewinnausgleich ausgenommenen Vermögens, also die Schuldentilgung etwa bei Grundpfanddarlehen. Klarstellend sollte deshalb formuliert werden, daß Verwendung in diesem erweiterten Sinn auch die Schuldentilgung ist.

378 Bei den entsprechenden ehevertraglichen Regelungen ist dann § 1378 Abs. 2 BGB ausdrücklich abzubedingen, damit klargestellt ist, daß das vom Zugewinn ausgenommene Vermögen als vorhandenes Vermögen im Sinn dieser Vorschrift gilt. Diese Klausel soll verhindern, daß sich der ausgleichspflichtige Ehegatte

---
[33] DStR 1993, 991 und MittBayNot 1993, 342.
[34] MünchKomm/*Medicus* § 994 Rdn. 6.

§ 1. Modifizierungen der Zugewinngemeinschaft

nach § 1374 Abs. 2 BGB darauf beruft, er habe zur Befriedigung der Ausgleichsforderung des anderen kein dem Zugewinnausgleich unterliegendes Vermögen. Wurde etwa voreheIicher Grundbesitz gegenständliche aus dem Zugewinnausgleich ausgenommen und verwendet der Ehegatte, in dessen Eigentum dieser Grundbesitz steht, kurz vor Beendigung des Güterstandes sein gesamtes sonstiges Vermögen auf diesen Grundbesitz, etwa zu seiner Renovierung, so sind diese Verwendungen dem Zugewinnausgleich unterworfen. Im strengen Sinne von § 1378 Abs. 2 BGB wäre aber zur Erfüllung der Ausgleichsforderung kein dem Zugewinnausgleich unterliegendes Vermögen vorhanden, weshalb die Forderung entfallen würde. Um ein solches Leerlaufen der Ausgleichspflicht für Verwendungen zu vermeiden, ist § 1378 Abs. 2 BGB insoweit, und nur insoweit, abzubedingen. Trotz des grundsätzlich zwingenden Charakters des § 1378 Abs. 2 BGB ist diese Bestimmung zulässig, weil ohne die dingliche Herausnahme das dem Zugewinnausgleich unterliegende Vermögen und damit auch der Zugewinnausgleichsanspruch größer wäre. Gläubigerinteressen werden also durch die dingliche Herausnahme mit der bezeichneten Abbedingung des § 1378 Abs. 2 BGB nicht beeinträchtigt.

Formulierungsvorschlag 379

Für Verwendungen, hier verstanden als Vermögensaufwendungen zur Erhaltung, Wiederherstellung und Verbesserung der vom Zugewinnausgleich ausgenommenen Vermögensgegenstände einschließlich der Tilgung von auf diesen Gegenständen lastenden Schulden, gilt:
Erträge der vom Zugewinnausgleich ausgenommenen Vermögensgegenstände können auf diese Gegenstände verwendet werden, ohne daß dadurch für den anderen Ehegatten Ausgleichsansprüche entstehen. Macht jedoch ein Ehegatte aus seinem sonstigen Vermögen Verwendungen auf die vom Zugewinnausgleich ausgenommenen Gegenstände, so werden diese Verwendungen mit ihrem Wert zum Zeitpunkt der Verwendung dem Endvermögen des Eigentümers des Gegenstandes hinzugerechnet. Sie unterliegen also, gegebenenfalls um den Geldwertverfall berichtigt, dem Zugewinnausgleich.
Entsprechendes gilt für Verwendungen des anderen Ehegatten auf die vom Zugewinnausgleich ausgenommen Vermögensgegenstände. Zur Befriedigung der sich hieraus etwa ergebenden Zugewinnausgleichsforderung gilt das vom Zugewinn ausgenommene Vermögen im Sinne von § 1378 Abs. 2 BGB als vorhandenes Vermögen.

Zusätzlich kann man noch den Fall, daß eine vom Zugewinnausgleich ausgenommene Sache nicht durch eine andere Sache, sondern durch eine Geldanlage ersetzt wird, wie folgt regeln: 380

Formulierungsvorschlag

Soweit ein vom Zugewinnausgleich ausgenommener Gegenstand oder Ersatzgegenstand infolge Veräußerung oder in sonstiger Weise durch einen Geldbetrag oder eine Geldforderung ersetzt wird, kann der betreffende Ehegatte bestimmen, daß anstelle der gegenständlichen Herausnahme der entsprechende Geldbetrag dem Anfangsvermögen hinzugerechnet wird. Die Bestimmung erfolgt durch Erklärung gegenüber dem anderen Ehegatten. Die Eheleute sind einander verpflichtet, die Bestimmung schriftlich niederzulegen. Auf Verlangen hat dies in notarieller Form zu erfolgen.

Weiterhin kann dem Fall vorgebeugt werden, daß der Ehegatte, dessen privilegierter Erwerb aus dem Zugewinnausgleich herausgenommen wurde, im übri- 381

4. Kapitel. Eheverträge

gen einen geringeren Zugewinn erzielt als der andere, und er nunmehr einen Zugewinnausgleichsanspruch gegen den anderen hat, obwohl er unter Berücksichtigung seines privilegierten Erwerbs über wesentlich mehr Vermögen verfügt als der andere.

> **Formulierungsvorschlag**
>
> Ein Ehegatte ist nicht verpflichtet, seinen Zugewinn auszugleichen, wenn er bei Berücksichtigung der ehezeitlichen Wertsteigerung des vom Zugewinnausgleich ausgenommenen Vermögens nicht zur Ausgleichung verpflichtet wäre.

382   c) *Fallgruppen.* Die erörterte Gestaltung separiert ausgleichspflichtiges Vermögen von nichtausgleichspflichtigem Vermögen, und zwar auch hinsichtlich der ehezeitlichen Wertsteigerungen. In dieser Konsequenz können drei Fallgruppen unterschieden werden:[35]
- Einer oder beide Ehegatten haben erhebliches voreheliches Vermögen mit der Möglichkeit überinflationären Wertzuwachses. Durch die Gestaltung bleibt solches voreheliches Vermögen i.S. des Anfangsvermögens nach § 1374 Abs. 1 BGB auch hinsichtlich ehezeitlicher Wertsteigerungen aus dem Zugewinnausgleich heraus. Auszugleichen ist nur der ehezeitliche Erwerb einschließlich seiner Wertsteigerungen.
- Einer oder beide Ehegatten haben von dritter Seite Vermögenserwerbe durch Schenkung, Ausstattung, vorweggenommene Erbfolge oder Erbfolge zu erwarten, also privilegierten Erwerb i.S. von § 1374 Abs. 2 BGB. Wertung und Wirkung entsprechen hier der ersten Fallgruppe. Gerade in diesen Fällen wird von Eltern und sonstigen zuwendenden Personen häufig verlangt, daß der Empfänger der Zuwendung zuvor Gütertrennung vereinbart. Die Modifizierung des gesetzlichen Güterstandes erlaubt es hier, im Interesse einer gerechten Eheordnung den Zugewinnausgleich für das sonstige Vermögen beizubehalten.
- Ein Ehegatte ist Unternehmer oder unternehmerisch beteiligt. Hier gebieten der Unternehmensschutz und die Bewertungsschwierigkeiten für Betriebsvermögen die Separierung. Es wird von Übergebern und Erblassern, aber auch von Mitgesellschaftern häufig die Vereinbarung von Gütertrennung verlangt. Die Modifizierung des gesetzlichen Güterstandes erlaubt auch hier die Beibehaltung des Zugewinnausgleichs für das Privatvermögen.

383   d) *Kritik und Wertung.* Die Einwände gegen den Vertragstyp[36] betreffen dessen Praktikabilität und im Bereich des Betriebsvermögens dessen Abgrenzung sowie die Manipulationsgefahren.

Das Argument mangelnder Praktikabilität bezieht sich auf die Notwendigkeit, die Vermögensmassen getrennt zu halten und Bewegungen zwischen ihnen zu erfassen. Es ist nicht zu leugnen, daß hier ein gewisser buchhalterischer Aufwand und Wachsamkeit beider Ehegatten erforderlich sind. Wenn aber die Alternative eine sonst zu vereinbarende, dem Ehetyp nicht angemessene Gütertrennung ist, dann lohnt sich der Aufwand angesichts der mit ihm verbundenen Chance der Verwirklichung einer gerechten Eheordnung.

Die bei der Herausnahme des Betriebsvermögens beschworenen Probleme und Gefahren[37] beziehen sich auf die notwendigerweise steuerliche Definition des Betriebsvermögens und die Manipulationsmöglichkeiten, die sich durch sog. gewillkürtes und von Nutzungsänderungen abhängiges notwendiges Betriebsvermögen

---
[35] Vgl. auch *Norbert Mayer* aaO., (Fn 31); vgl. die Vertragstypen Rdn. 955 ff.
[36] Z. B. *Norbert Mayer* aaO.
[37] *Norbert Mayer* aaO.

§ 1. Modifizierungen der Zugewinngemeinschaft

ergeben. Insgesamt überwiegt aber auch hier der mit der Vermeidung der generellen Gütertrennung verbundene Gerechtigkeitsgewinn und ist mit *Kanzleiter*[38] davor zu warnen, die Manipulationsgefahren zu überschätzen. Nachweisbare Manipulationen hat wie immer der streitentscheidende Richter zu korrigieren.

2. Festsetzung des Anfangsvermögens

a) Festsetzung des Anfangsvermögens zur Beweissicherung. Nach § 1377 BGB 384 können die Ehegatten den Bestand und den Wert des einem Ehegatten gehörenden Anfangsvermögens und der diesem Vermögen hinzuzurechnenden Gegenstände gemeinsam in einem Verzeichnis feststellen. Es wird dann im Verhältnis der Ehegatten zueinander vermutet, daß das Verzeichnis richtig ist. Soweit kein Verzeichnis aufgenommen wurde, wird widerlegbar vermutet, daß das Endvermögen eines Ehegatten seinen Zugewinn darstellt.[39] Über dieses Verzeichnis hinaus können die Ehegatten ehevertraglich ausdrückliche Bestimmungen des Anfangsvermögens vornehmen. Diese Möglichkeit wird oft den Wünschen der Ehegatten eher gerecht als die Aufnahme eines Vermögensverzeichnisses. Gemäß § 1374 BGB und den eingangs dargestellten Grundsätzen des Zugewinnausgleichs ist in den Ehevertrag eine Wertzahl für das Anfangsvermögen in Deutscher Mark aufzunehmen.

> **Formulierungsvorschlag**
>
> Das Anfangsvermögen des Ehemannes im Sinne von § 1374 Abs. 1 BGB wird mit 100.000,- DM, das Anfangsvermögen der Ehefrau mit 40.000,- DM festgesetzt.

In dieser Weise kann das Anfangsvermögen den tatsächlichen Werten entsprechend festgesetzt werden.

b) Festsetzung des Anfangsvermögens zur Veränderung des Zugewinnausgleichs. 385 Durch Ehevertrag kann auch das jeweilige Anfangsvermögen abweichend vom tatsächlichen Bestand und Wert festgesetzt werden, wodurch die Zugewinnausgleichsberechnung beeinflußt wird.

Die Ansetzung einer höheren Wertzahl kann erfolgen, um diesem Ehegatten einen Betrag des ausgleichspflichtigen Zugewinns vorab zu sichern. Dies kann etwa bei einem Unternehmer-Ehegatten in Betracht kommen, wobei aber der Wertansatz und die Wertanpassung des „Freibetrages" erhebliche Schwierigkeiten bereiten, weshalb diese Lösung keine gleichwertige Alternative zu der in Rdn. 369 ff. dargestellten gegenständlichen Herausnahme des Betriebsvermögens aus dem Zugewinnausgleich darstellt.[40]

Bei niedrigerem Wertansatz als zu den tatsächlichen Werten wird die Spanne des ausgleichspflichtigen Zugewinns zugunsten des anderen Ehegatten vergrößert. Durch einen derartigen niedrigeren Wertansatz wird im wirtschaftlichen Ergebnis auch das voreheliche Vermögen ganz oder teilweise in den Zugewinnausgleich einbezogen.

c) Festsetzung negativen Anfangsvermögens beim verschuldeten Ehegatten. Ein 386 gefestigter Vertragstyp[41] ist die Festsetzung negativen Anfangsvermögens bei einem mit Schulden in die Ehe gehenden Ehegatten, um entgegen § 1374 Abs. 1 BGB die

---

[38] Münch/Komm/*Kanzleiter* § 1408 Rdn. 14 Fn. 43.
[39] Nach h.L. besteht ein Auskunftsanspruch hinsichtlich des Anfangsvermögens nicht, OLG Karlsruhe FamRZ 1986, 1105; OLG Nürnberg FamRZ 1986, 272.
[40] So auch *Berger* S. 126 f.
[41] Vgl. Erstauflage Rdn. 150; *Brambring* Rdn. 98; vgl. Rdn. 975 ff.

4. Kapitel. Eheverträge

Schuldentilgung in den Zugewinnausgleich einzubeziehen. Nach der gesetzlichen Regelung stellt die Tilgung von Schulden keinen ausgleichspflichtigen Zugewinn dar. Heiratet also etwa die vermögenslose Frau den mit 50.000,- DM verschuldeten Mann, und erwerben während der Ehe beide Ehegatten in ihr Vermögen 50.000,- DM, wobei der Mann mit dem Erwerb seine Schulden tilgt und die Frau den Erwerb spart, so hat nach der gesetzlichen Regelung der Ehemann keinen Zugewinn erzielt, während die Ehefrau Zugewinn in Höhe von 50.000,- DM erzielt hat. Sie muß dann im Wege des Zugewinnausgleichs dem Ehemann 25.000,- DM zahlen.

387 Um dieses ungerechte Ergebnis zu vermeiden, wäre die generelle Vereinbarung von Gütertrennung im Regelfall unangemessen und unerwünscht. Die Abänderung des gesetzlichen Güterstandes in dem Sinne, daß für den Ehemann ehevertraglich ein negatives Anfangsvermögen von minus 50.000,- DM festgestellt wird, wird der Sachlage besser gerecht und ist zulässig.

388 **Formulierungsvorschlag**

Die Ehefrau ist vermögenslos. Ihr Anfangsvermögen wird deshalb mit Null festgesetzt. Der Ehemann hat Schulden in Höhe von 50.000,- DM. Deshalb wird sein Anfangsvermögen mit minus 50.000,- DM festgesetzt.

Will man bei tatsächlichen negativem Anfangsvermögen es dennoch bei der Regelung des § 1374 Abs. 1 2. Hs. belassen, so kann zur Vermeidung der hier bestehenden Streitfragen[42] bestimmt werden, daß spätere privilegierte Erwerbe nach § 1374 Abs. 2 BGB dem tatsächlichen, im Ehevertrag festzustellenden Negativsaldo zugeschlagen werden. Im Regelfall empfiehlt sich jedoch die generelle Vereinbarung negativen Anfangsvermögens, soweit das Vermögen eines Ehegatten bei Beginn des Güterstandes tatsächlich einen Minussaldo aufweist.

389 *d) Ausschluß oder Änderung der Wertberichtigung des Anfangsvermögens.* Die von der Rechtsprechung des BGH[43] vorgenommene Wertberichtigung des Anfangsvermögens hinsichtlich des Geldwertschwundes ist abdingbar. Durch eine derartige Vereinbarung können die Ehegatten die Spanne des ausgleichspflichtigen Zugewinns vergrößern. Die vom BGH vorgeschlagene Berechnungsmethode kann ehevertraglich modifiziert werden. Auch Klarstellungen können ehevertraglich vorgenommen werden.

390 **Formulierungsvorschlag**

Maßgeblicher Preisindex für die Ausschaltung des Geldwertverfalls beim Anfangsvermögen ist der Preisindex des statistischen Bundesamtes über die Lebenshaltung aller Haushalte in Deutschland, wobei jeweils die Indexzahl des Monats vor Beginn und vor Ende des Güterstandes maßgeblich ist. Die Hinzurechnung nach § 1374 Abs. 2 BGB oder § 1375 Abs. 2 BGB hat zu dem um die Geldentwertung berichtigten Wert zum Zeitpunkt des Erwerbs bzw. der Veräußerung zu erfolgen, wobei wiederum die Indexzahl des Vormonats maßgeblich ist.
Die Wertberichtigung erfolgt für den Gesamtsaldo des Anfangsvermögens. Bei der Saldierung des Anfangsvermögens sind Geldschulden mit dem Nennwert anzusetzen.

---

[42] Ob später privilegierter Erwerb nach § 1374 Abs. 2 BGB mit den Schulden verrechnet wird, ist streitig; verneinend OLG Bamberg FamRZ 1988, 506; bejahend *Palandt/Brudermüller* § 1374 Rdn. 14 m. w. N.
[43] Vgl. Rdn. 155.

3. Festsetzung des Endvermögens

a) Gegenständliche oder betragsmäßige Limitierung des Endvermögens. Zulässig 391
sind Limitierungen des Endvermögens, um die Spanne des ausgleichspflichtigen
Zugewinns zu verringern.[44] Die Limitierung kann dadurch geschehen, daß bestimmte Gegenstände des Anfangsvermögens von der Wertberechnung des Endvermögens
ausgenommen werden. Auch kann für das Endvermögen ein numerischer Höchstbetrag bestimmt werden. Angesichts der Geldentwertung ist der Ansatz eines derartigen Höchstbetrages jedoch problematisch, nicht berechenbar und deshalb praktisch kaum empfehlenswert.[45]

b) Kein Ansatz von Wertsteigerungen des Anfangsvermögens. Eine andere, weniger empfehlenswerte Möglichkeit der Herausnahme von Gegenständen aus dem 392
Zugewinnausgleich besteht darin, daß vereinbart wird, daß bestimmte Gegenstände
des Anfangsvermögens und der privilegierte Erwerb nach § 1374 Abs. 2 BGB sowohl im Anfangs- als auch im Endvermögen mit dem Wert zur Zeit der Beendigung
des Güterstandes angesetzt werden.

Eine weitere Möglichkeit besteht darin, die von *Werner*[46] für die gesetzliche Zugewinnausgleichsberechnung zugrundegelegten Grundsätze ausdrücklich ehevertraglich zu vereinbaren.

> **Formulierungsvorschlag** 393
>
> Bei der Berechnung des Zugewinns führt ein Gegenstand, der unverändert im Anfangs- und Endvermögen eines Ehegatten enthalten ist, bei Werterhöhung nicht zu einem ausgleichspflichtigen Zugewinn. Wurden während der Zeit der Zugewinngemeinschaft Aufwendungen auf diesen Gegenstand gemacht, so ist allein der Mehrwert als Zugewinn dem Endvermögen zuzurechnen. Der Gegenstand wird dem Anfangsvermögen mit dem Geldwert zugerechnet, den er, wäre er noch im Zustand wie bei Beginn des Güterstandes, bei dessen Beendigung erreichen würde. Dem Endvermögen wird er mit dem Wert zugerechnet, den er bei Beendigung des gesetzlichen Güterstandes hat.

4. Vereinbarung einer von § 1378 Abs. 1 BGB abweichenden Ausgleichsquote

Die ehevertragliche Vereinbarung einer von der hälftigen Ausgleichsquote des 394
§ 1378 Abs. 1 BGB nach unten oder oben abweichenden Ausgleichsquote wird
überwiegend für zulässig gehalten.[47] Praktisch zwingende Gründe für die Erhöhung
oder Herabsetzung der Ausgleichsquote sind jedoch schwer denkbar. Auch nach
Knur[48] wird eine Erhöhung praktisch nicht in Frage kommen. Ob jedoch, wie *Knur*
meint, vielfach ein Bedürfnis nach Herabsetzung besteht, muß bezweifelt werden.
Bei der Hausfrauenehe ist dies sicherlich nicht der Fall. Bei der Doppelverdienerehe
können abweichend vereinbarte Quoten auf Grund Veränderungen in den Einkommensverhältnissen der Eheleute sehr schnell ungerecht werden. Im Regelfall
sollte man es also bei der gesetzlich vorgesehenen hälftigen Teilung belassen.

5. Periodischer Zugewinnausgleich

Die Möglichkeit der Vereinbarung eines periodischen Ausgleichs des Zugewinns 395
während des Bestehens des Güterstandes sah der nicht Gesetz gewordene § 1364

---

[44] *Knur* DNotZ 1957, 451, 475.
[45] So auch *Brambring* Rdn. 100.
[46] *Werner* DNotZ 1978, 66, 87.
[47] MünchKomm/*Kanzleiter* § 1408 Rdn. 14.
[48] DNotZ 1957, 451, 472 f.

S. 2 Nr.3 des 2.RegEntwurfs zum Gleichberechtigungsgesetz vor. Seine Normierung wurde für überflüssig gehalten, da man eine derartige Vereinbarungsmöglichkeit als selbstverständlich zulässig ansah.[49] In der Praxis wird eine solche Regelung nur ausnahmsweise gewünscht werden.

6. Bewertungsvereinbarungen

396 Eine praktisch wichtige Möglichkeit ergänzender Vereinbarungen zum gesetzlichen Güterstand ist die Festlegung von Bewertungsmaßstäben. Dies bietet sich insbesondere beim Betriebsvermögen, und bei Grundbesitz.

Bei Grundbesitz kann man sich auf eine Schätzung, den steuerlichen Einheitswert oder den erbschaftsteuerlichen Wert beziehen.

397 **Formulierungsvorschlag**
Für den Zugewinnausgleich im Falle der Beendigung des Güterstandes nich durch den Tod eines Ehegatten wird vereinbart, daß Grundbesitz durch den öffentlichen Schätzer der jeweiligen Gemeinde verbindlich und endgültig zu schätzen ist.
oder

398 Für die Bewertung von Grundstücken und grundstücksgleichen Rechten, die sich sowohl im Anfangs- als auch im Endvermögen eines Ehegatten befinden oder die privilegierten Erwerb nach § 1374 Abs. 2 BGB bilden, wird vereinbart, daß der zum jeweiligen Bewertungszeitpunkt festgesetzte steuerliche Einheitswert maßgeblich sein soll.
oder

399 Für die Bewertung von Grundstücken und grundstücksgleichen Rechten wird vereinbart, daß der zum jeweiligen Bewertungszeitpunkt für die Berechnung der Erbschaftsteuer maßgebliche Wert auch der Berechnung des Zugewinnausgleichs zugrunde gelegt werden soll.

400 Falls nicht das Betriebsvermögen insgesamt aus dem Zugewinnausgleich herausgenommen wird, empfehlen sich angesichts der Problematik und Streitigkeiten der Betriebsbewertung ausdrückliche Bewertungsvorschriften im Ehevertrag. Um die Schwierigkeit mit gesellschaftsvertraglichen Abfindungsklauseln zu vermeiden, kann vereinbart werden, daß die Bewertung entsprechend der Abfindungsklausel zu erfolgen hat. Wenn möglich sollte der Zwang zur Erstellung einer Bilanz auf den Stichtag der Beendigung des Güterstandes vermieden werden. Abgesehen von den Umständen und Kosten einer derartigen Bilanzerstellung kann der Ehegatte sie gar nicht durchsetzen, wenn er etwa an der Handelsgesellschaft nur eine Minderheitsbeteiligung hat. Besser ist deshalb in jedem Fall die Erstellung eines Sachverständigengutachtens. Bei langjähriger Ehe ist der Wert der Beteiligung im Anfangsvermögen eines Ehegatten schwer zu ermitteln. Er sollte deshalb bei Beginn des Güterstandes möglichst festgesetzt werden.

401 **Formulierungsvorschlag**
Die Bewertung der Beteiligung eines Ehegatten an einer Handelsgesellschaft erfolgt zum Zwecke des Zugewinnausgleichs nach den Bestimmungen, die der jeweils geltende Gesellschaftsvertrag für die Abfindung eines durch Ausschluß oder Kündigung ausscheidenden Gesellschafters vorsieht. Das so errechnete Abfindungsguthaben

---

[49] *Knur* DNotZ 1957, 451; 464; *Staudinger/Felgentraeger* § 1408 Rdn. 81; *Schwab* 1. Auflage Rdn. 839.

stellt den der Berechnung des Zugewinns des betreffenden Ehegatten zugrunde zu legenden Wert dar. An die Stelle einer etwa im Gesellschaftsvertrag vorgesehenen Abschichtungsbilanz tritt das verbindliche Schätzungsgutachten eines vereidigten Sachverständigen, der von der zuständigen Industrie- und Handelskammer bestimmt wird.
Ergänzend z. B.:
Der Wert der Kommanditbeteiligung des Ehemannes an der ... KG wird auf den Zeitpunkt der Eheschließung hiermit mit DM ... festgesetzt.

Der Ehevertrag kann eigene Wertermittlungsvorschriften aufstellen, etwa bei der GmbH das sogenannte „Stuttgarter Verfahren" mit der Bestimmung, daß etwaige anderweitige Abfindungsvorschriften nicht zu berücksichtigen sind. 402

Formulierungsvorschlag
Die Bewertung der Beteiligung eines Ehegatten an einer Kapitalgesellschaft erfolgt anteilig auf der Grundlage der letzten rechtskräftigen Festsetzung des Wertes des Betriebsvermögens der Gesellschaft durch das Finanzamt. Etwaige abweichende Abfindungs- und Bewertungsregelungen der Satzung bleiben außer Betracht. Im Streitfall entscheidet ein von der zuständigen Industrie- und Handelskammer zu bestimmender vereidigter Sachverständiger, dessen Kosten die Beteiligten in dem Verhältnis tragen, wie ihre jeweilige Bewertung von der Bewertung des Sachverständigen abweicht.

Im Bereich der Land- und Forstwirtschaft kommt in Betracht die ehevertragliche Abbedingung von § 1376 Abs. 4 BGB,[50] wenn ein Ehegatte den Betrieb in die Ehe eingebracht hat oder ihn nach Eheschließung durch nach § 1374 Abs. 2 BGB privilegierten Erwerb erhält. Verbleibt es in diesem Fall bei § 1376 Abs. 4 BGB, so nimmt der andere Ehegatte praktisch nicht oder nur unwesentlich am Zugewinn des Betriebsinhabers teil, der sich regelmäßig auf die Wertsteigerung des landwirtschaftlichen Betriebes beschränkt. 403

Formulierungsvorschlag
Für die Bewertung des landwirtschaftlichen Betriebsvermögens gelten die allgemeinen Vorschriften. § 1376 Abs. 4 BGB kommt nicht zur Anwendung.

7. Vereinbarungen bei Ehegattenzuwendungen

Im Rahmen des § 1380 BGB kann nach h. L. die Befugnis, die Anrechnung einer Zuwendung auf die Ausgleichsforderung anzuordnen, durch Ehevertrag nicht ausgeschlossen oder beschränkt werden. Jedoch kann nachträglich vereinbart werden, daß eine zunächst nicht anzurechnende Zuwendung jetzt anzurechnen ist oder, daß eine zunächst anzurechnende Zuwendung von der Anrechnungspflicht befreit wird. Es kann auch ehevertraglich vereinbart werden, daß die Anrechnung stets einer ausdrücklichen, auch formgebundenen Bestimmung bedarf. 404

Auch die Vorfrage der dinglichen Rückforderung von Zuwendungen kann ehevertraglich geregelt werden (vgl. Rdn. 889 ff.). 405

Formulierungsvorschlag
Schenkungen oder sonstige Zuwendungen zwischen den Ehegatten können, gleich aus welchem Rechtsgrund, insbesondere auch auf der Grundlage des Schenkungs-

---

[50] *Behner* FamRZ 1988, 339, 347 f.

> widerrufs des Gesellschaftsrechts, der ungerechtfertigten Bereicherung und des Wegfalls der Geschäftsgrundlage, nur dann zurückgefordert werden, wenn dies bei der Zuwendung ausdrücklich vereinbart wurde.

IV. Vereinbarungen über den Ausgleichsanspruch

1. Stundung der Ausgleichsforderung

406 Nach §§ 1378 Abs. 1 S. 1, 272 Abs. 1 BGB ist die Zugewinnausgleichsforderung sofort fällig. Insbesondere bei Unternehmensbezug kann man daran denken, ehevertraglich Stundung und gestaffelte Zahlungsziele vorzusehen.[51]

2. Sicherung der künftigen Ausgleichsforderung

407 In dem Zeitraum zwischen Rechtshängigkeit und rechtskräftiger Beendigung des Scheidungsverfahrens besteht die Gefahr, daß der ausgleichspflichtige Ehegatte sein Vermögen gezielt vermindert, um sich dann auf § 1378 Abs. 2 BGB zu berufen.[52] Trotz des von der h. L. angenommenen zwingenden Charakters des gläubigerschützenden § 1378 Abs. 2 BGB kann wegen § 1389 BGB auch vorsorgend vereinbart werden, daß sich die Höhe der Zugewinnausgleichsforderung nicht mehr ändert, sobald die Voraussetzungen einer Sicherheitsleistung gem. § 1389 BGB vorliegen.[53]

V. Keine erbschaftsteuerliche Berücksichtigung von Modifizierungen des gesetzlichen Güterstandes

408 Der Erörterung „erbschaftsteuergünstiger" Eheverträge[54] ist durch die Neufassung des § 5 Abs. 1 ErbStG[55] der Boden entzogen worden. Bei der Berechnung des nach Maßgabe des § 1371 Abs. 2 BGB erbschaftsteuerfreien Ausgleichsbetrages bleiben von den Vorschriften der §§ 1373 bis 1383 und 1390 BGB abweichende güterrechtliche Vereinbarungen unberücksichtigt. Die Vermutung des § 1377 Abs. 3 BGB findet keine Anwendung. Wird der Güterstand der Zugewinngemeinschaft durch Ehevertrag vereinbart, gilt als Zeitpunkt des Eintritts des Güterstandes der Tag des Vertragsabschlusses.[56] Die zivilrechtlich mögliche Rückbeziehung des Zugewinnausgleichs auf den Tag des Eheschlusses[57] wird steuerlich also nicht anerkannt.[58]

---

[51] *Berger* S. 130.
[52] Zu den Sicherungsmöglichkeiten *Susanne Frey* Die Sicherung des künftigen Zugewinnausgleichs, 1990.
[53] *Frey* aaO S. 88 f.
[54] Vgl. Vorauflage Rdn. 148–151, 346.
[55] Durch das Gesetz zur Bekämpfung des Mißbrauchs und zur Bereinigung des Steuerrechts vom 29. 12. 1993, BGBl I, 2310.
[56] Vgl. die Kommentierung von *Kapp/Ebeling* § 5 ErbStG Rdn. 45 ff.
[57] Vgl. Rdn. 706 ff.
[58] Der BFH hatte anders entschieden; BFH BStBl. II 1989, 897; BFH BStBl. II 1993, 739. Zu verbleibenden Möglichkeiten vgl. *Pilz*, ZEV 1995, 330.

§ 2. Die Gütertrennung

I. Grundzüge

Neben dem gesetzlichen Güterstand der Zugewinngemeinschaft stellt das Gesetz als Wahlgüterstände die Gütertrennung und die Gütergemeinschaft zur Verfügung. Nach § 1414 BGB tritt **Gütertrennung** ein, wenn die Ehegatten den gesetzlichen Güterstand ausschließen oder ihn aufheben. Das gleiche gilt, wenn der Ausgleich des Zugewinns oder der Versorgungsausgleich ausgeschlossen oder die Gütergemeinschaft aufgehoben wird. Als Auffanggüterstand tritt Gütertrennung ein nach § 1388 BGB mit der Rechtskraft des Urteils, durch das auf vorzeitigen Ausgleich des Zugewinns erkannt ist, sowie mit der Rechtskraft des die Gütergemeinschaft aufhebenden Urteils, §§ 1449, 1470 BGB.

In der **notariellen Praxis** wird der Güterstand der Gütertrennung immer gezielt begründet, und zwar entweder vor Eingehung der Ehe zwischen den Verlobten oder zu einem späteren Zeitpunkt während der Ehe durch Vereinbarung anstelle eines anderen Güterstandes. Die Notare vermeiden den automatischen Eintritt der Gütertrennung nach § 1414 Satz 2 BGB als Folge des Ausschlusses des Zugewinnausgleichs oder des Versorgungsausgleichs und nehmen in diesen Fällen immer eine ausdrückliche Bestimmung in den Ehevertrag dahingehend auf, ob im übrigen der gesetzliche Güterstand beibehalten werden soll oder ob Gütertrennung eintreten soll.

Das **Wesen der Gütertrennung** ist durch das Fehlen jedweder güterrechtlicher Beziehungen zwischen den Ehegatten gekennzeichnet. Grundsätzlich stehen sich die Ehegatten vermögensrechtlich gegenüber wie unverheiratete Personen.[1] Da die Gütertrennung sich insofern in der Negation sämtlicher güterrechtlicher ehelicher Beziehungen erschöpft, wird sie auch vom Gesetz nicht definiert. Die Gütertrennung deutschen Rechts hat damit keinerlei nationale Besonderheiten und ist auch für einen Ausländer, dem der Gedanke der Gütertrennung nicht fremd ist, etwa für Angehörige des angloamerikanischen oder islamischen Rechtskreises, ohne weiteres verständlich.

Relativierungen dieser völligen Trennung der Vermögenssphären ergeben sich allerdings aus dem Recht der allgemeinen Ehewirkungen. So gilt der in der Praxis sehr bedeutsame und unter Berücksichtigung der herrschenden dinglichen Auslegung zu einer weitgehenden Vermögensgemeinschaft der Ehegatten in allen Güterständen führende § 1357 BGB auch bei Gütertrennung.

Zu beachten ist auch die **Erbteilserhöhung** des überlebenden Ehegatten nach § 1931 Abs. 4 BGB neben einem Kind des verstorbenen Ehegatten auf die Hälfte der Erbschaft, neben zwei Kindern auf 1/3 der Erbschaft.

Im übrigen ist jedoch ein Ehegatte bei bestehender Gütertrennung am Vermögenszuwachs des anderen Ehegatten während der Ehe güterrechtlich und durch Erbteilserhöhung nicht beteiligt. Auch die Verfügungsbeschränkungen der §§ 1365 ff. BGB bestehen nicht.

II. Wertung der Gütertrennung

Die Darstellung der Grundsätze der Gütertrennung hat ergeben, daß diese gegenüber den anderen Güterständen den **Vorzug der rechtlichen Klarheit und Einfachheit** hat. Die Gütertrennung als Wahlgüterstand ermöglicht den Ehegatten die Ver-

---
[1] BayObLG FamRZ 1961, 220/221.

wirklichung einer individualistischen Eheauffassung im Vermögensbereich. Die Gütertrennung ist der Güterstand des Bürgertums mit überdurchschnittlichem Vermögen oder Einkommen.[2] Bei mittelständischen Unternehmen und Kaufleuten ist sie seit jeher weitgehend üblich. Aber auch Freiberufler, leitende Angestellte und Doppelverdiener mit höherem Einkommen neigen diesem Güterstand zu. Als **Alternative zur nichtehelichen Lebensgemeinschaft** wird er, meist auch unter Ausschluß der übrigen Scheidungsfolgen wie Versorgungsausgleich und nachehelichen Unterhalt, zur Verwirklichung der Partnerschaftsehe benutzt. Der **Schwerpunkt** liegt aber eindeutig im **gewerblichen Bereich,** wo der Güterstand der Gütertrennung teilweise als Empfehlung oder mit mehr oder minder großem familiären Druck von Generation zu Generation weitergegeben wird. So machen es nicht selten die Gesellschaftsverträge von Familiengesellschaften ihren Gesellschaftern zur Pflicht, mit dem Ehegatten den Güterstand der Gütertrennung zu vereinbaren. Dies dient der Vermeidung von Schwierigkeiten des Gesellschafters und der Gesellschaft im Vermögensbereich anläßlich der Scheidung dadurch, daß die durch den Zugewinnausgleich bedingten Auskunftspflichten, Bewertungsprobleme und eine unter Umständen existenzgefährdende Belastung des persönlichen Vermögens des Gesellschafters ausgeschlossen werden. Vielleicht erklärt sich auch aus diesem Schwerpunkt der Gütertrennung im gewerblichen Bereich und dem Bestreben der vermögenden Schichten, das private und betriebliche Vermögen so wie das Vermögen der Ehegatten getrennt zu halten, die merkwürdige und unlogische Bereitschaft der Kreditinstitute, bei Nachweis des Güterstandes der Gütertrennung von einer Mithaftung oder Mitverschuldung des Ehegatten abzusehen, während im gesetzlichen Güterstand, der ja auch der Sache nach grundsätzlich eine Gütertrennung ist, die Gesamtschuld oder Gesamthaftung der Ehegatten regelmäßig verlangt wird.

Gegen die Gütertrennung wurde immer wieder vorgebracht, sie **entspreche nicht dem Wesen der Ehe.** Jedoch ist mit Postulaten etwa der Art, die Ehegemeinschaft müsse sich auch im ehelichen Vermögensrecht real widerspiegeln,[3] oder gar unbewiesenen Feststellungen des Inhalts, daß Gütergemeinschaft einige, Gütertrennung jedoch trenne,[4] wenig gewonnen. Es geht nicht darum, die Gütertrennung zum allgemeinen gesetzlichen Güterstand zu machen. Auch die Feststellung, die Doppelverdienerehe sei heute das Eheleitbild, und ihr entspreche die Gütertrennung am besten,[5] ist angesichts der Wandlungen des Arbeitsmarktes nicht mehr richtig.

Bei der Gütertrennung geht es lediglich um den **interessengerechten Einsatz dieses Wahlgüterstandes.**[6] Die Gütertrennung ermöglicht es den Eheleuten, Ungerechtigkeiten des Zugewinnausgleichs zu vermeiden, den Vermögensausgleich auf freiwilliger Basis herzustellen, im Vermögensbereich wie Nichtverheiratete ihr jeweiliges Vermögen unbehindert mehren und verwalten zu können, und auch in Kenntnis der Nichtteilnahme am Vermögenszuwachs des anderen Ehegatten eine individualistische Ehegestaltung im Vermögensbereich zu leben.

Die Praxis zeigt, daß **Ehen mit Gütertrennung** gerade im Vermögensbereich **gut funktionieren.** Auch wenn von der Ausgangssituation her der eine Ehegatte, etwa die den Haushalt führende Ehefrau des Unternehmers, die eindeutig schwächere Position hat, wird dies durch Zuwendungen während der Ehe regelmäßig ausgeglichen. Das Bestreben nach Vermeidung der Haftung des Privatvermögens für betriebliche Verbindlichkeiten führt nicht selten sogar dazu, daß der Kern des Privat-

---
[2] MünchKomm/*Kanzleiter* vor § 1414 Rdn. 11.
[3] *Bosch* FamRZ 1954, 154.
[4] *Krauss* FamRZ 1954, 90.
[5] *Ramm* JZ 1968, 41.
[6] So auch *Beitzke* FamRZ 1954, 157; *Gernhuber* § 31 II 3; MünchKomm/*Kanzleiter* vor § 1414 Rdn. 3.

§ 2. Die Gütertrennung

vermögens auf die nichthaftende Ehefrau übertragen wird, so daß im Ergebnis sogar der wirtschaftlich an sich stärkere Ehegatte in existenzielle Abhängigkeit vom anderen Ehegatten gerät. **Die Gütertrennung ist ein Güterstand für aufgeklärte und wache Eheleute.** Diese müssen auch bereit sein, ihre Rechtsbeziehungen über das im Rahmen einer Normalehe Erforderliche hinaus rechtsgeschäftlich zu regeln, insbesondere bei größeren Vermögensübertragungen von einem Ehegatten auf den anderen, z. B. hinsichtlich von Grundbesitz, rechtsgeschäftliche Rückforderungsrechte oder den Ausschluß der Rückforderung ausdrücklich zu vereinbaren.[7]

III. Richterliche Korrektur der Vermögensverteilung im Scheidungsfall

Es entspricht der traditionellen notariellen Praxis, bei Vereinbarung von Gütertrennung die Beteiligten darauf hinzuweisen, daß bei Scheidung der Ehe kein Vermögensausgleich stattfindet. Angesichts dessen wird sich der wirtschaftlich schwächere Ehegatte, etwa die mit der Haushaltsführung betraute Ehefrau des Unternehmers, zur Vereinbarung von Gütertrennung nur bereit finden, wenn er mit lebzeitigen Zuwendungen des anderen Ehegatten zum freiwilligen Ausgleich der unterschiedlichen Erwerbschancen rechnen kann. Die **Bereitschaft zu zusätzlichen Maßnahmen zum Ausgleich der beiderseitigen Interessen** ist geradezu ein **Kennzeichen der bürgerlichen Gütertrennung**.[8] 411

Zuwendungen eines Ehegatten an den anderen bei Gütertrennung werden deshalb in Anerkennung einer zwar nicht güterrechtlichen, sich jedoch aus dem Wesen der Ehe ergebenden Verpflichtung zur Beteiligung beider Ehegatten am Vermögenserwerb während der Ehe gemacht. Wer bei Gütertrennung zuwendet, der weiß mit dem Sprichwort, daß geschenkt geschenkt ist. Erfolgt die Zuwendung aus anderen Gründen, etwa zur Vermeidung von Haftungsgefahren durch Verlagerung des Kerns des Privatvermögens auf den nichthaftenden Ehegatten, so empfehlen die Notare die Vereinbarung von Rücktritts- oder Rückforderungsrechten für den Fall der Ehescheidung.[9] So gesehen ist die Gütertrennung ein einfacher und sicherer Güterstand, der zwar größere rechtliche Wachsamkeit verlangt als der gesetzliche Güterstand, der jedoch zu handhaben ist, Rechtssicherheit verbürgt und, was für viele Ehegatten erhebliches Gewicht hat, bei Scheidung ein rasches und schmerzloses Auseinanderkommen im Vermögensbereich garantiert. 412

In dieses Bild geordneter ehelicher Vermögensbeziehungen hat die Rechtsprechung des BGH[10] leider **erhebliche Unsicherheiten** eingebracht, indem sie grundsätzlich die **Rückabwicklung von Zuwendungen an den Ehegatten** bei Scheidung über den **Wegfall der Geschäftsgrundlage** zuläßt. Dies gilt sowohl für Zuwendung von Vermögen, als auch für Zuwendung von Arbeitskraft, ohne daß bei letzterer eine Innengesellschaft der Ehegatten mit über die Verwirklichung der ehelichen Lebensgemeinschaft hinausgehender Zweckrichtung vorliegen muß. Bei Zuwendung von Vermögen geht der BGH wie im gesetzlichen Güterstand richtigerweise davon aus, daß es sich auch bei Gütertrennung regelmäßig nicht um Schenkungen, sondern um sogenannte **unbenannte Zuwendungen** handelt, die nicht unentgeltlich sind, sondern ihren Rechtsgrund in der ehelichen Lebensgemeinschaft finden. Nur soweit im Einzelfall ausnahmsweise Schenkung vorliegt, ist der Widerruf nach § 530 BGB möglich, wobei man ihn auf die Fälle exzessiven Fehlverhaltens beschränken sollte. Nach Ansicht des BGH fällt bei Scheidung der Ehe sowohl im 413

---

[7] Vgl. Rdn. 889 ff.
[8] MünchKomm/*Kanzleiter* vor § 1414 Rdn. 11.
[9] Vgl. dazu Rdn. 889 ff.
[10] BGH NJW 1982, 2236 vgl. Rdn. 372 ff.

Güterstand der Zugewinngemeinschaft, als auch im Güterstand der Gütertrennung, der Rechtsgrund für derartige unbenannte Zuwendungen eines Ehegatten an den anderen während der Ehe weg. Im gesetzlichen Güterstand wird die hierdurch entstehende Regelungslücke durch die gesetzlichen Vorschriften über den Zugewinnausgleich ausgefüllt. Nur nach ihnen beurteilt sich im Regelfall, wie die Vermögensbeziehungen der Ehegatten im Sinne eines hälftigen Ausgleichs oder auch einer gegenständlichen Rückforderung von Zuwendungen abzuwickeln sind. Gegenüber allen anderen denkbaren Anspruchsgrundlagen für eine Rückforderung von Zuwendungen, also dem Gesellschaftsrecht, dem Bereicherungsrecht und der Lehre vom Wegfall der Geschäftsgrundlage, besteht im gesetzlichen Güterstand Spezialität der Vorschriften des Zugewinnausgleichs. Dies gilt grundsätzlich auch dann, wenn die Zuwendungen den Ausgleichsanspruch übersteigen. Im gesetzlichen Güterstand kann also der Empfänger einer Zuwendung diese regelmäßig behalten und muß sie nur wertmäßig den Regeln des Zugewinns unterwerfen. Nur im Ausnahmefall ermöglicht der BGH Zug um Zug gegen wertmäßigen Zugewinnausgleich eine gegenständliche Rückgewähr der Zuwendung, wenn der Zuwendende an ihr ein besonders schützenswertes Interesse hat.

414 Ganz anders ist die Rechtslage bei Gütertrennung. Wie im gesetzlichen Güterstand fällt auch bei Gütertrennung die Geschäftsgrundlage der ehebedingten Zuwendung weg, wenn die Ehe geschieden wird. Während aber beim gesetzlichen Güterstand dann die speziellen Regeln des Zugewinnausgleichs eintreten, die eine volle gegenständliche Rückgewähr der Zuwendung ausschließen, **kommen bei Gütertrennung die Grundsätze der Rückabwicklung wegen Wegfalls der Geschäftsgrundlage über § 242 BGB voll zur Anwendung**. Ob der Zuwendende die ehebedingte Zuwendung zurückverlangen kann, hängt nach dieser Rechtsprechung des Bundesgerichtshofs „von den besonderen Umständen des Einzelfalles, insbesondere der Dauer der Ehe, dem Alter der Parteien, Art und Umfang der erbrachten Leistungen, der Höhe der dadurch bedingten und noch vorhandenen Vermögensmehrung und von ihren Einkommens- und Vermögensverhältnissen überhaupt ab".[11]

Die **Gütertrennung ist damit,** was die gerade bei ihr so wichtigen und typischen ehebedingten Zuwendungen betrifft, **von einem sicheren zu einem unsicheren Güterstand geworden.** Der Preis für die Gerechtigkeit des Einzelfalles besteht in der völligen Aufgabe der Rechtssicherheit.[12]

IV. Vereinbarungsmöglichkeiten bei Gütertrennung

415 Während sich vor der soeben dargestellten Rechtsprechung des Bundesgerichtshofs die Beratung und Formulierung des Ehevertrags und der Belehrungshinweise über Gütertrennung auf die einfache Feststellung, daß Gütertrennung vereinbart werde, die zuweilen gewünschte Erstellung eines Vermögensverzeichnisses und den regelmäßigen Verzicht auf Eintragung der Gütertrennung im Güterrechtsregister beschränken konnte, müssen nunmehr die Eheleute auf die durch die Billigkeitsrechtsprechung des Bundesgerichtshofs entstandene Unsicherheit eindringlich hingewiesen werden. Dies gilt auch bei Modifizierungen des gesetzlichen Güterstandes in der Weise, daß der Zugewinnausgleich bei Scheidung ausgeschlossen sein soll.

416 Es fragt sich, ob nicht die Eheleute durch vorsorgende ergänzende Vereinbarungen **die Anwendung der Grundsätze über den Wegfall der Geschäftsgrundlage bei ehebedingten Zuwendungen ausschließen** können. Diese Möglichkeit ist zu beja-

---

[11] BGH NJW 1982, 2236/2237.
[12] So *Tiedtke* DNotZ 1983, 161/165.

§ 2. Die Gütertrennung

hen. Die Ehegatten können kraft Vertragsfreiheit als Geschäftsgrundlage bestimmen, daß sämtliche ehebedingten Zuwendungen endgültig in Vermögen des Zuwendungsempfängers verbleiben sollen, soweit nicht ein Rückforderungsrecht vereinbart ist, auch wenn dieses Verbleiben unter Berücksichtigung eines etwaigen Verschuldens am Scheitern der Ehe und sonstiger Umstände im nachherein dem Billigkeitsempfinden widersprechen sollte. Durch diese vereinbarte Geschäftsgrundlage ist sichergestellt, daß der Empfänger einer Zuwendung, soweit nicht Rückforderungsrechte vereinbart werden, endgültig mit dem Behalten der Zuwendung rechnen kann, während sich der Zuwendende darauf einstellen muß, daß für ihn die Zuwendung endgültig verloren ist, auch wenn sich im nachherein auf Grund ehewidrigen Verhaltens des Zuwendungsempfängers herausstellen sollte, daß dieser die Zuwendung nicht verdient hat.

Formulierungsvorschlag

Wir vereinbaren für unsere künftige Ehe den Güterstand der Gütertrennung und schließen deshalb den gesetzlichen Güterstand aus.
Der Notar hat uns darauf hingewiesen, daß durch die Vereinbarung der Gütertrennung ein Ausgleich des Zugewinns bei Beendigung der Ehe, insbesondere nach einer Scheidung, nicht stattfindet, und daß sich das gesetzliche Erbrecht und das Pflichtteilsrecht vermindern können. Jeder von uns ist berechtigt, ohne Zustimmung des anderen über sein Vermögen im ganzen, auch über die ihm gehörenden Gegenstände des ehelichen Haushalts, frei zu verfügen.
Zuwendungen eines Ehegatten an den anderen können bei Scheidung der Ehe nicht zurückgefordert werden. Die Scheidung der Ehe führt nicht zum Wegfall der Geschäftsgrundlage für derartige Zuwendungen. Dies gilt unabhängig vom Verschulden am Scheitern der Ehe. Die Rückforderung ist nur dann möglich, wenn sie bei der Zuwendung ausdrücklich vorbehalten wurde.

§ 3. Die Gütergemeinschaft

I. Überblick

418 Neben der Gütertrennung bietet das Bürgerliche Gesetzbuch die **Gütergemeinschaft** als Vertragsgüterstand an, und zwar in der Form der Vergemeinschaftung auch des vorehelichen Vermögens, jedoch mit zwingender Ausnahme der Vermögensgegenstände, die nicht durch Rechtsgeschäft übertragen werden können, **Sondergut**, § 1417 BGB, und möglicher Ausnahme anderer Gegenstände, **Vorbehaltsgut**, § 1418 BGB. Die zwingende Anordnung von Sondergut löst den Widerspruch zwischen der Unübertragbarkeit höchstpersönlicher Forderungen und Rechte und der grundsätzlichen Vergemeinschaftung, während das fakultative Vorbehaltsgut den Ehegatten die Möglichkeit einer ehevertraglich begründeten Abschichtung von Individualeigentum und dem Erblasser bzw. Schenker oder Ausstatter die Möglichkeit einer individuellen Bedenkung nur eines Ehegatten eröffnet. Konsequenz dieser einerseits notwendigen, andererseits zweckmäßigen Abspaltung von Sondervermögen ist die Entstehung von fünf voneinander zu scheidenden Vermögensmassen mit der aus ihr folgenden **Verkomplizierung** des zunächst so einfach anmutenden Gemeinschaftsprinzips. Daß das Gesamtgut juristisch nicht einfach zu handhaben ist, ist jedem deutschen Juristen geläufig. Abgesehen von der Notwendigkeit und den Problemen der **Auseinandersetzung** bei Scheidung erfordert es umfangreiche **Verwaltungsregelungen**, die das Gesetz in über 40 Paragraphen vornimmt. Eine Besonderheit der deutschen Gütergemeinschaft ist es, daß sie aufgrund ehevertraglicher Vereinbarung nach dem Tod eines Ehegatten von diesem mit dem Abkömmlingen **fortgesetzt** werden kann. Dabei geht einerseits die Gesamtguthälfte des Verstorbenen außerhalb dessen Nachlasses am Erben, insbesondere also dem überlebenden Ehegatten, vorbei auf die gemeinsamen Abkömmlinge über, andererseits wird der überlebende Ehegatte alleiniger Verwalter des Gesamtguts. Als solcher ist er lebenslang der Herr des Gesamtguts, wenn er nicht die Fortsetzung der Gütergemeinschaft ablehnt oder die fortgesetzte Gütergemeinschaft aufhebt.

419 **Unvereinbarkeiten** der Gütergemeinschaft bestehen mit der Beteiligung der Ehegatten an sonstigen Gesamthandsgemeinschaften. Sie lassen sich über die Bildung von Vorbehaltsgut lösen. Das gilt auch für mögliche steuerliche Nachteile bei Ehegattenarbeitsverhältnissen.

420 Die Gütergemeinschaft **entsteht** durch Ehevertrag und kann ehevertraglich wieder aufgehoben werden. Sonst **endet** sie durch Scheidung oder Tod eines Ehegatten, soweit sie nicht in letzterem Fall mit den Abkömmlingen fortgesetzt wird. Die fortgesetzte Gütergemeinschaft endet durch Ablehnung oder Aufhebung durch den überlebenden Ehegatten, spätestens jedoch mit dessen Tod.

II. Das Gesamtgut der Gütergemeinschaft

421 Nach § 1416 BGB werden das Vermögen des Mannes und das Vermögen der Frau durch die Gütergemeinschaft gemeinschaftliches Vermögen beider Ehegatten, **Gesamtgut**. Zum Gesamtgut gehört auch das Vermögen, das der Mann oder die Frau während der Gütergemeinschaft erwirbt. Die einzelnen Gegenstände werden gemeinschaftlich. Sie brauchen nicht durch Rechtsgeschäft übertragen zu werden. Das Gesamtgut steht den Ehegatten zur gesamten Hand zu, wobei der einzelne Gesamthänder keinen rechnerischen oder gar gegenständlich fixierten Anteil an den einzelnen Vermögensgegenständen hat. Vielmehr sind beide Ehegatten in ihrer

§ 3. Die Gütergemeinschaft

Gesamtheit Inhaber aller zum Gesamtgut gehörenden Gegenstände. Eine Verfügung eines Ehegatten über Anteile an einzelnen Gegenständen ist nicht möglich. § 1419 BGB statuiert auch die Unmöglichkeit der Verfügung über die Gesamthandsbeteiligung bei bestehender Ehe und schließt das einseitige Teilungsverlangen aus. Damit ist das Gesamtgut als solches unauflösbar mit dem Bestehen des Güterstandes verbunden. Einzelne Gegenstände können jedoch zum Gesamtgut erworben und aus ihm veräußert werden. Während Gegenstände, die ein Ehegatte während der Ehe erwirbt, ohne rechtsgeschäftlichen Übertragungsakt in das Gesamtgut fallen, bedarf das Ausscheiden einzelner Gegenstände aus dem Gesamtgut immer der rechtsgeschäftlichen Übertragung, regelmäßig unter Mitwirkung beider Ehegatten.

Beim Erwerb eines Ehegatten zum Gesamtgut ist streitig, ob das Eigentum für eine „logische Sekunde" durch das Vermögen des erwerbenden Ehegatten hindurchgeht, **Durchgangstheorie**, oder ob ein unmittelbarer Erwerb des Gesamtguts stattfindet, **Unmittelbarkeitstheorie**.[1] Der BGH[2] konnte den Theorienstreit in seiner grundlegenden Entscheidung zur Wirksamkeit der Auflassung zu je ½ Miteigentum an in Gütergemeinschaft lebende Ehegatten offenlassen. Angesichts der Klärung auch der sonstigen rechtlichen Konsequenzen z. B. auch hinsichtlich der Erbscheinserteilung nur für den als Erben berufenen Ehegatten[3] bleibt der Streit weitgehend akademisch. 422

Die Zugehörigkeit eines Gegenstandes zum Gesamtgut wird vermutet.[4] Wer die Zugehörigkeit zu einer anderen Vermögensmasse behauptet, muß sie beweisen. Durch Vereinbarung von Gütergemeinschaft wird das **Grundbuch** hinsichtlich des schon erworbenen Grundbesitzes der Ehegatten unrichtig und ist zu berichtigen. Zukünftiger Erwerb erfolgt zum Gesamtgut, soweit nicht ausnahmsweise zum Vorbehaltsgut erworben wird. Wird die Auflassung an in Gütergemeinschaft lebende Ehegatten irrtümlich zu Miteigentum je ½ vorgenommen, so geht sie nicht etwa ins Leere, sondern führt zum Erwerb des Gesamtguts. Das Grundbuch kann auf einfachen Antrag hin berichtigt werden. Wiederholung der Auflassung ist nicht erforderlich.[5] 423

Probleme entstehen, wenn einer der Ehegatten an einer **weiteren Gesamthand** beteiligt ist oder die Ehegatten untereinander eine weitere Gesamthand bilden. In einem Grundsatzurteil aus dem Jahre 1975 zur Gründung einer OHG durch Aufnahme der Ehefrau als persönlich haftende Gesellschafterin in das vom Ehemann betriebene Einzelhandelsgeschäft bei bestehender Gütergemeinschaft hat der BGH[6] in Auseinandersetzung mit den verschiedenen Literaturmeinungen entschieden, daß in Gütergemeinschaft lebende Ehegatten unter sich eine OHG nur durch ehevertragliche Zuweisung der Gesellschaftsanteile zum Vorbehaltsgut jedes Ehegatten begründen können. In gütergemeinschaftlicher Verbundenheit können die Ehegatten wegen der zwangsläufigen Vereinigung der Gesellschaft kraft Verschmelzung nicht Träger von Anteilen aus einer nur aus ihnen selbst gebildeten Personengesellschaft sein. Wegen Personenidentität kann in diesem Fall keine Gesellschaft entstehen.[7] Der BGH lehnt auch die Gründung einer Personengesellschaft bei gleichzeiti- 424

---

[1] Vgl. die Nachweise bei *Soergel/Gaul* § 1416 Rdn. 4.
[2] BGHZ 82, 346.
[3] BayObLG 2, 219.
[4] RGZ 90, 288.
[5] BGHZ 82, 346.
[6] BGHZ 65, 79 = NJW 1975, 1174 = FamRZ 1975, 572 mit zustimmender Anmerkung *Beitzke*.
[7] Zustimmend MünchKomm/*Kanzleiter* § 1416 Rdn. 10; RGRK/*Finke* § 1416 Rdn. 7; Palandt/*Brudermüller* § 1416 Rdn. 1; teilweise abweichend *Soergel/Gaul* § 1416 Rdn. 6 und *Gernhuber* § 38 II 6.

ger Übertragung der Gesellschaftsanteile in das Sondergut ab, da die ratio legis für die grundsätzliche Nichtübertragbarkeit der Anteile an einer Personengesellschaft nach § 719 BGB, nämlich daß sich die Gesellschafter nicht gegen ihren Willen eine fremde Person als neuen Gesellschafter aufdrängen lassen müssen, hier nicht zutrifft und es den Eheleuten verwehrt ist, durch Vereinbarung Sondergut zu bilden.[8]

425 Unbenommen bleibt es den Eheleuten nach h. L., ohne Gesellschaftsvertrag und ohne Begründung von Vorbehaltsgut ein **Handelsgeschäft in Gütergemeinschaft unter gemeinsamer Firma** zu betreiben.[9] Zivil- und steuerrechtlich sind die Ehegatten dann Mitunternehmer. Ehegattenarbeitsverträge sind nicht möglich.[10]

426 Bei **Beteiligung eines oder beider Ehegatten an einer Personengesellschaft,** der auch noch **Dritte** angehören, kommt es nach h. L. darauf an, ob der Gesellschaftsanteil nach der gesetzlichen Regel des § 1719 BGB unübertragbar ist oder ob er durch den Gesellschaftsvertrag für übertragbar erklärt wurde. Bei Unübertragbarkeit fällt er in das Sondergut des betreffenden Ehegatten, bei Übertragbarkeit in das Gesamtgut.[11] Zum Gesamtgut der Gütergemeinschaft können also auch sonstige Gesamthandsanteile der Ehegatten gehören, wie überhaupt die Verzahnung mehrerer Gesamthandsverhältnisse möglich ist.[12]

427 Für die **Gründung einer Kapitalgesellschaft** und die Beteiligung an einer solchen gelten keine Besonderheiten. Die in Gütergemeinschaft lebenden Ehegatten können miteinander ohne Beteiligung eines Dritten und ohne Begründung von Vorbehaltsgut z.B. eine GmbH gründen, die mit der Gründung als vom Gesamtgut unabhängige juristische Person entsteht. Die kraft Gesetzes übertragbaren GmbH-Anteile fallen wie sonstige Beteiligungen an Kapitalgesellschaften mit Dritten in das Gesamtgut der Gütergemeinschaft.

III. Das Sondergut

428 **Sondergut** sind alle einem Ehegatten zustehende Gegenstände, die nicht durch Rechtsgeschäft übertragen werden können, § 1417 BGB. Zum Sondergut gehören z.B. der Nießbrauch, Dienstbarkeiten, das dingliche Wohnungsrecht, der Schmerzensgeldanspruch und die unübertragbare Personengesellschaftsbeteiligung. Gemeinsame Wohnungsrechte und Leibgedinge sollen dagegen zum Gesamtgut gehören.[13]

429 Jeder Ehegatte verwaltet sein Sondergut selbständig, jedoch für Rechnung des Gesamtgutes. Die Nutzungen des Sonderguts fallen in das Gesamtgut, seine Lasten sind aus dem Gesamtgut zu bestreiten. Wirtschaftlich gesehen gehört das Sondergut damit zum Gesamtgut. Es stellt wirtschaftlich kein nur dem betreffenden Ehegatten zustehendes Sondervermögen, keine Privilegierung dar, und soll dem Ehegatten nicht wie das Vorbehaltsgut eine Sphäre der Ungebundenheit sichern. Das Sondergut ist lediglich die rechtslogische Konsequenz aus der Höchstpersönlichkeit und Unübertragbarkeit gewisser Rechte, eine „Notgütermasse" zur Beseitigung dogmatischer Widersprüche.[14]

---

[8] Kritisch zu letzterem Argument MünchKomm/*Kanzleiter* § 1416 Rdn. 10 mit der zutreffenden Begründung, daß rechtsgeschäftlich nur die Unübertragbarkeit der Anteile statuiert wird, während die Zugehörigkeit zum Sondergut dann die gesetzliche Folge dieser Unübertragbarkeit ist.
[9] *Beck* DNotZ 1962, 348; *Buchwald* BB 1962, 1405; BGHZ 65, 79/84f.
[10] BFH BStBl. 1959 III 263.
[11] MünchKomm/*Kanzleiter* § 1416 Rdn. 9 m. w. N.
[12] *Gernhuber* § 38 II 6.
[13] BayObLG DNotZ 1968, 493; OLG Frankfurt Rpfleger 1973, 394.
[14] *Lutter* AcP 161 (1962) 163/167.

§ 3. Die Gütergemeinschaft

Nach h. L. entsteht Sondergut nur kraft Gesetzes, nicht etwa auch durch rechtsgeschäftlich, etwa nach § 399 2. Alt. BGB begründete Unübertragbarkeit.[15] Auch ehevertraglich können die Ehegatten nicht Gesamtgut zu Sondergut oder Sondergut zu Gesamtgut machen. Da die Sonderzuständigkeit eines Ehegatten gewahrt bleibt, ist es jedoch möglich, Sondergut ehevertraglich zu Vorbehaltsgut umzuwandeln.[16] Kraft Gesetzes kann Sondergut zu Gesamtgut werden, wenn die Voraussetzungen der Unübertragbarkeit wegfallen, z. B. bei Rechtshängigwerden des Schmerzensgeldanspruchs aus § 847 BGB.[17]   430

IV. Das Vorbehaltsgut

Nach § 1418 BGB ist vom Gesamtgut das **Vorbehaltsgut** ausgeschlossen. Vorbehaltsgut sind die Gegenstände, die entweder durch Ehevertrag zum Vorbehaltsgut eines Ehegatten erklärt sind, oder die ein Ehegatte von Todes wegen erwirbt oder die ihm von einem Dritten unentgeltlich zugewendet werden, wenn der Erblasser durch letztwillige Verfügung, der Dritte bei der Zuwendung bestimmt hat, daß der Erwerb Vorbehaltsgut sein soll, oder die ein Ehegatte aufgrund eines zu seinem Vorbehaltsgut gehörenden Rechts oder als Ersatz für die Zerstörung, Beschädigung oder Entziehung eines zum Vorbehaltsgut gehörenden Gegenstandes oder durch ein Rechtsgeschäft erwirbt, das sich auf das Vorbehaltsgut bezieht. Jeder Ehegatte verwaltet sein Vorbehaltsgut selbständig und auf eigene Rechnung. Kraft Gesetzes sind nach § 1587 Abs. 3 BGB Versorgungsanwartschaften Vorbehaltsgut.   431

Im Vorbehaltsgut liegt ein **Schwerpunkt ehevertraglicher Gestaltungsmöglichkeiten**. Vorbehaltsgut kann bei Vereinbarung der Gütergemeinschaft oder auch später begründet werden. Es kann ehevertraglich wieder zu Gesamtgut gemacht werden. Neben dem dazu erforderlichen ehevertraglichen Nachtrag und in seinem Vollzug ist dann der einzelne Gegenstand nach den allgemeinen Vorschriften, bei Grundstücken etwa durch Auflassung und Eintragung, rechtsgeschäftlich vom Gesamtgut in das Vorbehaltsgut bzw. umgekehrt zu übertragen.[18]   432

Das Vorbehaltsgut sichert dem betreffenden Ehegatten eine „Sphäre der Ungebundenheit"[19] und verwirklicht partiell strikte Gütertrennung.   433

Dritten, insbesondere Gläubigern gegenüber, kann die Vorbehaltsguteigenschaft nur geltend gemacht werden, wenn sie gemäß § 1412 BGB im Güterrechtsregister eingetragen ist. Zur Vermeidung von Schaden und Haftung des Notars und des Registergerichts ist das Vorbehaltsgut möglichst genau zu bezeichnen und einzutragen.   434

Die einem Dritten durch § 1418 Abs. 2 Nr. 2 BGB gegebene Möglichkeit, bei einer Zuwendung unter Lebenden oder von Todes wegen nur einen Ehegatten zu dessen Vorbehaltsgut zu bedenken, gibt diesem die Möglichkeit, auch bei Bestehen von Gütergemeinschaft individuelle Zuwendungen zu machen. Bei Zuwendungen unter Lebenden muß die Bestimmung im Interesse der Klarheit des Ehegüterrechts hinlänglich deutlich zum Ausdruck kommen. Nachträgliche Bestimmung ist unzulässig. Bei der Grundstücksschenkung liegt hier eine Aufklärungs- und Formulie-   435

---

[15] *Soergel/Gaul* § 1417 Rdn. 3 m. w. N.
[16] BayObLGZ 1953, 102.
[17] *Luther* AcP 161, 163/167.
[18] Allgemeine Ansicht, anders nur MünchKomm/*Kanzleiter* § 1416 Rdn. 19 und § 1418 Rdn. 3, der automatischen Übergang von einer Vermögensmasse zur anderen ohne rechtsgeschäftliche Übertragung annehmen will.
[19] *Gernhuber* § 38 IV 2.

rungspflicht des Notars. Den Ehegatten bleibt die Möglichkeit, nachträglich Vorbehaltsgut in Gesamtgut umzuwandeln. Der Zuwendende kann jedoch den Verbleib im Gesamtgut zur Bedingung der Zuwendung bzw. das Ausscheiden aus dem Gesamtgut zur Voraussetzung eines vertraglichen Rückforderungsrechts machen. Die Ehegatten können auch die Entstehung von Vorbehaltsgut durch Zuwendungen Dritter ehevertraglich ausdrücklich im voraus ausschließen. Derartige Zuwendungen gehen in diesem Fall ins Leere.[20]

436 Unentgeltlichkeit bedeutet im Rahmen von § 1418 Abs. 2 Nr. 2 BGB, daß keine oder keine gleichwertige Gegenleistung zu erbringen ist.[21] Nicht nur die reine Schenkung, sondern auch die gemischte Schenkung und die Ausstattung sind deshalb tatbestandsmäßig.

437 Wichtig ist auch die Surrogationsvorschrift des § 1418 Abs. 2 Nr. 3 BGB. Die beiden ersten Alternativen entsprechen den Surrogationsvorschriften etwa beim Gesellschaftsvermögen nach § 718 BGB oder der Erbschaft nach § 2111 BGB. Die letzte Alternative betreffend den Erwerb durch ein Rechtsgeschäft, das sich auf das Vorbehaltsgut bezieht, geht aber beispielsweise über die Mittelsurrogation des § 2111 S. 1 BGB weit hinaus. Diese Surrogation kraft rechtsgeschäftlichen Bezuges greift stets ein, wenn der handelnde Ehegatte ein Rechtsgeschäft subjektiv, auch soweit dies der Vertragspartner nicht erkennt, auf sein Vorbehaltsgut bezieht, sofern das Rechtsgeschäft objektiv in einem wirtschaftlichen Zusammenhang mit dem Vorbehaltsgut gesehen werden kann.[22] Ob der Erwerb aus Mitteln des Vorbehaltsguts erfolgt ist, ist nicht entscheidend. Das Bestreben des Gesetzes, dem jeweiligen Ehegatten sein Vorbehaltsgut zu erhalten, geht damit sehr weit, was z. B. beim Betrieb eines zum Vorbehaltsgut gehörenden Unternehmens praxiswichtig ist.

V. Die Verwaltung des Gesamtguts

438 Seit dem Gleichberechtigungsgesetz bildet die **gemeinsame Verwaltung des Gesamtguts** die gesetzliche Regel, § 1421 BGB. Davor verwaltete der Ehemann zwingend allein. Durch Ehevertrag kann vereinbart werden, daß entweder der Mann oder die Frau das Gesamtgut allein verwalten. Änderungen können ebenfalls nur durch Ehevertrag erfolgen. Eine Vereinbarung über abwechselnde Verwaltung hält die h. L. wegen des Verkehrschutzes für unzulässig.[23] Jedenfalls unzulässig, da im Gesetz nicht vorgesehen, ist die Verwaltung durch beide Ehegatten je einzeln. Sie kann jedoch im Ergebnis durch gegenseitige Vollmachten erreicht werden.

439 Verwaltung nur durch einen Ehegatten führt zu einer nicht zeitgemäßen Entrechtung des anderen Ehegatten. Gemeinsame Verwaltung ist schwerfällig. Sie ist aber zur praktischen Regel geworden, soweit überhaupt noch Gütergemeinschaft vereinbart wird.

1. Verwaltung des Gesamtguts durch den Mann oder die Frau

440 Der verwaltende Ehegatte handelt bei Einzelverwaltung im eigenen Namen und kraft eigenen Rechts, § 1422 BGB. Er ist nicht Vertreter des anderen Ehegatten, dieser wird durch seine Verwaltungshandlungen nicht persönlich verpflichtet. Wie in jedem Güterstand gilt aber § 1357 BGB, der in einem praktisch weiten Bereich jedem Ehegatten Rechtsmacht zur persönlichen Verpflichtung auch des anderen

---

[20] MünchKomm/*Kanzleiter* § 1418 Rdn. 6.
[21] Staudinger/*Felgentraeger* § 1418 Rdn. 34.
[22] *Gernhuber* § 38 V 4 mit Nachweisen in Fußn. 9.
[23] Soergel/*Gaul* § 1421 Rdn. 4 m. w. N.; abweichend MünchKomm/*Kanzleiter* § 1421 Rdn. 2.

§ 3. Die Gütergemeinschaft

Ehegatten gibt. Im Umfang des § 1357 BGB besteht also im Ergebnis alternative Verwaltung des Gesamtguts durch beide Ehegatten[24] mit persönlicher Haftung beider Ehegatten, d.h. auch des beiderseitigen Sonder- und Vorbehaltsguts.

Die Verwaltungsbefugnisse umfassen über den nicht vollständigen Wortlaut des § 1422 BGB hinaus alle Verpflichtungs- und Verfügungsgeschäfte über das Gesamtgut, alle rechtlichen und tatsächlichen Maßnahmen zur Erhaltung, Verbesserung und Verwertung des Gesamtguts und die Befugnis, Rechtsstreitigkeiten im eigenen Namen in gesetzlicher aktiver und passiver Prozeßstandschaft für das Gesamtgut zu führen. 441

Vom Gesetz als besonders wichtig angesehene Geschäfte kann der Verwalter jedoch nur mit Einwilligung des anderen Ehegatten vornehmen. Dies gilt für Verpflichtungs- und Verfügungsgeschäfte über das Gesamtgut im Ganzen, § 1423 BGB, über Grundstücke, § 1426 BGB, und für Schenkungen aus dem Gesamtgut, § 1425 BGB. Nach h.L. sind diese Einschränkungen eheverträglich disponibel.[25] 442

§ 1426 BGB statuiert eine dem § 1365 Abs. 2 BGB entsprechende **Ersetzungsbefugnis des Vormundschaftsgerichts** bei Gesamtvermögens- und Grundstücksgeschäften. Für die Rechtsfolgen fehlender Einwilligung verweist § 1427 BGB auf §§ 1366 und 1367 BGB. 443

Durch ein **Notverwaltungsrecht** des anderen Ehegatten sichert § 1429 BGB der Gesamthand die Funktionsfähigkeit bei Krankheit oder Abwesenheit des verwaltenden Ehegatten. Eine Pflicht zur Notverwaltung kann sich aus § 1353 BGB ergeben. 444

Verweigert der verwaltende Ehegatte ohne ausreichenden Grund die Zustimmung zu einem Rechtsgeschäft, das der andere Ehegatte zur ordnungsmäßigen Besorgung seiner persönlichen Angelegenheiten vornehmen muß, aber ohne diese Zustimmung nicht mit Wirkung für das Gesamtgut vornehmen kann, so kann das Vormundschaftsgericht nach § 1430 BGB die Zustimmung des verwaltenden Ehegatten auf Antrag ersetzen. 445

Wenn der das Gesamtgut nicht verwaltende Ehegatte mit Zustimmung des anderen Ehegatten ein **Erwerbsgeschäft** betreibt, das zum Gesamtgut gehört, so bedarf er hierzu im eigenen Interesse und im Interesse des Rechtsverkehrs eines gewissen Freiraums. § 1431 BGB gibt ihm hierzu eine auf den Bereich des Geschäftsbetriebs beschränkte Verwalterstellung mit allen Rechten und Pflichten. Über ihren Wortlaut hinaus bezieht sich die Vorschrift auf jede erwerbsorientierte unternehmerische Tätigkeit, auch die Tätigkeit als persönlich haftender Gesellschafter einer Handelsgesellschaft, sowie auf freiberufliche Tätigkeiten. Wegen der Möglichkeit jederzeitigen Widerrufs der Einwilligung und der damit verbundenen Betriebsgefährdung[26] ist es für den den Betrieb führenden Ehegatten regelmäßig besser, den Betrieb zu seinem Vorbehaltsgut zu erklären. Ob der verwaltende Ehegatte auf sein Widerrufsrecht eheverträglich verzichten kann, ist streitig.[27] Richtiger Ansicht nach stellt § 1431 BGB nur insoweit zwingendes Recht dar, als der Rechtsverkehr, insbesondere die Geschäftsgläubiger, zu schützen sind. Der eheverträgliche Ausschluß des Widerrufsrechts beeinträchtigt ihre Interessen nicht, sondern dient im Gegenteil dem Bestandsschutz des Betriebes und der Aufrechterhaltung des Gesamtgutes nach 446

---

[24] MünchKomm/*Kanzleiter* § 1422 Rdn. 4.
[25] Dazu unten Rdn. 479 ff.
[26] *Gernhuber* § 38 II 4.
[27] Bejahend MünchKomm/*Kanzleiter* § 1431 Rdn. 13; RGRK/*Finke* § 1431 Rdn. 17; *Soergel/Gaul* § 1431 Rdn. 2 entgegen der Vorauflage; verneinend Staudinger/*Felgentraeger* § 1431 Rdn. 31.

§ 1437 Abs. 1 BGB sowie der persönlichen Haftung des verwaltenden Ehegatten nach § 1437 Abs. 2 BGB. Er ist deshalb als zulässig anzusehen.

447 Auch bei Gütergemeinschaft und Alleinverwaltungsrecht des anderen Ehegatten muß dem nichtverwaltenden Ehegatten der nötige Freiraum zu persönlichen Entscheidungen verbleiben. Nach § 1432 BGB kann er deshalb über **Annahme oder Ausschlagung einer Erbschaft** oder eines Vermächtnisses, Verzicht auf den Pflichtteil oder den Zugewinnausgleich und die Annahme eines Vertragsangebots oder einer Schenkung selbständig entscheiden. Zur Inventarerrichtung über eine ihm angefallene Erbschaft bedarf er der Zustimmung des verwaltenden Ehegatten nicht. Nach § 1433 BGB kann er einen bei Eintritt der Gütergemeinschaft anhängigen Rechtsstreit selbständig fortsetzen.

448 Hinsichtlich der **Schuldenhaftung bei Alleinverwaltung eines Ehegatten** ist zu unterscheiden zwischen der Haftung des Gesamtguts und der Sondervermögen der Ehegatten nach außen und dem Ausgleich zwischen den Ehegatten, wenn ein Ehegatte für Schulden des anderen aufgrund seiner Mithaftung in Anspruch genommen wurde.

449 Nach außen haftet grundsätzlich das Gesamtgut für die Verbindlichkeiten jedes Ehegatten, § 1437 Abs. 1 BGB, sog. **Gesamtgutsverbindlichkeiten.** Hiervon ausgenommen sind nach § 1438 BGB rechtsgeschäftliche Verbindlichkeiten, die während des Güterstandes vom nichtverwaltenden Ehegatten ohne Mitwirkung oder Zustimmung des verwaltenden Ehegatten vorgenommen wurden, und die auch nicht durch sonstige Verpflichtungsbefugnisse des nichtverwaltenden Ehegatten für das Gesamtgut, etwa das Notverwaltungsrecht des § 1429 BGB oder den erlaubten Betrieb eines Erwerbsgeschäfts nach § 1431 BGB, gedeckt sind. Weiterhin sind von der Haftung des Gesamtguts nach § 1439 BGB ausgenommen die Verbindlichkeiten eines dem nicht verwaltenden Ehegatten während des Güterstandes in sein Sonder- oder Vorbehaltsgut anfallenden erbrechtlichen Erwerbs, weiter auch nach § 1440 BGB die Verbindlichkeiten, die mit Gegenständen des Vorbehalts- oder Sonderguts des nichtverwaltenden Ehegatten zusammenhängen und während des Güterstandes entstanden sind, soweit sie nicht den selbständigen Betrieb eines Erwerbsgeschäfts betreffen. Neben dem Gesamtgut haftet jeder Ehegatte für die ihn treffenden Verbindlichkeiten mit seinem persönlichen Vermögen, also seinem Vorbehalts- und Sondergut. Darüber hinaus haftet ein Ehegatte auch für die persönlichen Schulden des anderen Ehegatten, die Gesamtgutsverbindlichkeiten sind, auch persönlich, und zwar bei Alleinverwaltung eines Ehegatten nur der verwaltende Ehegatte, § 1437 Abs. 2 BGB, bei gemeinschaftlicher Verwaltung beide Ehegatten gegenseitig, § 1459 Abs. 2 BGB. Dies bezieht sich auf alle vorehelichen Verbindlichkeiten sowie auf rechtsgeschäftliche und gesetzliche Verbindlichkeiten des anderen Ehegatten, für die das Gesamtgut haftet. Zu den gesetzlichen Verbindlichkeiten eines Ehegatten, die Gesamtgutsverbindlichkeiten sind, gehören insbesondere die Unterhaltsverpflichtungen, für die über das Gesamtgut eine persönliche Mithaftung des anderen, allein verwaltenden oder mitverwaltenden Ehegatten hergestellt wird.

450 Für den **internen Ausgleich zwischen den Ehegatten** treffen die §§ 1441 ff. BGB Ausnahmen von dem Grundsatz, daß Gesamtgutsverbindlichkeiten auch Gesamtgutslasten sind, die von den Eheleuten über das Gesamtgut gemeinschaftlich zu tragen sind. Ausnahmsweise fallen im Innenverhältnis nur dem Ehegatten, in dessen Person sie entstehen, nach § 1441 BGB die Gesamtgutsverbindlichkeiten zur Last, die Verbindlichkeiten aus einer unerlaubten Handlung des Ehegatten nach Eintritt der Gütergemeinschaft sind oder aus einem Strafverfahren, das wegen einer solchen Handlung gegen ihn gerichtet wird, die Verbindlichkeiten aus einem sich auf sein Vorbehaltsgut oder sein Sondergut beziehenden Rechtsverhältnis sind, auch wenn

§ 3. Die Gütergemeinschaft

sie vor Eintritt der Gütergemeinschaft oder vor der Zeit entstanden sind, zu der das Gut Vorbehaltsgut oder Sondergut geworden ist, schließlich auch die Kosten eines Rechtsstreits über eine der vorbezeichneten Verbindlichkeiten. Hiervon ausgenommen wiederum sind nach § 1442 BGB Verbindlichkeiten, die zu den Lasten des Sondergutes gehören und aus den Einkünften beglichen zu werden pflegen, sowie die Verbindlichkeiten durch den Betrieb eines für Rechnung des Gesamtgutes geführten Erwerbsgeschäfts oder infolge eines zu einem solchen Erwerbsgeschäft gehörenden Rechtes oder des Besitzes einer zu ihm gehörenden Sache.

Für **Prozeßkosten** bestimmt § 1443 BGB, daß im Verhältnis der Ehegatten untereinander die Kosten eines Rechtsstreits, den die Ehegatten miteinander führen, dem Ehegatten zur Last fallen, der sie nach allgemeinen Vorschriften zu tragen hat. Führt der Ehegatte, der das Gesamtgut nicht verwaltet, einen Rechtsstreit mit einem Dritten, so fallen die Kosten des Rechtsstreites im Verhältnis der Ehegatten zueinander diesem Ehegatten zur Last. Die Kosten fallen jedoch dem Gesamtgut zur Last, wenn das Urteil diesem gegenüber wirksam ist oder wenn der Rechtsstreit eine persönliche Angelegenheit oder eine Gesamtgutsverbindlichkeit des Ehegatten betrifft und die Aufwendung der Kosten den Umständen nach geboten ist. 451

Ausstattungen aus dem Gesamtgut kann nur der verwaltende Ehegatte vornehmen. Soweit er dabei die Verhältnisse des Gesamtguts überschreitet, fällt ihm das Übermaß persönlich zur Last, § 1444 BGB. 452

Zwischen den Ehegatten untereinander und jedem Ehegatten und der Gesamthand sind **Rechtsbeziehungen und Ansprüche jeder Art möglich**, deren Abwicklung sich grundsätzlich nach allgemeinem Schuldrecht richtet. Eine besondere Anspruchsgrundlage für und gegen den verwaltenden Ehegatten enthält § 1445 BGB. Verwendet der das Gesamtgut verwaltende Ehegatte Gesamtgut in sein Vorbehaltsgut oder sein Sondergut, so hat er den Wert des Verwendeten zum Gesamtgut zu ersetzen. Verwendet er Vorbehaltsgut oder Sondergut in das Gesamtgut, so kann er Ersatz aus dem Gesamtgut verlangen. Hinsichtlich der Fälligkeit dieser Ansprüche bestimmt § 1446 BGB, daß sie grundsätzlich erst mit Beendigung der Gütergemeinschaft fällig werden. Dies gilt auch für das, was der Ehegatte, der das Gesamtgut nicht verwaltet, zum Gesamtgut oder zum Vorbehaltsgut oder Sondergut des anderen Ehegatten schuldet. Er hat jedoch die Schuld von vorher zu berichtigen, soweit sein Vorbehaltsgut und sein Sondergut hierzu ausreichen. 453

2. Gemeinschaftliche Verwaltung des Gesamtguts

Die gemeinschaftliche Verwaltung des Gesamtguts ist zur **praktischen Regel** geworden. Die Schwerfälligkeit das grundsätzlich erforderlichen gemeinsamen Handelns läßt sich durch Vollmachten vermeiden, soweit nicht im Bereich des § 1357 BGB sowieso jeder Ehegatte allein handeln kann. Bei wichtigeren Geschäften, z.B. über Grundstücke, pflegen die Eheleute ohnehin regelmäßig gemeinsam aufzutreten. 454

Wird das Gesamtgut von beiden Ehegatten gemeinschaftlich verwaltet, so sind diese nach § 1450 BGB nur gemeinschaftlich berechtigt, über das Gesamtgut zu verfügen und Rechtsstreitigkeiten zu führen, die sich auf das Gesamtgut beziehen. Der Besitz an den zum Gesamtgut gehörenden Sachen gebührt den Ehegatten gemeinschaftlich. Ist eine Willenserklärung den Ehegatten gegenüber abzugeben, so genügt die Abgabe gegenüber einem Ehegatten. Nach § 1451 BGB ist jeder Ehegatte dem anderen gegenüber verpflichtet, bei Maßregeln mitzuwirken, die zur ordnungsmäßigen Verwaltung des Gesamtgutes erforderlich sind. Auch hier kann das Vormundschaftsgericht nach § 1452 BGB bei grundloser Verweigerung der Mit- 455 wirkung die Zustimmung eines Ehegatten ersetzen. Wie bei der einseitigen Verwaltung bestehen Notverwaltungsrechte bei Verhinderung eines Ehegatten, § 1454 BGB, und Alleinverwaltungsbefugnis hat nach § 1456 BGB wiederum auch derjenige Ehegatte, der mit Zustimmung des anderen selbständig ein Erwerbsgeschäft betreibt.

456 Hinsichtlich der **Haftung** der Ehegatten und des Gesamtguts gegenüber den Gläubigern stellt § 1459 Abs. 1 BGB den Grundsatz auf, daß für alle persönlichen Schulden der Ehegatten das Gesamtgut haftet. Über die Haftung des Gesamtguts entsteht dann nach § 1459 Abs. 2 BGB auch die persönliche Mithaftung des anderen Ehegatten. Ausgenommen hiervon sind nach § 1460 BGB Verbindlichkeiten aus eigenmächtigen Rechtsgeschäften eines Ehegatten, die auch nicht etwa durch Notverwaltungsrechte oder die Befugnis zum selbständigen Betrieb eines Erwerbsgeschäftes gedeckt sind. Ausgenommen sind nach § 1461 BGB auch Verbindlichkeiten durch den Erwerb einer Erbschaft zum Vorbehalts- oder Sondergut eines Ehegatten und nach § 1462 BGB Verbindlichkeiten des Vorbehalts- oder Sonderguts, soweit sie nicht dem Betrieb eines mit Einwilligung des anderen Ehegatten ausgeübten Erwerbsgeschäfts zuzurechnen sind oder zu den Lasten des Sondergutes gehören, die aus den Einkünften beglichen zu werden pflegen.

457 Die **Lastenverteilung im Innenverhältnis der Ehegatten** entspricht der Regelung bei Alleinverwaltung eines Ehegatten. Die Regelung der Ausstattungslasten in § 1466 BGB ist dadurch vereinfacht, daß die Ehegatten bei Ausstattungen wie allgemein auch gemeinsam handeln müssen. Für die Fälligkeit der Ausgleichsansprüche enthalten §§ 1467, 1468 BGB eine im wesentlichen den §§ 1445, 1446 BGB entsprechende Regelung.

VI. Das Ende des Güterstandes

458 Die Gütergemeinschaft endet durch **aufhebenden Ehevertrag**, auf Grund **Auflösungsklage** durch gerichtliches Urteil, §§ 1447, 1469 BGB sowie durch **Auflösung der Ehe** durch Scheidung oder Tod, soweit nicht in letzterem Fall auf Grund ehevertraglicher Bestimmung eine Fortsetzung mit den Abkömmlingen stattfindet.

459 Der Ehegatte, der das Gesamtgut nicht verwaltet, kann nach § 1447 BGB auf **Aufhebung der Gütergemeinschaft** klagen, wenn seine Rechte für die Zukunft dadurch erheblich gefährdet werden können, daß der andere Ehegatte zur Verwaltung des Gesamtguts unfähig ist oder sein Verwaltungsrecht mißbraucht, wenn der andere Ehegatte seine Verpflichtung, zum Familienunterhalt beizutragen, verletzt hat und für die Zukunft eine erhebliche Gefährdung des Unterhalts zu besorgen ist, wenn das Gesamtgut durch Verbindlichkeiten, die in der Person des anderen Ehegatten entstanden sind, in solchem Maße überschuldet ist, daß ein späterer Erwerb des Ehegatten, der das Gesamtgut nicht verwaltet, erheblich gefährdet wird, schließlich dann, wenn der andere Ehegatte entmündigt ist und der die Entmündigung aussprechende Beschluß nicht mehr angefochten werden kann. Bei gemeinsamer Verwaltung kann jeder Ehegatte nach § 1469 BGB die Aufhebungsklage erheben, wenn seine Rechte für die Zukunft durch eigenmächtige Verwaltungshandlungen des anderen erheblich gefährdet werden können, wenn der andere Ehegatte grundlos und beharrlich die Mitwirkung bei der Verwaltung verweigert, wenn der andere Ehegatte seine Verpflichtung, zum Familienunterhalt beizutragen, verletzt hat und für die Zukunft eine erhebliche Gefährdung des Unterhalts zu besorgen ist, wenn das Gesamtgut durch Verbindlichkeiten, die in der Person des anderen Ehegatten entstanden sind und diesem im Verhältnis der Ehegatten zueinander zur Last fallen, in solchem Maße überschuldet ist, daß ein späterer Erwerb erheblich gefähr-

§ 3. Die Gütergemeinschaft

det wird, und schließlich bei Entmündigung des anderen Ehegatten. Die Auflösungsklage stellt ein notwendiges Korrektiv zu der sehr engen vermögensmäßigen Bindung der Ehegatten bei Gütergemeinschaft dar.

VII. Vereinbarungsmöglichkeiten im Güterstand der Gütergemeinschaft

Als **Wahlgüterstand** muß die Gütergemeinschaft ehevertraglich vereinbart werden. Dies kann vor oder während der Ehe geschehen. Gesetzliche und mittlerweile auch praktische Regel ist die gemeinschaftliche Verwaltung, die nach § 1421 BGB eintritt, wenn der Ehevertrag keine ausdrückliche Bestimmung enthält. Deshalb braucht sie auch nicht notwendigerweise ins Güterrechtsregister eingetragen zu werden.[28] Fortgesetzte Gütergemeinschaft tritt nach § 1483 BGB nur ein, wenn sie ausdrücklich vereinbart ist. 460

Die **Eintragung der Gütergemeinschaft in das Güterrechtsregister** ist fakultativ, empfiehlt sich jedoch regelmäßig bei Bildung von Vorbehaltsgut, da dies gemäß § 1418 Abs. 4 BGB Dritten gegenüber nur nach Maßgabe des § 1412 BGB wirksam ist. 461

Durch die Vereinbarung von Gütergemeinschaft wird das gesamte bisherige Vermögen der Ehegatten gemeinschaftlich, soweit nicht Vorbehaltsgut begründet wird. Das **Grundbuch wird unrichtig** und ist auf Antrag zu berichtigen, § 22 GBO. 462

Soll es bei der gemeinschaftlichen Verwaltung verbleiben, soll kein Vorbehaltsgut begründet werden, eine Eintragung in das Güterrechtsregister nicht erfolgen, und ist kein Grundbesitz vorhanden, so kann sich der **Ehevertrag** auf den einen Satz beschränken, daß Gütergemeinschaft vereinbart wird. In der Praxis wird klarstellend regelmäßig die Verwaltungsregelung aufgenommen. Weiterhin wird festgestellt, ob die Eheleute eine Eintragung in das Güterrechtsregister wünschen oder nicht. Der auch getrennt und formlos mögliche Grundbuchberichtigungsantrag wird regelmäßig in die Urkunde aufgenommen und vom Notar an das Grundbuchamt weitergeleitet, damit sichergestellt ist, daß die Grundbuchberichtigung auch erfolgt. 463

Formulierungsvorschlag 464

Wir vereinbaren hiermit als ehelichen Güterstand die Gütergemeinschaft. Wir verwalten das Gesamtgut gemeinschaftlich. Wir beantragen, die Gütergemeinschaft und die gemeinsame Verwaltung in das Güterrechtsregister einzutragen. Wir beantragen Grundbuchberichtigung im Grundbuch vom ... hinsichtlich des bisher auf den Ehemann allein eingetragenen Grundstücks ...
Der Notar wird beauftragt, die Anträge beim Registergericht und Grundbuchamt einzureichen.

Ein praktischer Schwerpunkt der Vertragsgestaltung innerhalb der Gütergemeinschaft liegt beim **Vorbehaltsgut**. Die Bildung von Vorbehaltsgut bringt ein Element der Gütertrennung in die Gütergemeinschaft. Der jeweilige Ehegatte verwaltet sein Vorbehaltsgut selbständig und für eigene Rechnung, § 1418 BGB. Unbeschadet etwaiger Ausgleichsansprüche nach §§ 1445, 1467 BGB verbleibt ihm das Vorbehaltsgut bei Scheidung ungeschmälert. Bei Auflösung der Ehe durch den Tod eines Ehegatten erhöht sich der Erbteil des anderen Ehegatten weder nach § 1371 Abs. 1 BGB, noch nach § 1931 Abs. 4 BGB. Insofern geht eine durch Verlagerung des wesentlichen Vermögens in das Vorbehaltsgut erreichte faktische Gütertrennung 465

---

[28] MünchKomm/*Kanzleiter* § 1421 Rdn. 4; aA *Soergel/Gaul* § 1421 Rdn. 5.

4. Kapitel. Eheverträge

noch über die erbrechtlichen Wirkungen des Wahlgüterstandes der Gütertrennung hinaus.

466 Durch Erklärung des gesamten vorehelichen Vermögens jedes Ehegatten zum Vorbehaltsgut kann der Güterstand der **Errungenschaftsgemeinschaft** vertraglich vereinbart werden.

467 **Formulierungsvorschlag**
Das bei Eheschluß vorhandene Vermögen jedes Ehegatten wird zum jeweiligen Vorbehaltsgut erklärt. Hierzu wird verwiesen auf die anliegenden, verlesenen Vermögensverzeichnisse, die einen Bestandteil dieser Urkunden bilden.

468 Die **Beifügung von Vermögensverzeichnissen** ist nicht unbedingt erforderlich, oft aber empfehlenswert. Sie erleichtert auch die Eintragung des Vorbehaltsguts im Güterrechtsregister. Die Vereinbarung von Vorbehaltsgut kann sich auf Sachgesamtheiten beziehen, soweit gewährleistet ist, daß die jeweils erfaßten Gegenstände zweifelsfrei identifiziert werden können.[29]

469 **Formulierungsvorschlag**
Zum Vorbehaltsgut des Ehemannes wird erklärt das von diesem unter der Firma ... als Einzelunternehmen betriebene Baugeschäft mit allen Aktiva und Passiva. Zum Vorbehaltsgut der Frau wird erklärt das Familieneigenheim in ... FlstNr. ... der Gemarkung ..., Grundbuch von ... mitsamt dem gesamten Inventar, soweit es nicht zum rein persönlichen Gebrauch des Ehemannes bestimmt ist.

470 Durch obige Vertragsgestaltung **nähert sich die Gütergemeinschaft**, wenn das Gesamtgut klein gehalten wird, **der Gütertrennung.**

471 Die Bildung von Vorbehaltsgut kann auch demselben Zweck dienen wie die **dingliche Herausnahme** von vorehelichem Vermögen, Erbschaften oder Schenkungen aus dem Zugewinnausgleich.[30] Gegenüber dieser hat sie den Vorteil, daß das Gesetz die Frage der Verwendungen aus dem sonstigen Vermögen teilweise regelt.[31]

472 Während das Sondergut für Rechnung des Gesamtguts verwaltet wird, wird das Vorbehaltsgut für eigene Rechnung verwaltet. Die **vertragliche Umwandlung von Sondergut in Vorbehaltsgut**, die zulässig ist, kann hierdurch angezeigt sein.[32]

473 Auch hinsichtlich des gemäß § 1418 Abs. 2 Nr. 2 BGB entstehenden **Vorbehaltsguts** sind Vereinbarungen möglich. Die Eheleute können generell vereinbaren, daß unabhängig von der Bestimmung des Dritten aller **zukünftiger Erwerb eines Ehegatten von dritter Seite** von Todes wegen oder im Wege der unentgeltlichen Zuwendung Vorbehaltsgut sein soll.

474 **Formulierungsvorschlag**
Vorbehaltsgut eines Ehegatten soll unabhängig von der Bestimmung des Dritten jeder zukünftige Erwerb eines Ehegatten von einem Dritten von Todes wegen oder durch unentgeltliche Zuwendung wie Ausstattung, vorweggenommene Erbfolge oder Schenkung sein.

---

[29] *Soergel/Gaul* § 1418 Rdn. 4.
[30] Vgl. Rdn. 369 ff.
[31] §§ 1445, 1467; vgl. *Liedel* FamRZ 1981, 1020.
[32] *Soergel/Gaul* § 1417 Rdn. 4.

§ 3. Die Gütergemeinschaft

Umgekehrt kann auch vereinbart werden, daß derartiger Erwerb immer in das Gesamtgut fallen soll.

475

> **Formulierungsvorschlag**
>
> Durch erbrechtlichen Erwerb oder unentgeltliche Zuwendung von seiten eines Dritten soll Vorbehaltsgut auch dann nicht entstehen, wenn der Dritte dies bestimmt. Vielmehr soll auch solcher Erwerb immer in das Gesamtgut fallen.

476

Ob derartige Klauseln angesichts der Möglichkeit, daß der Dritte dann von der Zuwendung ganz absieht oder die Zuwendung ins Leere geht, empfehlenswert sind, ist eine andere Frage. Gegen die Zuweisung zum Vorbehaltsgut des Empfängers wird der Dritte regelmäßig nichts haben, während ihn die Zuwendung zum Gesamtgut eher von der Zuwendung abhalten wird. Gegen spätere ehevertragliche Umschichtung der Zuwendung vom Vorbehaltsgut ins Gesamtgut oder umgekehrt kann sich der Dritte allerdings nur durch entsprechende Bedingung oder ein für diesen Fall vereinbartes Rückforderungsrecht schützen.

477

Die **Vereinbarung bedingten oder befristeten Vorbehaltsguts** wird für zulässig gehalten,[33] dürfte jedoch kaum je praktisch sein.

478

Hinsichtlich der **Verwaltungsregelung** hat sich die gemeinschaftliche Verwaltung durchgesetzt. Verwaltung durch nur einen Ehegatten birgt die Gefahr der Entmündigung des anderen Ehegatten. Je nach Vertragsgestaltung ist dies aber nicht zwingend. Einzelverwaltung hat den Vorteil, daß der nichtverwaltende Ehegatte für die Verbindlichkeiten des anderen Ehegatten, die Gesamtgutsverbindlichkeiten sind, nicht haftet (§ 1437 Abs. 2 BGB im Gegensatz zu § 1459 Abs. 2 BGB). Ist der Kern des jeweiligen Vermögens zum Vorbehaltsgut erklärt und wird das Gesamtgut klein gehalten, so kann deshalb durchaus alleinige Verwaltung eines Ehegatten vereinbart werden. Alleinige Verwaltung wird auch im landwirtschaftlichen Bereich zuweilen zugunsten desjenigen Ehegatten gewünscht, der den Hof in die Ehe einbringt.

479

In der Kautelarpraxis haben sich zur Ergänzung oder gar Überspielung der Verwaltungsregelungen weitgehend **Vollmachten** eingebürgert, die in den Ehevertrag aufgenommen werden oder getrennt von ihm erteilt werden. So kann jeweilige Einzelverwaltung bei Befreiung von den gesetzlichen Beschränkungen des alleinverwaltenden Ehegatten im Ergebnis durch eine gegenseitige, umfassende, zweckmäßigerweise in den Ehevertrag aufzunehmende Vollmacht der Eheleute erreicht werden.

480

> **Formulierungsvorschlag**
>
> Die Verwaltung des Gesamtguts steht beiden Ehegatten gemeinschaftlich zu. Jeder Ehegatte erteilt dem anderen die jederzeit widerrufliche Vollmacht, ihn bei der Verwaltung des Gesamtguts einschließlich der Eingehung von Verpflichtungs- und Verfügungsgeschäften und einschließlich der Grundstücksgeschäfte zu vertreten. Der Bevollmächtigte kann den Vollmachtgeber auch persönlich verpflichten. Die Vollmacht gilt auch als Prozeß- und Inkassovollmacht, berechtigt jedoch nicht zu unentgeltlichen Veräußerungsgeschäften. Der Bevollmächtigte ist von den Beschränkungen des § 181 BGB befreit und darf für einzelne Geschäfte Untervollmacht erteilen. Jedem Ehegatten ist eine auszugsweise Ausfertigung dieser Urkunde zu erteilen. Der Nachweis des Fortbestehens der Vollmacht wird durch Vorlage der dem Vollmachtgeber erteilten Ausfertigung geführt. Bei Vollmachtswiderruf, der durch schriftliche Erklärung gegenüber dem Bevollmächtigten erfolgt, ist die Ausfertigung zurückzugeben.

481

---

[33] *Soergel/Gaul* § 1418 Rdn. 3.

4. Kapitel. Eheverträge

482 Entsprechend ist auch **einseitige Bevollmächtigung** möglich. In der Kautelarpraxis wurden derartige Vollmachten bisweilen zur vollständigen Entrechtung des das Gesamtgut nicht verwaltenden Ehegatten **mißbraucht**.

483 Ob die Verfügungsbeschränkungen der §§ 1423 bis 1425 BGB ehevertraglich abdingbar sind, ist höchst streitig.³⁴ Angesichts der Seltenheit der Einzelverwaltung und der Möglichkeit von Vollmachten ist die Streitfrage ohne größere praktische Bedeutung. Die Notverwaltungsrechte der §§ 1429 und 1454 sind nach h.L. unabdingbar.³⁵

484 Wichtiger ist die Frage, ob der alleinverwaltende Ehegatte ehevertraglich im voraus auf das Recht, seine Einwilligung zum Betrieb eines selbständigen Erwerbsgeschäftes durch den anderen Ehegatten zu widerrufen, verzichten kann. Sie ist im Interesse des nichtverwaltenden Ehegatten und auch des Rechtsverkehrs zu bejahen.³⁶

485 Die Haftungsvorschriften der §§ 1437 ff., 1459 ff. BGB können als Gläubigerschutzvorschriften ehevertraglich nicht eingeschränkt, wohl aber erweitert werden.

486 Die Vorschriften über die Haftung und Ausgleichung im Innenverhältnis der Ehegatten, also die §§ 1441 bis 1446 und 1463 bis 1468 BGB, können ehevertraglich bis zur Grenze des § 138 BGB beliebig modifiziert oder abbedungen werden.³⁷

487 Das Recht zur Aufhebungsklage nach den §§ 1447, 1448 und 1449 BGB ist als Schutzrecht zwingend. Nach h.L. können die Gründe, die zur Aufhebungsklage berechtigen, auch nicht ehevertraglich erweitert werden.³⁸

488 Nach wohl h.L. kann das Recht, nach Beendigung der Gütergemeinschaft gemäß § 1471 BGB die Auseinandersetzung zu verlangen, auf Zeit oder dauernd ausgeschlossen werden. Unberührt hiervon bleibt das sich aus § 749 Abs. 2 und 3 BGB entsprechend ergebende Recht, die Auseinandersetzung bei Vorliegen eines wichtigen Grundes dennoch zu verlangen.³⁹

489 Die Auseinandersetzung des Gesamtguts gemäß §§ 1474 ff. ist Sache der konkreten Vereinbarungen im Scheidungsfall. Für vorsorgende Eheverträge ist wichtig, daß die Übernahmerechte des § 1477 Abs. 2 S. 2 BGB und die Werterstattungsrechte des § 1478 BGB im voraus ehevertraglich abdingbar sind.⁴⁰ Ob den Beteiligten zu einer derartigen Abbedingung geraten werden kann, ist Frage des Einzelfalles. Erforderlich ist die ehevertragliche Abbedingung dann, wenn die Ehegatten zu einem späteren Zeitpunkt ihrer Ehe Gütergemeinschaft vereinbaren, um das in der Ehezeit gemeinsam erarbeitete Vermögen, das formell im Alleineigentum eines Ehegatten steht, endgültig zu vergemeinschaften, also die Halbteilung des § 1476 Abs. 1 BGB gezielt herbeizuführen. Hier würde ein Übernahme- und Werterstattungsrecht nach

---

³⁴ Für den zwingenden Charakter der Vorschriften *Soergel/Gaul* §§ 1423, 1424 jeweils Rdn. 2 m.w.N.; für Abdingbarkeit bis zur Grenze des § 138 MünchKomm/*Kanzleiter* § 1423 Rdn. 6, § 1424 Rdn. 10; 1425 Rdn. 8.
³⁵ AA MünchKomm/*Kanzleiter* § 1429 Rdn. 8.
³⁶ Vgl. oben Rdn. 265.
³⁷ Vgl. MünchKomm/*Kanzleiter* § 1441 Rdn. 11 mit Bezugnahme bei den übrigen Vorschriften.
³⁸ AA MünchKomm/*Kanzleiter* § 1447 Rdn. 21 m.w.N.
³⁹ MünchKomm/*Kanzleiter* § 1471 Rdn. 13 m.w.N.; zu Vereinbarungen im Rahmen von § 1472 BGB vergleiche MünchKomm/*Kanzleiter* § 1472 Rdn. 22 ff.
⁴⁰ *Stumpp* Rpfleger 1979, 441 und MittBayNot 1980, 107 mit Formulierungsvorschlägen; *Soergel/Gaul* § 1478 Rdn. 12; MünchKomm/*Kanzleiter* § 1478 Rdn. 12 f.

§ 3. Die Gütergemeinschaft

§§ 1477 Abs. 2 S. 2, 1478 BGB diese als gerecht empfundene Vermögensordnung wieder einseitig rückabrufbar machen. Der BGH hat in einem derartigen Fall, wo eine solche Abbedingung versäumt wurde, eine Anpassung der Vermögensverhältnisse nach § 242 BGB angeordnet.[41]

> **Formulierungsvorschlag** 490
>
> Die Übernahmerechte nach § 1477 Abs. 2 S. 2 BGB und die Werterstattungsrechte nach § 1478 BGB werden ausgeschlossen. Ein etwa nach Berichtigung der Gesamtgutsverbindlichkeiten verbleibender Überschuß gebührt den Ehegatten zu gleichen Teilen.

Schon seit langem **raten die Notare von der Vereinbarung fortgesetzter Gütergemeinschaft ab.** Ihre Alternative, nämlich die Beendigung der Gütergemeinschaft durch den Tod eines Ehegatten und die Regelung der Erbfolge im gleichzeitig mit dem Ehevertrag beurkundeten Erbvertrag, ist nicht mehr die „atypische Fortsetzung der Gütergemeinschaft",[42] sondern Regelfall. Soll dennoch fortgesetzte Gütergemeinschaft vereinbart werden, so ist zu beachten, daß die gesetzlichen Regeln zum Schutz der Abkömmlinge zwingend sind, § 1518 BGB. Weiterhin ist erforderlich, für den Fall der Ablehnung der fortgesetzten Gütergemeinschaft durch den überlebenden Ehegatten gemäß § 1484 BGB ergänzende erbvertragliche Bestimmungen zu treffen. 491

Zu den Grundsätzen der Vermögensauseinandersetzung nach Beendigung der Gütergemeinschaft vgl. Rdn. 564 ff. 492

VIII. Wertung der Gütergemeinschaft als Wahlgüterstand

Die Gütergemeinschaft ist im **landwirtschaftlichen Bereich** mit regionalen Unterschieden immer noch verbreitet. Neben dem Herkommen war hierfür weitgehend das steuerliche Motiv bestimmend, die Grunderwerbsteuerpflichtigkeit des das Leibgeding, den Übernahmepreis und die Abfindungszahlungen an die weichenden Geschwister mitschuldenden Ehegatten zu vermeiden und ihm über die Gütergemeinschaft eine Beteiligung an dem übergebenden Hof zu ermöglichen. Nach dem Wegfall der Grunderwerbsteuerpflicht im Verhältnis zwischen Schwiegereltern und Schwiegerkindern und zwischen den Ehegatten ist dieses Motiv entfallen. **Grundsätzlich überwiegen die Nachteile der Gütergemeinschaft so sehr, daß sie kaum noch empfohlen werden kann.**[43] Die Kompliziertheit der Gütergemeinschaft mit ihren fünf denkbaren Vermögensmassen widerspricht der laienhaften Vorstellung von der naturgegebenen Einfachheit der Vergemeinschaftung des ehelichen Vermögens in eklatanter Weise. Auch das immer wieder ins Feld geführte Argument, die Gütergemeinschaft entspreche den natürlichen Vorstellungen der Eheleute von der Vermögensordnung innerhalb der Ehe, ist in dieser Allgemeinheit nicht richtig. Bei genauerer Nachfrage ergibt sich, daß sich die Eheleute weniger eine Vergemeinschaftung allen Vermögens vorstellen, als Ansprüche auf hälftigen Zugewinnausgleich bei Scheidung, und daß sie vor allen Dingen davon ausgehen, daß das vorehelich Vermögen und der Erwerb durch Erbschaft oder Schenkung Sondervermögen jedes Ehegatten bilden müßte. Allenfalls die Errungenschaftsgemeinschaft, nicht aber die Gütergemeinschaft mit Vergemeinschaftung auch des vorehelichen Vermögens, entspricht also dem sogenannten „natürlichen Empfinden". 493

---

[41] BGH FamRZ 1987, 43 = NJW-RR 1987, 69.
[42] So *Herb* Justiz 1960, 108.
[43] AA *Behmer* FamRZ 1988, 339 und MittBayNot 1994, 377.

4. Kapitel. Eheverträge

494 Für das moderne Empfinden unerträglich ist die **Haftungsgemeinschaft der Ehegatten**,[44] insbesondere die Gesamthaftung für unerlaubte Handlungen und die Gesamthaftung für Unterhaltsschulden beider Ehegatten. Letztere bedeutet, daß ein Ehegatte über das allgemeine Unterhaltsrecht hinaus auf dem Wege über das Gesamtgut auch für den Unterhalt von Schwiegereltern, Stiefkindern und Abkömmlingen von Stiefkindern haftet.

495 Probleme bringen auch die **Verwaltungsregelungen**. Der gesetzliche Grundsatz der gemeinsamen Verwaltung ist gerade bei vertraglich differenzierter Ausgestaltung der Gütergemeinschaft oft unzweckmäßig. Haftungsgründe führen hier dann zur vermögensmäßigen Entmündigung eines Ehegatten und mitunter zum Streit um die Regelung der Verwaltung.

496 Trotz des scheinbar vorherrschenden Gemeinschaftsgedankens nimmt der andere Ehegatte bei Gütergemeinschaft nicht am Zugewinn des Vorbehalts- und Sonderguts des anderen Ehegatten teil. Gerade bei größeren Vermögen werden aber regelmäßig erhebliche Vermögensteile Vorbehaltsgut sein. Hinsichtlich dieses Vorbehaltsguts tritt bei Gütergemeinschaft erbrechtlich auch keine Erbteilserhöhung des anderen Ehegatten ein, auch nicht, wie bei Gütertrennung, neben einem oder zwei Kindern.

497 Verstirbt der bei Eingehung der Ehe unbemittelte Ehegatte vor dem Ehegatten, der erhebliches Vermögen in das Gesamtgut eingebracht hat, so muß, soweit die Freigrenzen überschritten werden, der überlebende Ehegatte sein eigenes eingebrachtes Vermögen bei der Erbschaftsteuer versteuern, da es in Höhe der Gesamtguthälfte des Verstorbenen formell von diesem kommt.

498 Nach § 7 Abs. 1 Nr. 4 ErbStG gilt die Bereicherung, die ein Ehegatte bei Vereinbarung der Gütergemeinschaft erfährt, als Schenkung unter Lebenden. Auch hier droht also bei Überschreitung der Freigrenzen die Schenkungsteuerpflicht.

499 *Behmer*[45] hält die Gütergemeinschaft bei einfachen Vermögensverhältnissen und insbesondere im Bereich der Landwirtschaft weiterhin dann für eine Alternative zum gesetzlichen Güterstand oder gar den besseren Güterstand, wenn Vorbehaltsgut und Sondergut nicht in Betracht kommen und das Eigenheim bzw. der landwirtschaftliche Betrieb praktisch das gesamte Vermögen der Eheleute bilden und auch in Zukunft bilden werden. Wie *Behmer* richtig feststellt, ist dann die Rückforderungsproblematik für eingebrachtes privilegiertes Vermögen im Sinne von § 1374 Abs. 2 BGB bei Gütergemeinschaft durch die Bestimmungen der §§ 1477, 1478 BGB gesetzlich geregelt. Im gesetzlichen Güterstand kann diese Regelung aber durch eine Scheidungsklausel ebenso problemlos erreicht werden.[46] Der Einwand *Behmers*, diese Klausel sei so kompliziert, daß es kaum möglich sein dürfte, sie einfacheren Leuten begreiflich zu machen, ist nicht berechtigt. Denn die notarielle Belehrung bezieht sich nicht auf die juristischen Einzelheiten einer derartigen Klausel, sondern auf die Wirkung, die sie erzielen soll. Diese Wirkung ist aber jedem Beteiligten unschwer verständlich zu machen. Über die Gegenargumente der Schuldenhaftung kommt auch *Behmer* nicht hinweg. So rät auch er von Gütergemeinschaft ab, wenn ein Ehegatte Gewerbetreibender oder Freiberufler ist oder wenn die Gefahr von Unterhaltsansprüchen besteht. Auch die Gefahren des Autoverkehrs bei möglichem Rückgriff des Versicherers bleiben auch angesichts dessen bestehen, daß *Behmer* die Belehrung des Notars dahingehend empfiehlt, daß dann von der Güter-

---

[44] Dazu mit abweichender Wertung *Behmer* MittBayNot 1994, 382.
[45] FamRZ 1988, 339.
[46] *Langenfeld* NJW 1986, 2544, vgl. Rdn. 1024 ff.

§ 3. Die Gütergemeinschaft

gemeinschaft Abstand genommen werden sollte, wenn ein Ehegatte dazu neige, in betrunkenem Zustand Auto zu fahren. Für die Ehe von Leuten in einfachen Vermögensverhältnissen ohne unterhaltsberechtigte Verwandte und ohne Automobil und für die Landwirtschaft alten Stils auf kleinen Höfen, die von beiden Ehegatten betrieben werden, mag die Gütergemeinschaft weiterhin eine Alternative sein. Für die Mehrzahl der Fälle des modernen Lebens ist sie es jedoch nicht.

Zu einem **späten Zeitpunkt der Ehe** kann im Ausnahmefall die Vereinbarung von Gütergemeinschaft in Betracht kommen, wenn ihre Gefahren nach Lage der Dinge ausscheiden und lediglich die **Vergemeinschaftung des Vermögens** im Sinne des freiwilligen Zugewinnausgleichs erfolgen soll. Bei Grundbesitz sind dann keine Einzelauflassungen erforderlich, das unrichtig gewordene Grundbuch kann bei Vorlage des Ehevertrages berichtigt werden. In diesem Fall muß unbedingt darauf geachtet werden, daß die Übernahme- und Werterstattungsrechte der §§ 1477 Abs. 2 S. 2, 1478 BGB abbedungen werden.⁴⁷ Zu beachten ist in diesem Fall wiederum § 7 Abs. 1 Nr. 4 ErbStG, der den Vorgang der Schenkungsteuer unterwirft. 500

Von der fortgesetzten Gütergemeinschaft raten die Notare seit langem ab. Lediglich erbschaftsteuerlich bietet sie Vorteile dadurch, daß der Anteil des verstorbenen Ehegatten am Gesamtgut nach § 4 ErbStG den Abkömmlingen zugerechnet und von diesen sofort versteuert wird. Ein Zwischenerwerb des überlebenden Ehegatten scheidet aus, während die Abkömmlinge die vollen Freibeträge beim Tod beider Elternteile jeweils für die Hälfte des Gesamtguts ausnutzen können. Auch dieser Vorteil ändert jedoch nichts daran, daß die fortgesetzte Gütergemeinschaft grundsätzlich nachteilig und zu meiden ist. Sie führt bei zunehmender Lebenserwartung und abnehmender Familienbindung zu einer auf die Dauer beiden Teilen unzumutbaren Vermögensgemeinschaft zwischen überlebendem Elternteil und Abkömmlingen. 501

Nur im Ausnahmefall kann die fortgesetzte Gütergemeinschaft dann eine Lösung sein, wenn unter Hintanstellung aller anderen Bedenken primär **Pflichtteilsansprüche der Abkömmlinge** auf den Tod des erstversterbenden Ehegatten **vermieden werden sollen**. Droht etwa einem Gewerbebetrieb durch die Geltendmachung von Pflichtteilsrechten der Abkömmlinge beim Tod des Betriebsinhabers die Illiquidität, so kann der Betriebsinhaber vor seinem Tod mit seiner Ehefrau noch Gütergemeinschaft mit Fortsetzung vereinbaren, um der Ehefrau als seiner Erbin noch bis zu ihrem Tod Ruhe vor Pflichtteilsansprüchen der Abkömmlinge zu verschaffen und so den Betrieb weiter zu erhalten. Es kann sich aber hier immer nur um extreme Ausnahmefälle handeln. 502

IX. Steuerfragen der Gütergemeinschaft

Bei der Wertung der Gütergemeinschaft wurden schon einzelne Steuerfragen angeschnitten. Die Begründung der Gütergemeinschaft löst, da unentgeltlich, einkommensteuerlich keine Rechtsfolgen aus. Gehört einem Ehegatten ein gewerblicher Betrieb, so führt die Vereinbarung der Gütergemeinschaft nicht zur Aufdeckung stiller Reserven des Betriebsvermögens, soweit der Ehegatte, wie regelmäßig, Mitunternehmer des Betriebes wird und die Buchwerte fortführt.⁴⁸ Hinsichtlich der laufenden Einkünfte kommt der Gütergemeinschaft keine unmittelbare Wirkung für 503

---

⁴⁷ Vgl. BGH FamRZ 1987, 43 = NJW-RR 1987, 69, wo dies versäumt wurde und der BGH über § 242 BGB helfen mußte.
⁴⁸ BMF vom 20. 11. 1972, DStR 1973, 30.

die Einkommensteuer zu.⁴⁹ Die Finanzverwaltung unterscheidet je nachdem, ob zur Erzielung der Einkünfte Sachvermögen aus dem Gesamtgut eingesetzt wird oder ob die Einkünfte auf der persönlichen Arbeitskraft beruhen. Letztere Einkünfte werden dem jeweiligen Ehegatten zugerechnet. Dagegen werden die Einkünfte auf der Grundlage des Gesamtguts den Ehegatten je zur Hälfte zugerechnet, soweit nicht die persönliche Arbeitsleistung eines Ehegatten im Vordergrund steht. Ist demnach bei einem Gewerbebetrieb eine Mitunternehmerschaft zwischen den Eheleuten anzunehmen, so ist der an den mitarbeitenden Ehegatten gezahlte Arbeitslohn als Gewinnanteil im Sinne von § 15 Abs. 1 Nr. 2 EStG zu behandeln.⁵⁰ Aus dem Sondergut oder dem Vorbehaltsgut eines Ehegatten entstehende Einkünfte sind dem jeweiligen Vermögensträger zuzurechnen.

504   Hinsichtlich der Vermögensteuer ist der Güterstand unerheblich.

505   Anläßlich der Auseinandersetzung der Gütergemeinschaft bei Auflösung des Güterstandes können steuerpflichtige Entnahmegewinne entstehen, soweit sich betrieblich genutztes Vermögen im Gesamtgut befindet.⁵¹

X. Die fortgesetzte Gütergemeinschaft

506   Fortgesetzte Gütergemeinschaft trat vor dem Gleichberechtigungsgesetz kraft Gesetzes mangels ehevertraglichen Ausschlusses ein. Heute muß sie ausdrücklich vereinbart werden, § 1483 BGB.

507   Der gesetzliche und der auf Grund der seit langem geübten Zurückhaltung der Notare mit der fortgesetzten Gütergemeinschaft auch praktische Regelfall ist die Beendigung der Gütergemeinschaft durch den Tod eines Ehegatten. Der **Grundgedanke der fortgesetzten Gütergemeinschaft** ist es, dem überlebenden Ehegatten die lebzeitige Auseinandersetzung mit den Abkömmlingen zu ersparen und das gesamte Vermögen bis zu seinem Tod zu erhalten. Das Gesamtgut fällt nicht in den Nachlaß, sondern wird kraft ehevertraglicher Anordnung auf den Todesfall über den Tod eines Ehegatten hinaus erhalten. Anstelle des verstorbenen Ehegatten werden kraft ehevertraglicher Bestimmung nunmehr die gemeinsamen Abkömmlinge am Gesamtgut beteiligt. Der Nachlaß des verstorbenen Ehegatten beschränkt sich auf sein Vorbehalts- und Sondergut. Denn der Anteil des verstorbenen Ehegatten am Gesamtgut gehört nicht zum Nachlaß, § 1483 Abs. 1 S. 3 BGB. Dies gilt auch für das Pflichtteilsrecht. Die gemeinschaftlichen Abkömmlinge haben also keine Pflichtteilsansprüche gegen den überlebenden Ehegatten, wenn Vorbehalts- oder Sondergut nicht besteht. Hierin liegt ein unbestreitbarer Vorteil der fortgesetzten Gütergemeinschaft, wenn es den Eheleuten darauf ankommt, unter Hintanstellung aller anderen Nachteile den überlebenden Ehegatten vor Pflichtteilsansprüchen der gemeinsamen Abkömmlinge zu schützen. Pflichtteilsergänzungsansprüche nach § 2325 können beim Tod des erstversterbenden Ehegatten nur aus dessen Vorbehalts- und Sondergut geltend gemacht werden.⁵² Hat der erstversterbende Ehegatte einem Abkömmling lebzeitige Schenkungen gemacht, so können die anderen Abkömmlinge Pflichtteilsergänzungsansprüche erst bei Beendigung der fortgesetzten Gütergemeinschaft, regelmäßig also beim Tod des überlebenden Ehegatten geltend machen. Die 10-Jahres-Frist des § 2325 BGB läuft aber weiter, so daß Pflichtteilsergänzungsansprüche ganz ausgeschlossen sind, wenn nur einer der beiden Ehegat-

---

⁴⁹ BFH-Gutachten vom 18. 2. 1959, BStBl. 1959 III 263 ff.
⁵⁰ Abschnitt 138 a (3) EStR 2000; BFH DStR 1993, 686.
⁵¹ Zur Realteilung vgl. BGH FR 1982, 279.
⁵² *Palandt/Brudermüller* § 1483 Anm. 2; *Staudinger/Thiele* § 1483 Rdn. 16.

§ 3. Die Gütergemeinschaft

ten die Schenkung um mehr als 10 Jahre überlebt.[53] Auch dies kann bei entsprechender Interessenlage ehevertraglich unter Inkaufnahme der sonstigen Nachteile der fortgesetzten Gütergemeinschaft gezielt angestrebt werden.

Die **Gesamthand** bleibt erhalten, sie **erfährt lediglich einen Mitgliederwechsel**. 508 Den Gesamthandsgläubigern bleibt das Gesamtgut verhaftet. Zum Schutz der gemeinsamen Abkömmlinge sind die Regelungen der fortgesetzten Gütergemeinschaft der Dispositionsmöglichkeit der Ehegatten entzogen, § 1518 BGB. Die Ehegatten können also nur entweder es bei der gesetzlichen Beendigung der Gütergemeinschaft durch den Tod eines Ehegatten belassen, oder fortgesetzte Gütergemeinschaft mit dem gesetzlichen Inhalt ohne Möglichkeit der Abweichung in einzelnen Punkten vereinbaren. Nur mit gemeinschaftlichen Abkömmlingen kann die Gütergemeinschaft fortgesetzt werden. Einseitige Abkömmlinge des erstversterbenden Ehegatten werden in ihren Rechten vom Eintritt der fortgesetzten Gütergemeinschaft nicht berührt. Ihr Erbrecht und ihre Erbteile bestimmen sich so, wie wenn die fortgesetzte Gütergemeinschaft nicht eingetreten wäre, § 1483 Abs. 2 BGB. Sie werden nicht Mitglied der fortgesetzten Gesamthand. Sie haben gegen die Gesamthand einen Anspruch auf Abschichtung, wie sie einem Miterben geschuldet wird. Allerdings können weder die gemeinsamen noch die einseitigen Abkömmlinge Teilungsversteigerung nach §§ 2042, 753 BGB fordern. Dies wäre mit dem Grundgedanken der fortgesetzten Gütergemeinschaft nicht zu vereinbaren.[54]

Die **Gemengelage** von forgesetzter Gütergemeinschaft und erbrechtlicher Nach- 509 folge führt insbesondere dann, wenn Vorbehaltsgut und Sondergut vorhanden ist, und wenn neben gemeinschaftlichen Abkömmlingen auch noch einseitige Abkömmlinge des erstversterbenden Ehegatten vorhanden sind, zu rechtlichen Schwierigkeiten und dazu, daß die Rechtslage für die Beteiligten als Laien kaum noch überblickbar ist. In einem solchen Fall sind verschiedene nachlaßgerichtliche Zeugnisse zu erteilen, und zwar einmal ein Zeugnis über die Fortsetzung der Gütergemeinschaft hinsichtlich des Gesamtguts, und dann Erbscheine für die gesetzlichen oder eingesetzten Erben hinsichtlich des Vorbehalts- und Sonderguts des Erblassers und für die einseitigen Abkömmlinge hinsichtlich der für diese fingierten Erbfolge in den gesamten Nachlaß.

Durch die Vereinbarung fortgesetzter Gütergemeinschaft ist der Anteil des erst- 510 versterbenden Ehegatten am Gesamtgut auch seiner Testierbefugnis entzogen. Letztwillige Verfügungen über den Gesamthandsanteil sind nicht möglich. Richtiger Ansicht nach ist es auch nicht möglich, die Ansprüche der einseitigen Abkömmlinge durch letztwillige Verfügung Dritten zuzuwenden.[55] Gemeinsam können jedoch die Eheleute einen gemeinsamen Abkömmling oder alle gemeinsamen Abkömmlinge von der fortgesetzten Gütergemeinschaft ausschließen, §§ 1511, 1516 BGB. Werden alle gemeinsamen Abkömmlinge in dieser Weise ausgeschlossen, so tritt die fortgesetzte Gütergemeinschaft nicht ein. Der erstversterbende Ehegatte wird dann nach den allgemeinen Vorschriften beerbt. Der Ausschluß der Abkömmlinge braucht nicht ausdrücklich zu erfolgen. Die fortgesetzte Gütergemeinschaft scheitert deshalb an jedem gemeinschaftlichen Testament und jedem Erbvertrag der Eheleute, deren Inhalt mit der Fortsetzung unvereinbar ist.

Einseitig kann jeder Ehegatte die Fortsetzung der Gütergemeinschaft für den Fall, 511 daß die Ehe durch seinen Tod aufgelöst wird, ausschließen, wenn er berechtigt ist, dem anderen Ehegatten den Pflichtteil zu entziehen oder auf Aufhebung der Güter-

---

[53] MünchKomm/*Kanzleiter* § 1506 Rdn. 3.
[54] MünchKomm/*Kanzleiter* § 1483 Rdn. 14.
[55] MünchKomm/*Kanzleiter* § 1483 Rdn. 15; *Gernhuber* § 396 m. w. N.

gemeinschaft zu klagen, § 1509 BGB. Nach dem Tod des erstversterbenden Ehegatten kann der überlebende Ehegatte ohne Begründung die Fortsetzung der Gütergemeinschaft nach den für die Annahme und Ausschlagung einer Erbschaft geltenden Grundsätzen ablehnen, § 1484 BGB. Da die fortgesetzte Gütergemeinschaft der Erhaltung des Gesamtguts im Interesse des überlebenden Ehegatten dient, soll er in Würdigung der Situation beim Tod des erstversterbenden Ehegatten entscheiden können, ob er die Fortsetzung wünscht oder nicht.

512 Auch nach Ablauf der Ablehnungsfrist kann der überlebende Ehegatte nach § 1492 BGB die fortgesetzte Gütergemeinschaft jederzeit aufheben. Die **Aufhebung** erfolgt durch Erklärung gegenüber dem für den Nachlaß des verstorbenen Ehegatten zuständigen Gericht. Die Erklärung ist in öffentlich beglaubigter Form abzugeben. Die Aufhebung kann auch durch Vertrag zwischen dem überlebenden Ehegatten und den anteilsberechtigten Abkömmlingen erfolgen, der Vertrag bedarf der notariellen Beurkundung. Im übrigen endet die fortgesetzte Gütergemeinschaft nach § 1493 BGB mit der Wiederverheiratung des überlebenden Ehegatten oder nach § 1494 BGB mit dem Tode des überlebenden Ehegatten.

513 Beim Tod eines anteilsberechtigten Abkömmlings gehört sein Anteil am Gesamtgut nicht zu seinem Nachlaß. An seine Stelle treten die Abkömmlinge, die anteilsberechtigt sein würden, wenn der verstorbene Abkömmling den verstorbenen Ehegatten nicht überlebt hätte. Hinterläßt er solche Abkömmlinge nicht, so wächst sein Anteil den übrigen anteilsberechtigten Abkömmlingen oder, wenn solche nicht vorhanden sind, dem überlebenden Ehegatten an. Ein anteilsberechtigter Abkömmling kann nach § 1491 BGB auf seinen Anteil am Gesamtgut auch verzichten. Der Verzicht erfolgt entweder durch Erklärung gegenüber dem Nachlaßgericht in öffentlicher Form oder durch Vertrag mit dem überlebenden Ehegatten und den übrigen anteilsberechtigten Abkömmlingen. Der Vertrag bedarf der notariellen Beurkundung. Durch den Verzicht, der regelmäßig im Wege des Vertrages gegen Abfindung erfolgen wird, wächst der Anteil des ausscheidenden Abkömmlings am Gesamtgut den übrigen anteilsberechtigten Abkömmlingen oder letztlich dem überlebenden Ehegatten an. Ein anteilsberechtigter Abkömmling kann nach § 1495 BGB gegen den überlebenden Ehegatten auf Aufhebung der fortgesetzten Gütergemeinschaft klagen, wenn der überlebende Ehegatte sein Verwaltungsrecht mißbraucht oder zur Verwaltung unfähig ist, wenn er seine Unterhaltspflichten gegenüber dem Abkömmling verletzt, wenn der überlebende Ehegatte entmündigt ist oder wenn er die elterliche Sorge für den Abkömmling verwirkt hat. Die Aufhebung der fortgesetzten Gütergemeinschaft tritt in diesem Fall mit der Rechtskraft des Urteils ein.

514 Aus diesen Vorschriften ergibt sich, daß die fortgesetzte Gütergemeinschaft im Gegensatz zur ehelichen Gütergemeinschaft einen **Mitgliederwechsel** zuläßt, jedoch lediglich auf der Seite der anteilsberechtigten Abkömmlinge. Der überlebende Ehegatte ist für den Fortbestand der fortgesetzten Gütergemeinschaft unverzichtbar. Der Eintritt der Abkömmlinge in die Gesamthand erfolgt von Gesetzes wegen. Das Grundbuch wird hinsichtlich des Mitgliederstandes der Gesamthand unrichtig. Der überlebende Ehegatte kann die Berichtigung auch ohne Zustimmung der Abkömmlinge nach § 22 GBO betreiben.

515 Hinsichtlich der Verwaltung des Gesamtguts hat der überlebende Ehegatte die Stellung des Alleinverwalters, die Abkömmlinge haben die Stellung eines in der Gütergemeinschaft nicht verwaltenden Ehegatten, § 1487 BGB. Der überlebende Ehegatte kann jedoch einem Abkömmling Vollmacht erteilen. Als Alleinverwalter haftet der überlebende Ehegatte für alle Gesamthandsschulden auch persönlich. Dagegen wird nach § 1489 Abs. 3 BGB durch die fortgesetzte Gütergemeinschaft

§ 3. Die Gütergemeinschaft

eine persönliche Haftung der anteilsberechtigten Abkömmlinge für die Verbindlichkeiten des verstorbenen oder des überlebenden Ehegatten nicht begründet. Die Abkömmlinge haften also beschränkt auf das Gesamtgut.

Bei Beendigung der Gütergemeinschaft durch Anwachsung des Gesamtguts auf den überlebenden Ehegatten ist eine Auseinandersetzung nicht erforderlich. In den übrigen Auflösungsfällen wandelt sich die beendete fortgesetzte Gütergemeinschaft in eine Liquidationsgemeinschaft um. Die Auseinandersetzung folgt grundsätzlich den Regeln der Gütergemeinschaft, § 1498 BGB mit Verweisungen. Nach Berichtigung der Gesamthandsschulden wird der verbleibende Überschuß zwischen dem überlebenden Ehegatten einerseits und den Abkömmlingen andererseits hälftig geteilt. 516

XI. Vermögensauseinandersetzung bei Gütergemeinschaft

1. Grundsätze der Auseinandersetzung des Gesamtguts

Nach § 1472 BGB setzen sich die Ehegatten nach der Beendigung der Gütergemeinschaft über das Gesamtgut auseinander. Die Gütergemeinschaft wird im Falle der Scheidungsvereinbarung beendet durch ehevertragliche Vereinbarung von Gütertrennung oder rechtskräftiges Scheidungsurteil. 517

Im Regelfall der notariellen Scheidungsvereinbarung vor rechtskräftiger Scheidung ist deshalb der **Güterstand durch Vereinbarung von Gütertrennung zu beenden,** wenn der Vollzug der Auseinandersetzung sofort erfolgen soll.[56] In der Scheidungsvereinbarung können dann z. B. Grundstücke vom Gesamtgut der beendeten Gütergemeinschaft in das Alleineigentum eines Ehegatten aufgelassen werden. 518

Denkbar ist allerdings auch lediglich die **Verpflichtung** der Ehegatten, nach rechtskräftiger Scheidung eine bestimmte Auseinandersetzung vorzunehmen. Soweit diese Vereinbarung keine ehevertraglichen Regelungen enthält und nicht aus anderen Gründen, etwa wegen § 313 BGB, formbedürftig ist, kann sie formlos abgeschlossen werden.[57] Eine dem § 1378 Abs. 2 BGB entsprechende Vorschrift fehlt bei der Gütergemeinschaft. Soweit die Vereinbarung allerdings nicht nur konkrete, auf den jeweiligen Vermögensgegenstand bezogene Auseinandersetzungsvereinbarung enthält, sondern für den Fall der Scheidung generell die Auseinandersetzungsregelungen der §§ 1471 ff. BGB modifiziert, hat sie ehevertraglichen Inhalt und bedarf der notariellen Form des § 1410 BGB. 519

Für die Auseinandersetzung ist nach § 1474 BGB in erster Linie der **Auseinandersetzungsvertrag** maßgeblich.[58] Die gesetzlichen Auseinandersetzungsregelungen der §§ 1474 bis 1481 BGB gelten mangels abweichender Vereinbarung, bestimmen aber auch als gesetzlich vorgegebene Verhandlungsgrundlage den Inhalt jeder Parteivereinbarung. Ein Auseinandersetzungsvertrag sollte in jedem Fall angestrebt werden, da die klagweise Durchsetzung der ordnungsgemäßen Auseinandersetzung schwierig ist.[59] Wird nämlich die Auseinandersetzung einer Gütergemeinschaft im Klageweg verfolgt, ist der Richter grundsätzlich darauf beschränkt, dem auf Zustimmung zu einem bestimmten **Teilungsplan** gerichteten Klageantrag stattzugeben oder die Klage abzuweisen. Eine Gestaltungsfreiheit hat 520

---

[56] Vgl. den Fall BGH FamRZ 1980, 989.
[57] RGZ 89, 294; MünchKomm/*Kanzleiter* § 1471 Rdn. 3, 1474 Rdn. 3, 4; *Soergel/Gaul* §§ 1474 Rdn. 2, 1408 Rdn. 5, 7.
[58] BGH FamRZ 1980, 989.
[59] BGH FamRZ 1988, 813.

4. Kapitel. *Eheverträge*

er nicht.[60] Der Teilungsplan muß sich also genau an das gesetzlich vorgesehene Teilungsverfahren halten. Insbesondere müssen erst die Gesamtgutsverbindlichkeiten befriedigt werden, ehe die Verteilung des Überschusses erfolgen kann. Die Teilungsreife des Gesamtguts ist im allgemeinen dann nicht gegeben, wenn die erforderliche Zwangsversteigerung eines Grundstücks noch nicht durchgeführt ist. Die gerichtliche Durchsetzung eines streitigen Teilungsplans ist deshalb mit einem hohen Prozeßrisiko verbunden. Den Parteien kann nur zur Einigung geraten werden.

521 Bei der **Teilung** sind nach § 1475 BGB zunächst die Gesamtgutsverbindlichkeiten zu begleichen. Bei streitigen oder noch nicht fälligen Verbindlichkeiten sind Rückstellungen vorzunehmen. Bei derartigen noch nicht fälligen Verbindlichkeiten, etwa Grundpfanddarlehen, ermöglicht nach der Rechtsprechung[61] die Übernahme dieser Verbindlichkeiten durch einen Ehegatten zur Alleinschuld verbunden mit der Schuldentlassung des anderen Ehegatten durch den Gläubiger die sofortige endgültige Auseinandersetzung ohne Rückstellungen. Soweit dies zur Berichtigung von Gesamtgutsverbindlichkeiten erforderlich ist, ist das Gesamtgut zu versilbern, § 1475 Abs. 3 BGB. Das verbleibende Gesamtgut wird nach § 1476 Abs. 1 BGB zwischen den Ehegatten hälftig geteilt, wobei nach § 752 BGB zunächst Teilung in Natur, hilfsweise Teilung durch Pfandverkauf bzw. Versteigerung und anschließende Erlösteilung nach § 753 BGB erfolgt. Verbindlichkeiten eines Ehegatten zum Gesamtgut werden nur eingezogen, soweit sie zur Befriedigung sonstiger Gläubiger erforderlich sind. Im übrigen werden sie gem. § 1476 Abs. 2 BGB mit dem Anspruch dieses Ehegatten auf den hälftigen Überschußbetrag verrechnet.[62]

2. Übernahmerechte und Werterstattungsansprüche

522 Entgegen dem vom Laien bei der Gütergemeinschaft zunächst vermuteten Prinzip der hälftigen Vermögensteilhabe enthält das Recht der Gütergemeinschaft weitgehende Übernahmerechte und Werterstattungsansprüche, die die Gütergemeinschaft im wirtschaftlichen Ergebnis der Zugewinngemeinschaft stark annähern, hinsichtlich der gegenständlichen Rückgewähr z. B. von Grundbesitz sogar über die Ergebnisse des Zugewinnausgleichs hinausgehen. Praktisch bedeutsam ist hier das **Übernahmerecht hinsichtlich eingebrachter Gegenstände** nach § 1477 Abs. 2 BGB in seinem Zusammenspiel mit dem **Anspruch auf Werterstattung für eingebrachte Gegenstände** nach § 1478 BGB.

523 Nach § 1477 Abs. 2 BGB kann jeder Ehegatte neben den Gegenständen des persönlichen Gebrauchs auch die Gegenstände gegen Wertansatz aus dem Gesamtgut übernehmen, die er in die Gütergemeinschaft eingebracht hat oder die er während der Gütergemeinschaft durch Erbfolge, durch Vermächtnis oder mit Rücksicht auf ein künftiges Erbrecht, durch Schenkung oder als Ausstattung zum Gesamtgut erworben hat. Das **Übernahmerecht** besteht, soweit die Versilberung des betreffenden Gegenstandes nach § 1475 Abs. 33 BGB zur Befriedigung der Gesamtgutsverbindlichkeiten nicht erforderlich ist. Seine Voraussetzung ist also ein **teilbarer Überschuß**.[63] Das Übernahmerecht ist ein **Gestaltungsrecht**.[64] Es wird durch einseitige,

---

[60] BGH aaO.
[61] BGH FamRZ 1985, 903; 1986, 40.
[62] Eine Vorverlegung des Bewertungszeitpunkts für das Gesamtgut auf den Zeitpunkt der Rechtshängigkeit des Scheidungsantrags gem. § 1383 BGB erfolgt bei der Gütergemeinschaft nicht, BGH FamRZ 1984, 254.
[63] RG 73, 42; h. L.
[64] *Gernhuber* § 38 X 9; *Soergel/Gaul* § 1477 Rdn. 5; *MünchKomm/Kanzleiter* § 1477 Rdn. 8; *Palandt/Brudermüller* § 1477 Anm. 2.

§ 3. Die Gütergemeinschaft

empfangsbedürftige Willenserklärung ausgeübt, die den Anspruch auf Übernahme bewirkt, nicht aber den dinglichen Vollzug der Übernahme. Letzterer hat durch Übereignung der einzelnen Gegenstände zu erfolgen.

Die aus der möglichen zeitlichen Differenz zwischen Übernahmeerklärung und Übernahmevollzug möglicherweise, bei Grundbesitz immer entstehende Frage nach dem **maßgeblichen Zeitpunkt für die Berechnung des Wertersatzes** hat der BGH[65] dahingehend entschieden, daß sich den zu ersetzende Wert nicht nach dem Zeitpunkt der Übernahmeerklärung, sondern nach dem Zeitpunkt des dinglichen Vollzugs der Übernahme bestimmt. Bei Übernahme von Grundstücken aus dem Gesamtgut kommt es daher auf den Zeitpunkt der Eintragung des Übernehmers in das Grundbuch an. Auch der inflationsbereinigte Einbringungswert, der zur Ermittlung der realen Wertsteigerung des Gesamtgutes benötigt wird, muß auf diesen Zeitpunkt bestimmt werden.[66] 524

Unabhängig vom Übernahmerecht des § 1477 Abs. 2 **BGB gibt § 1478 BGB** jedem Ehegatten für den Fall der Ehescheidung vor Beendigung der Auseinandersetzung das Recht, den Wert dessen zurückzuverlangen, was er in die Gütergemeinschaft eingebracht hat. Als eingebracht sind in diesem Sinne anzusehen die Gegenstände, die einem Ehegatten beim Eintritt der Gütergemeinschaft gehört haben oder die er während des Güterstandes von Todes wegen oder mit Rücksicht auf ein künftiges Erbrecht, durch Schenkung oder als Ausstattung zum Gesamtgut erworben hat, es sei denn daß der Erwerb den Umständen nach zu den Einkünften zu rechnen war. Ferner gehören hierzu die Rechte, die mit dem Tod eines Ehegatten erlöschen oder deren Erwerb durch den Tod eines Ehegatten bedingt ist, wie z.B. eine Leibrente. Der Wert des Eingebrachten bestimmt sich nach § 1478 Abs. 3 BGB nach der Zeit der Einbringung. Das **Wertersatzrecht** des § 1478 BGB ist ebenfalls ein **Gestaltungsrecht**.[67] 525

Das Übernahmerecht hinsichtlich eingebrachter Gegenstände nach § 1477 Abs. 2 BGB und der Anspruch auf Werterstattung für eingebrachte Gegenstände nach § 1478 BGB können nebeneinander ausgeübt werden.[68] Die Ansprüche des Gesamtguts auf Wertersatz nach § 1477 Abs. 2 BGB und des rückfordernden Ehegatten auf Wertrückerstattung nach § 1478 BGB werden miteinander verrechnet, so daß dem Gesamtgut bei Wertsteigerung des eingebrachten Gegenstandes zwischen den Zeitpunkten der Einbringung und der Rückforderung lediglich der inflationsbereinigte Mehrwert zur hälftigen Teilung zwischen den Ehegatten verbleibt. Im Ergebnis entspricht dies der Rechtslage im gesetzlichen Güterstand. Der Gedanke der Gütergemeinschaft in der Form des Halbteilungsgrundsatzes des § 1476 BGB wird wegen der besonderen persönlichen Beziehungen durchbrochen, die zum Erwerb des betreffenden Gegenstandes durch den Ehegatten geführt haben.[69] 526

3. Ausschaltung der unechten Werterhöhung

Die Gleichheit der Kombinationslösung von §§ 1477 Abs. 2 und 1478 BGB mit dem Zugewinnausgleich hinsichtlich der Wertsteigerung von Gegenständen des Anfangsvermögens im gesetzlichen Güterstand legt es nahe, die nur nominale Wertsteigerung durch Kaufkraftschwund in Anwendung der vom BGH[70] zu § 1376 BGB 527

---

[65] FamRZ 1984, 254; FamRZ 1986, 40.
[66] BGH FamRZ 1982, 991; FamRZ 1986, 40/42.
[67] *Gernhuber* § 38 X 9; *Soergel/Gaul* § 1478 Rdn. 5; MünchKomm/*Kanzleiter* § 1478 Rdn. 11; *Jauernig/Schlechtriem* § 1478 Anm. 1.
[68] BGH FamRZ 1982, 991; BGH FamRZ 1986, 40/41; BGH NJW-RR 1986, 1132.
[69] BGH NJW-RR 1986, 1132/1133.
[70] BGHZ 61, 385.

entwickelten Grundsätze von der Ausgleichspflicht auszunehmen. Der Wert des Gegenstandes zum Zeitpunkt der Einbringung wird auf den Gesamtpreisindex für die allgemeine Lebenshaltung zum Zeitpunkt der Übernahmeerklärung hochgerechnet.[71]

Die **Formel** lautet dann:
Wert zum Zeitpunkt der Übernahmeerklärung abzüglich Wert zum Zeitpunkt der Einbringung mal Indexzahl Übernahmeerklärung geteilt durch Indexzahleinbringung = Ausgleichspflichtiger Überschuß.

528 Nimmt man so eine **direkte Verrechnung der Werte** vor, wobei nur ein Rechnungsposten hochgerechnet wird, so liegt, da der sich aus der Verrechnung ergebende DM-Betrag nominell geschuldet wird, wie bei der entsprechenden Operation im Rahmen des § 1367 BGB kein Verstoß gegen den in § 3 Währungsgesetz zum Ausdruck gekommenen Nominalismus vor.[72]

4. Zeitpunkt des Wertersatzverlangens

529 Nach dem Wortlaut von § 1478 BGB kann Wertersatz für eingebrachte Gegenstände nur verlangt werden, wenn die Ehe geschieden ist, bevor die Auseinandersetzung beendet ist. Einer entsprechenden Scheidungsvereinbarung steht die Vorschrift nicht entgegen, da sie wie alle gesetzlichen Auseinandersetzungsregeln nur hilfsweise mangels Vereinbarung gilt. Zudem wird in der Scheidungsvereinbarung regelmäßig der Güterstand ausdrücklich beendet. Auch bei streitiger Abwicklung ist jedoch richtiger Ansicht nach die Entscheidung im Verbundverfahren möglich.[73]

5. Beiderseitiges Ersatzverlangen

530 Ist eine dingliche Übernahme gemäß § 1477 Abs. 2 BGB mangels ausreichenden Teilungsüberschusses nicht möglich und verlangen beide Ehegatten gemäß § 1478 BGB Wertersatz für eingebrachte Gegenstände, so haben sie nach der Neuregelung des § 1478 Abs. 1 BGB durch das 1. Eherechtsgesetz den Fehlbetrag nicht mehr zu gleichen Teilen, sondern nach dem Verhältnis des Wertes des Eingebrachten zu tragen. Am **Beispiel**[74] bedeutet dies: Hat der Mann 50.000,- DM, die Frau 25.000,- DM eingebracht, und verbleiben nach Abzug der Gesamtgutsverbindlichkeiten den Eheleuten 45.000,- DM zur Teilung, so ist der Fehlbetrag von 30.000,- DM vom Mann mit 20.000,- DM, von der Frau mit 10.000,- DM zu tragen. Von der Teilungsmasse erhält der Mann also 30.000,- DM, die Frau 15.000,- DM.

6. Ausgleichsberechnung bei Übernahme von Grundpfanddarlehen

531 In einem vom OLG Karlsruhe im Jahre 1981 entschiedenen Fall[75] hatten die Ehegatten die Rückstellung nach § 1475 Abs. 1 S. 2 BGB für ein noch nicht fälliges Grundpfanddarlehen dadurch vermieden, daß ein Ehegatte dieses Darlehen zur Alleinschuld übernahm. Gleichzeitig übernahm dieser Ehegatte auch in Kombination der §§ 1477 Abs. 2, 1478 BGB das belastete Grundstück.

---

[71] So OLG Karlsruhe FamRZ 1982, 286; BGH NJW 1982, 2373; *Palandt/Brudermüller*, § 1478 Anm.2; *Soergel/Gaul* § 1478 Rdn. 7; MünchKomm/*Kanzleiter* § 1478 Rdn. 8; Bedenken bei *Bölling* FamRZ 1982, 234.

[72] So mit Einschränkung auch *Bölling* FamRZ 1982, 234/238, der im Ergebnis jedoch die Wertanpassung ablehnt. Zur Diskussion um § 3 Währungsgesetz vgl. *von Armin*, ZRP 1980, 201; *Matthöfer* ZRP 1980, 325 und *K. Vogel* ZRP 1981, 35.

[73] OLG Karlsruhe FamRZ 1982, 286; BGH NJW 1982, 2373.

[74] Nach *Soergel/Gaul* § 1478 Rdn. 9.

[75] FamRZ 1982, 286 mit Anm. *Bölling*.

§ 3. Die Gütergemeinschaft

In diesen Fällen ist zu beachten, **daß der Saldo des Grundpfanddarlehens nur** 532
einmal abgezogen werden darf, und zwar zweckmäßigerweise bei der Wertermittlung des Grundstückes. Bei der Ermittlung des Übernahmepreises darf er nicht nochmals abgezogen werden, wie es augenscheinlich das OLG Karlsruhe[76] getan hat. Das von *Bölling*[77] gegebene Beispiel verdeutlicht das Ergebnis: Verkehrswert des eingebrachten Grundstücks zum Zeitpunkt der Einbringung 90.000,- DM, Grundpfanddarlehen 20.000,- DM, Verkehrswert per Saldo also 70.000,- DM. Zum Zeitpunkt der Übernahmeerklärung hat das Grundstück einen Verkehrswert von 150.000,- DM, ist jedoch nach wie vor mit dem Grundpfanddarlehen von 20.000,- DM belastet, was per Saldo einen Verkehrswert von 130.000,- DM ergibt. Der Übernahmepreis gemäß § 1477 Abs. 2 BGB beträgt somit 130.000,- DM. Von ihm kann der einbringende Ehegatte den Ersatzanspruch aus § 1478 BGB in Höhe von 70.000,- DM abziehen, so daß er noch 60.000,- DM zu zahlen hat. Von diesem Betrag zieht das OLG Karlsruhe nochmals die übernommene Verbindlichkeit in Höhe von 20.000,- DM ab, was zu einer Zahlungspflicht von noch 40.000 DM führt. Sind weder weiteres Vermögen, noch weitere Verbindlichkeiten vorhanden, so erhält jeder Ehegatte die Hälfte des Überschusses, also 20.000,- DM. Das Ergebnis ist falsch, da der Überschuß hier entsprechend der Wertsteigerung des Grundstücks 60.000,- DM beträgt, von dem jeder Ehegatte 30.000,- DM beanspruchen kann. Das übernommene Grundpfanddarlehen darf also, wenn es bereits beim Grundstückswert abgezogen wurde, nicht nochmals vom Übernahmepreis abgezogen werden. Die Schuldübernahme stellt für den übernehmenden Ehegatten keine zusätzliche Belastung dar, da mit der Rückzahlung des Grundpfanddarlehens der Wert des übernommenen Grundstücks entsprechend steigt, die Rückzahlung also für sein Vermögen im Ergebnis wertneutral ist.

7. Keine Privilegierung von land- und forstwirtschaftlichen Betrieben

Die lange Zeit streitige Frage, ob die Privilegierung land- und forstwirtschaft- 533
licher Betriebe im Zugewinnausgleich nach § 1376 Abs. 4 BGB[78] auch bei der Vermögensauseinandersetzung im Rahmen der §§ 1477, 1478 BGB entsprechend anzuwenden sei,[79] hat der BGH[80] dahingehend entschieden, daß die Unterschiedlichkeit der vermögensrechtlichen Beziehungen der Ehegatten in der Zugewinngemeinschaft einerseits und der Gütergemeinschaft andererseits die entsprechende Anwendung der Privilegierungsvorschrift verbiete. Die in § 1478 BGB aus Billigkeitsgründen vorgesehene Ausnahme vom Halbteilungsgrundsatz des § 1476 Abs. 1 BGB sei keiner Erweiterung zugänglich. Dies entspricht auch den Vorstellungen der Beteiligten, die durch Vereinbarung der Gütergemeinschaft die gemeinschaftliche Beteiligung am Hof gewollt, eine Privilegierung des Hofinhabers über sein gesetzliches Recht zur Rückforderung gegen Wertersatz hinaus aber nicht gewollt haben.

8. Gegenseitige Ansprüche der Ehegatten anläßlich der Auseinandersetzung

Insbesondere bei Verwaltung des Gesamtgutes nur durch einen Ehegatten können 534
vermögensmäßige Ansprüche eines Ehegatten gegen den anderen bestehen, deren Fälligkeit das Gesetz teilweise auf den Zeitpunkt der Beendigung des Güterstandes hinausschiebt und die deshalb bei der Auseinandersetzung zu berücksichtigen sind.

---

[76] AaO.
[77] S. 291.
[78] Vgl. Rdn. 158 ff.
[79] Vgl. nur *Stumpp* Rpfleger 1979, 441/442; *ders.* MittBayNot 1980, 107; *Bölling* FamRZ 1980, 754.
[80] NJW-RR 1986, 1066.

Gemäß § 1445 BGB hat der das Gesamtgut verwaltende Ehegatte Ersatzansprüche gegen das Gesamtgut, soweit er Vorbehaltsgut oder Sondergut in dieses verwendet, ist umgekehrt jedoch auch Schuldner von Ersatzansprüchen des Gesamtguts, sofern er Gesamtgut in sein Vorbehaltsgut oder Sondergut verwendet hat. Die Fälligkeit dieser Ausgleichsansprüche schiebt das Gesetz in § 1446 Abs. 1 BGB auf den Zeitpunkt der Beendigung des Güterstandes hinaus. Beim Ersatzanspruch des Verwalters nach § 1445 Abs. 2 BGB ist ein Rückgriff auf § 676 BGB unnötig. § 1818 Abs. 3 BGB ist nicht anwendbar. Der Ersatzanspruch kann aber gemäß § 685 BGB[81] oder § 1360 b BGB[82] ausgeschlossen sein.

535 Werden Vermögensgegenstände des Vorbehalts- oder Sonderguts des nichtverwaltenden Ehegatten ohne dessen Wissen und Wollen in das Gesamtgut verwendet, so hat dieser Ersatzansprüche nach den allgemeinen schuldrechtlichen Vorschriften des Bereicherungsrechts, des Auftrags oder der Geschäftsführung ohne Auftrag gegen das Gesamtgut, die sofort fällig sind.[83]

536 Mindert sich das Gesamtgut durch einen vom alleinverwaltenden Ehegatten verschuldeten Verlust oder durch ein Rechtsgeschäft, das ohne die erforderliche Zustimmung des anderen Ehegatten vorgenommen wurde, so hat der nicht verwaltende Ehegatte Ersatzansprüche gegen den Verwalter aus § 1435 S. 2 BGB. Die Fälligkeit richtet sich auch hier nach § 1446 Abs. 1 BGB.[84]

537 Ansprüche des Gesamtguts gegen den nicht verwaltenden Ehegatten richten sich nach allgemeinem Schuldrecht. Für die Fälligkeit gilt jedoch die Sonderregelung des § 1446 Abs. 2 BGB.

538 Die nach § 1446 BGB bei Beendigung des Güterstandes fällig werdenden Forderungen werden gemäß § 1475, § 1465 Abs. 2 BGB wie folgt behandelt: Sie sind einzuziehen, soweit sie zur Berichtigung von Gesamtgutsverbindlichkeiten erforderlich sind, § 1475 BGB. Soweit dies nicht erforderlich ist, werden sie zu bloßen Rechnungsposten für die Ermittlung der Überschußbeteiligung, § 1476 Abs. 1, Abs. 2 S. 1 BGB. Übersteigen die Forderungen gegen einen Ehegatten sein Auseinandersetzungsguthaben, so bleibt er für den überschießenden Fehlbetrag dem anderen Ehegatten persönlich verpflichtet, § 1476 Abs. 2 BGB.

9. Ehegattenzuwendungen vom und zum Vorbehaltsgut bzw. Sondergut

539 Die Rückforderung von in das Gesamtgut eingebrachten Gegenständen ist bei der Gütergemeinschaft in § 1477 Abs. 2 BGB gesetzlich geregelt. Die **gegenständliche Auseinandersetzung** vorbehaltlich des Wertersatzes ist damit bei der Gütergemeinschaft weitgehend vorprogrammiert, während im gesetzlichen Güterstand gerade hier erhebliche Probleme bestehen.

540 Zweifelsfragen können aber auch bei Gütergemeinschaft auftauchen, soweit das Vorbehaltsgut oder das Sondergut an Ehegattenzuwendungen beteiligt sind. Wird bei Begründung des Güterstandes der Gütergemeinschaft hinsichtlich einzelner Vermögensgegenstände Vorbehaltsgut vereinbart, so ist diese Zuweisung zum nicht ausgleichspflichtigen Vorbehaltsgut nur durch entsprechende ehevertragliche Vereinbarung zu revidieren. Einseitige Ansprüche des anderen Ehegatten auf Hinzuziehung dieses Vorbehaltsguts zur Teilungsmasse bestehen auch bei Beendigung des Güterstandes nicht. Entsprechendes gilt, wenn bei bestehender Gütergemeinschaft

---

[81] Allgemeine Ansicht, *Gernhuber* § 38 VII, 15 m.w.N.
[82] BGHZ 50, 269.
[83] *Soergel/Gaul* § 1446 Rdn. 7.
[84] *Palandt/Brudermüller* § 1435 Rdn. 4.

§ 3. Die Gütergemeinschaft

ein Gegenstand des Gesamtguts zum Vorbehaltsgut eines Ehegatten erklärt wird und diesem in dinglichem Vollzug übertragen wird.

Werden während des Bestehens der Gütergemeinschaft Gegenstände aus dem Vorbehalts- oder Sondergut eines Ehegatten in das Gesamtgut eingebracht, so will *Kanzleiter*[85] dem einbringenden Ehegatten bei Beendigung des Güterstandes das Übernahmerecht des § 1477 Abs. 2 BGB zugestehen. Für eine derartige erweiternde Auslegung des § 1477 Abs. 2 BGB besteht jedoch kein Bedürfnis. Der Ehegatte, der Gegenstände seines Vorbehalts- oder Sondergutes in das Gesamtgut einbringt, tut dies regelmäßig in der Absicht, hinsichtlich dieser Gegenstände seine Alleinberechtigung endgültig aufzugeben und sie der Gesamtberechtigung, also im Falle der Beendigung des Güterstandes auch der Teilungsmasse, zuzuführen. Er kann sich, wenn er ein Rückforderungsrecht für den Fall der Beendigung des Güterstandes durch Scheidung haben will, dieses ausdrücklich vertraglich vorbehalten. Beim häufigsten und wirtschaftlich wichtigsten Fall derartiger Einbringungen, der Einbringung von Grundbesitz, wird ihn der Notar anläßlich der Beurkundung der Auflassung vom Vorbehaltsgut in das Gesamtgut auf diese Möglichkeit hinweisen. 541

Eine praktisch weniger häufige, aber denkbare Möglichkeit einer Ehegattenzuwendung bei Gütergemeinschaft ist die Zuwendung von Erträgen des Sondergutes in das Vorbehaltsgut des anderen Ehegatten. Das Sondergut wird von jedem Ehegatten selbständig verwaltet, jedoch für Rechnung des Gesamtgutes § 1417 Abs. 2 BGB. Seine Erträge fallen also in das Gesamtgut. Es handelt sich deshalb der Sache nach um eine Zuwendung aus dem Gesamtgut in das Vorbehaltsgut eines Ehegatten. Entsprechend den oben dargestellten Grundsätzen kommt eine Rückforderung auf allgemein schuldrechtlicher Grundlage nicht in Betracht. 542

Es verbleibt die Zuwendung eines Ehegatten an den anderen vom Vorbehaltsgut zum Vorbehaltsgut. Hier herrscht der Sache nach strenge Gütertrennung. Es dürfen deshalb die oben bei Gütertrennung dargestellten Grundsätze maßgeblich sein. 543

---

[85] MünchKomm/*Kanzleiter* § 1477 Rdn. 5.

§ 4. Ehevertragliche Vereinbarungen über den Versorgungsausgleich gemäß § 1408 Abs. 2 BGB

I. Entstehungsgeschichte, Zweck, Rechtfertigung der Dispositionsfreiheit

544 Nach § 1408 Abs. 2 BGB können die Ehegatten in einem **Ehevertrag** durch eine ausdrückliche Vereinbarung auch den Versorgungsausgleich ausschließen. Der Ausschluß ist unwirksam, wenn innerhalb eines Jahres nach Vertragsschluß Antrag auf Scheidung der Ehe gestellt wird. Nach § 1414 S. 2 BGB tritt infolge des Ausschlusses des Versorgungsausgleichs Gütertrennung ein, falls sich nicht aus dem Ehevertrag etwas anderes ergibt.

545 Die Vorschriften sind **legislatorisch mißglückt**. Die Fassung von § 1408 Abs. 2 S. 1 BGB scheint nur den völligen beiderseitigen Ausschluß des Versorgungsausgleichs zuzulassen und enthält keine Regelung der praxiswichtigen Modifikationen. § 1408 Abs. 2 S. 2 BGB hat ebenfalls zu vielen Streitfragen Anlaß gegeben und ist in seiner sachlichen Berechtigung umstritten. § 1414 S. 2 BGB besagt nichts über die Auswirkungen von Modifikationen auf den Güterstand und stellt eine unnötige Verknüpfung der Versorgungsausgleichsverträge mit der Güterstandsregelung her.

546 Die unvollständige und mißglückte Fassung der Vorschriften rührt aus ihrer **Entstehungsgeschichte** her. Wegen der sozialpolitischen Zielsetzung des Versorgungsausgleichs war die Zulassung von vorsorgenden Vereinbarungen über den Versorgungsausgleich im Gesetzgebungsverfahren von 1970 bis 1976 mehrfachen Richtungswechseln unterworfen.[1] Das Problem der Vertragsfreiheit wurde gesehen, aber nicht in den Einzelheiten ausdiskutiert, da die Standpunkte konträr waren. Schließlich setzte sich über den Bundesrat die Vertragsfreiheit durch, allerdings – durch die politische Auseinandersetzung bedingt – in der nach allgemeiner Überzeugung gesetzestechnisch unklaren und unpräzise formulierten Fassung des § 1408 Abs. 2 BGB.[2] Inzwischen hat sich in Rechtsprechung und Literatur die Meinung durchgesetzt, daß auf **Dispositionsbefugnisse** der Verlobten und Eheleute im Rahmen des Versorgungsausgleichs nicht verzichtet werden kann.[3] Der Versorgungsausgleich ist trotz sozialrechtlicher Einschläge ein zivilrechtliches Institut. Im System des Versorgungsausgleichs bilden die Dispositionsbefugnisse keinen Fremdkörper, sondern ein sachgerechtes Mittel, die gesetzliche Schematik in den Fällen der Zielverfehlung auszugleichen oder abzumildern.[4] Sie sind **Ausdruck der Privatautonomie**.[5] Die Idee des Versorgungsausgleichs ist **auf das Leitbild der Hausfrauenehe bezogen**, wurde jedoch gleichwohl für alle Ehetypen geltendes Recht. Den aus der Differenz zwischen einer beschränkt richtigen Idee und einem totalen Geltungsanspruch folgenden Legitimitätsverlust[6] kann die Dispositionsfreiheit der Ehegatten nach § 1404 Abs. 2 BGB mildern. Die **Dispositionsbefugnisse sind Voraussetzung für das Funktionieren des Versorgungsausgleichs**, geben den Ehegatten eine im Rahmen des Art. 6 Abs. 1 GG bedeutsame Gestaltungsfreiheit und kommen deshalb in der Praxis häufig in Betracht.[7] Nach *Scheld*[8] rechtfertigt die Begründung des Bundesverfas-

---

[1] *Graf* S. 21, dort S. 9 ff. auch eine eingehende Darstellung des Gesetzgebungsverfahrens.
[2] Kritisch z. B. *Ruland* DRV 1979, 84/97.
[3] Eindrucksvoll z. B. *Becker* Versorgungsausgleichs-Verträge, Rdn. 222 ff.
[4] *Soergel/Gaul* § 1408 Rdn. 23.
[5] BGH FamRZ 1980, 29/30 = BGHZ 75, 241/245 f. gegen die sozialrechtliche Einordnung des Versorgungsausgleichs durch *Plagemann/Plagemann* NJW 1977, 1989/1991 f.
[6] *Gernhuber* § 28 I 3.
[7] BVerfG FamRZ 1980, 326/334.

§ *4. Ehevertr. Vereinbarungen ü. d. Versorgungsausgl. gem. § 1408 Abs. 2 BGB*

sungsgerichts-Urteils vom 28. 2. 1980 die Annahme, daß das Verfassungsgericht, gäbe es § 1408 Abs. 2 BGB noch nicht, dem Gesetzgeber den Erlaß einer Bestimmung dieser Art aufgegeben hätte.[9] Die rechtspolitische Begründung trägt den Versorgungsausgleich von vorneherein nicht für alle Ehen, allenfalls für die Hausfrauenehe, nicht für die Doppelverdiener- und Unternehmer-Ehe.[10] Wichtigste Anlässe für Vereinbarungen über den Versorgungsausgleich sind deshalb die Fälle der **Typenverfehlung.**

Während der Versorgungsausgleich für die **Hausfrauenehe** mit deren Verzicht auf eigene Erwerbstätigkeit zugunsten der Haushaltsführung und damit auf den Aufbau einer eigenen Altersversorgung eine im Kern angemessene Lösung anbietet, entbehrt er der Überzeugungskraft für die **Doppelverdienerehe.**[11] Aus dem gleichen Grund versagt der Versorgungsausgleichgedanke im Falle des **langen Getrenntlebens** der Eheleute.[12] Unsachgemäß und ungerecht sind die Auswirkungen des Versorgungsausgleichs auch in den Fällen, in denen die Ehegatten auf jeweils verschiedene Weise Altersvorsorge betreiben. Es sind dies etwa die Fälle der Ehe des selbständigen Unternehmers, der seine Altersversorgung auf Vermögensanlagen und Kapitallebensversicherungen aufbaut, mit der angestellten Frau oder die Ehe des angestellten Mannes mit der begüterten Frau, die ihr Vermögen verwaltet.[13] Auch bei kurzer Ehedauer ist der Versorgungsausgleich nicht gerechtfertigt.[14] Generell ist den Ehegatten die Möglichkeit zu geben, einen vom gesetzlichen Modell abweichenden Lebensplan auch hinsichtlich ihrer Altersversorgung zu entwerfen und durchzuführen. Sie müssen dann die Möglichkeit haben, ihre güterrechtlichen, versorgungsrechtlichen und unterhaltsrechtlichen Verhältnisse diesem Lebensplan ehevertraglich anzupassen. Der Vielfalt der ehelichen Lebensverhältnisse kann nur eine entsprechende ehevertragliche Gestaltungsfreiheit der Ehegatten gerecht werden.[15]

547

Die **notarielle Praxis** seit dem 1. EheRG hat gezeigt, daß von Vereinbarungsmöglichkeiten über den Versorgungsausgleich reger Gebrauch gmacht wird. Waren es in den er-sten Jahren vor allen Dingen die Verlobten und Ehegatten, denen das neue Rechtsinstitut des Versorgungsausgleichs unangemessen und viel zu weitgehend erschien, und die das alte Recht wiederherstellen wollten, wobei also der Schwerpunkt auf dem völligen gegenseitigen Ausschluß des Versorgungsausgleichs lag, so verlagert sich die Vertragspraxis in den letzten Jahren zunehmend auf Modifikationen des Versorgungsausgleichs, die von beiden Eheleuten als angemessen und gerecht empfunden werden. **Der Gedanke des Versorgungsausgleichs ist vom Publikum grundsätzlich akzeptiert worden.** Er hat auf die Vorstellungen der jungen Verlobten oder Eheleute insbesondere Wirkung in dem Sinne, als keiner von ihnen einen generellen entschädigungslosen Ausgleich des Versorgungsausgleichs akzeptiert bzw. vom anderen verlangt. In der Normalehe mit Kinderwunsch wird der Versorgungsausgleichsgedanke von den Eheleuten zumindest für die Zeiten familienbedingten Erwerbsverzichts eines Ehegatten nicht in Frage gestellt. Der Versorgungsausgleich bildet für den versorgungsschwächeren Ehegatten einen gesetzlichen Besitzstand, auf den er nicht ohne sachliche Berechtigung verzichten wird. Die Be-

548

---

[8] JZ 1980, 643.
[9] Vgl. auch BVerfG FamRZ 1985, 1007.
[10] *Schwab* DNotZ-Sonderheft 1977, 61.
[11] *Soergel/Gaul* § 1408 Abs. 2 Rdn. 25; *Gernhuber* § 28 I 3; *Erman/Heckelmann* § 1408 Rdn. 9; *Schwab* DNotZ-Sonderheft 1977, 51/61; *von Maydell* FamRZ 1978, 749/754.
[12] *Soergel/Gaul* § 1408 Rdn. 25.
[13] *Schwab* DNotZ-Sonderheft 1977, 51/61; *von Maydell* FamRZ 1978, 749/754; *Soergel/Gaul* Rdn.25.
[14] *Erman/Heckelmann* § 1408 Rdn. 9; *Soergel/Gaul* § 1408 Rdn. 25.
[15] *Soergel/Gaul* § 1408 Rdn. 25.

fürchtungen der Gegner der Dispositionsfreiheit, Vereinbarungen nach § 1408 Abs. 2 BGB würden in weitem Umfang zur Entrechtung des versorgungsschwächeren Ehegatten führen, hat sich nicht bewahrheitet. Entscheidenden Anteil an dieser erfreulichen Entwicklung haben die Notare, die ihrer **Belehrungspflicht** über die Folgen des Versorgungsausgleichs-Ausschlusses nachgekommen sind und in den ersten Jahren der Geltung des Gesetzes mit der Dispositionsfreiheit vorsichtig umgegangen sind. Aus den Erfahrungen der Praxis hat sich eine Typologie möglicher, empfehlenswerter oder sogar zwingend notwendiger Vereinbarungen über den Versorgungsausgleich ergeben, an der sich die Praxis ausrichten kann. Sie muß dabei immer im Auge behalten, daß es sich bei Dispositionen über den Versorgungsausgleich um Abweichungen von gesetzlichen Regeln handelt, die beim versorgungsschwächeren Ehegatten regelmäßig zu Einschränkungen des gesetzlichen Besitzstandes führen und deshalb der Rechtfertigung im Einzelfall bedürfen.

II. Das Verhältnis von § 1408 Abs. 2 BGB zu den güterrechtlichen Regelungen

549   Wenn § 1408 Abs. 2 BGB den Ausschluß des Versorgungsausgleichs „durch Ehevertrag" ermöglicht, so bedeutet dies nicht mehr als die Anknüpfung an die Form des Ehevertrages, also die Verweisung auf §§ 1410 ff. BGB. Insbesondere nimmt das Gesetz keine sachliche Zuordnung des Versorgungsausgleichs zum ehelichen Güterrecht vor.[16] **Der Versorgungsausgleich ist vielmehr eine vom Güterstand der Eheleute unabhängige, selbständige Scheidungsfolge.**[17]

550   Die Ehegatten können sich also auf Vereinbarungen über den Versorgungsausgleich beschränken, ohne gleichzeitig ihre güterrechtlichen Beziehungen regeln zu müssen.[18]

551   In rechtspolitisch fragwürdiger Weise hat das Gesetz allerdings in **§ 1414 Abs. 2 BGB** den Eintritt von Gütertrennung im Falle des Ausschlusses des Versorgungsausgleichs angeordnet. Diese Rechtsfolge wird von den Beteiligten schon beim völligen gegenseitigen Ausschluß des Versorgungsausgleichs nicht immer gewünscht, sie steht aber bei bloßen Modifizierungen des Versorgungsausgleichs regelmäßig im Gegensatz zu den Wünschen und Vorstellungen der Eheleute. Es spricht vieles dafür, die Auslegungsregel[19] des § 1414 S. 2 BGB nur auf die Fälle des völligen Ausschlusses des Versorgungsausgleichs zu beschränken.[20] Bei nur zeitlichem oder nur teilweisem Ausschluß des Versorgungsausgleichs, bei Vereinbarung von Bedingungen und Rücktrittsrechten erkennen die Beteiligten ja grundsätzlich das Prinzip der gegenseitigen Teilhabe an den Versorgungsanwartschaften an. Es wäre unangemessen, dieses grundsätzliche Anerkenntnis des Teilhabeprinzips auf der Ebene des Ehevermögensrechts durch Anwendung von § 1414 S. 2 BGB in sein Gegenteil zu verkehren. Ob die Rechtsprechung allerdings de lege lata den einschränkenden Meinungen etwa des Inhalts, es sei auf den rechnerischen Wert der Gegenleistung abzustellen[21] oder darauf, ob nach dem Vertrag noch Leistungen an den Ausgleichsberechtigten übrigbleiben, die nach ihrer Art zur Alters- und Erwerbsunfähigkeitsvorsorge geeignet sind,[22] folgen wird, erscheint zweifelhaft. Gesichtspunkte

---

[16] *Soergel/Gaul* § 1408 Rdn. 26.
[17] BGH FamRZ 1979, 477/480 = BGHZ 74, 38/50; BGH FamRZ 1980, 29/31 = BGHZ 75, 241/245 f.
[18] Allgemeine Meinung.
[19] *Soergel/Gaul* § 1414 Rdn. 8.
[20] *Zimmermann/Becker* FamRZ 1983, 1/10.
[21] *Reinartz* NJW 1977, 83.
[22] *Zimmermann/Becker* FamRZ 1983, 1/10.

§ 4. Ehevertr. Vereinbarungen ü. d. Versorgungsausgl. gem. § 1408 Abs. 2 BGB

der Praktikabilität dürften dafür sprechen, auch im Rahmen des § 1414 S. 2 BGB die Modifikation des Versorgungsausgleichs dessen Ausschluß gleichzustellen. Zumindest sollte sich die ehevertragliche Praxis auf diese Auslegung dadurch einstellen, daß sie in jeden Ehevertrag über den Ausschluß oder die Modifikation des Versorgungsausgleichs die **ausdrückliche Vereinbarung** bzw. Feststellung darüber aufnimmt, welcher Güterstand gelten soll.

> **Formulierungsvorschlag**
> Unabhängig von obigen Vereinbarungen über den Versorgungsausgleich soll es für den ehelichen Güterstand der Beteiligten beim gesetzlichen Güterstand der Zugewinngemeinschaft verbleiben.

III. Zeitliche Grenzen von Vereinbarungen nach § 1408 Abs. 2 BGB

1. Vereinbarungen von Verlobten

Entsprechend der Rechtslage bei Eheverträgen im Ehegüterrecht können nach allgemeiner Ansicht auch schon die **Verlobten** Vereinbarungen über den Versorgungsausgleich abschließen. Der BGH,[23] hat ausdrücklich gebilligt, daß schon die Verlobten ihren Eheschließungswillen von der vorherigen Vereinbarung nach § 1408 Abs. 2 BGB abhängig machen können. Insbesondere in den Fällen der Typenverfehlung und des vom gesetzlichen Modell abweichenden Lebensplanes der Verlobten besteht ein berechtigtes Interesse daran, daß die Ehe auch versorgungsrechtlich von vornherein unter den Bedingungen eingegangen wird, die den Verlobten als sachgerecht erschienen. Nur durch diese Gestaltungsfreiheit schon vor Eingehung der Ehe wird das Gesetz dem Auftrag des Art. 6 Abs. 1 GG gerecht.[24] 552

2. Die Jahressperrfrist des § 1408 Abs. 2 S. 2 BGB

Nach § 1408 Abs. 2 S. 2 BGB ist der Ausschluß des Versorgungsausgleichs unwirksam, wenn innerhalb eines Jahres nach Vertragsschluß Antrag auf Scheidung der Ehe gestellt wird. Diese Sperrfrist dient zunächst im Verhältnis der Ehegatten zueinander dem Schutz desjenigen, der sich ahnungslos auf den Ausschluß des Versorgungsausgleichs zugunsten seines insgeheim scheidungswilligen Partners einläßt. Sie soll den **Mißbrauch der eingeräumten Dispositionsfreiheit** mit Rücksicht auf eine nahe Scheidung verhindern.[25] 553

Der Gesetzgeber verbietet Verträge nach § 1408 Abs. 2 BGB im Jahre vor der Scheidung, um jede Mißbrauchsmöglichkeit und jede Möglichkeit der Übervorteilung des versorgungsschwächeren Partners auszuschließen. Man hat hier mit gewisser Berechtigung von einem „Gefährdungsverbot" im Vorfeld des „Verletzungsverbots" des § 138 BGB gesprochen.[26] Die Jahresfrist dient auch der Abgrenzung zu Vereinbarungen über den Versorgungsausgleich gemäß § 1587o BGB.[27] 554

Ein Jahr vor dem Scheidungsantrag beginnt der ausschließliche Bereich der Scheidungsvereinbarung nach § 1587o BGB, die über die richterliche Genehmigungspflicht der Inhaltskontrolle des Familiengerichts unterliegt.[28] Die Jahresfrist 555

---

[23] FamRZ 1979, 477/488 = BGHZ 74, 38/81.
[24] BVerfG FamRZ 1980, 326/334.
[25] BT-Drucks. 7/4694 S. 13.
[26] *Soergel/Gaul* § 1408 Rdn. 44.
[27] *Hillermeier* FamRZ 1976, 577/580.
[28] OLG Düsseldorf FamRZ 1986, 68; BGH FamRZ 1987, 467.

beginnt mit der Wirksamkeit des Ehevertrages. Beim Vertrag der Verlobten tritt diese erst mit Eheschließung ein. Eine Literaturmeinung will § 1408 Abs. 2 S. 2 BGB beim Ehevertrag der Verlobten überhaupt nicht anwenden.[29] Abgesehen davon, daß die auszugleichenden Werte gering wären und die zurückgelegte Ehezeit so kurz, daß der Versorgungsausgleich kraft Gesetzes nach § 1587c Nr. 1 BGB ausgeschlossen wäre,[30] trifft der Sinn der Vorschrift, nämlich die Vermeidung der Übervorteilung durch den insgeheim Scheidungswilligen und die Vermeidung der Umgehung des § 1587o BGB auf Verlobtenverträge nicht zu. Richtiger Ansicht nach ist deshalb **§ 1408 Abs. 2 S. 2 BGB auf Verlobtenverträge nicht anzuwenden.** Die Praxis sollte allerdings weiterhin sicherheitshalber von der Anwendung ausgehen und in die notarielle Urkunde eine entsprechende Belehrung aufnehmen.

556　Die weitere Frage, ob die Rechtsfolge des § 1408 Abs. 2 S. 2 BGB auch bei bloßen **Modifizierungsverträgen** eintritt, wird von der h.L. bejaht.[31] Dem ist aus Praktikabilitätsgründen zuzustimmen, da die Abgrenzung von benachteiligenden Modifikationen von solchen mit voller Gegenleistung in der Praxis kaum durchgeführt werden kann.[32] Die Streitfrage, wann der Scheidungsantrag gestellt ist, hat der BGH[33] dahingehend entschieden, daß Antragstellung im Sinne des § 1408 Abs. 2 S. 2 BGB Erhebung des Scheidungsantrags durch Zustellung der Antragsschrift an den Antragsgegner bedeutet. Ein prozessual mangelhafter Antrag äußert die Wirkung des § 1408 Abs. 2 S. 2 BGB nicht,[34] soweit nicht Heilung möglich ist und eintritt.[35]

557　Entgegen den Entscheidungen einiger OLG hat der BGH[36] entschieden, daß der in einem Ehevertrag nach § 1408 Abs. 2 BGB vereinbarte Ausschluß des Versorgungsausgleichs wirksam bleibt, wenn der innerhalb eines Jahres nach Vertragsschluß gestellte Scheidungsantrag zurückgenommen wird. Zur Begründung stützt sich der BGH auf § 269 Abs. 3 ZPO. Nach dieser Vorschrift ist der Rechtsstreit als nicht anhängig geworden anzusehen, wenn die Klage zurückgenommen wird. Das Ergebnis entspricht auch der Zweckmäßigkeit und Gerechtigkeit, da es verhindert, daß eine Vertragspartei sich durch Stellung eines Scheidungsantrags und anschließende Antragsrücknahme einseitig von der ehevertraglichen Bindung lösen kann.

558　Daß die Rücknahme des Scheidungsantrags auch dazu dienen kann, die vom Gericht als nach § 1587o BGB nicht genehmigungsfähig angesehene Vereinbarung über den Versorgungsausgleich doch noch zu retten, muß in Kauf genommen werden. Die Jahresfrist des § 1408 Abs. 2 S. 2 BGB muß schon deshalb aus praktischen Gründen rein formell und ohne Berücksichtigung subjektiver Elemente gehandhabt werden, weil sonst zu unterscheiden wäre, ob die Rücknahme eines Scheidungsantrages auf der Aufgabe der Scheidungsabsicht beruht, oder ob die Beteiligten nur die Rechtsfolge des § 1408 Abs. 2 S. 2 BGB entfallen lassen wollen, den Scheidungsantrag aber nach Ablauf der Jahresfrist erneuern wollen. Es wäre dann eine Beweisaufnahme über die der Rücknahme des ersten Scheidungsantrages zugrunde liegenden Absichten anzustellen, die der BGH vermeiden will.

---

[29] MünchKomm/*Kanzleiter* § 1408 Rdn. 29; *Schwab* Erstauflage Rdn. 678 und BNotZ-Sonderheft 1977, 65; *Zimmermann/Becker* FamRZ 1983, 1/8.
[30] *Zimmermann/Becker* aaO.
[31] *Soergel/Gaul* § 1408 Rdn. 46 m.w.N.; MünchKomm/*Kanzleiter* § 1408 Rdn. 29.
[32] *Zimmermann/Becker* FamRZ 1983, 1/8.
[33] FamRZ 1985, 45.
[34] BGH FamRZ 1987, 365.
[35] *Soergel/Gaul* § 1408 Rdn. 49; BGH FamRZ 1984, 368/369f.
[36] BGH FamRZ 1986, 788.

§ 4. Ehevertr. Vereinbarungen ü. d. Versorgungsausgl. gem. § 1408 Abs. 2 BGB

Eine ausdrückliche Vereinbarung über das rechtliche Schicksal des ursprünglichen Ehevertrags über den Versorgungsausgleich empfiehlt sich auch in dem Fall, in dem dieser Vertrag später abgeändert wird. Im Interesse der Rechtssicherheit wird man auch **Änderungsverträge** der Fristenregelung des § 1408 Abs. 2 S. 2 BGB unterwerfen müssen, und zwar unabhängig von ihrem Inhalt im einzelnen. Es kann dann passieren, daß innerhalb eines Jahres nach dem Abschluß des Änderungsvertrages der Scheidungsantrag eingereicht wird. Dadurch kann dann der Änderungsvertrag entfallen, während der ursprüngliche Vertrag, der länger als ein Jahr zurückliegt, wirksam bleiben würde. Dies kann, muß jedoch nicht dem Willen der Beteiligten entsprechen. Ausdrückliche Bestimmung empfiehlt sich. 559

Formulierungsvorschlag 560
Für den Fall, daß innerhalb eines Jahres nach Abschluß dieses Änderungsvertrages Scheidungsantrag eingereicht werden sollte, vereinbaren die Beteiligten, daß auch der ursprüngliche Vertrag vom ... entfallen soll.
oder
Für den Fall, daß innerhalb eines Jahres nach Abschluß dieses Änderungsvertrages Scheidungsantrag eingereicht werden sollte, vereinbaren die Beteiligten, daß es dann bei dem ursprünglichen Vertrag vom ... verbleiben soll. 561

Es ist streitig, ob es sich bei § 1408 Abs. 2 S. 2 BGB um eine **Rechtsbedingung** handelt.[37] Die weit überwiegende Meinung folgert ohne Rücksicht auf diese dogmatische Frage aus der Fassung des Gesetzes („ist unwirksam" statt „wird unwirksam") und dem Schutzzweck des § 1408 Abs. 2 S. 2 BGB, daß die Vereinbarung über den Versorgungsausgleich mit Stellung des Scheidungsantrags rückwirkend ihre Wirksamkeit verliert und damit auch die nach § 1414 S. 2 eingetretene Gütertrennung entfällt.[38] Damit würden rückwirkend die Verfügungsbeschränkungen der §§ 1365 bis 1369 wieder aufleben. Streitig ist, ob dies nur im Verhältnis der Eheleute zueinander gilt, oder auch zu Lasten Dritter, etwa zu Lasten desjenigen, der zwischenzeitlich von einem Ehegatten das dessen ganzes Vermögen bildende Grundstück erworben hat. Es besteht weitgehend Einigkeit, daß der Dritte hier zu schützen ist. Ob dies in Anwendung von § 161 Abs. 2, 3 BGB geschehen kann,[39] oder in entsprechender Anwendung des § 1412 BGB,[40] ist völlig offen und unentschieden. Bei sachgerechter Abfassung der Vereinbarung darf dieses Problem nicht auftreten. Wie schon oben erläutert, sollte die Vereinbarung immer die Frage des Bestehenbleibens des gesetzlichen Güterstandes oder des Eintritts der Gütertrennung regeln. Sie hat weiterhin zu regeln, was geschieht, wenn die Vereinbarung über den Versorgungsausgleich durch Stellung des Scheidungsantrags innerhalb eines Jahres wegfällt. 562

Regelmäßig werden die Ehegatten das Bestehenbleiben der Gütertrennung wünschen, sofern nicht nach dem Wegfall der Vereinbarungen über den Versorgungsausgleich das Gleichgewicht der übrigen Regelungen gestört ist.

Formulierungsvorschlag 563
Sollte die Vereinbarung über den Versorgungsausgleich duch Stellung des Scheidungsantrags innerhalb Jahresfrist entfallen, so verbleibt es trotzdem bei der vereinbarten Gütertrennung.

---

[37] *Soergel/Gaul* § 1408 Rdn. 54 m. w. N.
[38] *Soergel/Gaul* § 1408 Rdn. 55 m. w. N.
[39] *Kniebes/Kniebes* DNotZ 1977, 288.
[40] *Rolland* § 1587 o Rdn. 17.

564　In vielen Fällen wird die Vereinbarung des gesetzlichen Güterstandes ex nunc, d.h. vom Zeitpunkt des Wegfalls der Vereinbarung über den Versorgungsausgleich an, zweckmäßig sein.

565　**Formulierungsvorschlag**
Ist die Vereinbarung über den Versorgungsausgleich durch Stellen des Scheidungsantrags innerhalb eines Jahres unwirksam, so verbleibt es für die Zeit zwischen dem Abschluß der Vereinbarung und der wirksamen Stellung des Scheidungsantrags bei Gütertrennung. Ab Stellung des Scheidungsantrags tritt jedoch wieder der gesetzliche Güterstand in Kraft.

566　In den wenigsten Fällen wird der rückwirkende Eintritt von Zugewinngemeinschaft gewünscht werden. Zur Vermeidung von Schwierigkeiten mit den Verfügungsbeschränkungen des §§ 1365 ff. sollten diese dann jedoch für die Zwischenzeit ausgeschlossen werden.

567　**Formulierungsvorschlag**
Ist die Vereinbarung über den Versorgungsausgleich durch Stellung des Scheidungsantrags innerhalb Jahresfrist unwirksam geworden, so entfällt auch rückwirkend die Gütertrennung und gilt rückwirkend wieder der gesetzliche Güterstand. Für den Zeitraum zwischen dem Abschluß der Vereinbarung und deren Wegfall durch Stellung des Scheidungsantrags wird jedoch der Ausschluß der Verfügungsbeschränkungen der §§ 1365, 1369 BGB vereinbart.

568　Ist oder wird die Vereinbarung über den Versorgungsausgleich unwirksam, so bestimmt sich das rechtliche Schicksal der damit verbundenen übrigen Vereinbarungen, also über den Güterstand, über den Unterhalt nach der Scheidung über sonstige Gegenleistungen usw., nach § 139 BGB. Die Urkunde sollte hier der Auslegung nichts überlassen, sondern immer konkrete Bestimmungen über das Schicksal der übrigen Vereinbarungen bei Wegfall einer Vereinbarung enthalten. Diese Bestimmungen können je nach dem Willen der Parteien im Einzelfall kompliziert sein. Sollen jedoch alle Vereinbarungen unabhängig voneinander wirksam sein, so empfiehlt sich die übliche, auch im Gesellschaftsrecht verwendete Formulierung.

569　**Formulierungsvorschlag**
Sollte sich eine der Vereinbarung dieser Urkunde als unwirksam erweisen, so bleiben die übrigen Vereinbarungen gleichwohl wirksam.

3. Die scheidungsbezogene Vereinbarung nach § 1408 Abs. 2 BGB

570　In der notariellen Praxis und zunehmend auch in den veröffentlichten Gerichtsentscheidungen sind die Fälle häufig, in denen die Beteiligten den Ausschluß oder eine Einschränkung des Versorgungsausgleichs bei konkreter Scheidungsabsicht nicht nach § 1587o BGB vereinbaren, sondern zur Vermeidung der gerichtlichen Genehmigungspflicht nach § 1408 Abs. 2 BGB. Entsprechend der bisherigen Literatur halten die Gerichte einen derartigen **scheidungsbezogenen Ehevertrag über den Versorgungsausgleich** für zulässig.[41] Der BGH behandelt die Ausschlußfrist des § 1408 Abs. 2 BGB rein formal, ohne nach den Motiven der Beteiligten zu fragen.

---

[41] BVerfG FamRZ 1985, 1007; BGH FamRZ 1985, 45; BGH NJW 1986, 2318 = FamRZ 1986, 788; BGH NJW 1997, 126.

§ 4. Ehevertr. Vereinbarungen ü. d. Versorgungsausgl. gem. § 1408 Abs. 2 BGB

Die **Umdeutung** einer nach § 1408 Abs. 2 S. 2 BGB unwirksamen Vereinbarung 571
in eine Vereinbarung nach § 1587o BGB ist nicht möglich, auch wenn die Vereinbarungen den Kriterien des § 1587o Abs. 2 S. 4 BGB genügen würde.[42] Ab Stellung des Scheidungsantrags ist auf Grund des zwingenden Wortlauts des § 1408 Abs. 2 S. 2 BGB eine Vereinbarung nach dieser Vorschrift nicht mehr möglich. Ab diesem Zeitpunkt sind nur noch Vereinbarungen nach § 1587o BGB zulässig. Sie können auch schon vor Stellung des Scheidungsantrags geschlossen werden, und zwar auch dann, wenn bist zur Stellung des Scheidungsantrags noch mehr als die Jahresfrist des § 1408 Abs. 2 S. 2 BGB vergehen soll oder tatsächlich vergeht.[43]

Offenbaren also die Eheleute dem Notar die **Scheidungsabsicht**, so hat er darauf 572
hinzuweisen, daß eine Vereinbarung nach § 1408 Abs. 2 BGB möglich ist, wenn die Ehegatten mit der Stellung des Scheidungsantrags noch ein Jahr warten wollen, daß aber unabhängig von der geplanten Einreichung des Scheidungsantrags auch schon eine Scheidungsvereinbarung nach § 1587o BGB getroffen werden kann, und daß schließlich auch bei entsprechender Vertragsgestaltung der Vereinbarung nach § 1408 Abs. 2 BGB hilfsweise bestimmt werden kann, daß diese im Falle der vorzeitigen Stellung des Scheidungsantrags auch als Vereinbarung nach § 1587o BGB Bestand haben soll.

Denkbar ist auch der **gleichzeitige Abschluß zweier Vereinbarungen,** und zwar 573
einer Vereinbarung nach § 1408 Abs. 2 BGB und getrennt hiervon einer Vereinbarung nach § 1587o BGB mit unterschiedlichem Inhalt, also z.B. bei ersterer mit entschädigungslosem Abschluß des Versorgungsausgleichs bei letzterer mit Vereinbarung einer zur Versorgung geeigneten, angemessenen Gegenleistung. Die Vereinbarung nach § 1408 Abs. 2 BGB entfällt dann, wenn innerhalb eines Jahres Scheidungsantrag gestellt wird. Die gleichzeitige Vereinbarung nach § 1587o BGB ist so zu bedingen, daß sie nur bei Unwirksamkeit der anderen wirksam sein soll. Bei diesem Verfahren dürfte es sich jedoch um eine mehr theoretische Möglichkeit handeln. Die **hilfsweise Weitergeltung** einer Vereinbarung nach § 1408 Abs. 2 BGB gemäß § 1587o BGB wird jedoch in der Praxis häufiger verlangt.

Formulierungsvorschlag 574

Sollte diese Vereinbarung durch Einreichung des Scheidunganstrags innerhalb eines Jahres gemäß § 1408 Abs. 2 S. 2 BGB unwirksam sein, so soll sie dennoch als Vereinbarung gemäß § 1587o BGB Bestand behalten. Die Ehegatten betrachten die Vereinbarung als ausgewogene Regelung auch im Sinne letzterer Vorschrift. Sie wurden vom Notar darauf hingewiesen, daß in letzterem Fall die Vereinbarung der Genehmigung des Familiengerichts bedarf.

Der scheidungsbezogene Ehevertrag nach § 1408 Abs. 2 BGB hat sich zu einem eigenen Vertragstyp im Bereich zwischen dem vorsorgenden Ehevertrag nach § 1408 Abs. 2 BGB und der Scheidungsvereinbarung nach § 1587o verfestigt für die Fälle, in denen sich die Ehegatten im Hinblick auf die beabsichtigte Scheidung über den Ausschluß des Versorgungsausgleichs einig sind, aber die Genehmigung durch das Familiengericht nach § 1587o BGB problematisch ist oder familiengerichtliche Ermittlungen nicht gewünscht werden. Damit ergibt sich folgende Stufung:
– Bei Verlobten oder Eheleuten, die lediglich für den möglichen, aber nicht gewünschten Scheidungsfall Vorsorge treffen wollen, handelt es sich um eine vorsorgende Vereinbarung nach § 1408 Abs. 2 BGB, die bei Stellung des Schei-

---

[42] Allgemeine Ansicht.
[43] MünchKomm/*Strobel* § 1587o Rdn. 5; *Soergel*/v. *Hornhardt* § 1587o Rdn. 19 m.w.N.; aA *Reinartz* DNotZ 1978, 267/284 f.

4. Kapitel. Eheverträge

dungsantrags innerhalb der Jahresfrist unwirksam wird, aber ihre Wirksamkeit wiedererlangt, wenn der Scheidungsantrag zurückgenommen wird.
- Wollen die Eheleute sich scheiden lassen, ist aber der Scheidungsantrag noch nicht gestellt, so haben sie zwei Möglichkeiten. Sie können einmal eine scheidungsbezogene Vereinbarung über den Versorgungsausgleich nach § 1408 Abs. 2 BGB schließen, die trotz der konkreten Scheidungsabsicht zulässig und ohne richterliche Genehmigung wirksam ist, aber unwirksam ist, wenn innerhalb eines Jahres nach Abschluß Scheidungsantrag gestellt wird. Statt dessen können sie eine Vereinbarung nach § 1587o BGB schließen, die erst mit familiengerichtlicher Genehmigung wirksam wird und deshalb nach Einreichung der Scheidung dem Familiengericht zur Genehmigung vorzulegen ist. Schließlich können die Ehegatten beide Vertragstypen so miteinander verbinden, daß sie zunächst eine Vereinbarung nach § 1408 Abs. 2 BGB schließen und lediglich für den Fall, daß die Jahresfrist nicht abgewartet wird, die Vereinbarung hilfsweise auch nach § 1587o BGB schließen.
- Mit der Einreichung des Scheidungsantrags beginnt der ausschließliche Bereich von Vereinbarungen nach § 1587o BGB. Vereinbarungen nach § 1408 Abs. 2 BGB sind ab diesem Zeitpunkt nicht mehr möglich.

IV. Möglichkeiten und Grenzen von Vereinbarungen nach § 1408 Abs. 2 BGB

1. Keine Eingriffe in den Mechanismus des Versorgungsausgleichs

575 Vereinbarungen nach § 1408 Abs. 2 BGB haben sich inhaltlich im Rahmen der vom Gesetzgeber grundsätzlich vorgegebenen Vertragsfreiheit zu bewegen. Unzulässig sind **Eingriffe in den Mechanismus des Versorgungsausgleichs**, soweit dieser der Parteidisposition entzogen ist.[44] So ist etwa eine Vereinbarung, in der sich die Eheleute innerhalb des öffentlich-rechtlichen Versorgungsausgleichs auf eine bestimmte Ausgleichsart unter Ausschluß der anderen Ausgleichsarten festlegen, nach § 134 BGB nichtig.[45] Es gilt hier auch im Rahmen der vorsorgenden Vereinbarung der Rechtsgedanke des § 1587o Abs. 1 S. 2 BGB. Als nichtig nach § 134 BGB wird auch eine Vereinbarung angesehen, durch die der Versorgungsausgleich für den Scheidungsfall bis zum Tode des Verpflichteten ausgeschlossen wird, danach aber trotz vorher erfolgter Scheidung wieder aufleben soll. Hier wird der Grundsatz umgangen, daß mit rechtskräftiger Scheidung der Versorgungsausgleich endgültig erledigt ist.[46] Im übrigen sind in der bisherigen Kautelarpraxis gesetzwidrige Vereinbarungen weder vorgeschlagen noch erörtert worden.

2. Modifizierungen sind zulässig

576 Der BGH[47] und das OLG Koblenz[48] haben die mittlerweile in der Literatur ganz herrschende Meinung[49] bestätigt, daß nicht nur der vollständige Ausschluß des

---

[44] BGH FamRZ 1986, 890/892; BGH FamRZ 1988, 153/154.
[45] *Schwab* DNotZ-Sonderheft 1977, 51/63.
[46] *Diederichsen* NJW 1977, 213/217; *Plagemann/Plagemann* WM 1977, 438/445; differenzierend *Soergel/Gaul* § 1408 Rdn. 41.
[47] FamRZ 1986, 890 = NJW 1986, 2316.
[48] FamRZ 1986, 273.
[49] *Steinbauer* MittBayNot 1976, 205/206; *Ruland* NJW 1976, 1715 und *Ruland/Tiemann* Rdn. 594; *Reinartz* NJW 1977, 83 und DNotZ 1978, 267/273; *Hoffmann* NJW 1977, 235; *Kniebes/Kniebes* DNotZ 1977, 284; *v. Maydell* FamRZ 1977, 181 und FamRZ 1978, 749; *Langenfeld* NJW 1978, 1503/1505; *Gernhuber* § 28 II 5; MünchKomm/*Kanzleiter* § 1408 Rdn. 20; *Rolland* § 1408 Rdn. 7c; *Jauernig/Schlechtriem* § 1408 Anm.2; *Soergel/Gaul* § 1408 Rdn. 31; *Zimmermann/Becker* FamRZ 1983, 1/8.

§ 4. Ehevertr. Vereinbarungen ü. d. Versorgungsausgl. gem. § 1408 Abs. 2 BGB

Versorgungsausgleichs zulässig ist, sondern auch die **Modifizierung** und der **Teilausschluß**. Unzulässig ist aber eine erweiternde Vereinbarung, etwa die Vereinbarung, daß in den öffentlich-rechtlichen Versorgungsausgleich Anwartschaften einbezogen werden sollen, die außerhalb der gesetzlichen Ehezeit erworben wurden.[50] Eine interessante Variante zulässiger Modifikation ist nach Wiedereinführung der Barzahlungspflicht durch § 3 b Abs. 1 Ziff. 2 VAHRG die Gestaltung, daß der Versorgungsausgleich insoweit ausgeschlossen wird, als er in der Form der Zahlung von Beiträgen zur Begründung von Anrechten auf eine bestimmte Rente in einer gesetzlichen Rentenversicherung durchzuführen wäre. In Betracht kommt diese Gestaltung bei erheblicher betrieblicher Altersversorgung eines Ehegatten, wenn diese die Realteilung nicht vorsieht. Die Vereinbarung führt dann zum schuldrechtlichen Versorgungsausgleich.

Formulierungsvorschlag 577

Wir schließen hiermit gemäß § 1408 Abs. 2 BGB den Versorgungsausgleich insoweit aus, als er in der Form der Zahlung von Beiträgen zur Begründung von Anrechten auf eine bestimmte Rente in einer gesetzlichen Rentenversicherung durchzuführen wäre, derzeit § 3 b Abs. 1 Ziff. 2 des Gesetzes zur Regelung von Härten im Versorgungsausgleich.
Im übrigen soll der Versorgungsausgleich in jeder vom Gesetz vorgesehenen Form stattfinden, also etwa durch Splitting, Realteilung und schuldrechtlichen Versorgungsausgleich. Es soll also lediglich kein Ehegatte durch den Versorgungsausgleich zur Einzahlung von Beiträgen verpflichtet werden können.

3. Totalauschluß, Verhältnis zu § 138 BGB

Der völlige Ausschluß des Versorgungsausgleichs für die gesamte Ehezeit, also 578 auch für die Zeit von der Eheschließung bis zum Vertragsschluß, entspricht dem Gesetzeswortlaut und ist unstreitig zulässig.

Formulierungsvorschlag

Wir schließen hiermit den Versorgungsausgleich für die gesamte Ehezeit völlig aus.

Es ist heute ganz allgemeine Meinung, daß der gänzliche Ausschluß des Versor- 579 gungsausgleichs nicht schon deshalb sittenwidrig und damit nach § 138 BGB nichtig ist, weil der Verzichtende möglicherweise im Falle des Alters oder der Invalidität der **Sozialhilfe** anheimfallen könnte.[51]

Wie beim Verzicht auf nachehelichen Unterhalt obliegt dem ehemaligen Ehepart- 580 ner insbesondere keine gegenüber dem Sozialträger vorrangige Verantwortung. Für die **Beurteilung der Sittenwidrigkeit** sind die Verhältnisse zur Zeit der Vornahme des Rechtsgeschäfts maßgebend. Ist zu diesem Zeitpunkt Sittenwidrigkeit nicht gegeben, so ist es unerheblich, wenn die späteren Auswirkungen das Rechtsgeschäft rückwirkend als sittenwidrig erscheinen lassen. Sittenwidrigkeit im Rahmen von § 1408 Abs. 2 BGB kommt nur in Betracht, wenn ein Ehegatte die **Unerfahrenheit** oder den **Leichtsinn** des anderen Ehegatten bewußt zu seinem Vorteil ausnutzt. Diese Möglichkeit wird durch die notarielle Belehrungspflicht ausgeschaltet. Es sind Fälle denkbar, in denen ein Ehegatte die von ihm in ihrem ganzen Umfang gesehe-

---
[50] OLG Koblenz aaO.
[51] *Soergel/Gaul* § 1408 Rdn. 39 m. w. N.; eingehend *Graf* S. 31 ff.

nen und erkannten Nachteile eines völligen gegenseitigen Ausschlusses in Kauf nimmt, um die von ihm unter allen Umständen gewünschte Ehe zu ermöglichen oder um die Ehe unter allen Umständen aufrechtzuerhalten. Gibt er dies dem Notar zu verstehen, so kann letzterer die Beurkundung nicht ablehnen. Es gehört zum Wesen der Vertragsfreiheit, daß man sehenden Auges auch ohne Gegenleistung auf Vorteile verzichten kann. Weder der Notar noch der Richter darf sich dann zum **Vormund der Beteiligten** aufschwingen. Deshalb ist die Entscheidung des OLG Köln,[52] die eine Vereinbarung, in der eine Ehefrau gegenüber ihrem Ehemann nach 20jähriger Ehe für den Ehescheidungsfall ohne Gegenleistung auf Zugewinnausgleich, Versorgungsausgleich und nachehelichen Unterhalt verzichtete, für sittenwidrig hielt, falsch. Im Falle des OLG Köln wurde die Ehefrau auf die Tragweite ihrer Erklärung ausdrücklich hingewiesen, wie die notariellen Belehrungsvermerke ergaben. Die Vereinbarung wurde durch das ehefeindliche Verhalten der Ehefrau veranlaßt. Eine Übervorteilung durch den Ehemann im Sinne der Ausnutzung einer Zwangslage ergab sich ebensowenig wie ein Anhaltspunkt für eine übergroße Beeinflußbarkeit der Frau im Sinne einer gefühlsmäßigen Abhängigkeit. Die Ehefrau war in voller Kenntnis der wirtschaftlichen Folgen der Vereinbarung zu deren Abschluß dennoch bereit. Ihr freier Entschluß war zu respektieren.

581   Wenn grundsätzlich Sittenwidrigkeit auch dadurch begründet sein kann, daß ein Ehegatte den fehlenden Überblick seines Partners bewußt ausnutzt, so ist ein derartiger **fehlender Überblick** bei vorsorgenden Ausschlußvereinbarungen zu Beginn der Ehe nicht schon deshalb zu bejahen, weil der Verzichtende die Bedeutung selbständiger Versorgungsanwartschaften in jungen Jahren zu gering einschätzte.

582   Im Ergebnis ist festzustellen, daß angesichts der notariellen Beratungs- und Formulierungspflicht bei Vereinbarungen nach § 1408 Abs. 2 BGB **Sittenwidrigkeit nach § 138 BGB nur im Ausnahmefall** gegeben sein wird.

4. Verbot des Supersplittings

583   Von den Vertretern der Modifikationslehre wurde zunächst die Erhöhung der hälftigen Ausgleichsquote des § 1587a Abs. 1 S. 2 BGB für uneingeschränkt zulässig gehalten.[53] Inzwischen hat sich jedoch im Rahmen des § 1587o BGB die Ansicht durchgesetzt, daß jede Scheidungsvereinbarung über den Versorgungsausgleich, die zu einem gerichtlichen Wertausgleich über die hälftige Quote des § 1587b Abs. 1 S. 1 BGB hinaus führt, unzulässig ist.[54] Danach sind unzulässig die Vereinbarung einer höheren als der hälftigen Ausgleichsquote, die Höherbewertung von Anwartschaften des Verpflichteten als in § 1587a BGB vorgesehen und die Nichtberücksichtigung ausgleichspflichtiger Anwartschaften des Berechtigten und Vereinbarungen, die im Ergebnis alle dazu führen, daß das Gericht dem Berechtigten mehr Anwartschaften in der gesetzlichen Rentenversicherung überträgt, als dies ohne die Vereinbarung geschähe.[55] Auf die Kenntnis der Beteiligten hiervon kommt es nicht an. Manipulationsvorsatz oder gar Manipulationsabsicht sind nicht Voraussetzung.

584   Diese Grundsätze gelten für scheidungsbezogene Vereinbarungen über den Versorgungsausgleich, gleichgültig ob sie in der Form einer Vereinbarung nach § 1587o BGB oder einer scheidungsbezogenen Vereinbarung nach § 1408 Abs. 2 BGB geschlossen werden.

---

[52] DNotZ 1981, 444 mit ablehnender Anmerkung *von Hornhardt*.
[53] *Langenfeld* NJW 1978, 1503/1505; MünchKomm/*Kanzleiter* § 1408 Rdn. 20, 26.
[54] *Langenfeld* DNotZ 1983, 139/155 m.w.N.
[55] Vgl. *Bergner* FamRZ 1979, 993.

§ 4. Ehevertr. Vereinbarungen ü. d. Versorgungsausgl. gem. § 1408 Abs. 2 BGB

Hinsichtlich rein vorsorgender Vereinbarungen nach § 1408 Abs. 2 BGB wurde in diesem Handbuch seit der Erstauflage[56] der Standpunkt vertreten, daß bei ihnen das Verbot des Supersplittings nicht gilt, wenn die künftige Supersplitting-Wirkung nicht sicher, sondern lediglich möglich ist. Die Manipulationsgefahr, die Grund der Entwicklung des Supersplitting-Verbots war, scheidet in diesen Fällen aus. Die Beteiligten wollen lediglich aus sachlichen Gründen anderer Art die betreffende vorsorgende Vereinbarung schließen. Es wäre unangemessen, dieser Vereinbarung aufgrund einer ex-post-Betrachtung die Wirksamkeit zu versagen, wenn sie bei Scheidung tatsächlich dazu führt, daß dem ausgleichsberechtigten Ehegatten mehr Anwartschaften im Wege des Splittings oder Quasisplittings zu übertragen sind, als dies nach dem Gesetz der Fall wäre. Auch nach dieser Auffassung sind vorsorgende Vereinbarungen, die auf ein Supersplitting zielen, unwirksam, also etwa die Erhöhung der hälftigen Ausgleichsquote.

585

In der Zweitauflage wurde auf Literaturmeinungen hingewiesen, nach denen das Verbot des Supersplitting uneingeschränkt für alle Vereinbarungen nach § 1408 Abs. 2 BGB gilt.[57] Der BGH[58] hat für eine scheidungsbezogene Vereinbarung nach § 1408 Abs. 2 BGB, in der die für den Versorgungsausgleich maßgebliche Ehezeit auf die Zeit des Zusammenlebens bis zur Trennung begrenzt wurde, entschieden, daß sie dann wegen Verstoßes gegen das Verbot des Supersplittings unwirksam ist, wenn durch diesen Teilausschluß dem Ausgleichsberechtigten mehr Anwartschaften in der gesetzlichen Rentenversicherung zu übertragen wären, als ihm nach der gesetzlichen Regelung zustehen. Der Leitsatz dieser Entscheidung wurde ohne Differenzierung auf alle Vereinbarungen nach § 1408 Abs. 2 BGB einschließlich der rein vorsorgenden Vereinbarungen bezogen, so daß sich in den Kommentaren jetzt allgemein die ungeschränkte Aussage findet, das Verbot des Supersplittings gelte auch für Vereinbarungen nach § 1408 Abs. 2 BGB.[59]

586

Demgegenüber wird hier daran festgehalten, daß nicht für alle Fälle der rein vorsorgenden Vereinbarung über den Versorgungsausgleich nach § 1408 Abs. 2 BGB das Verbot des Supersplittings im Sinne einer ex post-Entscheidung ohne Rücksicht auf die sachlichen Gründe der Vertragspartner für diese Regelung und ihre fehlende Manipulationsabsicht gelten kann. Eine Supersplitting-Wirkung bei Vereinbarungen nach § 1408 Abs. 2 BGB kann einmal eintreten durch die Erhöhung der Ausgleichsquote. Diese Vereinbarung ist wegen der gezielten Supersplitting-Wirkung unwirksam. Auch Vereinbarungen über die Änderung der Berechnungsgrundlage durch Einbeziehung sonstiger Anwartschaften in das Splitting oder Quasisplitting oder Herausnahme einzelner Anwartschaften aus diesen haben als Änderung der Berechnungsgrundlagen möglichen Supersplitting-Bezug und können deshalb nur vorbehaltlich des Nichteintritts einer Supersplitting-Wirkung getroffen werden.

587

Anders ist es mit zeitlichen Begrenzungen des Versorgungsausgleichs. Die vorsorgende Vereinbarung des zeitanteiligen Ausschlusses des Versorgungsausgleichs in der grundsätzlichen Doppelverdienerehe für die Fälle zeitweiser familienbedingter Aufgabe der Berufstätigkeit ist die häufigste Modifikation des Versorgungsausgleichs.[60] Sie kann dann, wenn sich die Versorgungsanwartschaften in den Zeiträumen des Ausschlusses und der Belassung verschieden entwickeln, also insbesondere

588

---

[56] Dort Rdn. 436.
[57] Soergel/Gaul § 1408 Rdn. 35; Vorauflage Rdn. 435.
[58] FamRZ 1990, 273.
[59] Z. B. Johannsen/Henrich/Hahne § 1587o Rdn. 16, MünchKomm/Kanzleiter § 1408 Rdn. 27; Palandt/Brudermüller § 1408 Rdn. 10.
[60] Vgl. Rdn. 618 ff.

4. Kapitel. Eheverträge

dann, wenn der bei beiderseitiger Berufstätigkeit ausgleichspflichtige Ehegatte den Beruf zeitweilig aufgibt, Supersplitting-Wirkung haben. Diese Folge ist aber weder beabsichtigt noch nach dem normalen Verlauf der Dinge wahrscheinlich. Im Regelfall wird der einkommens- und damit versorgungsschwächere Ehegatte kindbedingt seine Berufstätigkeit zeitweise aufgeben. Man wird für diese Zeit als Alleinverdiener den Ehegatten auswählen, der mehr verdient.

589 Ein weiterer Fall ist die Begrenzung des Versorgungsausgleichs auf die Zeiten des Zusammenlebens, also die Herausnahme der Zeit des Getrenntlebens vor einer Scheidung aus dem Versorgungsausgleich. Diese Vereinbarung kann ebenfalls im Ausnahmefall Supersplitting-Wirkung haben. Sie rechtfertigt sich aber aus der Erwägung, daß die Teilnahme an den erworbenen Versorgungsanwartschaften nur für die Zeiten des Zusammenlebens vertretbar ist. Diese Gestaltung wird nicht selten auch dann gewählt, wenn man sich trennt, die künftige Scheidung aber noch nicht sicher ist. Bei einer derartigen Getrenntlebensvereinbarung können die Ehegatten den künftigen Zugewinnausgleich durch Vereinbarung von Gütertrennung ausschließen und den entstandenen Zugewinn durch Geldzahlungen in der gesetzlichen Höhe ausgleichen. Die Möglichkeit des Ausschlusses des Versorgungsausgleichs lediglich für die Zukunft bei Durchführung des Versorgungsausgleichs für die Vergangenheit haben die Eheleute aber nicht, da sie den öffentlich-rechtlichen Versorgungsausgleich nicht selbst vornehmen können. Deshalb bleibt ihnen nur die Begrenzung der für den Versorgungsausgleich maßgeblichen Ehezeit auf die Zeit des Zusammenlebens. Dann ist es aber unangemessen, die Wirksamkeit dieser Vereinbarung von der nicht absehbaren Entwicklung der Versorgungsanwartschaften in der künftigen Zeit des Getrenntlebens abhängig zu machen.

590 In Anbetracht der Tatsache, daß die hier vertretene modifizierende Auffassung angesichts der Rechtsprechung und Literatur derzeit wenig Aussicht auf Anerkennung hat, bleibt nur, in der jeweiligen Vereinbarung den Fall des Supersplittings zu regeln. Hier bieten sich zwei Lösungen an, einmal die Vereinbarung, daß im Falle des Supersplittings der gesetzliche Versorgungsausgleich und nicht der vereinbarte stattfinden soll, zum anderen die Vereinbarung, daß im Falle des Supersplittings der Wertausgleich nur bis zur gesetzlichen Grenze, im übrigen aber der schuldrechtliche Versorgungsausgleich stattfinden soll. Welche der beiden Alternativen gewählt wird, ist Frage des Einzelfalles.

591 Zu beachten ist, daß derzeit nach § 3b Abs. 1 Nr. 1 VAHRG ein begrenztes Supersplitting möglich ist. Hält sich die Vereinbarung im Ergebnis in dessen Rahmen, so ist sie zulässig.[61]

592 Beim Regelungstyp des zeitanteiligen Ausschlusses des Versorgungsausgleichs für die Zeiten beiderseitiger Berufstätigkeit und seiner Belassung für die Zeiten kindbedingter Berufsaufgabe durch einen Ehegatten wird es im Regelfall so sein, daß die einkommensschwächere Frau voraussichtlich die Berufspause einlegen wird. Die Ehegatten wünschen für die Zeiten beiderseitiger Berufstätigkeit den Versorgungsausgleich zulasten des Mannes nicht, wohl aber zugunsten der Frau für die Zeiten familienbedingter Einkommenslosigkeit. Beabsichtigt ist also mittels zeitlicher Einschränkung die Einschränkung des Umfangs des Versorgungsausgleichs. Wirkt sich dann im Ausnahmefall die Vereinbarung nicht einschränkend, sondern erweiternd aus, so hat sie ihren Sinn verloren. Der gesetzliche Versorgungsausgleich für die volle Ehezeit ist dann angezeigt. Deshalb empfiehlt sich bei diesem Regelungstyp die folgende Klausel:

---

[61] *Johannsen/Henrich/Hahne* § 1587o Rdn. 17.

§ 4. Ehevertr. Vereinbarungen ü. d. Versorgungsausgl. gem. § 1408 Abs. 2 BGB

Formulierungsvorschlag 593

Ist dieser zeitanteilige Ausschluß des Versorgungsausgleichs deshalb unwirksam, weil er gegen das Verbot des Supersplittings verstößt, dem Ausgleichsberechtigten also mehr Versorgungsanwartschaften zu übertragen wären, als ihm nach der gesetzlichen Regelung zustehen und als dies nach den Gesetzen möglich ist, so findet der gesetzliche Versorgungsausgleich für die gesamte Ehezeit statt.

Bei der Verkürzung der für die Berechnung des Versorgungsausgleichs maßgeblichen Ehezeit auf die Zeit des Zusammenlebens unter Ausschluß der Zeit des Getrenntlebens wollen die Eheleute die durch den Versorgungsausgleich hergestellte Versorgungsgemeinschaft nur für die Zeit der Lebensgemeinschaft. Ab deren Auflösung durch Getrenntleben wollen sie versorgungsmäßig nicht mehr füreinander einstehen müssen. Der Vergleich der Ergebnisse der Versorgungsausgleichsberechnung für die gesamte Ehezeit einerseits und für die vertraglich eingeschränkte Ehezeit andererseits, den das Gericht zur Ermittlung einer etwaigen Supersplitting-Wirkung vornimmt, ist im Verhältnis der Parteien gerade nicht gewünscht. Sie wollen lediglich die Zeit des Zusammenlebens ausgleichen ohne Rücksicht darauf, wie sich während des Getrenntlebens die jeweiligen Altersversorgungen weiterentwickeln. Deshalb empfiehlt sich bei diesem Regelungstyp die folgende Klausel: 594

Formulierungsvorschlag 595

Folgt aus dieser Vereinbarung eine Ausgleichspflicht, die über die gesetzlich zulässige Ausgleichspflicht hinausgeht, so soll der öffentlich-rechtliche Versorgungsausgleich bis zur zulässigen Höhe stattfinden, im übrigen der schuldrechtliche Versorgungsausgleich.

Bei beiden Alternativen ist es zweckmäßig, es bei der gerichtlichen Abänderungsmöglichkeit nach § 10a VAHRG zu belassen. 596

Formulierungsvorschlag

Die gerichtliche Abänderung dieser Vereinbarung über den Versorgungsausgleich soll möglich sein, wenn sie zur Erreichung des Zwecks der Vereinbarung erforderlich ist.

5. Anfechtung, Wegfall der Geschäftsgrundlage

Bei Vereinbarungen über den Versorgungsausgleich ist wie bei Eheverträgen allgemein Bestandskraft und damit Rechtssicherheit anzustreben. Der **Anfechtung** nach §§ 119, 123 BGB mit der Folge des § 142 BGB ist die Vereinbarung gemäß § 1408 Abs. 2 BGB grundsätzlich unterworfen. Eine Anfechtung wegen Irrtums wird aber nur in Ausnahmefällen durchgreifen, weil die Eheleute durch den beurkundeten Notar über die Risiken des Vertragsschlusses belehrt wurden und diese Belehrung zweckmäßigerweise in die Urkunde aufgenommen wird.[62] Wegen der Gefahr der Anfechtung ist eine besonders klare Formulierung des Ehevertrages geboten.[63] 597

Verschiedentlich wurde auch empfohlen, zur Vermeidung der Anfechtung die jeweiligen **Motivationen der Eheleute** in den Vertrag aufzunehmen.[64] Bedenken hier-

---

[62] *Soergel/Gaul* § 1408 Rdn. 42.
[63] *Erman/Heckelmann* § 1408 Rdn. 13.
[64] *Langenfeld* NJW 1978, 1503/1507; *Palandt/Brudermüller* § 1408 Rdn. 10; *Zimmermann/Becker* FamRZ 1983, 1/11.

gegen äußert *Reinartz*,⁶⁵ der zur Vorsicht rät, da durch die Aufnahme der Motivation gerade Anfechtungsgründe geschaffen werden könnten bzw. die Möglichkeit des Wegfalls der Geschäftsgrundlage eröffnet werde. Daran ist richtig, daß auch bei Vereinbarungen über den Versorgungsausgleich nach § 1408 Abs. 2 BGB eine richterliche Anpassung nach den Grundsätzen des Wegfalls der Geschäftsgrundlage erfolgen kann, wenn infolge einer grundlegenden Änderung der bei Vertragsschluß vorausgesetzten Verhältnisse sich nachträglich ein Zustand ergibt, der die Aufrechterhaltung der Vereinbarung in ihrer bisherigen Gestalt unerträglich erscheinen läßt.⁶⁶

Für die an der Rechtssicherheit ausgerichteten Kautelarjurisprudenz ist eine derartige Möglichkeit nachträglicher richterlicher Inhaltskontrolle nicht gerade begrüßenswert. Ob man sie allerdings durch Weglassen der Motivationen der Beteiligten verhindern kann, ist sehr fraglich. Da jedoch die Gefahr der Anfechtung angesichts der notariellen Belehrung gering ist, sollte die notarielle Praxis, dies allerdings auch zum Schutz vor etwaigen Haftungsansprüchen, die tragenden Beweggründe der Beteiligten in knapper Form in die Urkunde aufnehmen, soweit sie sich nicht aus dem konkreten Inhalt der Vereinbarungen, insbesondere vereinbarten Bedingungen und Rücktrittsrechten, von selbst ergeben. Von einer ausführlichen Beschreibung der Motivationen der Beteiligten ist jedenfalls abzuraten.

6. Abänderung nach § 10 a VAHRG?

598 Nach § 10a VAHRG kann das Familiengericht auf Antrag Entscheidungen über den Versorgungsausgleich abändern, wenn einer der Ehegatten das 55. Lebensjahr vollendet hat oder der Versorgungsfall eingetreten ist. Die Abänderung dient der **Anpassung an veränderte Umstände** und der **Fehlerkorrektur**, wenn sich eine Veränderung des Wertunterschiedes der Anwartschaften ergeben hat, verfallbare Anwartschaften unverfallbar geworden sind oder ein dem schuldrechtlichen Versorgungsausgleich überlassenes Recht öffentlich-rechtlich ausgeglichen werden könnte. Die Vorschriften über eine Abänderung gerichtlicher Entscheidungen sind nach § 10a Abs. 9 VAHRG auf Vereinbarungen über den Versorgungsausgleich entsprechend anzuwenden, wenn die Ehegatten die Abänderung nicht ausgeschlossen haben. Ihrem Wortlaut nach bezieht sich die Vorschrift lediglich auf Vereinbarungen über den Versorgungsausgleich nach § 1587o BGB, nicht auf ehevertragliche Vereinbarungen nach § 1408 Abs. 2 BGB.⁶⁷ Ein richterlicher Eingriff in ehevertraglich erworbene vermögenswerte Positionen begegnet auch Bedenken aus § 14 GG. Es dürfte deshalb richtig sein, die rein vorsorgende Vereinbarung nach § 1408 Abs. 2 BGB vom Anwendungsbereich des § 10a VAHRG auszunehmen und die Vorschrift lediglich auf scheidungsbezogene Vereinbarungen nach § 1408 Abs. 2 BGB und Scheidungsvereinbarungen nach § 1587o BGB anzuwenden. Literaturstimmen differenzieren hier jedoch nicht und unterwerfen Vereinbarungen nach § 1408 Abs. 2 insgesamt der Abänderungsmöglichkeit nach § 10a VAHRG.⁶⁸

Weiterhin ist zweifelhaft, ob § 10 a VAHRG auch bei Vereinbarungen nach §§ 1408 Abs. 2 oder 1587o BGB zur Anwendung kommt, die den **Versorgungsausgleich völlig ausschließen**. Da die Abänderungsmöglichkeit nach § 10 a Abs. 1 Nr. 1

---

⁶⁵ DNotZ 1978, 267/271.
⁶⁶ *Langenfeld* NJW 1978, 1503/1507; *Palandt/Brudermüller* § 1408 Rdn. 10; *RGRK-Finke* § 1408 Rdn. 29; *Soergel/Gaul* § 1408 Rdn. 40; kritisch *Scheld* JZ 1990, 643/645.
⁶⁷ So auch *Soergel/Gaul* § 1408 Rdn. 43 a.
⁶⁸ *Hahne* FamRZ 1987, 217/221 und in *Johannsen/Henrich* § 10 a VAHRG Rdn. 9, 53; *Göppinger/Wenz* Rdn. 408 b; für Beschränkung auf § 1587o BGB wohl *Soergel/Minz* § 10 a VAHRG Rdn. 29.

§ 4. Ehevertr. Vereinbarungen ü. d. Versorgungsausgl. gem. § 1408 Abs. 2 BGB

i. V. m. Abs. 9 VAHRG voraussetzt, daß ein Wertunterschied Regelungsgegenstand war, ein solcher aber bei völligem Ausschluß des Versorgungsausgleichs nicht besteht, dürfte die Vorschrift bei Ausschlußvereinbarungen nicht anwendbar sein.[69] Auch hier gibt es aber Literaturstimmen, die den Ausschluß des Versorgungsausgleichs in den Anwendungsbereich der Vorschrift einbeziehen.[70]

Für vor dem 1. 1. 1987 geschlossene Vereinbarungen gilt § 10a Abs. 9 VAHRG nur, wenn die Bindung an die Vereinbarung unter besonderer Berücksichtigung des Vertrauens des Antragsgegners in die getroffene Vereinbarung für den Antragsteller unzumutbar ist, § 13 Abs. 1 Nr. 2 VAHRG. Diesen Grundsatz sollten die Gerichte im Interesse der Vertragsfreiheit und der Rechtssicherheit bei jeder Abänderung einer Vereinbarung beachten.

Die Abänderungsmöglichkeit geht den Regeln über den Wegfall der Geschäftsgrundlage als Spezialgesetz vor, verdrängt sie aber wegen ihrer sachlichen und zeitlichen Begrenzung nicht völlig.[71]

Der an sich schon sehr begrenzte Anwendungsbereich der Vorschrift reduziert sich bei Vereinbarungen über den Versorgungsausgleich auf seltene Ausnahmefälle. Für diese kann es bei der Abänderungsmöglichkeit nach § 10a Abs. 9 VAHRG verbleiben. Im Normalfall des Ehevertrags über Modifizierungen oder den Anschluß des Versorgungsausgleichs erübrigt sich deshalb eine den § 10a Abs. 9 VAHRG anschließende Regelung. Auch eine Belehrung über die Vorschrift ist regelmäßig nicht erforderlich.

7. Beurkundungsrisiken, Belehrungspflichten des Notars

Wie schon wiederholt betont wurde, enthält der vollständige Ausschluß des Versorgungsausgleichs wie auch die bloße Modifizierung immer einen völligen oder teilweisen Verzicht auf gesetzliche Positionen, der sich zum Nachteil des versorgungsschwächeren Ehegatten auswirken kann. Gerade bei vorsorgenden Vereinbarungen vor Eheschluß oder zu Beginn der Ehe ist es schwer, wenn nicht unmöglich, die konkreten Auswirkungen der Vereinbarung im Fall einer späteren Ehescheidung abzuschätzen. Wie dargelegt hat der Gesetzgeber aus guten Gründen Ehevertragsfreiheit gewährt. Von ihr sollte insbesondere in den Fällen der **Typenverfehlung** Gebrauch gemacht werden. Im übrigen kann die Vereinbarung dem jeweiligen Lebensplan der Eheleute durch Bedingungen, Befristungen, Zeitbestimmungen und Rücktrittsrechte sowie durch geeignete Gegenleistungen für Verzichtsvereinbarungen angepaßt werden. Wie jede Freiheit ist auch die Freiheit zu Vereinbarungen über den Versorgungsausgleich gefährlich.[72] Auf diese Gefahren hat der vorsichtige Notar die noch unentschlossenen Eheleute eindringlich hinzuweisen. Er hat darauf zu dringen, daß nur eine ausgewogene und in ihren Auswirkungen überschaubare Vereinbarung getroffen wird.[73] Bestehen die Beteiligten jedoch auf ihren Vorstellungen oder kommen sie schon mit festumrissenen Vorstellungen zum Notar, kann der Notar, soweit nicht ein Fall der Sittenwidrigkeit und damit Gesetzwidrigkeit vorliegt,[74] die Beurkundung nicht ablehnen. Er sollte jedoch in jedem Fall auf der persönlichen Anwesenheit der Beteiligten bestehen,[75] den Willen der Beteiligten sorgfältig erforschen, ihre hauptsächlichen Beweggründe in die Urkunde aufneh-

599

---

[69] *Ruland* NJW 1987, 350; *Grziwotz* MittBayNot 1987, 169/173.
[70] *Johannsen/Henrich/Hahne* § 10 a VAHRG Rdn. 9; *Wagenitz* IR 1987, 54; wohl auch *Soergel/Gaul* § 1408 Rdn. 43 a.
[71] *Soergel/Gaul* § 1408 Rdn. 43 a.
[72] Dazu nachdrücklich *Ruland* AnwBl. 1982, 88.
[73] *Zimmermann/Becker* FamRZ 1983, 1/10 f.
[74] § 4 BeurkG, § 138 BGB.
[75] *Langenfeld* NJW 1978, 1503 f.

men, sowie entsprechend eingehende Belehrungen vornehmen und in der Urkunde vermerken.

V. Einzelne Vereinbarungsmöglichkeiten

1. Herabsetzung der Ausgleichsquote

600   Unstreitig zulässig sind Abweichungen nach unten von der gesetzlichen Regel des § 1587a Abs. 1 S. 2 BGB, nach der dem berechtigten Ehegatten als Ausgleich die Hälfte des Wertunterschiedes zusteht. So kann die **Ausgleichsquote herabgesetzt** werden. Wie beim Zugewinnausgleich wird sich jedoch in der Praxis nur selten ein zwingender Grund für die Herabsetzung der Ausgleichsquote finden. Wenn nach dem Ehemodell der Beteiligten der Versorgungsausgleich sachgerecht ist, so ist es auch im Regelfall die hälftige Teilung. Kein Ehegatte sollte sich auf einen vorehelichen Handel über die Herabsetzung der Ausgleichsquote einlassen. Ausnahmefälle, die dann aber wohl regelmäßig zu einer spürbaren Herabsetzung der Quote führen, sind dennoch denkbar.

> **Formulierungsvorschlag**
>
> Bei Scheidung der Ehe soll der Versorgungsausgleich entsprechend den gesetzlichen Vorschriften stattfinden. Abweichend von § 1587a Abs. 1 S. 2 BGB steht dem berechtigten Ehegatten als Ausgleich jedoch nicht die Hälfte des Wertunterschiedes, sondern lediglich ein Viertel des Wertunterschiedes zu.

601   Eine in der Praxis schon eher erwägenswerte Möglichkeit der Begrenzung des Versorgungsausgleichs liegt darin, dem ausgleichsberechtigten Ehegatten im Wege des Versorgungsausgleichs Rentenanwartschaften nur bis zur Höhe eines bestimmten **persönlichen Vomhundertsatzes** zuzusichern. Der Versorgungsausgleich wird dabei der Höhe nach dahingehend beschränkt, daß zugunsten des ausgleichsberechtigten Ehegatten Rentenanwartschaften nur in dem Umfang übertragen oder begründet werden sollen, als es notwendig ist, um seine Rente auf einen persönlichen Vomhundertsatz von 100 %, 200 % oder etwa 130 %, bezogen auf die Ehezeit, anzuheben.[76]

> **Formulierungsvorschlag**
>
> Bei Scheidung der Ehe soll der Versorgungsausgleich stattfinden. Auf den ausgleichsberechtigten Ehegatten werden jedoch höchstens so viele Rentenanwartschaften übertragen, wie notwendig sind, um seine Rente entsprechend der Rentenformel auf einen persönlichen Vomhundertsatz von 100 %, bezogen auf die Ehezeit, anzuheben. Dies gilt unabhängig davon, ob noch andere Anrechte als die in § 1587b Abs. 1 und 2 BGB genannten auszugleichen sind.

602   Praktisch kann empfehlenswert erscheinen die denkbaren und zulässigen Möglichkeiten, den Versorgungsausgleich auf einen bestimmten Prozentsatz der Gesamtversorgung zu begrenzen,[77] den Versorgungsausgleich an eine bestimmte Einkommensgruppe des öffentlichen Dienstes zu koppeln[78] oder einen bestimmten Ausgleichsbetrag zu beziffern.[79] Sie sind nicht genügend vorhersehbar und ange-

---

[76] *Ruland* DRV 1979, 84/98 und AnwBl. 1982, 85/87.
[77] Rechenbeispiele bei *Graf* S. 176 ff.
[78] *Graf* S. 180 mit Beispiel.
[79] *Graf* S.179.

§ 4. Ehevertr. Vereinbarungen ü. d. Versorgungsausgl. gem. § 1408 Abs. 2 BGB

sichts möglicher Änderungen der Verhältnisse und der Bezugsgrößen für die vorsorgende Vereinbarung nicht genügend zukunftssicher.

2. Erhöhung der Ausgleichsquote

Jede direkte Erhöhung der Ausgleichsquote im Wertausgleich über die gesetzliche Halbteilung hinaus ist wegen Verstoßes gegen das gesetzliche **Verbot des Supersplittings** auch bei der vorsorgenden Vereinbarung unwirksam.[80] Beim schuldrechtlichen Versorgungsausgleich kann dagegen eine höhere Quote vereinbart werden, da dies die Belastung des Versorgungsträgers nicht erhöht.[81] Dies gilt allerdings nicht für den verlängerten schuldrechtlichen Versorgungsausgleich, der nur im gesetzlichen Umfang eintritt (§ 3a Abs. 3 S. 2 VAHRG). 603

3. Ausschluß von Randversorgungen

Das Schrifttum[82] hält den Ausschluß von Randversorgungen wie etwa einer Betriebsrente bei Beschränkung des Versorgungsausgleichs auf die gesetzliche Rentenversicherung oder Beamtenversorgung für unbedenklich zulässig. 604

Formulierungsvorschlag

Bei einer etwaigen Ehescheidung soll der Versorgungsausgleich stattfinden. Jedoch sollen auf seiten beider Ehegatten etwaige Versorgungsanwartschaften außerhalb der gesetzlichen Rentenversicherung bzw. der Altersversorgung im öffentlichen Dienst nach § 1587b Abs. 2 BGB außer Ansatz bleiben. Hinsichtlich dieser sonstigen Altersversorgungen soll also ein Versorgungsausgleich nicht stattfinden.

Eine derartige Vereinbarung kann allerdings dann **Supersplitting-Wirkung** haben, wenn der ausgleichsberechtigte Ehegatte Randversorgungen erworben hat.[83] Dies steht einer solchen Vereinbarung aber nur entgegen, wenn die Supersplitting-Wirkung nach Sachlage sicher eintritt, nicht aber dann, wenn dies nur möglich, aber ungewiß ist.[84] 605

4. Einseitiger Ausschluß des Versorgungsausgleichs

Der einseitige Ausschluß des Versorgungsausgleichs in der Form, daß ein Ehegatte dem anderen etwa für ihn künftig entstehende Versorgungsausgleichsansprüche **vertraglich erläßt**,[85] wird allgemein als zulässig angesehen.[86] 606

Formulierungsvorschlag

Für den Fall, daß bei Durchführung des gesetzlichen Versorgungsausgleichs im Scheidungsfall der Ehemann Ausgleichsberechtigter sein sollte, verzichtet er hiermit auf die Geltendmachung von Ausgleichsansprüchen und erläßt der Ehefrau ihre Erfüllung. Die Ehefrau nimmt den Verzicht und Erlaß hiermit an. Der gesetzliche Versorgungsausgleich findet statt, wenn die Ehefrau Ausgleichsberechtigte ist.

---

[80] Vgl. Rdn. 538 ff.
[81] *Schön* BWNotZ 1977, 153/166.
[82] *Diederichsen* NJW 1977, 217/223; *Palandt/Brudermüller* § 1408 Rdn. 10; *Erman/Heckelmann* § 1408 Rdn. 10; *Ruland* DRV 1979, 84/98 und AnwBl. 1982, 85/87; *Reinartz* DNotZ 1978, 267/275; *Gernhuber* § 28 II 5; MünchKomm/*Kanzleiter* § 1408 Rdn. 20; *Zimmermann* in Kersten/Bühling Formularbuch S. 1233/1237; *Soergel/Gaul* § 1408 Rdn. 35.
[83] *Graf* S. 73.
[84] Vgl. Rdn. 583 ff.
[85] Erlaßvertrag über künftige Forderungen, BGHZ 40, 326/330.
[86] *Schwab* DNotZ 1978, 267/277; *Erman/Heckelmann* § 1408 Rdn. 10; MünchKomm/*Kanzleiter* § 1408 Rdn. 20; *Ruland* DRV 1979, 84/98; *Graf* S. 65 ff.

607 Der einseitige Ausschluß durch Erlaß der Ausgleichsforderung greift in das System des Versorgungsausgleichs nicht ein und äußert insbesondere keine Supersplitting-Wirkung. Die weitere Möglichkeit, den einseitigen Ausschluß des Versorgungsausgleichs durch die Vereinbarung zu erreichen, daß bei Scheidung **etwaige Versorgungsanwartschaften des anderen Ehegatten insgesamt nicht zum Ansatz kommen,** mit der Folge, daß nur eigene Versorgungsanwartschaften auszugleichen sind,[87] begegnet dagegen Bedenken. Hier wird in den Mechanismus des Versorgungsausgleichs so eingegriffen, daß dieser nur in einer Richtung erfolgen kann. In dem Fall, daß beide Ehegatten Versorgungsanwartschaften erworben haben, hat die Nichtberücksichtigung aller Versorgungsanwartschaften eines Ehegatten **Supersplitting-Wirkung**, da dem anderen Ehegatten mehr Anwartschaften zu übertragen sind, als ihm nach dem Gesetz zustehen. Diese sichere Supersplitting-Wirkung macht die vorsorgende Vereinbarung auch nach der hier vertretenen differenzierenden Meinung[88] unwirksam.

608 Wenn also ein einseitiger Ausschluß des Versorgungsausgleichs erfolgen soll, empfiehlt sich die Form des Erlasses. Die weitere Frage ist, ob in der **Praxis überhaupt ein Bedürfnis** für eine derartige Gestaltung besteht. Sie wird[89] dann für zweckmäßig gehalten, wenn einer der Ehegatten über seine Versorgung sicherndes Vermögen verfügt, so daß eine Teilhabe an möglicherweise höheren Versorgungsansprüchen des anderen Ehegatten von beiden nicht als gerechtfertigt erachtet wird. Der gegenseitige vollständige Ausschluß des Versorgungsausgleichs könne hier den Interessen der Ehegatten widersprechen, etwa weil nicht abzusehen sei, ob der vermögende Ehegatte nicht selbst mehr Versorgungswerte besitzt oder erlangen werde, und insoweit ein Versorgungsausgleich durchgeführt werden solle. Jedoch dürfte eine Interessenlage, bei der anstelle eines gegenseitigen Ausschlusses des Versorgungsausgleichs nur ein einseitiger Ausschluß zweckmäßig ist, höchst selten sein. Es handelt sich regelmäßig um die Fälle, in denen ein Ehegatte seine Altersversorgung auf Vermögenswerten aufgebaut hat, die nicht dem Versorgungsausgleich unterliegen. Ist er etwa durch Grundbesitz, betriebliches Vermögen oder Kapitallebensversicherungen abgesichert, so soll er von dem anderen Ehegatten, der etwa Ansprüche in der gesetzlichen Rentenversicherung erworben hat, im Wege des Versorgungsausgleichs nichts erhalten. In diesen Fällen steht regelmäßig fest, daß es sich beim zukünftigen Versorgungsausgleich um eine Einbahnstraße handeln wird. Es besteht dann kein Grund, den Versorgungsausgleich für den anderen Ehegatten aufrechtzuerhalten. Vielmehr kann bedenkenfrei der Versorgungsausgleich gegenseitig ausgeschlossen werden. Der einseitige Ausschluß des Versorgungsausgleichs dürfte deshalb selten eine praktisch zwingende Lösung sein.

5. Bedingung, Befristung, Rücktrittsvorbehalt

609 Nach jetzt ganz herrschender Lehre sind wie bei jedem Ehevertrag auch bei einer Vereinbarung nach § 1408 Abs. 2 BGB **Nebenbestimmungen wie Bedingung, Befristung, Zeitbestimmung und Rücktrittsvorbehalt uneingeschränkt möglich.**[90] Sie sind die in der Praxis am häufigsten gewünschten Modifizierungen des Versorgungsausgleichs. Bei zweckmäßigem Einsatz können diese Nebenbestimmungen Härten vermeiden helfen und dazu beitragen, daß der starre gesetzliche Versorgungsausgleich in den Lebensplan der Eheleute sachgerecht eingefügt wird.

---

[87] *Graf* S. 65 ff.
[88] Vgl. Rdn. 585 ff.
[89] *Reinartz* DNotZ 1978, 267/277; *Graf* S. 68 ff.
[90] *Graf* S. 181 m. Nachweisen.

§ 4. Ehevertr. Vereinbarungen ü. d. Versorgungsausgl. gem. § 1408 Abs. 2 BGB

Bei der **aufschiebenden Bedingung** tritt der Ausschluß des Versorgungsausgleichs nicht sofort in Kraft, sondern ist von einem zukünftigen ungewissen Ereignis abhängig. Dabei ist zu unterscheiden zwischen der aufschiebenden Bedingung mit Rückwirkung, bei deren Eintritt der Ausschluß des Versorgungsausgleichs von Beginn der Ehe an eintritt und der aufschiebenden Bedingung ohne Rückwirkung, bei der der Ausschluß erst ab dem Eintritt der Bedingung wirksam wird, und für die Zeit davor der Versorgungsausgleich stattzufinden hat. Regelmäßig gewünscht sein wird die aufschiebende Bedingung mit Rückwirkung. In der Literatur wird etwa der Fall erörtert, daß der Ausschluß des Versorgungsausgleichs dann eintritt, wenn einem Ehegatten eine zu erwartende Erbschaft anfällt, aus der er seine Altersversorgung bestreiten kann.[91] 610

> **Formulierungsvorschlag**
>
> Der Versorgungsausgleich wird insgesamt, für beide Teile und für die gesamte Ehezeit ausgeschlossen unter der aufschiebenden Bedingung, daß der Ehefrau von seiten ihrer Mutter die zu erwartende Erbschaft von mindestens DM ... nach heutigen Werten anfällt.

Weniger empfehlenswert erscheint der Vorschlag, den Versorgungsausgleich dadurch aufschiebend bedingt auszuschließen, daß sich ein Ehegatte aus seinem eigenen Vermögen angemessen versorgen kann.[92] Wie im Rahmen von Eheverträgen überhaupt, so ist auch bei Vereinbarungen über den Versorgungsausgleich auf größtmögliche Präzision in der Vereinbarung und Formulierung der Nebenbedingungen Wert zu legen. Es ist nach Möglichkeit zu vermeiden, daß über den Eintritt oder Nichteintritt einer Bedingung oder eines Rücktrittrechts Streit entsteht. Zumindest müßten also in letzterem Fall ergänzende Festlegungen darüber getroffen werden, wann sich ein Ehegatte aus einem Vermögen angemessen versorgen kann, insbesondere welche genauen Vermögenswerte vorliegen müssen. Auch in dieser Form erscheint jedoch eine derartige Vereinbarung praktisch kaum empfehlenswert. 611

Bei der **auflösenden Bedingung** wird der Ausschluß des Versorgungsausgleichs sofort wirksam, entfällt aber mit dem Eintritt eines ungewissen zukünftigen Ereignisses. Auch hier ist der Regelfall die auflösende Bedingung mit Rückwirkung. Bei ihr wird der Ausschluß des Versorgungsausgleichs mit Eintritt der Bedingung rückwirkend unwirksam. Denkbar ist jedoch auch die auflösende Bedingung ohne Rückwirkung, bei der der Ausschluß mit dem dem Eintritt der Bedingung folgenden Monatsersten unwirksam wird, für die bereits verstrichene Ehezeit jedoch wirksam bleibt. 612

In der Literatur wird die auflösende Bedingung für die Fälle der Aufgabe der Berufstätigkeit infolge Erwerbsunfähigkeit oder zum Zwecke der Kindererziehung[93] oder für den Fall der Geburt eines Kindes[94] vorgeschlagen. Wollen etwa die Eheleute grundsätzlich eine kinderlose Doppelverdienerehe führen, sind sich jedoch darüber einig, daß die Ehefrau, falls dennoch ein Kind geboren werden sollte, ihren Beruf aufgeben wird, so kann die folgende Vereinbarung zweckmäßig sein.

> **Formulierungsvorschlag**
>
> Sollte aus der Ehe ein Kind hervorgehen, und gibt die Ehefrau zur Betreuung des Kindes ihren Beruf auf, so entfällt der Ausschluß des Versorgungsausgleichs für die

---

[91] *Gernhuber* § 28 II 5; *Soergel/Gaul* § 1408 Rdn. 29.
[92] *Palandt/Brudermüller* § 1408 Rdn. 10.
[93] *Soergel/Gaul* § 1408 Rdn. 29.
[94] *MünchKomm/Kanzleiter* § 1408 Rdn. 22.

> gesamte Ehezeit und endgültig, auch wenn die Ehefrau später eine Berufstätigkeit wiederaufnimmt.

613   Denkbar ist auch im Rahmen der auflösenden Bedingung der Wunsch der Beteiligten, der Versorgungsausgleich solle dann stattfinden, wenn sich einer der beiden Ehegatten im Falle des Alters oder der Invalidität **nicht angemessen unterhalten** kann. Auch hier ist es notwendig, den Begriff der Angemessenheit näher zu definieren. *Ruland*[95] schlägt vor, in diesen Fällen auf die Rentenformel zurückzugreifen und, bezogen auf die Ehezeit, einen persönlichen Vomhundersatz zu definieren, bei dessen Unterschreitung Angemessenheit der Altersversorgung nicht mehr vorliegt. Die von *Ruland* vorgeschlagene Alternative, daß die Eheleute als angemessen die Hälfte der während der Ehezeit begründeten Versorgungsanwartschaften z. B.: eines Regierungsrats vereinbaren, erscheint weniger praktikabel.

> **Formulierungsvorschlag**
>
> Der Ausschluß des Versorgungsausgleichs entfällt rückwirkend für die ganze Ehezeit, wenn sich bei der Scheidung der Ehe herausstellt, daß ein Ehegatte, bezogen auf die Ehezeit, nicht einen persönlichen Vomhundersatz in der gesetzlichen Rentenversicherung von 120 % erreicht hat.

614   Die häufig gewünschte Vereinbarung, den Versorgungsausgleich dann gegenseitig **auszuschließen, wenn die Ehe innerhalb der ersten Zeit,** etwa der ersten 5 oder 10 Ehejahre **wieder geschieden wird,** hat das LG Kassel[96] für unzulässig gehalten, da durch sie die Scheidung der Ehe in den ersten 5 Ehejahren erleichtert werde. Die Entscheidung ist zu Recht auf einhellige Ablehnung gestoßen. **Eine Befristung des Ausschlusses auf die ersten Ehejahre wird in der Literatur übereinstimmend für zulässig erachtet.**[97] *Geßele*[98] hat zutreffend ausgeführt, daß der befristete Ausschluß die Scheidung nicht im größeren Maße erleichtert als der generelle Ausschluß. Man könnte eher sagen, daß das Institut des Versorgungsausgleichs die Scheidung der Ehe erschwere. Wenn aber der Ausschluß zulässig sei und damit das Erschwernis für eine Scheidung entfalle, könne man den Ausschluß andererseits nicht für unzulässig erklären, weil er die Ehescheidung erleichtere. Der befristete Ausschluß führe nicht zu einer verwerflichen Belohnung für ehetreues Verhalten und bringe den sozial schwächeren Ehegatten nicht in eine sittenwidrige Zwangssituation. Wie *Zimmermann/Becker*[99] zutreffend ausführen, sind Erwägungen über den „richtigen" Scheidungszeitpunkt aus Gründen des Versorgungsausgleichs immer möglich und kein mittelbarer Zwang zum Wohlverhalten oder Schädigungsverhalten, sondern dem Scheidungsrisiko immanent. Fälle wie die, daß sich der Ehemann nur deshalb nicht mehr scheiden läßt, weil die Frau zuviel Versorgungsausgleich bekäme, oder daß sich die Frau erst später scheiden läßt, um genug Versorgungsausgleich zu erhalten, sind nicht vermeidbare Konsequenzen des gesetzlichen Versorgungsausgleichs. Der Wunsch der jungen Verlobten oder Eheleuten, bei einer Frühscheidung keinen Versorgungsausgleich gegenseitig durchführen zu wollen, ist sachgerecht und zulässig. Die Berechtigung einer derartigen Regelung wird von den

---

[95] *Langenfeld* NJW 1978, 1503/1505; dem zustimmend *Ruland* DRV 1979, 84/98 f.
[96] Rpfleger 1978, 443 = MittBayNot 1979, 26 mit ablehnender Anmerkung *Geßele*.
[97] *Schwab* DNotZ-Sonderheft 1977, 51/63; *Langenfeld* NJW 1978, 503/505; *Ruland* DRV 1979, 84/100 und AnwBl. 1982, 85/87; *Gernhuber* § 28 II 5; *Soergel/Gaul* § 1408 Rdn. 29; *Rolland* § 1408 Rdn. 7g; *Zimmermann/Becker* FamRZ 1983, 1/9; *Graf* S. 181; *Becker* Rdn. 587 ff.
[98] MittBayNot 1979, 26.
[99] FamRZ 1983, 1/9.

jungen Eheleuten in der Praxis regelmäßig anerkannt und hat dazu geführt, daß derartige Vereinbarungen häufig gewünscht werden.[100] Bei der Formulierung sollte man sich der Ausdrucksweise des § 1408 Abs. 2 S. 2 BGB bedienen, damit die herrschende Lehre hinsichtlich der Stellung des Scheidungsantrags auch hier anwendbar ist.

> **Formulierungsvorschlag**
>
> Sollte innerhalb von 5 Jahren nach Eingehung der Ehe Antrag auf Scheidung der Ehe gestellt werden, so entfällt der Versorgungsausgleich gegenseitig und vollständig.

Das Abhängigmachen des Versorgungsausgleichs von Bedingungen hat bei der erforderlichen Eindeutigkeit in der Formulierung der Bedingung den Vorteil der Einfachheit und Klarheit, jedoch den Nachteil, daß bei Eintritt der Bedingung die Rechtsfolge des Ausschlusses oder des Wiederauflebens des Versorgungsausgleichs automatisch und unabhängig vom Willen der Beteiligten in diesem Zeitpunkt eintritt. Variabler ist hier der **Rücktrittsvorbehalt**, der dem jeweils benachteiligten Ehegatten die Möglichkeit des Rücktritts von der jeweiligen Vereinbarung gibt, ohne ihn dazu zu zwingen, von dieser Möglichkeit Gebrauch zu machen. Andererseits kann ein bloßer Rücktrittsvorbehalt für den benachteiligten Ehegatten wiederum eine Hemmschwelle bedeuten, wenn er trotz sachlicher Rechtfertigung des Rücktritts die damit verbundene Konfrontation mit dem Partner scheut. Problematisch kann auch der Zugang der Rücktrittserklärung und die Beweisbarkeit des Rücktritts sein, was dazu zwingt, den Rücktritt in der Praxis an bestimmte Formen zu knüpfen. Um dem benachteiligten Ehegatten die erneute notarielle Beratung zu sichern, auch zum Schutz des anderen Ehegatten und zur Beweissicherung, empfiehlt sich deshalb die Vereinbarung der notariellen Form entsprechend § 2296 Abs. 2 BGB.[101]

Entgegen der Kritik von *Gernhuber*,[102] verbietet es sich nicht, von einem Rücktritt zu sprechen, obwohl durch die Erklärung selbstverständlich kein Rückabwicklungsschuldverhältnis im Sinne der §§ 346ff. BGB hergestellt wird, sondern die entsprechende Vereinbarung ihre Wirksamkeit verliert. Das Rechtsinstitut des Rücktritts ist dem Schuldrecht nicht vorbehalten, sondern gilt ebenso im Ehevertragsrecht, nur daß der **Rücktritt hier unmittelbar rechtsgestaltende Wirkung** hat.

Auch beim Rücktritt wird regelmäßig Rückwirkung gewünscht sein, also das Entfallen der jeweiligen Vereinbarung rückwirkend ab Eheschließung. Denkbar ist auch eine Vereinbarung, daß beim Rücktritt vom Ausschluß des Versorgungsausgleichs der Versorgungsausgleich erst ab dem dem Rücktritt folgenden Monatsersten stattfinden soll.[103] Im Einzelfall kann es sich zur Klarstellung empfehlen, in die Vereinbarung aufzunehmen, daß nach Rücktritt wiederum die gesetzliche Regelung des Versorgungsausgleichs gelten soll.[104] In jedem Fall ist dringend anzuraten, die den Rücktritt auslösenden Umstände in der Vereinbarung möglichst genau zu bezeichnen.

---

[100] So auch *Zimmermann/Becker* aaO.
[101] Vorschlag von *Langenfeld* NJW 1978, 1503/1505; zustimmend *Soergel/Gaul* § 1408 Rdn. 29; *Zimmermann/Becker* FamRZ 1983, 1/11; *Graf* S. 190f.
[102] § 28 II 6.
[103] *Reinartz* DNotZ 1978, 278f.
[104] *Zimmermann/Becker* FamRZ 1983, 1/11.

> **Formulierungsvorschlag**
>
> Der Versorgungsausgleich wird gegenseitig völlig ausgeschlossen. Der Ehemann verpflichtet sich, die Ehefrau in seinem Betrieb als Buchhalterin mit einem monatlichen Einkommen zu beschäftigen, das ihr jeweils einen persönlichen Vomhundertsatz von 130 % in der gesetzlichen Rentenversicherung sichert. Wird das Arbeitsverhältnis aus Gründen aufgelöst, die die Ehefrau nicht zu vertreten hat, so ist diese zum Rücktritt vom Ausschluß des Versorgungsausgleichs berechtigt. Der Versorgungsausgleich findet in diesem Fall des Rücktritts ab dem der Wirksamkeit des Rücktritts folgenden Monatsersten statt. Der Rücktritt ist zur Urkunde eines Notars zu erklären und wird mit Zustellung der Rücktrittsurkunde an den anderen Ehegatten wirksam.

6. Ausschluß des Versorgungsausgleichs für bestimmte Ehezeiten

618   In der Praxis häufig gewünscht werden Vereinbarungen des Inhalts, daß der Versorgungsausgleich grundsätzlich nicht stattfinden soll, jedoch **mit Ausnahme der Zeiträume, in denen ein Ehegatte familienbedingt** auf eine Erwerbstätigkeit und damit **auf die Aufstockung seiner Versorgungsanwartschaften verzichtet**.[105] Die Ehegatten wollen hier grundsätzlich den Versorgungsausgleich nicht, da beide erwerbstätig sind. Gibt jedoch ein Ehegatte zeitweilig familienbedingt zur Haushaltsführung und Betreuung von Kindern seine Erwerbstätigkeit auf, so soll für diese Zeit der Versorgungsausgleich stattfinden. Ein kritischer Punkt dabei ist die Erwerbslosigkeit. Um Ungerechtigkeiten zu vermeiden, sollte der Berater und Notar darauf hinwirken, daß die Eheleute die Zeiträume unverschuldeter Erwerbslosigkeit auch aus nicht familienbedingten Gründen in den Versorgungsausgleich einbeziehen. Man kann dann wiederum anordnen, daß der Versorgungsausgleich auch in diesen Zeiträumen ausgeschlossen sein soll, wenn der andere Ehegatte die Versorgungsanwartschaften des nicht erwerbstätigen Ehegatten in der gesetzlichen Rentenversicherung freiwillig aufgestockt hat.

> **Formulierungsvorschlag**
>
> Der Versorgungsausgleich wird gegenseitig und völlig ausgeschlossen. Jedoch soll der Versorgungsausgleich nach Maßgabe der gesetzlichen Vorschriften für die folgenden Zeiträume stattfinden, in denen ein Ehegatte keine Versorgungsanwartschaften erworben hat. Dies sind die Zeiten der familienbedingten Erwerbslosigkeit, etwa zum Zwecke der Haushaltsführung oder der Betreuung von Kindern und sonstigen Angehörigen, die Zeiten nicht familienbedingter, aber unverschuldeter Erwerbslosigkeit, etwa wegen Krankheit oder unverschuldeter Arbeitslosigkeit und sonstige ehebedingte erwerbslose Zeiten, mit denen der andere Ehegatte einverstanden war. Hat der andere Ehegatte in diesen Zeiträumen für den erwerbslosen Ehegatten freiwillig Beiträge zur gesetzlichen Rentenversicherung in Höhe von mindestens der Hälfte des Höchstbetrages geleistet, so ist der Versorgungsausgleich auch für diesen Zeitraum ausgeschlossen.

619   Umgekehrt kann man es auch grundsätzlich beim gesetzlichen Versorgungsausgleich belassen, jedoch bestimmte Zeiträume, etwa die des Getrenntlebens oder der beiderseitigen Berufstätigkeit, vom Versorgungsausgleich ausschließen.

> **Formulierungsvorschlag**
>
> Bei Scheidung der Ehe soll der Versorgungsausgleich für die Zeiträume nicht stattfinden, in denen die Eheleute getrennt gelebt haben oder in denen sie beide berufstätig waren.

---

[105] Vgl. *Graf* S. 168 ff.

§ 4. Ehevertr. Vereinbarungen ü. d. Versorgungsausgl. gem. § 1408 Abs. 2 BGB

Verdient ein Ehegatte wesentlich mehr als der andere und erwirbt infolgedessen 620
auch mehr Versorgungsanwartschaften, so kann dies den weniger verdienenden
Ehegatten ungerechtfertigt begünstigen, wenn er seine Berufstätigkeit aufgibt. Dann
kann vereinbart werden, daß dem Berechtigten **höchstens so viele Anwartschaften
zu übertragen sind, wie er selbst hätte erwerben können.** Weiterhin kann man dann
auch den Fall berücksichtigen, daß ein Ehegatte familienbedingt seine Vollzeitbeschäftigung zugunsten einer Teilzeitbeschäftigung aufgibt.

> **Formulierungsvorschlag**
> Für die Zeit in der beide Ehegatten ab heute fortdauernd voll berufstätig sind, findet ein Versorgungsausgleich nicht statt.
> Ab dem Zeitpunkt, zu welchem ein Ehegatte erstmals nicht oder nicht voll berufstätig ist, weil er seinen Beruf familienbedingt ganz oder teilweise nicht ausübt (Familienbetreuung, unverschuldete Krankheit oder Einverständnis des Ehegatten), findet der gesetzliche Versorgungsausgleich statt.
> Dem Ausgleichsberechtigten sind vom Ausgleichsverpflichteten in diesem Fall jedoch höchstens so viele Versorgungsanwartschaften zu übertragen, wie sie der Ausgleichsberechtigte selbst hätte erwerben können, wenn er die zuletzt voll ausgeübte berufliche Tätigkeit ununterbrochen fortgesetzt hätte.

7. Vereinbarung des schuldrechtlichen Versorgungsausgleichs anstelle des Wertausgleichs

Laut § 1587f Nr. 5 BGB können die Ehegatten nach § 1587o BGB anstelle des 621
Wertausgleichs den **schuldrechtlichen Versorgungsausgleich vereinbaren.** Nach
ganz herrschender Meinung[106] gilt dies auch für eine vorsorgende Vereinbarung
nach § 1408 Abs. 2 BGB.

Die **vorsorgende Vereinbarung** des schuldrechtlichen Versorgungsausgleichs nach 622
§ 1408 Abs. 2 BGB hat **in der Beurkundungspraxis kaum Bedeutung** erlangt. Daran wird sich wohl auch nach der Einführung des verlängerten schuldrechtlichen
Versorgungsausgleichs in § 3a VAHRG nichts ändern. Denn die Verlängerung
findet nur im begrenzten Anwendungsbereich des § 2 VAHRG statt, also grundsätzlich nur bei Betriebsrenten, privaten Rentenversicherungen ohne Realteilung und ausländischen Versorgungen.[107] Eine Vereinbarung, die den schuldrechtlichen Versorgungsausgleich anstelle des Wertausgleichs auf öffentlich-rechtliche
Versorgungen erstreckt, kann den gesetzlichen Bereich des verlängerten schuldrechtlichen Versorgungsausgleich nicht zu Lasten des Versorgungsträgers erweitern.[108] Der Vergleich der Vor- und Nachteile des schuldrechtlichen Versorgungsausgleichs[109] führt zu dem Ergebnis, daß seine Vereinbarung anstelle des Wertausgleichs in der Praxis nur selten sachgerecht sein wird. Der schuldrechtliche
Versorgungsausgleich hat für den verpflichteten Ehegatten den Vorteil, daß ihn ein
Verlust und eine Zahlungspflicht erst trifft, wenn beide Ehegatten Versorgung zu
beanspruchen haben. Auch die Veränderungen der beiderseitigen Versorgungsan-

---

[106] *Schwab* DNotZ-Sonderheft 1977, 51/63; *Ruland* NJW 1976, 1715; *Erman/Heckelmann* § 1408 Rdn. 10; MünchKomm/*Kanzleiter* § 1408 Rdn. 25; *Kniebes/Kniebes* DNotZ 1977, 269/287; *Reinartz* DNotZ 1978, 267/274f.; *Langenfeld* NJW 1978, 1503/1506; *Gernhuber* § 28 II 5; *Rolland* § 1408 Rdn. 7e; *Palandt/Brudermüller* § 1408 Rdn. 10; *Soergel/Gaul* § 1408 Rdn. 37; *Graf* S. 84; a. A. nur *Zimmermann/Becker* FamRZ 1983, 1/10.
[107] *Johannsen/Henrich/Hahne* § 3a VAHRG Rdn. 3.
[108] Arg. § 3a Abs. 3 S. 2 VAHRG.
[109] Dazu sehr eingehend *Graf* S. 80ff.

wartschaften zwischen der Scheidung und dem Eintritt des beiderseitigen Versorgungsfalles können ihm zugute kommen. Das für die Vereinbarung des schuldrechtlichen Versorgungsausgleichs anstelle des Wertausgleichs zunächst im Feld geführte Argument, bei Durchführung des Wertausgleichs bestehe die Möglichkeit des endgültigen Verlustes von Anwartschaften, in deren Genuß der andere Ehegatte etwa im Falle vorzeitigen Todes nie komme, hat nach dem Härteregelungsgesetz seine Berechtigung verloren. Der schuldrechtliche Versorgungsausgleich hat für den Berechtigten den Nachteil einer lediglich abgeleiteten Versorgung mit unterhaltsähnlichem Charakter. Er gewährt auch nicht annähernd die Sicherheit einer eigenen Altersversorgung. Seine Vereinbarung wird deshalb regelmäßig nur bei Kompensation dieser Nachteile durch weitere versorgungsgeeignete Leistungen des anderen Ehegatten empfehlenswert sein.

623 Einen Sonderfall, in dem die Vereinbarung des schuldrechtlichen Versorgungsausgleichs anstelle des Wertausgleichs zweckmäßig ist, stellt die Heirat eines **Beamten nahe der Pensionierung** mit einer erheblichen jüngeren Frau dar.[110] Hier verliert der Beamte zunächst keine Versorgungsanwartschaften, wenn die Ehe geschieden wird. Die Zahlungsansprüche der Frau aus schuldrechtlichem Versorgungsausgleich können durch Ruhegehaltsabtretung gesichert werden. Im Falle des vorzeitigen Todes des geschiedenen Ehemannes erhält die Frau den Unterhaltsbeitrag des § 22 Abs. 2 Beamtenversorgungsgesetz, und zwar unabhängig davon, ob der geschiedene Ehemann im Zeitpunkt seines Todes sich bereits im Ruhestand befand oder nicht.[111]

Formulierungsvorschlag

Im Falle der Scheidung der Ehe soll zwischen den Beteiligten lediglich der schuldrechtliche Versorgungsausgleich stattfinden. Der Versorgungsausgleich durch Splitting, Quasisplitting und Realteilung wird ausgeschlossen. Im Rahmen des schuldrechtlichen Versorgungsausgleichs wird jedoch weiter die Anwendung von § 1587 i Abs. 2 und § 1587 l BGB ausgeschlossen.

8. Ausschluß des Versorgungsausgleichs mit Gegenleistung

624 Der gesetzliche Versorgungsausgleich stellt für den versorgungsschwächeren oder potentiell versorgungsschwächeren Ehegatten eine Position dar, auf die er nicht ohne rechtfertigenden Grund verzichten kann. Ein Ausschluß oder eine Modifizierung des Versorgungsausgleichs **ohne Gegenleistung** kommt deshalb regelmäßig nur in den Fällen der **Typenverfehlung** in Betracht. In allen übrigen Fällen kann und sollte der Ausschluß oder Teilausschluß des Versorgungsausgleichs mit einer Gegenleistung des voraussichtlich ausgleichspflichtigen Ehegatten verbunden sein. Diese Gegenleistung sollte dazu geeignet sein, dem Ausgleichsberechtigten insgesamt gesehen wirtschaftlich in etwa gleichwertige Ansprüche in die Hand zu geben.[112] Als Gegenleistung in diesem Sinn besonders geeignet[113] ist die Übertragung von Vermögenswerten, die Finanzierung einer Lebensversicherung, die Zahlung von Beiträgen zur freiwilligen Weiterversicherung in der gesetzlichen Rentenversicherung oder der Abschluß eines Arbeitsverhältnisses mit dem anderen Ehegatten. Soweit nicht die Gegenleistung bei Abschluß des Ehevertrages in einem Akt erbracht werden kann, z.B. bei Übereignung eines Renditegrundstücks, sondern fort-

---

[110] *Langenfeld* NJW 1978, 503/507.
[111] *Schütz* Beamtenversorgungsgesetz § 22 Rdn. 5a; vgl. MünchKomm/*Gräper* § 1587a Rdn. 143 ff.
[112] So die Begründung des Bundesrates in BT-Drucks. 7/4694 S. 13.
[113] MünchKomm/*Kanzleiter* § 1408 Rdn. 23.

§ 4. Ehevertr. Vereinbarungen ü. d. Versorgungsausgl. gem. § 1408 Abs. 2 BGB

laufend erbracht werden muß, sollten besondere Sicherungen eingebaut werden. Die laufende Erbringung der als Gegenleistung für den Versorgungsausgleich geschuldeten wiederkehrenden Leistungen kann auch die Bedingung des Ausschlusses des Versorgungsausgleichs oder bei Nichterfüllung zum Rücktrittsgrund vom Ausschluß des Versorgungsausgleichs gemacht werden. In den Fällen der Finanzierung einer Lebensversicherung durch Zahlung laufender Beiträge, der laufenden Zahlung von Beiträgen in die gesetzliche Rentenversicherung oder der Verpflichtung zur Aufrechterhaltung eines Arbeitsverhältnisses sollte also an eine entsprechende Sicherung und Rücktrittsrechte bzw. die Bedingung des Ausschlusses des Versorgungsausgleichs gedacht werden. Es können natürlich auch mehrere Gegenleistungen, etwa die Übertragung von Renditeobjekten bei gleichzeitiger Vereinbarung eines Arbeitsverhältnisses, miteinander verbunden werden.

Bei der Übereignung von versorgungsgeeigneten Vermögensgegenständen ist darauf zu achten, daß Rückforderungs- und Widerrufsmöglichkeiten nach allgemeinem Recht und Ehevermögensrecht ausgeschlossen werden.

> **Formulierungsvorschlag**
>
> Die Eheleute schließen gegenseitig den Versorgungsausgleich völlig aus. Die Ehefrau als der vermögens- und versorgungsschwächere Teil erhält als Gegenleistung für den Ausschluß des Versorgungsausgleichs vom Ehemann das Hausgrundstück . . . eingetragen im Grundbuch . . . Einig über den Eigentumsübergang bewilligen und beantragen die Beteiligten den Vollzug im Grundbuch. Jegliche Gewährleistung ist ausgeschlossen. Da die Übertragung des Hausgrundstücks an die Ehefrau zur Sicherung von deren Versorgung im Scheidungsfalle nach geltendem Scheidungsrecht, also unabhängig vom Verschulden am Scheitern der Ehe, erfolgt, werden sämtliche etwaigen Rückforderungsrechte des Ehemannes gleich aus welchem Rechtsgrund hiermit ausgeschlossen. Bei Scheidung der Ehe gleich auf wessen Veranlassung oder Verschulden soll das Haus der Ehefrau endgültig zu deren Altersversorgung verbleiben. (Soweit es beim gesetzlichen Güterstand verbleibt, ist die Zuwendung des Hauses auf den Zugewinnausgleichsanspruch nicht anzurechnen.)

Bei der Ehe insbesondere des Unternehmers, der den völligen Ausschluß sowohl des Zugewinnausgleichs als auch des Versorgungsausgleichs wünscht, kann die Altersversorgung der Ehefrau anstelle der Übertragung von Vermögenswerten oder zusätzlich zu diesen dadurch sichergestellt werden, daß der Ehemann sich verpflichtet, die Frau in einer geeigneten Position in seinem Betrieb zu beschäftigen und ihr dadurch den Aufbau oder die Aufstockung ihrer Altersversorgung zu ermöglichen. Zur Bestimmung des geschuldeten **Arbeitslohnes** kann auf einen bestimmten persönlichen Vomhundertsatz in der gesetzlichen Rentenversicherung oder eine bestimmte Funktion Bezug genommen werden. 625

> **Formulierungsvorschlag**
>
> Der gesetzliche Güterstand und der gesetzliche Versorgungsausgleich werden ausgeschlossen. Zur Bildung eigenen Vermögens und zur Bildung einer eigenen Altersversorgung der Ehefrau verpflichtet sich der Ehemann, die Ehefrau in seinem Betrieb . . . als Lohnbuchhalterin mit einem Einkommen der übrigen Angestellten in vergleichbarer Position entsprechenden Arbeitsentgelt zu beschäftigen. Wird dieses Arbeitsverhältnis aus Gründen, die die Ehefrau nicht zu vertreten hat, aufgelöst, so entfällt mit dem dem Eintritt der Bedingung folgenden Monatsersten sowohl die Gütertrennung als auch der Ausschluß des Versorgungsausgleichs. Für die Vergangenheit verbleibt es jedoch bei der Gütertrennung und beim Ausschluß des Versorgungsausgleichs.

4. Kapitel. Eheverträge

626 Eine weitere geeignete Gegenleistung stellt der **Abschluß eines privaten Lebensversicherungsvertrages** für den versorgungsschwächeren Ehegatten dar. Soweit die Einkommensverhältnisse der Ehegatten es zulassen, ist der Abschluß eines derartigen Vertrages zur Altersversorgung gut geeignet. Die Lebensversicherungen bieten entsprechende Verträge an. Die jeweiligen Prämien können steuerlich unabhängig von der Bezugsberechtigung im Rahmen der Höchstbeträge des Einkommensteuergesetzes als Vorsorgeaufwendungen von dem Ehegatten geltend gemacht werden, der Versicherungsnehmer ist.

Die Vereinbarung sollte Bestimmungen darüber enthalten, was mit dem Vertrag bei Scheidung der Ehe geschieht. Am einfachsten dürfte es sein, den Vertrag auf die Ehefrau als versicherte Person abzuschließen und den Ehemann zur Zahlung der Beiträge zu verpflichten. Bezugsberechtigter im Falle des vorzeitigen Todes der Ehefrau kann zunächst der Ehemann sein. Im Falle der Scheidung kann die Ehefrau die Bezugsberechtigung abändern. Zweckmäßig ist es auch, für den Fall der Scheidung zu bestimmen, daß die Beiträge weiterhin vom Ehemann im Rahmen des nachehelichen Unterhalts und nach Maßgabe der Verpflichtung hierzu geschuldet werden.

Formulierungsvorschlag

Wir schließen den Versorgungsausgleich gegenseitig völlig aus. Der Ausschluß des Versorgungsausgleichs steht jedoch unter der Bedingung, daß der Ehemann der Ehefrau die laufenden Beiträge zu einer für die Ehefrau abzuschließenden privaten Rentenversicherung regelmäßig und pünktlich vorschießt. Für die Ehefrau wird, beginnend mit dem nächsten Monatsersten, eine dynamische Rentenversicherung abgeschlossen, bei der die Rente mit dem 60. Lebensjahr der Berechtigten beginnt. Die Monatsrente soll zunächst 1.000,- DM betragen. Zur Anpassung an die Lebenshaltungskosten erhöhen sich die Beiträge jährlich im gleichen Prozentsatz wie die Höchstbeiträge der gesetzlichen Rentenversicherung. Nach Scheidung der Ehe gehören die Beiträge zum Unterhalt der Ehefrau. Ob und in welchem Umfang der Ehemann sie dann zu tragen hat, richtet sich nach den gesetzlichen Vorschriften über den Unterhalt nach der Scheidung.
Die auflösende Bedingung tritt zu dem Zeitpunkt ein, in dem der Ehegatte mit zwei Monatsraten in Verzug gerät. Der Versorgungsausgleich findet dann für die gesamte Ehezeit gegenseitig statt.

627 Eine weitere Möglichkeit der Gegenleistung für den Ausschluß des Versorgungsausgleichs ist die **freiwillige Zahlung von Beiträgen in die gesetzliche Rentenversicherung** der Frau durch den Ehemann.

Formulierungsvorschlag

Die Ehegatten schließen gegenseitig den Versorgungsausgleich völlig aus. Anläßlich der Eheschließung gibt die Ehefrau ihre Berufstätigkeit als kaufmännische Angestellte auf. Der Ehemann verpflichtet sich, die Altersversorgung der Ehefrau in der gesetzlichen Rentenversicherung in der bisherigen Höhe freiwillig durch Zahlung von Beiträgen für die Ehefrau aufrechtzuerhalten. Die Beiträge verändern sich entsprechend der Veränderung des Tariflohnes einer kaufmännischen Angestellten in der von der Ehefrau zuletzt wahrgenommenen Position. Nimmt die Ehefrau später eine Berufstätigkeit wieder auf, so hat der Ehemann nur eine etwaige Differenz in ihren Versicherungsbeiträgen bis zum Höchstbetrag der oben bezeichneten Beträge zu zahlen. Kommt der Ehemann seiner Verpflichtung zur Zahlung von Beiträgen zwei Monate hintereinander nicht nach, so kann die Ehefrau vom Ausschluß des Versorgungsausgleichs zurücktreten. (Nähere Regelungen des Rücktrittsrechts.)

9. Abhängigkeit des Versorgungsausgleichs vom Scheidungsverschulden?

Der Versorgungsausgleich wurde gleichzeitig mit dem neuen, verschuldensunabhängigen Scheidungs- und Scheidungsfolgenrecht eingeführt. Seine entscheidende Rechtfertigung liegt im Erwerbsverzicht oder teilweisen Erwerbsverzicht der nicht berufstätigen oder nur teilweise berufstätigen Hausfrau. Insofern ist er dem Zugewinnausgleich gleichzustellen. Andererseits ist aber auch nicht zu leugnen, daß sich der Versorgungsausgleich in die Zeit nach der Ehescheidung hinaus auswirkt, wie insbesondere der schuldrechtliche Versorgungsausgleich zeigt. Insofern hat der Versorgungsausgleich Unterhaltscharakter. Für den nachehelichen Unterhalt hat *Walter*[114] ein vereinbartes Abhängigmachen vom Scheidungsverschulden für zulässig erachtet. Ein Hauptargument für die Zulässigkeit liegt nach Ansicht von *Walter* darin, daß eine derartige Vereinbarung lediglich den Zustand wiederherstellt, der vor dem 1. Eherechtsreformgesetz gesetzliches Recht war. Für den Versorgungsausgleich trifft diese Erwägung nicht zu. Der Zugewinnausgleich, zu dem der Versorgungsausgleich hinsichtlich seiner Rechtfertigung wohl die größere Affinität hat, war schon nach altem Recht verschuldensunabhängig, wenn man von der eng ausgelegten Ausnahmeregelung des § 1380 l BGB absieht. Von diesen Erwägungen her ergibt sich also keine Veranlassung, die Durchführung des Versorgungsausgleichs durch Vereinbarung vom Scheidungsverschulden abhängig zu machen. Soweit die Frage in der Literatur erörtert wird, wird eine derartige Vereinbarung zwar für zulässig, nicht jedoch für empfehlenswert gehalten.[115] Ob die Rechtsprechung nicht doch zu einer Unzulässigkeit kommen wird, ist offen. In jedem Fall ist mit den bisherigen Literaturstimmen von einer derartigen Verbindung **abzuraten**.

628

---

[114] NJW 1981, 1409.
[115] *Reinartz* DNotZ 1978, 267/279 f.; *Ruland* DRV 1979, 98; *Soergel/Gaul* § 1408 Rdn. 29; *Zimmermann/Becker* FamRZ 1983, 1/11; *Graf* S.185.

4. Kapitel. Eheverträge

§ 5. Eheverträge über den nachehelichen Unterhalt

I. Grundsätze, Form, Bestandskraft

629 Nach § 1585c BGB können die Ehegatten über die Unterhaltspflicht für die Zeit nach der Scheidung Vereinbarungen treffen. Die Vorschrift kam mit dem 1. Eherechtsgesetz in das BGB und entspricht im Wortlaut von § 72 S. 1 des Ehegesetzes 1946. In der Gesetzesbegründung betont der Gesetzgeber, daß er hierbei keine sachliche Änderung gegenüber dem bisherigen Recht bezweckt habe. Er wolle klarstellen, daß die gesetzlichen Vorschriften über den nachehelichen unterhaltsnachgiebiges Recht enthalten, und daß Unterhaltsvereinbarungen insbesondere auch schon vor Scheidung der Ehe zulässig sind. Ausdrücklich hat der Gesetzgeber festgestellt, daß eine möglichst frühzeitige und endgültige vertragliche Lösung der unterhaltsrechtlichen Beziehungen der Ehegatten für die Zeit nach der Scheidung erwünscht ist.[1] § 1585c BGB gewährt den Verlobten und Ehegatten größtmögliche Vertragsfreiheit hinsichtlich des nachehelichen Unterhalts bis zur Grenze der Sittenwidrigkeit.[2] Gerade angesichts des durch das 1. Eherechtsgesetz nicht unerheblich erweiterten Rechts des nachehelichen Unterhalts sichert diese Vertragsfreiheit die Verfassungsmäßigkeit dieses Scheidungsfolgenrechts. Ohne Vertragsfreiheit würde in unzulässiger Weise in die persönliche Freiheit der Ehegatten eingegriffen. Ein zwingendes Recht des nachehelichen Unterhalts würde zudem in vielen Fällen von der Eingehung einer Ehe abschrecken und den Trend zur nichtehelichen Lebensgemeinschaft verstärken. Es ist Aufgabe des Rechtsberaters und Notars, in letzter Linie auch des Richters, durch Bildung von Fallgruppen in Ausrichtung an den Ehetypen zu gewährleisten, daß die Beteiligten von der gesetzlich gewährten Vertragsfreiheit sachgerechten Gebrauch machen.

630 Vorsorgende Vereinbarungen über den nachehelichen Unterhalt stehen im Spannungsfeld zwischen der vom Gesetz gewährten Vereinbarungsfreiheit und der **Unvorhersehbarkeit** künftiger, möglicherweise sich erst in Jahrzehnten realisierenden Bedürfnislagen. Es ist Aufgabe des sachkundigen Beraters, die Beteiligten auf die hieraus erwachsenden Gefahren hinzuweisen. Am Beginn ihres gemeinsamen Lebensweges neigen junge Verlobte oder Eheleute dazu, die Möglichkeit künftiger Veränderungen ihrer Vermögenssituation, ihrer subjektiven Arbeits- und Erwerbsfähigkeit und der objektiven Rahmenbedingungen des Arbeitsmarktes zu verharmlosen oder zu verdrängen. Dabei können schon nicht fernliegende Ereignisse wie die nicht oder noch nicht gewünschte Geburt eines Kindes, eine plötzliche Krankheit oder eine nicht vorhergesehene Veränderung der Arbeitsmarktsituation die zunächst der Eheplanung zugrundegelegten Prämissen wesentlich verändern. Schon diese naheliegenden Unsicherheiten, ganz zu schweigen von den möglichen Wechselfällen eines langen Ehelebens, veranlassen den Berater dazu, bei dem nicht selten gewünschten gegenseitigen Verzicht auf nachehelichen Unterhalt zu äußerster Vorsicht zu raten. Hier wie im gesamten Bereich vertraglich gestalteter familienrechtlicher Beziehungen hilft nur die Fallgruppenbildung weiter.

1. Zeitpunkt der Vereinbarung

631 Es ist heute ganz überwiegende Meinung, daß die Ehegatten zu jedem Zeitpunkt der Ehe, aber auch schon die Verlobten in vorsorgendem Vertrag Vereinbarungen

---

[1] BT-Drucks. 7/650 S. 149.
[2] BGH NJW 1985, 1833 = FamRZ 1985, 788.

§ 5. Eheverträge über den nachehelichen Unterhalt

über den nachehelichen Unterhalt treffen zu können.[3] Auch nach rechtskräftiger Scheidung kann über gerichtlich zuerkannte oder vereinbarte Unterhaltsansprüche ebenfalls formfrei eine neue Vereinbarung getroffen werden.[4]

2. Form der Vereinbarung

Die Formlosigkeit von Vereinbarungen über den nachehelichen Unterhalt steht in merkwürdigem Gegensatz zu ihrer Bedeutung. Während über den Zugewinnausgleich und den Versorgungsausgleich gem. §§ 1408 Abs. 2, 1587o Abs. 2, 1378 Abs. 2 S. 2 BGB nur in notariell beurkundeter Form Vereinbarungen getroffen werden können, sind vorsorgende und scheidungsbezogene Vereinbarungen über den nachehelichen Unterhalt, die für die Beteiligten nicht selten existentielle Bedeutung haben, formlos und damit auch ohne die Mitwirkung des Notars als sachkundigen Beraters und Gestalters möglich. Die Ablehnung des Beurkundungszwanges durch den Gesetzgeber des 1. Eherechtsgesetzes[5] ist eine gesetzgeberische Fehlleistung. De lege ferenda sollte deshalb notarielle Beurkundung vorgeschrieben werden.[6] Hierfür hat sich schon vor längerer Zeit sehr engagiert *Voelskow*[7] eingesetzt, der insbesondere auf die damit verbundene Entlastung der Rechtsprechung hinweist, die sich nicht selten mit der Frage befassen muß, ob Unterhaltsvereinbarungen sittenwidrig sind oder die Berufung auf eine solche Unterhaltsvereinbarung rechtsmißbräuchlich ist.[8] Höchstrichterlich noch nicht entschieden, aber vom BGH[9] als problematisch gesehen ist die Frage, ob sich aus einem untrennbaren Regelungszusammenhang einer Unterhaltsvereinbarung nach § 1585c BGB mit beurkundungspflichtigen Vereinbarungen etwa über den Versorgungsausgleich nach §§ 1408, 1410, 1587o BGB eine Beurkundungspflicht auch für die Unterhaltsvereinbarung ergeben kann.[10] Die Beurkundungspflicht auch der Unterhaltsvereinbarung und damit die Nichtigkeit der dann nicht beurkundeten Vereinbarung gem. § 125 BGB dürfte im Zweifel zu bejahen sein.[11] Das Ergebnis wird dadurch bestätigt, daß in der Beratungs- und Beurkundungspraxis die vorsorgende Regelung von Zugewinnausgleich, Versorgungsausgleich und nachehelichem Unterhalt immer insgesamt als einheitlicher Regelungskomplex betrachtet wird (Rdn.3 ff.), was erst recht für die Scheidungsvereinbarung gilt, wie etwa der Wortlaut von § 1587o Abs. 2 S. 4 BGB bestätigt.

3. Anfechtung von Eheverträgen wegen Irrtums, Täuschung oder Drohung

Wie alle Verträge können auch Eheverträge wegen Irrtums, Täuschung oder Drohung angefochten werden, §§ 119, 123 BGB. Im Rahmen seiner Aufklärungs- und Belehrungspflicht hat der Notar die Aufgabe, derartige Anfechtungslagen zu verhindern. Es sind aber Fälle denkbar, in denen dem Notar, auch wenn er pflichtgemäß aufzuklären versucht, Anfechtungslagen aus dem persönlichen Bereich nicht offenbart werden. So war es in dem vom BGH mit Urteil vom 22. 11. 1995[12] entschiedenen Fall der Ehe einer Frau aus vermögender Familie mit einem nicht ver-

632

633

---

[3] *Frey* S. 10; *Johannsen/Henrich/Büttner* § 1585c Rdn. 6; MünchKomm/*Maurer* § 1585c Rdn. 5.
[4] MünchKomm/*Maurer* § 1585c Rdn. 5; *Johannsen/Henrich/Büttner* § 1585c Rdn. 6.
[5] BT-Drucks. 7/4361 S. 34.
[6] *Bartsch* ZRP 1979, 96; *Langenfeld* in *Heiß/Born* Rdn. 15.21.
[7] *Johannsen/Henrich/Voelskow*, 2. A., § 1585c Rdn. 4; auch *Rau* MittRhNotK 1988, 187.
[8] Vgl. OLG Karlsruhe FamRZ 1983, 174.
[9] FamRZ 1987, 691/692.
[10] Vgl. zur Scheidungsfolgenvereinbarung OLG Stuttgart FamRZ 1984, 806, wo der Wirksamkeitszusammenhang bejaht wird.
[11] So auch *Palandt/Brudermüller* § 1585c Rdn. 3; *Johannsen/Henrich/Büttner* § 1585c Rdn. 5; a. A. *Frey* S. 12 mit nicht überzeugender Begründung.
[12] FamRZ 1996, 605 = NJW-RR 1996, 1281.

mögenden Mann, aus der zwei Monate nach Eheschließung ein Kind hervorging. Der Vater der Frau ließ dem Schwiegersohn einen Ehevertrag über Gütertrennung zuleiten, dessen Abschluss dieser nach Konsultation eines Anwalts verweigerte. Daraufhin täuschte die Frau einen Tablettenselbstmord vor und erklärte dem um ihr und des Kindes Leben besorgten Ehemann nach Ihrer „Rettung", sie könne dem Druck der Familie wegen des unterbliebenen Ehevertrages nicht standhalten. Hierdurch bestimmt schloss der Mann den Ehevertrag ab. Der BGH gestattete ihm anlässlich der wenige Jahre später stattfindenden Scheidung, den Ehevertrag wegen arglistiger Täuschung anzufechten.

Hinsichtlich der nachfolgend zu erörternden Fälle der Ausnutzung einer seelischen Zwangslage ist mit dem BGH und der Literatur[13] davon auszugehen, dass eine Anfechtung wegen Drohung grundsätzlich ausscheidet.

4. Wegfall der Geschäftsgrundlage

634 Höchst problematisch ist es, die Wirksamkeit von Eheverträgen unter dem Gesichtspunkt des Wegfalls der Geschäftsgrundlage mit dem Argument in Frage zu stellen, die Ehe sei anders verlaufen, als es sich die Eheleute bei Vertragsschluss vorgestellt hätten. So ist z.B. die Aufgabe der Berufstätigkeit durch einen Ehegatten oder die Geburt eines Kindes regelmäßig ein vorhersehbarer und vom Notar in seine Belehrung aufzunehmender Umstand, der Regelungsinhalt und damit nicht Geschäftsgrundlage des Vertrages ist. So ist es vor allem beim Unterhaltsverzicht.[14] Es ist *Büttner*[15] darin zuzustimmen, dass ein Wegfall der Geschäftsgrundlage nur selten zu bejahen sein wird. Das OLG München[16] hat ihn mit der Folge der Unwirksamkeit des ehevertraglichen Ausschlusses des Versorgungsausgleichs in einem Fall angenommen, in dem die Eheleute im Ehevertrag einleitend festgestellt hatten: „Wir beide haben einen erlernten Beruf und werden in unserer Ehe unsere Alterssicherung getrennt aufbauen". Die Frau hatte dann wegen der Geburt eines Kindes ihre Berufstätigkeit aufgegeben. Die Entscheidung zeigt die Problematik derartiger dem Ehevertrag als Präambeln vorangestellter Absichtserklärungen auf.[17]

5. Nichtigkeit wegen Sittenwidrigkeit

635 *a) Grundsätze.* Bei nicht fallgruppengerechten, dem Rechtsgefühl widersprechenden Eheverträgen liegt die Annahme der Sittenwidrigkeit i.S. von § 138 Abs. 1 BGB nahe und wird auch von Juristen immer wieder spontan artikuliert. Hier sind aber zwei Warntafeln aufzustellen. Einmal kommt es für die Beurteilung auf die Umstände zur Zeit des Vertragsabschlusses an, nicht auf den Zeitpunkt des Eintritts der Rechtswirkung.[18] Zum zweiten soll die Vorschrift nur die Einhaltung der äußersten Grenzen der herrschenden Rechts- und Sozialmoral sichern.[19] Wie so oft hilft nur die Fallgruppenbildung, bei der die Rechtsprechung schon fortgeschritten ist.

636 *b) Eintritt der Sozialhilfebedürftigkeit.* Für die Scheidungsvereinbarung hat der BGH mit Urteil vom 8.12.1982[20] festgestellt, dass der Unterhaltsverzicht wegen Sittenwidrigkeit nichtig ist, wenn der verzichtende Ehegatte durch ihn zwangsläufig

---

[13] BGH NJW 1988, 2599; *Büttner* FamRZ 1998, 1/3.
[14] OLG Hamm FamRZ 1993, 973.
[15] FamRZ 1998, 1/4.
[16] FamRZ 1995, 95.
[17] Zur Funktion der Präambel auch als Festlegung der Vertragsgrundlage *Langenfeld*, Vertragsgestaltung, Rdn. 182, 268.
[18] BGH FamRZ 1985, 789; FamRZ 1991, 306; FamRZ 1992, 1403.
[19] *Büttner* FamRZ 1998, 1/4.
[20] NJW 1983, 1851 = BGHZ 86, 82.

§ 5. Eheverträge über den nachehelichen Unterhalt

der Sozialhilfe anheimfällt. Diese sittenwidrige Belastung eines Dritten muss nicht auf einer Schädigungsabsicht beruhen.[21] Wohl aber muss den Vertragsschließenden die drittschädigende Auswirkung des Verzichts bewusst gewesen sein.[22] Das OLG Koblenz[23] hat sogar bei laufendem Sozialhilfebezug dieses Bewusstsein verneint, wenn die Parteien lediglich eine Ehestabilisierung erreichen wollten. Das Schädigungsbewusstsein wird schwer nachzuweisen sein, wenn in die Vereinbarung eine von den Parteien vorgestellte wirtschaftliche Sicherung etwa durch Aufnahme einer Berufstätigkeit ausdrücklich aufgenommen wird.[24] Beim vorsorgenden Ehevertrag von Verlobten liegen schon die objektiven Voraussetzungen der Drittbenachteiligung nicht vor, da zum Zeitpunkt des Vertragsschlusses die Ehe und damit Unterhaltsansprüche noch nicht bestehen und deshalb der Unterhaltsverzicht die Bedürftigkeit nicht erhöht.[25] Beim vorsorgenden Ehevertrag von Eheleuten fehlt es am subjektiven Drittschädigungsbewusstsein, da die Eheleute vom Bestand der Ehe ausgehen und lediglich von der vorsorgenden Ehevertragsfreiheit Gebrauch machen.[26] Sittenwidrigkeit wegen Benachteiligung der Sozialhilfe kommt damit nur in Betracht, wenn es sich um einen scheidungsbezogenen Ehevertrag i. S. der Vorbereitung der beabsichtigten oder erwogenen Scheidung handelt.

Diese Grundsätze gelten auch für den ehevertraglichen Ausschluss des Versorgungsausgleichs.[27]

c) Ausnutzung psychischer Zwangslagen. In zwei Entscheidungen hat der BGH[28] festgestellt, dass ein Unterhaltsverzicht bzw. Versorgungsausgleichsausschluss zulasten der schwangeren Verlobten auf Verlangen des Mannes, der nur bei Abschluss dieses Ehevertrages heiraten will, nicht sittenwidrig ist. Er begründet dies mit der Eheschließungsfreiheit des Mannes, der von einer Eheschließung absehen und sich auf die rechtlichen Pflichten eines nichtehelichen Vaters zurückziehen könnte. Der BGH verkennt die Zwangslage der Frau nicht, sieht aber die Geltendmachung der Eheschließungsfreiheit durch den Mann nicht als zu missbilligende Ausbeutung dieser Zwangslage an. An dieser Wertung stößt sich ein Teil der Literatur.[29]

637

Entsprechend hat der BGH in einem Fall entschieden, in dem der Mann nach einer Ehekrise zur Fortsetzung der seit vier Jahren bestehenden Ehe nur gegen Abschluss eines Ehevertrages über Gütertrennung, Versorgungsausgleichsausschluss und Unterhaltsverzicht bereit war.[30] Er lässt offen, wie nach langjähriger Ehe zu entscheiden wäre und zitiert ohne Wertung eine Entscheidung des OLG Karlsruhe,[31] die einen entsprechenden Vertrag mit zusätzlicher Übertragung der Haushälfte auf den Ehemann nach 25-jähriger Hausfrauenehe für sittenwidrig und nichtig angesehen hatte. Dies ist wohl so zu verstehen, dass sich der BGH die abweichende Entscheidung im Einzelfall offen halten will.[32]

---

[21] BGH aaO.
[22] OLG Köln FamRZ 1990, 634.
[23] FamRZ 1995, 171.
[24] *Büttner* FamRZ 1998, 1/4.
[25] BGH, NJW 1992, 3164 = LM Nr. 25 zu § 138 BGB m. Anm. *Langenfeld.*
[26] BGH NJW 1991, 913.
[27] BGH, NJW 1997, 126 = LM Nr. 52 zu § 138 BGB m. Anm. *Langenfeld* = FamRZ 1996, 1536.
[28] BGH NJW 1992, 3164 = LM § 138 BGB Nr. 23 m. Anm. *Langenfeld* = FamRZ 1992, 1403; NJW 1997, 126 = LM § 138 BGB Nr. 52 m. Anm. *Langenfeld* = FamRZ 1996, 1536.
[29] *Schwenzer* AcP 196 – 1996 – 88; *Büttner* FamRZ 1997, 600 und FamRZ 1998, 1; a. A. *Grziwotz* FamRZ 1997, 585.
[30] BGH FamRZ 1997, 156 = NJW 1997, 192 = DNotZ 1997, 410.
[31] FamRZ 1991, 332.
[32] Vgl. auch die Entscheidungen OLG Zweibrücken FamRZ 1996, 869 einerseits und OLG Koblenz FamRZ 1996, 121 andererseits.

638 **d) *Ausübungskontrolle über § 242 BGB.*** Liegen beim Unterhaltsverzicht die Voraussetzungen des Kindesbetreuungsunterhalts nach § 1570 BGB vor, so nimmt der BGH über § 242 BGB anstelle der Inhaltskontrolle mit dem Verdikt der Nichtigkeit eine Ausübungskontrolle vor.[33] Nach dieser Rechtsprechung,[34] ist dem auf Unterhalt in Anspruch genommenen geschiedenen Ehegatten die Berufung auf einen Unterhaltsverzicht des anderen nach § 242 BGB verwehrt, wenn der Verzicht dadurch gegen Treu und Glauben verstösst, dass durch die Berufung auf ihn überwiegende schutzwürdige Interessen gemeinschaftlicher Kinder verletzt werden. Zwar kann der Unterhaltsverzicht grundsätzlich auch einem Unterhaltsanspruch aus § 1570 BGB entgegengehalten werden, jedoch kann sich der Ehemann nach Treu und Glauben nicht auf den Unterhaltsverzicht berufen, solange und soweit das Wohl des von der Ehefrau betreuten Kindes den Bestand der Unterhaltspflicht fordert. Dies gilt unabhängig davon, ob bei Abschluss des Unterhaltsverzichts die Geburt eines gemeinschaftlichen Kindes nicht bedacht oder sogar ausgeschlossen wurde, oder ob sie bereits bevorstand.

Die Berufung auf den Unterhaltsverzicht wird aber nicht endgültig und völlig ausgeschlossen, sondern nur zeitlich und in der Höhe des Unterhalts begrenzt. Zeitlich ist die Berufung auf den Verzicht nur solange ausgeschlossen, wenn die Notwendigkeit einer Betreuung des gemeinschaftlichen Kindes andauert. Es gelten also insofern die Rechtsprechungsgrundsätze über die Erwerbsobliegenheit des betreuenden Elternteils, nach denen eine Verpflichtung jedenfalls zu einer Teilzeitbeschäftigung nur zu verneinen ist, solange das Kind noch nicht acht Jahre alt ist. Weiterhin wird den zwingenden Interessen des Kindes hinsichtlich des an den betreuenden Elternteil zu zahlenden Unterhalts dadurch genügt, dass dem betreuenden Elternteil der notwendige Unterhalt i.S. des Mindestbedarfs, etwa nach der Düsseldorfer Tabelle, gewährt wird. Es ist also nur der Unterhalt zu zahlen, der es dem betreuenden Elternteil ermöglicht, sich der Pflege und Erziehung des Kindes zu widmen, ohne eine Erwerbstätigkeit aufzunehmen oder Sozialhilfe zu beanspruchen.

Nach Ansicht des OLG Düsseldorf[35] hat der Notar auf diese Rechtsprechung hinzuweisen und haftet bei Unterbleiben eines solchen Hinweises möglicherweise dem unterhaltspflichtigen Ehepartner auf Freistellung von den Unterhaltsansprüchen des anderen Ehegatten.

Der BGH[36] bezeichnet es als zweifelhaft, ob diese zum Unterhaltsverzicht entwickelten Grundsätze auf den ehevertraglichen Ausschluss des Versorgungsausgleichs übertragen werden können, sieht sich aber im Beschluss vom 18. 9. 1996 nicht zu einer abschließenden Beurteilung der Frage benötigt. Sie dürfte zu verneinen sein, da das Interesse der Kinder nicht so vital berührt wird wie beim Unterhaltsverzicht.

6. Inhaltskontrolle wegen gestörter Vertragsparität

639 **a) Kritische Literatur.** Nach der Rechtsprechung des BVerfG zur Bürgschaft[37] kann ein Vertrag bei struktureller Unterlegenheit eines Vertragsteils und hieraus folgender ungewöhnlicher Belastung dieses Vertragsteils über §§ 138, 242 BGB

---

[33] Vgl. *Langenfeld,* Von der Inhaltskontrolle zur Ausübungskontrolle, Festschrift Schippel 1996, 251.
[34] BGH FamRZ 1985, 787; FamRZ 1985, 788; FamRZ 1991, 306; FamRZ 1992, 1403; NJW 1995, 1148.
[35] DNotZ 1997, 656.
[36] LM § 138 Nr. 52 aaO.
[37] BVerfG FamRZ 1994, 151 = NJW 1994, 36; NJW 1996, 2021; vgl. auch *Pape* NJW 1997, 980.

richterlich korrigiert werden. Hieran anknüpfend fordern *Schwenzer*[38] und *Büttner*[39] eine richterliche Inhaltskontrolle auch von Eheverträgen. Die Problematik ist oben in Rdn. 30 ausführlich dargestellt.

b) Meinung des BGH. Den bisherigen Standpunkt des BGH gibt *Gerber*[40] eindrucksvoll wieder. Die OLG halten sich überwiegend hieran[41] weichen aber auch teilweise auf nicht haltbare Einzelfalljurisprudenz aus.[42]

7. Folgerungen für die Beurkundungspraxis

Für die Beurkundungspraxis ist von der Rechtsprechung des BGH auszugehen. Nach ihr ist grundsätzlich auch der nicht ehetypgerechte Ehevertrag von der Eheschließungsfreiheit gedeckt und nicht sittenwidrig und nichtig. Der Notar kann seine Beurkundung nicht nach § 4 BeurkG ablehnen.

Dies bedeutet aber nicht, dass der Notar nicht alles versuchen muss, um in der Ehevertragsverhandlung einen ehetypgerechten Vertrag zustandezubringen. Nur wenn seine Vorhaltungen und Belehrungen nichts fruchten, darf er die Beurkundung nicht ablehnen, hat aber dann – schon im eigenen Haftungsinteresse – die erfolgte Beratung und Folgenbelehrung in der Urkunde zweifelsfrei zu dokumentieren. Nur so wird er dem hohen Anspruch der Vertragsfreiheit und den berechtigten Erwartungen der Rechtsprechung gerecht. Der BGH führt im Beschluss vom 18. 9. 1996 aus: „Schutz davor, dass der Ehevertrag aus Unerfahrenheit oder Gesetzesunkenntnis abgeschlossen wird, bietet die aus § 17 BeurkG folgende Belehrungspflicht des beurkundenden Notars". Diesen Appell an die gesetzlichen Mindestpflichten hat der Notar angesichts der dargestellten Bedrohungen der Vertragsfreiheit zum Anlass zu nehmen, darüber hinaus in Anwendung der Grundsätze der Ehevertragsgestaltung nach Fallgruppen und Vertragstypen inhaltliche Standards zu setzen und nach Möglichkeit durchzusetzen. Funktion und Amt des Notars können auf Dauer nur bewahrt und verteidigt werden, wenn sich die Träger dieses Amtes zu inhaltlichen Vorgaben bekennen.

II. Der Unterhaltsverzicht

Der Unterhaltsverzicht ist der **häufigste Vereinbarungstyp** der Unterhaltsvereinbarung nach § 1585 c BGB. Dies gilt nicht nur für die scheidungsbezogene Unterhaltsvereinbarung,[43] sondern auch für die vorsorgende Unterhaltsvereinbarung. Denn gerade bei der vorsorgenden Unterhaltsvereinbarung sind Modifizierungen des gesetzlichen nachehelichen Unterhalts mit einem besonderen Vorhersehbarkeitsrisiko verbunden, während der Unterhaltsverzicht den Vorteil der Eindeutigkeit und Klarheit hat. In einer freiheitlichen Rechtsordnung kann jeder Bürger auf Wohltaten, die das Gesetz für ihn vorsieht, verzichten, wenn dies ohne Zwang, in Kenntnis der Konsequenzen und in freier Willensentscheidung geschieht. Die **Orientierung an Ehetypen** erleichtert den Partnern und dem Rechtsberater den sachgerechten Gebrauch der Vertragsfreiheit. Sachgerecht im Sinne eines objektiven Interessenausgleichs ist der vorsorgende völlige Unterhaltsverzicht dann, wenn die höchstmögliche Gewähr gegeben ist, daß die wirtschaftliche Unabhängigkeit beider Partner gesichert ist und bleibt. Es sind dies Ehen beiderseits vermögender und wirtschaftlich unabhängiger Ehegatten, Doppelverdienerehen und die Wiederverheiratung

---
[38] AcP 196 – 1996 –, 88.
[39] FamRZ 1998, 1.
[40] Sonderheft 25. Deutscher Notartag Münster 1998 der DNotZ, 288 ff.
[41] Vgl. OLG Köln NJW-RR 1999, 1161; OLG Hamm NJW-RR 1999, 1306.
[42] Vgl. OLG Schleswig NJW-RR 1999, 1094 = MittBayNot 1999, 384 m. abl. Anm. *Grziwotz*.
[43] *Müller-Alten* S. 145.

4. Kapitel. Eheverträge

von Rentnern. Unterhaltsverzichte unter dieser Ebene sind problematisch. Sie bleiben aber zulässig und sind nicht sittenwidrig, wenn der wirtschaftlich schwächere Partner das Risiko überblickt. Dies kann etwa dann der Fall sein, wenn der andere Partner nur unter der Bedingung eines Unterhaltsverzichts zur Ehe bereit ist, und der wirtschaftlich schwächere Partner dies in Kenntnis des Risikos akzeptiert. Auch in dieser Form ist die Ehe immer noch der nichtehelichen Lebensgemeinschaft vorzuziehen. Im übrigen bekräftigt die Möglichkeit des Unterhaltsverzichts den Grundsatz des § 1569 BGB, daß nach Scheidung jeder Ehegatte für seinen Unterhalt selbst verantwortlich ist.

642 *a) Der gegenseitige völlige Verzicht.* Möglich und häufig ist der gegenseitige völlige Verzicht auf jegliche nachehelichen Unterhaltsansprüche. In dieser Form und Formulierung umfaßt er alle Unterhaltstatbestände einschließlich des Kindesbetreuungsunterhalts nach § 1570 BGB[44] und des Notunterhalts. Es ist also nicht erforderlich, besondere Unterhaltstatbestände oder Bedürfnislagen ausdrücklich auszuschließen. Insbesondere ist es nicht erforderlich, aber klarstellend und weithingehend praxisüblich, den Unterhaltsverzicht ausdrücklich auch für den **Fall der Not** zu vereinbaren.

> **Formulierungsvorschlag**
>
> Die Eheleute verzichten hiermit gegenseitig auf jeglichen nachehelichen Unterhalt, auch für den Fall der Not, und nehmen den Verzicht gegenseitig an.

643 Wie immer sind auch **Bedingungen, Befristungen und Rücktrittsvorbehalte** möglich. So kommt etwa ein Rücktrittsvorbehalt dann in Betracht, wenn die Beteiligten zwar vom Fortbestand der kinderlosen Doppelverdienerehe ausgehen, aber die Geburt von Kindern nicht ausgeschlossen ist. Bei notarieller Beurkundung einer derartigen Vereinbarung empfiehlt es sich wie beim Rücktrittsvorbehalt vom Ausschluß des Versorgungsausgleichs, eine besondere Rücktrittsform zu vereinbaren.

> **Formulierungsvorschlag**
>
> Falls entgegen den jetzigen Vorstellungen der Beteiligten gemeinsame Kinder geboren oder angenommen werden, kann der Ehegatte, der zur Betreuung eines Kindes seine Berufstätigkeit aufgibt oder einschränkt, vom Unterhaltsverzicht mit der Wirkung zurücktreten, daß dieser gegenseitig völlig entfällt. Der Rücktritt ist zur Urkunde eines Notars zu erklären und dem anderen Ehegatten nach den Vorschriften über den Rücktritt vom Erbvertrag zuzustellen.

644 *b) Verzicht mit Ausnahme des Notbedarfs.* Der Unterhaltsverzicht auch für den Fall der Not und auch dann, wenn der bedürftige Ehegatte nach dem Gesetz Kindesbetreuungsunterhalt verlangen könnte, kann in die Nähe der Sittenwidrigkeit oder zumindest der Korrektur über § 242 BGB gelangen, wenn der bedürftige Ehegatte in seinem Gefolge zum Sozialhilfefall wird. Dem kann der Unterhaltsverzicht mit ausdrücklicher Ausnahme des Falles der Not vorbeugen. Gerade beim vorsorgenden Unterhaltsverzicht liegt hier nicht selten eine angemessene Kompromißlösung. Der Unterhaltsverzicht ausgenommen für den Fall der Not ist mehrfach bedingt. Er entfaltet zunächst regelmäßig seine volle Wirkung, verliert diese jedoch dann, wenn der geschiedene Ehegatte in Not gerät. Entfällt die Notlage dann, so lebt der Unterhaltsverzicht wieder auf. Unterhaltsansprüche bestehen nur in dem

---

[44] BGH NJW 1985, 1835, 18; BGH FamRZ 1991, 306; *Göppinger/Wenz* Rdn.308; *Johannsen/Henrich/Büttner* § 1585c Rdn. 8.

§ 5. Eheverträge über den nachehelichen Unterhalt

Zeitraum, in dem die Notlage vorliegt.[45] Diese Unterhaltsansprüche sind **auf den notwendigen Unterhalt beschränkt.** Dies bedeutet, daß der Unterhaltsberechtigte nicht den angemessenen Unterhalt im Sinne von § 1578 BGB verlangen kann, aber auch nicht auf den notdürftigen Unterhalt beschränkt ist, sondern Anspruch auf den notwendigen Eigenbedarf oder Mindestselbsterhalt im Sinne der Unterhaltstabellen hat.[46]

Es empfiehlt sich, den Unterhaltsumfang in diesem Sinne oder in dem Sinne zu definieren, daß der entsprechende **Sozialhilfeanspruch** geschuldet wird.[47] Weiterhin empfiehlt es sich, in der Vereinbarung festzuhalten, wann eine Notlage vorliegt. Dies kann wiederum dadurch definiert werden, daß die Einkünfte des Bedürftigen den notwendigen Eigenbedarf oder die Höhe der Sozialhilfe nicht erreichen. Weiterhin empfiehlt es sich, genau festzulegen, in welchem Umfang der Unterhaltsberechtigte persönliche oder sachliche Mittel zur Abwendung seiner Notlage einsetzen muß. Nach dem gesetzlichen Unterhaltsrecht hat er nur eine angemessene Erwerbstätigkeit im Sinne von § 1574 BGB auszuüben, während etwa § 18 BSHG strengere Anforderungen stellt. Im Zweifel dürfte es sich empfehlen, die Grundsätze des Sozialhilferechts zu vereinbaren.[48]

645

Es ist auch zu beachten, daß das reformierte Unterhaltsrecht eine Vielzahl von Unterhaltstatbeständen mit verschiedenen Einsatzpunkten kennt, woraus sich ein Regelungsbedarf für die Ausnahme des Notunterhalts ergibt.[49] Die hier möglichen Auslegungsschwierigkeiten beim Eintritt eines Notbedarfs zu einem Zeitpunkt nach der Scheidung machen die Klausel nur dann unzweckmäßig,[50] wenn den **Auslegungsschwierigkeiten** nicht durch besondere Vereinbarungen vorgebeugt wird. Hier kann vereinbart werden, daß der Notunterhalt auf die Fälle der §§ 1570, 1572 Nr. 2 BGB beschränkt wird oder daß Voraussetzung der Geltendmachung von Notunterhalt ist, daß seit Scheidung die gesetzlichen Voraussetzungen für einen Unterhaltsanspruch vorgelegen haben oder schließlich, daß auch nach den gesetzlichen Einsatzzeitpunkten noch Unterhalt geschuldet würde.

646

Formulierungsvorschlag

Die Ehegatten verzichten gegenseitig auf jeglichen nachehelichen Unterhalt und nehmen den Verzicht gegenseitig an. Ausgenommen hiervon ist der Fall, daß ein Ehegatte in Not gerät. Eine derartige Notlage liegt dann vor, wenn dem Ehegatte der monatliche notwendige Eigenbedarf – Selbsterhalt – nach der überwiegend verwendeten Unterhaltstabelle, derzeit B IV der Düsseldorfer Tabelle, nicht zur Verfügung steht. An Unterhalt wird dann geschuldet die Differenz zwischen den tatsächlichen Einkünften des Ehegatten und dem Betrag des notwendigen Eigenbedarfs. Der Unterhaltsberechtigte muß sein Vermögen nach den Grundsätzen des Rechts des nachehelichen Unterhaltes einzusetzen. Für seine Erwerbsobliegenheit gelten die Grundsätze des Sozialhilferechts.
Dieser notwendige Unterhalt kann nur verlangt werden, wenn der bedürftige Ehegatte zum Zeitpunkt des Verlangens Kindesbetreuungsunterhalt nach §§ 1570, 1572 Nr. 2 BGB verlangen könnte.
(Oder: Voraussetzung der Geltendmachung von Notbedarf ist, daß der bedürftige

---

[45] *Graf* S. 24.
[46] BGH NJW 1981, 51 = FamRZ 1980, 1104; OLG Karlsruhe FamRZ 1985, 1050; *Soergel/Häberle* § 1585 c Rdn. 12; *Göppinger/Wenz* Rdn. 310.
[47] *Graf* S. 26.
[48] *Graf* S. 26.
[49] *Jäger* FamRZ 1987, 137.
[50] *Johannsen/Henrich/Büttner* § 1585 c Rdn. 9.

> Ehegatte zum Zeitpunkt des Verlangens Unterhalt nach den gesetzlichen Vorschriften verlangen könnte, wenn also seit der Scheidung die gesetzlichen Voraussetzungen für einen Unterhaltsanspruch vorgelegen haben.)
> (Oder: Voraussetzung der Geltendmachung von Notbedarf ist nicht, daß der bedürftige Ehegatte zum Zeitpunkt des Verlangens Unterhalt nach den gesetzlichen Vorschriften verlangen könnte. Ein gesetzlicher Unterhaltstatbestand unter Berücksichtigung der gesetzlichen Einsatzzeitpunkte braucht also nicht gegeben zu sein. Es genügt die Bedürftigkeit des Berechtigten und die Leisungsfähigkeit des Verpflichteten.)

647 c) *Verzicht mit Ausnahme des Kindesbetreuungsunterhalts.* Eine sachgerechte Lösung kann, wenn eine Bedürftigkeit wegen Kindesbetreuung nicht auszuschließen ist, der Unterhaltsverzicht mit Ausnahme des Betreuungsunterhalts sein.

Die praktische Durchsetzung dieser Modifizierung wird dadurch erleichtert, daß der BGH[51] dem durch den Unterhaltsverzicht begünstigten Ehegatten die Berufung auf den Verzicht nach § 242 BGB versagt, solange und soweit das Wohl des vom anderen Ehegatten betreuten Kindes den Bestand der Unterhaltspflicht fordert. Zeitlich ist die Berufung auf den Unterhaltsverzicht solange ausgeschlossen, wie die Notwendigkeit der Betreuung eines Kindes andauert. Der Höhe nach kann regelmäßig nicht der volle gesetzliche Unterhalt, sondern nur der notwendige Unterhalt i.S. des Mindestbedarfs nach der Düsseldorfer Tabelle verlangt werden. Die gilt auch dann, wenn bei Abschluß des Unterhaltsverzichts die Voraussetzungen des § 1570 BGB bereits absehbar waren und ein Anspruch auf Betreuungsunterhalt gezielt ausgeschlossen werden sollte.

Die Vereinbarung kann sich damit begnügen, den Betreuungsunterhalt in der zeitlichen und höhenmäßigen Begrenzung der BGH-Rechtsprechung vom Verzicht auszunehmen. Sie kann auch, wie im folgenden Formulierungsvorschlag, die höhenmäßige Begrenzung nicht übernehmen.

> **Formulierungsvorschlag**
> Die Ehegatten verzichten gegenseitig auf nachehelichen Unterhalt und nehmen den Verzicht gegenseitig an. Ausgenommen hiervon ist der Fall, daß ein Ehegatte nach den gesetzlichen Vorschriften, derzeit §§ 1570, 1572 Nr. 2 BGB, Unterhalt wegen Betreuung eines Kindes verlangen könnte. Mit dem Abschluß der Kindesbetreuung tritt der Verzicht wieder in Kraft. Im Anschluß an die Kindesbetreuung kann Unterhalt aus anderen gesetzlichen Gründen nicht verlangt werden.

648 d) *Unterhaltsverzicht für den Fall des Scheidungsverschuldens.* Vor der Änderung des § 1579 BGB durch das Unterhaltsänderungsgesetz mit der Einführung der gesetzlichen Möglichkeit, den Unterhaltsanspruch zu versagen, herabzusetzen oder zeitlich zu begrenzen, wenn die Inanspruchnahme des Verpflichteten grob unbillig wäre, weil dem Berechtigten ein offensichtlich schwerwiegendes, eindeutig bei ihm liegendes Fehlverhalten gegen den Verpflichteten zur Last fällt, wurde in der Literatur die Frage aufgeworfen, ob die Ehegatten den Ausschluß des nachehelichen Unterhalts für denjenigen Ehegatten vereinbaren können, den am Sch Für den Fall der Scheidung unserer Ehe vereinbaren wir, daß ein Unterhaltsanspruch für denjenigen Ehegatten ausgeschlossen ist, den an der Scheidung unter Zugrundelegung der Rechtslage, die bis zum 30. 6. 1977 bestanden hat, das alleinige Verschulden träfe.eitern der Ehe das überwiegende oder alleinige Schulden trifft.[52] Nach

---

[51] BGH NJW 1992, 3164 = FamRZ 1992, 291 = LM § 138 BGB (Ca) Nr. 23 m. Anm. *Langenfeld*; BGH FamRZ 1995, 291.
[52] *Walter* NJW 1981, 1409; *Ludwig* DNotZ 1982, 651.

§ 5. Eheverträge über den nachehelichen Unterhalt

Inkrafttreten der neuen Härteregelung ist der Frage die praktische Spitze genommen. Nach entsprechendem Hinweis verzichten die Beteiligten regelmäßig auf die Vereinbarung einer derartigen Verschuldensklausel, weil ihnen die gesetzliche Regelung zur Abwendung unzumutbarer Unterhaltsansprüche als ausreichend erscheint.

Unabhängig hiervon bleibt eine derartige Vereinbarung zulässig.[53] Die Vereinbarung eines Rechtszustandes, der jahrzehntelang Gesetz war, kann nicht jetzt unzulässig sein. Die Formulierung kann, wenn die Beteiligten auf der Vereinbarung bestehen, dem Vorschlag von *Ludwig*[54] folgen: 649

> **Formulierungsvorschlag**
> Für den Fall der Scheidung unserer Ehe vereinbaren wir, daß ein Unterhaltsanspruch für denjenigen Ehegatten ausgeschlossen ist, den an der Scheidung unter Zugrundelegung der Rechtslage, die bis zum 30. 6. 1977 bestanden hat, das alleinige Verschulden träfe.

e) Verzicht mit Gegenleistung. Auch beim vorsorgenden völligen Unterhaltsverzicht können, was allerdings im Rahmen der Scheidungsvereinbarung häufiger ist, unterhaltssichernde Gegenleistungen vereinbart werden. So kann als Gegenleistung für den Unterhaltsverzicht ein Leibrentenstammrecht bestellt werden.[55] Für die Formulierung dieser novierenden Unterhaltsvereinbarung und ihrer Wertsicherung gelten die bei der scheidungsbezogenen Vereinbarung dargestellten Grundsätze.[56] 650

f) Verzicht bei nur kurzer Ehedauer. Wie beim Zugewinnausgleich (Rdn. 168) und Versorgungsausgleich (Rdn. 598) kann auch beim nachehelichen Unterhalt ein Unterhaltsverzicht für den Fall der Frühscheidung zweckmäßig sein. Der Unterhaltsanspruch wegen Kindesbetreuung nach § 1570 BGB sollte hier ausdrücklich ausgenommen werden. 651

> **Formulierungsvorschlag**
> Für den Fall, daß unsere Ehe vor Ablauf von fünf Ehejahren geschieden wird, verzichten wir gegenseitig und völlig auf jeden nachehelichen Unterhalt und nehmen den Verzicht gegenseitig an. Dies gilt jedoch nicht für den Fall, daß ein Ehegatte vom anderen Unterhalt nach § 1570 BGB wegen Betreuung eines gemeinschaftlichen Kindes verlangen kann. Der Unterhalt ist jedoch nur so lange zu zahlen, wie die Voraussetzungen des § 1570 vorliegen. Nach deren Wegfall treten Anschlußtatbestände nicht in Kraft.

III. Vertragliche Modifizierungen des gesetzlichen Unterhaltsrechts

Die häufigste Vereinbarungsform der vorsorgenden Unterhaltsvereinbarung ist der Unterhaltsverzicht. Angesichts der Ungewißheit der künftigen Entwicklung sowohl der Gesetzeslage als auch der Lebensumstände der Beteiligten ist bei modifizierenden Eingriffen in das gesetzliche Unterhaltungssystem Vorsicht geboten. In 652

---
[53] *Göppinger* S. 4; *Soergel/Häberle* Rdn. 11; *Johannsen/Henrich/Büttner* § 1585 c Rdn. 12; MünchKomm/*Maurer* § 1585 c Rdn. 16.
[54] DNotZ 1982, 651/667.
[55] Zustimmend *Johannsen/Henrich/Büttner* § 1585 c Rdn. 13.
[56] Vgl. Rdn. 796.

4. Kapitel. Eheverträge

Betracht kommen **zeitliche Unterhaltsbegrenzungen** entsprechend der Ehedauer und **Modifizierungen der gesetzlichen Regelungen,** die beim reformierten nachehelichen Unterhaltsrecht zur Kritik Anlaß gegeben haben,[57] wie etwa der Unterhaltsmaßstab der ehelichen Lebensverhältnisse, der Aufstockungsanspruch oder der Kapitalabfindungsanspruch. Das Unterhaltsrechtsänderungsgesetz 1986 hat die einschneidensten Härten der bisherigen gesetzlichen Regelung beseitigt. Der Richter kann hier den nachehelichen Unterhalt nach Dauer und Maß begrenzen und grobe Unbilligkeiten abstellen. Der Vereinbarungsspielraum vorsorgender Vereinbarungen nach § 1585c BGB wird durch diese gesetzliche Neuregelung weder erweitert noch eingeschränkt. Die gesetzliche Regelung kann als Modell vertraglicher Vereinbarungen dienen. Sie kann aber auch, wenn sich die Beteiligten diesen späteren Eingriffsmöglichkeiten des Richters anvertrauen wollen, entsprechende Vereinbarungen erübrigen.

653 *a) Zeitliche Begrenzung nach Ehedauer.* In der notariellen Praxis sind insbesondere bei Eheschließung von vermögenden Freiberuflern und Unternehmern die Fälle häufig, in denen die lebenslange Unterhaltsknechtschaft nach nur relativ kurzer Ehe gescheut wird und der Wunsch nach **ehezeitanteiliger zeitlicher Begrenzung des nachehelichen Unterhalts** laut wird. Eine derartige Vereinbarung hat natürlich immer den Charakter des Willkürlichen, wird aber den Interessen des wirtschaftlich schwächeren Ehegatten besser gerecht als ein völliger Unterhaltsverzicht, auf dem der andere Ehegatte oder Verlobte sonst bestehen würde.

> **Formulierungsvorschlag**
> Bei der gesetzlichen Regelung des nachehelichen Unterhalts soll es grundsätzlich verbleiben. Jedoch begrenzen wir hiermit die Dauer nachehelicher Unterhaltsansprüche wie folgt:
> Hat die Ehe vom Zeitpunkt der Eheschließung bis zum Zeitpunkt der Rechtshängigkeit der Scheidung nicht länger als fünf Jahre gedauert, so wird die zeitliche Höchstdauer des nachehelichen Unterhalts auf drei Jahre ab Rechtskraft der Scheidung begrenzt, soweit sich nicht nach der gesetzlichen Regelung eine kürzere Dauer ergibt. Hat die Ehe in diesem Sinne länger als fünf Jahre, aber nicht länger als zehn Jahre gedauert, so beträgt die Höchstdauer der Unterhaltsverpflichtung sieben Jahre, bei einer Ehedauer von mehr als zehn, jedoch weniger als fünfzehn Jahren beträgt die Höchstdauer zehn Jahre, bei einer Ehedauer von über fünfzehn Jahren tritt keine vereinbarte Begrenzung der Höchstdauer mehr ein. Soweit und solange einem geschiedenen Ehegatten die Pflege und Erziehung eines gemeinschaftlichen ehelichen minderjährigen Kindes obliegt und von ihm auch tatsächlich wahrgenommen wird, treten obige Höchstgrenzen der Unterhaltsdauer nicht in Kraft. Nach Beendigung der Pflege und Erziehung, spätestens also mit Erreichung der Volljährigkeit des Kindes, erhält dieser Ehegatte, soweit die gesetzlichen Voraussetzungen im übrigen vorliegen, noch höchstens drei Jahre Unterhalt, es sei denn, aus den vereinbarten Fristen ohne Kindesbetreuung würde sich angesichts der Ehedauer eine längere Unterhaltsberechtigung ergeben, wobei für die Berechnung dieser etwaigen längeren Unterhaltsberechnung vom Zeitpunkt der Rechtskraft der Scheidung auszugehen ist.

654 *b) Betragsmäßige Unterhaltsbegrenzung.* In Luxusfällen, bei denen eine Sättigungsgrenze diskutiert wird,[58] kann auch eine zahlenmäßige Begrenzung des nachehelichen Unterhalts mit entsprechender Wertsicherung zweckmäßig sein.

---

[57] Vgl. Rdn. 701 ff.
[58] Vgl. Rdn. 291.

§ 5. Eheverträge über den nachehelichen Unterhalt

Formulierungsvorschlag

Bei der gesetzlichen Regelung des nachehelichen Unterhalts soll es grundsätzlich verbleiben. Jedoch begrenzen wir hiermit die Höhe etwaiger Ansprüche eines geschiedenen Ehegatten gegen den anderen auf nachehelichen Unterhalt wie folgt: Der monatlich geschuldete nacheheliche Unterhalt beträgt höchstens 5.000,– DM in Worten: Fünftausend Deutsche Mark monatlich. Der Unterhaltsberechtigte ist verpflichtet, die zu einem Steuervorteil für den Unterhaltsverpflichteten erforderlichen Erklärungen in der erforderlichen Form abzugeben, wenn ihm der Unterhaltsverpflichtete die hieraus entstehenden Nachteile ersetzt. Der obige Höchstbetrag ist also immer als Nettobetrag zu verstehen.

Den Höchstbetrag legen wir nach den heutigen Lebenshaltungskosten fest. Wir vereinbaren deshalb, daß sich der Höchstbetrag nach oben oder unten im gleichen prozentualen Verhältnis verändert, wie sich der vom Statistischen Bundesamt festgestellte Preisindex für die Lebenshaltung aller privaten Haushalte nach oben oder unten verändert. Die erste Anpassung erfolgt bei Rechtskraft der Ehescheidung durch den Vergleich des heute festgestellten Preisindex mit dem dann geltenden Preisindex. Jede weitere Anpassung erfolgt dann in jährlichem Abstand bei Veröffentlichung des neuen Preisindex durch das Statistische Bundesamt.

Mit der Vereinbarung dieser wertgesicherten Höchstgrenze ist kein Anspruch auf Zahlung von nachehelichem Unterhalt in dieser Höhe verbunden. Vielmehr verbleibt es bezüglich Grund und Höhe eines etwaigen Unterhaltsanspruchs bei den gesetzlichen Bestimmungen. Nur wenn sich nach diesen ein höherer Unterhaltsanspruch eines geschiedenen Ehegatten gegen den anderen ergeben sollte, treten obige Höchstgrenzen in Kraft.

c) Herabsetzung des Unterhaltsmaßstabs. 655

Formulierungsvorschlag

Für den nachehelichen Unterhalt soll es grundsätzlich bei der gesetzlichen Regelung verbleiben. Jedoch soll sich das Maß des Unterhalts nicht nach den ehelichen Lebensverhältnissen, sondern nach dem erlernten bzw. dem mit höherem Einkommen verbundenen ausgeübten Beruf des unterhaltsberechtigten Ehegatten bestimmen. Der Aufstockungsanspruch des § 1573 Abs. 2 BGB und der Kapitalisierungsanspruch des § 1585 Abs. 2 BGB werden ausgeschlossen.[59]

d) Ausschluß einzelner Unterhaltstatbestände. 656

Formulierungsvorschlag

Für den nachehelichen Unterhalt soll es grundsätzlich bei der gesetzlichen Regelung verbleiben. Jedoch werden Unterhaltsansprüche wegen Ausbildung, Fortbildung oder Umschulung nach § 1575 BGB gegenseitig völlig ausgeschlossen.

---

[59] Kritisch zu derartigen Klauseln *Rau* MittRhNotK 1988, 190 f.

§ 6. Sonstige Regelungsinhalte von Eheverträgen

I. Vereinbarungen zur ehelichen Rollenverteilung

657 Auf die Unverbindlichkeit und jederzeitige Aufkündbarkeit von Vereinbarungen über die eheliche Rollenverteilung wurde hingewiesen.[1] Vorbehaltlich der sich hieraus ergebenden Bedenken kann im Einzelfall das Festhalten des geplanten Eheinhalts zweckmäßig sein.

Formulierungsvorschlag Hausfrauenehe

Hinsichtlich der ehelichen Rollenverteilung vereinbaren die Eheleute, daß die Haushaltsführung der Ehefrau überlassen ist, die den Haushalt in eigener Verantwortung führt. Sie erhält hierzu ein angemessenes Haushaltsgeld und für ihre persönlichen Bedürfnisse ein angemessenes Taschengeld. Der Ehemann geht seinem Beruf nach. Zum Familienunterhalt trägt der Ehemann durch seine Erwerbstätigkeit, die Ehefrau durch ihre Haushaltstätigkeit und die Betreuung der Kinder bei.
Der Familienwohnsitz bestimmt sich nach den beruflichen Notwendigkeiten des Mannes. Der Mann ist im Rahmen des Arbeitsmarktes zu Mobilität und zu einem zumutbaren Berufswechsel verpflichtet. Bei länger dauernder Arbeitslosigkeit oder Krankheit des Mannes ist die Frau verpflichtet, eine zumutbare Nebentätigkeit auszuüben, wobei auch die Interessen der Kinder zu berücksichtigen sind.

Formulierungsvorschlag bei Kinderwunsch

Bis zur Geburt von Kindern sind beide Ehegatten zur Berufstätigkeit berechtigt und verpflichtet. An der Hausarbeit beteiligen sich beide nach ihren Fähigkeiten und zeitlichen Möglichkeiten. Bei der Wahl des ehelichen Wohnsitzes ist von den beruflichen Möglichkeiten und Notwendigkeiten auszugehen. Es ist ein Wohnsitz zu wählen, an dem beide Ehegatten ihren Beruf ausüben können, auch wenn ein Ehegatte allein an einem anderen Wohnsitz bessere berufliche Aussichten hätte. Bei Berufsunfähigkeit oder Arbeitslosigkeit eines Ehegatten hat die Berufstätigkeit des anderen Vorrang.
Wenn ein Kind geboren wird, gibt ein Ehegatte, unter normalen Umständen die Ehefrau, seine Berufstätigkeit vorübergehend auf. Diesem Ehegatten obliegt dann die Haushaltsführung und Kinderbetreuung. Sobald es die Kinderbetreuung zuläßt, ist er berechtigt, seinen Beruf oder eine auf dem Arbeitsmarkt verfügbare sonstige Erwerbstätigkeit aufzunehmen. Vorrangig ist jedoch das Wohl der Kinder. Steht dieses einer Halbtags- oder Ganztagstätigkeit nicht entgegen, so ist der Ehegatte zur Wiederaufnahme einer zumutbaren Berufstätigkeit berechtigt und verpflichtet.

Formulierungsvorschlag Doppelverdienerehe

Der Ehemann ist von Beruf ..., die Ehefrau .... Jeder Ehegatte soll in der Ehe diejenige Freiheit zur Entfaltung seiner persönlichen und beruflichen Fähigkeiten haben, die die Freiheit des anderen nicht beeinträchtigt. Der Familienwohnsitz ist so zu wählen, daß beide Berufe ausgeübt werden können. Ist für einen Ehegatten eine entscheidende berufliche Verbesserung möglich, die einen Ortswechsel erfordert, so ist der andere Ehegatte bereit, hierfür berufliche Nachteile in Kauf zu nehmen. Als derartige berufliche Verbesserungen gelten z. B. eine für den Ehemann oder eine für die Ehefrau. Zur Hausarbeit sind beide Ehegatten verpflichtet. Die Hausarbeit soll möglichst von Hilfskräften erledigt werden. Zum Familienunterhalt tragen beide Ehegatten im Verhältnis der beiderseitigen Einkommen bei.

---

[1] Rdn. 40 ff.

§ 6. Sonstige Regelungsinhalte von Eheverträgen

Formulierungsvorschlag Mitarbeit

Zum Familienunterhalt trägt der Ehemann durch die Führung seines Betriebs, die Ehefrau durch die Haushaltsführung bei. Jedoch ist die Ehefrau berechtigt und verpflichtet, in zumutbarem Umfang im Betrieb des Mannes als Buchhalterin halbtags mitzuarbeiten.
Vorrang haben die Betreuungsinteressen der Kinder. Im Rahmen der Arbeits- und sozialrechtlichen Zulässigkeit und steuerlichen Zweckmäßigkeit ist dabei einem Arbeitsverhältnis der Vorzug vor der unentgeltichen Mitarbeit zu geben. Ein etwaiges Arbeitsentgelt hat die Frau nach Abzug eines angemessenen Taschengeldes für den Familienunterhalt zu verwenden.

Formulierungsvorschlag Zuverdienerehe

Zum Familienunterhalt trägt der Ehemann durch seine Tätigkeit als ..., die Frau durch die Führung des Haushalts und die Kinderbetreuung bei. Jedoch ist die Ehefrau berechtigt und verpflichtet, durch eine Nebentätigkeit, etwa als ..., zum Familienunterhalt beizutragen, soweit dies die Kinderbetreuung, die Haushaltsführung und ihre Gesundheit zulassen.

Formulierungsvorschlag Aufkündbarkeit

Der Notar hat die Erschienenen darauf hingewiesen, daß das Einvernehmen über die Eheführung jederzeit einseitig aufgekündigt werden kann.

II. Verbindung mit einem Erbvertrag

Kostenrechtlich günstig weil nach § 46 Abs. 3 KostO ohne eigene Kosten möglich ist die Verbindung des Ehevertrages mit einem Erbvertrag. In der Form der gegenseitigen Erbeinsetzung hat diese Kombination auch befriedende Wirkung, wenn der Ehevertrag kontrovers ausgehandelt wurde. 658

Formulierungsvorschlag

Erbvertraglich setzen wir uns gegenseitig zu alleinigen und unbeschränkten Erben ein.

III. Verbindung des Ehevertrags mit einem Erb- und Pflichtteilsverzicht

Insbesondere bei Wiederverheiratung älterer Eheleute mit jeweils einseitigen Kindern ist der Ehevertrag über den Ausschluß aller Scheidungsfolgen noch mit einem gegenseitigen Erb- und Pflichtteilsverzicht zu verbinden. 659

Formulierungsvorschlag

Wir verzichten gegenseitig auf jegliche gesetzlichen Erb- und Pflichtteilsrechte und nehmen den Verzicht gegenseitig an.

IV. Salvatorische Klauseln

Der umfassende und heterogene Inhalt von Eheverträgen legt dann, wenn alle Vereinbarungen einen Regelungszusammenhang bilden, die Aufnahme von salvatorischen Klauseln nahe. 660

4. Kapitel. *Eheverträge*

> **Formulierungsvorschlag**
>
> Dieser Vertrag soll bei etwaigen Lücken, Unklarheiten oder Veränderungen in seinen Grundlagen so ausgelegt werden, wie es dem Sinn unserer Gesamtvereinbarungen entspricht. Sollte eine Vereinbarung unwirksam sein oder werden, so ist sie durch eine wirksame Vereinbarung zu ersetzen, die dem Sinn und Zweck der weggefallenen Vereinbarung möglichst nahe entspricht. Sollte eine dieser Vereinbarungen unwirksam sein oder werden, so sollen die übrigen Vereinbarungen dennoch wirksam bleiben.

V. Eintragung in das Güterrechtsregister

661 Zwischen dem Anspruch des Güterrechtsregisters, eine umfassende Publikationsfunktion hinsichtlich aller güterrechtlichen Umstände zwecks Erleichterung des Rechts- und Geschäftsverkehrs wahrzunehmen,[2] und seiner tatsächlichen Bedeutung besteht denkbar große Diskrepanz. **Das Güterrechtsregister ist gegenwärtig praktisch tot**, da es einerseits mit Ausnahme der praktisch seltenen Beschränkung oder Ausschließung des Geschäftsbesorgungsrechts des § 1357 BGB keine güterrechtliche Maßnahme gibt, bei der die Publizierung zum Schutz der Eheleute unerläßlich ist, während andererseits der Rechtsverkehr von der Einsichtsbefugnis keinen Gebrauch macht. Es soll Amtsgerichte geben, bei denen seit Jahren niemand mehr das Güterrechtsregister eingesehen hat. Angesichts dessen hat man die **Abschaffung** des Güterrechtsregisters gefordert.[3] Die Alternative wäre eine **Verstärkung** des Registers durch einen Registrierungszwang, den Übergang von der rein deklaratorischen zur konstitutiven Eintragung und verstärkten Gutglaubensschutz.[4] Hiergegen ist mit Recht eingewendet worden, der Publizierungszwang mit der Folge der öffentlichen Bekanntmachung nach § 1562 BGB hätte unerwünschte Rückwirkungen auf die Vertragsfreiheit.[5] Sicher würde die Veröffentlichung der Eintragung etwa im örtlichen Tagesblatt viele Eheleute davon abhalten, einen im übrigen als sachgerecht indizierten Ehevertrag abzuschließen. Nur wegen § 1357 Abs. 2 BGB ein öffentliches Register zu erhalten, dürfte de lege ferenda unangemessen sein. Auch die nach Wegfall des Art. 15 Abs. 1 EGBGB a. F. jetzt bestehende Möglichkeit der freien Wahl des Güterstandes bei gemischtnationalen Ehen erfordert nicht zwingend die Beibehaltung des Güterrechtsregisters. Regelmäßig werden im Geltungsbereich des Grundgesetzes lebende Eheleute unser eheliches Güterrecht wählen. Den Nachweis der Rechtswahl erbringt die hierüber zu erstellende notarielle Urkunde. Über Schwierigkeiten im Rechtsverkehr bei Wahl eines in der Bundesrepublik Deutschland inhaltlich unbekannten exotischen Güterrechts kann auch die Eintragung der Rechtswahl nicht hinweg helfen. Bei Grundstücken hat die Eintragung im Grundbuch ausreichende Publizitäts- und Warnwirkung. Das Güterrechtsregister sollte abgeschafft werden.[6]

Nach geltendem Recht wird das Güterrechtsregister beim Amtsgericht geführt, §§ 1558 ff. BGB. Zuständig ist das Gericht des Wohnsitzes des Mannes. Dies ist verfassungsgemäß, da zweckmäßig und nicht i. S. von Art. 3 GG diskriminierend.

Die Eintragung erfolgt nur auf Antrag, der in öffentlich beglaubigter Form zu stellen ist. Sie wird im Bekanntmachungsblatt des Gerichts veröffentlicht. Jeder-

---

[2] BGHZ 66, 203 = NJW 1976, 1258 m. w. N.
[3] *Mikat* Festschrift Felgentraeger 1969, 350; *Reithmann* DNotZ 1961, 3/16; *Brage* FamRZ 1967, 652/659; kritisch auch *Hornung* RpflStud 1985, 49.
[4] MünchKomm/*Kanzleiter* § 1558 Vorbem. Rdn. 4 f.
[5] *Soergel/Gaul* § 1558 Vorbem. Rdn. 4.
[6] *Reithmann* DNotZ 1979, 67/74 ff.

mann kann ohne weiteres das Register einsehen und Abschriften aus dem Register verlangen. Nach § 1412 BGB hat das Register lediglich negative Publizität. Der gute Glaube an die Richtigkeit des Registers wird nicht geschützt, also z.B. nicht das Vertrauen auf die Wirksamkeit eines auf Grund unwirksamen Ehevertrages eingetragenen Vertragsgüterstandes. Vertrauen kann man nur dem Schweigen des Registers insoweit, als mangels Eintragungen vom gesetzlichen Güterstand, bei bestehender Eintragung auf Grund wirksamen Rechtsgeschäfts vom Fortbestand des eingetragenen Zustandes ausgegangen werden darf.

Hinsichtlich der **Eintragungsfähigkeit güterstandsbezogener Vereinbarungen** bestand ein ebenso intensiver wie praktisch bedeutungsloser Streit, den der BGH[7] dahingehend entschieden hat, daß alle Tatsachen eingetragen werden können, die die Rechtslage Dritter im Verhältnis zu den Ehegatten unmittelbar beeinflussen. Solche Externa sind die Eigentumszuordnung, die Schuldenhaftung und die Verfügungsbefugnis.[8] Dagegen sind Zugewinnausgleich und Versorgungsausgleich Interna der Ehegatten. Die Unterscheidung ist erheblich für die Eintragungsfähigkeit von Modifikationen des gesetzlichen Güterstandes.[9]

---

[7] BGHZ 66, 203 = NJW 1976, 1258 m.w.N.
[8] *Reithmann* DNotZ 1979, 67/78; OLG Köln FamRZ 1994, 1256.
[9] MünchKomm/*Kanzleiter* § 1558 Vorbem. 7 ff. m.w.N.

4. Kapitel. Eheverträge

§ 7. Fragen der Auslandsberührung

I. Grundzüge des reformierten Internationalen Privatrechts

662 Das Gesetz zur Neuregelung des Internationalen Privatrechts, seit 1. 9. 1986 in Kraft,[10] hat alle den Mann entgegen dem Gleichberechtigungsgrundsatz bevorzugenden Anknüpfungen abgeschafft, soweit sie nicht schon vom Bundesverfassungsgericht[11] für verfassungswidrig und nichtig erklärt worden waren. Einseitige Kollisionsnormen wurden zu allseitigen Kollisionsnormen ausgebaut, was insbesondere die familienrechtlichen Kollisionsnormen betraf (vgl. z. B. Art. 15 Abs. 1 EGBGB alter und neuer Fassung). Hinsichtlich des Personalstatuts im Bereich des Personen-, Familien- und Erbrechts knüpft das Gesetz primär an die Staatsangehörigkeit an, hilfsweise an den gewöhnlichen Aufenthalt. Zentrale Norm ist hier Art. 14 Abs. 1 EGBGB, wo über eine **Anknüpfungsleiter** (sog. Kegelsche Leiter) von der Anknüpfung an die gemeinsame bzw. letzte gemeinsame Staatsangehörigkeit zur hilfsweisen Anknüpfung an den gemeinsamen bzw. letzten gemeinsamen gewöhnlichen Aufenthalt und schließlich ganz hilfsweise zur Anknüpfung an das Recht, mit dem die Ehegatten auf andere Weise gemeinsam am engsten verbunden sind, fortgeschritten wird.

Die **Qualifikation dieser Anknüpfungspunkte** erfolgt, was einem Grundsatz der Reform entspricht, nach deutschem Recht. Der Gesetzgeber hat sich der weiteren Definition und der Vorgabe von Beispielen enthalten.[12] Soweit auf das Recht eines anderen Staates verwiesen wird, so ist auch das fremde IPR anzuwenden. Diese sog. Gesamtverweisung findet sich jetzt entsprechend der bisherigen Rechtsprechung in Art. 4 Abs. 1 S. 1 EGBGB. Verweist das fremde IPR auf das deutsche Recht zurück, so ist endgültig deutsches Sachrecht anzuwenden, ohne daß zu prüfen ist, ob sich die Rückverweisung auf deutsches IPR oder deutsches Sachrecht bezieht. Die Rückverweisungsmechanik wird also zugunsten deutschen materiellen Rechts abgebrochen, Art. 4 Abs. 1 S. 2 EGBGB. Soweit fremdes Recht anzuwenden ist, wird es am ordre public gemessen, Art. 6 EGBGB.

In bis dahin nicht gekanntem Umfang stehen zentrale Regelungsbereiche zur Disposition der Beteiligten. Eine **Rechtswahl** ist möglich im Namensrecht[13] nach Art. 10 Abs. 2 bis 4 EGBGB und dort gegenüber dem Standesbeamten zu erklären. Im Recht der allgemeinen Ehewirkungen und im Ehegüterrecht ist die Rechtswahl notariell zu beurkunden, Art. 14 Abs. 2 bis 4, 15 Abs. 2, 3 EGBGB. In der Form einer letztwilligen Verfügung kann für im Inland belegenes unbewegliches Vermögen deutsches Recht gewählt werden, Art. 25 Abs. 2 EGBGB. Die Wahlmöglichkeiten im Ehe- und Erbrecht erweitern und erleichtern die notarielle Tätigkeit. Nicht ganz zu Unrecht ist das neugestaltete IPR insofern als das „Recht der Notare" bezeichnet worden.[14] In Art. 220 EGBGB finden sich Übergangsvorschriften mit der Möglichkeit der Rechtswahl im Bereich des Ehegüterrechts.

II. Allgemeine Ehewirkungen

663 Das IPR der allgemeinen Ehewirkungen regelt Art. 14 EGBGB. Unmittelbar anwendbar ist die Vorschrift für die güterstandsunabhängigen Ehewirkungen der

---

[10] BGBl. I 1142.
[11] BVerfG FamRZ 1983, 562 = NJW 1983, 1968 = BGBl. I 1983, 525.
[12] Beispiele finden sich in der Gesetzesbegründung, vgl. BT-Drucks. 10/504.
[13] Dazu *Henrich* IPRax 1986, 333.
[14] *Jayme* IPRax 1986, 265/270.

§ 7. Fragen der Auslandsberührung

§§ 1353 bis 1362 BGB. Das Ehenamensrecht ist in Art. 10 EGBGB, das Unterhaltsrecht in Art. 18 EGBGB geregelt. Trotz des geringen direkten Anwendungsbereichs ist die Vorschrift durch die Normierung der Anknüpfungsleiter für das Ehewirkungsstatut zur Grundnorm des internationalen Familienrechts geworden,[15] auf die für die güterrechtlichen Wirkungen der Ehe in Art. 15 EGBGB und für die Voraussetzungen und wichtigsten Folgen der Scheidung in Art. 17, 18 Abs. 4 S. 1 EGBGB verwiesen wird.

Im Gegensatz zum Güterrechtsstatut des Art. 15 EGBGB ist das **Ehewirkungsstatut** des Art. 14 EGBGB **wandelbar**. Es kommt also z.B. immer das jeweilige Aufenthaltsrecht zur Anwendung.[16] Mit den Stufen der Anknüpfungsleiter steigen die Auslegungsschwierigkeiten. Bei Art. 14 Abs. 1 Nr. 1 EGBGB ist durch Art. 5 Abs. 1 EGBGB n.F. geklärt, daß bei Mehrstaatern, die auch Deutsche sind, nur an die deutsche Staatsangehörigkeit angeknüpft werden darf, bei sonstigen Mehrstaatern nur an die effektive Staatsangehörigkeit. Heiratet also eine Frau mit deutscher und französischer Staatsangehörigkeit einen Franzosen, so haben sie i.S. von Art. 14 Abs. 1 Nr. 1 EGBGB nicht dieselbe Staatsangehörigkeit.[17] Sie können aber nach Art. 14 Abs. 2 EGBGB das französische Recht für die Wirkungen ihrer Ehe wählen. 664

Auslegungsbedürftig sind die Anknüpfungsbegriffe der Nrn. 2 und 3 des Art. 14 Abs. 1 EGBGB. Unter **gewöhnlichem Aufenthalt** i.S. von Art. 14 Abs. 1 Nr. 2 EGBGB ist der Ort oder das Land zu verstehen, in dem der Schwerpunkt der Bindungen einer Person liegt, sie ihren Daseinsmittelpunkt hat.[18] Ganz auf den Einzelfall kommt es bei der generalklauselartigen[19] Anknüpfung des Art. 14 Abs. 1 Nr. 3 EGBGB an die **gemeinsame engste Verbindung** mit dem Recht eines Staates an. 665

Als Heilmittel[20] gegen die auf der Hand liegende Rechtsunsicherheit der gesetzlichen Anknüpfung stellt das Gesetz die **Rechtswahl** zur Verfügung. Nach Art. 14 Abs. 3 EGBGB können die Ehegatten das Recht des Staates wählen, dem einer von ihnen angehört, wenn die Voraussetzungen des Abs. 1 Nr. 1 nicht vorliegen und kein Ehegatte dem Staat angehört, in dem beide Ehegatten ihren gewöhnlichen Aufenthalt haben oder die Ehegatten ihren gewöhnlichen Aufenthalt nicht in demselben Staat haben. Eine Rechtswahl nach Art. 14 Abs. 3 EGBGB ist also nicht möglich, wenn beide Ehegatten die deutsche Staatsangehörigkeit oder dieselbe effektive fremde Staatsangehörigkeit haben. Dies begrenzt den Anwendungsbereich der Rechtswahl nach Art. 14 Abs. 3 erheblich. 666

Die **Wirkungen der Rechtswahl** nach Art. 14 Abs. 3 EGBGB enden, wenn die Ehegatten eine gemeinsame Staatsangehörigkeit erlangen. Die Rechtswahl muß notariell beurkundet werden. Sie ist auch schon vor der Eheschließung möglich.[21] Die Aufhebung einer getroffenen Rechtswahl ist jederzeit möglich, ebenso unter den Voraussetzungen des Art. 14 Abs. 2 und 3 eine neue oder erneute Rechtswahl.[22] 667

Die Rechtswahl bedarf im Inland der **notariellen Beurkundung**, im Ausland der Ortsform des Ehevertrages, Art. 14 Abs. 4 EGBGB. Aus Vorsichtsgründen sollte 668

---

[15] *Johannsen/Henrich* Art. 14 Rdn. 2.
[16] *Palandt/Heldrich* Art. 14 Anm. 2 a.
[17] *Johannsen/Henrich* Art. 15 Rdn. 4.
[18] BGH FamRZ 1981, 135; Einzelheiten bei *Johannsen/Henrich* Art. 15 Rdn. 6, 7.
[19] *Palandt/Heldrich* Art. 14 Rdn. 9
[20] *Lichtenberger* DNotZ 1986, 644/658.
[21] *Lichtenberger* DNotZ 1986, 644/659; *Johannsen/Henrich* Art. 15 Rdn. 9; *Palandt/Heldrich* Art. 14 Anm. 3.
[22] Allgemeine Meinung, vgl. *Palandt/Heldrich* Art. 14 Rdn. 16 m.w.N.

der inländische Notar auf der nach § 1410 BGB erforderlichen gleichzeitigen Anwesenheit der Beteiligten bestehen.²³

> **Formulierungsvorschlag**
>
> Für die allgemeinen Wirkungen unserer Ehe wählen wir das deutsche Recht. Der Notar hat uns darauf hingewiesen, daß die Wirkungen dieser Rechtswahl enden, wenn wir eine gemeinsame Staatsangehörigkeit erlangen, und daß die Anerkennung der Rechtswahl in unserem Heimatstaat ungeklärt ist.

III. Ehegüterrecht

1. Grundsätze

669 Nach Art. 15 Abs. 1 EGBGB unterliegen die **güterrechtlichen Wirkungen** der Ehe dem bei der Eheschließung für die allgemeinen Wirkungen der Ehe maßgebenden Recht. Verwiesen wird also auf die Anknüpfungsleiter des Art. 14 Abs. 1 EGBGB, allerdings mit der Maßgabe, daß es ausschließlich auf den Zeitpunkt der Eheschließung ankommt. Soweit Art. 14 Abs. 1 EGBGB vergangenheitsbezogen anknüpft, also an die „letzte" gemeinsame Staatsangehörigkeit oder den „letzten" gemeinsamen gewöhnlichen Aufenthalt, kommen diese Anknüpfungen für das Güterrechtsstatut nicht in Betracht. Maßgebend ist damit in erster Linie die gemeinsame effektive Staatsangehörigkeit bei der Eheschließung, hilfsweise der gewöhnliche Aufenthalt beider Ehegatten bei der Eheschließung, zuletzt das Recht der gemeinsamen engsten Verbindung bei der Eheschließung.²⁴ Auch hier bestehen die bei den allgemeinen Ehewirkungen erwähnten Auslegungsschwierigkeiten.²⁵

670 Die Neuregelung ist an die Stelle der vom Bundesverfassungsgericht²⁶ für verfassungswidrig und nichtig erklärten Art. 15 Abs. 1 und Abs. 2 HS 1 EGBGB a.F. getreten, die an die Staatsangehörigkeit des Mannes anknüpften. Unberührt bleiben nach Art. 15 Abs. 4 EGBGB durch die Neuregelung die Vorschriften des Gesetzes über den ehelichen Güterstand von **Vertriebenen und Flüchtlingen.**²⁷ Für sie gilt das Ehegüterrecht des BGB. Das Gesetz erfaßt neben den Flüchtlingen und Vertriebenen der Kriegsfolgezeit auch die deutschen Übersiedler aus der DDR und die Spätaussiedler deutscher Volkszugehörigkeit, die z.B. aus der Sowjetunion oder Rumänien in die Bundesrepublik kommen. Sie alle werden in unser Ehegüterrecht übergeführt.

671 Im übrigen gilt jedoch weiterhin der **Grundsatz der Unwandelbarkeit des Güterstandes**, der sich schon aus dem Wortlaut des Art. 15 Abs. 1 EGBGB ergibt („bei der Eheschließung").²⁸ Er besagt, daß das einmal wirksam begründete Güterrechtsstatut bestehen bleibt, auch wenn die Staatsangehörigkeit der Ehegatten wechselt oder die Ehegatten ihren Wohnsitz oder gewöhnlichen Aufenthalt verlegen. Eingebürgerte Deutsche, die bei Heirat z. B. in Italien wohnende Italiener waren, behalten italienisches Güterrechtsstatut. Sie nehmen auch an den Änderungen des aus-

---

²³ *Wegmann* NJW 1987, 1740/1741.
²⁴ *Johannsen/Henrich* Art. 15 Rdn. 3.
²⁵ Vgl. Rdn. 664.
²⁶ Beschluß vom 22. 2. 1983, veröffentlicht in BGBl. I 1993, 525 am 5. 5. 1993, bekannt geworden am 8. 4. 1983, veröffentlicht u. a. in NJW 1983, 1968 = FamRZ 1983, 562.
²⁷ Gesetz vom 4. 8. 1969 BGBl. I S. 1067; Kommentierungen bei *Staudinger/v. Bar* Art. 15 Rdn. 45 ff. und MünchKomm/*Siehr* nach Art. 16 Anh. II.
²⁸ Vgl. BT-Drucks. 10/504 S. 57.

§ 7. Fragen der Auslandsberührung

ländischen Rechts teil, im Beispielsfall also etwa an der Einführung der Errungenschaftsgemeinschaft als gesetzlichem Güterstand durch die italienische Familienrechtsreform von 1975. Unwandelbarkeit des Güterrechtsstatuts bedeutet also **nicht Versteinerung** des bei Heirat bestehenden Ehegüterrechts. Vielmehr machen die Eheleute die Entwicklung des betreffenden Ehegüterrechts mit, auch wenn sie zu der ihnen fremd gewordenen Rechtsordnung keine sonstige Beziehung mehr haben.

Das zuletzt nur noch im Verhältnis zu **Italien** geltende **Haager Ehewirkungsabkommen** vom 17. 7. 1905, das in Art. 2, 10 an das Heimatrecht des Mannes anknüpfte, ist durch deutsche Kündigung am 23. 8. 1987 erloschen.[29]

2. Grundsätze der Rechtswahl nach Art. 15 Abs. 2, 3 EGBGB

Eine Rechtswahl nach Art. 14 Abs. 2–4 EGBGB kann über Art. 15 Abs. 1 EGBGB auf das Güterrechtsstatut nur dann Auswirkungen haben, wenn sie **vor der Eheschließung** vorgenommen wurde. **Nach der Eheschließung** können die Eheleute nach Art. 15 Abs. 2 EGBGB ein neues Güterrechtsstatut wählen. Die Rechtswahl nach Art. 15 Abs. 2 EGBGB kann aber auch schon vor der Eheschließung getroffen werden.[30] Ihre **Wirkungen** können auch im übrigen **aufschiebend bedingt oder befristet** werden.[31] Die Rechtswahl nach Art. 15 Abs. 2 bis 4 EGBGB ist in wesentlich weiterem Umfang möglich als die Rechtswahl nach Art. 14 Abs. 2, 3 EGBGB. Die Ehegatten können anstelle des gesetzlichen Güterrechtsstatuts das Recht des Staates wählen, dem einer von ihnen angehört, oder das Recht des Staates, in dem einer von ihnen seinen gewöhnlichen Aufenthalt hat, schließlich für unbewegliches Vermögen das Recht des Lageorts. Eine bereits getroffene Rechtswahl kann mit Wirkung für die Zukunft jederzeit **aufgehoben oder geändert** werden.[32] Streitig ist, ob dann für die Abwicklung des bisherigen Güterstandes das neue Güterrechtsstatut[33] oder das alte Güterrechtsstatut[34] gilt. Richtig dürfte sein, die **Abwicklung** nach dem bisherigen Güterrechtsstatut vorzunehmen, da dieses Abwicklungsvorschriften zur Verfügung stellt, während das neue Statut regelmäßig keine Abwicklungsvorschriften für beendete fremde Güterstände vorsieht.

672

Die Rechtswahl bedarf nach Art. 15 Abs. 3, 14 Abs. 4 EGBGB im Inland der notariellen **Beurkundung**. Ob der Gesetzgeber trotz des Wortlauts die schärfere Ehevertragsform des § 1410 BGB – gleichzeitige Anwesenheit der Beteiligten – anordnen wollte,[35] ist offen. Es wird allgemein empfohlen, aus Vorsichtsgründen die Ehevertragsform einzuhalten.[36] Das ist wichtig und in der Praxis häufig schon deshalb erforderlich, weil im Anschluß an die Rechtswahl ehevertragliche Vereinbarungen getroffen werden. Denn die Formvorschrift der Art. 15 Abs. 3, 14 Abs. 4 gilt, auch soweit sie sich von § 1410 BGB unterscheiden sollte, nur für die Rechtswahl selbst. Mit der Erklärung, es werde für die güterrechtlichen Wirkungen der Ehe das Recht eines Staates gewählt, ist die **Schwelle zu diesem Recht überschritten**. Alle weiteren Vereinbarungen richten sich dann nach diesem Recht. Wird also z. B. deutsches Recht gewählt, so eröffnet die Rechtswahlerklärung den Weg in das Ehe-

673

---

[29] BGBl. 1986, II, 505.
[30] BT-Drucks. 10/504 S. 58; allgemeine Meinung.
[31] *Wegmann* NJW 1987, 1740/1742.
[32] *Palandt/Heldrich* Art. 15 Rdn. 21; *Johannsen/Henrich* Art. 15 Rdn. 14.
[33] So *Palandt/Heldrich* Art. 15 Rdn. 21.
[34] So *Wegmann* NJW 1987, 1740/1744.
[35] Nach *Wegmann* NJW 1987, 1740/1741 Fn. 16 findet sich hierfür ein Anhaltspunkt in BT-Drucks. 10/504 S. 56.
[36] *Lichtenberger* Praktikertagung S. 66; *Wegmann* NJW 1987, 1740/1741; *Röll* MittBayNot 1989, 1/2.

4. Kapitel. Eheverträge

güterrecht des BGB. Den Beteiligten stehen dann alle ehevertraglichen Möglichkeiten zur Verfügung, die nach unserem Recht zulässig sind. Dabei besteht in dieser **zweiten Stufe der Vereinbarung** kein Unterschied zum allgemeinen Ehevertragsrecht. Insbesondere ist deshalb auch die Ehevertragsform des § 1410 BGB einzuhalten. Belassen es die Beteiligten bei der reinen Rechtswahl, so tritt nach allgemeiner Ansicht der gesetzliche Güterstand des gewählten Rechts ein.

674 Die Wahl eines neuen Güterrechtsstatuts erfolgt mit **ex-nunc-Wirkung,** wirkt also nicht auf einen vor der Rechtswahl liegenden Eheschließungszeitpunkt zurück.[37] Ob das beim Statutenwechsel vorhandene Vermögen dem neuen Güterstand untersteht oder nicht, bestimmt das neue Recht.[38] Bei Wahl deutschen Rechts gelten damit die allgemeinen Grundsätze des Güterstandswechsels.[39] Lebten die Beteiligten in einem ausländischen Güterstand der Gütergemeinschaft, so wird dieser durch die Wahl deutschen Rechts beendet. Bei Übergang in deutsche Gütertrennung oder den gesetzlichen Güterstand ist das Gesamtgut der beendeten Gütergemeinschaft auseinanderzusetzen. Bei dem seltenen und nicht empfehlenswerten Übergang in die deutsche Gütergemeinschaft wird man regelmäßig das Gesamtgut belassen können und es in Zukunft nach deutschem Recht behandeln. Bei Übergang in den gesetzlichen Güterstand der Zugewinngemeinschaft tritt diese grundsätzlich ex nunc ein. Regelmäßig werden die Beteiligten den Zugewinnausgleich aber ab Eheschließung vereinbaren wollen. Sie können hierzu ehevertraglich den für die Berechnung des Anfangsvermögens maßgeblichen Zeitpunkt des § 1376 Abs. 1 BGB auf den Tag der Eheschließung zurückverlegen[40] und so das bereits vorhandene Vermögen dem neuen Güterrechtsstatut unterstellen.[41]

675 Die **Beendigung eines ausländischen Güterstandes,** dessen Inhalt der inländische Notar nicht kennt, durch Wahl des deutschen Rechts kann problematisch sein, wenn Ausgleichs- und Auseinandersetzungsansprüche möglich sind.[42] Hier ist der Hinweis gemäß § 17 Abs. 3 BeurkG aufzunehmen und die Einholung eines Rechtsgutachtens zu empfehlen. Im Regelfall werden allerdings die Ausländer, die den Weg ins deutsche Recht suchen, erst am Beginn ihrer Ehe stehen oder vermögenslos sein.

Der deutsche Notar wird **überwiegend die Wahl deutschen Rechts** zu beurkunden haben. Ihn trifft dann die volle Belehrungspflicht über den Inhalt des deutschen gesetzlichen Güterstandes und des ehevertraglich vereinbarten Wahlgüterstandes, § 17 Abs. 1, 2 BeurkG. Bei der Wahl ausländischen Rechts ist er nur zur Belehrung über die Folgen der Rechtswahl als solcher nach deutschem Recht verpflichtet, nicht jedoch zur Belehrung über die Anerkennung der Rechtswahl im Ausland und über den Inhalt des gewählten ausländischen Güterrechts, § 17 Abs. 3 BeurkG. Regelmäßig dürfte es sich deshalb empfehlen, daß die Beteiligten die Anerkennung der Rechtswahl und den Inhalt des gewählten Rechts im betreffenden Staat abklären und die Rechtswahl nach Art. 15 Abs. 3, 14 Abs. 4 S. 2 EGBGB auch dort vornehmen. Immer ist, auch bei der Wahl deutschen Rechts, zu beachten, daß die Frage der Anerkennung der Rechtswahl im Heimatland der Beteiligten Sache des dortigen IPR ist, daß also die Rechtswahl ein „hinkender" Vertrag sein kann, wenn sie im Ausland nicht anerkannt wird.

---

[37] *Palandt/Heldrich* Art. 15 Rdn. 21; *Johannsen/Henrich* Art. 15 Rdn. 15.
[38] *Johannsen/Henrich* aaO.
[39] Vgl. Rdn. 706 ff.
[40] *Röll* MittBayNot 1989, 1/2; vgl. Rdn. 343.
[41] BT-Drucks. 10/504 S. 58; *Palandt/Heldrich* Art. 15 Rdn. 21; *Johannsen/Henrich* Art. 15 Rdn. 15.
[42] *Röll* MittBayNot 1989, 1/2.

§ 7. Fragen der Auslandsberührung

3. Rechtswahl nach Art. 15 Abs. 2 Nr. 1 und 2 EGBGB

Die Wahlmöglichkeiten des Art. 15 Abs. 2 Nr. 1 und 2 EGBGB ermöglichen 676
es den Ehegatten, sich bei verschiedener Staatsangehörigkeit in eines der beiden Heimatrechte oder bei beiderseits fremder Staatsangehörigkeit in das Recht ihres gewöhnlichen Aufenthalts zu integrieren. Für den deutschen Notar führen diese Rechtswahlmöglichkeiten regelmäßig zur **Vereinbarung deutschen Rechts**, sei es, daß bei gemischtnationaler Ehe der Ausländer sich ins Heimatrecht des deutschen Ehegatten einfügen will, sei es, daß sich in Deutschland lebende Ausländer dem deutschen Recht anpassen wollen. Für beiderseits ausländische Eheleute kommt die Wahl deutschen Rechts besonders dann in Betracht, wenn sie verschiedene Staatsangehörigkeiten haben und in Deutschland bleiben wollen, oder wenn sie sich bei gleicher fremder Staatsangehörig-keit ihrem Heimatland nicht mehr verbunden fühlen. Bei Ausländern, die etwa als Gastarbeiterkinder in Deutschland geboren wurden und keinerlei Beziehung zum Land ihrer Staatsangehörigkeit haben, kann sich die Wahl deutschen Ehegüterrechts geradezu aufdrängen.

Ungeklärt ist noch, ob nach Art. 15 Abs. 2 Nr. 1 EGBGB nur die nach Art. 5 Abs. 1 EGBGB maßgebliche Staatsangehörigkeit eines Ehegatten gewählt werden kann[43] oder jedes Heimatrecht.[44] Dagegen ist unstreitig, daß Art. 15 Abs. 2 Nr. 2 EGBGB nur ein Mindesterfordernis aufstellt, wenn er an den gewöhnlichen Aufenthalt eines Ehegatten anknüpft. Es kann also auch das Recht des gewöhnlichen Aufenthalts beider Ehegatten gewählt werden.[45]

> **Formulierungsvorschlag**
>
> Für die güterrechtlichen Wirkungen unserer Ehe wählen wir das deutsche Recht. Dabei soll es beim gesetzlichen Güterstand der Zugewinngemeinschaft verbleiben. Der Notar hat uns auf die Rechtsfolgen der Zugewinngemeinschaft nach deutschem Recht hingewiesen, ferner darauf, daß die Anerkennung der Rechtswahl in unserem Heimatstaat ungeklärt ist. Der Zugewinnausgleich nach §§ 1373 ff. BGB soll so berechnet werden, als hätten wir von der Eheschließung an im Güterstand der deutschen Zugewinngemeinschaft gelebt.

4. Beschränkte Rechtswahl nach Art. 15 Abs. 2 Nr. 3 EGBGB

Nach Art. 15 Abs. 2 Nr. 3 EGBGB können die Ehegatten für das Ehegüterrecht 677
„für unbewegliches Vermögen das Recht des Lageorts" wählen. Die Vorschrift war im Regierungsentwurf nicht enthalten und wurde erst zum Ende des Gesetzgebungsverfahrens auf Vorschlag des Rechtsausschusses in das Gesetz eingefügt. Sie entspricht einem dringenden Bedürfnis der Praxis und soll nach der erklärten Absicht des Gesetzgebers den Grundstückserwerb ausländischer Ehegatten in Deutschland erleichtern.[46] Die Erleichterung besteht darin, daß bei Schwierigkeiten in der Ermittlung und rechtlichen Qualifizierung eines ausländischen Güterstandes insbesondere im Hinblick darauf, ob es sich um einen Güterstand mit grundsätzlicher Gütertrennung oder grundsätzlicher Gütergemeinschaft handelt, beschränkt auf hiesiges unbewegliches Vermögen deutsches Recht vereinbart werden kann, ohne daß sie ausländischen Ehegatten im übrigen aus ihrem heimatlichen Güterrecht

---

[43] So *Lichtenberger* DNotZ 1986, 659; *Johannsen/Henrich* Art. 15 Rdn. 10.
[44] So wohl richtig *Palandt/Heldrich* Art. 15 Rdn. 22; *Kühne* IPRax 1987, 71.
[45] BT-Drucks. 10/504 S. 58.
[46] BT-Drucks. 10/5632 S. 42.

4. Kapitel. Eheverträge

herausgelöst werden.[47] Die Vereinbarung deutschen Rechts ermöglicht dann die korrekte Auflassung, § 925 BGB, und Grundbucheintragung, § 47 GBO.

678 Leider hat die vom Standpunkt der Praxis aus begrüßenswerte Einführung des Art. 15 Abs. 2 Nr. 3 EGBGB in das Gesetz auch Zweifelsfragen mit sich gebracht. Einmal ist der **Begriff des unbeweglichen Vermögens** gesetzlich nicht definiert. Als Faustregel[48] hat zu gelten, daß alle im Grundbuch eintragbaren dinglichen Rechte zum unbeweglichen Vermögen gehören. Dies sind Grundstücke und grundstücksgleiche Rechte und beschränkte dingliche Rechte einschließlich der Grundpfandrechte. Streitig ist, ob auch schuldrechtliche Ansprüche auf Erwerb von Eigentum oder dinglichen Rechten an Grundstücken[49] und Anteile an Erbengemeinschaften mit Grundbesitz oder Grundstücksgesellschaften[50] umfaßt werden. Die Frage hat im Bereich des Art. 25 Abs. 2 BGB größere Bedeutung, da dort der Fall eintreten kann, daß sich eine Eigentumserwerbsforderung oder Anwartschaft vererbt, bevor sie zum Vollrecht erstarkt ist. Güterrechtlich genügt es im Regelfall, wenn man die Rechtswahl für das dingliche Vollrecht trifft. Wird bestimmt, daß für das zu erwerbende Grundvermögen in Deutschland deutsches Recht gewählt werde, so betrifft dies das künftige Eigentum bzw. die künftige dingliche Berechtigung mit der Folge, daß auch schon Erwerbsvormerkungen im Grundbuch nach Maßgabe des künftigen Erwerbs nach deutschem Recht eintragungsfähig sind.

679 Zum zweiten ist streitig, ob die Rechtswahl nach Art. 15 Abs. 2 Nr. 3 EGBGB nur insgesamt für den gesamten Grundbesitz in einem Rechtsgebiet getroffen werden kann, oder ob man **einzelne Grundstücke** dem Recht des fremden Lageorts unterstellen kann, während es für andere Grundstücke des betreffenden Rechtsgebiets beim ausländischen Güterrechtsstatut verbleibt. Die Gesetzesmaterialien geben für die Entscheidung der Frage nichts her. Auch der Gesetzeswortlaut ist letztlich nicht schlüssig. Er wird sowohl von den Anhängern einer auf einzelne Grundstücke beschränkten Rechtswahl in Anspruch genommen, die dahingehend argumentieren, „unbewegliches Vermögen" bedeute nicht „das unbewegliche Vermögen",[51] als auch von der Gegenmeinung, die aus dem Begriff „Vermögen" folgert, eine Rechtswahl für einzelne Vermögensgegenstände sei ausgeschlossen.[52] Zunächst wurde die Meinung vertreten,[53] man könne die kollisionsrechtliche Spaltung auch auf die sachrechtliche Ebene übertragen, indem man jeden einzelnen Gegenstand als einem eigenen Güterrechtsstatut unterworfen ansieht mit der Folge, daß für ein Grundstück Zugewinngemeinschaft, für ein zweites Grundstück Gütertrennung und für ein drittes Grundstück Gütergemeinschaft vereinbart werden könne. Andere[54] vertraten die Ansicht, die Rechtswahl nach Art. 15 Abs. 2 Nr. 3 EGBGB müsse sich immer auf das gesamte unbewegliche Vermögen beziehen, das den Ehegatten in Deutschland gehört und in Zukunft gehören wird. Eine dritte Meinung, die mitt-

---

[47] Vgl. *Langenfeld* BWNotZ 1986, 153.
[48] *Reinhard* BWNotZ 1987, 97/101.
[49] So *Wegmann* NJW 1987, 1740/1742; *Dörner* DNotZ 1988, 67/96; a. A.; *Palandt/Heldrich* Art. 15, Rdn. 22.
[50] So *Krzywon* BWNotZ 1986, 154/159; *Dörner* DNotZ 1988, 67/95 f.
[51] So *Johannsen/Henrich* Art. 15 Rdn. 12; für die Beschränkung auf einzelne von mehreren dinglichen Grundstücksrechten auch *Palandt/Heldrich* Art. 15 Anm. 3b; *Lichtenberger* DNotZ 1986, 644/659; *Böhringer* BWNotZ 1987, 104; *Röll* MittBayNot 1989, 1/3.
[52] So *Wegmann* NJW 1987, 1740/1743; für die einheitliche Rechtswahl auch *Kühne* IPRax 1987, 69/73; *Langenfeld* BWNotZ 1986, 153 und FamRZ 1987, 9/13; *Rahm/Paetzold*, Handbuch des Familiengerichtsverfahrens VIII Rz. 784.
[53] *Lichtenberger*, Festschrift Ferid S. 280; *Geßele* in Reithmann/Röll/Geßele Rdn. 921, 922).
[54] *Langenfeld* BWNotZ 1986, 153; *Langenfeld* FamRZ 1987, 13; *Kühne* IPRax 1987, 73; *Wegmann* NJW 1987, 1743.

§ 7. Fragen der Auslandsberührung

lerweile als herrschend bezeichnet werden kann, hält es für zulässig, nur einzelne in Deutschland belegene Grundstücke dem deutschen Recht, insofern aber nur einem deutschen Güterstand, zu unterstellen und es hinsichtlich anderer in Deutschland belegener Grundstücke beim jeweiligen Heimatrecht des Eigentümers zu belassen.[55] Dieser Meinung hat sich das LG Mainz angeschlossen.[56]

Auch gegenüber dieser mittlerweile herrschenden Meinung wird hier an der einschränkenden Meinung festgehalten, daß die Rechtswahl nur für das bewegliche Vermögen in Deutschland insgesamt möglich ist.[57] Sicherlich gilt der Grundsatz der Einheit des Güterstandes direkt nur im Sachrecht. Er wird aber auf der Ebene des Kollisionsrechts im Interesse des Rechtsverkehrs mit Grundstücken von Art. 15 Abs. 2 Nr. 3 EGBGB im Ergebnis durchbrochen. Deshalb ist diese Durchbrechung eng auszulegen. Es besteht kein Bedürfnis dafür, Ausländer gegenüber Deutschen dadurch zu privilegieren, daß man für sie einen dem deutschen Recht fremden „Gutsstand" statt eines „Güterstandes", der sich auf das gesamt unbewegliche Vermögen im Inland bezieht, zuläßt.[58] Auch der Gesetzeszweck erfordert eine Aufspaltung des Grundvermögens in Deutschland in solches, welches dem Heimatrecht des Ausländers unterliegt und solches, welches deutschem Recht unterliegt, nicht. Vielmehr dient es allein den vom Gesetzgeber geförderten Verkehrsinteressen, wenn für unbewegliches Vermögen im Inland einheitlich deutsches Ehegüterrecht gilt. Es muß dabei bleiben, daß güterrechtliche Normen in ihrer Tendenz auf die rechtliche Ordnung des gesamten Vermögens ausgerichtet sind. Wenn Art. 15 Abs. 2 Nr. 3 EGBGB aus praktischen Gründen hiervon eine Ausnahme macht, besteht kein Anlaß, von diesem Grundsatz weiter als vom Gesetz ausdrücklich zugelassen abzuweichen.[59]

680

Für die praktische Handhabung von Art. 15 Abs. 2 Nr. 3 EGBGB empfiehlt es sich grundsätzlich, die **deutsche Gütertrennung** zu vereinbaren.[60] Denn die ausländischen Eheleute sollen nur soweit in das deutsche Recht integriert werden, wie es erforderlich ist, um einen reibungslosen Grundbuchvollzug zu gewährleisten. Es wäre unangemessen und unzweckmäßig, hierzu die komplizierte Zugewinngemeinschaft oder gar die noch kompliziertere Gütergemeinschaft zu vereinbaren. Die hälftige Teilhabe der Eheleute stellt der Erwerb zu je hälftigem Miteigentum sicher. Er erübrigt sowohl den Zugewinnausgleich wie auch das Gesamtgut der Gütergemeinschaft. Wählen die Eheleute deutsches Recht und wünschen dann, daß ein Ehegatte zu Alleineigentum erwirbt, so wollen sie gerade keinen späteren Ausgleich, weshalb die Gütertrennung auch in diesem Fall der angemessene Güterstand ist.[61] Die Gütertrennung hat auch die größere Aussicht, im fremden Recht anerkannt zu werden. Ihre Rechtswirkungen sind den ausländischen Eheleuten ohne Probleme in der erforderlichen Belehrung zu vermitteln. Wird, wie dies regelmäßig der Fall sein wird, zu je hälftigem Miteigentum erworben, so kann wirtschaftlich auch kein

681

---

[55] So *Böhringer* BWNotZ 1987, 109; *Dörner* DNotZ 1988, 86; *Palandt/Heldrich* Art. 15 EGBGB Rdn. 22; MünchKomm/*Siehr* Art. 15 EGBGB Rdn. 43; *Erman/Hohloch* Art. 15 Rdn. 29; *von Bar*, IPR II Rdn. 225; *Johannsen/Henrich* Art. 15 EGBGB Rdn. 12; *Röll* MittBayNot 1989, 3; *Tiedemann* RabelsZ 55 (1991), 25; *Kropholler* IPR 2. A. S. 318
[56] Rpfleger 1993, 280 = NJW-RR 1994, 73 = DNotZ 1994, 564 mit ablehender Anmerkung *Schotten*, zustimmende Anmerkung von *Mankowski* FamRZ 1994, 1457.
[57] So auch *Schneider* MittRhNotK 1989, 42; *Paetzold* in *Rahm/Künkel* Band 3 Rdn. 784; *Haussmann* in *Reithmann/Martiny*, internationales Vertragsrecht 4. A. Rdn. 1059; zuletzt *Schotten* DNotZ 1994, 566.
[58] *Wegmann* NJW 1987, 1740.
[59] *Schotten* DNotZ 1994, 568.
[60] *Langenfeld* BWNotZ 1986, 153.
[61] So auch *Röll* MittBayNot 1989, 1/3.

Konflikt mit der etwa bestehenden Gesamtgutslösung des ausländischen Güterrechts entstehen. Im Ergebnis spricht also im Rahmen von Art. 15 Abs. 2 Nr. 3 EGBGB alles für die Vereinbarung von Gütertrennung.

682 **Praktische Schwierigkeiten** ergeben sich bei Vereinbarung von Gütertrennung auch nicht aus dem hier vertretenen Standpunkt, die Rechtswahl nach Art. 15 Abs. 2 Nr. 3 EGBGB könne nur einheitlich für alles gegenwärtige und künftige unbewegliche Vermögen in Deutschland erklärt werden. Der weit überwiegende praktische Regelfall wird ein einmaliger Grundstückserwerb hier sein. Der Notar sollte die Beteiligten fragen, ob sie bereits Grundbesitz in Deutschland erworben haben. Wenn dies bejaht wird, sollte er sich den Kaufvertrag und die Eintragungsbekanntmachung vorlegen lassen. Ergibt sich hieraus, daß der erste Notar und das Grundbuchamt den ausländischen Güterstand feststellt und dementsprechend aufgelassen und eingetragen haben, so besteht kein Bedürfnis zu einer Rechtswahl. Ist dagegen bereits eine Rechtswahl vorgenommen, so kann es bei ihr verbleiben. Wenn Kaufvertrag und Eintragungsbekanntmachung nicht vorgelegt werden können oder die Beteiligten dem Notar falsche Angaben machen, kann den Notar hieraus keine Haftung treffen. Entsprechendes kann auch bei deutschen Eheleuten vorkommen, die dem Notar nicht offenbaren, daß sie Gütergemeinschaft vereinbart haben, und die deshalb nach Gütertrennungsgrundsätzen behandelt werden.

683 Im übrigen empfiehlt es sich regelmäßig wegen der Bedeutung der Rechtswahl, diese in einer **besonderen Urkunde** vorzunehmen,[62] die auch problemlos beim Güterrechtsregister vorgelegt werden kann.

684 Probleme können bei Rechtswahl nach Art. 15 Abs. 2 Nr. 3 EGBGB und Vereinbarung von Gütertrennung nur entstehen, wenn infolge des bei Beurkundung nicht bekannten ausländischen IPR für die Eheleute insgesamt deutsches Ehegüterrecht besteht. Die Rechtswahl geht hier in Leere. Die Vereinbarung von Gütertrennung nur für unbewegliches Vermögen verstößt gegen das Verbot der Einheitlichkeit des Güterstandes. Diese mögliche Konsequenz ändert aber nichts daran, daß die Rechtswahl auch dann zulässig ist, wenn nicht sicher ist, daß ohne sie ausländisches Güterrecht zur Anwendung käme.

> **Formulierungsvorschlag**
>
> Für die güterrechtlichen Wirkungen unserer Ehe wählen wir für unbewegliches Vermögen in Deutschland das deutsche Recht in der Form der Gütertrennung nach § 1414 BGB. Die Rechtswahl und der Güterstand der Gütertrennung soll für sämtliches unbewegliches Vermögen in Deutschland gelten. Wir erklären hierzu, daß wir bisher keine Rechtswahl getroffen haben und bisher kein unbewegliches Vermögen in Deutschland erworben haben. Wir beantragen die Eintragung ins Güterrechtsregister. Der Notar hat uns auf die Rechtsfolgen dieser auf das unbewegliche Vermögen in Deutschland beschränkten Rechtswahl hingewiesen, weiter darauf, daß die Anerkennung dieser Rechtswahl in unsrerem Heimatland fraglich ist.

5. Die Übergangsvorschriften

685 Art. 15 EGBGB n.F. gilt für Ehen, die seit dem 1. 9. 1986 geschlossen wurden. Für Altehen enthält Art. 220 Abs. 3 EGBGB eine Übergangsregelung. Für Ehen, die vor dem 1. 4. 1953, dem Tag des Inkrafttretens des Gleichberechtigungsgebots, geschlossen wurden, gilt Art. 15 EGBGB a.F. Maßgeblich ist also das Heimatrecht

---

[62] So schon *Langenfeld* BWNotZ 1986, 153; zustimmend *Röll* MittBayNot 1989, 1/3.

des Mannes im Zeitpunkt der Eheschließung. Die Ehegatten können jetzt aber eine Rechtswahl nach Art. 15 Abs. 2 oder 3 EGBGB treffen.

Für Ehen die nach dem 31. 3. 1953, aber vor dem 1. 9. 1986 geschlossen wurden, fehlt nach der teilweisen Nichtigkeitserklärung des Art. 15 EGBGB a.F. eine Kollisionsnorm. Aus Gründen des Vertrauensschutzes stellt die Übergangsvorschrift hier auf den 8. 4. 1983, den Tag des Bekanntwerdens der Entscheidung des Bundesverfassungsgerichts vom 22. 2. 1983 ab.[63] Für Ehen, die nach dem 8. 4. 1983 geschlossen wurden, gilt das neue Recht. Neues Recht gilt auch für Ehen, die zwischen dem 1. 4. 1953 und dem 8. 4. 1983 geschlossen wurden und nach dem 8. 4. 1983 noch bestanden. Eine Besonderheit besteht hier für die Eheleute, die bei Eheschließung keine gemeinsame Staatsangehörigkeit hatten und sich mit dem Vorrang des Mannesrechts nicht abgefunden haben, sondern sich einem anderen Recht unterstellt haben oder von dessen Anwendung ausgingen.[64] Für sie soll dieses Recht auch über den 8. 4. 1983 hinaus maßgebend bleiben.[65] Für die nach dem 31. 3. 1953 geschlossenen Ehen ist die Rechtswahl nach Art. 15 Abs. 2 EGBGB möglich.

6. Güterrechtsregister

Den Schutz Dritter bei ausländischem Güterrechtsstatut regelt Art. 16 EGBGB. 686
In seinem Bereich besteht Eintragungsfähigkeit. Bei Wahl deutschen Ehegüterrechts richtet sich die Eintragungsfähigkeit nach deutschem Recht. Im Gegensatz zu Eheverträgen ohne Auslandsberührung empfiehlt sich hier die Eintragung, um eine etwa nach fremden Recht bestehende Publikationspflicht zu erfüllen.

IV. Vereinbarungen über den Versorgungsausgleich, den nachehelichen Unterhalt und den Kindesunterhalt

Der Versorgungsausgleich und der nacheheliche Unterhalt richten sich nach dem 687
bei Rechtshängigkeit des Scheidungsantrags geltenden Ehewirkungsstatut, Art. 17, 18 EGBGB. Soweit dies das deutsche Recht ist, sind Scheidungsvereinbarungen nach den dargestellten allgemeinen Grundsätzen möglich. Bei vorsorgenden Vereinbarungen ist die Wandelbarkeit des Ehewirkungsstatuts zu berücksichtigen. Sie sind deshalb grundsätzlich nur für den Fall möglich, daß sich die Scheidungsfolgen nach deutschem Recht richten. Das Ehewirkungsstatut kann in den Grenzen des Art. 14 Abs. 2, 3 EGBGB durch Rechtswahl beeinflußt werden. In einem umfassenden vorsorgenden Ehevertrag empfiehlt sich deshalb eine derartige Rechtswahl.

Die die Kinder betreffenden Scheidungsfolgen der Art. 19ff. EGBGB verweisen dagegen nur auf Art. 14 Abs. 1 EGBGB. Ihre Beeinflussung durch Rechtswahl ist nicht möglich.

V. Ehevertrag bei Heirat mit einem Mohammedaner

1. Gefahren des islamischen Eherechts

Das islamische Eherecht beruht wie das gesamte islamische Recht auf dem Ko- 688
ran, den Äußerungen des Propheten und der übereinstimmenden Ansicht der Rechtsgelehrten. Auf der Grundlage dieser Lehren werden zunehmend Ehegesetze erlassen. Die Ehe ist ein privater Vertrag, historisch aus dem Brautkauf entstanden.

---

[63] Vgl. *Johannsen/Henrich* Art. 15 Rdn. 22 ff.
[64] Dazu *Böhringer* BWNotZ 1987, 104/105 ff.
[65] BGH FamRZ 1986, 1200/1202; Bedenken bei *Lichtenberger* DNotZ 1986, 644/672 und *Henrich* IPRax 1987, 94.

4. Kapitel. Eheverträge

Wesentlicher Bestandteil des Ehevertrages ist deshalb die Festsetzung des Hochzeitgeldes, der Morgengabe (mahr). Sie dient der finanziellen und rechtlichen Sicherstellung der Frau bei Auflösung der Ehe durch Scheidung oder Tod. Nach traditionellem islamischen Eherecht kann der Mann bis zu vier legale Frauen haben. Er kann die Ehe jederzeit durch dreimalige Wiederholung der Verstoßungsformel einseitig auflösen. Die Frau hat grundsätzlich kein Scheidungsrecht. Unterhaltsansprüche nach der Scheidung bestehen nicht. Die elterliche Gewalt über die Kinder steht ausschließlich dem Manne zu. Auch nach seinem Tod geht sie nicht etwa auf die Frau über, sondern auf den nächsten männlichen Verwandten des Verstorbenen.

Die Grundsätze gelten in konservativen arabischen Staaten wie etwa der Arabischen Republik Jemen noch unverändert, während sie in anderen Staaten teilweise zugunsten der Frau abgemildert wurden. Jede Deutsche, die einem islamischen Ehemann in sein Heimatland folgt, unterwirft sich damit jedoch einer unseren von Freiheit und Gleichberechtigung geprägten Rechtsvorstellungen fremden Rechtsordnung. Insbesondere muß sie in Kauf nehmen, daß die Scheidung die gemeinsamen Kinder endgültig beim Ehemann verbleiben. Eine Verpflichtung des Ehemannes zur Überlassung der Kinder an die Frau widerspricht den Grundsätzen des Islam und ist, auch wenn sie in einem Ehevertrag aufgenommen wird, unbeachtlich.

2. Inhalt und Grenzen von Eheverträgen

689 Eheverträge sind, da nach islamischem Recht die Ehe Vertragscharakter hat, in allen islamischen Staaten üblich und naturgmäß nur vor bzw. bei Eheschließung möglich. Form und Inhalt variieren je nach den einschlägigen besonderen Gesetzen. Informationen hierzu vermitteln die Merkblätter für Auslandstätige und Auswanderer des Bundesverwaltungsamtes in Habsburgring 9, Köln, insbesondere das Merkblatt Nr. 10, Islamische Eheverträge. Im vorliegenden Formular wurde versucht, Formulierungen zu finden, die in allen islamischen Rechtsordnungen Aussicht auf Anerkennung haben. Eine zuverlässige Aussage über die Anerkennung im jeweiligen islamischen Staat ist jedoch unmöglich, wobei auch die instabilen politischen und rechtlichen Verhältnisse in vielen Staaten eine Rolle spielen. Dennoch muß jeder Deutschen dringend zum Abschluß eines derartigen Ehevertrages geraten werden, da ohne ihn ihre Lage im Heimatland des Mannes unzumutbar wäre. Auch wenn einzelne Bestimmungen nicht anerkannt werden sollten, bleibt die Chance der Wirksamkeit der übrigen Bestimmungen. Ist aber erst einmal die Ehe vertragslos geschlossen, besteht keine Möglichkeit zur Verbesserung der Rechtslage der Frau mehr. Die nach dem Wegfall von Art. 15 Abs. 1 Abs. II HS 1 a.F. EGBGB jetzt mögliche Anknüpfung des Güterrechtsstatuts an die Kegelsche Leiter führt bei islamisch-deutschen Ehen mit Wohnsitz und Eheschließung in Deutschland jetzt zur Geltung von deutschem Recht, dies aber nur für Deutschland. Der islamische Heimatstaat des Mannes wird bei Scheidung der Ehe im Heimatland des Mannes immer islamisches Recht anwenden. Deshalb bleibt, soweit nicht eine Übersiedlung der Eheleute in einem islamischen Staat völlig ausgeschlossen ist, der Abschluß eines Ehevertrages nach islamischem Recht zum Schutz der Frau weiter erforderlich.

3. Notar als Urkundsperson

690 Der Ehevertrag kann als privates, nicht religiöses Rechtsgeschäft vor einer weltlichen oder geistlichen Amtsperson abgeschlossen werden. Der deutsche Notar dürfte allgemein als zuständig anerkannt werden. Die Beteiligten sollten sich zunächst erkundigen, ob ein Konsulatsangehöriger zur Beurkundung des Ehevertrages zuständig ist, dessen Dienste wegen der Kenntnis des betreffenden Rechts bevorzugt in Anspruch genommen werden sollten.

4. Angaben zur Person

Angaben über Staatsangehörigkeit, Religion, Beruf, Geburtstag und -ort und die 691
Geschäftsfähigkeit sind erforderlich. Die in manchen noch sehr in der Tradition
verwurzelten islamischen Ländern anscheinend noch immer in die Eheverträge
aufgenommenen Angaben über den körperlichen Zustand der Frau wie Geschlechtsreife und Jungfräulichkeit sind unzumutbar.

5. Zeugen

Nach sunnitischem Recht müssen bei Abschluß des Ehevertrages zwei Muslims 692
als Zeugen auftreten, nach schiitischem Recht nur einer. Ob das Auftreten der Zeugen Wirksamkeitsvoraussetzung ist oder nur Beweisfunktion hat, scheint von den einzelnen nationalen Rechten verschieden beurteilt zu werden. Aus Sicherheitsgründen sollte versucht werden, zwei geschäftsfähige männliche Muslims etwa aus dem Kreis der Mitstudenten oder Arbeitskollegen des Mannes hinzuzuziehen.

6. Ehefähigkeit

Das zur Heirat eines Ausländers in Deutschland nach § 10 EheG erforderliche 693
Ehefähigkeitszeugnis wird von den meisten islamischen Staaten nicht erteilt.[66] Deshalb hat der zuständige Präsident des Oberlandesgerichts nach § 10 Abs. 2 EheG Dispens zu erteilen. Er hat dabei auch deutsche Ehehindernisse, insbesondere das Verbot der Doppelehe nach § 5 EheG, zu berücksichtigen. Nach jetzt h. L. hat der OLG-Präsident nicht das Recht, den Dispens zum Schutz deutscher Verlobter aus anderen Gründen zu verweigern.[67] Zum Abschluß eines Ehevertrages kann er zwar dringlich raten, ihn aber nicht durch Dispensverweigerung erzwingen.

7. Vertragsformel

Die Eheschließungsformel ist z. B. zur Anerkennung in Jordanien unerläßlich. Der 694
Notar sollte sie deshalb vorsorglich immer aufnehmen, um die Anerkennung im Heimatland des Mannes nicht zu gefährden. Nach deutschem Recht ist die Erklärung nur als Absichtserklärung, allenfalls als Verlöbnis zu werten. Der Notar maßt sich mit ihrer Beurkundung keine standesamtlichen Befugnisse an.

8. Heiratsgeld (Morgengabe, mahr)

Das Heiratsgeld ist unerläßlicher Bestandteil der historisch aus dem Brautkauf 695
entstandenen islamischen Ehe. Traditionell wird ein Teil des Heiratsgelds bei Eheschluß, der andere Teil bei Scheidung oder Tod fällig. Es schützt die vom islamischen Scheidungsfolgen- und Erbrecht sehr schlecht behandelte Frau vor materieller Not bei Auflösung der Ehe. Die islamische Familie der Frau achtet deshalb auf ein angemessenes Heiratsgeld, dessen Höhe aber auch der späteren Festsetzung durch die Parteien oder den Richter überlassen werden kann. Auch die deutsche Frau sollte trotz der Fremdheit des Heiratsgeldgedankens keine Scheu haben, sich insoweit orientalischen Vorstellungen zu unterwerfen und auf eine angemessene finanzielle Sicherstellung achten. Das Heiratsgeld sollte zu ihrem Schutz immer in DM bzw. der entsprechenden Summe der ausländischen Währung beziffert werden und den Vermögensverhältnissen des Mannes angemessen sein, ohne ihn zu knebeln. Denn bei einer unangemessen hohen Summe könnte sich der Mann einer später von der Frau gewünschten Scheidung aus rein finanziellen Gründen wider-

---

[66] Vgl. die Übersichten bei *Staudinger/Dietz* § 10 EheG Rdn. 47 ff. und *Staudinger/Gamillscheg* Art. 13 EGBGB Rdn. 714 ff.
[67] BGHZ 56, 180/184.

4. Kapitel. Eheverträge

setzen. Zu einer begrenzten Wertsicherung führt die Klausel, daß der Frau neben der festgesetzten Geldsumme noch die Scheidungs- und Rückreisekosten vorzuschießen sind.

9. Gütertrennung

696 Wenn die Eheleute für Deutschland nicht Gütertrennung vereinbaren wollen, ist § 9 Abs. 3 des Formulars wegzulassen. Islamischer Güterstand ist von jeher sowieso die Gütertrennung. Es dürfte sich überhaupt wohl empfehlen, güterrechtliche Vereinbarungen, die nur für Deutschland Bedeutung haben, in einem weiteren getrennten Ehevertrag zu treffen.

10. Einehe, Scheidungsrechte der Frau

697 Der Mann kann sich nach islamischem Recht nicht zur Einehe verpflichten. Die Aufnahme einer derartigen Verpflichtung würde die Gefahr der Ungültigkeit des Ehevertrages nach dem Heimatrecht des Mannes heraufbeschwören. Wohl aber kann die Eingehung einer weiteren Ehe nach den meisten Rechten zum Scheidungsgrund gemacht werden. In sehr traditionalistischen Staaten wie der Arabischen Republik Jemen hat die Frau auch heute noch kein Scheidungsrecht. In den meisten islamischen Staaten bestehen jedoch gesetzliche Scheidungsrechte der Frau, die ehevertraglich konkretisiert und erweitert werden können. Da die Scheidungsrechte der Frau teilweise noch als Ausübung der nur dem Mann zustehenden Scheidungsbefugnisse in dessen Namen angesehen werden, sollte unbedingt die Form der Bevollmächtigung entsprechend dem Formular gewählt werden.

11. Nachehelicher Unterhalt

698 Nach islamischem Recht hat die Frau nur während der gesetzlichen Wartezeit von 90 Tagen, während deren der Mann die Frau auch gegen ihren Willen zurückholen kann, Anspruch auf Unterhalt. Sonstiger nachehelicher Unterhalt ist unbekannt. Die Anerkennung der Klausel im Heimatland des Mannes ist fraglich.

12. Freizügigkeit der Frau

699 Nach islamischem Recht ist die Frau auf Haus und Familie beschränkt (Harem). Der Mann hat disziplinäre Befugnisse bis hin zur Züchtigung. Er allein bestimmt den Aufenthalt und den Umgang der Frau. Dies führt in den meisten Staaten auch dazu, daß die Frau nur mit ausdrücklicher Zustimmung des Mannes ausreisen darf. Die Erlaubnisse und Vollmachten des Formulars sind deshalb von größter praktischer Wichtigkeit. Insbesondere die Ausreisevollmacht sollte nochmals getrennt vom Ehevertrag schriftlich erteilt werden, damit sie nicht von einer sich etwa später herausstellenden Unwirksamkeit des Ehevertrages miterfaßt wird.

13. Zuteilung der Kinder

700 Nach islamischem Recht hat die Frau das Sorgerecht für Knaben bis zu sieben Jahren, für Mädchen bis zu neun Jahren. Die ausländische Frau hat jedoch keine Möglichkeit, mit den Kindern auszureisen. Eine ehevertragliche Klausel, nach der die Kinder endgültig der Frau zugeteilt werden sollen, wird nicht anerkannt. Auch ist zweifelhaft, ob der nicht muslimischen Frau obige begrenzte Sorgerechte zugestanden werden, da sie im Heimatland des Mannes keine Familie hat. Die ausländische Frau muß damit rechnen, bei Scheidung im Heimatland des Mannes ihre Kinder sofort und endgültig zu verlieren.

§ 7. Fragen der Auslandsberührung

14. Weitere Formerfordernisse

Die salvatorische Klausel ist in der Hoffnung aufzunehmen, daß sie anerkannt wird. Nach einigen Rechten ist die Legalisierung des Ehevertrages erforderlich. Auch die Bestätigung durch das Gericht für muslimische personenrechtliche Angelegenheiten (sharia) und die standesamtliche Registrierung im Heimatland des Mannes kann vorgeschrieben sein. Die Beteiligten sollten sich hierwegen mit dem zuständigen Konsulat in Verbindung setzen.

701

Formulierungsvorschlag 702

<u>Ehevertrag nach islamischem Recht</u>

Verhandelt zu ... am ...
Vor dem Notar ... sind erschienen ...
1. Frau ...
2. Herr ...

– Verlobte –

3. Herr ...
   Herr ...

– Zeugen –

Nach seiner Erklärung und der Überzeugung des Notars ist Herr ... der deutschen Sprache nicht hinreichend mächtig. Es wurde deshalb Frau ... als Dolmetscherin hinzugezogen, die die heutige Verhandlung und die Urkunde übersetzt hat. Sie hat auch den aufgrund einer Vorbesprechung vom Notar angefertigten Entwurf der heutigen Urkunde schriflich übersetzt. Diese schriftliche Übersetzung ist der heutige Urkunde beigefügt.
Herr ... gibt zunächst, nachdem er vom Notar über die Bedeutung einer eidesstattlichen Versicherung und die strafrechtlichen Folgen unrichtiger Angaben belehrt wurde, die folgende

<u>eidesstattliche Versicherung</u>

ab: Ich versichere, daß ich derzeit nicht verheiratet bin.
Sodann erklären Frau ... und Herr ...:
Wir beabsichtigen, in Kürze zu heiraten. Wir erklären deshalb folgenden

<u>Ehevertrag</u>

<u>I. Rechtswahl, Vereinbarungen zum deutschen Recht</u>

1. Für das Ehevermögensrecht und die persönlichen Wirkungen unserer Ehe wählen wir das deutsche Recht.
2. Wir vereinbaren für unseren künftige Ehe den Güterstand der Gütertrennung und schließen deshalb den gesetzlichen Güterstand aus.
   Der Notar hat uns darauf hingewiesen, daß durch die Vereinbarung der Gütertrennung ein Ausgleich des Zugewinns bei Beendigung der Ehe, insbesondere nach einer Scheidung, nicht stattfindet, und daß sich das gesetzliche Erbrecht und das Pflichtteilsrecht vermindern können. Jeder von uns ist berechtigt, ohne Zustimmung des anderen über sein Vermögen im ganzen, auch über die ihm gehörenden Gegenstände des ehelichen Haushalts, frei zu verfügen.

4. Kapitel. Eheverträge

3. Wir schließen den Versorgungsausgleich aus.
Der Notar hat uns über die Bedeutung und die Folgen des Ausschlusses belehrt, insbesondere darüber, daß infolge dieser Vereinbarung der vom Gesetz für den Fall der Scheidung vorgesehene Ausgleich der in der Ehezeit erworbenen Versorgungsanwartschaften nicht stattfindet. Der Notar hat weiter darauf hingewiesen, daß der Ausschluß des Versorgungsausgleichs unwirksam ist, wenn einer von uns innerhalb eines Jahres Antrag auf Scheidung der Ehe stellt.
4. Wir verzichten gegenseitig auf jeglichen nachehelichen Unterhalt, auch für den Fall der Not, und nehmen den Verzicht gegenseitig an.
Der Notar hat darauf hingewiesen, daß infolge dieses Unterhaltsverzichts kein Ehegatte gegen den anderen bei Scheidung der Ehe Unterhaltsansprüche haben wird, und zwar gerade dann, wenn er selbst für seinen Unterhalt nicht sorgen kann.

II. Vereinbarungen im Hinblick auf das islamische Eherecht

1. Im Hinblick auf das Heimatrecht des Bräutigams erklären die Brautleute zunächst:
Ich, die Braut, bin bereit, Dich gegen Zahlung des nachstehenden Heiratsgeldes zu ehelichen.
Ich, der Bräutigam, bin bereit, Dich zu dieser Bedingung als meine Ehefrau anzunehmen.
2. Ich, der Bräutigam, verpflichte mich, meiner zukünftigen Ehefrau ein angemessenes Heiratsgeld (Morgengabe, Mahr) zu zahlen. Das Heiratsgeld beträgt mindestens eintausend Deutsche Mark oder einen gleichwertigen Betrag in der Heimatwährung des Ehemannes. Es ist auf Verlangen der Ehefrau, spätestens bei Auflösung der Ehe durch Scheidung oder Tod zu zahlen. Haben die Eheleute bei Auflösung der Ehe ihren Wohnsitz im Heimatstaat des Mannes, sind der Ehefrau neben obigem Betrag auch die sie etwa treffenden Scheidungskosten und die Kosten der Rückreise nach Deutschland zu zahlen.
3. Der Mann bevollmächtigt die Frau hiermit unwiderruflich, sich durch Scheidung aus dem ehelichen Band zu befreien, soweit dies nach dem Recht seines Heimatlandes möglich ist und nach Maßgabe der dort jeweils geltenden Gesetze. Mit dieser Maßgabe soll die Scheidung der Frau insbesondere dann möglich sein, wenn der Mann eine andere Frau heiratet oder seine Unterhaltspflichten verletzt oder der Frau durch üble Behandlung das Leben unerträglich macht.
4. Der Mann verpflichtet sich, der Frau nach einer Scheidung, die er selbst beantragt hat oder die von der Frau aus obigen Gründen beantragt wurde, bei Bedürftigkeit angemessenen Unterhalt zu zahlen, soweit dies nach den Gesetzen seines Heimatlandes zulässig ist.
5. Wenn aus der Ehe Kinder hervorgehen, so soll im Falle der Auflösung der Ehe der über die Auflösung entscheidende Richter feststellen, bei welchem Elternteil die Kinder am Besten aufgehoben sind. Er soll sich hierbei von dem Wohl und der gesunden Entwicklung der Kinder leiten lassen. Diesem Elternteil soll er das Sorgerecht für die Kinder übertragen.
Unabhängig hiervon jedoch soll für den Fall, daß einer von uns vorzeitig stirbt, der andere von uns die elterliche Sorge für die Kinder allein erhalten.
6. Der Mann ermächtigt die Frau als seine zukünftige Ehefrau unwiderruflich, im Geschäftsleben sowie für alle Personenstands-, urkundlichen-, Paß- und registerlichen Zwecke ihren vorehelichen Familiennamen auch während der Ehe weiter zu führen.
7. Der Mann ermächtigt und bevollmächtigt hierdurch die Frau als seine zukünftige Ehefrau unwiderruflich:
einen ehrenhaften Beruf auszuüben,
in der ehelichen Wohnung Besuch auch aus dem Ausland zu empfangen, insbesondere aus ihrem Heimatland,

ihre Wohnung selbst zu wählen und jederzeit frei und ohne Beschränkung zu reisen und ausreisen, sowie sich alle hierfür erforderlichen Urkunden und Genehmigungen des Ehemannes zu beschaffen. Soweit gleichwohl hierfür eine Zustimmung oder Genehmigung des Ehemannes erforderlich ist, erteilt er diese Zustimmung bzw. Genehmigung bereits durch seine nachfolgende Unterschrift unwiderruflich.

III. Weitere Vereinbarungen

1. Im Übrigen soll auch für die allgemeinen Ehewirkungen deutsches Recht maßgeblich sein. Die Vereinbarungen gemäß Abschnitt II dieser Urkunde werden nur für den Fall getroffen, daß die Eheleute ihren Wohnsitz in einem Land islamischer Rechtsordnung nehmen werden und dieses Land das deutsche Eherecht nicht anwendet.
2. Der Notar hat uns über die Auswirkungen dieses Vertrages nach deutschem Recht belehrt.
Der Notar hat über den Inhalt ausländischen Rechts nicht belehrt. Die Beteiligten haben über Form, Inhalt und Anerkennung des vorstehenden Ehevertrages nach dem Heimatrecht des Mannes selbst Erkundigungen eingezogen und wünschen seine Beurkundung, um der Frau im Heimatland des Mannes die Chance des bestmöglichen Rechtsschutzes zu geben.

(Schlußvermerke)

§ 8. Überleitung der Eigentums- und Vermögensgemeinschaft nach FGB

I. Regelung im Familienrecht der ehem. DDR

703 Nach §§ 13 ff. des Familiengesetzbuchs der Deutschen Demokratischen Republik[1] gehörten beide Ehegatten die von einem oder beiden Ehegatten während der Ehe durch Arbeit oder aus Arbeitseinkünften erworbenen Vermögensgegenstände gemeinsam. Jedem Ehegatten allein gehörten die vor der Eheschließung erworbenen Vermögensgegenstände und diejenigen, die ihm während der Ehe als Geschenk oder Auszeichnung zugewendet wurden oder als Erbschaft zufielen. Abweichende Vereinbarungen, die bei Grundstücken und Gebäuden der Beurkundung bedurften, waren möglich, aber selten. Verfügungen über gemeinschaftliches Vermögen hatten im beiderseitigen Einverständnis zu erfolgen, über Häuser und Grundstücke konnten die Ehegatten nur gemeinsam verfügen. Für während der Ehe entstandene persönliche Verbindlichkeiten und für Unterhaltsverpflichtungen eines Ehegatten haftete nach dessen persönlichem Vermögen auch das gemeinschaftliche Vermögen. Bei Widerspruch des anderen Ehegatten hatte der Richter festzulegen, inwieweit Teile des gemeinschaftlichen Vermögens der Haftung unterlagen. Bei Inanspruchnahme des gemeinschaftlichen Vermögens für persönliche Verbindlichkeiten oder Unterhaltsverpflichtungen eines Ehegatten konnte jeder Ehegatte die vorzeitige Aufhebung der Eigentums- und Vermögensgemeinschaft verlangen, wenn es zum Schutz der Interessen eines Ehegatten oder minderjähriger Kinder erforderlich war.

Bei Beendigung der Ehe fand nach §§ 39 ff. FGB eine Verteilung des gemeinschaftlichen Eigentums und Vermögens im Sinne einer Halbteilung statt. Soweit eine Einigung nicht zustande kam, entschied das Gericht unter Berücksichtigung der Lebensverhältnisse der Beteiligten. Es konnte insbesondere einem der Beteiligten das Alleineigentum an bestimmten Vermögensgegenständen gegen Erstattung des anteiligen Wertes oder gegen Verlust anderer Vermögensgegenstände zusprechen.

II. Überleitung durch den Einigungsvertrag

704 Der Einigungsvertrag leitete in Art. 234 § 4 Abs. 1 EGBGB den FGB-Güterstand der Errungenschaftsgemeinschaft in den gesetzlichen Güterstand der Zugewinngemeinschaft des BGB über. Nach Art. 234 § 4 Abs. 2 EGBGB konnten die Ehegatten im Beitrittsgebiet durch notarielle Erklärung bestimmen, daß der bisherige FGB-Güterstand fortgelten solle. Hiervon haben wohl weniger als 4000 Ehepaare Gebrauch gemacht.[2]

III. Ergänzung durch das Registerverfahrensbeschleunigungsgesetz

705 Der Gesetzgeber des Einigungsvertrages hatte zwar den Güterstand übergeleitet, nicht aber die Gesamthandsgemeinschaft hinsichtlich des bis zum Tag des Beitritts erworbenen gemeinschaftlichen Eigentums aufgelöst. Dies führte insbesondere zu Vollstreckungsproblemen.[3] Deshalb ordnet Art. 234 § 4a EGBGB in der Fassung des Registerverfahrensbeschleunigungsgesetzes an, daß bei Überleitung des FGB-Güterstandes in die Zugewinngemeinschaft das gemeinschaftliche Eigentum der

---

[1] Gesetzblatt 1966, 1.
[2] *Peters* FamRZ 1994, 673.
[3] *Peters* FamRZ 1993, 877.

§ 8. Überleitung der Eigentums- und Vermögensgemeinschaft nach FGB

Ehegatten Eigentum zu gleichen Bruchteilen wird. Für Grundstücke und grundstücksgleiche Rechte konnten die Ehegatten binnen sechs Monaten nach Inkrafttreten andere Anteile bestimmen. Von dieser mittlerweile erloschenen Befugnis dürften nur äußerst wenige Ehepaare Gebrauch gemacht haben. Damit ist aus dem Gesamtgut der übergeleiteten Errungenschaftsgemeinschaft nach FGB je hälftiges Miteigentum geworden. Die Grundbücher sind auf einfachen Antrag zu berichtigen. Man sollte diese einfache Regelung des Gesetzgebers wörtlich nehmen und nicht wieder dadurch problematisieren, daß man zwischen dem Vermögen unterscheidet, das vor oder nach dem 2. 10. 1990 erworben wurde.[4] Für die verhältnismäßig wenigen Ehepaare, die sich für die Fortgeltung des FGB-Güterstandes entschieden haben, wurde durch Art. 234 § 4a Abs. 2 EGBGB die entsprechende Anwendung der Vorschriften über das durch beide Ehegatten verwaltete Gesamtgut der Gütergemeinschaft nach BGB angeordnet. Hierdurch sind Änderungen eingetreten, die von den Eheleuten bei Ausübung ihrer Option für das alte Recht nicht vorhergesehen werden konnten.[5]

Im Rahmen der Ehevertragsfreiheit haben alle Ehepaare, für die zunächst das FGB-Recht galt, die Möglichkeit, die übergeleitete Zugewinngemeinschaft wie auch die durch das Registerverfahrensbeschleunigungsgesetz modifizierte Eigentums- und Vermögensgemeinschaft ehevertraglich in einen anderen Güterstand zu überführen. Jedenfalls aber besteht keine Veranlassung, in Anbetracht des nur sehr unvollkommen gesetzlich geregelten FGB-Güterstandes über einen neuen Wahlgüterstand in Anlehnung an diesen nachzudenken. Der Güterstand der Errungenschaftsgemeinschaft läßt sich im Rahmen des BGB vertraglich sehr einfach vereinbaren, indem man das bei Eingehung der Ehe vorhandene Vermögen jedes Ehegatten zum Vorbehaltsgut erklärt. Hiervon abgesehen hat sich der gesetzliche Güterstand der nur schuldrechtlichen Vergemeinschaftung der Errungenschaft für den Fall der Eheauflösung bei Beibehaltung der Gütertrennung in der bestehenden Ehe bewährt. Für eine dingliche Vergemeinschaftung der Errungenschaft besteht weder ein Anlaß noch empfiehlt sich diese angesichts der damit verbundenen Haftung des Gesamtguts für alle Verbindlichkeiten jedes Ehegatten.

---

[4] So aber *Lipp* FamRZ 1995, 65.
[5] Kritisch in diesem Sinn *Peters* FamRZ 1994, 673.

§ 9. Rechts- und Steuerfragen des Güterstandswechsels

I. Zivilrechtliche Grundsätze

707 Das BGB läßt als Güterstände zu den gesetzlichen Güterstand der Zugewinngemeinschaft und die Wahlgüterstände der Gütertrennung und der Gütergemeinschaft. Da Eheverträge über den Güterstand nicht nur zu Beginn der Ehe, sondern zu jedem Zeitpunkt der Ehe möglich sind, ist auch der Wechsel von einem Güterstand zum anderen möglich und zulässig. Fälle der Güterstandswechsels sind also die Vereinbarung von Gütertrennung anstelle des gesetzlichen Güterstandes, die Vereinbarung von Gütergemeinschaft anstelle des gesetzlichen Güterstandes, die Vereinbarung des gesetzlichen Güterstandes anstelle der zuvor vereinbarten Gütertrennung, die Vereinbarung des gesetzlichen Güterstandes anstelle der zuvor vereinbarten Gütergemeinschaft, die Vereinbarung von Gütertrennung anstelle der zuvor vereinbarten Gütergemeinschaft und die Vereinbarung von Gütergemeinschaft anstelle der zuvor vereinbarten Gütertrennung. Hinzu kommen bei Auslandsberührung noch die Fälle des Wechsels von einem ausländischen Güterstand in einen deutschen Güterstand oder von einem deutschen Güterstand in einen ausländischen Güterstand.

708 Modifizierungen innerhalb der einzelnen Güterstände sind kein Güterstandswechsel, können aber in der Wirkung einem Güterstandswechsel gleichkommen. Dies gilt etwa, wenn im gesetzlichen Güterstand durch Ehevertrag der Zugewinnausgleich für den Scheidungsfall ausgeschlossen wird oder wenn bei Vereinbarung des gesetzlichen Güterstandes anstelle der bisher vereinbarten Gütertrennung vereinbart wird, daß für die Berechnung des Anfangsvermögens nicht der Tag des Abschlusses des Ehevertrages, sondern der frühere Zeitpunkt der Eheschließung maßgeblich sein soll.

709 Ein neuer Güterstand kann als solcher immer nur ex nunc, also mit konstituierender Wirkung für die Zukunft vereinbart werden. Die Rechtsfolgen des alten Güterstandes entfallen mit dem Ehevertrag, die Rechtsfolgen des neuen Güterstandes treten mit dem Ehevertrag in Kraft. So bleiben nach Aufhebung des gesetzlichen Güterstandes durch Vereinbarung von Gütertrennung in Anwendung von § 1365 BGB Gesamtvermögensgeschäfte, die ohne Einwilligung des anderen Ehepartners abgeschlossen wurden, grundsätzlich in der Schwebe.[1] Sie werden aber dann geheilt, wenn eine Gefährdung der Zugewinnausgleichsforderung ausscheidet, weil der Zugewinnausgleich für die Vergangenheit ausgeschlossen oder erlassen wird.[2] Die Zugewinnausgleichsforderung des ausgleichsberechtigten Ehegatten wird mit der ehevertraglichen Beendigung des gesetzlichen Güterstandes nach § 1378 Abs. 3 BGB grundsätzlich fällig. Die Ehegatten können aber den Zugewinnausgleich rückwirkend ausschließen oder rückwirkend auf die Geltendmachung von Zugewinnausgleichsansprüchen verzichten. Dies sollte der Ehevertrag ausdrücklich regeln. Beim Fehlen einer ausdrücklichen Regelung ist ein Ausschlußwille zu vermuten.

710 Die Wirkungen des neuen Güterstandes können durch Ehevertrag nur dann auf einen früheren Zeitpunkt, etwa dem der Eheschließung, zurückbezogen werden, wenn sie rein schuldrechtliche Wirkung zwischen den Eheleuten haben. So kann die Entstehung von Gesamtgut nicht rückdatiert werden, § 1416 BGB. Die Verfü-

---
[1] *Staudinger/Thiele* § 1363 Rdn. 25.
[2] *Staudinger/Thiele* § 1365 Rdn. 104.

§ 9. Rechts- und Steuerfragen des Güterstandswechsels

gungsbeschränkungen der §§ 1365, 1369 BGB gelten erst ab Eintritt des neuen Güterstandes. Der Zugewinnausgleich findet erst ab Eintritt des gesetzlichen Güterstandes statt. Für seine Berechnung kann aber in Abänderung von § 1374 Abs. 1 Hs. 1 BGB vereinbart werden, daß nicht der Zeitpunkt des Eintritts des Güterstandes maßgeblich ist, sondern ein früherer Zeitpunkt, insbesondere der Zeitpunkt der Eheschließung.[3] Es kann auch ein Stichtag vor Eheschließung gewählt werden.[4]

II. Fallgruppen

Ein Wechsel von der Gütertrennung zum gesetzlichen Güterstand kommt insbesondere dann vor, wenn die Gütertrennung zunächst als Vorsorge für eine frühzeitige Scheidung oder wegen betrieblicher Beteiligung eines Ehegatten gewählt wurde und nun in vorgerücktem Alter die Gründe hierfür entfallen sind. Hierdurch kommt der überlebende Ehegatte insbesondere in den Genuß der Erbteilserhöhung nach § 1371 Abs. 1 BGB. 711

> **Formulierungsvorschlag**
>
> Wir haben mit Ehevertrag vom ... den Güterstand der Gütertrennung vereinbart. Wir heben diesen Güterstand hiermit auf und vereinbaren für unsere Ehe den gesetzlichen Güterstand der Zugewinngemeinschaft.

Der Wechsel von der Gütertrennung oder vom gesetzlichen Güterstand zur Gütergemeinschaft kommt insbesondere dann vor, wenn ebenfalls nach längerer Ehezeit jetzt das einseitige Vermögen eines Ehegatten vergemeinschaftet werden soll, um den anderen Ehegatten zu versorgen. 712

> **Formulierungsvorschlag**
>
> Wir haben mit Ehevertrag vom ... den Güterstand der Gütertrennung vereinbart. Wir heben diesen Güterstand hiermit auf und vereinbaren für unsere Ehe den Güterstand der Gütergemeinschaft. Vorbehaltsgut vereinbaren wir nicht.

Der Wechsel zur Gütertrennung kommt vor allem in Betracht, wenn im Vorfeld der Scheidung oder bei dauerndem Getrenntleben der gesetzliche Güterstand oder die Gütergemeinschaft beendet werden soll. 713

> **Formulierungsvorschlag**
>
> Wir haben bisher im gesetzlichen Güterstand gelebt. Wir beenden hiermit diesen Güterstand und vereinbaren den Güterstand der Gütertrennung. Den bisher erzielten Zugewinnausgleich gleichen wir wie folgt aus ...

III. Schenkungs- und erbschaftsteuerliche Folgen des Güterstandswechsels

1. Vereinbarung der Gütergemeinschaft

Nach § 7 Abs. 1 Nr. 4 ErbStG gilt als Schenkung unter Lebenden die Bereicherung, die ein Ehegatte bei Vereinbarung der Gütergemeinschaft nach § 1415 BGB erfährt. Durch diese Bestimmung hat sich der Gesetzgeber des ErbStG vom 714

---

[3] Unstreitig.
[4] OLG Hamburg NJW 1964, 1076; *Staudinger/Thiele* § 1374 Rdn. 39; *Palandt/Brudermüller* § 1374 Rdn. 4; *Soergel/Lange* § 1374 Rdn. 4; *RGRK/Finke* § 1374 Rdn. 26; *Ermann/Heckelmann* § 1374 Rdn. 2; *Johannsen/Henrich/Jaeger* § 1374 Rdn. 3; *MünchKomm/Koch* § 1374 Rdn. 3.

2. Keine steuerwirksame rückwirkende Berechnung des Zugewinnausgleichs

715 Die Erbschaftsteuerfreiheit der Zugewinnausgleichsforderung nach § 5 ErbStG legt es nahe, auch aus steuerlichen Gründen beim Wechsel von der Gütertrennung zum gesetzlichen Güterstand zu vereinbaren, daß für die Berechnung des Anfangsvermögens der Zeitpunkt der Eheschließung maßgebend sein soll. Hat etwa der Ehemann den erheblich größeren Zugewinn gemacht, so wird hierdurch bei seinem Vorversterben der Ehefrau die Möglichkeit eröffnet, neben den allgemeinen, häufig nicht mehr ausreichenden Freibeträgen auch mit dem Finanzamt einen steuerfreien Zugewinnausgleich durchzuführen. Diese zivilrechtlich unstreitig zulässige Gestaltung wurde entsprechend dem Maßgeblichkeitsgrundsatz vom Bundesfinanzhof in zwei Entscheidungen[5] auch für steuerlich zulässig angesehen. Im Gesetz zur Bekämpfung des Mißbrauchs und zur Bereinigung des Steuerrechts vom 21. 12. 1993[6] hat der Gesetzgeber auf diese Rechtsprechung reagiert und § 5 Abs. 1 ErbStG geändert. Eine steuerlich wirksame Rückwirkungsvereinbarung ist damit nicht mehr möglich. Ob hiermit das letzte Wort gesprochen ist, wird teilweise bezweifelt.[7]

3. Ausschluß von Zugewinnausgleichsansprüchen für die Vergangenheit

716 Der Ausschluß von Zugewinnausgleichsansprüchen für die Vergangenheit ist regelmäßig keine Schenkung. Dies folgt einmal aus dem Rechtsgedanken des § 517 BGB, wonach der Verzicht auf ein noch nicht endgültig erworbenes Recht keine Schenkung darstellt.[8] Zum anderen ist bei intakter Ehe der Übergang von einem Güterstand zum anderen ein familienrechtliches Geschäft eigener Art zum Zwecke der Herstellung einer von den Eheleuten als gerecht angesehenen ehelichen Vermögensordnung, was Bereicherungswillen ausschließt.[9] Dieser Wille zur unentgeltlichen Bereicherung des anderen Ehegatten fehlt erst recht dann, wenn der Übergang zur Gütertrennung nicht bei intakter Ehe erfolgt, sondern zur Vorbereitung der Vermögensauseinandersetzung anläßlich der Scheidung.

IV. Güterstandswechsel und Pflichtteilsrecht

717 Der Güterstandswechsel kann direkt oder infolge der Auseinandersetzung des beendeten Güterstandes zu einer objektiven Bereicherung eines Ehegatten führen. Die Frage, ob sich hieraus Pflichtteilsansprüche nach § 2325 BGB der Abkömmlinge des entreicherten Ehegatten ergeben können, hat der BGH in einer Grundsatzentscheidung zur Vereinbarung von Gütergemeinschaft grundsätzlich verneint.[10] Es handele sich in solchen Fällen im allgemeinen nicht um Schenkung im Sinne von §§ 516, 2325, 2287 BGB, weil es an der schuldrechtlichen Einigung der Eheleute über die Unentgeltlichkeit der Zuwendung fehle. Der Rechtsgrund für die Bereicherung liege vielmehr regelmäßig in dem familienrechtlichen Vertrag über die Errichtung der Gütergemeinschaft, mit dessen Hilfe die Ehegatten ihre güterrechtlichen Verhältnisse neu ordnen.

---

[5] BFH BStBl. II 1989, 897; BFH BStBl. II 1993, 793.
[6] BGBl. I 1993, 2309.
[7] *Lehmann* MittRhNotK 1994, 167; *Hoebbel* NJW 1994, 2135.
[8] *Meincke* DStR 1986, 135/139.
[9] *Voss* DB 1988, 1084/1086.
[10] BGH NJW 1992, 558 = LM § 516 BGB Nr. 23 m. Anm. *Langenfeld*.

§ 9. Rechts- und Steuerfragen des Güterstandswechsels

Im entschiedenen Fall hatte ein geschiedener Chefarzt wieder geheiratet und mit der zweiten Frau zunächst fast zehn Jahre im Güterstand der Zugewinngemeinschaft gelebt. Dann vereinbarten die Eheleute Gütergemeinschaft, wodurch der erhebliche Grundbesitz des Mannes in das Gesamtgut einfloß. Sechs Jahre danach wurde Gütertrennung vereinbart und das Gesamtgut auseinandergesetzt. Bei dieser Auseinandersetzung wurden durch Auflassung von Grundstücken in das Alleineigentum der Frau dieser wesentlich mehr Werte zugeteilt, als es einer hälftigen Auseinandersetzungsquote entsprach. Nach dem Tod des Chefarztes machen dessen Kinder erster Ehe Pflichtteilsansprüche geltend. Der BGH hatte zu entscheiden, ob Vermögensverschiebungen zwischen Ehegatten infolge ehevertraglicher Güterstandsänderungen grundsätzlich zu Pflichtteilsergänzungsansprüchen der Abkömmlinge führen oder nicht. Dies wurde verneint. Danach waren die Fälle des Mißbrauchs der Ehevertragsfreiheit auszugrenzen. Schließlich war zu entscheiden, ob und unter welchen Voraussetzungen die nicht hälftige Auseinandersetzung des Gesamtguts der durch die Vereinbarung von Gütertrennung beendeten Gütergemeinschaft ihrerseits der Pflichtteilsergänzung unterliegen kann.

718

Bei der Begründung der Pflichtteilsfestigkeit des Güterstandswechsels geht der BGH davon aus, daß zwar die Einigung über die Unentgeltlichkeit der Zuwendung für die Annahme einer Schenkung unentbehrlich sei, es aber nicht übersehen werden dürfe, daß auch bei einer ausschließlich durch die Ehe motivierten und völlig unbedenklichen Neuordnung des Güterstandes die dabei eintretende Bereicherung des weniger begüterten Teils von den Eheleuten als unentgeltlich empfunden und gewollt sein kann. Der BGH lehnt es aber ab, die Bereicherung schon deshalb dem Recht der Schenkung zu unterwerfen und daran die Rechtsfolgen der §§ 2325, 2329 BGB anzuknüpfen. Vielmehr stellt er auf die Ehevertragsfreiheit ab und gibt ihr den Vorzug vor Ansprüchen Dritter. Er stellt den Grundsatz auf, daß es dem Ehegatten als für das Ehegüterrecht grundlegende Befugnis und Folge der Eheschließungsfreiheit jederzeit freistehe, ihre güterrechtlichen Verhältnisse für die Zukunft zu ändern und den bis dahin geltenden Güterstand durch einen anderen zu ersetzen. Diese für das Ehegüterrecht grundlegende Befugnis müssen sowohl die Gläubiger als auch die Pflichtteilsberechtigten als eine Folge der Eheschließungsfreiheit grundsätzlich hinnehmen.

719

Der BGH betont aber auch, daß die Fälle des Mißbrauchs der Ehevertragsfreiheit auszugrenzen sind. Für die Annahme einer Pflichtteilsergänzungsansprüche auslösenden Schenkung sei der Nachweis erforderlich, daß die Geschäftsabsichten der Eheleute, soweit es sich um eine Bereicherung des weniger begüterten Teils handele, nicht zwecks Verwirklichung der Ehe auf eine Ordnung der beiderseitigen Vermögen gerichtet waren. Nur dann ist Raum für die Annahme, die ehegüterrechtliche causa für die Bereicherung sei durch einen schuldrechtlichen Schenkungsvertrag verdrängt. Eine derartige Ausnahme komme in Betracht, wenn nach einem einheitlichen Plan zunächst Gütergemeinschaft und nach einiger, auch längerer Zeit ein anderer Güterstand vereinbart wird, um Rechte erstehelicher Kinder zu beeinträchtigen.[11] Sie komme auch in Betracht, wenn nachträglich wertvolle Gegenstände aus dem Vorbehaltsgut eines Ehegatten in das des anderen oder in das Gesamtgut oder aus dem Gesamtgut in das Vorbehaltsgut übertragen würden. Ein gewichtiges Anzeichen für die Verfolgung „ehefremder Zwecke" könne es auch sein, wenn Gütergemeinschaft kurz vor dem Tode eines Ehegatten vereinbart wird, oder wenn für die Auseinandersetzung dem zunächst weniger begüterten Teil eine höhere Quote eingeräumt wird, als § 1476 BGB vorsieht, oder wenn ein Ehevertrag nur deshalb geschlossen wird, um pflichtteilsberechtigte Angehörige zu benachteiligen.

720

---

[11] RGZ 87, 301.

721 Diesen Grundsätzen ist uneingeschränkt zuzustimmen. Es kann nur davor gewarnt werden, den Übergang vom gesetzlichen Güterstand zur Gütergemeinschaft und dann zur Gütertrennung als Modell für die Gestaltung von Fällen der Pflichtteilsvermeidung anzusehen. Jede Gestaltung dieser Art, die auf die Ausschaltung der pflichtteilsberechtigten Kinder abzielt, setzt sich der Gefahr der Mißbrauchskontrolle aus. Zu beachten ist auch, daß die Vereinbarung der Gütergemeinschaft zur Gesamthaftung der Ehegatten für Schulden aller Art führt, und deshalb aus diesen Gründen nicht sachgerecht sein kann. Die Vertragspraxis sollte sich darüber freuen, daß die Ehevertragsfreiheit von der Rechtsprechung geachtet wird. Hieraus folgt aber auch die Konsequenz, daß nicht versucht werden darf, mit Hilfe güterrechtlicher Gestaltungen andere Zwecke als eben die Ordnung der Ehe zu verfolgen.

722 Was die Frage der Auseinandersetzung des Gesamtgutes der Gütergemeinschaft betrifft, so ist die auch hier differenzierende Betrachtungsweise des Grundsatzurteils hervorzuheben. Den aufgestellten Grundsatz, daß eine erheblich von § 1476 BGB abweichende Auseinandersetzung zunächst für die Anwendbarkeit des § 2325 BGB spricht, daß aber die Mehrzuteilung durch besondere Vertragszwecke, etwa die Sicherung des Unterhalts des begünstigten Ehegatten, der Pflichtteilsergänzung entzogen sein kann, ist zuzustimmen. Hier hat sich der BGH Optionen für die Lösung eines künftigen Falles offen gelassen, in dem bei gleicher Interessenlage die Zuwendungen nicht durch zweimaligen Güterstandswechsel, sondern durch ehebedingte Zuwendungen mit dem Zweck des vorweggenommenen Zugewinnausgleichs und der Unterhaltssicherung verwirklicht wurden.

V. Güterstandswechsel und Gläubigeranfechtung

723 Schon in einem grundsätzlichen Urteil vom 20. 10. 1971[12] hatte der BGH entschieden, daß Güterrechtsverträge von künftigen Gläubigern nicht mit der Schenkungsanfechtung angefochten werden können. Der BGH berief sich dabei auf die vorrangige Vertragsfreiheit der Ehegatten. Allenfalls eine mißbräuchliche Auseinandersetzung der beendeten Gütergemeinschaft zum Nachteil der Gläubiger könne anfechtbar sein. Diese Grundsätze werden vom BGH in dem oben berichteten Urteil[13] ausdrücklich bestätigt. Der Bereich der Ausübung der Ehevertragsfreiheit ohne Verfolgung ehefremder Zwecke ist damit auch im Sinne der §§ 3 AnfG, 129 ff. InsO anfechtungsfest.

---

[12] BGHZ 57, 123 = NJW 1972, 48 = LM § 3 AnfG Nr. 15.
[13] BGH NJW 1992, 558.

5. Kapitel. Getrenntlebens- und Scheidungsvereinbarungen

§ 1. Getrenntlebensvereinbarungen

I. Nicht scheidungsbezogene Vereinbarungen

1. Vertragstyp

Einen eigenen Vertragstyp stellt die nicht scheidungsbezogene Getrenntlebensvereinbarung dar. Sie regelt die Fallgruppe, in der die Eheleute in Zukunft getrennt leben wollen, aber noch nicht zur Scheidung entschlossen sind. Sie wollen nicht mehr im Sinne des Scheidungsfolgenrechts füreinander verantwortlich sein. Insbesondere soll die für den Zugewinnausgleich und den Versorgungsausgleich maßgebliche Ehezeit beendet werden. Soweit derartige Vereinbarungen nach § 1408 Abs. 1 und 2 BGB geschlossen werden sollen, bedarf der Vertrag seinem ganzen Inhalt nach der notariellen Beurkundung, §§ 1410, 139, 125 BGB. 723

2. Güterstand und Vermögensauseinandersetzung

Zur Beendigung des Güterstandes der Zugewinngemeinschaft ist Gütertrennung zu vereinbaren. Regelmäßig wird auch das Vermögen auseinandergesetzt. Das dauernde einverständliche Getrenntleben bringt die Verteilung des Hausrats und der persönlichen Gebrauchsgegenstände mit sich. Sie ist zur Klarstellung und Erleichterung eines etwaigen Scheidungsverfahrens festzuhalten. 724

> **Formulierungsvorschlag**
>
> Wir leben seit ... getrennt. Zur Beendigung des Güterstandes vereinbaren wir hiermit den Güterstand der Gütertrennung. Eine Eintragung ins Güterrechtsregister wünschen wir nicht. Zum Vollzug des Zugewinnausgleichs vereinbaren wir: ... Wir stellen fest, daß mit Vollzug dieser Vereinbarung der Zugewinn ausgeglichen ist. Der Hausrat und die persönlichen Gebrauchsgegenstände sind verteilt.

3. Versorgungsausgleich

Regelmäßig wird gewünscht sein, daß die für den Versorgungsausgleich maßgebliche Ehezeit beendet wird. Hierzu kann man bei Belassung des Versorgungsausgleichs vereinbaren, daß der Versorgungsausgleich nur bis zum jetzigen Zeitpunkt stattfinden soll. Diese Vereinbarung ist wegen einer möglichen Supersplitting-Wirkung problematisch.[1] 725

Besser ist es deshalb, den Versorgungsausgleich auszuschließen und gegebenenfalls den unterschiedlichen Anwartschaftserwerb in sonstiger Weise auszugleichen.

4. Getrenntlebensunterhalt und Kindesunterhalt

Rechtsgrundlage von Unterhaltsansprüchen getrennt lebender Ehegatten ist § 1361 BGB. Ein Verzicht auf den Getrenntlebensunterhalt ist nach §§ 1360a, 1614 BGB nicht möglich. Die Vereinbarung ist deshalb nichtig, soweit sie deutlich die Gren- 726

---

[1] Vgl. Rdn. 585 ff.

ze der Angemessenheit nach § 1361 Abs. 1 S. 1 BGB unterschreitet. Dies ist jedenfalls dann der Fall, wenn der vereinbarte Unterhalt weniger als vier Fünftel des gesetzlich geschuldeten Unterhalts beträgt.[2] Deshalb ist in der Vereinbarung die Konkretisierung des Anspruchs nach § 1361 Abs. 1 S. 1 BGB anzustreben. Eine Festlegung der Unterhaltsleistungen über das gesetzliche Maß hinaus ist möglich. Nach dem Rechtsgedanken des § 1587o Abs. 2 S. 3 BGB ist bei der Angemessenheitsprüfung auch der Zusammenhang mit der gleichzeitig erfolgenden Vermögensauseinandersetzung zu sehen.

Ein Verzicht ist auch nicht gegen Abfindung möglich.[3] Auch eine Vereinbarung über die Nichtgeltendmachung des Trennungsunterhalts mit der Sanktion, dass die vereinbarte Gegenleistung für die Nichtgeltendmachung entfällt, wenn dennoch der gesetzliche Trennungsunterhalt verlangt wird, dürfte gegen § 1614 BGB verstoßen.[4]

Beim Kindesunterhalt können die Eheleute in ihrem Innenverhältnis den angemessenen Unterhalt konkretisieren und ihre Beiträge zum Kindesunterhalt festlegen. Sie können durch Vertrag zu Gunsten des Kindes nach § 328 BGB dem Kind einen eigenen vollstreckbaren Anspruch auf Unterhaltszahlung verschaffen. Richtiger Ansicht nach gibt § 1629 Abs. 2 S. 2 BGB keine Vertretungsmacht zur außergerichtlichen vertraglichen Festlegung des Unterhaltsanspruchs des Kindes. Das Kind behält also neben dem vereinbarten Anspruch seine vollen gesetzlichen Unterhaltsansprüche, da es auf diese selbst nicht verzichtet hat und auch gemäß § 1614 BGB nicht verzichten könnte.

Formulierungsvorschlag

Der Ehemann zahlt der Ehefrau an Unterhalt monatlich im voraus DM ... Für den Sohn ... zahlt der Ehemann an Unterhalt monatlich im voraus DM ... zu Händen der Mutter. Das Kindergeld, das die Ehefrau für den Sohn erhält, wird auf diesen Unterhalt nicht angerechnet.
Wegen dieser Zahlungsverpflichtungen unterwirft sich der Ehemann hiermit der sofortigen Zwangsvollstreckung in sein gesamtes Vermögen. Sollte das Getrenntleben länger als ... Jahre dauern, so verpflichten sich die Eheleute, über die Neubemessung der Unterhaltszahlungen an die Frau zu verhandeln und eine Neufassung unter Berücksichtigung etwaiger Veränderungen in den Einkommensverhältnissen und der Bedürftigkeit im Rahmen der Billigkeit vorzunehmen. Die Anpassung des Kindesunterhalts erfolgt nach § 1612a BGB.

Bei Doppelverdienerehen mit etwa gleichem Einkommen kann festgestellt werden, daß derzeit gegenseitig kein Unterhalt geschuldet wird. In diesem Fall ist auch der Verzicht auf den nachehelichen Unterhalt nach § 1585c BGB möglich.

5. Krankenversicherung

727 Wenn nicht jeder Ehegatte seine eigene Krankenversicherung hat, so kann ein Ehegatte nach § 10 Abs. 1 SGB V ohne Zahlung eigener Beiträge beim anderen mitversichert bleiben, wenn er nur ein geringes eigenes Gesamteinkommen hat. Hier ist zu beachten, daß nach dem Bundessozialgericht[5] auch die im Rahmen des begrenzten Realsplittings gewährten Leistungen zum Gesamteinkommen nach § 10

---

[2] OLG Köln FamRZ 1983, 750; BGH FamRZ 1984, 997, 999; OLG Celle FamRZ 1992, 42; *Johannsen/Graba* § 1614 Rn. 2.
[3] *Johannsen/Graba* § 1614 Rn. 2.
[4] A. A. anscheinend *Göppinger/Miesen* § 5 Rn. 174.
[5] BSG FamRZ 1994, 1239.

§ 1. Getrenntlebensvereinbarungen

Abs. 1 Nr. 5 SGB V gehören. Das auch bei Getrenntleben mögliche begrenzte Realsplitting[6] ist deshalb mit der Mitversicherung abzustimmen.[7]

Bei privater Versicherung sind für die Krankenversicherung aufgewendete Beträge Sonderausgaben des vertraglichen Schuldners.[8]

Formulierungsvorschlag

Der Ehemann verpflichtet sich, die bisherige private Krankenversicherung von Ehefrau und Sohn aufrecht zu erhalten und etwaige Vertragsänderungen bei seiner eigenen Versicherung gleichzeitig auch für Ehefrau und Sohn vorzunehmen.

6. Elterliche Sorge

Zu Vereinbarungen über die elterliche Sorge vgl. Rdn. 846 ff.

7. Erb- und Pflichtteilsverzicht

Vgl. hierzu Rdn. 854 ff.

II. Scheidungsbezogene Vereinbarungen

Soll das Getrenntleben nach der beiderseitigen Vorstellung durch Stellung des Scheidungsantrags beendet werden, so liegt der eigene Vertragstyp des scheidungsbezogenen Ehevertrags vor. Grund hierfür ist regelmäßig die Durchsetzung einer nicht genehmigungsfähigen Ausschlußvereinbarung über den Versorgungsausgleich.[9] Im übrigen kann auch hier der Güterstand beendet werden und können entsprechende Vereinbarungen wie bei der nicht scheidungsbezogenen Getrenntlebensvereinbarung getroffen werden.

728

---

[6] Dazu Rdn. 874 ff.
[7] Dazu *Böhmel* FamRZ 1995, 270.
[8] Abschnitt 88 EStR 1999.
[9] Vergl. Rdn. 574.

§ 2. Scheidungsvereinbarungen über die Vermögensauseinandersetzung

I. Grundsätze

1. Vorteile der einverständlichen Regelung

729 Die einverständliche Regelung der Vermögensauseinandersetzung empfiehlt sich dringend. Dies gilt allein schon deshalb, weil die gerichtlichen Zuständigkeiten so zersplittert sind, daß es im Streitfall zu einer Vielzahl von Prozessen vor verschiedenen Gerichten mit Verzögerungen und Kosten kommen kann. Das Familiengericht ist nur für das Ehegüterrecht und den Hausrat zuständig Vor der Zivilabteilung des Amts- oder Landgerichts ist ein Streit z.B. über die Rückforderung ehebedingter Zuwendungen, Nutzungsentgelte, Herausgabe persönlicher Gegenstände oder die Zulässigkeit der Teilungsversteigerung zu führen. Die Teilungsversteigerung selbst wird vom Amtsgericht als Vollstreckungsgericht durchgeführt. Bei Streit kann so auch und gerade ein großes Vermögen erheblich geschmälert werden.

730 Zu bedenken ist auch die Befriedungsfunktion einer Vereinbarung insbesondere im Bereich des Familienheims. Die Auseinandersetzung über das Familienheim ist regelmäßig mit besonderen Emotionen verbunden, weil sich hier die eheliche Lebensleistung dokumentiert. Den Beteiligten muß verdeutlicht werden, daß vom Ehekonkurs notwendigerweise auch das Familienheim betroffen wird. Die Beteiligten haben hier nicht selten die Illusion, vom Scheitern der Ehe und des Lebensplanes könne das Familienheim ausgenommen und erhalten werden. Es muß aber versucht werden, den Parteien wenigstens den Wert des Familienheims zu erhalten. Deshalb ist ein einverständlicher Verkauf immer besser als eine Versteigerung, wenn schon die Übernahme des Heims durch eine Partei gegen Ausgleichszahlung nicht realisierbar ist.

Im Anschluß an die Auseinandersetzung über das Familienheim lassen sich dann auch die anderen Scheidungsfolgen, insbesondere der nacheheliche Unterhalt, leichter und sachgerechter regeln.

2. Güterstand beenden?

731 Regelmäßig empfiehlt es sich, in der Scheidungsvereinbarung über die Vermögensauseinandersetzung den gesetzlichen Güterstand oder den Güterstand der Gütergemeinschaft durch Vereinbarung von Gütertrennung zu beenden, damit bis zur Rechtskraft des Scheidungsantrags keine weitere schuldrechtliche oder dingliche Vergemeinschaftung des Vermögenserwerbs eintritt und der Stichtag für die Berechnung etwa des Zugewinnausgleichs feststeht.

> **Formulierungsvorschlag**
>
> Wir beenden hiermit den gesetzlichen Güterstand durch Vereinbarung von Gütertrennung. Eine Eintragung ins Güterrechtsregister wünschen wir nicht.

Die Vereinbarung von Gütertrennung beendet den bisherigen Güterstand endgültig, und zwar auch dann, wenn die Ehe nicht geschieden wird. Will man die Vereinbarung nur für diesen konkreten Scheidungsfall und ist die Fortsetzung der Ehe noch möglich, so kann man im gesetzlichen Güterstand eine Vereinbarung nach § 1378 Abs. 3 S. 2 BGB treffen. Diese Vereinbarung ist schon vor Anhängigkeit des Scheidungsverfahrens möglich.[1] Schließt man die Vereinbarung auflösend bedingt

---
[1] BGHZ 86, 143, a. A. *Brix* FamRZ 1993, 12.

§ 2. Scheidungsvereinbarungen über die Vermögensauseinandersetzung

durch die Rücknahme des Scheidungsantrags, so kann bei Grundstücken keine Auflassung erklärt werden, § 925 Abs. 2 BGB.

> **Formulierungsvorschlag**
>
> Für den Fall der Auflösung der Ehe treffen wir die folgende Vereinbarung über den Ausgleich des Zugewinns und die Vermögensauseinandersetzung. Diese Vereinbarung entfällt, wenn das anhängige Scheidungsverfahren nicht zur Scheidung der Ehe führt.

II. Einverständliche Abwicklung des Güterstandes

1. Zugewinnausgleich

Ein zentraler Regelungspunkt der Scheidungsvereinbarung über die Vermögensauseinandersetzung ist der Zugewinnausgleich. Daß in der Vereinbarung eine genaue Berechnung des Zugewinnausgleichs entsprechend der gesetzlichen Regelung stattfindet, ist die praktische Ausnahme. Regelmäßig wird lediglich das Ergebnis, insbesondere die gegenständliche Verteilung des Vermögens, festgehalten und festgestellt, daß damit der Zugewinnausgleich erledigt ist. 732

> **Formulierungsvorschlag**
>
> Durch vorstehende Vereinbarung ist der gesetzliche Zugewinnausgleich erledigt. Weitere gegenseitige Ansprüche auf Zugewinnausgleich bestehen nicht.

2. Rückabwicklung oder Anrechnung von Ehegattenzuwendungen

In der Scheidungsvereinbarung können entsprechend der dargestellten Rechtsprechung[2] Ehegattenzuwendungen festgestellt und hinsichtlich ihrer Rechtsfolgen geregelt werden. So kann die Rückübertragung gegen Zugewinnausgleich, die vorbehaltene Rückforderung mit anschließendem Zugewinnausgleich oder das Verbleiben der Zuwendung beim Empfänger mit anschließendem Zugewinnausgleich geregelt werden. Entsprechendes gilt für den Gesamtschuldnerausgleich.[3] 733

3. Abwicklung der Gütergemeinschaft

Bei der Scheidung der Gütergemeinschaftsehe ist die Einigung über die Gesamtabwicklung der Gütergemeinschaft in allen dargestellten Bereichen[4] festzuhalten. 734

III. Auseinandersetzung über das im Miteigentum stehende Familienheim

1. Nutzungslösung

Steht das Familienheim im Miteigentum der Ehegatten, regelmäßig in je hälftigem Miteigentum, so ist die Lösung denkbar, daß ein Ehegatte das in Miteigentum verbleibende Familienheim künftig allein nutzt. Zu regeln sind das Nutzungsentgelt für die Nutzung des Miteigentumsanteils des anderen etwa entsprechend einer Vergleichsmiete oder die Anrechnung dieser Nutzung auf den Unterhalt und die Lastentragung. In jedem Fall ist daran zu denken, das Recht auf jederzei- 735

---

[2] Rdn 168 ff.
[3] Vgl. Rdn 238 ff.
[4] Rdn. 517 ff.

tige Auseinandersetzung der Miteigentümergemeinschaft durch Zwangsversteigerung durch Vereinbarung auszuschließen und diese Vereinbarung gegebenenfalls nach § 1010 BGB im Grundbuch einzutragen. In Betracht kommen wird hier regelmäßig nur ein befristeter Ausschuß. Denn die Nutzungslösung ist als Dauerlösung ungeeignet. Sie wird in der Praxis nur gewählt werden, wenn ein weiterer Vermögenserwerb von dritter Seite, etwa der Anfall einer Erbschaft oder vorweggenommenen Erbfolge erwartet wird, oder wenn etwa die Zeit bis zur Zuteilung eines Bausparvertrages überbrückt werden soll. Die Nutzungslösung ist eine Zwischenlösung im Übergang zur Übernahmelösung oder zur Verkaufslösung, kein Dauerzustand.

2. Übernahmelösung

736 Die beste Auseinandersetzungslösung ist die Übernahme des Miteigentumsanteils des einen Ehegatten durch den anderen gegen Ausgleichszahlung oder Verrechnung mit sonstigen Ansprüchen. Sie wird immer gewählt, wenn ein Ehegatte an der Übernahme des Hauses interessiert ist und die Gesamtvermögenssituation diese Lösung zuläßt.

Soweit noch Grundpfanddarlehen bestehen und nicht sofort abgelöst werden können, ist die Freistellung des übertragenden Ehegatten aus der Mitschuld seitens des Gläubigers zu regeln. Regelmäßig stellen sich die Banken der scheidungsbedingten Entlassung eines Ehegatten aus der Mitschuld nicht in den Weg. Die Frage der Schuldentlassung des übertragenden Ehegatten sollte vor Abschluß der Vereinbarung mit den Gläubigern geklärt werden.

> **Formulierungsvorschlag**
>
> Der Ehemann übernimmt auf den ... die Verbindlichkeiten bei der ... Bank mit befreiender Wirkung für die Ehefrau zur Alleinschuld und alleinigen Rückzahlung und Verzinsung. Die ... Bank hat die Entlassung der Ehefrau aus der Mitschuld in Aussicht gestellt.

Konnte die Frage der Freistellung nicht geklärt werden, so ist eine Freistellung im Innenverhältnis und die Verpflichtung zur Umschuldung vorzusehen.

> **Formulierungsvorschlag**
>
> Der Ehemann übernimmt auf den ... die Verbindlichkeiten bei der ... Bank mit befreiender Wirkung für die Ehefrau zur Alleinschuld und alleinigen Rückzahlung und Verzinsung. Sollte die Bank die Ehefrau wider Erwarten nicht freistellen, so erfolgt die Freistellung lediglich im Innenverhältnis der Eheleute. Der Ehemann ist jedoch verpflichtet, schnellstmöglich eine Umschuldung auf einen anderen Gläubiger zu seiner Alleinschuld vorzunehmen.

Nicht vergessen werden darf die Einschränkung der Zweckbestimmung, damit nicht die Bank das Grundpfandrecht weiter zur Absicherung künftiger Schulden des übertragenden Ehegatten verwenden kann.

> **Formulierungsvorschlag**
>
> Die Eheleute beantragen bei der ... Bank, die Zweckerklärung so einzuschränken, daß in Zukunft die Grundpfandrechte nur noch der Sicherung von Forderungen gegen den Ehemann dienen.
> Der Ehemann hat der Ehefrau die Schuldentlassungserklärung der Bank und die Erklärung über die Einschränkung der Zweckbestimmung bis zum ... vorzulegen.

§ 2. Scheidungsvereinbarungen über die Vermögensauseinandersetzung

Zu regeln ist schließlich die Abtretung von Eigentümerrechten an den eingetragenen Grundpfandrechten.

Formulierungsvorschlag

Auf den Zeitpunkt der Schuldentlassung im Außenverhältnis tritt die Ehefrau dem Ehemann hiermit sämtliche Eigentümerrechte an den eingetragenen Grundschulden mit Verfügungsvollmacht ab.

3. Verkaufslösung

Besser als die Zwangsversteigerung ist der einverständliche Verkauf des Familienheims. Bei Meinungsverschiedenheiten über den Mindestkaufpreis gibt der Makler Auskunft oder ist notfalls ein mit Kosten verbundenes Gutachten eines Sachverständigen einzuholen. Die Abwicklung des Verkaufs sollte regelmäßig über Notaranderkonto erfolgen. Dabei hat der Notar zur Vermeidung von Haftung genau festzuhalten, welcher Gläubiger in welcher Höhe abzulösen ist und ob diese Ablösungsbeträge zulasten beider Ehegatten oder etwa nur zulasten eines Ehegatten gehen. 737

4. Kraftfahrzeug

Zu regeln ist, wer das oder die Kraftfahrzeuge erhält oder behält. 738

Formulierungsvorschlag

Der Ehemann behält den auf ihn zugelassenen PKW ... mit einem Zeitwert laut Schätzgutachten von DM ...

5. Bausparverträge

Das Behalten oder die Abtretung von Bausparverträgen ist zu regeln. 739

Formulierungsvorschlag

Die Ehefrau hat von ihrem Vater einen Bausparvertrag bei der Bausparkasse ... Nr. ... mit einer Bausparsumme von DM ... und einem Einzahlungsbetrag von DM ... zugewendet erhalten. Sie tritt diesen Bausparvertrag hiermit dem Ehemann ab.

6. Lebensversicherungen

Zu denken ist an die Änderung der Bezugsberechtigung aus Lebensversicherungen sowie an etwaige Abtretung der Lebensversicherung oder etwaige Ausgleichszahlungen wegen der Lebensversicherung. 740

Formulierungsvorschlag

Der Ehemann hat auf sein Leben bei der ... Lebensversicherung eine Kapitallebensversicherung mit Rentenwahlrecht über DM ... abgeschlossen, deren Bezugsberechtigte die Ehefrau ist. Der derzeitige Rückkaufswert beträgt nach Auskunft der Versicherungsgesellschaft DM ... Hieraus stehen der Ehefrau also DM ... zu. Der Ehemann verpflichtet sich, als Bezugsberechtigten anstelle der Ehefrau den gemeinsamen Sohn ... einzusetzen und der Ehefrau diese Änderung der Bezugsberechtigung bis zum ... nachzuweisen.

5. Kapitel. Getrenntlebens- und Scheidungsvereinbarungen

7. Bankkonten, Sparbücher, Depots

741 Die Auseinandersetzung etwaiger gemeinschaftlicher Konten, also Und- bzw. Oder-Konten, ist zu regeln. Bei Alleinkonten eines Ehegatten darf nicht vergessen werden, etwaige Vollmachten für den anderen Ehegatten zu widerrufen und dies dem Geldinstitut sofort mitzuteilen.

8. Hausratsauseinandersetzung

742 Verwiesen wird auf die Darstellung der Hausratsauseinandersetzung nach der Hausratsverordnung.[5] Aus ihr ergibt sich die Empfehlung, den Hausrat einverständlich auseinanderzusetzen. In der Praxis kommt es regelmäßig zu einer derartigen Vereinbarung.

> **Formulierungsvorschlag**
> Der Hausrat und die persönlichen Gebrauchsgegenstände sind verteilt.

9. Schuldenregelung, Verhältnis zu Dritten

743 Auch bei nicht durch Grundpfandrechte abgesicherten sonstigen Darlehen und Schulden ist unter Mitwirkung der Gläubiger, notfalls lediglich im Innenverhältnis, zu regeln, wer diese Schulden in Zukunft zu tilgen und zu verzinsen hat und wer in Zukunft haftet.

10. Hausratsauseinandersetzung

744 Fand das Getrenntleben in der gemeinsamen ehelichen Wohnung statt und ist jetzt ein Ehegatte zur Räumung verpflichtet, so kann dies vereinbart und nach der Neufassung des § 794 Nr. 5 ZPO in der notariellen Urkunde vollstreckbar gemacht werden.

> **Formulierungsvorschlag**
> Die Ehefrau setzt ab ... das Mietverhältnis über die eheliche Wohnung ... allein fort. Der Vermieter hat dem zugestimmt. Der Ehemann verpflichtet sich, die Wohnung bis ... zu räumen und sämtliche Schlüssel der Ehefrau zu übergeben. Hierzu unterwirft er sich hiermit der sofortigen Zwangsvollstreckung aus dieser Urkunde.

---

[5] Rdn. 311 ff.

§ 3. Scheidungsvereinbarungen über den Versorgungsausgleich

I. Grundzüge des § 1587o BGB

Nach § 1587o BGB können die Ehegatten im Zusammenhang mit der Scheidung 745 eine Vereinbarung über den Versorgungsausgleich schließen. Die Rechtsprechung des Bundesgerichtshofs betont die den Ehegatten grundsätzlich gewährte Freiheit, statt des vom Gesetzgeber angeordneten Ausgleichs ihrer ehezeitlich erworbenen Versorgungsanrechte eine ihren individuellen Verhältnissen angepaßte vertragliche Lösung zu suchen und zu finden.[1] Das Gesetz habe den Grundsatz der Vertragsfreiheit nicht aufgehoben, sondern ihn lediglich in mehrfacher Hinsicht eingeschränkt. So unterliegen vertragliche Vereinbarungen einerseits dem Beurkundungszwang nach § 1587o Abs. 2 Satz 1 BGB. Zum zweiten dürfen sie keine Manipulationen zulasten der Versorgungsträger oder der Solidargemeinschaft aller Versicherten aufweisen, was § 1587o Abs. 1 Satz 2 BGB so formuliert, daß durch die Vereinbarung Anwartschaftrechte in einer gesetzlichen Rentenversicherung nach § 1587b Abs. 1 oder 2 nicht begründet oder übertragen werden können. Die dritte Schranke ist das Erfordernis einer gerichtlichen Genehmigung nach § 1587o Abs. 2 Satz 3 und 4. Nach den im Gesetzgebungsverfahren hervorgetretenen Absichten soll hierdurch verhindert werden, daß der sozial schwächere Ehegatte bei einer Vereinbarung unter dem Druck der Scheidungssituation übervorteilt wird.[2] Nach der Formulierung des Gesetzes soll die Genehmigung nur verweigert werden, wenn unter Einbeziehung der Unterhaltsregelung und der Vermögensauseinandersetzung offensichtlich die vereinbarte Leistung nicht zur Sicherung des Berechtigten für den Fall der Erwerbsunfähigkeit und des Alters geeignet ist oder zu keinem nach Art und Höhe angemessenen Ausgleich unter den Ehegatten führt.

Diese von inneren Widersprüchen nicht freie Formulierung der Genehmigungsvoraussetzungen ist das Ergebnis eines gesetzgeberischen Kompromisses nach heftigem Streit der Ausschüsse und Gesetzgebungsorgane über Inhalt und Umfang der zu gewährenden Vertragsfreiheit. Die Vorschrift ist stark auslegungsbedürftig, jedoch bei liberaler Auslegung verfassungskonform. Der BGH[3] betont, daß es nicht Sinn der Vorschrift ist, die Vertragsfreiheit der Ehegatten noch weiter einzuschränken, wenn die Erfüllung ihrer Schutzfunktion gesichert ist. Dementsprechend hat er etwa bei einem Verzicht auf den Versorgungsausgleich darauf abgestellt, ob es der Durchführung des Versorgungsausgleichs bedarf, um für den ausgleichsberechtigten Ehegatten den Grundstock einer eigenständigen Versorgung für das Alter und für den Fall der Erwerbsunfähigkeit zu legen.[4]

Nach ständiger Rechtsprechung nimmt der BGH eine **Gesamtbewertung des** 745a **wirtschaftlichen Ergebnisses der Vermögensauseinandersetzung,** Unterhaltsregelung und Versorgungsregelung vor.[5] Das Gesetz geht zwar grundsätzlich von dem Fall aus, daß die Parteien anstelle der gesetzlichen Ausgleichsregelung eine andere Leistung vereinbaren und nicht entschädigungslos auf den Ausgleich verzichten. Unter der vereinbarten Leistung ist aber nicht allein eine solche zu verstehen, die direkt an die Stelle der unterlassenen Ausgleichung von Versorgungsrechten treten soll. Viel-

---

[1] BGB LM § 1587o Nr. 9 m. Anm. *Langenfeld* = DNotZ 1994, 261 = FamRZ 1994, 234.
[2] Zur Entstehungsgeschichte vgl. BVerfGE 60, 329 = NJW 1982, 2365 = FamRZ 1982, 769; BT-Drucks. 7/4361 S. 49.
[3] AaO.
[4] BGH NJW 1987, 1768.
[5] BGH NJW 1982, 1463 = FamRZ 1982, 473; BGH NJW 1987, 1768; BGH NJW 1987, 1770.

mehr hat das Gesetz eine Gesamtbewertung dessen im Auge, was die Ehegatten einander im Zusammenhang mit der Scheidung unter Einbeziehung der Unterhaltsregelung und der Vermögensauseinandersetzung zugestehen.

745 b Dieser von der Vertragsfreiheit, aber auch dem Schutzgedanken der Vorschrift ausgehende Ansatz erlaubt und erfordert die Fallgruppenbildung.[6] Hier ist die Rechtsprechung schon zu Ergebnissen gelangt. Weitere Fallgruppen sind denkbar und vom Vertragsjuristen zu entwickeln, damit sie schließlich von der Rechtsprechung legitimiert werden können. Dies wird im folgenden dargelegt.

II. Zeitliche Schranken einer Vereinbarung nach § 1587o BGB

1. Der ausschließliche Bereich des § 1587o BGB

746 Nach dem Gesetzeswortlaut ist die Vereinbarung über den Versorgungsausgleich nach § 1587o im Zusammenhang mit der Scheidung zu schließen. Dieser Zusammenhang besteht jedenfalls im Zeitraum zwischen der Rechtshängigkeit des Scheidungsantrags und der rechtskräftigen Entscheidung über den Versorgungsausgleich, dies auch dann, wenn die Ehe vorab nach § 628 Abs. 1 ZPO geschieden worden ist. Dieser Zeitraum ist der ausschließliche Bereich der Vereinbarung nach § 1587o, da eine vorsorgende Vereinbarung wegen § 1408 Abs. 2 Satz 2 unwirksam wäre.

2. Vereinbarungen vor Rechtshängigkeit der Scheidung

747 *a) Scheidungsbezogene Vereinbarungen nach § 1408 Abs. 2 BGB.* Vor Rechtshängigkeit des Scheidungsantrags sind sowohl Vereinbarungen nach § 1408 Abs. 2 BGB wie nach § 1587o BGB möglich. Dabei ist zu beachten, daß eine nicht vorsorgende, sondern gezielt für die beabsichtigte Scheidung abgeschlossene Vereinbarung nach § 1408 Abs. 2 BGB nicht unzulässig, sondern alternativ zur Vereinbarung nach § 1587o BGB möglich ist.[7] Im Bereich des § 1408 Abs. 2 BGB geht die Vereinbarungsfreiheit bis zur Grenze der Sittenwidrigkeit, ohne daß über ein Genehmigungserfordernis eine gerichtliche Inhaltskontrolle erfolgt. Hier ist insbesondere auch der gegenseitige völlige Ausschluß des Versorgungsausgleichs ohne Gegenleistung möglich. Angesichts dieser grundsätzlich gefährlichen Vertragsfreiheit bestimmt § 1408 Abs. 2 Satz 2 BGB, daß der Ausschluß und damit jede ehevertragliche Vereinbarung über den Versorgungsausgleich unwirksam ist, wenn innerhalb eines Jahres nach Beurkundung Antrag auf Scheidung der Ehe gestellt wird. Diese Sperrfrist soll im Verhältnis der Ehegatten untereinander dem Schutz desjenigen Ehegatten dienen, der sich ahnungslos auf eine Vereinbarung über den Versorgungsausgleich mit dem insgeheim bereits scheidungswilligen Partner einläßt. Sie soll verhindern, daß die in § 1408 Abs. 2 Satz 1 BGB eingeräumte Vertragsfreiheit im Hinblick auf eine nahe Scheidung mißbraucht wird.[8]

Aus diesem legislatorischem Zweck folgt, daß die Sperrfrist dann zu einem rein zeitlichen, aufgrund des Gesetzeswortlauts zu beachtenden, aber der Steuerung der Ehegatten unterliegenden Hindernis für eine Vereinbarung nach § 1408 Abs. 2 wird, wenn die Scheidungsabsicht auch nur eines Teils beiden Ehegatten bekannt ist. Die Ehegatten können also im Hinblick auf die beabsichtigte einverständliche Scheidung statt einer Vereinbarung nach § 1587o BGB auch eine Vereinbarung nach § 1408 Abs. 2 BGB mit ihrer größeren Vertragsfreiheit und ohne richterliche

---

[6] *Langenfeld* DNotZ 1983, 139.
[7] BGH FamRZ 1986, 788 = NJW 1986, 2318; vgl. Rdn. 585 ff.
[8] BT-Drucks. 7/4694 S. 13.

§ 3. Scheidungsvereinbarungen über den Versorgungsausgleich

Genehmigungspflicht schließen, sofern sie dann nur die Karenzzeit des § 1408 Abs. 2 Satz 2 BGB beachten.

Dieser Vertragstyp der scheidungsbezogenen Vereinbarung nach § 1408 Abs. 2 BGB hat sich zu einer praxishäufigen Gestaltung entwickelt, von der immer dann Gebrauch gemacht wird, wenn die Beteiligten die gerichtliche Inhaltskontrolle nicht wünschen oder wenn diese nicht zu einer Genehmigung der gewünschten Vereinbarung führen würde. Die Beteiligten nehmen hier in Kauf, daß sie bis zum Einreichen des Scheidungsantrags noch ein Jahr abwarten müssen.

Bei einer derartigen Vereinbarung ist immer zu bedenken, daß es gleich aus welchen Gründen doch zu einer Einreichung des Scheidungsantrags vor Ablauf der Jahresfrist kommen kann. Die Umdeutung der dann unwirksam gewordenen Vereinbarung nach § 1408 Abs. 2 in eine Vereinbarung nach § 1587o BGB ist nach allgemeiner Meinung wegen des besonderen Schutzzweckes letzteren Vereinbarungstyps nicht möglich, auch wenn die Vereinbarung den Kriterien des § 1587o Abs. 2 S. 4 BGB genügen würde.[9]

Zulässig ist es aber, ausdrücklich zu bestimmen, daß eine Vereinbarung nach § 1408 Abs. 2 BGB im Falle der Einreichung des Scheidungsantrags innerhalb der Jahresfrist hilfsweise als Vereinbarung nach § 1587o gelten soll.[10] Letztere Vereinbarung bedarf dann der familiengerichtlichen Genehmigung, weshalb die Vereinbarung insgesamt den engeren Voraussetzungen des § 1587o BGB genügen muß.

> **Formulierungsvorschlag**
> Wir schließen den Versorgungsausgleich aus.
> Der Notar hat uns über die Bedeutung und die Folgen des Ausschlusses belehrt, insbesondere darüber, daß infolge dieser Vereinbarung der vom Gesetz für den Fall der Scheidung vorgesehene Ausgleich der in der Ehezeit erworbenen Versorgungsanwartschaften nicht stattfindet. Der Notar hat weiter darauf hingewiesen, daß der Ausschluß des Versorgungsausgleichs unwirksam ist, wenn einer von uns innerhalb eines Jahres Antrag auf Scheidung der Ehe stellt.
> Sollte diese Vereinbarung durch Einreichung des Scheidungsantrags innerhalb eines Jahres gemäß § 1408 Abs. 2 S. 2 BGB unwirksam sein, so soll sie dennoch als Vereinbarung gemäß § 1587o BGB Bestand behalten. Die Ehegatten betrachten die Vereinbarung als ausgewogene Regelung auch im Sinne letzterer Vorschrift. Sie wurden vom Notar darauf hingewiesen, daß in letzterem Fall die Vereinbarung der Genehmigung des Familiengerichts bedarf.

748

Die Ehegatten können auch gleichzeitig eine Vereinbarung nach § 1408 Abs. 2 BGB und getrennt hiervon eine Vereinbarung nach § 1587o BGB mit unterschiedlichem Inhalt abschließen, also etwa bei ersterer mit entschädigungslosem Ausschluß des Versorgungsausgleichs, bei letzterer mit Vereinbarung einer zur Versorgung geeigneten, angemessenen Gegenleistung. Die Vereinbarung nach § 1408 Abs. 2 BGB entfällt dann, wenn innerhalb eines Jahres Scheidungsantrag gestellt wird. Die gleichzeitige Vereinbarung nach § 1587o BGB ist so zu bedingen, daß sie nur bei Unwirksamkeit der anderen wirksam sein soll.

749

In diesen von einverständlicher Scheidungsabsicht getragenen Dispositionsmöglichkeiten der Ehegatten liegt keine gesetzwidrige Umgehung des § 1587o BGB und der dort vorgesehenen gerichtlichen Kontrollinstanz.

b) Vereinbarungen nach § 1587o BGB vor Scheidungsantrag. Alternativ zu einer scheidungsbezogenen Vereinbarung nach § 1408 Abs. 2 BGB können die Eheleute

750

---
[9] BGH FamRZ 1983, 459; allgem. M. vgl. MünchKomm/*Strobel* § 1587o Rdn. 6.
[10] *Langenfeld* DNotZ 1983, 141, allgem. M.

5. Kapitel. Getrenntlebens- und Scheidungsvereinbarungen

schon vor Rechtshängigkeit des Scheidungsantrags eine Vereinbarung nach § 1587o BGB abschließen. Diese erhält durch die gemeinsame Scheidungsabsicht den vom Gesetz vorausgesetzten Zusammenhang mit der Scheidung. Der Notar kann immer dann eine Vereinbarung nach § 1587o BGB beurkunden, wenn ihm die Ehegatten die Scheidungsabsicht offenlegen. Eine derartige Vereinbarung wird in der Praxis dann abgeschlossen, wenn die Ehegatten die gerichtliche Nachprüfung wünschen oder nach dem Inhalt der Vereinbarung in Kauf nehmen können und wenn das Trennungsjahr nach § 1565 Abs. 2 BGB noch nicht abgelaufen ist, andererseits aber ab Vereinbarung kein Jahr mehr abgewartet werden soll, bis Scheidungsantrag gestellt wird. Die in der Literatur teilweise problematisierte Frage,[11] ob im Vorfeld der Scheidung zeitlich unbeschränkt Vereinbarungen nach § 1587o BGB möglich sind, ist akademisch. Wenn die Ehegatten tatsächlich noch länger als ein Jahr abwarten wollen, ehe sie die Scheidung rechtshängig machen, werden sie in der Praxis immer eine Vereinbarung nach § 1408 Abs. 2 BGB schließen. Aber auch in diesem Fall stehen dogmatische Bedenken einer Vereinbarung nach § 1587o BGB nicht entgegen, da der Zusammenhang mit der Scheidung besteht und offengelegt wird und eine derartige Vereinbarung zum Schutz der Eheleute gerichtlich überprüft wird.

3. Zwischenzeitliche Aufgabe der Scheidungsabsicht

751 Die Frage nach dem Bestehenbleiben der Vereinbarung nach § 1587o BGB bei Fortfall der Scheidungsabsicht wird überwiegend so beantwortet, daß die Vereinbarung bei Aufgabe der Scheidungsabsicht, Versöhnung und insbesondere Rücknahme des Scheidungsantrags unwirksam werde und auch dann ihre Wirksamkeit nicht wiedererlange, wenn sich die Ehegatten erneut zur Scheidung entschließen.[12]

Diese Auffassung begegnet angesichts des möglichen Hin und Hers der Gefühle und der Erklärungen der Eheleute z.B. während der Zeit des Getrenntlebens erheblichen Bedenken. Es ist schwer einzusehen, daß eine sachgerechte Vereinbarung durch eine vorübergehende Versöhnung endgültig unwirksam werden soll und auch dann keine Rechtswirkungen mehr entfalten kann, wenn sie dem Familiengericht einverständlich zur Genehmigung vorgelegt wird. Man wird vielmehr grundsätzlich von dem Fortwirken der Vereinbarung auch bei zwischenzeitlicher Aufgabe der Scheidungsabsicht, Versöhnung und Rücknahme des Scheidungsantrags auszugehen haben, wobei dann aber jeder Ehegatte die Möglichkeit hat, beim Familiengericht Unwirksamkeit wegen Wegfalls der zum Gesetz erhobenen Geschäftsgrundlage des Zusammenhangs mit der Scheidung[13] oder Anpassungsbedürftigkeit bzw. Unwirksamkeit wegen sonstiger Änderungen der Geschäftsgrundlage geltend zu machen. Auch das Familiengericht hat im Rahmen der Prüfung nach § 1587o Abs. 2 S. 4 BGB von Amts wegen zwischenzeitlich eingetretene Äquivalenzstörungen zu berücksichtigen. Jedenfalls sollte keine Unwirksamkeit angenommen werden und die Genehmigung nicht versagt werden, wenn die Eheleute nach zwischenzeitlicher Versöhnung, die auch zur Zurücknahme des ersten Scheidungsantrags geführt haben kann, die damalige Vereinbarung übereinstimmend wieder vorlegen und diese Vereinbarung immer noch den Anforderungen des § 1587o Abs. 2 S. 4 BGB entspricht.[14]

---

[11] *Johannsen/Heinrich/Hahne* § 1587o Rdn. 7.
[12] *Rolland* § 1587o Rdn. 11; *MünchKomm/Strobel* § 1587o Rdn. 38; *Soergel/Vorwerk* § 1587o Rdn. 19; *Johannsen/Heinrich/Hahne* § 1587o Rdn. 9.
[13] So treffend *Bastian/Roth-Stielow/Schmeiduch* Anm. 2 § 1587o BGB; zustimmend zur hier vertretenen Meinung *Göppinger/Wenz* § 3 Rdn. 124.
[14] So im Ergebnis auch *Ruland*, Deutsche Rentenversicherung 1979, 84/86; wie hier *Palandt/Diederichsen*, 58. Auflage, § 1587o Anm. 10.

§ 3. Scheidungsvereinbarungen über den Versorgungsausgleich

Ausdrückliche Bestimmungen in der Scheidungsvereinbarung über deren Fortgeltung etwa i. S. einer Befristung sind zulässig und können im Einzelfall zweckmäßig sein.

> **Formulierungsvorschlag**
>
> Obige Vereinbarung wird nur für das gegenwärtige zwischen den Beteiligten anhängige Scheidungsverfahren getroffen. Endet das Verfahren ohne Scheidungsausspruch, so verliert die Vereinbarung endgültig ihre Wirksamkeit.

4. Vereinbarungen nach der Scheidung

Unbeschränkte Dispositionsbefugnis nach § 1587 o BGB besteht bis zur gerichtlichen Entscheidung über den Versorgungsausgleich, auch wenn diese gem. § 628 Abs. 1 ZPO erst nach Scheidungsausspruch als Folgesache erfolgt. Nach wirksamer gerichtlicher Entscheidung ist eine Vereinbarung über den Versorgungsausgleich insoweit nicht mehr möglich, als dieser durch Splitting, Quasisplitting, Realteilung nach § 1 Abs. 2 VAHRG, analoges Quasi-Splitting nach § 1 Abs. 3 VAHRG oder gemäß § 3b Abs. 1 VAHRG in diesen Formen bereits vollzogen ist. Denn damit tritt nach § 76 SGB VI rechtsgestaltende Wirkung ein und ist der Versorgungsausgleich der Disposition der Parteien entzogen. 752

Abänderungsvereinbarungen über den schuldrechtlichen Versorgungsausgleich wie etwa die Änderung oder der Erlaß der Ausgleichsrente sind im Zeitraum zwischen der gerichtlichen Anordnung des schuldrechtlichen Versorgungsausgleichs nach § 1587 b Abs. 4 BGB bzw. der gerichtlichen Feststellung seines Stattfindens nach § 1587 f Nr. 5 BGB, § 2 VAHRG einerseits und der rechtskräftigen Entscheidung über die Durchführung andererseits möglich. Sei fallen nach jetzt h. L.[15] nicht unter § 1587 o BGB, sind also form- und genehmigungsfrei möglich. Entsprechendes gilt für Vereinbarungen über rechtskräftig festgestellte, aber noch nicht erfüllte Ansprüche auf Beitragszahlungen oder Renten aus dem schuldrechtlichen Versorgungsausgleich,[16] da mit rechtskräftiger Entscheidung über den Versorgungsausgleich der Schutzzweck des § 1587 o BGB entfallen ist.

III. Inhaltliche Grenzen

1. In-Prinzip

Der Versorgungsausgleich findet nur für die Ehezeit statt, § 1587 Abs. 1 BGB. Dies ist nach § 1587 Abs. 2 die Zeit vom Beginn des Monats, in dem die Ehe geschlossen worden ist, bis zum Ende des Monats, der dem Eintritt der Rechtshängigkeit des Scheidungsantrags vorausgeht. Es handelt sich hier um zwingendes Recht, das auch für § 1587 o BGB in dem Sinne gilt, daß über diesen Rahmen hinaus keine die Versorgungsträger berührende Vereinbarungen getroffen werden können.[17] 753

2. Verbot des Supersplitting

Unter Supersplitting versteht man die Vereinbarung einer höheren als der hälftigen Ausgleichsquote, die Höherbewertung von Anwartschaften des Verpflichteten 754

---

[15] Münch/Komm/*Strobel* § 1587 o Rdn. 7 m. w. N.
[16] Münch/Komm/*Strobel* aaO.
[17] Palandt/*Brudermüller* § 1587 Rdn. 30; KG-FamRZ 1994, 1038; OLG Celle FamRZ 1994, 1039.

als in § 1587a BGB vorgesehen, und die Nichtberücksichtigung ausgleichspflichtiger Anwartschaften des Berechtigten. Diese Vereinbarungen führen dazu, daß das Gericht dem Berechtigten mehr Anwartschaften in der gesetzlichen Rentenversicherung überträgt als dies ohne die Vereinbarung geschähe. Nach altem Recht war die Vermeidung der Zahlungspflicht nach § 1587b Abs. 3 BGB bzw. bei Leistungsunfähigkeit des Verpflichteten des schuldrechtlichen Versorgungsausgleichs das häufigste Motiv zur Vereinbarung des Supersplittings.[18]

755 Das Gesetz zur Regelung von Härten im Versorgungsausgleich hat die Beitragszahlungspflicht des § 1587 Abs. 2 Satz 1 BGB durch die Real- oder Quasiteilung der betreffenden Anwartschaften ersetzt. Hilfsweise findet der schuldrechtliche Versorgungsausgleich statt. Eine Realteilung kann im Bereich der privaten Lebensversicherung in Betracht kommen. Das Quasisplitting kommt bei der Zusatzversorgung des öffentlichen Dienstes, bei berufsständischen Versorgungseinrichtungen und den Bezügen der Abgeordneten in Betracht.[19]

756 Durch die Neuregelung ist der Streitfrage um die Zulässigkeit des Supersplittings weitgehend die praktische Spitze genommen. Es bleiben jedoch Fälle, in denen ein Real- oder Quasisplitting nicht möglich ist und dem Berechtigten jetzt nur der – entsprechend der ursprünglichen gesetzgeberischen Absicht für den Fall des Todes des Verpflichteten durch unmittelbare Rechte gegen den Versorgungsträger verstärkte – schuldrechtliche Versorgungsausgleich verbleibt, die Fälle ungeklärter Auslandsversorgungen und die Fälle wirtschaftlich belangloser und meist nur schwer zu klärender Randversorgungen. Hier besteht weiterhin ein praktisches Bedürfnis für die Zulassung des Supersplittings.

757 Im Anschluß an die Auffassung des Verbandes Deutscher Rentenversicherungsträger[20] hat sich eine das Supersplitting aus versicherungstechnischen Gründen ablehnende h. M. entwickelt,[21] der sich auch der BGH[22] angeschlossen hat. Die juristischen Argumente des Verbots der Übertragung oder Begründung von Anwartschaften durch Vereinbarung, der Manipulationsgefahr mit der Folge der Veränderung der versicherten Risiken zu Lasten der Gemeinschaft der Versicherten und des Verbots des Vertrags zu Lasten Dritter sind widerlegbar.[23]

758 Entsprechend dem Supersplitting wird auch ein „Superquasisplitting" von Beamten und Richtern im Bereich des § 1587b Abs. 2 BGB gegenüber ihrem Dienstherrn dadurch, daß sie mit ihren Ehegatten eine höhere als die gesetzliche Quote des Ausgleichs vereinbaren, für unzulässig gehalten.[24] Dies ist insofern folgerichtig, als der Dienstherr des Beamten und Richters dem Träger der Rentenversicherung, bei dem das Rentenkonto des ausgleichsberechtigten Ehegatten begründet wird, seine Aufwendungen nur in Höhe der gesetzlichen Quote erstattet, so daß ein durch das Superquasisplitting begründeter Mehraufwand endgültig zu Lasten des Rentenversicherungsträgers ginge.

759 Ein unzulässiges Supersplitting kann im Rahmen des § 1587o BGB auch darin liegen, daß die Beteiligten vereinbaren, geringfügige Randversorgungen des Aus-

---

[18] Vgl. OLG Hamm NJW 1980, 405.
[19] Vgl. *Zimmermann* MittRhNotK 1983, 142 ff.
[20] NJW 1979, 761.
[21] *Soergel/Vorwerk* § 1587o Rdn. 12 ff. m. w. N.; *Bergner* FamRZ 1979, 933.
[22] NJW 1981, 2689/2698; NJW 1982, 448/449; vgl. auch OLG Frankfurt FamRZ 1983, 405; OLG Koblenz FamRZ 1983, 406; BGH FamRZ 1988, 153; BGH FamRZ 1986, 250.
[23] *Schmeiduch* FamRZ 1979, 762.
[24] *Zimmermann/Becker* FamRZ 1983, 1/3.

gleichsberechtigten vom Versorgungsausgleich auszunehmen. Hierdurch vergrößert sich die Differenz der auszugleichenden Versorgungen und die Ausgleichsforderungen gegenüber dem gesetzlichen Zustand.

Auch die im Rahmen des § 1587o BGB wie bei § 1408 Abs. 2 BGB grundsätzlich 760 mögliche Verkürzung der ausgleichspflichtigen Ehezeit durch vereinbarte Ausklammerung etwa der Zeiten des Getrenntlebens oder beiderseitiger Berufstätigkeit kann bei Vereinbarungen nach § 1587o BGB, allerdings auch nur bei diesen, zu Konflikten mit dem Verbot des Supersplittings führen. Dies ist dann der Fall, wenn der Ausgleichsberechtigte in der vom Versorgungsausgleich ausgenommen Zeit, etwa der Doppelverdienerzeit mehr Anwartschaften erworben hat als der Ausgleichspflichtige. Durch die Herausnahme erhöht sich so der Ausgleichsanspruch gegenüber der gesetzlichen Regelung.

Ein begrenztes Supersplitting wurde nach § 3 Abs. 1 Nr. 1 VAHRG eingeführt. Es kommt nur in Betracht, wenn ein sonstiger Wertausgleich nicht möglich ist. Das auszugleichende Anrecht muß unverfallbar sein und muß sich gegen einen deutschen Versorgungsträger richten. Von ihm können sogar Anrechte erfaßt werden, die vor der Ehezeit erworben wurden. Dieses Supersplitting darf 2% der für das Ende der Ehezeit nach § 18 SGB IV maßgebende Bezugsgröße nicht überschreiten, ist aber ausreichend, um zwischen 80 und 90% aller auszugleichenden Betriebsrenten zu erfassen.[25] Da das Supersplitting im Ermessen des Familiengerichts liegt, dürften die Familiengerichte auch entsprechende Vereinbarungen genehmigen. Vorherige Abstimmung ist hier empfehlenswert.

Mißverständlich[26] ist die Bemerkung des BGH,[27] die Einführung des begrenzten Supersplittings habe am Verbot des Supersplittings nichts geändert. Der BGH meint hier augenscheinlich den Grundsatz, will aber nicht eine Vereinbarung mit begrenzter Supersplitting-Wirkung im Rahmen des § 3b Abs. 1 Nr. 1 VAHRG verbieten.

3. Versorgungseignung der Gegenleistung

In einer Vielzahl von Fällen steht dem Ausschluß oder der Modifikation des 761 Versorgungsausgleichs eine direkte Gegenleistung des Ausgleichsverpflichteten an den Ausgleichsberechtigten gegenüber. Sie muß nach § 1587o Abs. 2 S. 4 BGB im Zusammenhang mit der Gesamtvereinbarung zur Sicherung des Berechtigten für den Fall der Erwerbsunfähigkeit und des Alters geeignet sein. Dabei ist zu betonen, daß diese Eignungsprüfung nicht isoliert zu erfolgen hat, sondern unter Berücksichtigung aller Umstände, insbesondere der Unterhaltsregelung und der Vermögensauseinandersetzung. Eine direkte Gegenleistung für einen völligen oder teilweisen Verzicht auf gesetzliche Versorgungsausgleichsansprüche kann damit, auch wenn sie isoliert betrachtet nicht versorgungsbezogen ist, ihren Versorgungscharakter doch aus dem Gesamtzusammenhang der Vereinbarung erhalten. Grundsätzlich können Versorgungsausgleichsansprüche durch alle denkbaren vermögenswerten Leistungen ausgeglichen werden,[28] insbesondere durch Zahlung von Geldbeträgen, Übertragung von Renditegrundstücken, Unternehmensbeteiligungen und sonstigen Sachwerten und durch Unterhaltsleistungen.

---

[25] *Ruland* NJW 1987, 345/348.
[26] Vgl. MünchKomm/*Strobel* § 1587o Rdn. 15, dort Fn. 34.
[27] BGH FamRZ 1990, 273 = NJW 1990, 1363.
[28] Soergel/*Vorwerk* § 1587o Rdn. 4; Johannsen/Henrich/*Hahne* § 1587o Rdn. 27; MünchKomm/*Strobel* § 1587o Rdn. 11.

IV. Form, Abänderung

1. Form von Vereinbarungen

762 Die scheidungsbezogene Vereinbarung nach § 1408 Abs. 2 BGB und die Scheidungsvereinbarung nach § 1587o BGB bedürfen zu ihrer Wirksamkeit der notariellen Beurkundung. Bei letzterer ist auch unter beiderseitiger anwaltlicher Vertretung gerichtliche Protokollierung möglich, § 1587o Abs. 2 Satz 1, § 127a BGB.

2. Formbedürftigkeit auch der sonstigen Vereinbarungen

763 Die Frage, ob eine nach § 1587o Abs. 2 S. 1 oder § 1408 Abs. 2 BGB beurkundungspflichtige Vereinbarung auch zur Beurkundungspflicht der übrigen Vereinbarungen, etwa über den nachehelichen Unterhalt und die sonstige Vermögensauseinandersetzung führt, ist unter Berufung auf die Rechtsprechung zu § 125 BGB zu bejahen.[29]

Ein zusätzliches Argument für die Einheitlichkeit und Untrennbarkeit aller scheidungsvertraglicher Abreden liefert § 1587o Abs. 2 S. 4 BGB, nach dem die Unterhaltsregelung und die Vermögensauseinandersetzung in die Prüfung des angemessenen Ausgleichs einzubeziehen sind. Der Notar wird deshalb die Beteiligten regelmäßig darauf hinzuweisen haben, daß zur Vermeidung der Nichtigkeit der Scheidungsvereinbarung alle noch nicht erledigten Scheidungsfolgenvereinbarungen beurkundungspflichtig sind.

3. Gerichtliche Abänderung nach § 10a Abs. 9 VAHRG

764 Gemäß § 10a VAHRG ist die Abänderung rechtskräftiger Versorgungsausgleichsentscheidungen in weitem Umfang möglich. Die gesetzliche Regelung zielt auf die Abänderung und Fehlerberichtigung gerichtlicher Versorgungsausgleichsentscheidungen, bezieht aber in § 10a Abs. 10 Vereinbarungen über den Versorgungsausgleich ein, wenn die Ehegatten die Abänderung nicht ausgeschlossen haben.

Ob die Abänderung in der Vereinbarung ausgeschlossen werden sollte, ist eine Frage des Einzelfalls.

V. Die Ermittlung der gesetzlichen Anwartschaften als Vereinbarungs- und Genehmigungsgrundlage

1. Ermittlung durch das Familiengericht

765 Die **Angemessenheitsprüfung durch das Genehmigungsgericht** erfordert die **Ermittlung** der beiderseitigen Versorgungsanwartschaften der Eheleute auf dem gemeinsamen Nenner der gesetzlichen Rentenversicherung, die **Bewertung** der vereinbarten Versorgungsleistungen und den **Wertausgleich** von beiden unter Berücksichtigung der Unterhaltsregelung und der Vermögensauseinandersetzung.

Streitig ist immer noch, ob das Familiengericht im Genehmigungsverfahren in jedem Fall eine **Auskunft** der Versorgungsträger gem. § 53b Abs. 2 S. 2 FGG, § 11 Abs. 2 VAHRG einzuholen hat, oder ob es sich generell oder im Einzelfall mit einer von Anwalt oder Notar eingeholten Vorauskunft,[30] dem Gutachten eines Rentenbe-

---

[29] *Langenfeld* DNotZ 1983, 146; MünchKomm/*Strobel* § 1587o Rdn. 19.
[30] § 109 Abs. 3 SGB VI.

§ 3. Scheidungsvereinbarungen über den Versorgungsausgleich

raters, einer Schnellberechnung eines privaten Lebensversicherers oder einer sonstigen Annäherungsberechnung[31] begnügen darf.

Während hier angesichts des Gesetzeswortlauts, nach dem der Verstoß „offensichtlich" sein muß, zunächst überwiegend ein großzügiger Standpunkt vertreten wurde,[32] wurde in der Folge zunehmend vor Schätzungen gewarnt,[33] teilweise genaue Ermittlung in jedem Fall gefordert.[34] Auch bei Berücksichtigung des dem Genehmigungsgericht durch die Fassung des § 1587o Abs. 2 S. 4 BGB zugebilligten Beurteilungsspielraums müsse der Richter bei seiner Abwägung zumindest den gesetzlich geschuldeten Ausgleichsbetrag kennen, weil er den Vorsorgewert des ersatzweise Angebotenen in den meisten Fällen nur schätzen könne, da sich die Entwicklung wegen der oft langen Zeitspanne zwischen Scheidung und Rentenfall nicht vorhersehen lasse.[35] Auch das Argument der prozeßentlastenden und entscheidungsbeschleunigenden Funktion[36] der auf sonstigen Ermittlungen beruhenden Vereinbarung wird von dieser Meinung nicht anerkannt.[37] Schließlich spielen auch Haftungsüberlegungen der Familiengerichte eine Rolle.[38]

Das BVerfG[39] begründet die Verfassungsmäßigkeit des § 1587o Abs. 2 S. 3 mit dem gesetzgeberischen Ziel, den Ausgleichsberechtigten vor Übervorteilung zu bewahren und ihm seine soziale Existenz nach der Ehescheidung zu sichern. Es verweist auf die möglichen Gefahren ungeklärter, d. h. mit bedeutenden Lücken im Versicherungsverkauf behafteter Versicherungskonten, eines unzutreffenden Stichtages für das Eheende und noch nicht gemeldeter Beitragszahlungen für die Erfüllung der Wartezeiten. In der neueren Literatur wird im Anschluß an die Betonung des Vereinbarungsspielraums der Eheleute und des Verhältnismäßigkeitsgebots durch das BVerfG[40] wieder von einem **freieren Beurteilungsspielraum des Gerichts** gesprochen,[41] der auch eine **Schätzung** der Versorgungsanwartschaften erlaube.[42]

Bei eigener genügender Sachkenntnis kann der Richter auch selbst die ihm vorgelegten vorläufigen Berechnungen fortführen und so zu einer genügenden Beurteilungsbasis gelangen. Es kommt also alles auf die **Umstände des Einzelfalles** an.

Hinsichtlich des Merkmals der **Offensichtlichkeit** ist der Feststellung des BVerfG zuzustimmen, daß es den Vereinbarungsspielraum der Ehegatten erweitert und die Familiengerichte von der Verpflichtung entbindet, einen bis ins einzelne gehenden Vergleich zwischen den sich aus dem Vertrag ergebenden Leistungen und dem Ergebnis eines fiktiv durchgeführten Versorgungsausgleichs vorzunehmen. In der Praxis scheint sich die Ansicht durchzusetzen, daß eine Vereinbarung dann noch zu genehmigen ist, wenn der Wertvergleich zwischen der gesetzlichen und der vereinbarten Versorgung keine größere Differenz als 10% ergibt.

---

[31] Dazu *Bergner* NJW 1992, 479.
[32] Insbes. von MünchKomm/*Strobel* § 1587o Rdn. 33.
[33] Vgl. Soergel/v. Hornhardt § 1587o Rdn. 10 m. w. N.
[34] *Udsching* NJW 1978, 289/290 ff.; *Bergner* NJW 1977, 1748/1753 f.
[35] *Udsching* NJW 1978, 289/290.
[36] *Schwab* Erstauflage Rdn. 687.
[37] *Ruland* DRV 1979, 84/89; *Udsching* aaO.
[38] *V. Maydell* FamRZ 1978, 749/750; nach v. Maydell gilt das Spruchrichterpivileg des § 839 Abs. 2 für die Genehmigung nicht; ebenso *Udsching* NJW 1978, 289; a. A. MünchKomm/*Strobel* § 1587o Rdn. 22.
[39] DNotZ 1982, 564 = FamRZ 1982, 769.
[40] AaO.
[41] *Johannsen/Henrich/Hahne* § 1587o Rdn. 22 f.
[42] So im Anschluß an *Hahne* aaO auch Soergel/*Vorwerk* § 1587o Rdn. 10.

2. Wirkung der gerichtlichen Genehmigung

766 Hinsichtlich der Wirksamkeit genehmigter Vereinbarungen ist, was im Schrifttum nicht immer klar zum Ausdruck kommt, zu unterscheiden zwischen genehmigten Entscheidungen, die auf einer fehlerhaften Abwägung der Beteiligten und des Gerichts beruhen und Entscheidungen, die auf Grund Verstoßes gegen § 1587o Abs. 1 S. 2 BGB, das Verbot der unmittelbaren Begründung oder Übertragung von Anwartschaften, Verstoßes gegen die Höchstgrenze des § 1587b Abs. 5 BGB oder Verstoßes gegen die Formvorschrift, des § 1587o Abs. 2 S. 1 BGB unwirksam sind. Letztere **Unwirksamkeit** wird durch die Genehmigung nicht geheilt, während bei ersterer **Fehlerhaftigkeit** nach Ablauf der Beschwerdefrist der § 621e ZPO, § 64a Abs. 3 FGG eine Bindung der Beteiligten und der Versicherungsträger eintritt.

3. Notarielle Ermittlung der gesetzlichen Anwartschaften

767 Die Autoren, die eine ins einzelne gehende Ermittlungspflicht des Gerichts bejahen[43] stellen auch an die notarielle Ermittlungspflicht hinsichtlich der gesetzlichen Versorgungsanwartschaften gleich hohe Anforderungen bis hin zu der falschen und unbelegten Behauptung,[44] daß auf die Notare auch nach genügender Aufklärung „noch weitgehendere Belehrungs- und Beratungspflichten" zukämen „als auf den Familienrichter". Im Zusammenhang mit ähnlich pauschalen und ebenso falschen Andeutungen über die Haftung des Notars bei Beurkundung derartiger Vereinbarungen,[45] erscheint es angebracht, Prüfungs- und Belehrungspflichten des Notars bei Beurkundung von Scheidungsvereinbarungen in den Gesamtzusammenhang des Notarrechts einzuordnen.

768 Erfreulicherweise hat das BVerfG in seinem Beschluß vom 4. 5. 1982[46] die **wesentlichen Unterschiede** zwischen den gerichtlichen und notariellen Aufklärungsmöglichkeiten und Aufklärungspflichten gesehen. Es legt dar, daß der Notar eine Wertberechnung des jeweiligen Versorgungsträgers auf den Ausgleichsstichtag des Endes der Ehezeit nicht einholen kann, sondern bestenfalls auf die mit den möglichen Fehlerquellen der ungeklärten Konten und des unzutreffenden Stichtages behaftete Vorauskunft angewiesen sei. Auch dann, wenn dem Notar gesicherte Erkenntnisse über die Versorgungsdaten der Ehegatten zur Verfügung stünden, sei ihm eine sachgemäße Belehrung nur möglich, wenn er auf die persönlichen Verhältnisse der Scheidungswilligen abgestellte konkrete Einzelberechnungen vornähme. Dies aber gehöre weder nach dem Willen des Gesetzgebers[47] noch nach der bisherigen Rechtsprechung[48] zu den Aufgaben eines Notars. Deshalb sei über die notarielle Beurkundung hinaus noch das gerichtliche Genehmigungsverfahren erforderlich, um das gesetzgeberische Ziel des Versorgungsausgleichs zu sichern. Diese Ausführungen des BVerfG beschreiben den Wesensunterschied der gerichtlichen und notariellen Aufklärungs- und Belehrungspflicht zutreffend und fügen sich nahtlos in die Grundsätze des Notarrechts ein.[49]

769 Auch für die Beurkundung von Scheidungsvereinbarungen gelten die § 17 BeurkG, § 24 BNotO. Nach § 17 BeurkG ist der Notar zur Klärung des Sachverhaltes verpflichtet. Dies bedeutet jedoch nicht, daß dem Notar selbst eine Pflicht zur

---

[43] *Udsching* NJW 1978, 289; *Ruland* DRV 1979, 84/95; *ders.* AnwBl. 1982, 85/93.
[44] *Udsching* NJW 1978, 289/294.
[45] *Bergner* NJW 1977, 1748/1753 f.
[46] Rpfleger 1982, 279 = DNotZ 1982, 564 m. Anm. *Zimmermann.*
[47] BT-Drucks. 7/4361 S. 49.
[48] BGH DNotZ 1958, 23/26.
[49] So auch *Zimmermann* DNotZ 1982, 573/575 f.

§ 3. Scheidungsvereinbarungen über den Versorgungsausgleich

Amtsermittlung i.S. von § 12 FGG obliegt.[50] Vielmehr hat die Klärung durch Befragen der Beteiligten zu erfolgen, auf deren Angaben sich der Notar grundsätzlich verlassen darf.

Weiter hat der Notar die Beteiligten über die **rechtliche Tragweite** des Geschäfts **zu belehren**. Es hat sie insofern auf mögliche rechtliche Gefahren hinzuweisen, also etwa auf die möglichen Gefahren ungeklärter Konten im Hinblick auf Wartezeiten. Einzelberechnungen wie ein Steuerberater,[51] in concreto „wie ein Rentenfachmann" braucht er jedoch nicht anzustellen.

Bestehen die Beteiligten auf Grund ihrer eigenen mehr oder weniger genauen Ermittlungen auf der Beurkundung der Vereinbarung, so kann der Notar die Beurkundung gem. §§ 4, 15 BeurkG nur ablehnen, wenn erkennbar unerlaubte oder unredliche Zwecke verfolgt werden, wenn also, wie es das BVerfG ausdrückt, der Schutz eines unerfahrenen oder uneinsichtigen Ehegatten die Verweigerung gebietet. Die hierzu erforderliche Sicherheit in der Beurteilung wird der Notar sich nur im Ausnahmefall verschaffen können. 770

Kommen die Beteiligten ohne Rentenauskünfte, ohne ein fertiges Vereinbarungskonzept und ohne nähere Kenntnis von den Schwierigkeiten des Versorgungsrechts und den Auswirkungen eines Ausschlusses des Versorgungsausgleichs zum Notar, so hat dieser zwei Möglichkeiten. Übernimmt er eigenverantwortlich die Ermittlung der Anwartschaften, die Beratung der Beteiligten und die Gestaltung der Scheidungsvereinbarung, so handelt es sich um die Übernahme eines Auftrags gemäß § 24 BNotO mit der Folge, daß er im Umfang der übernommenen Beratung voll haftet. Der Notar kann – und sollte im Regelfall mangels ausreichender Spezialkenntnisse – die Übernahme eines derartigen Betreuungsauftrags ablehnen und die Beteiligten an den spezialisierten Anwalt und/oder Rechtsbeistand für Versorgungsausgleich verweisen. Regelmäßig sollte der Notar die Einholung eines Gutachtens eines anerkannten Sachverständigen über die beiderseitigen Versorgungsanwartschaften, umgerechnet in Renteneinheiten der gesetzlichen Rentenversicherung mit Kontenklärung bzw. Angabe der prozentualen Abweichung wegen ungeklärter Konten und Feststellungen über Wartezeiten und Halbbelegung anregen. Es liefert dem Notar eine solide und regelmäßig ausreichende Grundlage für die Beurkundung der Vereinbarung. Soll als Gegenleistung eine private Rentenversicherung abgeschlossen werden, so haben die Beteiligten die Möglichkeit, sich von einer Lebensversicherungsgesellschaft ein für sie passendes Modell ausarbeiten zu lassen. 771

Im **Ergebnis** ist damit festzustellen, daß der Notar auf Grund der tatsächlichen Angaben der Beteiligten, auch wenn diese erkennbar nur auf Schätzung beruhen, beurkunden kann und muß. Er kann die Beurkundung nur verweigern, wenn konkrete Anhaltspunkte für die erhebliche Benachteiligung eines unerfahrenen oder uneinsichtigen Ehegatten bestehen. Er hat die Beteiligten auf die möglichen rechtlichen Gefahren der Vereinbarung, insbesondere im Hinblick auf Wartezeiten und Halbbelegung hinzuweisen. Solange er dies tut, kann im Rahmen des § 17 BeurkG für ihn keine Haftung entstehen. Das vom Gesetzgeber gewollte und vom BVerG bejahte Korrektiv stellt die richterliche Nachprüfung im Genehmigungsverfahren mit ihren – wie dargestellt – strengeren Anforderungen dar. Dieses Korrektiv verbleibt dem Notar auch, wenn er ausnahmsweise einen weitergehenden Betreuungs- und Belehrungsauftrag nach § 24 BNotZ übernimmt. Die Übernahme eines solchen 772

---

[50] Der Notar hat nicht die Möglichkeit, ein förmliches Beweisverfahren durchzuführen.
[51] So BGH DNotZ 1958, 23/26; zur Abgrenzung der rechtlichen von der wirtschaftlichen Tragweite auch *Zimmermann* DNotZ 1982, 573/577.

5. Kapitel. Getrenntlebens- und Scheidungsvereinbarungen

Auftrags haben die Eheleute in Streitfall zu beweisen. Durch die Verweigerung eigener Berechnungen und die Hinzuziehung von Spezialisten stellt der Notar klar, daß er einen derartigen Auftrag nicht übernehmen will.

VI. Fallgruppen von Scheidungsvereinbarungen über den Versorgungsausgleich

1. Notwendigkeit der Fallgruppenbildung

773   Der widersprüchliche und insgesamt mißglückte Wortlaut des § 1587o BGB erfordert die Bildung von Fallgruppen auf der Grundlage der vom BGH vorgenommen Gesamtbewertung des wirtschaftlichen Gesamtergebnisses der Vermögensauseinandersetzung, Unterhaltsregelung und Versorgungsregelung. Dabei sind einerseits die vom Gesetzgeber betonte Vereinbarungsfreiheit der Parteien und andererseits der Schutzzweck der Norm und der Zweck des Versorgungsausgleichs zu berücksichtigen. Der Versorgungsausgleich will dem Ehegatten, der während der Ehe keine oder nur eine unzureichende eigene Altersversorgung aufbauen konnte, eine vom anderen Ehegatten abgeleitete Versorgung verschaffen. Auf sie soll der Berechtigte nicht leichtfertig und unberaten und nicht ohne angemessene Kompensation verzichten dürfen. Der gesetzliche Versorgungsausgleich hat insoweit Leitbildfunktion, darf aber andere angemessene, den objektiven Verhältnissen Rechnung tragende und den subjektiven Gerechtigkeits- und Richtigkeitsvorstellungen beider Parteien entsprechende vertragliche Lösungen nicht verhindern.

So gibt es Fälle, in denen der nach der gesetzlichen Regelung stattfindende Versorgungsausgleich von beiden Parteien nicht gewünscht wird. Dies ist etwa dann so, wenn beide Ehegatten in der Ehezeit voll und von der Ehe unbeeinflußt berufstätig waren und jeder seine Altersversorgung aufgebaut oder aufgestockt hat, wobei aber der eine mehr Anwartschaften erworben hat als der andere. Entsprechend beurteilt wird der Fall, daß der eine Ehegatte durch sein bei Scheidung nicht auszugleichendes Vermögen voll versorgt ist, während der andere eine möglicherweise geringe, ausgleichspflichtige Versorgung erworben hat. Weiterhin gibt es Fälle, in denen die Durchführung des Versorgungsausgleichs dem ausgleichsberechtigten Ehegatten keine eigene Versorgung verschaffen würde, also lediglich zu einem Verlust beim Ausgleichspflichtigen führen würde.

In diesen und anderen Fällen müssen Vereinbarungen möglich sein, die zu einer vom strikten Gesetzesvollzug abweichenden, von beiden Parteien akzeptierten Lösung gelangen. Dem beurkundenden Notar und dem genehmigenden Familiengericht verschafft die Fallgruppenbildung die erforderliche Entscheidungssicherheit. Die obergerichtliche Rechtsprechung hat für diese Fallgruppenbildung schon Vorgaben gemacht und einzelne typische Lösungen bereits abgesegnet.

2. Fälle des Ausschlusses mit Gegenleistung

774   *a) Grundsätze.* Unter dem Begriff der „vereinbarten Leistung" i.S. von § 1587o Abs. 2 S. 4 BGB ist das wirtschaftliche Gesamtergebnis der Versorgungsregelung, der Unterhaltsregelung und der Vermögensauseinandersetzung zu verstehen, das dann auf seine Eignung für die Versorgung des Berechtigten und auf die Angemessenheit des Ausgleichs für die Ehegatten zu überprüfen ist.[52] Die Vereinbarung muß daher nicht zwingend eine Leistung des Ausgleichspflichtigen zum Gegenstand

---

[52] BGH NJW 1982, 1463; BGH NJW 1987, 1768 = FamRZ 1987, 467; *Langenfeld* DNotZ 1983, 145; MünchKomm/*Strobel* § 1587o Rdn. 26.

§ 3. Scheidungsvereinbarungen über den Versorgungsausgleich

haben.[53] Wird eine Gegenleistung vereinbart, so ist bei der familiengerichtlichen Genehmigung nicht zu prüfen, ob sie angemessen ist, sondern ob sie offensichtlich unangemessen ist.[54] Die Genehmigung darf nur versagt werden, wenn ein auffälliges Mißverhältnis zwischen dem Wert der bei Durchführung des Versorgungsausgleichs erlangten Versorgungsanrechte und der vereinbarten Gegenleistung besteht.[55]

b) Abfindung in Geld. Während zunächst ein als Abfindung zur Verfügung gestellter Kapitalbetrag generell als zur Versorgungssicherung ungeeignet angesehen wurde,[56] setzte sich bald eine differenzierende Betrachtungsweise durch. Grundsätzlich wird anerkannt, daß der Berechtigte mit Hilfe von Kapitalaufwendungen zu einer Altersversorgung gelangen kann.[57] Er kann Beiträge zur gesetzlichen Rentenversicherung oder einer privaten Lebensversicherung leisten, § 1587 l Abs. 3 BGB, Sachwerte mit regelmäßigen Erträgen erwerben oder sich mit dem Geld eine eigene, die Altersversorgung sichernde berufliche Existenz aufbauen. Die überwiegende Meinung verlangt,[58] daß ihm dies in der Vereinbarung zur Auflage gemacht werden muß. Dem ist grundsätzlich zuzustimmen. Allerdings gibt es auch hiervon Ausnahmen. Hierzu gehören die oben beim entschädigungslosen Verzicht erörterten Fallgruppen der geringen Wertdifferenz der auszugleichenden Anwartschaften, der kurzen Ehedauer und der bereits ausreichenden Versorgung des berechtigten Ehegatten. Hier ist die Zweckbindung nicht erforderlich.

775

c) Abfindung durch Sachwerte. Nach allgemeiner Ansicht[59] können vereinbarte Gegenleistung für den Ausschluß des Versorgungsausgleichs auch Sachwerte wie Grundstücke[60] und Unternehmensbeteiligungen sein, wenn sie im Versorgungsfall laufende Erträge abwerfen oder zum Erwerb einer Versorgung verwendet werden können. Auch Nutzungsrechte wie der Grundstücks- oder Unternehmensnießbrauch und etwa durch Reallast abgesicherte Renten oder dauernde Lasten sind geeignet.

776

d) Abfindung durch erhöhte Unterhaltsleistungen. Auch die Verpflichtung zu erhöhten Unterhaltsleistungen ist zur Versorgung grundsätzlich geeignet, wenn sie den Fall des Alters und der Erwerbsunfähigkeit des Berechtigten mit umfaßt.[61] Hier wird überwiegend und zu Recht eine zusätzliche Absicherung durch Gehaltsabtretung, Bürgschaft oder dingliche Sicherheit wie Reallast oder Grundpfandrecht verlangt.[62]

777

Nach anderen[63] erfüllt die Vereinbarung einer Unterhaltsrente die Voraussetzungen einer eigenständigen Alters- und Invaliditätssicherung des Berechtigten nicht. Es könne regelmäßig nur einer der Form der Leibrente von Bedürftigkeit und Leistungsfähigkeit unabhängige, auch bei Wiederverheiratung und Tod des Verpflichteten bestehenbleibende, dynamische und dingliche gesicherte Rente vereinbart werden. Dies generell zu fordern, erscheint jedoch zu weitgehend. Es ist z. B. auch

---

[53] MünchKomm/*Strobel* § 1587 o Rdn. 26.
[54] OLG Düsseldorf FamRZ 1984, 1115; *Johannsen/Henrich/Hahne* § 1587 o Rdn. 22; MünchKomm/*Strobel* § 1587 o Rdn. 34.
[55] MünchKomm/*Strobel* § 1587 o Rdn. 34.
[56] *Voskuhl/Pappai/Niemeyer* § 1587 o Anm. III, 3 b.
[57] Erweiternde Auslegung wird befürwortet von *Gernhuber/Coester-Waltjen* § 28 VIII 3 und *Johannsen/Henrich/Hahne* § 1587 o Rdn. 27.
[58] *Soergel/Vorwerk* § 1587 o Rdn. 5; *Ruland* DRV 1979, 84/91; *Göppinger/Wenz* Rdn. 438; a. A. MünchKomm/*Strobel* § 1587 o Rdn. 28.
[59] *Soergel/v. Maydell* § 1587 o Rdn. 18; *Johannsen/Henrich/Hahne* § 1587 o Rdn. 27; MünchKomm/*Strobel* § 1587 o Rdn. 28.
[60] OLG Düsseldorf FamRZ 1984, 115.
[61] *Soergel/v. Maydell* § 1587 o Rdn. 18.
[62] *Naegele* Rdn. 192; *Rolland* § 1587 o Rdn. 21; *Kniebes/Kniebes* DNotZ 1977, 269/291; *Ruland* DRV 1979, 84/91; *Ambrock* § 1587 o Anm. II S. 344; MünchKomm/*Strobel* § 1587 o Rdn. 29.
[63] *Göppinger/Wenz* Rdn. 347 a; *Johannsen/Henrich/Hahne* § 1587 o Rdn. 27.

5. Kapitel. Getrenntlebens- und Scheidungsvereinbarungen

zu berücksichtigen, daß erhöhte Unterhaltszahlungen es dem noch jüngeren Berechtigten erlauben, den Überschuß für den Aufbau einer eigenen Altersversorgung zu verwenden.[64]

778 Bei erheblich höherem Einkommen des Ausgleichspflichtigen kann der Verzicht auf den Versorgungsausgleich gegen Unterhaltszahlungen zu Steuervorteilen führen. Für Unterhaltsleistungen gilt grundsätzlich das Abzugsverbot des § 12 Ziff. 2 EStG. Nach der Rechtsprechung des BFH[65] entfällt aber der Unterhaltscharakter bei Verquickung der Verpflichtung zur Zahlung von Unterhalt mit einer Gegenleistung, hier also der Verzicht auf den Versorgungsausgleich, bei überschlägiger und großzügiger Berechnung mehr als die Hälfte des Wertes der Leistungsverpflichtung ausmacht. Die Unterhaltsleistungen können dann je nach ihrem Charakter als dauernde Last voll oder als Leibrente nur mit dem Ertragsanteil abgezogen werden, §§ 10 Abs. 1 Nr. 1a, 22 Abs. 1 EStG, sind umgekehrt aber auch steuerpflichtiges Einkommen des Berechtigten.[66] Im Einzelfall ist immer zu prüfen, ob die Abzugsmöglichkeit nach § 33a EStG bzw. das begrenzte steuerliche Realsplitting nicht auch genügen, um ein steuerlich befriedigendes Ergebnis zu erzielen.

779 *e) Einkauf in die gesetzliche Rentenversicherung.* Der Ausgleichsverpflichtete kann den Ausgleichsberechtigten zur Abgeltung des gesetzlichen Versorgungsausgleichs aufgrund einer Vereinbarung nach § 1587o BGB in die gesetzliche Rentenversicherung durch Entrichtung von Beiträgen einkaufen. Dies sieht § 187 Abs. 1 Nr. 2 SGB VI ausdrücklich vor. Eine Bereiterklärung[67] ist nicht mehr erforderlich, da nach § 187 Abs. 5 SGB VI die Beiträge als im Zeitpunkt des Endes der Ehezeit gezahlt gelten, wenn sie in der dort bestimmten Frist gezahlt werden. Eine Vorverlegung des Beitragsberechnungszeitpunkts, der der Sinn der Bereiterklärung nach altem Recht war, ist nicht mehr möglich.

780 Das Einkaufen in die gesetzliche Rentenversicherung ist in der Praxis selten und wohl nur dann erwägenswert, wenn der berechtigte Ehegatte seine so erworbenen Anwartschaften durch eigene sozialversicherungspflichtige Berufstätigkeit weiter aufstocken will. Wenn dem Berechtigten ein Altersruhegeld oder eine Vollrente wegen Alters bereits bindend bewilligt worden ist, scheidet eine derartige Vereinbarung schon von Gesetzes wegen aus, § 187 Abs. 4 SGB VI. Denkbar ist diese Lösung auch dann, wenn der Ausgleichspflichtige bereits Ruhegeld erhält und deshalb im Rahmen des Splittings keine Ausgleichsmöglichkeit mehr hat[68] oder wenn eine größere Rente begründet werden soll, als dies im gesetzlichen Versorgungsausgleich stattfinden würde.[69] Zu beachten ist dabei immer, daß eine Begründung von Rentenanwartschaften nur bis zum Höchstbetrag des § 1587b Abs. 5 BGB möglich ist.

> **Formulierungsvorschlag**
>
> Wir vereinbaren, daß der Ehemann zugunsten der Ehefrau zur Begründung einer Anwartschaft auf eine monatliche Rente von ... DM bezogen auf den der Rechtshängigkeit des Scheidungsantrags vorangehenden Monat Beiträge in entsprechender Höhe auf das Rentenkonto der Ehefrau bei der ... zu entrichten hat. Damit sind die Versorgungsausgleichsansprüche der Ehefrau abgegolten.

---

[64] MünchKomm/*Strobel* § 1587o Rdn. 29.
[65] BStBl. 1964 III 422.
[66] *Tiemann/Ferger* NJW 1977, 2141; *Stuhrmann* ZSR 1979, 375; *Langenfeld* NJW 1981, 2381; *Becker* Rdn. 413.
[67] Vgl. Vorauflage Rdn. 646; § 1304b Abs. 1 S. 3 RVO a.F.
[68] *Gruntkowski* MittRhNotK 1993, 25.
[69] *Langenfeld* DNotZ 1983, 151.

§ 3. Scheidungsvereinbarungen über den Versorgungsausgleich

f) Abschluß eines privaten Versicherungsvertrages. Eine in vielen Fällen erwägenswerte Alternative zum Wertausgleich oder zum Einkauf in die gesetzliche Rentenversicherung stellt der Abschluß eines privaten Versicherungsvertrages für den Berechtigten in der Form der Kapitalversicherung mit Rentenoption oder der Rentenversicherung mit Kapitaloption dar. Die privaten Lebensversicherer haben entsprechende Modelle entwickelt. Soweit die hierzu erforderliche Geldsumme vom Verpflichteten aus Eigenkapital oder Kredit aufgebracht werden kann, ist die Beitragszahlung im voraus durch Einmalbeitrag bzw. Prämiendepot am besten zur Sicherstellung des Berechtigten geeignet. Bei der Bestimmung der Versicherungssumme und der Beitragsberechnung gibt die jeweilige Lebensversicherungsgesellschaft Auskunft. Bei vorzeitigem Tod des Ausgleichsberechtigten ist die Rückgewähr der Beiträge problemlos möglich. 781

Maßstab für die Mindestanforderungen an eine den gesetzlichen Versorgungsausgleich ersetzende private Lebensversicherung sind § 1581 Abs. 3 S. 2 BGB und die vom Bundesverfassungsgericht[70] aufgestellten Grundsätze. Bei nicht berufstätigen Frauen kann durch eine Berufsunfähigkeits-Zusatzversicherung nur der Fall der Erwerbsunfähigkeit versichert werden, dessen Nachweis schwierig ist. Bei Hausfrauen ist deshalb zu prüfen, ob sich der Einschluß einer Berufsunfähigkeits-Zusatzversicherung lohnt. Auch ist zu klären, ob die Frau in Anbetracht ihres Gesundheitszustandes insofern überhaupt versicherbar ist. Wenn die Zusatzversicherung unzweckmäßig oder unmöglich ist, kann an ihrer Stelle ein höherer Rentenbetrag vereinbart werden. Aus versicherungstechnischen Gründen ist bei der Rentenversicherung der auf ein Beitragsdepot zu leistende Betrag regelmäßig niedriger als der Einmalbeitrag. Das Beitragsdepot ist zwingend unkündbar und wird zwingend einschließlich der ausgelaufenen Zinsen zur Beitragsdeckung verwendet. Insofern bietet es dieselbe Sicherheit wie der Einmalbeitrag. Eine gewisse Dynamisierung kann durch die Verpflichtung des Ausgleichspflichtigen zu jährlichen Nachschüssen entsprechend der prozentualen Erhöhung der Höchstbeiträge zur gesetzlichen Rentenversicherung erreicht werden. Hier entsteht dann eine rechtliche Dauerbeziehung zwischen den geschiedenen Eheleuten, die zumindest bei gleichzeitigem Unterhaltsverzicht unerwünscht ist. Steuerlich können Beiträge zu Lebens- und Rentenversicherungen als Sonderausgaben abgezogen werden, soweit das EStG den jeweiligen Versicherungstyp zum Sonderausgabenabzug zuläßt. Auskunft über den jeweils aktuellen Stand geben die privaten Lebensversicherer. 782

Formulierungsvorschlag

Die Beteiligten vereinbaren gemäß § 1587o BGB, daß an die Stelle der Durchführung des Versorgungsausgleichs durch das Familiengericht im Falle der Scheidung die folgende Regelung treten soll. Auf das Leben der Ehefrau ist für diese als versicherte Person, Rentenbegünstigte und Versicherungsnehmerin eine Leibrentenversicherung für eine Anwartschaft von DM ... monatliche Altersrente und DM ... monatliche Berufsunfähigkeitsrente abzuschließen. Rentenbeginnalter für die Altersrente und Schlußalter für die Berufsunfähigkeitsrente ist das vollendete 60. Lebensjahr der Ehefrau. Beitragszahler ist der Ehemann. Er ist verpflichtet, zur Sicherung der Beitragszahlung bei der Lebensversicherungsgesellschaft durch einmalige Zahlung innerhalb 4 Wochen nach Rechtskraft der Scheidung ein entsprechendes Beitragsdepot einzurichten, das unkündbar ist und einschließlich der anlaufenden Zinsen zur Beitragsdeckung verwendet wird. Von diesem Beitragsdepot werden die laufenden Beiträge abgebucht. Sollte das Depot zur Abdeckung der letzten Beiträge nicht ausreichen, ist der Ehemann zum Nachschießen verpflichtet.

---

[70] NJW 1980, 692.

5. Kapitel. Getrenntlebens- und Scheidungsvereinbarungen

> Das Bezugsrecht auf eine etwaige Todesfalleistung steht dem Ehemann unwiderruflich zu.
> Die laufenden Gewinnanteile sind zur Rentenerhöhung zu verwenden. Der Versicherungsvertrag ist so abzuschließen, daß im Falle des Ablebens der Ehefrau vor Rentenbeginn Beitragsrückgewähr erfolgt und im Falle des Todes nach Rentenbeginn Beitragsrückgewähr abzüglich gezahlter Renten. Das Bezugsrecht der Ehefrau ist unwiderruflich und nicht abtretbar.
> Wegen der Zahlung des Einmalbeitrags zum Beitragsdepot und wegen der Zahlung etwa erforderlich werdender Nachschüsse unterwirft sich der Ehemann der sofortigen Zwangsvollstreckung in sein gesamtes Vermögen.

783 Ist der Ausgleichsverpflichtete nicht in der Lage, einen Einmalbeitrag oder den Beitrag eines Beitragsdepots aufzubringen, so bleibt nur der Abschluß eines Lebensversicherungsvertrags mit laufender Beitragszahlung. Der Ausgleichsberechtigte trägt dann das Risiko der Zahlungsfähigkeit und Zahlungswilligkeit des Ausgleichspflichtigen. Es besteht die Möglichkeit der Dynamisierung durch jährliche Erhöhung von Beitrag und Rente im gleichen Prozentsatz, wie sich die Höchstbeiträge zur gesetzlichen Rentenversicherung erhöhen. Durch den Einschluß des vorzeitigen Todes des Verpflichteten und der Berufsunfähigkeit beider Teile in die Versicherungsleistungen kann für diese Fälle der Zahlungsunfähigkeit des Verpflichteten Vorsorge getroffen werden. Bei der Festlegung der Vertragssumme ist gegenüber dem Modell des Einmalbetrages bzw. Beitragsdepots u. U. ein Aufschlag vorzunehmen, da bei laufender Zahlung die Gesamtleistung, ausgehend von gleicher versicherter Leistung, hinter derjenigen bei Einmalbetrag zurückbleibt, weil weniger Deckungskapital auf Zins steht. Je nach Aufschubfrist, d. h. dem Zeitraum zwischen Vertragsschluß und Zuteilung, werden hier Erhöhungsprozentsätze zwischen 15% und 45% angemessen sein. Hierzu sollte die Auskunft des Versicherungsunternehmens eingeholt werden.

> **Formulierungsvorschlag**
> Die Beteiligten vereinbaren gemäß § 1587 o BGB, daß an die Stelle der Durchführung des Versorgungsausgleichs durch das Familiengericht im Falle der Scheidung die folgende Regelung treten soll.
> Auf das Leben des Ehemanns ist für die Ehefrau als Versicherungsnehmer und Begünstigte eine Lebensversicherung mit festem Auszahlungszeitpunkt (Terminfix-Kapitalversicherung) mit einer Beitragssumme von DM ... abzuschließen. Die Versicherung läuft mit Erreichung des 60. Lebensjahres des Ehemannes ab und wird bei seinem vorzeitigen Tod beitragsfrei.
> Das bei Fälligkeit zur Verfügung stehende Kapital (Versicherungssumme und Gewinnanteile) steht unwiderruflich der Ehefrau zu und wird zwingend umgewandelt in eine mit dem 60. Lebensjahr der Ehefrau beginnende lebenslängliche Leibrente zu deren Gunsten. Der Ehemann verpflichtet sich, während der gesamten Laufzeit des Versicherungsvertrages seine versicherungsrechtlichen Gestaltungsrechte nach §§ 165 und 174 VVG (Kündigung oder Beitragsfreistellung) nur im Falle des vorzeitigen Todes der Ehefrau auszuüben.
> Durch eine Berufsunfähigkeits-Zusatzversicherung auf Beitragsfreiheit ist sicherzustellen, daß die Lebensversicherung bei Berufsunfähigkeit des Ehemannes beitragsfrei wird.
> Für den Fall vorzeitiger Invalidität der Ehefrau ist für diese eine selbständige Berufsunfähigkeits-Versicherung mit Laufdauer bis zu ihrem 60. Lebensjahr abzuschließen.
> Damit die Beitragszahlung für diese letztere Versicherung auch bei vorzeitiger Berufsunfähigkeit oder vorzeitigem Tod des Ehemannes als Beitragszahler gesichert ist,

§ 3. Scheidungsvereinbarungen über den Versorgungsausgleich

ist in die Terminfix-Kapitalversicherung eine Berufsunfähigkeits Zusatzversicherung auf eine dem Beitrag zur Berufsunfähigkeits-Versicherung der Ehefrau entsprechende Rente sowie für den Fall von dessen vorzeitigem Tod eine Familien-Zusatzversicherung auf entsprechende Rente einzubeziehen.
Für den Fall des Todes der Ehefrau vor Rentenbeginn ist ein Bezugsrecht des Ehemanns sowie ein Rückkaufsrecht für diesen zu vereinbaren. Ebenso ist für den Tod der Ehefrau nach Rentenbeginn die Rückgewähr der gezahlten Beiträge abzüglich der gezahlten Rente zu vereinbaren.
Ist der Ehemann vorverstorben, stehen diese Rechte seinen Erben zu.
Die Gewinnanteile sind zur Erhöhung der Versicherungsleistung zu verwenden. Das Bezugsrecht der Ehefrau ist unwiderruflich und nicht abtretbar.
Wegen der Zahlung der laufenden Beiträge zu obigen Versicherungen in Höhe von zunächst DM ... und der Erhöhungsbeträge unterwirft sich der Ehemann der sofortigen Zwangsvollstreckung in sein gesamtes Vermögen.

Für die gerichtliche Genehmigungspraxis ist eine Präferenz der gesetzlichen Rentenversicherung gegenüber der Privatversicherungslösung nicht gerechtfertigt.[71] Die Dauerkrise der gesetzlichen Rentenversicherung läßt die private Lebensversicherung mit ihrem Deckungsstockprinzip in neuem Licht erscheinen. Die in der Dynamik der gesetzlichen Rentenversicherung und ihren zusätzlichen Sachleistungen wie Rentenkrankenversicherung und Rehabilitationsleistungen liegenden Vorteile sind widerruflich, wenn sie der Generationsvertrag nicht mehr hergibt. Auch in der privaten Versicherung ist eine weitgehende Dynamisierung möglich. Der Einmalbeitrag in der privaten Versicherung ist i.d.R. erheblich günstiger als der Einkauf in die gesetzliche Rentenversicherung bzw. die Ausgleichung von durch Wertausgleich in ihr verlorener Anwartschaften. 784

Beiträge zu Versicherungen auf den Erlebens- oder Todesfall können im Rahmen der Höchstbeträge des § 10 Abs. 2 EStG als Sonderausgaben vom Einkommen abgezogen werden. Der § 10 Abs. 1 Nr. 2b EStG begrenzt die Abzugsfähigkeit auf Versicherungen, die vorwiegend der Vorsorge, nicht der Kapitalbildung dienen. Abzugsfähig sind neben den reinen Risikoversicherungen für den Todesfall nur noch Rentenversicherungen ohne Kapitalwahlrecht, Rentenversicherungen mit Kapitalwahlrecht gegen laufende Beitragsleistung, wenn das Kapitalwahlrecht nicht vor Ablauf von zwölf Jahren seit Vertragsabschluß ausgeübt werden kann und Kapitalversicherungen gegen laufende Beitragsleistung mit Sparanteil, wenn der Vertrag für die Dauer von mindestens zwölf Jahren abgeschlossen worden ist. Nicht abzugsfähig sind insbesondere die Beiträge zu Kapitalversicherungen gegen Einmalbeitrag, zu Kapitalversicherungen gegen laufende Beitragsleistung, die Sparanteile enthalten, mit einer Vertragsdauer von weniger als zwölf Jahren, zu Rentenversicherungen mit Kapitalwahlrecht gegen Einmalbeitrag und zu Rentenversicherungen mit Kapitalwahlrecht gegen laufende Beitragsleistung, bei denen die Auszahlung des Kapitals zu einem Zeitpunkt vor Ablauf von zwölf Jahren seit Vertragsschluß verlangt werden kann.[72] Beiträge zu Versicherungen kann derjenige geltend machen, der sie als Versicherungsnehmer aufgewendet hat, hier also der ausgleichspflichtige Ehegatte. Wer versicherte Person ist oder wem die Versicherungsleistungen später zufließen, ist ohne Bedeutung.[73] Die Beiträge zu der Versicherung sind, wenn ein Kapitalwahlrecht nicht besteht, gemäß § 10 Abs. 1 Nr. 2b, bb EStG als Vorsorgeaufwendungen absetzbar. Beim Einmalbeitrag besteht die Abzugsmöglichkeit nur im Jahr der Zahlung, wobei die Höchstbeträge nach § 10 Abs. 3 EStG zu beachten

---

[71] *Plagemann* ZVersWiss 1977, 45/64.
[72] Abschn. 88 Abs. 2 EStR.
[73] Abschn. 88 Abs. 5 EStR.

sind. Dagegen hat das Beitragsdepot den Vorteil, daß hier die Beiträge so abgesetzt werden können, wie sie in den folgenden Jahren laufend zur Beitragszahlung abgebucht werden. Die auf dem Beitragsdepot entstehenden Zinsen sind als Einkünfte aus Kapitalvermögen zu versteuern.

785   *g) Vereinbarung des schuldrechtlichen Versorgungsausgleichs.* Beim schuldrechtlichen Versorgungsausgleich handelt es sich um eine vom Gesetz vorgesehene Ausgleichsform, deren Vereinbarung anstelle des Wertausgleichs grundsätzlich zulässig ist.[74]

Die Vereinbarung drängt sich hier immer dann auf, wenn der Wertausgleich zu unwirtschaftlichen oder gar sinnlosen Ergebnissen führen würde. Dies ist z.B. dann der Fall, wenn der Ausgleichsberechtigte Beamter ist und die ihm zu übertragenden Rentenanwartschaften die Mindestwartezeit von 60 Monaten für eine Rente wegen Erwerbs- und Berufsunfähigkeit nicht erfüllen.[75] In diesem Fall ist er zur freiwilligen Aufstockung dieser Anwartschaften nach § 7 Abs. 2 SGB VI nicht berechtigt. Die übertragenden Anwartschaften gehen verloren.

786   Da der Rentenfall der Berufs- oder Erwerbsunfähigkeit nicht mit dem Rentenfall des Alters identisch ist, muß der Berechtigte auch bei Erfüllung der Mindestwartezeit von 60 Monaten damit rechnen, mangels Erwerbs- oder Berufsunfähigkeit noch keine Rente zu erhalten, obwohl er die Pensionierungsgrenze überschritten hat.[76] Auch dies ist dann ein Fall der Unwirtschaftlichkeit des Wertausgleichs.

Ist der verpflichtete Ehemann Beamter, so kommt der ausgleichsberechtigten Ehefrau bei Vereinbarung des schuldrechtlichen Versorgungsausgleichs anstelle des Wertausgleichs die Sonderregelung des § 22 Abs. 2 BeamtVG zugute. Danach erhält die geschiedene Ehefrau bei vorzeitigem Tod des beamteten Ehemannes einen Unterhaltsbeitrag in Höhe des beamtenrechtlichen Witwengeldes, solange sie berufs- oder erwerbsunfähig ist oder mindestens ein waisenberechtigtes Kind erzieht, oder wenn sie das sechzigste Lebensjahr vollendet hat. Der Unterhaltsbeitrag wird auch gewählt, wenn der Verpflichtete zur Zeit seines Todes noch nicht zur Zahlung von Unterhaltsrenten verpflichtet war, weil er z.B. noch kein Ruhegeld bezog. Die Anwartschaft der geschiedenen Witwe auf Zahlung aus schuldrechtlichem Versorgungsausgleich reicht aus, der Anspruch auf Zahlung braucht noch nicht entstanden zu sein.[77] Die Sonderregelung gilt allerdings nur für den Fall des § 1587f Nr. 2 BGB, nicht für den hier intressierenden Fall der Unwirtschaftlichkeit, da § 22 Abs. 2 BeamtVG nur auf § 1587f Nr. 2 BGB, nicht aber auf § 1587f Nr. 5 BGB verweist.

787   Das VAHRG sieht in § 3a eine Verlängerung des schuldrechtlichen Versorgungsausgleichs durch eine Geschiedenen-Hinterbliebenenrente vor, wie es sie bisher nur im Rahmen des § 22 Abs. 2 BeamtVG gab. Mit dem Tode des Ausgleichspflichtigen erhält der Ausgleichsberechtigte den Anspruch auf eine Geschiedenen-Hinterbliebenenrente gegen den deutschen Versorgungsträger, wenn das auszugleichende Anrecht eine Hinterbliebenenversorgung vorsieht. Der Versorgungsfall braucht beim verstorbenen Ehegatten noch nicht vorzuliegen, muß aber beim hinterbliebenen Ehegatten vorliegen. Der Versorgungsträger kann die Zahlung des verlängerten schuldrechtlichen Versorgungsausgleich durch eine Realteilung oder durch eine sonstige Sicherung des geschiedenen Ehegatten abwenden. Eine solche Sonderregelung stellt der unverändert fortgeltende § 22 Abs. 2 BeamtVG

---

[74] MünchKomm/*Strobel* § 1587o Rdn. 30.
[75] MünchKomm/*Strobel* § 1587o Rdn. 10.
[76] *Johannsen/Henrich/Hahne* 1587b Rdn. 46.
[77] *Schütz*, Beamtenversorgungsgesetz § 22 Rdn. 5a.

§ 3. Scheidungsvereinbarungen über den Versorgungsausgleich

dar. Diese Verlängerung kann ein Argument für die Vereinbarung des schuldrechtlichen Versorgungsausgleich sein. Zu beachten ist allerdings, daß die Vereinbarung des schuldrechtlichen Versorgungsausgleichs keine Bindungswirkung zu Lasten des Versorgungsträgers im Hinblick auf den verlängerten schuldrechtlichen Versorgungsausgleich hat.[78] Im Regelfall wird der Versorgungsträger dann, wenn anstelle des Wertausgleichs der schuldrechtliche Versorgungsausgleich vereinbart wird, dessen Verlängerung nicht zustimmen, so daß es beim Erlöschen aller Ansprüche mit dem Tod des Ausgleichsverpflichteten verbleibt. Auch im übrigen ist der Sicherungswert des schuldrechtlichen Versorgungsausgleichs für die Versorgung des Berechtigten nur gering, da Ansprüche erst dann bestehen, wenn der Verpflichtete eine Versorgung erlangt hat, und der Berechtigte im Fall vorzeitiger Invalidität nicht versorgt ist. Deshalb führt der schuldrechtliche Versorgungsausgleich mit Ausnahme obiger Sonderfälle im Regelfall nur bei Vereinbarung zusätzlicher Sicherheiten oder Versorgungsleistungen zu einem angemessenen Ausgleich zwischen den Ehegatten.[79]

Wird der schuldrechtliche Versorgungsausgleich als Abfindung für den Verzicht auf den Wertausgleich vereinbart, so ist er beim Einkommen des Verpflichteten abziehbar, muß aber andererseits vom Berechtigten versteuert werden. Der Bundesminister der Finanzen[80] scheint davon auszugehen, daß volle Abzugsfähigkeit als dauernde Last besteht.[81] Dies ist zutreffend, da Abänderungsmöglichkeiten nach § 1576g Abs. 3 BGB bestehen und dem schuldrechtlichen Versorgungsausgleich somit die das Kennzeichen der Leibrente bildende Gleichmäßigkeit fehlt.[82]

788

Formulierungsvorschlag

Wir schließen gemäß § 1587o BGB den Wertausgleich nach § 1587b BGB aus. Als Abfindung für diesen Ausschluß wird zugunsten der ausgleichsberechtigten Ehefrau vereinbart, daß der schuldrechtliche Versorgungsausgleich nach § 1587g BGB stattfinden soll.
Der Abfindungsanspruch des § 1587e BGB wird ausgeschlossen.

Beim schuldrechtlichen Versorgungsausgleich sind neben Vereinbarungen über die Höhe der Ausgleichsrente nach Änderungen des Fälligkeitszeitpunktes abweichend von § 1587g Abs. 1 S. 2 BGB möglich.[83] So kann z.B. der Fälligkeitszeitpunkt für die Ausgleichsrente den Voraussetzungen des Unterhaltsbeitrags nach § 22 Abs. 2 BeamtVG angepaßt werden.

789

Formulierungsvorschlag

Die Ausgleichsrente ist zu zahlen, wenn beim Ehemann die gesetzlichen Voraussetzungen eingetreten sind und die Ehefrau entweder berufs- oder erwerbsunfähig im Sinne der Reichsversicherungsordnung ist oder das 60. Lebensjahr vollendet hat.

3. Fälle des entschädigungslosen Ausschlusses

a) Grundsätze. Wie vorstehend schon betont gibt es Fälle, denen die unkritische Anwendung des § 1587o Abs. 2 S. 4 BGB nicht gerecht würde, ja vielmehr den

790

---

[78] § 3a Abs. 3 VAHRG; *Johannsen/Henrich/Hahne* § 1587o Rdn. 13 und § 3a VAHRG Rdn. 9.
[79] MünchKomm/*Strobel* § 1587o Rdn. 31.
[80] Schreiben vom 20. 7. 1981 FamRZ 104 = NJW 1981, 2560 = BStBl. 1981 I 567.
[81] So auch *Stuhrmann* TSR 1979, 376; a. A. *Tiemann/Ferger* NJW 1977, 2141.
[82] So auch *Becker* Rdn. 505.
[83] MünchKomm/*Strobel* § 1587o Rdn. 13.

Sinn der Vorschrift dadurch in ihr Gegenteil verkehren würde, daß aus einer dem Interesse der Beteiligten dienenden Schutznorm eine den übereinstimmenden Vertragswillen der Beteiligten mißachtende Zwangsnorm würde. Der BGH[84] betont hier zu recht den Vorrang der Vertragsfreiheit, wenn die Erfüllung der Schutzfunktion gesichert ist. Insbesondere bedarf derjenige Ehegatte, dessen eigenständige Versorgung für das Alter und für den Fall der Erwerbsunfähigkeit bereits gesichert ist, keines weiteren Schutzes durch die Sicherstellung des gesetzlich geschuldeten Versorgungsausgleichs gegen seinen ausdrücklichen, frei gebildeten Willen.

791 *b) Doppelverdienerehe mit unterschiedlichem Anwartschaftserwerb.* Ein für die Praxis besonders bedeutsamer Fall, bei dem die mögliche Versagung der Genehmigung auf das Unverständnis der Beteiligten stößt, ist die Scheidung der Doppelverdienerehe, bei der beide Ehegatten zwar unterschiedlich hohe Versorgungsanwartschaften erworben haben, dies aber nicht ehebedingt ist, die Ehegatten also keine „ehebedingten Nachteile" erlitten haben. Hier weist das Gesetz eine bedauerliche Lücke auf, die durch die Praxis der Familiengerichte teilweise geschlossen wird.[85] Ein Ausschlußgrund nach § 1587c BGB wegen großer Unbilligkeit des Versorgungsausgleichs besteht nach der Rechtsprechung in diesen Fällen nicht.[86] Die Unzulässigkeit einer Ausschlußvereinbarung wegen der sozialpolitischen Zielsetzung des Versorgungsausgleichs würden die Ehegatten als staatliche Bevormundung empfinden. Es bleibe ihnen nur die Möglichkeit, eine ehevertragliche Ausschlußvereinbarung nach § 1408 Abs. 2 BGB zu schließen und die Jahresfrist des § 1408 Abs. 2 S. 2 BGB bis zur Stellung des Scheidungsantrags abzuwarten. Zumindest dann, wenn der ausgleichsberechtigte Ehegatte die Wartezeiten in der gesetzlichen Rentenversicherung bereits erfüllt hat, sollte man einen gegenseitigen Ausschluß zulassen, da keinem Ehegatten ehebedingte Nachteile in seinen Versorgungsanwartschaften entstanden sind.[87]

792 *c) Ehen von Unternehmern und Freiberuflern mit anderweitiger Versorgungssicherung.* In einem Fall, in dem die Ehegatten gemeinsam als selbständige Unternehmer tätig gewesen waren und als Vorsorge für Alter und Invalidität nicht in erster Linie Beiträge zur gesetzlichen Rentenversicherung geleistet hatten, sondern statt dessen für Vermögensbildung durch Stärkung des Unternehmens gesorgt hatten, hat der BGH[88] den Ausschluß des Versorgungsausgleichs gebilligt. Damit ist dem Grundsatz nach eine praktisch bedeutsame Fallgruppe anerkannt, nämlich die Ausschlußvereinbarung bei Ehen, die in gemeinsamer unternehmerischer Tätigkeit Altersvorsorge außerhalb der dem Versorgungsausgleich unterliegenden Anwartschaften betrieben haben. Besteht in diesen Fällen eine ausgleichspflichtige Randversorgung, etwa infolge zeitweiliger Pflichtversicherung oder wegen Kindererziehungszeiten, so kann deren Ausgleich ausgeschlossen werden.

793 *d) Ehen von kurzer Dauer.* Die sozialpolitische Zielsetzung des Versorgungsausgleichs steht dem völligen gegenseitigen Ausschluß auch dann nicht entgegen, wenn die Ehe nur von sehr kurzer Dauer war.[89]

---

[84] BGH NJW 1994 = LM § 1587o Nr. 9 m. Anm. *Langenfeld* = DNotZ 1994, 261.
[85] AG Stuttgart NJW 1978, 893; AG Münster NJW 1978, 1592.
[86] BGH FamRZ 1986, 563; OLG Düsseldorf FamRZ 1987, 162.
[87] So *v. Maydell* FamRZ 1978, 749/754; *J. Plagemann* ZVersWiss 1977, 45/62; AG Stuttgart NJW 1978, 893; AG Charlottenburg FamRZ 1979, 1033 ff.; *Becker* Rdn. 418 ff.; *Zimmermann, Kersten/Bühling* S. 1238; OLG Koblenz FamRZ 1983, 406, 508.
[88] AaO Fn. 84.
[89] BGH FamRZ 1981, 944 m. abl. Anm. *v. Hornhardt* FamRZ 1982, 30; AG Kamen FamRZ 1978, 122; *J. Plagemann* ZVersWiss 197, 45/62 f.; *v. Maydell* FamRZ 1978, 749/754; *Becker* Rdn. 429 ff.; *Johannsen/Henrich/Hahne* § 1587o Rdn. 29; OLG Köln FamRZ 1988, 849.

§ 3. Scheidungsvereinbarungen über den Versorgungsausgleich

e) Härtefälle nach § 1587c BGB. Das Vorliegen eines Härtefalles nach § 1587c BGB führt zur Genehmigungsunfähigkeit eines auf dieser Härte beruhenden vereinbarten Versorgungsausgleichsausschlusses.[90] So hat der BGH eine Härte nach § 1585c Nr. 1 BGB dann angenommen, wenn die Ehefrau das sicher oder wahrscheinlich von einem anderen Mann stammende Kind dem Ehemann als eheliches Kind untergeschoben hatte.[91] Aus der Rechtsprechung sind hier zu erwähnen der Fall des OLG Düsseldorf,[92] bestätigt von BGH,[93] bei dem der ausgleichsberechtigte Ehegatte während der Ehezeit ein Vermögen von 6.000.000,- DM geerbt hatte, der ausgleichspflichtige erwerbstätige Ehegatte nach Durchführung des Versorgungsausgleichs lediglich über eigene monatliche Rentenanwartschaften von 439,- DM verfügt hätte und die Parteien Gütertrennung vereinbart hatten, weiter der Fall des OLG München,[94] bei dem grobe Unbilligkeit angenommen wurde, weil dem ausgleichspflichtigen Ehegatten bei Durchführung des Versorgungsausgleichs nicht mehr der notwendige Eigenbedarf verblieben wäre, er die Minderung seiner Versorgungsanwartschaften aus Altersgründen auch nicht mehr hätte ausgleichen können und andererseits der ausgleichsberechtigte Ehegatte sich selbst über Vermögensbildung eine ausreichende Versorgung verschafft hatte oder sie sich noch verschaffen konnte, schließlich der Fall des OLG Hamm[95] bei dem die an sich ausgleichsberechtigte Ehefrau ein von ihr ohnehin beabsichtigtes Studium während der Ehezeit durchgeführt und der Ehemann dieses während der Ehe und nach Rechtskraft der Ehescheidung bis zu dessen erfolgreichem Abschluß überwiegend finanziert hatte.

f) Versorgungssicherung von dritter Seite. Der BGH[96] hatte die Genehmigungsfähigkeit einer Vereinbarung zu prüfen, in der die Ehefrau auf einen erheblichen Versorgungsausgleichsanspruch mit der Begründung verzichtet hatte, sie werde durch eine beabsichtigte Heirat ausreichend abgesichert. Der BGH hält hier die Genehmigung für möglich, wenn die aufgegebenen Versorgungsanwartschaftsrechte durch einen Vermögenserwerb von dritter Seite kompensiert werden. Als Grundsatz gilt, daß ein vereinbarter Ausschluß dann genehmigungsfähig ist, wenn es des Versorgungsausgleichs nicht bedarf, um für den ausgleichsberechtigten Ehegatten den Grundstock zu einer eigenständigen Alterssicherung zu legen. 794

g) Geringe Wertdifferenz. Überwiegend für zulässig erachtet wird die Vereinbarung eines gegenseitigen entschädigungslosen Verzichts auf den Versorgungsausgleich, wenn beide Ehegatten in der Ehezeit etwa gleiche Versorgungsanwartschaften erworben haben.[97] Hier besteht richtiger Ansicht nach kein sozialpolitisches Bedürfnis nach der Sicherung eines Ehegatten. 795
Ein solches kann allerdings im Ausnahmefall gegeben sein, wenn der Berechtigte eine zum Entstehen eines Rentenanspruchs in der gesetzlichen Rentenversicherung erforderlichen Wartezeit noch nicht erfüllt hat und sie nach Durchführung des

---

[90] BGH FamRZ 1982, 473.
[91] BGH FamRZ 1983, 32; FamRZ 1985, 267.
[92] FamRZ 1985, 77.
[93] FamRZ 1988, 47.
[94] FamRZ 1985, 79.
[95] FamRZ 1976, 72.
[96] BGH FamRZ 1982, 471 = DNotZ 1982, 569 m. Anm. *Zimmermann*.
[97] *Voskuhl/Pappai/Niemeyer* S. 90; MünchKomm/*Strobel* § 1587o Rn. 34; *Göppinger/Wenz* Rdn. 428; *Gernhuber* § 28 VIII 5; *Rolland* Rdn. 18; *Ruland* DRV 1979, 84/89f. = AnwBl. 1982, 85/93; v. *Maydell* FamRZ 1978, 749/753f.; AG Münster NJW 1978, 1592; *Becker* Rdn. 418ff.; a.A. *Bergner* NJW 1977, 1748/1753; *Udsching* NJW 1978, 289/292; Soergel/*Vorwerk* § 1587o Rdn. 7; *Johannsen/Henrich/Hahne* § 1587o Rdn. 29.

5. Kapitel. Getrenntlebens- und Scheidungsvereinbarungen

Versorgungsausgleichs auch in der in Betracht kommenden geringen Höhe erfüllen würde.[98]

Wann eine Differenz in den Anwartschaften noch geringfügig ist, ist im Einzelfall zu entscheiden. *Ruland*[99] will bei mehr als 10% Differenz Geringfügigkeit nicht mehr annehmen. Gesetzlichen Ausdruck hat die Nichtberücksichtigung geringer Wertunterschiede in der Bagatellregelung des § 3c S. 1 VAHRG gefunden.

Soweit ein solcher Bagatellfall vorliegt, ist die Vereinbarung immer genehmigungsfähig.

4. Vereinbarung des Realsplittings

796 Zur Vermeidung einer Beitragspflicht nach § 3b VAHRG kann man auch versuchen, durch Vereinbarung mit dem Ausgeber einer betrieblichen Altersversorgung das Realsplitting nachträglich zu vereinbaren, was dann zur Realteilung nach § 1 Abs. 2 VAHRG durch das Familiengericht führt. Die Möglichkeit besteht z. B. dann, wenn der ausgleichsverpflichtete Ehegatte als Gesellschafter-Geschäftsführer einer von ihm beherrschten GmbH die Befugnis hat, einen entsprechenden Gesellschafterbeschluss zu fassen.[100]

VII. Steuerfragen von Vereinbarungen über den Versorgungsausgleich

797 Steuerlich hat der Versorgungsausgleich **keinen Unterhalts- sondern Vermögenscharakter**. Das steuerliche Abzugsverbot für Unterhaltsleistungen nach § 12 Nr. 2 EStG, das begrenzte Realsplitting und die Steuerermäßigung wegen außergewöhnlicher Belastung nach § 33a EStG kommen deshalb nicht zur Anwendung.[101]

Das Rentensplitting und das Quasisplitting vollziehen sich in der privaten Vermögenssphäre der Eheleute und haben keine einkommensteuerlichen Auswirkungen. Gleicht der ausgleichsverpflichtete Ehegatte nach dem Splitting die Minderung seiner Anwartschaften durch zusätzliche Beiträge in die gesetzliche Rentenversicherung wieder aus, so kann er diese Beträge im Rahmen der Höchstbeträge nach § 10 Abs. 3 EStG als **Sonderausgaben** abziehen. Erfolgt der Ausgleich nach Quasisplitting durch Zahlung an den Dienstherren, so können die Zahlungen in voller Höhe als Werbungskosten bei den Einkünften aus nichtselbständiger Arbeit abgezogen werden. Soweit sich dadurch ein negativer Gesamtbetrag der Einkünfte ergibt, kann er nach § 10d EStG auf andere Kalenderjahre rück- bzw. vorgetragen werden.[102] Die Geldrente aus schuldrechtlichem Versorgungsausgleich ist gem. §§ 1587g Abs. 3, 242 BGB, 323 ZPO abänderbar und deshalb **dauernde Last**. Sie ist beim Verpflichteten in voller Höhe als Sonderausgabe abziehbar und beim Berechtigten in voller Höhe nach §§ 22 Nr. 1b EStG zu versteuern.[103]

---

[98] MünchKomm/*Strobel* § 1587o Rdn. 34 a. E.; *Johannsen/Henrich/Hahne* § 1587o Rdn. 29.
[99] DRV 1979, 84/89f. = AnwBl. 1982, 85/93.
[100] Zu den Einzelheiten vgl. *Johannsen/Henrich/Hahne* § 1 VAHRG Rn. 4ff.
[101] BMF BStBl. 1981 I 567 = NJW 1981, 2560 = FamRZ 1982, 104 = Betr. 1982, 1854, vgl. *Liebelt* NJW 1994, 614.
[102] *Göppinger/Märkle* Rdn. 439ff. m. w. N.
[103] BMF aaO.

§ 4. Scheidungsvereinbarungen über den nachehelichen Unterhalt

I. Grundsätze, Form

Bei der Scheidungsvereinbarung über den nachehelichen Unterhalt gewährt § 1585 c BGB einen **weiten Vereinbarungsspielraum**. Den Ehegatten steht bis zur Grenze des § 138 BGB volle Vereinbarungsfreiheit zu. Die Grundsituation ist hier eine andere als bei der vorsorgenden Vereinbarung über den nachehelichen Unterhalt. Bei ihr setzt die mangelnde Vorhersehbarkeit künftiger Bedürfnislagen dem Vereinbarungsspektrum Grenzen nicht rechtlicher Art im Sinne von § 138 BGB, aber doch tatsächlicher Art im Sinne des Gebotes vorsichtiger Regelungen. Bei der Scheidungsvereinbarung stehen Zeitpunkt und Umstände des Beginns der Verpflichtung zur Leistung nachehelichen Unterhalts fest. Auch hier bleiben die zukünftigen Umstände, etwa die künftige Entwicklung der wirtschaftlichen Situation, regelmäßig unsicher. Die Risiken sind jedoch wesentlich besser abschätzbar als bei der vorsorgenden Vereinbarung. Auch die emotionale und psychologische Situation ist eine andere als bei der vorsorgenden Unterhaltsvereinbarung. Kann bei der vorsorgenden Vereinbarung noch Unerfahrenheit, emotionelle Bindung an den Partner und Vertrauen in eine gemeinsame Zukunft zu einer gewissen Sorglosigkeit und Großzügigkeit führen, die die Position des vorsichtigen Beraters oft erschwert, so stehen die Eheleute jetzt vor dem Konkurs ihrer Beziehung und sehen ihre Situation im besten Fall desillusioniert, aber objektiv, im häufigeren Fall einseitig egoistisch bis hin zum Ausreizen aller Rechtspositionen. Wenn hier eine befriedende und deshalb wünschenswerte Vereinbarung möglich ist, an der regelmäßig auch Berater wie Anwälte oder das Familiengericht mitwirken, dann stellt sie einen meist auch objektiv, jedenfalls aber subjektiv ausgewogenen Kompromiß dar. Bei der Scheidungsvereinbarung bewährt sich die Vertragsfreiheit des § 1585c BGB im Gesamtzusammenhang mit der Regelung aller Scheidungsfolgen und nicht zuletzt auch mit einem von den Beteiligten gewollten Inhalt, bei dessen Festlegung durchaus auch von beiden Ehegatten akzeptierte Elemente des Scheidungsverschuldens eine Rolle spielen können. Berater und Familiengericht sollten sich hier hüten, den Vormund der Beteiligten spielen zu wollen. Wenn sich die Eheleute nach entsprechender Aufklärung und Belehrung auf eine rechtlich zulässige, vom gesetzlichen Modell abweichende Lösung der Unterhaltsfrage einigen können, so ist dies als letzter Akt ehelicher Autonomie und Solidarität zu begrüßen und zu fördern. 798

Auch die Scheidungsvereinbarung über den nachehelichen Unterhalt bedarf nach § 1585 c BGB **grundsätzlich keiner Form**. Die praktische Regel ist hier aber der Prozeßvergleich oder die notarielle Scheidungsvereinbarung. Vereinbarungen über den nachehelichen Unterhalt haben sich für die Eheauflösung als zentraler Punkt erwiesen.[1] Nach der empirischen Untersuchung von *Müller-Alten* wird die Unterhaltsfrage überwiegend durch Vereinbarung geregelt. Nach seinen Feststellungen[2] werden in der Mehrzahl der Fälle Unterhaltszahlungen nach Scheidung nicht erbracht. In über der Hälfte der von *Müller-Alten* untersuchten Fälle wurde auf Unterhalt ausdrücklich verzichtet. Nur ein Fünftel aller untersuchten Scheidungsverfahren endeten damit, daß Unterhalt gezahlt wurde oder gezahlt werden sollte. Nach Feststellung von *Müller-Alten*[3] haben Unterhaltszahlungen daher eher Ausnahmecharakter. 799

---

[1] *Müller-Alten*, Ehescheidung und Scheidungsverträge 1984, S. 2.
[2] S. 145 ff.
[3] S. 147.

5. Kapitel. Getrenntlebens- und Scheidungsvereinbarungen

800   Das vom Gesetz als Normfall der nichtstreitigen Scheidung statuierte Verfahren des § 630 ZPO hat sich nach den Feststellungen von *Müller-Alten* wegen zu großen Regelungszwanges nicht durchgesetzt. Vielmehr wird überwiegend eine „unechte einverständliche Scheidung" praktiziert, bei der der Prozeßvergleich bzw. die notarielle Scheidungsvereinbarung über den nachehelichen Unterhalt genauso häufig und wichtig ist wie im eigentlichen Bereich des § 630 ZPO. Prozeßvergleiche stellte *Müller-Alten* in 58% der untersuchten Fälle fest, notarielle Verträge in 27,1% der Fälle.[4] De lege ferenda empfiehlt *Müller-Alten*[5] ein vereinfachtes Scheidungsverfahren mit zwingend der notariellen Form bedüftigen Scheidungsverträgen.

801   Bei der außergerichtlichen Scheidungsvereinbarung kann sich der **Zwang zur notariellen Form** de lege lata für die Unterhaltsvereinbarung einmal aus dem Titulierungszwang des § 630 Abs. 1 Nr. 3, Abs. 3 ZPO in Verbindung mit § 794 Abs. 1 Nr. 5 Abs. 2 ZPO, zum anderen aus dem Zusammenhang mit formbedürftigen Teilen der Gesamtscheidungsvereinbarung, also insbesondere mit der Vermögensauseinandersetzung über Grundstücke (§ 313 BGB) oder einer Vereinbarung über den Versorgungsausgleich (§ 1587o BGB) ergeben.[6]

802   Der **minderjährige Ehegatte** bedarf zu einer Vereinbarung über den nachehelichen Unterhalt der Zustimmung des gesetzlichen Vertreters, §§ 1633, 108 BGB. Steht er unter Vormundschaft, so bedarf die Vereinbarung der vormundschaftsrechtlichen Genehmigung, § 1822 Nr. 12 BGB. Die Prozeßfähigkeit des beschränkt geschäftsfähigen Ehegatten nach § 607 Abs. 1 ZPO gilt nicht für Folgesachen.[7]

II. Verhältnis zu anderen Scheidungsfolgen

803   Bei der Scheidungsvereinbarung macht die von § 1587o Abs. 2 S. 4 BGB angeordnete Einbeziehung der Unterhaltsregelung in die Eignungs- und Angemessenheitsprüfung des Versorgungsausgleichs den engen sachlichen **Zusammenhang zwischen Unterhalt und Versorgungsausgleich** deutlich.[8] Im Umfang der eigenen oder der durch Versorgungsausgleich erhaltenen Versorgungsansprüche vermindert sich die Bedürftigkeit des Berechtigten und damit die Unterhaltspflicht des verpflichteten Ehegatten. Versorgungsausgleich ist Sicherung zukünftigen Unterhalts. Insofern hat der Versorgungsausgleich Unterhaltscharakter. Umgekehrt gehören nach § 1578 Abs. 2 BGB zum Lebensbedarf des Unterhaltsberechtigten auch die Kosten für eine Versicherung für den Fall des Alters oder der Berufs- oder Erwerbsunfähigkeit. Es ist damit denkbar, daß ein Ehegatte über das Unterhaltsrecht trotz Ausschlusses des Versorgungsausgleichs zur Schaffung einer Altersversorgung des anderen Ehegatten verpflichtet ist bzw. trotz stattgefundenen Versorgungsausgleichs zur Aufstockung der Altersversorgung des anderen.

804   Beim schuldrechtlichen Versorgungsausgleich wird die Verbindung zum Unterhaltsrecht besonders deutlich. Nach § 1587g ist hier die nach Erreichung des Versorgungsfalles beider Ehegatten zu zahlende Geldrente ihrem Wesen nach Unterhalt, nämlich die Befriedigung aktuellen Bedarfs, nicht die Vorsorge für spätere Bedürftigkeit. Den Unterhaltscharakter bestätigt hier § 1587g Abs. 3 BGB durch die Verweisung auf § 1587d Abs. 2 BGB. Dennoch ist die Zahlung einer Aus-

---

[4] S. 151 f.
[5] S. 261.
[6] OLG Stuttgart FamRZ 1984, 806.
[7] *Göppinger/Wenz*, Vereinbarungen Rdn. 245; *Rolland* § 607 ZPO Rdn. 1 c.
[8] *V. Hornhardt* FamRZ 9179, 655.

§ 4. Scheidungsvereinbarungen über den nachehelichen Unterhalt

gleichsrente aus schuldrechtlichem Versorgungsausgleich trotz unterhaltsähnlicher Züge auch in diesem Fall rechtlich nicht Befriedigung von Unterhaltsbedürfnissen, sondern der Vollzug des Ausgleichs der von den Ehegatten in der Ehezeit erworbenen Versorgungsanrechte. Gegenseitige Unterhaltsansprüche sind jedenfalls daneben denkbar, sowohl von seiten des durch die Ausgleichsrente in seinem Lebensbedarf nicht voll befriedigten Versorgungsausgleichsberechtigten gegen den Versorgungsausgleichsverpflichteten, als auch von seiten des infolge der Zahlung der Ausgleichsrente selbst unterhaltsbedürftig gewordenen Verpflichteten gegen den Versorgungsausgleichsberechtigten. Auch eine Abfindung für den schuldrechtlichen Versorgungsausgleich muß sich der Berechtigte auf seinen Unterhaltsanspruch anrechnen lassen, § 1587n BGB.

Für Vereinbarungen über den nachehelichen Unterhalt führen diese Zusammenhänge zur **Notwendigkeit gleichzeitiger, aufeinander abgestimmter Regelung von Versorgungsausgleich und Unterhalt.** 805

Für das **Verhältnis der Unterhaltsregelung zur Krankenversicherung** gelten die folgenden Grundsätze. Nach § 1578 Abs. 2 BGB gehören zum Lebensbedarf auch die Kosten einer angemessenen Krankenversicherung. Auf die Krankenversicherung hat die Scheidung folgende Auswirkungen: Mit Rechtskraft der Scheidung erlischt die Krankenhilfe nach § 10 SGB V für den Ehegatten des in der Krankenversicherung gesetzlich oder freiwillig Versicherten. Nach § 9 SGB V kann der **geschiedene Ehegatte** der Krankenversicherung **freiwillig beitreten,** und zwar ohne Rücksicht auf sein Alter ohne Wartezeit, ohne ärztliche Untersuchung und ohne Ausschluß bereits bestehender Krankheiten von der Kassenleistung. Der Aufnahmeantrag oder die Beitragszahlung hat binnen drei Monaten nach Rechtskraft des Scheidungsurteils zu erfolgen. Eine ausdrückliche Verpflichtung hierzu kann zweckmäßig sein. 806

> **Formulierungsvorschlag**
>
> Die Ehefrau ist verpflichtet, binnen eines Monats nach Rechtskraft der Scheidung gem. § 9 SGB V der gesetzlichen Krankenversicherung des Ehemannes bei der AOK ... beizutreten. Die Beiträge zu dieser Versicherung zahlt der Ehemann als Teil des geschuldeten Unterhalts.

Kinder bleiben nach § 10 SGB V weiterversichert. 807

In der **Privatversicherung** bleibt der geschiedene Ehegatte, soweit der Versicherte den Vertrag nicht kündigt, weiter versichert. Die Ehegatten können anläßlich der Scheidung hier vereinbaren, daß der Mann weiterhin die Versicherungsbeiträge für die Frau leistet und sich verpflichtet, die Versicherung nur mit deren Einverständnis zu kündigen. Die Frau kann aber im Einverständnis mit der privaten Krankenversicherung diese auch selbst fortführen. Dann können die Ehegatten vereinbaren, daß der Mann der Frau die laufenden Beiträge erstattet. Eine derartige Vereinbarung kann auch getroffen werden, wenn die Frau der gesetzlichen Krankenversicherung freiwillig beitritt. 808

III. Der Unterhaltsverzicht

1. Grundsätze

Die empirische Untersuchung von *Müller-Alten*[9] bestätigt die Erfahrung der Praxis, daß der wechselseitige völlige **Unterhaltsverzicht** die bei weitem **häufigste Form** 809

---
[9] Ehescheidung und Scheidungsverträge, 1984, S. 145.

der Vereinbarung über den nachehelichen Unterhalt ist. Der Unterhaltsverzicht verwirklicht die Grundvorstellung des Gesetzgebers, daß jeder Ehegatte nach der Scheidung für seinen Unterhalt selbst verantwortlich ist, und daß nachehelicher Unterhalt nur zeitlich begrenzte Hilfe zur Selbsthilfe sein soll. Festzustellen ist der Unterhaltsverzicht vor allem in den Fällen nur kurzer Ehe mit beiderseits ununterbrochener Berufstätigkeit, in den Fällen, in denen kein Ehegatte etwas vom anderen will und – trotz des gesetzlichen Zerrüttungsprinzips mit der Verschuldensunabhängigkeit der Scheidungsfolgen – in den Fällen, in denen nach der subjektiven Wertung der Ehegatten den sich aus der Ehe lösenden Ehegatten das alleinige oder überwiegende Scheidungsverschulden trifft. In letzteren Fällen erspart die Vereinbarung auch die gerichtliche Erörterung eines Härtefalles nach § 1579 BGB.[10]

2. Verhältnis zu § 138 BGB

810 Auch beim scheidungsbezogenen Unterhaltsverzicht müssen besondere Umstände vorliegen, wenn Sittenwidrigkeit nach § 138 BGB in Betracht kommen soll. Grundsätzlich ist auch ein vollständiger, gegenseitiger Unterhaltsverzicht wirksam, wenn er in Kenntnis von Rechtsgrundlagen und Folgen vereinbart wird, was insbesondere bei richterlicher oder notarieller Belehrung sichergestellt ist. Wünschen die Beteiligten den Verzicht, so ist er zu beurkunden. Weder der Notar noch der Richter darf sich zum Vormund der Beteiligten aufschwingen. Mit Recht ist deshalb eine Entscheidung des OLG Köln[11] auf Ablehnung gestoßen,[12] in der der notarielle Unterhaltsverzicht der ordnungsgemäß belehrten Ehefrau, die sich selbst aus der Ehe lösen wollte und berufstätig war, als sittenwidrig angesehen wurde.

3. Verhältnis zum Sozialhilferecht

811 Im Verhältnis zur Sozialhilfe sind zwei sich aus der Rechtsprechung des BGH ergebende Anwendungsfälle des § 138 BGB zu beachten. Hat ein Ehegatte bereits Sozialhilfe in Anspruch genommen, und ist der Unterhaltsanspruch gem. § 91 BSHG vor Abschluß der Vereinbarung auf das Sozialamt übergegangen,[13] so ist der Verzicht unwirksam.[14] Weiterhin ist nichtig ein Unterhaltsverzicht, der in Anbetracht der wirtschaftlichen Situation der Eheleute zwingend dazu führen würde, daß der verzichtende Ehegatte der Sozialhilfe anheimfällt.[15] Auf eine Schädigungsabsicht kommt es dabei nicht an. Der 5. Deutsche Familiengerichtstag[16] empfiehlt, in der Vereinbarung ausdrücklich festzustellen, daß und warum aus der Sicht der Beteiligten keine konkrete Gefahr der Sozialhilfebedürftigkeit eines Ehegatten vorhanden ist. Entsprechendes gilt für die Arbeitslosenhilfe, das Wohngeld nach dem Wohngeldgesetz und die Ausbildungsförderung nach dem Bundesausbildungsförderungsgesetz. Der vor Anspruchsüberleitung nach § 140 AFG vereinbarte Unterhaltsverzicht ist sittenwidrig, wenn im Zeitpunkt der Verzichtsvereinbarung abzusehen ist, daß der Verzichtende zwangsläufig Arbeitslosenhilfe in Anspruch nehmen wird, welche er beim Bestehen des verzichteten Anspruchs überhaupt nicht oder nur geschmälert würde beanspruchen können.[17]

---

[10] Zur Formulierung des Unterhaltsverzichts vgl. Rdn. 758 ff.
[11] DNotZ 1981, 444; anders OLG Bamberg FamRZ 1984, 483.
[12] *V. Hornhardt* DNotZ 1981, 444; *Soergel/Gaul* § 1408 Rdn. 39; *Rau* MittRhNotK 1988, 187/195.
[13] Vgl. zur Änderung des § 91 BSHG *Scholz* FamRZ 1994, 1; *Münder* NJW 1994, 494.
[14] BGHZ 20, 127; OLG Karlsruhe FamRZ 1979, 709.
[15] BGH FamRZ 1983, 137; VG München FamRZ 1985, 292; BGH NJW 1987, 1546 = FamRZ 1987, 40.
[16] FamRZ 1983, 1201.
[17] *Frey* S. 71.

§ 4. Scheidungsvereinbarungen über den nachehelichen Unterhalt

Nach Überleitung eines nachehelichen Unterhaltsanspruchs des arbeitslosen Empfängers auf den Arbeitslosenhilfeträger gem. § 140 AFG ist ein Verzicht auf diesen Anspruch mangels Verfügungsbefugnis unwirksam.[18] Sittenwidrig ist der Unterhaltsverzicht auch, wenn er sich zwangsläufig zu Lasten des Wohngeldträgers auswirkt[19] oder wenn er zwangsläufig zu einer Inanspruchnahme von Ausbildungsförderung führt.[20]

812

4. Verzicht zu Lasten nachrangiger Unterhaltsschuldner

Nach den zur Sittenwidrigkeit eines Unterhaltsverzichts im Verhältnis zu Sozialhilfeträgern entwickelten Grundsätzen ist ein Verzicht auf den nachehelichen Unterhalt auch dann sittenwidrig und nichtig, wenn er zwangsläufig zur Unterhaltspflicht nachrangiger Verwandter führt.[21]

813

5. Sittenwidrige Koppelung mit Kindesunterhalt, Sorgerecht oder Umgangsrecht

Sittenwidrig und nichtig kann ein Unterhaltsverzicht sein, der das gemeinsame Kind zum Gegenstand eines Handels macht.[22] Die Beteiligten müssen dann aber ohne Rücksicht auf das Wohl des Kindes und in anstößiger Weise das Sorge- und Umgangsrecht zum Tauschobjekt gegen den Unterhaltsverzicht gemacht haben.

814

6. Renten- oder Versorgungsansprüche aus einer früheren Ehe

Vorsicht bei der Vereinbarung eines Unterhaltsverzichts ist geboten, wenn ein Beteiligter Renten- oder Versorgungsansprüche aus einer früheren Ehe hat (vgl. §§ 615 Abs. 2 RVO; 46 Abs. 1 und 3, 90 Abs. 1 SGB VI; 10 Abs. 5 GAL; 61 Abs. 2 BeamtVG). Auf diese kann sich der Unterhaltsverzicht auswirken.[23] In § 44 Abs. 5 BVG wird für die Kriegsopferversorgung bestimmt, daß eine Anrechnung fiktiver Unterhaltsansprüche erfolgen kann mit der Folge, daß der Witwe, die „ohne verständigen Grund" auf nachehelichen Unterhalt verzichtet hat, der Betrag anzurechnen ist, den der frühere Ehegatte ohne den Verzicht zu leisten hätte. Diesen Rechtsgedanken wendet das Bundessozialgericht im Bereich der GRV durchgehend an.[24] Den verständigen Grund bestimmt es objektiv auch unter Abwägung der Interessen der Versorgungsverwaltung, also sehr restriktiv. Anders entscheidet das Bundesverwaltungsgericht im Bereich der Beamtenversorgung.[25] Es stutzt sich dabei auf die richtige Erwägung, daß sonst von einer Wiederverheiratung zugunsten der nichtehelichen Lebensgemeinschaft abgesehen würde, und der Versorgungsträger keine Chance bekäme, auch nur zeitweilig von der Versorgungslast befreit zu werden.[26]

815

7. Unterhaltsverzicht und § 5 VAHRG

Im rechtlichen Zusammenhang mit dem Versorgungsausgleich kann ein Unterhaltsverzicht sich im Bereich des § 5 des Gesetzes zur Regelung von Härten

816

---

[18] *Frey* S. 71/72.
[19] *Frey* S. 72.
[20] *Frey* S. 73.
[21] *Frey* S. 67.
[22] *Göppinger* Rdn. 84; *Brühl/Göppinger* Rdn. 1652; BGH FamRZ 1984, 778; BGH FamRZ 1986, 444 = NJW 1986, 1167.
[23] *Gitter* DNotZ 1984, 595/612 ff.
[24] BSG SozR 2200 § 1291 RVO Nr. 16; BSG FamRZ 1985, 1127; LSG Berlin NJW 1985, 2287.
[25] BVerwGE 31, 197.
[26] Zur Nichtidentität der Ansprüche aus § 1586 und § 1586 a BGB vgl. BGH FamRZ 1988, 46 = NJW 2988, 557.

im Versorgungsausgleich VAHRG als unzweckmäßig herausstellen. Dies gilt besonders bei Scheidung von Ehen mit erheblichem Altersunterschied der Ehegatten. Nach § 5 VAHRG wird die Altersversorgung des im Versorgungsausgleich ausgleichspflichtigen Ehegatten so lange nicht gekürzt, wie er dem ausgleichsberechtigten Ehegatten, bei dem der Rentenfall noch nicht eingetreten ist, Unterhalt schuldet. Wird in einem solchen Fall ein Unterhaltsverzicht erklärt, so führt das zur Kürzung der Rente des Ausgleichsverpflichteten, obwohl der Ausgleichsberechtigte noch keinen Rentenanspruch hat.[27] Hier empfiehlt es sich, den beabsichtigten Unterhaltsverzicht erst mit Eintritt des beiderseitigen Rentenfalles in Kraft treten zu lassen und bis dahin einen Mindestunterhalt zu vereinbaren. Es ist vorgeschlagen worden, diesen Unterhaltsanspruch höhenmäßig auf den Betrag zu begrenzen, um den die Rente des Unterhaltsverpflichteten infolge des Verzichts gekürzt würde.[28]

> **Formulierungsvorschlag**
>
> Frau A wird Berechtigte aus dem Versorgungsausgleich werden. Solange sie aus den im Versorgungsausgleich erworbenen Anrechten keine Rente erhalten kann, bleibt ihr ein gesetzlicher Unterhaltsanspruch gegen Herrn B entgegen dem vorstehend protokollierten Verzicht. Dieser Unterhaltsanspruch ist zeitlich und der Höhe nach beschränkt auf den Betrag, um den sich die Rente des Herrn B gem. § 5 VAHRG erhöht.
> Hinsichtlich der Nachzahlungen gem. § 6 VAHRG vereinbaren die Parteien, daß im Innenverhältnis zwischen ihnen gleichgültig, an wen die Nachzahlung ausgezahlt wird, die Nachzahlung ganz B zustehen soll.

In jedem Fall muss ein gesetzlicher Unterhaltsanspruch des ausgleichsberechtigten Ehegatten vorliegen.[29] Ein ausschließlich auf Vertrag beruhender Unterhaltsanspruch reicht wegen der Gefahr der Benachteiligung des Versorgungsträgers durch einverständliches Zusammenwirken der Ehegatten für den Aufschub nicht aus.[30] Unschädlich ist die vertragliche Modifizierung eines gesetzlichen Unterhaltsanspruchs.[31]

Streitig und teilweise ungeklärt ist die Eignung eines Unterhaltsverzichts gegen Abfindung. Hier setzt sich grundsätzlich die Meinung durch, dass ein Verzicht gegen angemessene Abfindung den Anforderungen des § 5 VAHRG genügt.[32] Dies muss folgerichtigerweise auch und erst recht der Fall sein, wenn die Abfindung für den Unterhaltsverzicht in einer Leibrente besteht, wie dies bei der sog. novierenden Unterhaltsvereinbarung der Fall ist.[33]

8. Verzicht mit Ausnahme des Notbedarfs

817   Hier gelten die in Rdn. 643 ff. dargestellten Grundsätze.

---

[27] *Zimmermann* MittRhNotK 1983, 139/145; *Michaelis/Sander* DAV 1983, 104.
[28] *Lynker*, Skriptum des Praktikerseminars des Fachinstituts für Notare in Bad Soden vom 24./25. 6. 1983, S. 71; Bedenken aus § 138 BGB bei *Gitter* DNotZ 1984, 595/614; dagegen mit Recht *Rau* MittRhNotK 1988, 187/199.
[29] OVG Rheinland-Pfalz FamRZ 1990, 102.
[30] BSG NJW-RR 1995, 840.
[31] *Johannsen/Henrich/Hahne* § 5 VAHRG Rdn. 8.
[32] BSG NJW 1994, 2374; BGH NJW 1994, 2374; jetzt auch *Johannsen/Henrich/Hahne* § 5 VAHRG Rn. 8; BVerwG NJW-RR 2000, 145.
[33] Unnötig zweifelnd hier DNotJ-Report 19/1996 S. 169 ff.; zur novierenden Unterhaltsvereinbarung vgl. Rdn. 821 ff.

§ 4. Scheidungsvereinbarungen über den nachehelichen Unterhalt

9. Verzicht gegen Abfindung

Eine gewisse Rolle spielt in der Praxis auch der **Unterhaltsverzicht gegen Abfindung**, etwa eine Kapitalabfindung als „Startgeld" im Sinne des weitgehend leerlaufenden § 1585 Abs. 2 BGB. Leistungsstörungen, etwa bei Nichtzahlung der Abfindungssumme, regeln sich nach allgemeinen Vorschriften, also nach § 326 BGB. Eine vertragliche Sicherstellung oder Rücktrittsrechte können im Einzelfall empfehlenswert sein. Der gegenseitige Unterhaltsverzicht eröffnet auch den Weg zur novierenden Unterhaltsvereinbarung, etwa der Begründung eines Leibrentenstammrechts für einen Ehegatten als Gegenleistung für den Unterhaltsverzicht.[34]   818

10. Korrektur über § 242 BGB?

Es gelten hier die in Rdn. 636 ff. dargestellten Grundsätze.   819

IV. Modifizierende und novierende Unterhaltsvereinbarungen

Bei Vereinbarungen über den nachehelichen Unterhalt in der Form der genauen vertraglichen Festsetzung von Höhe und Voraussetzungen der Unterhaltsleistungen stellt sich die Frage, ob diese Vereinbarungen nur die **gesetzlichen Unterhaltsansprüche** vertraglich festlegen und modifizieren, oder ob die Beteiligten an die Stelle der gesetzlichen Regelung eine diese **ersetzende selbständige Unterhaltsvereinbarung** treten lassen wollen. Im Rahmen des § 1585c BGB ist beides möglich, insbesondere auch eine schuldumwandelnde und schuldbegründende selbständige Unterhaltsvereinbarung, die die vereinbarten Ansprüche vom gesetzlichen Unterhaltsrecht völlig löst und ausschließlich auf eine vertragliche Grundlage stellt.[35]   820

Die Unterscheidung wurde nach altem Recht insbesondere wegen der Abhängigkeit des nachehelichen Unterhalts vom Scheidungsverschulden diskutiert und wird nach neuem Recht deshalb in ihrer Brauchbarkeit teilweise angezweifelt.[36] Es bleiben jedoch **Unterschiede**.

Zivilrechtlich bleiben bei vertraglicher Ausgestaltung der gesetzlichen Unterhaltspflicht die §§ 1582 bis 1585b, 1586 bis 1586b BGB unmittelbar anwendbar, während sie beim selbständigen Unterhaltsvertrag allenfalls im Wege der ergänzenden Vertragsauslegung herausgezogen werden können. **Prozeßrechtlich** sind Unterhaltsrenten, die auf gesetzlicher Vorschrift beruhen, nach § 850 ZPO nur bedingt pfändbar und haben das Pfändungsvorrecht des § 850 d ZPO.[37] Dies gilt für die selbständige Unterhaltsvereinbarung nicht. Ein Rechtsstreit über Ansprüche aus selbständiger Unterhaltsvereinbarung ist keine Familiensache.[38] Der Gebührenstreitwert bemißt sich nicht nach § 17 GKG.[39] Beim selbständigen Unterhaltsvertrag entfällt schließlich auch die Anwendbarkeit des § 323 ZPO. Bei laufenden Zahlungsverpflichtungen ist deshalb an die Vereinbarung einer Wertsicherung zu denken.

Angesichts dieser nicht unerheblichen Unterschiede sollte die Vereinbarung zur Vermeidung von Auslegungsschwierigkeiten[40] klarstellen, um welchen **Vereinbarungstyp** es sich handelt. Regelmäßig wird eine **Ausgestaltungs- und Modifizie-**

---

[34] Vgl. Rdn. 821 ff.
[35] BGH NJW 1979, 43 = FamRZ 1978, 873.
[36] *Schwab* Erstauflage Rdn. 423; *Dieckmann* NJW 1980, 2781, Fußn. 16.
[37] Vgl. auch §§ 394, 400 BGB.
[38] BGH NJW 1979, 43 = FamRZ 1978, 873.
[39] *Göppinger/Wenz* Rdn. 223, 164.
[40] Dazu *Göppinger/Wenz* Rdn. 233 ff.; *Langenfeld* NJW 1981, 2377/2379.

5. Kapitel. Getrenntlebens- und Scheidungsvereinbarungen

rungsvereinbarung gewünscht und zweckmäßig sein. Auch weitgehende Modifizierungen, wie die Vereinbarung von atypischen Leistungen, ändern angesichts der von der h.L. weitherzig bestimmten Identitätsgrenzen nichts am grundsätzlich gesetzlichen Charakter der Unterhaltsregelung.[41]

> **Formulierungsvorschlag**
>
> In Ausgestaltung der gesetzlichen Unterhaltsansprüche vereinbaren die Beteiligten folgendes:

V. Die novierende Unterhaltsvereinbarung

821 Voraussetzung des selbständigen Unterhaltsvertrags ist regelmäßig der gegenseitige Verzicht auf den nachehelichen Unterhalt. Als **Abfindung für den Verzicht** erhält dann der gesetzliche unterhaltsberechtigte Ehegatte ein **Leibrentenstammrecht** im Sinne von § 761 BGB. Durch die Überlassung des Stammrechts ist der gesetzliche Unterhaltsanspruch abgegolten. Die einzelnen Renten entfließen dem Stammrecht als Rechtsfrüchte. Sie haben nicht den Charakter gesetzlicher Unterhaltsrenten.[42] Das Leibrentenstammrecht begründet Ansprüche auf regelmäßige wiederkehrende Leistungen ohne Rücksicht auf Bedürftigkeit und Leistungsfähigkeit. Da insofern die anspruchsbegründenden Tatsachen feststehen, ist § 323 ZPO nicht anwendbar. Er wird in der Praxis regelmäßig ausdrücklich ausgeschlossen. Die Berufung auf den Wegfall der Geschäftsgrundlage ist nur im Extremfall möglich.[43] Üblich ist die Vereinbarung einer Wertsicherung etwa durch Anpassung an einen amtlichen Preisindex für die Lebenshaltung. Eine zeitliche Befristung abweichend vom Tode des Berechtigten ist möglich, etwa das Erlöschen bei Wiederverheiratung des Berechtigten,[44] oder beim Tod des Verpflichteten.[45] Ist die Leibrente auf Lebenszeit des Berechtigten bestellt, so geht die Leibrentenverpflichtung auf die Erben über.
Der selbständige Unterhaltsvertrag kann auch eine **Gegenleistung** für ein Entgegenkommen des Ehegatten beim Zugewinnausgleich oder Versorgungsausgleich sein und kann dann auch unter Vermeidung des Abzugsverbots des § 12 Abs. 2 EStG als entgeltliche Verpflichtung steuerlich abzugsfähig gestaltet werden. Statt eines Leibrentenstammrechts kann die Unterhaltsverpflichtung hier dann mit der steuerlich erwünschten Folge der Abziehbarkeit als dauernde Last auch in der Form etwa der Gewinnbeteiligung am Gewerbebetrieb oder der freiberuflichen Praxis des Ehegatten erfüllt werden.
Auch die Verpflichtung eines Ehegatten, den anderen nach der Scheidung mit einem bestimmten Gehalt in seinem Unternehmen oder seiner Praxis auf Grund **Arbeitsvertrages** zu beschäftigen, kann eine zweckmäßige und steuergünstige Lösung darstellen. Sie muß allerdings ernsthaft gewollt sein und auch praktiziert werden.[46]

> **Formulierungsvorschlag**
>
> Die Ehegatten verzichten gegenseitig auf alle gesetzlichen Ansprüche auf Unterhalt nach der Scheidung, auch für den Fall der Not.

---

[41] *Gernhuber/Coester-Waltjen* § 3 XII, 3.
[42] *Rolland* § 1585 c Rdn. 12.
[43] *Palandt/Thomas* § 769 Rdn. 6.
[44] RGRK/*Wüstenberg* § 72 EheG Rdn. 24.
[45] Unzutreffend insoweit *Gernhuber* § 26 II 4.
[46] Vgl. den Fall BGH NJW 1984, 2350.

§ 4. Scheidungsvereinbarungen über den nachehelichen Unterhalt

> Als Abfindung für den Verzicht erhält die Ehefrau die folgende Leibrente. Für diese Leibrente wird die entsprechende oder ergänzende Anwendung der gesetzlichen Vorschriften über den nachehelichen Unterhalt ausdrücklich ausgeschlossen.
> Die Leibrente ist monatlich im voraus zu zahlen und beträgt monatlich DM ...
> Die Leibrente erlischt mit dem Tod der Berechtigten. Sie erlischt auch bei Wiederverheiratung der Berechtigten, in diesem Fall jedoch frühestens nach Ablauf von 10 Jahren seit Rechtskraft der Scheidung.
> Verändert sich der vom Statischen Bundesamt festgestellte Preisindex für die Lebenshaltung alles Haushalte in Deutschland (... = 100, gegenwärtig = ...), so erhöht oder ermäßigt sich der Betrag der Rente entsprechend. Eine Anpassung findet jedoch nur statt, wenn sich eine Veränderung des Index von mehr als 5% eingestellt hat, wobei jeweils von der der letzten Anpassung zugrunde liegenden Indexzahl auszugehen ist. Die Rente erhöht oder ermäßigt sich ab dem der Anpassung folgenden Monatsersten. Rückwirkende Anpassung kann nicht verlangt werden.
> Weitergehende Anpassung findet nicht statt. Insbesondere wird die Abänderungsklage nach § 323 ZPO ausdrücklich ausgeschlossen.

Dinglich kann **Sicherung durch Reallast** erfolgen, wenn belastungsfähiger Grundbesitz vorhanden ist.

VI. Modifizierende Unterhaltsvereinbarungen

Regelmäßig beabsichtigen die Beteiligten nicht, den nachehelichen Unterhalt völlig von seinen gesetzlichen Voraussetzungen abzukoppeln. Inhalt der Vereinbarung ist vielmehr die Konkretisierung, Einschränkung oder Modifizierung des geschuldeten Unterhalts auf der Grundlage der gesetzlichen Regelung, insbesondere unter Berücksichtigung von Bedürftigkeit und Leistungsfähigkeit. Die Vereinbarungsmöglichkeiten sind so vielgestalt wie das Recht des nachehelichen Unterhalts.[47]

822

1. Vermeidung von Auslegungsschwierigkeiten

Bei der **Formulierung der Unterhaltsvereinbarung** ist im Hinblick auf spätere Abänderungsklagen nach § 323 ZPO und die Vollstreckbarkeit auf Präzision in der Bezeichnung der einzelnen Unterhaltstatbestände und der sonstigen Grundlagen der Vereinbarung zu achten.[48]

823

Kommen **verschiedene Unterhaltstatbestände** als Anspruchsgrundlagen in Betracht, so sollte festgestellt werden, auf welchen Unterhaltstatbestand sich die vereinbarte Unterhaltsrente stützt.[49]

Grundsätzlich empfiehlt es sich auch, den **Vorsorge- und Krankenversicherungsunterhalt** getrennt auszuwerfen und gegebenenfalls festzustellen, daß etwaiger Sonderbedarf in der – großzügig bemessenen – Unterhaltsrente enthalten ist. Bei der Unterhaltsbemessung darf eine **wiederauflebende Witwenrente** der Frau aus einer vorangegangenen Ehe nicht vergessen werden.[50] Ebenso ist eine **künftige eigene Altersversorgung** des Berechtigten zu berücksichtigen.[51]

---

[47] Vgl. *Schwab/Bosth* IV 1267 ff.
[48] *Giesing* NJW 1982, 271.
[49] Muster bei *Giesing* FamRZ 1980, 761.
[50] Vgl. BGH FamRZ 1979, 211.
[51] *Göppinger/Wenz* Rdn. 221.

2. Wertsicherung

824 Eine **Wertsicherung** etwa durch Anbindung der Unterhaltsrenten an einen amtlichen Preisindex für die Lebenshaltung dürfte sich bei der selbständigen Unterhaltsvereinbarung regelmäßig empfehlen, da hier § 323 ZPO nicht anwendbar ist. Bei Vereinbarungen in Abänderung der gesetzlichen Unterhaltspflicht gilt dies nur, wenn unter ausdrücklicher Beibehaltung des grundsätzlich gesetzlichen Charakters der Unterhaltsansprüche lediglich die Anwendung von § 323 ZPO ausgeschlossen wurde oder wenn die Unterhaltspflicht zeitlich begrenzt wurde.

Beim **Kindesunterhalt** scheidet die Wertsicherung angesichts der Möglichkeit der Vereinbarung der Anpassung nach der RegelbetragsVO praktisch aus.

825 Angesichts dessen, daß Unterhaltsvereinbarungen für die Zeit nach der Scheidung die **Klausel der gleichbleibenden Verhältnisse** innewohnt[52] und daß die Rechtskraft über die Abänderungsklage des § 323 ZPO durchbrochen werden kann, empfiehlt sich bei unselbständigen Scheidungsvereinbarungen über den nachehelichen Unterhalt die Aufnahme einer Wertsicherungsklausel regelmäßig nicht. Die Wertsicherungsklausel hat den Nachteil, daß sie die Bedürftigkeit des Berechtigten und die Leistungsfähigkeit des Verpflichteten außer acht läßt. Sinkt das Einkommen des Unterhaltsverpflichteten bei infolge Wertsicherung steigender Unterhaltsverpflichtung, so entstehen schwer überbrückbare Auslegungsschwierigkeiten. Die Wertsicherungsklausel kann dann ihrerseits wiederum der Anpassung nach § 323 ZPO unterliegen.[53]

3. Abänderungsklage nach § 323 ZPO

826 Regelmäßig ist es bei Modifizierungen des gesetzlichen Unterhalts angezeigt, auf eine generelle Wertsicherung zu verzichten und bei grundsätzlicher Anwendbarkeit von § 323 ZPO in der Vereinbarung möglichst viele etwaige zukünftige Änderungsgründe vertraglich zu regeln.[54] So kann z.B. vereinbart werden, der jeweils betroffene Ehegatte könne eine Änderung verlangen, wenn sich die Einkünfte des Unterhaltsverpflichteten oder Unterhaltsberechtigten jeweils um einen bestimmten Prozentsatz vermindern. Es kann auch vereinbart werden, daß die Befugnis zur Abänderungsklausel besteht, wenn die Lebenshaltungskosten, nach einem der Indices bestimmt, um einen bestimmten Prozentsatz oder eine bestimmte Punktezahl verändert haben. Es kann auch vereinbart werden, welche Auswirkungen eine Wiederverheiratung oder die Begründung einer außerehelichen festen Beziehung[55] des Unterhaltsberechtigten auf den geschuldeten Unterhalt haben soll. Auch eine Wesentlichkeitsgrenze – etwa Änderung ab 10% – kann vereinbart werden.[56]

827 Ist die Unterhaltsrente nur für einen kürzeren Zeitraum oder zweckgebunden etwa für eine Aus- oder Fortbildung vereinbart, so kann auch **beiderseits auf jede Abänderung verzichtet werden**.[57] § 323 ZPO steht zur Disposition der Beteiligten. Sie können die Abänderung gerichtlicher Vergleiche und notarieller Urkunden ganz ausschließen oder erschweren, können sie aber auch gegenüber der gesetzlichen Regelung des § 323 ZPO erleichtern.[58]

---

[52] MünchKomm/*Maurer* § 1585 c Rdn. 30.
[53] *Göppinger/Wenz* Rdn. 291.
[54] Dazu *Göppinger/Wenz* Rdn. 253 ff.
[55] BGH FamRZ 1984, 986; 1986, 443; 1987, 1012; 1987, 1238.
[56] Vgl. BGH FamRZ 1986, 790.
[57] *Göppinger/Wenz* Rdn. 258.
[58] BGH FamRZ 1983, 23.

§ 4. Scheidungsvereinbarungen über den nachehelichen Unterhalt

Zwischen dem BGH[59] und den Oberlandesgerichten war streitig, ob eine **Abänderung** gerichtlicher Vergleiche und notarieller Urkunden **auch für die Vergangenheit**, also die Zeit vor Erhebung der Abänderungsklage verlangt werden kann. Der Große Senat des BGH hat die Frage bejahend entschieden.[60] Da § 323 ZPO dispositiv ist, können die Parteien auch vereinbaren, daß eine Abänderung nur ab Zugang eines bezifferten Abänderungsverlangens oder ab Klageerhebung entsprechend § 323 Abs. 3 ZPO möglich ist.

Maßgeblich für die Abänderung von Unterhaltsvergleichen ist immer der geäußerte oder durch Auslegung zu ermittelnde Parteiwille, derunter Berücksichtigung der geänderten Umstände vom Gericht im Rahmen eines Verfahrens nach § 323 ZPO „fortgedacht" werden muss.[61] Ist ein Parteiwille nicht feststellbar, so ist der Unterhalt im Abänderungsverfahren nach den gesetzlichen Vorschriften zu bestimmen.[62]

4. Dynamisierung des Ehegattenunterhalts nach der RegelbetragVO

Um Abänderungsklagen allein wegen der Fortentwicklung der Einkommen bzw. Lebenshaltungskosten zu vermeiden, kann man daran denken, die RegelbetragVO auch für die Anpassung des Ehegattenunterhalts zu vereinbaren. 828

> **Formulierungsvorschlag**
>
> Der Ehemann verpflichtet sich, der Ehefrau einen monatlichen Unterhalt von DM ... zu zahlen, erstmals zum ... Der Unterhaltsbetrag soll sich im gleichen Verhältnis ändern, in dem sich die Regelbeträge gemäß § 1612a Abs. 4 BGB ändern.

5. Absicherung der Zahlungsverpflichtung

Zur **Sicherung der Unterhaltszahlungspflicht** kommt in erster Linie die Belastung geeigneter Grundstücke in Frage. Als Sicherungsmittel bietet sich die Reallast oder eine in geeigneter Höhe bestellte Grundschuld an. Ist der Abfindungsanspruch nach § 1585 Abs. 2 BGB nicht ausgeschlossen oder ist ausdrücklich vereinbart, daß bei Rückstand mit z. B. fünf Unterhaltsraten eine bestimmte Ablösungssumme fällig wird, so kann diese bei der Reallast im Grundbuch eingetragen werden,[63] bzw. kann der Betrag der Grundschuld entsprechend gewählt werden. Der Grundstücksnießbrauch ist wegen der Schwierigkeiten des Verhältnisses der vereinbarten Unterhaltsleistungen zu den gesetzlichen Fruchtziehungsrechten des Nießbrauchers als Sicherungsmittel weniger zu empfehlen. Allenfalls kann er aufschiebend bedingt so bestellt werden, daß er bei Nichterfüllung der Unterhaltszahlungspflichten an deren Stelle tritt. 829

Als weiteres Sicherungsmittel kommen **Lohn- und Gehaltsabtretungen** in Frage, soweit sie nicht im Einzelfall, etwa durch Betriebsvereinbarung, ausgeschlossen sind.[64] In jedem Fall empfiehlt es sich, vor Vereinbarung die Möglichkeiten und Modalitäten der Abtretung mit der auszahlenden Stelle zu klären. Auch Bürgschaften sind zur Sicherung geeignet. Eine immer verfügbare und deshalb nie zu vergessende Sicherung ist die Unterwerfung des Unterhaltsverpflichteten unter die sofortige Zwangsvollstreckung.

---

[59] NJW 1963, 2076 = FamRZ 1963, 558; FamRZ 1979, 211.
[60] BGH FamRZ 1983, 22.
[61] *Graba*, Die Abänderung von Unterhaltstiteln Rdn. 385.
[62] *Graba* aaO. Rdn. 386; BGH FamRZ 1983, 569 = NJW 1983, 1548.
[63] Vgl. *Langenfeld*, Grundstückszuwendungen im Zivil- und Steuerrecht, S. 83 f.
[64] *Göppinger/Wenz* Rdn. 278 ff.

Da Familienunterhalt, Getrenntlebensunterhalt, Unterhalt nach der Scheidung und Kindesunterhalt für minderjährige und volljährige Kinder **nicht identisch sind**,[65] sind sie, soweit sie in einer Vereinbarung nebeneinander geregelt werden, **getrennt zu beziffern und getrennt zu titulieren**. Mangels getrennter Titulierung dringt die Vollstreckungsabwehrklage durch.

VII. Praxisrelevante Vereinbarungsmöglichkeiten

1. Begrenzung der Unterhaltstatbestände

830   Im Bereich der Unterhaltstatbestände kann der Unterhalt ausdrücklich auf einen oder einzelne Tatbestände gestützt werden, während andere Tatbestände, etwa der Unterhaltsanspruch wegen Ausbildung, Fortbildung oder Umschulung nach § 1575 BGB, ausgeschlossen werden.

> **Formulierungsvorschlag**
>
> Der Ehefrau steht gegen den Ehemann nachehelichen Unterhalt nur insoweit zu, als dieser sich gemäß § 1570 BGB auf die Betreuung des gemeinsamen Kindes Petra stützt. Im übrigen verzichten die Eheleute gegenseitig auf jeglichen nachehelichen Unterhalt. Für die Höhe des wegen Kindesbetreuung geschuldeten Unterhalts wird vereinbart ...

Der **Ausschluß des Wiederauflebens** des Unterhaltsanspruchs im Falle des § 1586a BGB geht zu Lasten des Kindes und will im Einzelfall wohl überlegt sein. Dieser Ausschluß kann auch auf die Ausschlußtatbestände des § 1586a Abs. 1 S. 2 BGB beschränkt werden.

2. Begrenzung des Unterhaltsmaßes

831   Im Bereich des **Unterhaltsmaßes** kann z.B. der Sonderbedarf des § 1613 Abs. 2 BGB ausgeschlossen werden, so daß nur der laufende Unterhalt zu leisten ist. Ebenso können ausgeschlossen werden der Krankenversicherungsunterhalt des § 1578 Abs. 2 BGB und der Vorsorgeunterhalt des § 1578 Abs. 3 BGB.

Eine häufiger in Betracht kommende Vereinbarungsmöglichkeit ist die **Abänderung der Bezugsgrößen** für die Ermittlung des angemessenen Unterhalts. Statt hier mit dem Gesetz auf die eheliche Lebensverhältnisse abzustellen, kann z.B. auf die berufliche Stellung des Unterhaltsberechtigten abgehoben werden.

> **Formulierungsvorschlag**
>
> Das Maß des nachehelichen Unterhalts bestimmt sich nicht nach den ehelichen Lebensverhältnissen, sondern nach den Einkommensverhältnissen einer medizinisch-technischen Assistentin in einem Arbeitsverhältnis bei einem niedergelassenen Arzt. Diesen Beruf hat die Ehefrau vor der Ehe ausgeübt und strebt seine Wiederaufnahme nach der Scheidung an.

Es kann auch ein Bruchteil des Nettoeinkommens des Verpflichteten als Bezugsgröße für die Berechnung des Unterhalts oder die Begrenzung des Unterhaltsanspruchs eines nicht erwerbstätigen Ehegatten auf einen bestimmten **Prozentsatz des Nettoeinkommens** des Unterhaltsverpflichteten vereinbart werden.[66] Ein derartiger

---

[65] BGHZ 11, 181; BGHZ 78, 130; OLG Zweibrücken FamRZ 1986, 1237.
[66] Zur Vereinbarung eines Höchstbetrages vgl. Rdn. 653 mit Formulierungsvorschlag.

§ 4. Scheidungsvereinbarungen über den nachehelichen Unterhalt

Höchstbetrag kann genehmigungsfrei wertgesichert werden, da er der Sachwertabhängigkeit des Unterhalts Rechnung trägt.[67]

3. Begrenzung der Unterhaltszeit

Möglich ist die Modifizierung der gesetzlichen Regelung durch **Bedingungen, Befristungen oder Rücktrittsvorbehalte.** So kann es in Betracht kommen, die Unterhaltsverpflichtung erst zu einem bestimmten späteren Zeitpunkt, etwa bei Eintritt des Ruhestandes oder der Erwerbsunfähigkeit beginnen zu lassen.[68] Die Unterhaltshöhe kann dann mit der zu erwartenden Rente verkoppelt werden. 832

> **Formulierungsvorschlag**
>
> Der Ehemann schuldet der Ehefrau erst dann Unterhalt, wenn diese nach Eintritt der Erwerbsunfähigkeit oder des Ruhestandes eine Rente aus der gesetzlichen Rentenversicherung bezieht. Der Unterhalt ist in Höhe des Unterschiedsbetrages zwischen der von der Ehefrau tatsächlich erhaltenen Rente und der Rente zu zahlen, die sich bei einem persönlichen Vomhundertsatz vom 150% ergäbe. Darüber hinaus wird gegenseitig auf jegliche nacheheliche Unterhaltsansprüche verzichtet.

Praxishäufig ist die **auf eine bestimmte Zeit nach Scheidung begrenzte Unterhaltsverpflichtung,** die die Unterhaltspflicht in überschaubaren Grenzen hält, dem Berechtigten jedoch die Möglichkeit gibt, wieder in das Berufsleben einzusteigen. Derartige „Überbrückungshilfen"[69] empfehlen sich besonders bei noch jungen Eheleuten. Die Unterhaltsbeiträge werden regelmäßig der Abänderbarkeit entzogen.

> **Formulierungsvorschlag**
>
> Der Ehemann zahlt der Ehefrau zur Ermöglichung des Wiedereinstiegs in ihren Beruf auf die Dauer von 4 Jahren, beginnend mit dem der Rechtskraft der Scheidung folgenden Monatsersten, eine monatliche gesetzliche Unterhaltsrente von 3.000,- DM. Die Rente ist auf die Dauer ihrer Laufzeit unveränderlich. Die Eheleute verzichten auf eine Abänderung gemäß § 323 ZPO.
> Darüber hinaus wird kein Unterhalt geschuldet, auch nicht für Notbedarf, Sonderbedarf, Altersvorsorge oder Krankenversicherung. Nach dieser Maßgabe verzichten die Eheleute gegenseitig auf jeden nachehelichen Unterhalt über die oben vereinbarte Rente hinaus.

4. Konkretisierungen und Modifizierungen

§ 1574 BGB stellt fest, daß der geschiedene Ehegatte nur eine ihm angemessene Erwerbstätigkeit auszuüben braucht und es ihm hierzu obliegt, sich erforderlichenfalls auszubilden, fortzubilden oder umschulen zu lassen. Bei Verletzung dieser Obliegenheiten muß sich der Ehegatte so behandeln lassen, als übe er die angemessene Erwerbstätigkeit aus. Sein gesetzlicher Unterhaltsanspruch kann sich dadurch verringern oder ganz entfallen. Eine klagbare **Pflicht zur Erwerbstätigkeit oder Ausbildung** kann darüber hinaus vertraglich nicht begründet werden. Wohl aber kann die Höhe des vertraglich vereinbarten Unterhalts auf eine bestimmte Berufstätigkeit des Unterhaltsberechtigten abgestellt werden bzw. Unterhalt nur zweckgerichtet für eine bestimmte Ausbildung, Fortbildung oder Umschulung vereinbart werden. 833

---

[67] *Rau* MittRhNotK 1988, 187/200.
[68] *Göppinger/Wenz* Rdn. 247.
[69] *Göppinger/Wenz* Rdn. 246.

5. Kapitel. Getrenntlebens- und Scheidungsvereinbarungen

Ein Schwerpunkt von Scheidungsvereinbarungen über den nachehelichen Unterhalt liegt in der Frage der **Anrechnung des eigenen Einkommens** des Unterhaltsberechtigten. Die Vereinbarung kann einmal klarstellen, welche eigene Berufstätigkeit dem Unterhaltsberechtigten zugemutet werden kann und welche nicht.

Die Benachteiligung des Ehegatten, der die Berufstätigkeit erst nach Scheidung der Ehe wiederaufgenommen hat, durch die vom BGH dann angewendete **Substraktionsmethode**[70] kann vermieden werden, wenn man die Anwendung der **Differenzmethode** vereinbart.

> **Formulierungsvorschlag**
>
> Die Ehefrau, die während der Ehe Hausfrau war, strebt nach der Scheidung eine Berufstätigkeit als Verkäuferin an. Zur Ermittlung des Unterhalts im Falle einer Berufstätigkeit der Ehefrau ist so zu verfahren, daß zunächst die Differenz beider anrechnungsfähiger Nettoeinkommen ermittelt wird. Von der Differenz erhält der unterhaltsberechtigte Ehegatte dann eine Quote von drei Siebteln.

834 Es kann auch vereinbart werden, daß Einkünfte des unterhaltsberechtigten Ehegatten nur bis zu einer bestimmten Höhe oder nur bis zu einem bestimmten **Prozentsatz des Einkommens des Unterhaltsverpflichteten angerechnet** werden sollen.[71]

835 Auch über die **Anrechenbarkeit von Zuwendungen Dritter** können im Einzelfall ausdrückliche Bestimmungen getroffen werden.

836 In Klarstellung von § 1581 S. 2 BGB kann vereinbart werden, ob und gegebenenfalls welche Teile seines **Vermögensstammes** der Unterhaltsverpflichtete zu verwerten hat.

> **Formulierungsvorschlag**
>
> Die Beteiligten sind sich darüber einig, daß ein Verkauf oder eine Belastung des im Eigentum des Ehemannes stehenden Hauses ... zur Erfüllung seiner Unterhaltsverpflichtungen gegenüber der Ehefrau dem Ehemann nicht zugemutet werden kann.

837 Weiterhin kann vereinbart werden, daß eine **Wiederverheiratung des Verpflichteten** keine Auswirkungen auf die Unterhaltspflicht haben soll. Die Abänderungsklage kann für die Fälle des Wegfalls anderer Unterhaltsberechtigter z. B. von Kindern, ausgeschlossen werden, um dem Unterhaltsverpflichteten hier eine gewisse künftige Erleichterung zu sichern.[72]

838 Auch der **Zusammenhang mit dem Versorgungsausgleich** darf nicht vernachlässigt werden. So kann ausdrücklich bestimmt werden, daß der Unterhaltsverpflichtete berechtigt ist, die erlittene Kürzung seiner Altersversorgung wieder auszugleichen, und daß die hierzu erforderlichen Beträge seine unterhaltsrechtliche Leistungsfähigkeit mindern.

839 Die Anrechnung **vereinbarter Sachleistungen auf den Unterhaltsanspruch**, z. B. die Berücksichtigung der unentgeltlich zur Verfügung gestellten Wohnung in Höhe des ortsüblichen Miete, kann vereinbart werden. Gleiches gilt für andere Sachleistungen[73] oder Unterhaltsquellen wie Nießbrauch bzw. dingliches Wohnungsrecht.

---

[70] Vgl. Rdn. 294.
[71] *Göppinger/Wenz* Rdn. 231.
[72] *Reithmann/Röll/Geßele* Rdn. 640.
[73] *Göppinger/Wenz* Rdn. 235.

§ 4. Scheidungsvereinbarungen über den nachehelichen Unterhalt

Die **Erbenhaftung** nach § 1586b BGB kann ausgeschlossen werden.[74] Mit dem **Tod des verpflichteten Ehegatten** erlischt der Unterhaltsanspruch grundsätzlich nicht. Er ist aber von den Erben nur bis zur Höhe des fiktiven, nicht nach § 1371 Abs. 1 BGB erhöhten Pflichtteils zu leisten (§ 1586b BGB). Ist kein Nachlaß vorhanden, so ist der Unterhaltsanspruch nicht durchsetzbar. Nach *Dieckmann*[75] führt ein Erb- und/oder Pflichtteilsverzicht zwischen Ehegatten dazu, daß der Verzichtende nach der Scheidung der Ehe und dem Tod seines früheren Ehegatten den nachehelichen Unterhalt gegen die Erben gem. § 1586b Abs. 1 BGB verliert, da die Unterhaltsschuld durch den fiktiven Pflichtteil (§ 1586b Abs. 1 Satz 3 BGB) begrenzt und gerechtfertigt wird. *Dieckmann* schlägt vor, allgemein in Vereinbarungen über den nachehelichen Unterhalt, falls dieser nicht ganz ausgeschlossen wird, festzulegen, ob die Unterhaltspflicht mit dem Tod des Verpflichteten erlöschen soll, ob sie bis zur Grenze des fiktiven Pflichtteils nach § 1586b Abs. 1 Satz 3 BGB oder ohne summenmäßige Begrenzung bestehen soll oder ob eine Abwandlung dieser Grundmuster getroffen werden soll.

840

Hinsichtlich der **Auskunftspflichten** der §§ 1580, 1605 BGB kann bei schwankenden Einkünften z. B. jährliche Auskunftserteilung vereinbart werden. Umgekehrt kann bei überobligationsmäßig hohen Unterhaltsleistungen die Auskunftspflicht für einen längeren Zeitraum ausgeschlossen werden. Auch über die Modalitäten der Auskunftserteilung kann man sich einigen, z. B. darüber, daß nicht die Einkommensteuererklärung, sondern nur der Einkommensteuerbescheid offenzulegen ist.

841

---

[74] *Göppinger/Wenz* Rdn. 252.
[75] NJW 1980, 2777; zustimmend *Soergel/Häberle* § 1636b Rdn. 1.

§ 5. Scheidungsvereinbarungen über den Kindesunterhalt

I. Vereinbarungsmöglichkeiten

842 Der nach § 1614 BGB unverzichtbare Kindesunterhalt kann durch die von § 630 Abs. 1 Nr. 3 ZPO bei der einverständlichen Scheidung geforderte Einigung der Ehegatten über die Regelung der Unterhaltspflicht gegenüber einem Kinde nicht beeinträchtigt werden. Durch ihre Vereinbarungen über die elterliche Sorge und die Obhutsregelung bei gemeinsamer elterlicher Sorge bestimmen die Ehegatten aber, von welchem Elternteil das Kind Barunterhalt und von welchem Elternteil es Naturalunterhalt verlangen kann.[1] Die Vereinbarung gemäß § 630 Abs. 1 Nr. 3 ZPO hat weiterhin, obwohl sie nur das Innenverhältnis der Eheleute regeln kann, tatsächliche Feststellungswirkung hinsichtlich der Höhe des vereinbarten Kindesunterhalts. Verstärkt wird diese durch den nach § 630 Abs. 3 ZPO erforderlichen vollstreckbaren Schuldtitel, der sich immer nur auf den konkreten vereinbarten Barunterhalt beziehen kann. Dieser in Geld zu leistende Unterhalt sollte deshalb nach den gängigen Unterhaltstabellen ermittelt und festgesetzt werden, was in der Praxis regelmäßig auch so gehandhabt wird.

Der nach Tabelle zu zahlende Unterhalt kann statisch in einem Festbetrag mit der Folge der künftigen Anpassung nach § 323 ZPO bei Fortführung der Tabelle oder als Vomhundertsatz des Regelbetrages der jeweiligen Einkommensstufe dynamisierend vereinbart werden.[2]

II. Fragen der notariellen Vereinbarung

1. Vertrag zugunsten Dritter

843 Nach § 1629 Abs. 2 S. 2 BGB kann bei gemeinsamer elterlicher Sorge der Elternteil, in dessen Obhut sich das Kind befindet, Unterhaltsansprüche des Kindes gegen den anderen Elternteil geltend machen. Nach § 1629 Abs. 3 S. 1 BGB hat, sobald und solange die Ehegatten getrennt oder in Scheidung leben, die gerichtliche Geltendmachung in Prozeßstandschaft für das Kind zu erfolgen. Ein gerichtlicher Vergleich wirkt auch für oder gegen das Kind, § 1629 Abs. 3 S. 2 BGB.

Notarielle Scheidungsvereinbarungen wirken dagegen zunächst nur zwischen den Ehegatten.[3] Die Ehegatten haben aber die Möglichkeit, ein eigenes Forderungsrecht des Kindes durch echten Vertrag zugunsten Dritter nach § 328 BGB zu begründen.[4] Der sorge- oder obhutsberechtigte Elternteil behält dabei nach § 335 BGB das Recht, auch seinerseits die Leistung an das Kind zu fordern. Zweckmäßigerweise hat die Vollstreckungsunterwerfung gegenüber dem Kind und dem insoweit berechtigten Elternteil zu erfolgen und ist beiden das Recht auf Erteilung einer vollstreckbaren Ausfertigung zu geben. Es sind soviele derartige Vereinbarungen abzuschließen, wie unterhaltsberechtigte Kinder vorhanden sind.

> **Formulierungsvorschlag**
>
> Die Ehegatten vereinbaren zugunsten des Kindes . . . i. S. von § 328 BGB, dass diesem zu Händen der Ehefrau vom Ehemann der nachfolgende Unterhalt zu zahlen ist.

---

[1] Vgl. Rdn. 307.
[2] Vgl. Rdn. 310.
[3] *Göppinger/Miesen* § 4 Rdn. 22.
[4] *Langenfeld* NJW 1981, 2377/2378; *Langenfeld* Hdb. Vorauflage Rdn. 863; *Göppinger/Miesen* § 4 Rdn. 23 ff.

> Die Ehefrau ist berechtigt, neben dem Kind ebenfalls die Leistung an das Kind i. S. von § 335 BGB fordern zu können.
> Für den Unterhalt wird vereinbart: ...
> Der Ehemann unterwirft sich wegen der vorbezeichneten Unterhaltszahlungen sowohl dem Kind gegenüber wie auch der Ehefrau gegenüber der sofortigen Zwangsvollstreckung aus dieser Urkunde in sein gesamtes Vermögen. Sowohl die Ehefrau wie auch das Kind können jederzeit eine vollstreckbare Ausfertigung dieser Urkunde verlangen.

2. Offene Vertretung des Kindes

Der Vertrag zugunsten Dritter verbindet die Vorteile der nach § 630 Abs. 1 Nr. 3 ZPO erforderlichen Einigung der Ehegatten mit der Begründung eines eigenen konkretisierten Unterhaltsanspruchs für das Kind und der Titulierung i.S. von § 630 Abs. 3 ZPO für den obhutsberechtigten Ehegatten und das Kind selbst. Der Anspruch des Kindes ist von der möglicherweise klärungsbedürftigen konkreten Obhut unabhängig und bei entsprechender Formulierung über die Volljährigkeit des Kindes hinaus begründet.

844

Diesen Anforderungen kann das einseitige vollstreckbare Schuldanerkenntnis des unterhaltspflichtigen Ehegatten nur eingeschränkt genügen.[5]

Ob die offene Vertretung des Kindes bei der Unterhaltsvereinbarung mit dem unterhaltspflichtigen Elternteil ohne Mitwirkung eines Ergänzungspflegers unter Berufung auf den Wortlaut von § 1629 Abs. 2 S. 2 BGB möglich ist, ist streitig.[6] Auch wenn vieles dafür spricht, die offene Vertretung ohne Ergänzungspfleger nach § 1629 Abs. 2 S. 2 BGB auch im Rahmen notarieller Vereinbarungen zuzulassen,[7] bleibt die weitere Ungewissheit in der Beurteilung der Tatbestandsvoraussetzung, wem die Obhut nach den tatsächlichen Verhältnissen der Fürsorge für das Kind, die maßgeblich sind,[8] zusteht. Der Vertrag zugunsten Dritter enthebt die Vertragsgestaltung dieser Unsicherheiten.[9]

III. Möglichkeiten der Unterhaltsfestsetzung

Soweit wie im Regelfall die Festsetzung des Kindesunterhalts nach der Düsseldorfer Tabelle erfolgt, sind die Bemessungsgrundlagen im Hinblick auf etwaige künftige Abänderungsklagen festzuhalten. Die Abänderungsklage bei künftiger Änderung der Altersstufe des Kindes und der DM-Beträge der Tabelle wird durch die Festsetzung des Unterhalts nach § 1612a BGB i.V.m. der Regelbetrag-VO[10] vermieden. Dabei können zur Erleichterung der Vollstreckung die ja berechenbaren Altersstufenwechsel konkret in die Formulierung aufgenommen werden. Die Verteilung des Kindergelds ist zusätzlich zu vereinbaren. Sie erfolgt zweckmäßigerweise quotal ohne Angabe des Betrages. Den konkreten Betrag kann der Gerichtsvollzieher dem Gesetz entnehmen. Der Gerichsvollzieher hat bei Vollstreckung also die Düsseldorfer Tabelle, die Regelbetrag-VO und die gesetzliche Kindergeldregelung zu berücksichtigen, was ihm zuzumuten ist.

845

---

[5] Vorauflage Rdn. 866.
[6] Ablehnend BJM-Broschüre S. 275, *Bettendorf* MittRhNotK 1978, 69; *Langenfeld* NJW 1981, 2377/2378; befürwortend jetzt insbesondere *Göppinger/Miesen* § 4 Rdn. 31 ff. m. w. N.
[7] *Göppinger/Miesen* § 4 Rdn. 31 ff.; anders noch *Langenfeld*, Vorauflage Rdn. 863.
[8] *Göppinger/Miesen* § 4 Rdn. 33.
[9] Vgl. auch *Bergschneider* Rdn. 256.
[10] Vgl. Rdn. 310.

5. Kapitel. Getrenntlebens- und Scheidungsvereinbarungen

Formulierungsvorschlag

Der Ehemann verpflichtet sich, für das Kind (Name, Geburtsdatum) den gesetzlichen Kindesunterhalt nach der Düsseldorfer Tabelle (derzeit Stand . . .) zu zahlen, und zwar derzeit . . .% des Regelbetrags abzüglich des hälftigen Kindergelds. Die Festsetzung des Unterhalts erfolgte auf der Grundlage eines anrechenbaren monatlichen Nettoeinkommens von DM . . . (Jahresbruttoeinkommen minus gesetzliche Abzüge unter Berücksichtigung von Steuernachzahlungen und Steuerrückzahlungen minus 5% für berufsbedingte Aufwendungen geteilt durch zwölf). Die danach einschlägige Einkommensgruppe . . . wurde um eine Stufe erhöht, da die Unterhaltspflicht nur gegenüber einem Kind besteht. Das Kindergeld ist dabei nicht berücksichtigt. Es steht jedem Ehegatten zur Hälfte zu. Fließt es der Mutter zu, so kann es hälftig in Abzug gebracht werden. Fließt es dem Vater zu, so ist es hälftig zusätzlich zu zahlen. Der Kindesunterhalt beträgt . . .% des jeweiligen Regelbetrags der jeweiligen Altersstufe abzüglich des hälftigen Kindergeldanteils. Derzeit beträgt damit der monatliche Kindesunterhalt DM . . . minus des hälftigen der Ehefrau zufließenden Kindergeld (derzeit 110,00 DM), insgesamt also derzeit DM . . .

§ 6. Scheidungsvereinbarungen über die elterliche Sorge und das Umgangsrecht

I. Gemeinsame elterliche Sorge

1. Keine familiengerichtliche Regelung

Soweit es beim gesetzlichen Regelfall der gemeinsamen elterlichen Sorge verbleibt,[1] hat das Familiengericht nichts zu entscheiden. Dem Familiengericht ist nach § 630 Abs. 1 Nr. 2 ZPO lediglich übereinstimmend zu erklären, dass sich die Ehegatten über das Fortbestehen der gemeinsamen Sorge und den Umgang einig sind. Diese Erklärung ist zweckmäßigerweise in die notarielle Scheidungsvereinbarung aufzunehmen.

846

2. Regelung in der Scheidungsvereinbarung

a) Regelung der Ausübung der gemeinsamen elterlichen Sorge. Die Entscheidung für die Beibehaltung der gemeinsamen elterlichen Sorge muss konkretisiert werden, was ebenfalls in der Scheidungsvereinbarung erfolgen kann. Zunächst kann geregelt werden, welches Betreuungsmodell gewählt wird und wo sich die Kinder gewöhnlich aufhalten, § 1687 BGB.

847

> **Formulierungsvorschlag**
>
> Die Ehegatten sind sich über das Fortbestehen der gemeinsamen elterlichen Sorge einig. Das Kind . . . hält sich bei der Mutter auf und wird von dieser betreut.
> oder:
> Die Ehegatten sind sich über das Fortbestehen der gemeinsamen elterlichen Sorge einig. Das Kind . . . hält sich im zweiwöchigen Abstand, jeweils beginnend mit Sonntags, 18:00 Uhr, abwechselnd beim Vater oder bei der Mutter auf. Es hat in beiden Haushalten ein eigenes Zimmer. Es wird jeweils von dem Elternteil betreut, bei dem es sich gerade aufhält. Die Ehegatten erbringen nach dieser Maßgabe Naturalunterhalt. Sie teilen sich je hälftig das Kindergeld und die über Verpflegung und Wohnung hinausgehenden Unterhaltskosten z. B. für Kleidung, Ausbildung, Freizeit und Taschengeld. Barunterhalt nach Tabelle wird nicht gezahlt. Den Ehegatten ist bewusst, dass diese Regelung die unverzichtbaren gesetzlichen Unterhaltsansprüche des Kindes gegen jeden Elternteil nicht ausschließt.

Bei Betreuung durch lediglich einen Elternteil, bei dem sich das Kind ausschließlich aufhält, ist eine einseitige Änderung des entsprechend vereinbarten gewöhnlichen Aufenthalts nicht mehr möglich und kann der betreuende Elternteil gegebenenfalls einen Rückführungsanspruch nach § 1632 Abs. 1 BGB geltend machen.[2] Weiterhin begründet dieses Betreuungsmodell die Verpflichtung des nicht obhutsberechtigten Elternteils zum Barunterhalt[3] und die Vollmacht des obhutsberechtigten Elternteils zur Geltendmachung von Unterhaltsansprüchen des Kindes gemäß § 1629 Abs. 2 S. 2 BGB.[4]

Nur bei diesem Modell der alleinigen Betreuung durch einen Ehegatten, bei dem sich das Kind aufhält, besteht die Befugnis des betreuenden Ehegatten zur alleinigen

---

[1] Vgl. Rdn. 312.
[2] OLG Stuttgart FamRZ 1999, 39.
[3] Rdn. 307.
[4] Rdn. 843.

5. Kapitel. Getrenntlebens- und Scheidungsvereinbarungen

Entscheidung in Angelegenheiten des täglichen Lebens, § 1687 Abs. 1 S. 2, 3 BGB. Hier hat er, was aber noch nicht allgemeine Ansicht ist, auch ein Alleinvertretungsrecht.[5] Die Vereinbarung sollte vorsorglich eine entsprechende Vollmacht enthalten.

Formulierungsvorschlag

Die Ehefrau, bei der sich das Kind ... ständig aufhält, hat die Befugnis zur Entscheidung in Angelegenheiten des täglichen Lebens gem. § 1687 Abs. 1 S. 2, 3 BGB. Für diese Angelegenheiten erteilt der Ehemann vorsorglich der Ehefrau hiermit Vollmacht zur Alleinvertretung des Kindes im Rechtsverkehr.

II. Teilweise alleinige elterliche Sorge

848   Das Familiengericht kann im Rahmen der grundsätzlich gemeinsamen elterlichen Sorge nach § 1671 Abs. 1, Abs. 2 Nr. 1 BGB einem Elternteil der getrennt lebenden oder geschiedenen Eltern einen Teil der elterlichen Sorge übertragen, wenn dies einverständlich beantragt wird. Das Kind kann dem widersprechen, wenn es das vierzehnte Lebensjahr vollendet hat. Die Aufteilung kann nicht nur insgesamt für die Personensorge und die Vermögenssorge erfolgen, sondern auch innerhalb dieser beiden Sorgebereiche, etwa für schulische Angelegenheiten, ärztliche Betreuung etwa bei behinderten Kindern, oder Teile des Kindesvermögens wie etwa ein Miethaus oder eine Unternehmensbeteiligung.[6] Möglich ist auch die völlige Verteilung des Sorgerechts in dieser Weise, so dass kein Restbestand an gemeinsamer Sorge mehr verbleibt.[7]

Die teilweise Übertragung der elterlichen Sorge auf einen Ehegatten ermöglicht es, dem praktisch häufigen Wunsch etwa der Mutter nach alleiniger Bestimmung des Aufenthalts des Kindes nachzukommen.[8] Das Residenzmodell mit den Folgen der alleinigen Obhut und Betreuung durch die Mutter und der Barunterhaltspflicht des Vaters kann hier durch die Übertragung des alleinigen Aufenthaltsbestimmungsrecht auf die Mutter abgesichert werden.

Formulierungsvorschlag

Die Ehegatten sind sich darüber einig, dass die elterliche Sorge für das Kind ... weiterhin gemeinsam ausgeübt werden soll. Die Ehefrau wird jedoch beim Familiengericht beantragen, ihr gemäß § 1671 Abs. 1, Abs. 2 Nr. 1 BGB das Aufenthaltsbestimmungsrecht als Teil der elterlichen Sorge allein zu übertragen. Der Ehemann stimmt einem solchen Antrag bereits jetzt zu.

III. Alleinige elterliche Sorge

849   Das Familiengericht kann ab dem dauernden Getrenntleben die elterliche Sorge insgesamt einem Elternteil allein übertragen, wenn dies gemeinsam oder von einem Ehegatten mit Zustimmung des anderen beantragt wird, kein Widerspruch eines mindestens 14 Jahre alten Kindes vorliegt und zwingende Vorschriften das Kindeswohl betreffend nicht entgegenstehen. Die Erklärungen sind Voraussetzung der einverständlichen Scheidung nach § 630 Abs. 1 Nr. 2 ZPO. Häufigste Fallgruppe

---

[5] *Palandt/Diederichsen* § 1687 Rn. 26.
[6] *Palandt/Diederichsen* § 1671 Rn. 4.
[7] *Palandt/Diederichsen* § 1671 Rn. 6.
[8] *Palandt/Diederichsen* § 1671 Rn. 5; OLG Nürnberg MDR 1999, 300.

§ 6. Scheidungsvereinbarungen über die elterliche Sorge und das Umgangsrecht

der alleinigen elterlichen Sorge sind die Fälle der einseitigen Lösung eines Ehegatten aus der Ehe, bei denen dann der verlassene Ehegatte die alleinige künftige Verantwortung für die Kinder wünscht. Dem auf die fortdauernde elterliche Sorge verzichtenden Ehegatten kann dies durch Vereinbarung besonderer Informationsrechte erleichtert werden.

> **Formulierungsvorschlag**
>
> Die elterliche Sorge für das Kind . . . soll künftig der Ehefrau allein zustehen. Diese wird deshalb nach § 1671 Abs. 1, Abs. 2 Nr. 2 BGB beim Familiengericht beantragen, ihr die alleinige elterliche Sorge zu übertragen. Der Ehemann stimmt diesem Antrag hiermit schon jetzt zu. Die Ehefrau verpflichtet sich, den Ehemann künftig über wichtige Ereignisse im Leben des Kindes in geeigneter Weise zu informieren, insbesondere ihm Kopien der Schulzeugnisse zuzuleiten.

IV. Umgangsrecht

1. Regelungsgegenstand

Die Regelung des Umgangsrechts hängt vom Betreuungsmodell ab. Beim Wechselmodell ist der beiderseitige Umgang mit dem Kind bereits impliziert und nicht weiter zu regeln. Dagegen ist es beim Eingliederungsmodell immer zweckmäßig, das Umgangsrecht in der Scheidungsvereinbarung detailliert zu regeln. Regelungsgegenstand der Scheidungsvereinbarung zwischen den Ehegatten kann es z. B. auch sein, dass sich der obhutberechtigte Ehegatte verpflichtet, den Eltern des anderen Ehegatten die Ausübung ihres Großelternumgangsrechts in einer bestimmten Weise zu gestatten. 850

2. Regelungskompetenz

Bei einverständlicher Fortführung der gemeinsamen elterlichen Sorge in der Form des Eingliederungsmodells und einverständlicher Umgangsregelung hat das Familiengericht auch hinsichtlich des Umgangs nichts zu regeln. Die Umgangsregelung erfolgt in der Scheidungsvereinbarung. 851

Wird beantragt, einem Ehegatten allein die elterliche Sorge zu übertragen, so ist nach § 630 Abs. 1 Nr. 2 ZPO bei der einverständlichen Scheidung zugleich ein Antrag über die Regelung des Umgangsrechts mit Zustimmung des anderen Ehegatten zu stellen. Hat die Ehefrau den Scheidungsantrag gestellt und ist nur sie anwaltschaftlich vertreten, so könnte bei genauer Betrachtungsweise der Ehemann für seinen Antrag auf Umgangsregelung, für dessen Stellung wohl nur er ein Rechtsschutzbedürfnis hat, ebenfalls einen Anwalt benötigen. Die Praxis hilft sich hier mit der Einigung der Ehegatten über das Umgangsrecht und der Anregung an das Familiengericht, sich diese Einigung genehmigend zu Eigen zu machen.[9] 852

> **Formulierungsvorschlag**
>
> Die Ehefrau wird beim Familiengericht beantragen, ihr die alleinige elterliche Sorge für das Kind . . . zu übertragen.
> Über das Umgangsrecht des Ehemannes mit dem Kind haben sich die Eheleute so geeinigt, dass der Vater das Kind in vierzehntägigen Abständen von Freitag,

---

[9] BGH FamRZ 1988, 277; OLG Karlsruhe FamRZ 1988, 1196.

> 18:00 Uhr bis Sonntag, 18:00 Uhr und für die ersten beiden Wochen der Sommerferien zu sich nehmen kann. Die Eheleute regen an und die Ehefrau beantragt mit Zustimmung des Ehemannes vorsorglich, dass sich das Familiengericht diese Einigung genehmigend zu Eigen macht.

Zu beachten ist, dass nur die familiengerichtliche Entscheidung über das Umgangsrecht i. S. von § 1684 Abs. 3 den Einsatz von Zwangsmitteln nach § 33 FGG ermöglicht.[10] Das genehmigende zu Eigen machen genügt den Voraussetzungen der Vollstreckung.

3. Regelungsinhalt

853   Die Regelung des Umgangsrechts umfasst insbesondere[11] Ort, Zeit und Dauer des Umgangs, seine Häufigkeit, die Auswirkungen von Ferien, Feiertagen und persönlichen Festen, die Nachholung ausgefallener Besuche, das Abholen und Bringen, die Fahrtkosten und die Anwesenheit Dritter.

> **Formulierungsvorschlag**
>
> Der Ehemann ist berechtigt, das Kind am 1. und 3. Wochenende eines jeden Monats von Sonnabend 14:00 Uhr bis Sonntag 19:00 Uhr, an seinem Geburtstag von 14:00 Uhr bis 19:00 Uhr sowie am 2. Weihnachtsfeiertag und Ostermontag von 10:00 Uhr bis 19:00 Uhr zu sich zu nehmen. Er holt das Kind bei der Mutter ab und bringt es zur Mutter zurück. Der Ehemann ist weiter berechtigt, einmal im Jahr in den Schulferien einen bis zu 2-wöchigen Urlaub mit dem Kind zu verbringen, im Zweifel die ersten zwei Wochen der Sommerferien. Die Höhe seiner Unterhaltsverpflichtungen gegenüber dem Kind wird hierdurch nicht berührt. Die Ehefrau verpflichtet sich, das Kind zu Beginn der jeweiligen Besuchszeiten zur Abholung durch den Ehemann bereit zu halten.
> Während der Ausübung des Umgangsrechts steht dem Ehemann das Recht zu, den Umgang des Kindes mit Dritten zu bestimmen.
> Beide Elternteile sind verpflichtet, das Bild des anderen Elternteils stets positiv darzustellen und zu vermitteln, eine Beeinflussung des Kindes gegenüber dem anderen Elternteil zu unterlassen, den Kontakt des Kindes zu den Großeltern und zu weiteren Verwandten mütterlicherseits und väterlicherseits in vollem Umfang zu erhalten, zu unterstützen und zu fördern, das weitere soziale Netz des Kindes gegebenenfalls auch mittels finanzieller Anstrengungen zu erhalten und jeglichen elterlichen Konflikt zu vermeiden, der das Wohl des Kindes beeinträchtigen könnte.

---

[10] *Schwab/Motzer* III Rdn. 283.
[11] Vgl. *Schwab/Motzer* III Rdn. 242 ff.

§ 7. Erb- und Pflichtteilsverzichte im Rahmen von Scheidungsvereinbarungen

Das gesetzliche Erbrecht des überlebenden Ehegatten erlischt nach § 1933 BGB schon vor Rechtskraft der Scheidung, wenn zur Zeit des Todes des anderen Ehegatten die Voraussetzungen für die Scheidung der Ehe gegeben waren und der Erblasser die Scheidung beantragt oder ihr durch Prozeßhandlung gegenüber dem Familiengericht zugestimmt hat. In diesem Fall hat der überlebende Ehegatte gegen die Erben des verstorbenen Ehegatten den Unterhaltsanspruch des § 1586b BGB. 854

Zu beachten ist, dass der Ehegatte nach wohl h.L.[1] diesen Unterhaltsanspruch nach § 1586b BGB verliert, wenn er auf sein noch bestehendes Pflichtteilsrecht durch Erb- oder Pflichtteilsverzichtsvertrag verzichtet hat. Dies ist zu berücksichtigen, wenn ein solcher Erb- oder Pflichtteilsverzicht in einem Ehevertrag, einer Trennungsvereinbarung oder einer Scheidungsvereinbarung beurkundet wird. Wird in diesem Vertrag gleichzeitig ein Unterhaltsverzicht erklärt, so kommt § 1586b BGB mangels Unterhaltspflicht des Erblassers sowieso nicht zur Anwendung. Das Problem stellt sich also nur, wenn ein Erb- oder Pflichtteilsverzicht ohne begleitenden Unterhaltsverzicht erklärt wird.

Wird in einem scheidungsbezogenen Vertrag auf Unterhalt verzichtet, ist ein Erb- oder zumindest Pflichtteilsverzicht zur Herbeiführung der Vermögenstrennung auch in diesem Bereich immer erwägenswert.

---

[1] *Dieckmann* NJW 1980, 2077, NJW 1992, 633; FamRZ 199, 1029; Münchkomm/Richter § 1586b Rn. 2; *Palandt/Brudermüller* § 1586b Rn. 8; *Palandt/Edenhofer* § 1933 Rn. 5; a. A. *Grziwotz* FamRZ 1991, 1258; *Reimann* FS Schippel 1996, 300; *Pentz* FamRZ 1998, 1344; *Schmitz* FamRZ 1999, 1569.

§ 8. Steuerfragen zum nachehelichen Unterhalt

1. Einkommensteuer

855 Nach **§ 12 Ziff. 2 EStG** können Unterhaltsleistungen an Personen, gegenüber denen nach bürgerlichem Recht potentiell Unterhaltspflicht besteht, weder bei den einzelnen Einkunftsarten, also als Betriebsausgaben oder Werbungskosten, noch vom Gesamtbetrag der Einkünfte, also als Sonderausgaben abgezogen werden. Umgekehrt hat sie der Unterhaltsempfänger auch nicht zu versteuern. Auch wenn die Unterhaltsleistungen auf einer besonderen Vereinbarung beruhen und auch wenn sie in Form von Renten oder dauernden Lasten geleistet werden, sind sie nicht abziehbar.

Beim Unterhalt des geschiedenen oder getrenntlebenden Ehegatten kann eine **ausnahmsweise Abzugsfähigkeit** auf dreierlei Weise erreicht werden:
– Seit dem Steueränderungsgesetz 1979 gibt es das sog. „*begrenzte Realsplitting*" des § 10 Abs. 1 Nr. 1 EStG.
– Die Unterhaltsleistungen können als **außergewöhnliche Belastung** nach § 33 a Abs. 1 EStG berücksichtigt werden.
– Das Abzugsverbot greift nicht ein, wenn der Unterhaltsleistung eine **Gegenleistung** gegenübersteht und Leistung und Gegenleistung wie unter Fremden nach wirtschaftlichen Grundsätzen gegeneinander abgewogen sind.[1]

856 *a) Begrenztes Realsplitting.* Im Rahmen des **begrenzten Realsplittings** nach § 10 Abs. 1 Nr. 1 EStG können Unterhaltsleistungen an den geschiedenen oder dauernd getrenntlebenden unbeschränkt einkommensteuerpflichtigen Ehegatten vom Gesamtbetrag der Einkünfte des Unterhaltspflichtigen als Sonderausgaben abgezogen werden, wenn der Geber dies mit Zustimmung des Empfängers beantragt. Eine Rücknahme des Antrags oder der Zustimmung ist für das betreffende Kalenderjahr nicht zulässig. Der Abzug kann bis zu einem Höchstbetrag von 27.000,– DM jährlich erfolgen. In der abgezogenen Höhe sind die Unterhaltsleistungen vom Empfänger als steuerpflichtige sonstige Einkünfte nach Abzug der Werbungskosten zu versteuern, §§ 22 Nr. 1 a, EStG. Ungleiche Progression bei Unterhaltsverpflichteten und Unterhaltsberechtigten kann hier insgesamt zu Steuervorteilen führen. Auch Sachleistungen sind beim begrenzten Realsplitting zu berücksichtigen (Abschn. 86 b Abs. 2 S. 3 EStR).

Wie die Fülle der zur Frage der **Verpflichtung des Unterhaltsberechtigten zur Zustimmung zum Realsplitting** ergangenen Entscheidungen[2] zeigt, hat das begrenzte Realsplitting nicht unerhebliche praktische Bedeutung erlangt. Hinsichtlich der Zustimmungspflicht des Unterhaltsberechtigten hat der BGH folgende **Grundsätze** aufgestellt:

Der barunterhaltsberechtigte Ehegatte muß dem sog. begrenzten Realsplitting nach § 10 Abs. 1 Nr. 1 EStG grundsätzlich zustimmen, wenn der Unterhaltspflichtige die finanziellen Nachteile ausgleicht, die dem Berechtigten daraus erwachsen.

---

[1] BFH BStBl. 1964 III 422 = DStR 1964, 462; BFH BStBl. 1968 II 263 = DStR 1968, 293; Abschn. 123 EStR 2000.
[2] BGH FamRZ 1983, 576 = NJW 1983, 1545; BGH FamRZ 1984, 1211 = NJW 1985, 195; BGH FamRZ 1985, 1232 = NJW 1986, 254; BGH FamRZ 1988, 486; BGH FamRZ 1988, 820; OLG Hamm FamRZ 1987, 489; OLG Hamm FamRZ 1987, 1046; OLG Hamm FamRZ 1988, 1059; OLG Köln FamRZ 1988, 1059; *Altfelder* S. 34 ff.; *Liebelt* NJW 1994, 609.

§ 8. Steuerfragen zum nachehelichen Unterhalt

Die Zustimmung kann nur Zug um Zug gegen eine bindende Erklärung verlangt werden, durch die sich der Unterhaltsverpflichtete zur Freistellung des Unterhaltsberechtigten von den ihm entstehenden steuerlichen Nachteilen verpflichtet. 857

Von einer entsprechenden Verpflichtung zum Ausgleich sonstiger Nachteile kann der Unterhaltsberechtigte seine Zustimmung nur abhängig machen, wenn er diese Nachteile im Einzelfall substantiiert darlegt.

Von einer Sicherheitsleistung kann der Unterhaltsberechtigte seine Zustimmung nur abhängig machen, wenn zu besorgen ist, daß der Unterhaltspflichtige seine Verpflichtung zum Ausgleich der finanziellen Nachteile nicht oder nicht rechtzeitig erfüllen wird.

Einen Anspruch auf Beteiligung an der Steuerersparnis hat der andere Ehegatte nicht. Die Erhöhung des verfügbaren Einkommens der Verpflichteten durch die Steuerersparnis kann sich jedoch bei der Unterhaltsbemessung auswirken.

Die Umsetzung dieser Grundsätze in die Scheidungsvereinbarung hat zu berücksichtigen, daß die Zustimmung zum begrenzten Realsplitting für jedes Steuerjahr neu zu erfolgen hat. 858

Formulierungsvorschlag

Die Ehefrau verpflichtet sich für die Dauer der Unterhaltsleistung, im Januar eines Jahres für das Vorjahr die nach § 10 Abs. 1 Nr. 1 EStG erforderliche Zustimmung zum begrenzten Realsplitting zu geben. Der Ehemann ist verpflichtet, die Ehefrau von den ihr entstehenden steuerlichen Nachteilen freizustellen und auch sonstige nachgewiesene Nachteile auszugleichen. Von den per Saldo entstehenden Steuervorteilen stehen der Ehefrau drei Siebtel zu.
Soweit die Unterhaltspflicht im Vorjahr anstandslos erfüllt wurde, kann die Ehefrau Sicherheitsleistung nicht verlangen.

Erwägenswert ist auch, eine unwiderrufliche **Vollmacht** des zustimmungspflichtigen Ehegatten an den anderen betreffend die Erteilung der jährlichen Zustimmung an das Finanzamt in die Vereinbarung aufzunehmen.

Unterhalt durch **Sachleistungen**, etwa die Überlassung einer Wohnung, können ebenfalls beim begrenzten Realsplitting berücksichtigt werden. 859

Das begrenzte Realsplitting kann bei Getrenntleben Auswirkungen auf die Mitversicherung des anderen Ehegatten in der gesetzlichen Krankenversicherung haben.[3] Ist ein Ehegatte Mitglied der gesetzlichen Krankenversicherung, so ist auch der andere Ehegatte ohne zusätzliche Beitragsbelastung unter den weiteren Voraussetzungen von § 10 SGB V mitversichert. Der Versicherungsschutz besteht bis zur Rechtskraft der Scheidung und ist davon abhängig, daß der mitversicherte Ehegatte Einkommensgrenzen nicht überschreitet, § 10 Abs. 1 Nr. 5 SGB V. Nach § 16 SGB IV ist das Gesamteinkommen maßgeblich, unter das zwar Unterhaltsleistungen, die nicht zu versteuern sind, nicht fallen, wohl aber zu versteuernde Unterhaltsleistungen, die der Unterhaltspflichtige im begrenzten Realsplitting als Sonderausgaben absetzt.[4] Überschreitet der Empfänger hierdurch die Einkommensgrenze des § 10 Abs. 1 Nr. 5 SGB V, so entfällt seine beitragsfreie Mitversicherung in der gesetzlichen Krankenversicherung. Er muß sich freiwillig krankenversichern. Dieser Nachteil ist zu berücksichtigen, wenn die Vorteilhaftigkeit des begrenzten Realsplittings bei Getrenntleben geprüft wird.

---

[3] *Sartorius/Bubeck* ZAP Fach 11 S. 279.
[4] BSG FamRZ 1984, 1239, dazu kritisch *Weychardt* FamRZ 1994, 1241.

5. Kapitel. Getrenntlebens- und Scheidungsvereinbarungen

860   **b) Außergewöhnliche Belastung.** In vielen Fällen genügt zur Erzielung angemessener steuerlicher Vorteile anstelle des begrenzten Realsplittings auch die Berücksichtigung der Unterhaltsleistungen als **außergewöhnliche Belastungen nach § 33a Abs. 1 EStG** in Höhe von höchstens 6.200,- DM im Kalenderjahr, wenn der Unterhaltsberechtigte getrennt veranlagt ist, selbst keine oder nur geringe Einkünfte und Bezüge hat, und die Aufwendungen nicht als Sonderausgaben im Rahmen des begrenzten Realsplittings abgezogen werden. Der Steuerermäßigung beim Verpflichteten steht hier im Unterschied zum begrenzten Realsplitting keine Steuerpflicht des Berechtigten gegenüber.

861   **c) Abziehbare Versorgungsleistungen.** Das Abzugsverbot des § 12 Nr. 2 EStG gilt nur für Zuwendungen, die nicht für eine **Gegenleistung** erbracht werden. Es greift dann nicht ein, wenn der Gesichtspunkt der Gegenleistung gegenüber dem Unterhaltscharakter überwiegt.[5] Nach der Rechtsprechung des BFH[6] entfällt der Unterhaltscharakter, wenn der Wert der Gegenleistung bei überschlägiger und großzügiger Berechnung mehr als die Hälfte des Wertes der Leistungsverpflichtung ausmacht. Die Unterhaltsleistungen können dann je nach ihrem Charakter als **dauernde Last** oder als **Leibrente** abgezogen werden, §§ 10 Abs. 1 Nr. 1, 22 Abs. 1 EStG, sind umgekehrt aber auch steuerpflichtiges Einkommen des Berechtigten. Bei erheblich höherem Einkommen des Verpflichteten können hier Steuervorteile erzielt werden. Es ist im Einzelfall aber immer zu prüfen, ob die Abzugsmöglichkeit nach § 33a EStG bzw. das begrenzte Realsplitting nicht auch genügen.

Als **geeignete Gegenleistung** kommen in Betracht z.B. die Übertragung der Wohnungseinrichtung, des Gewerbebetriebes, von Grundstücken sowie der Verzicht auf Versorgungsausgleichsansprüche und Zugewinnausgleichsansprüche.

Im Zusammenhang mit einer Vereinbarung über den Versorgungsausgleich nach § 1587o BGB steht § 12 Nr. 2 EStG der Abzugsfähigkeit nicht entgegen, wenn die laufenden Zahlungen mindestens zur Hälfte dazu dienen, den Versorgungsausgleichsanspruch zu tilgen und lediglich der Restbetrag Unterhaltszahlung ist.

862   Die dauernde Last zu Versorgungszwecken als Entgelt für den Verzicht auf Zugewinnausgleichs- oder Versorgungsausgleichsansprüche ist nur noch sehr begrenzt empfehlenswert, seit Rechtsprechung[7] und Finanzverwaltung[8] nur die wiederkehrenden Leistungen als Sonderausgaben nach § 10 Abs. 1, Nr. 1a EStG anerkennt, die den Wert der Gegenleistung übersteigen. Es findet also zunächst eine Verrechnung mit der Gegenleistung statt. Damit ist regelmäßig die Versorgungsrente der Versorgungsdauerlast vorzuziehen. Bei Leibrente und dauernder Last muß Gewährung grundsätzlich auf Lebenszeit des Berechtigten, mindestens jedoch auf zehn Jahre, vorliegen. Wertsicherungsklauseln sind steuerlich unschädlich. Die **Unterscheidung von Leibrente und dauernder Last** zu Versorgungszwecken trifft der BFH anhand der stillschweigenden oder ausdrücklichen Vereinbarungen der Parteien über die Anwendung von § 323 ZPO. Soll Leibrente vereinbart sein, so müssen die Vertragsparteien auf die Abänderungsklage nach § 323 ZPO ausdrücklich verzichten.[9] Soll dauernde Last zu Versorgungszwecken vorliegen, so müssen die Beteiligten umgekehrt die Abänderungsklage sich ausdrücklich vorbehalten, damit der dem Rentenbegriff innewohnende Charakter der Gleichmäßigkeit vermieden wird.[10]

---

[5] Siehe auch *Mayer* NJW 1987, 1869.
[6] Rdn. 855.
[7] BFH BStBl. II 1985 S. 709; BVerfG DStZ/E 1988, 100.
[8] Abschn. 87 EStR 2000; vgl. *Stephan* DB 1986, 450.
[9] BFH BStBl. 1963 III 594; BStBl. 1965 III 582; BStBl. 1967 III 596; BStBl. 1974 II 103.
[10] BFH BStBl. 1967 III 179; BStBl. 1967 III 699; BStBl. 1975 II 881; Abschn. 167 EStR 2000.

§ 8. Steuerfragen zum nachehelichen Unterhalt

Dies kann man schließlich auch erreichen, indem man die einzelnen Leistungen 863
von einer schwankenden Größe, etwa vom Umsatz oder Gewinn des Gewerbebetriebes des Verpflichteten, abhängig macht.[11] Z.B. kann bei einem Unternehmer oder Freiberufler vereinbart werden, daß die Frau einen gewissen Prozentsatz des nach steuerlichen Vorschriften zu ermittelnden Jahresgewinnes erhält. Es ist zu betonen, daß die Entscheidung zwischen gleichberechtigter Rente und veränderlicher dauernder Last nicht nur nach steuerlichen Gesichtspunkten, sondern auch unter Berücksichtigung der sonstigen Interessen der Beteiligten, insbesondere des Interesses des Berechtigten an ausreichender Versorgung zu erfolgen hat.[12]

> **Formulierungsvorschlag**
> Die Ehefrau hat gegen den Ehemann gesetzliche Unterhaltsansprüche. Die Eheleute verzichten hiermit gegenseitig auf gesetzliche Unterhaltsansprüche nach der Scheidung. Zur Sicherung ihres Lebensunterhalts erhält die Ehefrau eine Gewinnbeteiligung von 15% an dem nach steuerlichen Vorschriften zu ermittelnden Jahresgewinn der vom Ehemann betriebenen Handelsvertretung. Die Forderung wird an dem der Aufstellung der Jahresbilanz folgenden Monatsersten, spätestens jedoch am 30. 6. eines jeden Jahres fällig. Es sind auf sie monatlich im voraus Abschlagszahlungen zu leisten, deren Höhe durch Division von 80% des Gewinnanteils des vergangenen Geschäftsjahres durch 12 ermittelt wird.
> Als Gegenleistung für diese Gewinnbeteiligung erhält der Ehemann neben dem Unterhaltsverzicht der Frau die auf die Ehefrau im Grundbuch von ... eingetragene Miteigentumshälfte an dem Hausgrundstück ..., für die die Auflassung wie folgt erklärt wird: ...

d) *Kindesunterhalt.* Der **steuerliche Familienlastenausgleich** folgt hinsichtlich der 864
Kinder dem Halbteilungsgrundsatz. Alle kindbedingten steuerlichen Erleichterungen stehen danach den Eltern je hälftig zu. So erhalten getrenntlebende oder geschiedene Eltern den Kinderfreibetrag jährlich je zur Hälfte. Auf Antrag kann der Kinderfreibetrag eines Ehegatten mit dessen Zustimmung auf den anderen Elternteil übertragen werden. Die Zustimmung ist unwiderruflich, § 32 Abs. 6 S. 7 EStG. Entsprechend kann auch ein hälftiger Ausbildungsfreibetrag übertragen werden, § 33a Abs. 2 EStG.

2. Schenkungsteuer

Unterhaltszahlungen auf Grund gesetzlicher Unterhaltspflicht **sind keine Schen-** 865
kung und unterliegen deshalb nicht der Schenkungsteuer. Freiwillige Zuwendungen zum Zweck des angemessenen Unterhalts sind nach § 13 Abs. 1 Nr. 12, Abs. 2 ErbStG steuerfrei. Die Bestellung eines Leibrentenstammrechts als Gegenleistung für den Verzicht auf gesetzliche Unterhaltsansprüche ist keine freigiebige Zuwendung, sondern entgeltlich und deshalb nicht schenkungsteuerpflichtig. Im übrigen kommt die Rechtsprechung des BFH zur Anwendung, nach der Unterhaltsleistungen, die auf einer Vereinbarung geschiedener Ehegatten beruhen, in der Regel keine freigiebigen Zuwendungen darstellen, selbst wenn keine gesetzliche Verpflichtung im Hintergrund steht.[13]

3. Grunderwerbsteuer

Zwischen Ehegatten und geschiedenen Ehegatten entsteht keine Grunder- 866
werbsteuer, § 3 Nr. 4, 5 GrEStG.

---

[11] BFH BStBl. 1964 III 475.
[12] Weitere Einzelheiten und Nachweise bei *Göppinger/Märkle* Rdn. 318 ff.
[13] BFH BStBl. 1968 II 239.

6. Kapitel. Vorsorgemaßnahmen außerhalb des Ehevertrags

§ 1. Vollmachten

Neben dem Ehevertrag und dem Ehegattentestament hat die Vollmacht für den Ehegatten eine besondere Funktion. Entgegen weitläufiger Ansicht sind Ehegatten von Gesetzes wegen grundsätzlich nicht befugt, sich gegenseitig zu vertreten. Eine derartige Vertretungsbefugnis wird aber häufig gewünscht. Sie ist vor allen Dingen zweckmäßig, wenn ein Ehegatte ortsabwesend oder erkrankt oder bereits infolge Erkrankung geschäftsunfähig ist. Darüber hinaus füllt eine Vollmacht auch für den Todesfall die Lücke zwischen der Vollmacht zu Lebzeiten und der Feststellung und gerichtlichen Bescheinigung der Erbfolge. Bis nach dem Tod ein Testament eröffnet und ein Erbschein erteilt ist, vergehen Wochen oder Monate. Eine über den Tod hinaus wirksame Vollmacht gibt hier dem Ehegatten die Möglichkeit, sofort über den Nachlaß verfügen zu können. Aus Gründen des Nachweises und bei Grundstücken und sonstigen formgebundenen Vermögensgegenständen empfiehlt sich immer die notariell beurkundete oder zumindest notariell beglaubigte Vollmacht.

867

> **Formulierungsvorschlag**
>
> Ich erteile hiermit meinem Ehegatten ... Vollmacht, mich in jeder rechtlich möglichen Weise vertreten zu können, soweit überhaupt Vertretung zulässig ist. Der Bevollmächtigte ist von den Beschränkungen des § 181 BGB befreit. Er darf die Vollmacht übertragen und Untervollmacht erteilen. Die Vollmacht ist über den Tod hinaus wirksam.

Neue Anwendungsformen der Vollmacht sind die Vorsorgevollmacht auch in Gesundheitsangelegenheiten und die Betreuungsverfügung nach neuem Betreuungsrecht, durch die unerwünschte Eingriffe des Vormundschaftsgerichts vermieden werden können.[1]

§ 2. Ehegattentestamente

Die vertragliche Ordnung der Ehe wird komplettiert durch das Ehegattentestament in der Form des privatschriftlichen bzw. notariellen gemeinschaftlichen Testaments oder des notariellen Ehegattenvertrages.[2] Auch die Gestaltung von Ehegattentestamenten erfolgt nach Fallgruppen. Zu Beginn der Ehe genügt regelmäßig die gegenseitige Erbeinsetzung. Sind Kinder vorhanden, kann an deren Einsetzung als Schlußerben des Berliner Testaments gedacht werden. Diese Schlußerbeneinsetzung darf aber für den überlebenden Ehegatten noch nicht bindend sein. Lediglich zum Ende des Lebens kann man daran denken, den überlebenden Ehegatten als Erben des Erstversterbenden an die Einsetzung der Abkömmlinge als Schlußerben zu binden.

868

---

[1] Hierzu eingehend und mit Formulierungsvorschlägen *Andrea Langenfeld*, Vorsorgevollmacht, Betreuungsverfügung und Patiententestament nach dem neuen Betreuungsrecht, 1994.
[2] Hierzu eingehend und mit Formulierungsvorschlägen *Langenfeld*, Testamentsgestaltung, 2. Aufl. 1998.

Insgesamt gibt es beim Ehegattentestament typische Fallgruppen, Lösungsmöglichkeiten und Störfälle, die den Beteiligten vorgestellt werden können. Besondere Gestaltungen erfordert das Unternehmertestament.

§ 3. Zweckmäßige Vermögensverteilung

869 Durch die dingliche Vermögensverteilung können Konflikte anläßlich der Scheidung und Konflikte mit Gläubigern vermieden werden. Hierzu wird verwiesen auf die Darstellung der Ehegattenzuwendungen.[1] Insbesondere in der Ehe des Unternehmers und Freiberuflers sollte auf die saubere Trennung von Privatvermögen und Betriebsvermögen geachtet werden.

Ein zu wenig benutztes Instrument der Vermögensordnung zwischen Ehegatten ist das Ehegattendarlehen. Immer dann, wenn ein Ehegatte dem anderen Leistungen erbringt, die über den laufenden Unterhalt hinausgehen und insbesondere im Falle der Scheidung zurückgefordert werden sollen, ist in eindeutiger Weise Darlehen zu vereinbaren. Dies gilt etwa in den Fällen, in denen ein Ehegatte dem anderen das Studium oder die sonstige Ausbildung finanziert. Insgesamt ist festzustellen, daß die Ehegatten der zweckmäßigen Vermögensverteilung zu wenig Aufmerksamkeit widmen. Nicht nur im Verhältnis zu möglichen Gläubigern, sondern auch im Hinblick auf den Scheidungsfall und zur Vorbereitung einer zweckmäßigen Erbfolge sollte die Vermögensverteilung in regelmäßigen Abständen überprüft werden.

---

[1] Rdn. 168 ff.

§ 4. Vereinbarte Rückforderung von Ehegattenzuwendungen, „Scheidungsklauseln"

1. Ausgangslage

Die Erörterung der Rückforderung von ehebedingten „unbenannten" Zuwendungen im Zugewinnausgleich[1] und bei Gütertrennung[2] hat gezeigt, daß es sich hier häufig um einen zentralen Streitpunkt der Vermögensauseinandersetzung anläßlich der Scheidung handelt. Soweit keine Einigung erzielt werden kann, ist das Ergebnis der auf § 242 BGB fußenden richterlichen Entscheidung oft nicht voraussehbar. Den bei noch intakter Ehe im Rahmen des Ehevertrags (§ 1410 BGB) oder der Grundstückszuwendung (§ 313 BGB) eingeschalteten Notar wird nicht selten der zumindest moralische Vorwurf treffen, eine vorsorgende Regelung versäumt zu haben. Dies gilt besonders für die Fälle, in denen der zuwendende Ehegatte durch die Ehegattenzuwendungen endgültig Vermögen verliert, das ihm ohne die Zuwendung als Anfangsvermögen (§ 1374 Abs. 1 BGB) oder privilegierter Erwerb (§ 1374 Abs. 2 BGB) erhalten geblieben wäre. 870

Die Rückforderungsfrage kann sowohl im vorsorgenden Ehevertrag wie bei der einzelnen Zuwendung geregelt werden, wenn die Beteiligten dies wünschen. Deshalb wird der Notar in den einschlägigen Fällen die Problematik ansprechen, auch wenn dies von den Beteiligten bei intakter Ehe nicht immer als erforderlich angesehen wird.

2. Rückforderungsklauseln im vorsorgenden Ehevertrag

Im gesetzlichen Güterstand ist die dingliche Rückforderung einer Ehegattenzuwendung die Ausnahme, da die Anwendung der Regeln über den Wegfall der Geschäftsgrundlage hier regelmäßig durch die speziellen Zugewinnausgleichsregelungen ausgeschlossen ist.[3] Der Ausnahmefall extremer Unbilligkeit entzieht sich der vorsorgenden Regelung. Ein Regelungsbedarf besteht also nicht. 871

Ganz anders ist dies, wenn der Zugewinnausgleich ehevertraglich ausgeschlossen wird. Dann steht die Rückforderungsproblematik voll zur Disposition des Richters. Zur Vermeidung der damit verbundenen Unsicherheiten empfiehlt sich regelmäßig der vorsorgende Rückforderungsausschluß vorbehaltlich der abweichenden Regelung im Einzelfall.

> **Formulierungsvorschlag**
>
> Zuwendungen eines Ehegatten an den anderen können bei Scheidung der Ehe aus keinem Rechtsgrund zurückgefordert werden, soweit nicht die Rückforderung bei der Zuwendung ausdrücklich vorbehalten wurde. Insbesondere führt die Scheidung der Ehe nicht zu Wegfall der Geschäftsgrundlage der Zuwendung.

Die umgekehrte generelle Zulassung der Rückforderung im vorsorgenden Ehevertrag entspricht regelmäßig nicht den vom Bestreben nach Einfachheit und Rechtssicherheit bestimmten Vorstellungen der Beteiligten, wenn der Zugewinnausgleich ausgeschlossen wird.

---
[1] Rdn. 168 ff.
[2] Rdn. 190.
[3] Rdn. 184 ff.

6. Kapitel. Vorsorgemaßnahmen außerhalb des Ehevertrags

3. Rückforderungsausschluß anläßlich der Zuwendung

872   Bei Zuwendungen aus ausgleichspflichtigem Vermögen im Wege des vorweggenommenen Zugewinnausgleichs im gesetzlichen Güterstand oder im Wege des freiwilligen Zugewinnausgleichs bei Gütertrennung entspricht es regelmäßig den Intentionen der Eheleuten, die Rückforderung auszuschließen.

> **Formulierungsvorschlag**
>
> Die heutige Zuwendung soll dem Empfänger auch dann endgültig verbleiben, wenn die Ehe geschieden wird. Die Rückforderung ist auf jeder Anspruchsgrundlage ausgeschlossen. Auf das Verschulden am Scheitern der Ehe kommt es nicht an. Die Scheidung führt nicht zum Wegfall der Geschäftsgrundlage der Zuwendung.

Im gesetzlichen Güterstand ist die über die Anrechnungsmöglichkeit nach § 1380 BGB hinausgehende Zuwendung ausgleichspflichtig.[4] Dies entspricht im Regelfall dem Willen der Eheleute und der Interessenlage. Soll die Zuwendung aber ganz vom Zugewinnausgleich ausgenommen werden, so ist dies eheverträglich zu bestimmen.

> **Formulierungsvorschlag**
>
> Die heutige Zuwendung erfolgt außerhalb des Zugewinnausgleichs, der im Falle der Auflösung der Ehe durch Scheidung oder Tod im übrigen und ohne ihre Berücksichtigung stattfinden soll. Der Wert der Zuwendung soll im Zugewinnausgleich in keiner Weise berücksichtigt werden, also weder bei der Berechnung des Anfangs- noch des Endvermögens eines Ehegatten einen Rechnungsposten bilden.

4. Rückforderungsklauseln innerhalb des Zugewinnausgleichs

873   Im gesetzlichen Güterstand führen Ehegattenzuwendungen im Scheidungsfall dann zu ungerechten Ergebnissen, wenn die ehebedingte Zuwendung aus Anfangsvermögen oder privilegiertem Erwerb erfolgt.[5] Ausgegangen sei von folgendem praxishäufigen **Beispiel**:

Fall 1:

874   Eltern übergeben der Tochter im Wege der vorweggenommenen Erbfolge einen Bauplatz im Wert von 100 000,– DM. Die Tochter gibt sofort einen Miteigentumsanteil von ½ ihrem Ehemann weiter, da der Bauplatz gemeinsam bebaut werden soll und der Ehemann der Alleinverdiener ist. Es kommt nicht zur Bebauung, vielmehr wird die Ehe geschieden.
Ohne Scheidungsklausel findet der Zugewinnausgleich wie folgt statt:

Zugewinn Frau		Zugewinn Mann	
Anfangsvermögen	100 000 DM	Anfangsvermögen	0 DM
Endvermögen	50 000 DM	Endvermögen	50 000 DM
Zugewinn	0 DM	Zugewinn	50 000 DM

§ 1380 BGB ist nicht anzuwenden, da die Zuwendung über den Zugewinnausgleichsanspruch des Mannes hinausgeht. Im Ergebnis hat die Frau gegen den Mann einen Zugewinnausgleichsanspruch von 25 000,– DM. Sie erhält also die Hälfte der Zuwendung in Geld zurück. Die dingliche Rechtsverteilung bleibt, Versteigerung droht. Der sonst nach § 1374 Abs. 2 BGB privilegierte Erwerb ist durch die Ehegattenzuwendung ausgleichspflichtig geworden.

---

[4] Vgl. Rdn. 194 ff.
[5] Vgl. *Langenfeld* NJW 1986, 2541.

§ 4. Vereinbarte Rückford. von Ehegattenzuwendungen, „Scheidungsklauseln"

Hat sich die Ehefrau bei der Zuwendung die Rückforderung der Zuwendung im Scheidungsfall vorbehalten, so ist die Rechtslage nach Rückforderung die folgende:

Zugewinn Frau		Zugewinn Mann	
Anfangsvermögen	100 000 DM	Anfangsvermögen	0 DM
Endvermögen	100 000 DM	Endvermögen	0 DM
Zugewinn	0 DM	Zugewinn	0 DM

Ein Zugewinnausgleich findet nicht statt. Die Frau erhält die Zuwendung dinglich ohne Ausgleichspflicht zurück. 875

Die **Rechtslage bei gemeinsamer Bebauung** erläutert der

Fall 2:

Die Eltern haben der Tochter wiederum den Bauplatz im Wert von 100 000,– DM übergeben, diese hat ½ Miteigentum dem Mann im Hinblick auf die geplante Bebauung weitergegeben. Die Bebauung erfolgte aus dem während der Ehe erworbenen Vermögen der Eheleute, also aus zugewinnausgleichspflichtigem Vermögen. Das Grundstück hat jetzt einen Wert von insgesamt 400 000,– DM. Nunmehr wird die Ehe geschieden.

Ohne Scheidungsklausel erfolgt der Zugewinnausgleich wie folgt:

Zugewinn Frau		Zugewinn Mann	
Anfangsvermögen	100 000 DM	Anfangsvermögen	0 DM
Endvermögen	200 000 DM	Endvermögen	200 000 DM
Zugewinn	100 000 DM	Zugewinn	200 000 DM

§ 1380 BGB kommt wiederum nicht zur Anwendung. Die Frau hat gegen den Mann einen Zugewinnausgleichsanspruch von 50 000,– DM, erhält also den Wert ihrer Zuwendung zurück. Die dingliche Rechtslage bleibt, Auseinandersetzungsversteigerung droht.

Hat sich die Ehefrau die Rückforderung des übergebenen Miteigentumsanteils im Scheidungsfall vorbehalten, so berechnet sich der Zugewinnausgleich nach Rückforderung wie folgt:

Zugewinn Frau		Zugewinn Mann	
Anfangsvermögen	100 000 DM	Anfangsvermögen	0 DM
Endvermögen	400 000 DM	Endvermögen	0 DM
Zugewinn	300 000 DM	Zugewinn	0 DM

Im Ergebnis hat also der Mann gegen die Frau einen Zugewinnausgleichsanspruch von 150 000,– DM. Die Aufwendungen der Ehegatten auf das Grundstück werden also entsprechend dem Grundgedanken des Zugewinnanteils hälftig geteilt.

Im Falle 2 mit Scheidungsklausel besteht für den Mann die Gefahr, daß das Endvermögen der Frau durch andere Verbindlichkeiten gemindert wird, und er deshalb weniger als die Hälfte der gemeinsamen Aufwendungen im Wege des Zugewinnausgleichs erhält. Dieses ungerechte Ergebnis vermeidet die weitere Klausel, daß die Ausübung des Rückforderungsrechts dann ausgeschlossen ist, wenn die Differenz zwischen dem Anfangsvermögen und dem Endvermögen des Rückfordernden auf der Grundlage der Vermögensverteilung nach Rückforderung geringer ist als die während der Ehezeit auf das Grundstück verwendeten zugewinnausgleichspflichtigen Aufwendungen.

Nur im Ausnahmefall werden die Eheleute für die Bebauung des Grundstücks lediglich Eigenmittel verwenden. Im Regelfall werden Realdarlehen aufgenommen, deren Schuldner regelmäßig beide Ehegatten sind. In diesem Fall muß die Schei-

6. Kapitel. Vorsorgemaßnahmen außerhalb des Ehevertrags

dungsklausel bestimmen, daß der Rückfordernde diese Realdarlehen zur Alleinschuld zu übernehmen hat und den anderen Ehegatten von ihnen freizustellen hat. Diese Realdarlehen müssen also beim Belastungsobjekt verbleiben und in diesem auf den Rückfordernden übergehen. Dies belegt der

Fall 3:

876 Der Bauplatz im Wert von 100 000,- DM wurde bebaut. Das Hausgrundstück hat jetzt einen Wert von 400 000,- DM. Die Grundpfanddarlehen betragen 200 000,- DM. Schuldner sind die Ehegatten als Gesamtschuldner.

Findet jetzt der Zugewinnausgleich ohne Rückforderung statt, so berechnet er sich wie folgt:

Zugewinn Frau		Zugewinn Mann	
Anfangsvermögen	100 000 DM	Anfangsvermögen	0 DM
Endvermögen	100 000 DM	Endvermögen	100 000 DM
Zugewinn	0 DM	Zugewinn	100 000 DM

Die Frau hat gegen den Mann einen Zugewinnausgleichsanspruch von 50 000,- DM, erhält also den Wert ihrer Zuwendung zurück. Die Ehegatten bleiben Gesamtschuldner der Grundpfanddarlehen, soweit sie sich nicht im Rahmen der Vermögensauseinandersetzung anders einigen.

Fände bei Rückforderung auf Grund einer Scheidungsklausel keine befreiende Schuldübernahme hinsichtlich der Grundpfanddarlehen durch die Frau statt, so führte dies zu dem Ergebnis, daß beim Ehemann eine Schuld gem. § 426 Abs. 1 BGB von 100 000,- DM nach Durchführung des Zugewinnausgleichs eine Ausgleichsforderung von 50 000,- DM gegenüberstünde, er also im Ergebnis minus 50 000,- DM Vermögen hätte. Deshalb hat die Frau die Verbindlichkeiten zur Alleinschuld zu übernehmen, damit der Ehemann im Zugewinnausgleich die Hälfte der ehelichen zugewinnausgleichspflichtigen Verwendungen auf das Grundstück, also 50 000,- DM erhält:

Zugewinn Frau		Zugewinn Mann	
Anfangsvermögen	100 000 DM	Anfangsvermögen	0 DM
Endvermögen	200 000 DM	Endvermögen	0 DM
Zugewinn	100 000 DM	Zugewinn	0 DM

Die Scheidungsklausel muß also bestimmen, daß bei Ausübung des Rückforderungsrechts auf das Grundstück verwendete Grundpfanddarlehen vom rückfordernden Ehegatten zur Alleinschuld zu übernehmen sind.

Eine ausgewogene Scheidungsklausel, die dem zuwendenden Ehegatten die Rückforderung seines vorehelichen oder nach § 1374 Abs. 2 BGB privilegierten Vermögens erlaubt, muß auch für den Fall Vorsorge treffen, daß der andere Ehegatte auf den Gegenstand der Rückforderung aus seinem vorehelichen oder nach § 1374 Abs. 2 BGB privilegierten Vermögen Verwendungen gemacht hat. Es muß bestimmt werden, daß auch diese Verwendungen Zug um Zug gegen Rückforderung zu erstatten sind, bevor der Zugewinnausgleich stattfindet. Dies belegt

Fall 4:

877 Die Eltern haben der Tochter wiederum einen Bauplatz im Wert von 100 000,- DM überlassen, die Tochter hat einen Miteigentumsanteil von ½ dem Ehemann weitergegeben. Die Bebauung erfolgte aus Mitteln des vorehelichen Vermögens des Ehemannes. Der Wert des Hausgrundstücks ist jetzt 400 000,- DM

Gestattet man der Tochter die Rückforderung, ohne die Verwendungen des Ehemannes zu regeln, so ergibt sich folgende Rechnung:

§ 4. Vereinbarte Rückford. von Ehegattenzuwendungen, „Scheidungsklauseln"

Zugewinn Frau		Zugewinn Mann	
Anfangsvermögen	100 000 DM	Anfangsvermögen	300 000 DM
Endvermögen	400 000 DM	Endvermögen	0 DM
Zugewinn	300 000 DM	Zugewinn	0 DM

Der Mann hat gegen die Frau hier nur einen Zugewinnausgleichsanspruch von 150 000,– DM. Sein voreheliches Vermögen fällt voll in den Zugewinnausgleich, er erhält es nur zur Hälfte zurück.

Bestimmt die Scheidungsklausel, daß Zug um Zug mit Rückforderung auch dem Mann sein auf das Grundstück verwendetes privilegiertes Vermögen herauszugeben ist, so ergibt sich folgende Rechnung:

Zugewinn Frau		Zugewinn Mann	
Anfangsvermögen	100 000 DM	Anfangsvermögen	300 000 DM
Endvermögen	100 000 DM	Endvermögen	300 000 DM
Zugewinn	0 DM	Zugewinn	0 DM

Ein Zugewinnausgleich findet nicht statt. Dies ist richtig, da kein Zugewinn erzielt wurde, vielmehr beide Ehegatten lediglich ihr privilegiertes Vermögen miteinander verbunden hatten und durch die Scheidungsklausel wieder separiert haben.

878

Formulierungsvorschlag

1. Der zuwendende Ehegatte hat das Recht, im Falle der Scheidung der Ehe die Rückforderung des heute zugewendeten Vertragsobjekts verlangen zu können. Der Rückforderungsanspruch entsteht mit der Rechtshängigkeit der Scheidung, gleich von welchem Ehegatten Scheidungsantrag gestellt wird. Er erlischt, wenn er bis zur Rechtskraft der Scheidung nicht geltend gemacht wurde.
2. Hat der Zuwendungsempfänger aus einem vorehelichen Vermögen oder aus einer während der Ehe erworbenen Erbschaft, einem Vermächtnis, einer Schenkung oder Ausstattung Verwendungen auf dem Miteigentumsanteil gemacht, so sind ihm diese Zug um Zug gegen Rückforderung zu erstatten.
3. Der Zuwendende hat Zug um Zug gegen Rückforderung etwaige auf das Grundstück verwendete Grundpfanddarlehen zu übernehmen.
4. Erhält der Zuwendungsempfänger im Zugewinnausgleich, der sich an die Rückforderung anschließt, nicht die Hälfte der Geldbeträge zurück, die die Eheleute in der Ehezeit aus dem Zugewinnausgleich unterliegenden Vermögen auf das Grundstück verwendet haben, so ist die Rückforderung nur zulässig, wenn ihm der Rückforderungsberechtigte den fehlenden Betrag Zug um Zug gegen Rückforderung zahlt.[6]
5. Zug um Zug mit der Rückforderung nach Maßgabe obiger Vereinbarungen findet dann auf der Grundlage der nach Rückforderung und Rückerstattung von Verwendungen bestehenden Vermögenslage der gesetzliche Zugewinnausgleich statt.

---

[6] Die Ziffer 4 des Formulierungsvorschlags habe ich auf Anregung von *Arend* MittRhNotK 1990, 73 f. geändert. Die Fassung der 2. Aufl. lautete: „Die Rückforderung ist nur zulässig, wenn der Zugewinn des Zuwendenden mindestens so hoch ist wie die in der Ehezeit eingetretene Wertsteigerung des Grundstücks nach Abzug der dem Zuwendungsempfänger gemäß Ziffer 2 zu erstattenden Verwendungen". Auch diese Formulierung kann weiter verwendet werden. Entsprechend einem nicht veröffentlichten Vorschlag von Notaranwärter *Frank Mauch*, Dunningen, kann sie wegen der in diesem Zusammenhang nicht immer sachgerechten Berechnung des Zugewinns des Zuwendenden so verbessert werden, daß man nicht auf den Zugewinn des Zuwendenden, sondern auf dessen Endvermögen abstellt. Die von *Mauch* vorgeschlagene Formulierung lautet: „*Die Rückforderung ist nur zulässig, wenn das Endvermögen des Zuwenders nach vollzogener Rückforderung mindestens so hoch ist wie die in der Ehezeit eingetretene Wertsteigerung des Gesamtgrundstücks nach Abzug der dem Zuwendungsempfänger gemäß Ziffer 2 zu erstattenden Aufwendungen*".

6. Verwendungen im vorstehenden Sinne sind Aufwendungen für Erschließungsmaßnahmen, die Errichtung und die Erhaltung der Gebäulichkeiten und Tilgungsleistungen auf Grundpfanddarlehen.
7. Die Kosten der Rückforderung tragen die Eheleute je hälftig.
8. Zur Sicherung des Rückforderungsrechts wird für den Zuwendenden die Eintragung einer Rückauflassungsvormerkung auf dem Vertragsobjekt bewilligt und beantragt.

Will man die dingliche Rückgewährpflicht nicht, aber doch den wertmäßigen Verlust von Anfangsvermögen oder privilegiertem Erwerb im Zugewinnausgleich vermeiden, so kann man ehevertraglich den Zugewinnausgleichsanspruch des Zuwendenden entsprechend erhöhen.[7]

Formulierungsvorschlag

Das Zuwendungsobjekt soll dem Zuwendungsempfänger auch im Scheidungsfall endgültig verbleiben. Soweit dadurch beim Zuwendenden ein Verlust von Anfangsvermögen eintritt, ist dieser vom Zuwendungsempfänger zu erstatten.

5. Rückforderungsklauseln mit teilweisem Ausschluß des Zugewinnausgleichs

879 Die oben[8] wiedergegebene Rückforderungsklausel beläßt das Zuwendungsobjekt einschließlich seiner Wertsteigerung und der Verwendungen im System des Zugewinnausgleichs. Möglich ist auch, ein Rückforderungsrecht zu vereinbaren und gleichzeitig ehevertraglich das Zuwendungsobjekt einschließlich seiner Wertsteigerungen, der Verwendungen und der objektbezogenen Verbindlichkeiten ehevertraglich gegenständlich vom Zugewinnausgleich auszunehmen.[9]

Formulierungsvorschlag

1. Der zuwendende Ehegatte hat das Recht, im Falle der Scheidung der Ehe vom Zuwendungsempfänger die Rückübertragung des Zuwendungsobjekts verlangen zu können.
2. Zug um Zug gegen Rückübertragung hat der Zuwendende dem Zuwendungsempfänger die Verwendungen zu ersetzen, die dieser auf das Zuwendungsobjekt aus Vermögen gemacht hat, welches er bei Ehebeginn besaß oder während der Ehe ererbt oder im Wege der vorweggenommenen Erbfolge, Schenkung oder Ausstattung erworben hat. Von sonstigen Verwendungen, die nicht aus dem entsprechend privilegierten Vermögen des Zuwendungsempfängers stammen, sondern aus zugewinnausgleichspflichtigem Vermögen eines der Ehegatten, erhält der Zuwendungsempfänger die Hälfte.
3. Der Zuwendende hat Zug um Zug gegen Rückübertragung etwaige auf das Zuwendungsobjekt verwendete Grundpfanddarlehen zur Alleinschuld zu übernehmen und schriftliche Erklärungen der Gläubiger beizubringen, durch welche diese den Zuwendungsempfänger aus der Mitschuld entlassen.
   Zug um Zug gegen diese Freistellung hat der Zuwendungsempfänger dem Zuwendenden alle Rechte hinsichtlich der Grundpfandrechte zu übertragen. Die Zweckerklärungen sind der künftigen Alleinschuld des Zuwendenden anzupassen.
4. Bei Ausübung dieses Rückforderungsrechts bleiben das Zuwendungsobjekt, die auszugleichenden Verwendungen und die Grundpfanddarlehen bei der Durchfüh-

---

[7] Vorschlag von *Hermann Amann*, Beilngries, in einem unveröffentlichten Vortrag.
[8] Rdn. 878.
[9] Vorschlag von *Theo Greiner*, Ettlingen, nicht veröffentlichter Vortrag auf dem Fortbildungsseminar 1986 des Badischen Notarvereins.

rung des Zugewinnausgleichs unberücksichtigt. Sie werden also weder zur Berechnung des Anfangs- noch des Endvermögens eines Ehegatten hinzugezogen.

5. Die Kosten der Rückforderung tragen die Eheleute je hälftig.

6. Weitergegebene Rückforderungsklausel

Soweit sich die Eltern im Übergabevertrag die Rückforderung des Übergabeobjekts für den Fall der Scheidung der Ehe des Kindes vorbehalten haben,[10] ist diese dem Ehegatten weiterzugeben. Zu Verwendungen auf das Übergabeobjekt kann der Ehegatte dann aber nur bereit sein, wenn sie ihm dinglich mit Rang vor der Rückauflassungsvormerkung abgesichert werden. Hier kommt es auf den Einzelfall an.

7. Belehrung bei Verweigerung einer Scheidungsklausel

Zu den bei der Rückforderungsklausel innerhalb des Zugewinnausgleichs dargestellten Fällen werden sich nach entsprechender Belehrung nur noch dem Glücksspiel zugeneigte Eheleute zu einer Zuwendung ohne Scheidungsklausel entschließen.[11] In diesem Fall sollte der Notar die erteilte Belehrung, die vorgeschlagene Klausel und deren Ablehnung in der Urkunde vermerken.

8. Rückforderungsrechte bei Zuwendungen aus Haftungsgründen

Nicht selten werden dem betrieblich nicht haftenden Ehegatten Vermögensgegenstände z. B. das Familieneigenheim, übertragen oder lediglich auf den nicht haftenden Ehegatten erworben, um sie dem Zugriff künftiger Gläubiger des haftenden Ehegatten zu entziehen. Für den Scheidungsfall werden dann Rückforderungs- oder Erwerbsrechte des haftenden Ehegatten vereinbart. Hier stellt sich dann die Frage der Pfändbarkeit derartiger Rückforderungs- oder Erwerbsrechte. Abgesehen davon, daß die Rechte erst bei Scheidung entstehen, dürfte ihre Abtretbarkeit wegen des höchstpersönlichen und zweckgebundenen Charakters ausgeschlossen sein und damit allenfalls beschränkte Pfändbarkeit vorliegen, § 399 BGB, § 852 Abs. 2 ZPO. Darüber hinaus dürfte die Pfändbarkeit aber in entsprechender Anwendung von § 852 ZPO ganz zu verneinen sein.[12]

---

[10] Dazu *Langenfeld*, Grundstückszuwendungen im Zivil- und Steuerrecht, Rdn. 388.
[11] So *Greiner* aaO.
[12] Zum Fragenkreis vgl. *Wüllenkemper* JR 1988, 353.

§ 5. Ehebezogene Zuwendungen an Schwiegerkinder

I. Ehebezogene Zuwendungen an Schwiegerkinder

883 In den letzten Jahren häufen sich die gerichtlichen Entscheidungen zur Rückgewähr von Zuwendungen der Schwiegereltern an das Schwiegerkind, die der Ehe zwischen Kind und Schwiegerkind dienen sollten[1] und nun mit deren Scheidung ihren Sinn verloren haben. Verständlicherweise sind die Schwiegereltern jetzt der Ansicht, daß diese Zuwendungen zurückzugewähren sind und nicht vom Schwiegerkind behalten und möglicherweise in die nächste Ehe mitgenommen werden dürfen.

Einen besonders extremen Fall hatte der Bundesgerichtshof zu entscheiden.[2] Er nahm ihn zum Anlaß, den Bereich der ehebezogenen Zuwendungen als eines besonderen Vertrages familienrechtlicher Art auch auf Zuwendungen zwischen Schwiegerkindern und Schwiegereltern auszudehnen.

Im Fall des BGH bewohnten die Eheleute eine von der Frau in die Ehe eingebrachte Doppelhaushälfte. Die sie betreffenden Kreditverbindlichkeiten von 220 000,– DM belasteten das Haushaltskonto und damit vor allem den Ehemann mit monatlich 1700,– DM. Die Mutter des Ehemannes, die bereits einem anderen Kind ein Hausgrundstück zugewendet hatte, überwies auf ein Gemeinschaftskonto von Sohn und Schwiegertochter den Betrag von 300 000,– DM, der abredegemäß in Höhe des Ablösesaldos zur Entschuldung verwendet wurde. Im wenig später anhängigen Scheidungsverfahren will der Ehemann den vollen Ablösungsbetrag zurückerhalten, während die Ehefrau ihn behalten will.

Die volle Rückgewähr wäre über § 812 Abs. 1 S. 2, 2. Alt. BGB wegen Zweckverfehlung infolge Scheiterns der Ehe begründbar,[3] das Behaltendürfen über § 1374 Abs. 2 BGB, wenn die Zuwendung eine Schenkung der Schwiegermutter an die Schwiegertochter darstellen würde. Der BGH entscheidet sich gegen beide Extremlösungen und für eine Lösung innerhalb des Zugewinnausgleichs in Anwendung der Grundsätze der ehebedingten unbenannten Zuwendung.

Mit dem Berufungsgericht[4] lehnt der BGH es ab, den Vermögenserwerb der Ehefrau von ihrer Schwiegermutter als Schenkung nach § 1374 Abs. 2 BGB dem Anfangsvermögen der Empfängerin zuzurechnen und auf diese Weise vom Zugewinnausgleich auszunehmen. Er stellt fest, daß Zuwendungen an Schwiegerkinder zur Verbesserung der Vermögenssituation der Ehe regelmäßig keine Schenkungen sind, sondern entsprechend den ehebezogenen Zuwendungen unter Ehegatten zu behandeln sind. Dem ist zuzustimmen. Wie der BGH richtig ausführt, fehlt es am subjektiven Tatbestand der Schenkung. Die Leistung an das Schwiegerkind soll nicht zu einer dieses einseitig begünstigenden und frei disponiblen Bereicherung führen. Vielmehr soll sie auf Dauer der Ehegemeinschaft dienen. Rechtsgrund der Zuwendung ist damit ein im Gesetz nicht geregeltes familienrechtliches Rechtsverhältnis eigener Art, wie es der BGH außerhalb der Ehegattenzuwendungen mit Recht auch für Zuwendungen unter Verlobten angenommen hat. Der BGH bleibt damit in konsequenter Weiterführung seiner Rechtsprechung zu den ehebezogenen Zuwen-

---

[1] OLG Karlsruhe NJW 1989, 2136; OLG Düsseldorf NJW 1989, 908; OLG Düsseldorf NJW 1989, 2136; OLG Hamm FamRZ 1990, 1232; OLG Oldenburg NJW 1992, 1461; OLG Düsseldorf NJW-RR 1994, 141 = FamRZ 1994, 1384; LG Köln NJW-RR 1995, 136; OLG Oldenburg NJW 1994, 1539 = FamRZ 1994, 1205; OLG Köln NJW 1994, 1540 = FamRZ 1994, 1242 mit Anm. *Henrich*; letztere beiden Urteile auch in MittBayNot 1995, 138 m. Anm. *Grziwotz*; BGH NJW 1999, 1623 zum groben Undank.
[2] BGH NJW 1995, 1889 = LM 1374 II BGB m. Anm. *Langenfeld*.
[3] Vgl. OLG Köln NJW 1994, 1540 = FamRZ 1994, 1242.
[4] OLG Düsseldorf.

§ 5. Ehebezogene Zuwendungen an Schwiegerkinder

dungen bei der grundsätzlichen Nichtanwendung des Schenkungsrechts und erweitert entsprechend dem den Vertragstyp kennzeichnenden besonderen Vertragszweck den Bereich dieser besonderen familienrechtlichen Verträge. Er lehnt konsequenterweise auch die Zweckschenkung ab, da überhaupt keine Schenkung vorliege. Dem allen ist uneingeschränkt zuzustimmen.

Richtig und von besonderem Interesse sind auch die Ausführungen des BGH zu § 812 Abs. 1 S. 2, 2. Alt. BGB. Auch hier bleibt der BGH bei seiner Auffassung,[5] daß bei ehebezogenen Zuwendungen nicht der Bestand der Ehe der Zweck der Zuwendung ist, sondern ein bestimmter Zweck innerhalb der Ehe und auf der Geschäftsgrundlage des Bestehens der Ehe. Dies führt zur Anwendung der Grundsätze des Wegfalls der Geschäftsgrundlage. Interessant ist aber die Begründung, die der BGB im vorliegenden Urteil hierfür gibt. Er argumentiert nicht mehr dogmatisch, sondern vom Ergebnis her. Nach der Feststellung, daß die Rechtsprechung des BGH den Bereicherungsanspruch wegen Zweckverfehlung zugunsten eines Ausgleichs nach den Grundsätzen des Wegfalls der Geschäftsgrundlage aufgegeben habe, betont er die Flexibilität der Abwicklung nach diesen Grundsätzen, die gegebenenfalls besser dem Umstand Rechnung trage, daß der begünstigte Ehegatte die Zuwendung jedenfalls insoweit behalten dürfe, als die Ehe Bestand gehabt habe und daher der Zweck der Zuwendung jedenfalls teilweise erreicht worden sei, und daß im Falle der Scheidung deswegen in der Regel das Zugewendete nicht voll zurückgegeben werden müsse. Es ist für das Gericht letzter Instanz legitim, die Entscheidung für eine Anspruchsgrundlage und gegen eine andere damit zu begründen, daß man mit der bevorzugten Anspruchsgrundlage besser zurechtkommt. Angesichts der historischen Bedingtheit unserer Dogmatik, die sich insbesondere in dem allzu komplizierten und nicht durchgehend logischen Bereicherungsrecht dokumentiert, steht es dem BGH gut an, in derartiger Weise offen ergebnisbezogen zu argumentieren.

Die richtige Lösung im Bereich des Wegfalls der Geschäftsgrundlage findet der BGH dann dadurch, daß er die Zuwendung an das Schwiegerkind im Rahmen des Zugewinnausgleichs als Zuwendung an das Kind und Weiterzuwendung durch dieses an den Ehegatten behandelt. Wie der BGH zutreffend bemerkt, entspricht dies der von den Notaren gehandhabten „Kettenschenkung".[6] Eine Korrektur durch Anpassung der Rechtsbeziehungen erfolgt nur, wenn das Ergebnis der Zuwendung zwischen Schwiegereltern und Schwiegerkind im Zugewinnausgleich zwischen Kind und Schwiegerkind unangemessen und unzumutbar wäre. Dabei ist die Unangemessenheit und Unzumutbarkeit an den Belangen des Kindes zu messen. Sie liegt nicht vor, wenn der Zugewinnausgleich zur hälftigen Rückabwicklung der Zuwendung führt.

Auch diesem Ergebnis ist zuzustimmen. Wer Anfangsvermögen oder privilegierten Erwerb im Sinne von § 1374 Abs. 2 BGBG dem Ehegatten zuwendet, bringt dieses Vermögen in den Zugewinnausgleich ein und verliert hierdurch in der Regel die Hälfte seines Wertes.[7] Dieses Ergebnis entspricht dem Zugewinnausgleichsgedanken und ist deshalb mangels besonderer Umstände angemessen und nicht korrekturbedürftig. Es ist richtig und wichtig, daß der BGH an dieser Wertung festhält.

II. Folgerungen für die Beratungs- und Beurkundungspraxis

Aufgabe der Beratung durch den Anwalt und der Vertragsgestaltung durch den Anwalt oder den Notar ist es, die Rückforderung derartiger Zuwendungen an Schwiegerkinder zu regeln. Denn eine Rückforderung für den Scheidungsfall wird

---

[5] BGHZ 115, 262.
[6] Vorweggenommene Erbfolge von Eltern an Kind, daran anschließend ehebedingte Zuwendung des Kindes an den Ehegatten, vgl. dazu mit Formulierungsbeispielen *Langenfeld*, Grundstückszuwendungen im Zivil- und Steuerrecht, 4. Auflage 1999.
[7] Vgl. Rdn. 199.

regelmäßig gewünscht und ist regelmäßig die einzige sachgerechte Lösung, auf die der Berater und Vertragsgestalter dringen muß.[8] Es reicht deshalb im Regelfall nicht aus, bei der Zuwendung der Schwiegereltern unmittelbar an ihr Schwiegerkind entsprechend dem Urteil des BGH vom 12. 4. 1995 zu vereinbaren, daß die Zuwendung als ehebedingte Zuwendung des Kindes an das Schwiegerkind gelten soll, dies mit der Folge der Anrechnung nach § 1380 BGB[9] und dem Verlust der Hälfte des Wertes der Zuwendung.

Erste und unabdingbare Konsequenz für die Beratung und Vertragsgestaltung ist, die direkte Zuwendung zwischen Schwiegereltern und Schwiegerkind zu vermeiden. Der Zuwendungsfall ist immer so zu gestalten, daß in der ersten Stufe die Zuwendung von den Eltern an das Kind erfolgt, und dann in der zweiten Stufe das Kind den Gegenstand der Zuwendung ganz oder teilweise an seinen Ehegatten weitergibt. Diese als „Kettenschenkung" immer schon und weiterhin aus Gründen der Freibeträge bei der Schenkungsteuer empfehlenswerte Gestaltung[10] drängt sich aus zivilrechtlichen Gründen auf. Zweck der Zuwendung der Schwiegereltern ist nicht die freigebige Begünstigung des Schwiegerkindes, sondern das Wohlergehen des Kindes in der Ehe. Die Zuwendung bezweckt also die Förderung des Kindes, solange die Ehe besteht. Bei Scheitern der Ehe soll die Zuwendung nicht beim Schwiegerkind verbleiben, sondern an das Kind zurückfallen. Dies bedeutet von der Vertragsgestaltung her, daß die erste Stufe entweder eine Ausstattung des Kindes im Sinne von § 1624 ist, oder eine Zuwendung an dieses im Wege der vorweggenommenen Erbfolge. Das Kind seinerseits gibt die Zuwendung in der zweiten Stufe ganz oder teilweise, regelmäßig zur Hälfte, an den Ehegatten weiter, wenn dies aus Gründen der Ausgestaltung der Ehe gerechtfertigt ist. Es sind dies etwa die Fälle, daß der von den Eltern dem Kind übereignete Bauplatz gemeinsam bebaut werden soll oder das dem Kind übereignete Haus gemeinsam ausgebaut und saniert werden soll, wobei sich dies zugunsten des Schwiegerkindes auch in der dinglichen Zuordnung dokumentieren soll.[11] Folge einer derartigen Ehegattenzuwendung aus Anfangsvermögen ist regelmäßig der Verlust der Hälfte der Zuwendung im Zugewinnausgleich. Seiner Vermeidung dienen die Rückforderungsklauseln.[12]

III. Fallgruppen

1. Zuwendung von Geld zur Ablösung von Grundpfandrechten

885 Es ist dies die Fallgruppe des BGH-Urteils vom 12. 4. 1995. Sie ist vertraglich so zu gestalten, daß die Eltern dem Kind das Geld im Wege der Ausstattung oder vorweggenommenen Erbfolge zuwenden und das Kind dann die Ablösung der das Grundeigentum des Ehegatten betreffenden Kredite als ehebedingte Zuwendung mit der Vereinbarung der Rückzahlung für den Scheidungsfall vornimmt. Als Sicherheit für diesen bedingten Rückzahlungsanspruch können die eingetragenen Grundpfandrechte verwendet werden.

> **Formulierungsvorschlag**
>
> Das im Alleineigentum der Ehefrau stehende Familienheim (Beschrieb nach dem Grundbuch) ist mit einer Grundschuld über 100 000,– DM für die X-Bank belastet, die noch

---

[8] Vgl. schon *Langenfeld* NJW 1986, 2541.
[9] So der Vorschlag von *Grziwotz* MittBayNot 1995, 142 für diesen Fall, mit dem *Grziwotz* das Ergebnis des BGH vorweggenommen hat.
[10] Vgl. *Langenfeld,* Grundstückszuwendungen Rdn. 88.
[11] Vgl. *Langenfeld,* Grundstückszuwendungen Rdn. 62.
[12] So schon *Langenfeld* NJW 1986, 2541.

§ 5. Ehebezogene Zuwendungen an Schwiegerkinder

mit 100 000,- DM valutiert. Zur Ablösung dieser Belastung wenden die Eheleute A hiermit ihrem Sohn den Betrag von 100 000,- DM als Ausstattung zu. Der Sohn nimmt die Zuwendung an. Er wird diesen Betrag zum ... an die X-Bank zur Rückzahlung des Darlehens der Ehefrau überweisen.
Diese Überweisung erfolgt im Verhältnis der Eheleute als ehebedingte Zuwendung des Ehemannes an die Ehefrau. Hinsichtlich ihrer wird vereinbart, daß der Betrag mit 4% Jahreszinsen ab ... an den Ehemann zurückzuzahlen ist, wenn die Ehe geschieden wird. Der Betrag von 100 000,- DM ist im Zugewinnausgleich privilegierter Erwerb des Ehemannes gem. § 1374 Abs. 2 BGB. Zur Sicherung dieses bedingten Rückzahlungsanspruches werden die Beteiligten die X-Bank anweisen, die eingetragene Grundschuld Zug um Zug gegen Ablösung an den Ehemann abzutreten.

2. Zuwendung von Geld zum Erwerb des Familienheims

Wollen Kind und Schwiegerkind das Familienheim schlüsselfertig erwerben oder auf eigenem Grund errichten und wollen die Eltern eines Ehegatten hierzu einen finanziellen Beitrag leisten, so ist wiederum eine direkte Zuwendung an das Schwiegerkind zu vermeiden. Die einfachste Lösung besteht darin, daß das Kind so viel Miteigentumsanteile mehr als der Ehegatte erwirbt, wie dies dem zugewendeten Geldbetrag entspricht. Beträgt der Kaufpreis für die schlüsselfertig erworbene Eigentumswohnung also 300 000,- DM und geben die Eltern zum Erwerb den Eigenkapitalanteil von 100 000,- DM, während die restlichen 200 000,- DM durch ein gesamtschuldnerisch aufgenommenes Darlehen der Eheleute finanziert werden, so hat die Ehefrau zu 2/3 Miteigentum, der Ehemann zu 1/3 Miteigentum zu erwerben. 886

Wird diese Lösung aus anderen Gründen nicht gewünscht, wird also die Zuwendung der Eltern nicht in einen Miteigentumsanteil des Kindes umgesetzt, sondern führt zum Eigentumserwerb des Schwiegerkindes, so ist wieder die gestufte Zuwendung zu wählen. Für den Scheidungsfall hat sich dann das Kind gegenüber dem Ehegatten die Rückzahlung des zugewendeten Geldbetrages, möglichst ergänzt durch eine Absicherung durch Grundpfandrecht, vorzubehalten oder ein Erwerbsrecht nach folgendem Muster:

Formulierungsvorschlag

Im Falle der Scheidung der Ehe kann der zuwendende Ehegatte die Übereignung eines Miteigentumsanteils von ... an dem Grundstück verlangen. Dieser Miteigentumsanteil ist dann mit dem heutigen Wert von DM ... Anfangsvermögen im Sinne von § 1374 Abs. 2 BGB. Zur Sicherung dieses künftigen Übereignungsanspruchs wird für den zuwendenden Ehegatten die Eintragung einer Vormerkung gem. § 883 BGB auf dem vorbezeichneten Grundstück bewilligt und beantragt.

Wollen die Eltern zusätzlich noch den Fall absichern, daß das Kind vor ihnen verstirbt, so ist das folgende gestufte Erwerbsrecht zu vereinbaren:

Formulierungsvorschlag

Der der Ehefrau von ihrem Vater im Wege der Ausstattung zum Erwerb des vorbezeichneten Hausgrundstücks zugewendete Betrag ist zurückzuzahlen, wenn die Ehefrau vor dem Vater verstirbt. In Höhe von 100 000,- DM wird dieser Betrag von der Ehefrau dem Ehemann zum Erwerb eines Miteigentumsanteils von ... an dem Hausgrundstück ehebedingt zugewendet. Im Falle des Vorversterbens der Ehefrau vor ihrem Vater ist der Ehemann verpflichtet, dem Vater diesen Miteigentumsanteil zur Rückabwicklung zu übereignen. Zur Sicherung dieses bedingten Erwerbsrechts wird für den Vater die Eintragung einer Vormerkung gem. § 883 BGB auf dem vorbezeichneten Grundstück bewilligt und beantragt.

3. Grundstückszuwendung

887 Auch in den Fällen der direkten Grundstückszuwendung ist die gestufte Form der Zuwendung zu wählen, etwa die Zuwendung in vorweggenommener Erbfolge an das Kind mit Nießbrauchs- oder Wohnungsrechtsvorbehalt und die anschließende Zuwendung als ehebedingte Zuwendung an den Ehegatten. Für den Fall der Ehescheidung hat sich das Kind die Rückforderung des zugewendeten Miteigentumsanteils vom Ehegatten vorzubehalten:

> **Formulierungsvorschlag**
> Der zuwendende Ehegatte hat das Recht, im Falle der Scheidung der Ehe die Rückforderung des heute überlassenen Miteigentumsanteils verlangen zu können.
> Hat der Zuwendungsempfänger aus einem vorehelichen Vermögen oder aus einer während der Ehe erworbenen Erbschaft, einem Vermächtnis, einer Schenkung oder Ausstattung Aufwendungen auf den Miteigentumsanteil gemacht, so sind ihm diese Zug um Zug gegen Rückforderung zu erstatten.
> Der Zuwendende hat Zug um Zug gegen Rückforderung etwaige auf das Grundstück verwendete Grundpfanddarlehen zur hälftigen Mitschuld, nach außen zur Gesamtschuld, zu übernehmen.
> Erhält der Zuwendungsempfänger nicht die Hälfte der von den Eheleuten in der Ehezeit durch Verwendungen aus Zugewinn herbeigeführten Wertsteigerung im Zugewinnausgleich zurück, so ist die Rückforderung nur zulässig, wenn ihm der Rückforderungsberechtigte den fehlenden Betrag Zug um Zug gegen Rückforderung zahlt.
> Zug um Zug mit der Rückforderung nach Maßgabe obiger Vereinbarungen findet dann auf der Grundlage der nach Rückforderung und Rückerstattung von Verwendungen bestehenden Vermögenslage der gesetzliche Zugewinnausgleich statt.
> Die Kosten der Rückforderung tragen die Eheleute je hälftig.
> Zur Sicherung des Rückforderungsrechts wird für den Zuwendenden die Eintragung einer Rückauflassungsvormerkung auf dem zugewendeten Miteigentumsanteil bewilligt und beantragt.

Wünschen die Eltern hier ein Rückforderungsrecht für den Fall des Vorversterbens des Kindes, so ist dieses wie folgt zu vereinbaren.

> **Formulierungsvorschlag**
> Die Übergeber behalten sich als Gesamtgläubiger nach § 428 BGB das Recht vor, auf Kosten des Übernehmers das Übergabeobjekt zurückfordern zu können, wenn der Übernehmer vor dem Letztversterbenden der Übergeber verstirbt.
> Das Rückforderungsrecht kann nur innerhalb von sechs Monaten nach Eintritt seiner Voraussetzungen ausgeübt werden.
> Nachgewiesene Verwendungen auf den Grundbesitz werden den Erben des Übernehmers erstattet.
> Dieses Rückforderungsrecht kann zu Lebzeiten der Übergeber nur von ihnen gemeinsam ausgeübt werden, wobei die Rückforderungsquoten im Belieben der Übergeber stehen. Nach dem Tode des Erstversterbenden der Übergeber steht das Rückforderungsrecht dem Überlebenden allein zu.
> Dieses Rückforderungsrecht gilt sowohl für den dem Übernehmer verbleibenden Miteigentumsanteil an dem Übergabeobjekt wie für den dem Ehegatten des Übernehmers heute mit ehebedingter Zuwendung übertragenen Miteigentumsanteil an dem Übergabeobjekt. Bei Vorversterben des Übernehmers vor dem Letztversterbenden der Übergeber besteht also auch gegenüber dem Ehegatten des Übernehmers dieses Rückforderungsrecht. Es sind ihm sämtliche nachgewiesenen Verwendungen auf das Übergabeobjekt zu erstatten.

> Beantragt wird die Eintragung einer Rückauflassungsvormerkung obigen Inhalts auf dem Übergabeobjekt für die Übergeber als Gesamtgläubiger, dem Überlebenden von ihnen allein.

Bei Verträgen der vorweggenommenen Erbfolge das Familienheim betreffend werden Rückforderungsrechte der Übergeber auch für die Fälle des Vermögensverfalls des Übernehmers und der Veräußerung und Belastung ohne Zustimmung des Übergebers vereinbart.[13] In den Fällen der ehebedingten Weitergabe eines Miteigentumsanteils an das Schwiegerkind kann man diese Rückforderungsfälle regelmäßig vernachlässigen, um die Vertragsgestaltung nicht zu überfrachten. Hat das Schwiegerkind ein Konkurs- oder Vollstreckungsrisiko, so wird man von der Übereignung von vornherein absehen. Der Fall der Veräußerung oder Belastung ohne Zustimmung der Übergeber ist zwar nicht selten von psychologischer Bedeutung für die Übergeber, hat aber bei Eintragung eines Nießbrauchs oder Wohnungsrechts geringe praktische Bedeutung. 888

---

[13] Vgl. *Langenfeld*, Grundstückszuwendungen Rdn. 385.

6. Kapitel. Vorsorgemaßnahmen außerhalb des Ehevertrags

§ 6. Ehegattenzuwendungen und deren Drittwirkung

I. Vertragstypen von Ehegattenzuwendungen

1. Vorzeitiger und freiwilliger Zugewinnausgleich

889 Der Bereich der ehebedingten Zuwendung wurde im Rahmen des Zugewinnausgleichs eingehend dargestellt, worauf verwiesen werden kann.[1] Die häufigste ehebedingte Zuwendung ist die zum vorzeitigen oder freiwilligen Zugewinnausgleich.[2]

890 Der vorzeitige Zugewinnausgleich findet im gesetzlichen Güterstand statt, wenn etwa dem Ehegatten ein hälftiger Miteigentumsanteil an dem während der Ehe vom anderen Ehegatten allein erworbenen Familieneigenheim zugewendet wird, oder – dies der häufigste Fall – in der Einverdienerehe das Familienheim zu je einhalb Miteigentum aus ehezeitlichem Einkommen des Alleinverdieners erworben wird.

891 Der freiwillige Zugewinnausgleich betrifft die Gütertrennungsehe. Gütertrennungsehen funktionieren in der Praxis regelmäßig gut. Dies liegt vor allem auch daran, daß die Eheleute neben Vermögenstransaktionen auf den betrieblich nicht haftenden Ehegatten zur Erhaltung des Privatvermögens regelmäßig auch Zuwendungen im Wege des „freiwilligen" Zugewinnausgleichs vornehmen. Neben der Übertragung bereits im Eigentum des Zuwendenden stehender Vermögensgegenstände kommt auch der von der Interessenlage her gleichgelagerte Fall des Erwerbs etwa einer Immobilie auf den Namen eines Ehegatten aus Mitteln des anderen Ehegatten oder von diesem finanziert im Betracht. Bei derartigem freiwilligen Zugewinnausgleich handelt es sich um einen typischen Fall der ehebedingten unbenannten Zuwendung, der auch als solche zu beurkunden ist.

2. Zuwendungen aus Haftungsgründen

892 Die Zuordnung des Familienheims oder sonstigen privaten Grundbesitzes zum beruflich oder betrieblich nicht haftenden Ehegatten zur Vermeidung eines etwaigen Gläubigerzugriffs ist ein weiterer anerkannter Vertragstyp der ehebedingten Zuwendung.[3] Die Zuwendung zur Erzielung einer haftungsgünstigen ehelichen Vermögensordnung dient der Sicherstellung der Lebensgrundlage der Ehe und Familie und ist deshalb ehebedingte Zuwendung und keine Schenkung. Wie alle Vertragstypen der unbenannten Zuwendung ist auch dieser güterstandsunabhängig und etwa auch im Güterstand der Gütergemeinschaft als Zuwendung zum Vorbehaltsgut denkbar.

3. Zuwendungen zur Versorgung

893 Ein weiterer Typus der ehebedingten Zuwendungen sind Zuwendungen zur Versorgung des Ehegatten. Sie sind schon wegen der Rechtsfolgen als solche zu beurkunden (vgl. Rdn. 170).

4. Ehegattenzuwendungen im Anschluß an vorweggenommene Erbfolge oder Ausstattung

894 Gestufte Grundstückszuwendungen in der Weise, daß zunächst die Eltern dem Kind das Grundstück zuwenden, und dieses dann seinem Ehegatten einen hälftigen

---

[1] Vgl. Rdn. 168 ff.
[2] Vgl. Rdn. 170.
[3] *Langenfeld* DNotZ-Sonderheft 1985, 177; zustimmend BGH NJW-RR 1990, 386 = FamRZ 1990, 600 = MittBayNot 1990, 178 m. Anm. *Frank*.

§ 6. Ehegattenzuwendungen und deren Drittwirkung

Miteigentumsanteil weitergibt, sind häufig. Sie haben sich in der Kautelarpraxis vorwiegend aus schenkungssteuerlichen Gründen als sog. „Kettenschenkung" entwickelt. Die direkte Zuwendung eines hälftigen Miteigentumsanteils seitens der Eltern an das Schwiegerkind empfiehlt sich schenkungssteuerlich nicht, da dessen Freibetrag nur 10 000,– DM beträgt.[4] Die gestufte Zuwendung ermöglicht dagegen die Ausnutzung der Eltern-Kind und Ehegattenfreibeträge.[5] Die „Kettenschenkung" ist als steuerliche legitime Gestaltungsform anerkannt.[6] Die Berechtigung ihrer steuerlichen Anerkennung wird untermauert durch die notwendige zivilrechtliche Unterscheidung der beiden Zuwendungsgeschäfte. Die Zuwendung von den Eltern an das Kind ist vom Vertragstyp her vorweggenommene Erbfolge oder Ausstattung oder selten Schenkung, die Zuwendung zwischen den Ehegatten ehebedingte unbenannte Zuwendung. Die Unterscheidung ist insbesondere für die Rückforderungsproblematik wichtig.

Die Ausstattung als besonderer Vertragstyp im Bereich der Zuwendungsverträge ist in § 1624 BGB gesetzlich geregelt. Das Gesetz nimmt sie weitgehend vom Schenkungsrecht aus. Nicht anwendbar sind §§ 518, 521, 522 und 528 ff. BGB. Dagegen sind nach § 1624 Abs. 2 BGB die Rechts- und Sachmängelgewährleistungsvorschriften der §§ 523, 524 BGB anzuwenden. Im erbrechtlichen Bereich ist nach § 2050 Abs. 1 BGB die Ausstattung zur Ausgleichung zu bringen, soweit nicht der Erblasser etwas anderes angeordnet hat. Für die Schenkung gilt nach § 2050 Abs. 3 BGB das umgekehrte Regel-Ausnahmeverhältnis. Von höchster praktischer Wichtigkeit ist, daß die Ausstattung nicht der Pflichtteilsergänzung nach § 2325 BGB unterfällt.[7] Die Ermittlung der Voraussetzungen der Ausstattung durch den Berater und Notar und die entsprechende Bezeichnung des Vertrages ist angesichts dieser Unterschiede zur Schenkung und der ihr hinsichtlich der Rechtsfolgen gleichgestellten vorweggenommenen Erbfolge nicht nur ein Gebot der Vertragstypenunterscheidung, sondern von erheblicher Bedeutung im Rechtsfolgenbereich.

895

Der den Vertragstyp der Ausstattung kennzeichnende Vertragszweck ist die Begründung oder Erhaltung einer selbständigen Lebensstellung des Kindes. Ihre Vertragsgrundlage ist die Verheiratung oder Existenzgründung. Scheitert die die Vertragsgrundlage bildende Ehe des Kindes, so kann sich hieraus mangels besonderer Umstände ein Rückforderungsrecht der Eltern nicht ergeben.[8] Es ist deshalb immer zu erwägen, ob Rückforderungsrechte vereinbart werden sollen.

896

Die zweite Stufe der „Kettenschenkung", die Weitergabe eines hälftigen Miteigentumsanteils an den Ehegatten, ist eine ehebedingte unbenannte Zuwendung. Ihr Zweck ist die Herstellung einer von den Eheleuten als angemessen empfundenen ehelichen Vermögensordnung. Der Ehegatte des von den Eltern Bedachten soll sein Vermögen und seinen künftigen Verdienst nicht auf das alleinige Eigentum des anderen verwenden müssen. Die Entscheidung für eine derartige ehebedingte Miteigentumszuwendung wird dem von den Eltern Bedachten umso leichter fallen, je geringer der Wert der Zuwendung im Vergleich zu den geplanten Investitionen auf das Zuwendungsobjekt ist. Soll also der von den Eltern stammende Bauplatz im Wert von 200 000,– DM mit einem von den Eheleuten finanzierten Haus im Wert von 800 000,– DM bebaut werden, so wird der Berater den Entschluß der Eheleute zur Weitergabe eines hälftigen Miteigentumsanteils am Bauplatz nicht

897

---

[4] §§ 16 Abs. 1 Nr. 4, 15 Abs. 1 ErbStG.
[5] § 16 Abs. 1, 2 ErbStG.
[6] BFH BStBl 1962 III 206; *Moench* StbJb 1982/83 S. 106; *Meincke* ErbStG § 7 Rdn. 34.
[7] *Haegele* BWNotZ 1976, 29.
[8] *Staudinger/Coester* § 1624 Rdn. 20.

Frage stellen. Anders wird dies sein, wenn das Grundstück schon bebaut ist und die erforderlichen Sanierungen durch die Eheleute nur einen Bruchteil seines Wertes ausmachen.

II. Die Bestandskraft ehebedingter Zuwendungen im Verhältnis zu Vertragserben und Pflichtteilsberechtigten

1. Problemstellung

898 Nach §§ 2287, 2288 BGB kann der Vertragserbe, nachdem ihm die Erbschaft angefallen ist, in dem Fall, daß der Erblasser in Beeinträchtigungsabsicht eine Schenkung gemacht hat, von dem Beschenkten die Herausgabe des Geschenks nach den Vorschriften über die Herausgabe einer ungerechtfertigten Bereicherung fordern. Dasselbe gilt für den Vertragsvermächtnisnehmer. Nach §§ 2325, 2329 BGB kann der Pflichtteilsberechtigte dann, wenn der Erblasser einem Dritten eine Schenkung gemacht hat, als Ergänzung des Pflichtteils den Betrag verlangen, um den sich der Pflichtteil erhöht, wenn der verschenkte Gegenstand dem Nachlaß hinzugerechnet wird. Soweit der Erbe zur Ergänzung des Pflichtteils nicht verpflichtet ist, kann der Pflichtteilsberechtigte von dem Beschenkten die Herausgabe des Geschenks nach den Vorschriften über die Herausgabe einer ungerechtfertigten Bereicherung fordern.

899 Die Frage ist, ob und in welchem Umfang diese Vorschriften auf unbenannte ehebedingte Zuwendungen zwischen Ehegatten anzuwenden sind. Die personelle Konstellation ist beim Herausgabeanspruch des Vertragserben regelmäßig die, daß Vertragserbe ein Kind erster Ehe des Erblassers ist, und sich der Anspruch gegen den zweiten Ehegatten des Erblassers richtet, dem der Erblasser eine ehebedingte Zuwendung gemacht hat. Beim Herausgabeanspruch des Pflichtteilsberechtigten ist die entsprechende Konstellation die, daß ein enterbter Abkömmling sich einem Nachlaß gegenübersieht, den der Erblasser vor seinem Tod zu Gunsten seines Ehegatten durch ehebedingte Zuwendung ausgehöhlt hat. Dogmatischer Ausgangspunkt ist sowohl im Fall des Vertragserbenanspruchs[9] wie im Fall der Pflichtteilsergänzung[10] daß nach der bisherigen Rechtsprechung des Bundesgerichtshofs und der ihm folgenden fast allgemeinen Literaturansicht der vom Gesetz gebrauchte Terminus „Schenkung" im Sinne des gesetzlichen Schenkungsbegriffs des § 516 BGB zu verstehen ist.

900 2. Literaturmeinungen bis zu BGH vom 27. 11. 1991

Als erster hat sich mit der Bestandskraft unbenannter Zuwendungen gegenüber Dritten *Morhard*[11] befaßt. Entsprechend der ursprünglichen Formulierung des BGH und der ihm folgenden Literatur[12] geht *Morhard* davon aus, daß es sich bei der unbenannten oder ehebedingten Zuwendung um ein entgeltliches Rechtsgeschäft zwischen Ehegatten handelt. Die Vorschriften des BGB, die als Tatbestandsvoraussetzung eine Schenkung hätten, seien deshalb auf unbenannte Zuwendungen konsequenterweise nicht anwendbar. *Morhard* sieht und behandelt die Gefahr der Umgehung erbrechtlicher Ansprüche nicht- oder erstehelicher Kinder durch Übertragung des wesentlichen Vermögens auf den anderen Ehegatten im Wege der un-

---
[9] BGH WM 1973, 683; BGH WM 1979, 443; BGH NJW 1982, 43; BGH LM § 2287 BGB Nr. 16.
[10] BGH NJW 1961, 604; BGH NJW 1972, 1709.
[11] NJW 1987, 1734.
[12] BGH NJW 1972, 580; BGH NJW 1983, 1611; *Langenfeld* DNotZ 1983, 177; *Holzhauer* JuS 1983, 883.

benannten Zuwendung. Er sucht deshalb ein weiteres objektives Kriterium zur Abgrenzung der unbenannten Zuwendung von der Schenkung, wobei er wie gesagt im Ansatz davon ausgeht, daß bei der unbenannten Zuwendung §§ 2287, 2325 BGB nicht anwendbar sind, während sie bei der Ehegattenschenkung zur Anwendung kommen. Dieses objektive Kriterium sieht er im Gedanken des vorweggenommenen Zugewinnausgleichs, aus dem sich das Institut der unbenannten Zuwendung entwickelt habe.[13] Der Gesetzgeber des Zugewinnausgleichs habe die gleichmäßige Beteiligung der Eheleute am Vermögenserwerb während der Ehezeit gewollt. Dieser Grundsatz sei von der Rechtsprechung für die bereits während der Ehezeit vorgenommenen Vermögensverschiebungen übernommen worden. Unter dem Gesichtspunkt der ehelichen Lebensgemeinschaft als einer Schicksals- und Risikogemeinschaft sei dieser Gedanke vom BGH auch auf die Fälle übertragen worden, in denen die Ehegatten Gütertrennung vereinbart hatten.[14]

Dieser Ausgleichsgedanke als objektives Kriterium trägt nach *Morhard* im Regelfall dann nicht mehr, wenn die Zuwendung eine Grenze übersteigt, über die hinaus sie nicht mehr als Ausgleich für geleistete Mitarbeit oder als angemessene Beteiligung an den Früchten des ehelichen Zusammenwirkens aufgefaßt werden kann. Dies sei dann zu vermuten, wenn ein Ehegatte nach der Zuwendung durch die Vermögensverschiebung auf Dauer mehr als die Hälfte des während der Ehe erworbenen Vermögens besitze. Schließlich könne er in einem evtl. Zugewinnausgleich auch nicht mehr erhalten. Soweit also die Grenze der Halbteilung des Zugewinns überschritten wird, liegt nach *Morhard* nicht mehr eine entgeltliche unbenannte Zuwendung, sondern eine unentgeltliche Schenkung vor. Maßgeblicher Zeitpunkt für die Beurteilung ist der Zeitpunkt der Zuwendung selbst. Ein etwa entgegenstehender Wille der Ehegatten, die über die ausdrückliche Vereinbarung unbenannter Zuwendung die drittschützenden Vorschriften umgehen wollen, ist nach *Morhard* unbeachtlich. 901

In der Zweitauflage dieses Buches[15] wurde in Abweichung von der Begründung *Morhards* die Auffassung vertreten, die unbenannte Zuwendung sei ein eigener Vertragstyp, der sich in das herkömmliche Schema unentgeltlich-entgeltlich nicht in dem Sinne einfügen lassen, daß damit auch die Rechtsfolgen präjudiziert seien. Vielmehr müsse man wertend entscheiden, ob und welche Schutzvorschriften für Dritte auf die unbenannte Zuwendung als eigenen Vertragstyp anzuwenden seien. Diese Wertung könne man nicht anscheinend logisch zwingend aus der Fragestellung ableiten, ob die unbenannte Zuwendung „Schenkung" sei oder nicht. Vielmehr könne die Wertung der Interessenlage zu dem Ergebnis führen, daß im Verhältnis zu Dritten die unbenannte Zuwendung hinsichtlich ihrer Rechtsfolgen wie eine Schenkung zu behandeln sei, ohne daß sie dadurch den Charakter der Schenkung bekomme. Im Ergebnis kam die Vorauflage mit *Morhard*[16] zu der Ansicht, es sei richtig, Zuwendungen über die Grenze einer angemessenen Beteiligung des Ehegatten am ehelichen Zugewinn hinaus Pflichtteilsergänzungsansprüche auslösen zu lassen. Die Abgrenzung im Einzelfall sei Sache des Richters. 902

Ganz anderer Ansicht war *Sandweg*.[17] Nach seiner Auffassung stimmen die ehebedingte Zuwendung in ihrem objektiven Tatbestand und in dem rechtsgeschäftlichen Vereinbarungsinhalt überein und sind beide unentgeltlich. Ein Unterschied sei lediglich in der Motivationslage der Eheleute festzustellen, beschränke sich aber auf das Innenverhältnis zwischen den Eheleuten. Die ehebezogene Motivation führe 903

---

[13] Berufung auf BGH NJW 1976, 329.
[14] So im Fall BGH NJW 1976, 329.
[15] *Langenfeld*, 2. Aufl., Rdn. 413 f.
[16] AaO.
[17] NJW 1989, 1965.

bei der unbenannten Zuwendung zu einer Absorption der zugrundeliegenden Schenkung und zur Annahme einer eigenständigen causa. Diese causa sei nicht forderungsbegründend, sondern nur ehebedingt leistungserhaltend. Bei den ehebedingten Zuwendungen handelt es sich deshalb nach Ansicht von *Sandweg* um Schenkungen im Sinne von §§ 2287, 2325 BGB. Auch *Schotten*[18] betont den Schenkungscharakter der unbenannten Zuwendung. *Jaeger*[19] sieht die unbenannte Zuwendung als eigenen vollwertigen Vertragstyp im erweiterten Bereich nicht vollentgeltlicher Rechtsgeschäfte an, betont aber, daß sie objektiv unentgeltlich sei.

3. BGH vom 27. 11. 1991

904   Dies war der Stand der Literatur, den der für Erbrecht zuständige IV. Zivilsenat des Bundesgerichtshofs vor seinem Urteil vom 27. 11. 1991[20] vorfand, in dem er über die erbrechtliche Behandlung unbenannter Zuwendungen zu entscheiden hatte. Es handelte sich um den typischen Fall von Herausgabeansprüchen gem. § 2287 BGB des Sohnes aus erster Ehe des Erblassers als Vertragserbe gegen die zweite Ehefrau des Erblassers, der der Erblasser erhebliche ehebedingte Zuwendungen gemacht hatte. Im Hinblick auch derartige Fälle hatte Bundesrichter *Schmidt-Kessel* auf dem 23. Deutschen Notartag in Frankfurt vor der kautelarjuristischen Erschließung der unbenannten Zuwendung als eines „familienrechtlichen Schleichwegs am Erbrecht vorbei" gewarnt.[21]

905   Nachdem der für die güterrechtliche Behandlung der unbenannten Zuwendung zuständige XII. Zivilsenat des Bundesgerichtshofs auf Anfrage des Erbrechtssenats mitgeteilt hatte, daß auch er unbenannte Zuwendungen unter Ehegatten in seiner Rechtsprechung als in der Regel objektiv unentgeltlich ansehe, stellte der IV. Zivilsenat folgenden Grundsatz auf: „Die unbenannte Zuwendung ist in der Regel objektiv unentgeltlich und im Erbrecht (§§ 2287, 2288, 2325 BGB) grundsätzlich wie eine Schenkung zu behandeln".

906   Der Erbrechtssenat nimmt aber auch eine Abgrenzung zu den Fällen der entgeltlichen Ehegattenzuwendung vor. Im Anschluß an die grundlegende Entscheidung aus dem Jahre 1971[22] bekennt sich der Erbrechtssenat zunächst zu der Auffassung, daß es sich auch im Güterstand der Gütertrennung nicht um eine Schenkung, sondern um eine entgeltliche Zuwendung zwischen Ehegatten handelt, wenn sich die Zuwendung im Rahmen einer nach den konkreten Verhältnissen angemessenen Alterssicherung bewegt. Da ein Ehegatte gem. § 1360 BGB auch in der intakten Ehe dem anderen Vorsorgeunterhalt für den Fall des Alters schulde, könne es sein, daß eine unbenannte oder sogar ausdrücklich zur Alterssicherung bestimmte Zuwendung einem entsprechenden Anspruch objektiv entspreche und es sich bei ihr damit nicht um Schenkung handle. Dementsprechend könne auch eine ehebedingte Zuwendung, durch die langjährige Dienste nachträglich vergütet werden, die ein Ehegatte dem anderen vor oder nach der Eheschließung geleistet habe, im Rahmen des objektiv Angemessenen als entgeltlich anzusehen sei. Dies sei jedoch nicht die Regel.

907   Für den Regelfall der objektiv unentgeltlichen Ehegattenzuwendung setzt sich der BGH dann mit dem Problem der Anwendung der §§ 2287, 2288, 2325 BGB auf einen Vertragstyp auseinander, der nicht Schenkung im Sinne von § 516 BGB ist. Für den historischen Gesetzgeber habe sich das Problem nicht gestellt, da ihm die

---
[18] NJW 1990, 2841.
[19] DNotZ 1991, 431/437/442.
[20] BGHZ 116, 167 = NJW 1992, 564 = FamRZ 1992, 300 = WM 1992, 407 = LM § 2287 BGB Nr. 20.
[21] DNotZ-Sonderheft 1989, 162.
[22] BGH NJW 1972, 580.

§ 6. Ehegattenzuwendungen und deren Drittwirkung

Vorstellung einer die Schenkung verdrängenden unbenannten Zuwendung nicht geläufig gewesen sei. Dementsprechend würde es den Regelungsplan des Gesetzgebers verfehlen, unbenannte Zuwendungen nur deshalb aus dem Anwendungsbereich der genannten Vorschriften auszunehmen, weil sie aus Gründen, die lediglich im Bereich der Ehegatten liegen, in deren Verhältnis zueinander nicht mehr als Schenkung behandelt werden. Vielmehr müsse eine objektiv unentgeltliche unbenannte Zuwendung unter Ehegatten im Erbrecht regelmäßig wie eine Schenkung behandelt werden. Für dieses Ergebnis zitiert der BGH die in diesem Buch vertretene Auffassung.[23] Für die erneute Verhandlung vor dem Tatrichter gibt der BGH folgende Hinweise: Bei der Prüfung der Frage, ob eine unbenannte Zuwendung unter § 2287 BGB falle, komme es zunächst darauf an, ob es sich um einen unentgeltlichen Vorgang handele. Dies laufe auf die Frage hinaus, ob die Leistung etwa unterhaltsrechtlich geschuldet war oder ob ihr eine durch sie ganz oder teilweise vergütete, konkrete Gegenleistung gegenüberstehe oder nicht. Bei der unterhaltsrechtlichen Prüfung sei eine umfassende Würdigung der Einkommens- und Vermögensverhältnisse der Ehegatten erforderlich, und zwar auch in der Richtung, ob und in welchem Umfang für die Zukunft der Ehefrau und insbesondere für ihr Alter bereits vorgesorgt war.

Das Urteil wurde teils in unkritischer Weise begrüßt,[24] teils kritisch auf seine Tragweite untersucht,[25] teils offen bedauert.[26] Auch angesichts des Urteils, das zwar Ansätze zu einer Fallgruppenbildung enthält, aber eine weitere Differenzierung nach Fallgruppen weder vornimmt noch ausschließt, bleiben Fragen und weitere Lösungsansätze offen und möglich. 908

4. Rechtsfolgenzuordnung bei nichtgesetzlichen Vertragstypen

Wenn der Bundesgerichtshof seine zentrale Aussage zur Anwendung der §§ 2287, 2288, 2325 BGB auf die unbenannte Zuwendung so formuliert, daß sie objektiv unentgeltlich sei und im Erbrecht grundsätzlich wie eine Schenkung zu behandeln sei, und wenn man davon ausgeht, daß die direkte Anwendung der Vorschriften nur auf Schenkungen im Sinne von § 516 BGB möglich ist, so wäre es zu kurz gegriffen, lediglich von einer analogen Anwendung zu sprechen. Vielmehr ist diese Handhabung in den allgemeinen Zusammenhang der Rechtsfolgenzuordnung bei gesetzlich nicht geregelten, kautelarjuristischen Vertragstypen zu stellen.[27] Das Vertragsrecht kennt keinen numerus clausus. Vielmehr steht der Kautelarjurisprudenz die Entwicklung neuer Vertragstypen in Modifikation der gesetzlich vorgegebenen Vertragstypen oder sogar vorbildloser Neuschöpfung frei. Insofern kann man bei der kautelarjuristischen Vertragstypenlehre von einem offenen System sprechen.[28] Haben sich gesetzlich nicht geregelte, kautelarjuristische Vertragstypen in der Vertragspraxis durchgesetzt, so stellt sich bei Vertragsstörungen und hinsichtlich der Abwicklung die Frage der Ermittlung der Rechtsfolgen. Soweit diese Fragen nicht im Vertragswerk selbst geregelt sind, muß auf gesetzliche Rechtsfolgenregelungen zurückgegriffen werden. Hierbei hat man sich der wertenden Zuordnung in der Weise zu bedienen, daß man unter Berücksichtigung des Vertragszwecks und des Vertragsinhalts des kautelarjuristischen Vertragstyps ermittelt, mit welchem gesetzlich geregelten Vertragstyp inhaltliche Übereinstimmungen oder Ähnlichkeiten bestehen. In wertender Entscheidung sind dann dem kautelarjuristischen Vertragstyp 909

---

[23] *Langenfeld,* Vorauflage, Rdn. 413.
[24] *Draschka* DNotZ 1993, 100.
[25] *Klingelhöffer* NJW 1993, 1097; kritische Lösungsansätze auch bei *Ludwig* FuR 1992, 1.
[26] *Kues* FamRZ 1992, 924.
[27] Dazu *Langenfeld* Vertragsgestaltung Rdn. 107 ff.
[28] *Langenfeld* aaO Rdn. 103 ff.

die gesetzlichen Rechtsfolgensysteme oder Teile derselben zuzuordnen, die zu ihm passen.

5. Rechtsfolgenzuordnung bei Ehegattenzuwendungen

910 Für die unbenannte ehebedingte Zuwendung bedeutet dies, daß zunächst davon auszugehen ist, daß sie dem erweiterten Bereich nicht voll entgeltlicher Rechtsgeschäfte angehört, was der BGH mit „objektiv unentgeltlich" bezeichnet. Grundsätzlich sind damit für das Verhältnis zu Dritten der unbenannten Zuwendung alle vom Gesetz für unentgeltliche Rechtsgeschäfte vorgesehenen Rechtsfolgenregelungen zuzuordnen, also auch die §§ 2287, 2288, 2325 BGB. Dies ergibt sich schon aus dem Schutzzweck dieser Normen und ermöglicht die wertende Entscheidung, bei welchen Fallgruppen man den Interessen des Dritten den Vorrang zu geben hat, oder umgekehrt bei welchen Fallgruppen das Interesse des die Zuwendung empfangenden Ehegatten vorgeht. In diesen Zusammenhang gestellt ist also der Ansatz des BGH richtig, daß die unbenannte Zuwendung unter Ehegatten im Erbrecht grundsätzlich wie eine Schenkung zu behandeln ist, wobei es dann auf die Ausnahmen von diesem Grundsatz ankommt. Die Ergebnisse im einzelnen sind einer Fallgruppenbildung vorbehalten, die der BGH nur in den Ansätzen angedeutet hat und in dem bisher einzig zu entscheidenden Fall lediglich andeuten konnte. Von diesem Ansatz her ist es auch nicht erforderlich, die zunächst als objektiv unentgeltlich angesehene Ehegattenzuwendung unter bestimmten Voraussetzungen als objektiv entgeltlich anzusehen, um zum Ergebnis der Nichtanwendung der §§ 2287, 2288, 2325 BGB zu gelangen. Vielmehr kann man es bei der Ansiedelung der unbenannten ehebedingten Zuwendungen im Bereich der objektiv unentgeltlichen Geschäfte belassen und dann im Einzelfall wertend von der Zuordnung der Schutzvorschriften absehen, wenn dies zur Wahrung berechtigter Interessen der Ehegatten, insbesondere des Zuwendungsempfängers geboten ist. Hierzu hat der BGH durch Erwähnung des Unterhaltsgedankens, des Gedankens der Alterssicherung und des Gedankens der Vergütung langjähriger Dienste die Richtung gewiesen. Aufgrund einer singulären Entscheidung können diese Hinweise nicht als abschließend, sondern lediglich als beispielhaft verstanden werden. Die künftige Aufgabe der Rechtsprechung wird die Fallgruppenbildung sein, in deren Rahmen auch weitere schützenswerte Interessen der Ehegatten mit Vorrang vor den Interessen des Vertragserben oder des Pflichtteilsberechtigten sich ergeben können und ergeben müssen.

6. Fallgruppenbildung

911 Diese ergänzende Fallgruppenbildung wird vor allem den Bereich von Ehegattenzuwendungen hinsichtlich des Familienheims betreffen müssen, aber auch die sonstige Verwirklichung des Gedankens angemessener ehelicher Teilhabe beider Ehegatten am ehezeitlichen Vermögenserwerb und die Modalitäten und Grenzen des geschützten Bereichs der Existenzvorsorge. Letzterer Bereich wird, nachdem die weitere Finanzierbarkeit des auf dem Umlagegedanken beruhenden Systems der gesetzlichen Rentenversicherung und sonstigen staatlichen Altersversorgungen aufgrund der Veränderungen in der Altersstruktur der Bevölkerung immer mehr bezweifelt werden muß, zunehmend wichtiger werden. Ohne private Altersvorsorge wird man nach Ansicht vieler in Zukunft nicht mehr auskommen. Wenn dies so ist, dann ist es grundsätzlich auch nicht mehr legitim, die gemeinsame Altersvorsorge der Ehegatten durch erbrechtliche Ansprüche der Kinder, denen die gesetzlich geschuldete Ausbildung gewährt wurde, in Frage zu stellen.

Aus der täglichen notariellen Praxis heraus sollen zur Kennzeichnung der Problematik und ohne Anspruch auf Vollständigkeit die folgenden Ausgangsfälle vorangestellt werden, um auf dem Weg zu einer interessengerechten Fallgruppenbildung weiterzukommen:

§ 6. Ehegattenzuwendungen und deren Drittwirkung

Fall 1: In der Hausfrauenehe bei gesetzlichem Güterstand spart der Ehemann als 912
Alleinverdiener das Eigenkapital für das Familienheim aus ehezeitlichem Verdienst
auf seinem Konto an. Es wird dann das Reihenhaus zu je einhalb Miteigentum der
Eheleute gekauft und in der Folge vom Ehemann aus seinem Verdienst abbezahlt.
Beim Tod des Ehemannes wird die Ehefrau testamentarische Alleinerbin. Mögliche
Folge: Der gemeinsame Sohn macht gegen seine Mutter Pflichtteilsansprüche nicht
nur aus der Miteigentumshälfte des verstorbenen Vaters, sondern auch aus der Miteigentumshälfte der Mutter geltend.

Fall 2: In obigem Ausgangsfall ist die Ehefrau, als der Bauträger zum Notartermin für die Beurkundung des schlüsselfertigen Erwerbs einlädt, hochschwanger.
Die Eheleute beruhigen sich damit, daß die Frau in jedem Fall über den Zugewinnausgleich beteiligt sei und einigen sich darauf, daß der Mann allein zum Notar geht
und zu seinem Alleineigentum erwirbt. Als die Frau später in Gesprächen mit den
Nachbarinnen feststellt, daß diese alle hälftige Miteigentümerinnen sind, redet sie
mit ihrem Mann. Man geht zum Notar, der Mann überträgt der Frau in vorweggenommenem Zugewinnausgleich einen hälftigen Miteigentumsanteil am Familienheim. Mögliche Folge: Beim Tod des Mannes macht der enterbte Sohn wieder obige
Ansprüche geltend.

Fall 3: Der als Manager tätige Ehemann heiratet die wesentlich jüngere Sekretärin, die ihre Berufstätigkeit aufgibt und ihm den Haushalt führt. Es wird ehevertraglich Gütertrennung vereinbart, ein Sohn wird geboren. Zu Beginn der Ehezeit
kauft der Mann aus vorehelichen Mitteln das Eigenheim zu seinem Alleineigentum.
Er kann jährlich Ersparnisse von etwa 50000,- DM machen die er auf eigenen
Konten anlegt. Nach zehnjähriger Ehe wirft die Frau ihrem Mann vor, sie sei lediglich unbezahlte Haushälterin, Kindermädchen und Putzfrau. Daraufhin überträgt
der Mann ihr einen Miteigentumsanteil von einhalb an dem Familienheim, dessen
Wert mit 1000000,- DM anzusetzen ist. Mögliche Folge: Beim Tod des Mannes
macht der enterbte Sohn wiederum die Ansprüche wie in Fall 1 geltend.

Fall 4: Der 65jährige begüterte Witwer hat mit seiner ersten Ehefrau den gemeinsamen Sohn durch Berliner Testament zum Schlußerben eingesetzt. Er heiratet in
zweiter Ehe eine 40jährige Frau, die zur Haushaltsführung und Betreuung des
kränkelnden Witwers ihren Beruf aufgibt. Es wird ehevertraglich Gütertrennung,
Ausschluß des Versorgungsausgleichs, Unterhaltsverzicht und Pflichtteilsverzicht
der Ehefrau vereinbart. Zum Ausgleich überträgt der Mann gleichzeitig der Frau
das Eigentum an einer vermieteten Eigentumswohnung, zahlt für sie 300000,- DM
Einmalbetrag in eine private Lebensversicherung ein und richtet ihr ein Wertpapierdepot von 100000,- DM. Nach fünfjähriger Ehe verstirbt der Mann. Mögliche
Folge: Der Sohn als Vertragserbe macht gegen seine Stiefmutter die Ansprüche aus
§ 2287 BGB geltend.

Fall 5: Der Ehemann ist ein kleiner Architekt, die Ehefrau ist nicht berufstätig.
Alle Ersparnisse werden zum Erwerb und zur Abbezahlung eines Mehrfamilienhauses verwendet, in dem auch die Eheleute wohnen und das sie neben der geringen
berufsständigen Altersversorgung des Ehemannes als den Grundstock ihrer Altersversorgung betrachten. Angesichts des Haftungsrisikos aus einem großen Auftrag
überträgt der Architekt dieses Mehrfamilienhaus der Ehefrau, damit es den Gläubigern entzogen ist und damit die Ehefrau versorgt ist. Mögliche Folge: Der Sohn
macht beim Tod des Mannes Pflichtteilsansprüche geltend.

7. Lösungsansätze

Mit dem BGH ist davon auszugehen, daß die unbenannte ehebedingte Zuwen- 913
dung als familienrechtlicher Verpflichtungsvertrag eigener Art grundsätzlich dem

Bereich der Unentgeltlichkeit und damit dem Schutzbereich der §§ 2287, 2288, 2325 BGB zuzuordnen ist. Angesichts der nicht zum leugnen Bestrebungen eines Teils der Vertragsjuristen, Schleichwege an diesen Schutzvorschriften vorbei zu suchen,[29] ist es nicht unberechtigt, daß sich der Erbrechtssenat des BGH zumindest auch als „Schutzpatron der Pflichtteilsberechtigten"[30] sieht. Allen Versuchen, die ehebedingte Zuwendung kautelarjuristisch als Drittschutz-Umgehungsinstrument zu erschließen, muß die Rechtsprechung entgegentreten. Sie kann sich insofern auf den notwendigen Schutz der Familie berufen, wenn sie die Ansprüche der Abkömmlinge als Pflichtteilsberechtigten und Schlußerben verteidigt.

914 So berechtigt einerseits die Abwehr von Umgehungsversuchen mit Hilfe des Vertragstyps ist, so berechtigt und erforderlich ist aber auch die Berücksichtigung des Eheschutzes auch im Erbrecht. Das Gesetz stattet den Ehegatten mit einem gesetzlichen Erbteil mindestens in Höhe des Kindeserbteils (§ 1931 Abs. 4 BGB) und entsprechenden Pflichtteilsansprüchen aus. Die derzeitige Testamentspraxis zeigt, daß die Eheleute heute in der Regel von dem Gedanken ausgehen, es sei zuerst der Lebensgefährte, mit dem man angesichts der steigenden Lebenserwartung nach Beendigung der „Kinderphase" noch Jahrzehnte verbringt, durch Erbeinsetzung zu versorgen. Die Kinder erhalten ihre Ausbildung und nach Möglichkeit ein Startkapital, sollen aber erst Erben des Letztversterbenden werden.[31] Der Gedanke des „Berliner Testaments" (§ 2269 BGB) ist heute moderner denn je.

915 Für den Bereich der gelebten Ehe wird diese Grundauffassung ergänzt und bestätigt durch die Auffassung von der Ehe als einer Lebens- und Versorgungsgemeinschaft. Der vom BGH vor 20 Jahren[32] aufgestellte Grundsatz, daß es legitim ist, daß jeder Ehegatte in angemessener Weise an den Früchten des ehelichen Zusammenlebens beteiligt ist, entspricht allgemeiner Auffassung. Es ist dieser Teilhabegedanke, der auch den Zugewinnausgleich legitimiert und der güterstandsunabhängig ist.[33] Deshalb ist der häufigste Typ der unbenannten Zuwendung, wie jeder Notar weiß, die Zuwendung zum vorzeitigen[34] oder freiwilligen[35] Zugewinnausgleich. Insofern hat der Gedanke von *Morhard*,[36] im Halbteilungsgrundsatz des Zugewinnausgleichs die Abgrenzung für den gegenüber Ansprüchen der Pflichtteilsberechtigten und Schlußerben festen Bereich der Ehegattenzuwendungen zu suchen, seine Berechtigung.

916 Der BGH ist dem in dieser Ausschließlichkeit nicht gefolgt, verweist aber auf mögliche Ausnahmen infolge des Unterhalts- und des Versorgungsgedankens. Hierzu ist zunächst festzuhalten, daß die Verwirklichung der Teilhabe am ehelichen Vermögenserwerb immer auch Unterhalts- und Versorgungsrelevanz hat, und daß dies von den Eheleuten auch so gesehen wird. Der Zugewinnausgleich verschafft dem Ausgleichsberechtigten Vermögen, aus dessen Substanz und Erträgen er seinen Unterhalt bestreiten und sein Alter sichern kann.

917 Der Gedanke der Teilhabe an ehezeitlichen Vermögenserwerb gehört zum Kernbereich der Verwirklichung der ehelichen Lebensgemeinschaft und hat unmittelbaren Bezug zur Existenz- und Altersvorsorge. Zuwendungen in Verwirklichung die-

---

[29] Es sind vorwiegend Extremgestaltungen, die auf den Tisch des Revisionsrichters kommen und dann doch sein Bild vom Berufsstand prägen.
[30] So *Kues* FamRZ 1992, 925 im Zusammenhang seiner gut argumentierenden BGH-Schelte.
[31] Vgl. *Zawar* DNotZ-Sonderheft 1989, 116 ff.
[32] BGH NJW 1972, 580.
[33] Das Urteil BGBH NJW 1972, 272 betraf eine Gütertrennungs-Ehe.
[34] Im gesetzlichen Güterstand, vgl. Fall 1, 2.
[35] Im Güterstand der Gütertrennung, vgl. Fall 3.
[36] NJW 1987, 1734/1736.

§ 6. Ehegattenzuwendungen und deren Drittwirkung

ses Teilhabegedankens sind zumindest in bestimmten Bereichen gegen Ansprüche aus §§ 2287, 2288, 2325 BGB zu schützen. Dabei drängt sich als Obergrenze immer wieder die hälftige Beteiligung auf.[37] Entscheidendes Kriterium zur Ausgrenzung der Mißbrauchsfälle ist die Fallgruppenbildung.

Hier stellen die das Familienheim betreffenden Fälle der Ehegattenzuwendung eine Fallgruppe besonderer Eigenart dar. Diese Fälle waren nicht nur Anlaß zur Entwicklung der Rechtsprechung des BGH zur unbenannten Zuwendung, sie werden auch in der Literatur immer wieder hervorgehoben[38] und sind die häufigsten Fälle der notariellen Praxis. Die Finanzverwaltung hat die Schenkungsteuerfreiheit von Ehegattenzuwendungen auf die das Familienheim betreffenden Zuwendungen beschränkt.[39] Die Argumentation, der Erwerb des Familienheims sei unterhaltsrechtlich nicht geschuldet, deshalb reine Vermögensbildung ohne Unterhalts- und Versorgungsrelevanz und deshalb – etwa in den Beispielsfällen 1, 2 und 3 – Ansprüchen nach §§ 2287, 2288, 2325 BGB ausgesetzt, würde zu kurz greifen. Wenn allgemein gesagt wird, der Bau oder Erwerb eines Einfamilienhauses oder einer Eigentumswohnung sei kein dem Ehegatten geschuldeter, einklagbarer Familienunterhalt, so ist dies deshalb richtig, weil als Familienunterhalt nur die Befriedigung des Wohnungsbedarfs geschuldet sein kann. Hierzu genügt auch die Anmietung der Familienwohnung. Dennoch ist aber dann, wenn sich die Ehegatten auf den Eigentumserwerb am Familienheim einigen, dies nicht ein beliebiger Akt der Vermögensbildung, sondern ein besonderer Vorgang im Rahmen der Verwirklichung der ehelichen Lebensgemeinschaft. So ist das Bild der jungen Leute, die auf der Parkbank über ihre künftige Ehe reden und sich als Ziele Kinder und Eigenheim vornehmen, stimmig. Nicht stimmig wäre die Behauptung, man nehme sich bei solcher Gelegenheit etwa den Aufbau eines Wertpapierdepots als Eheinhalt vor. Erwerb und Abbezahlung des Eigenheims ist nach allgemeiner Auffassung und objektiv gerechtfertigt ein wichtiger Teil der gemeinsamen ehelichen Lebensleistung, für viele Ehen neben den Kindern der hauptsächliche und alle Gelder beanspruchende Ehezweck.

Deshalb muß die hälftige Eigentumszuordnung am Familienheim, gleichgültig auf welchem Weg sie rechtlich herbeigeführt wird, den Ansprüchen der Kinder aus §§ 2287, 2288, 2325 BGB standhalten. In den Beispielsfällen 1, 2 und 3 sind derartige Ansprüche also auszuschließen. Die Herbeiführung der hälftigen Teilhabe am Familienheim durch ehebedingte Zuwendung ist regelmäßig kein Mißbrauch und kein Schleichweg, sondern die Verwirklichung angemessener Beteiligung des Ehegatten an einem für die Eheverwirklichung zentralen Gegenstand.[40] 919

Als weitere erbrechtlich drittanspruchsfeste Fallgruppe zeichnen sich die Versorgungsfälle ab. Hierher gehört etwa der Fall der Unternehmerehe, in der Altersvorsorge durch Vermögensbildung betrieben wird. Hier müssen angemessene Zuwendungen des Unternehmers an die haushaltsführende Ehefrau drittanspruchsfest sein. Im Streitfall muß der Richter nach objektiven Kriterien entscheiden. 920

Dies gilt auch für den Beispielsfall 4, bei dem die Zuwendungen zu Beginn der Ehe, aber auch zum Ausgleich für die sonstigen weitgehenden Verzichte und persönlichen Dispositionen der Frau erfolgten. Hier sollte nicht erst die Anerkennung 921

---

[37] Vgl. nur *Klingelhöffer* NJW 1993, 1097/1101.
[38] Z. B. von *Morhard* NJW 1987, 1734/1736; *Jaeger* DNotZ 1991, 457/468; *Klingelhöffer* NJW 1993, 1097/1100.
[39] Ländererlaß v. 10. 11. 1988, BStBl. I, 513; eine im Licht der obigen Argumentation höchst berechtigte Entscheidung. Vgl. auch Rdn. 236.
[40] Unter Notaren ist es wohl weit überwiegende Meinung, daß der BGH diese Fallgruppe anerkennen muß; so z. B. *Umstätter* Referat auf der 24. Fortbildungstagung 1993 des Badischen Notarvereins e. V. in Lautenbach/Gernsbach.

eines lebzeitigen Eigeninteresses des Mannes an der Zuwendung den Ausschlag geben, sondern schon die Zuwendung als solche als drittanspruchsfest angesehen werden.

922   Die Haftungsvermeidungsfälle wie der Beispielsfall 5 sind als solche grundsätzlich Ansprüche aus §§ 2287, 2288, 2325 BGB unterworfen und nur insoweit drittanspruchsfest, wie die Zuwendung durch den Teilhabegedanken am Familieneigenheim oder den Versorgungsgedanken gerechtfertigt wird.

923   Dem Ergebnis der Pflichtteilsfestigkeit ehebedingter Zuwendungen im Rahmen eines fiktiven Zugewinnausgleichs hat sich, allerdings nur für den gesetzlichen Güterstand, *Hayler* mit überzeugenden Argumenten angeschlossen.[41] Er kommt zu dem Ergebnis, dass ehebedingte Zuwendungen bis zur Höhe eines fiktiven Zugewinnausgleichsanspruchs während des Bestehens des gesetzlichen Güterstandes nicht unter §§ 2287, 2288 Abs. 2 S. 2, 2325, 2329 BGB fallen. Dabei stellt er in der Begründung darauf ab, dass die Ehegatten zu jedem beliebigen Zeitpunkt ihrer Ehe durch Wechsel zur Gütergemeinschaft die Zugewinnausgleichsforderung hätten entstehen lassen können und dann den Zugewinnausgleich hätten durchführen können, ohne dass Drittansprüche entstanden wären.

III. Anfechtungsrechte von Gläubigern

924   Im Gegensatz zur oben befürworteten Differenzierung bei der Pflichtteilsergänzung wäre es bei den Anfechtungsrechten der Gläubiger nach § 32 Nr. 2 KO, § 134 Abs. 1 InsO, § 3 Abs. 1 Nr. 4 AnfG a. F., § 4 Abs. 1 AnfG n. F. insgesamt unangemessen, ehebedingte Zuwendungen von der Gläubigeranfechtung auszunehmen. Es ist durchaus interessengerecht und zumutbar, dem Ehegatten innerhalb der gesetzlichen Anfechtungsfristen Zuwendungen nur dann zu gestatten, wenn dies nicht auf Kosten der Gläubiger geht.[42]

---

[41] *Hayler* FuR 2000, 4; *Hayler*, Rechtsfolgen ehebedingter Zuwendungen im Verhältnis zu Dritten, Münchener Juristische Beiträge Band 4, 1999

[42] So im Ergebnis auch *Sandweg* NJW 1989, 1973 und *Ludwig* FuR 1992, 7; sowie BGHZ 71, 61/69 = NJW 1978, 1326 = LM § 32 KO Nr. 5; BGHZ 113, 393 = NJW 1991, 1610 = LM § 3 AnfG Nr. 33.

7. Kapitel. Kosten und Gebühren

§ 1. Notargebühren bei Eheverträgen

Für die Beurkundung eines Ehevertrages wird das Doppelte der vollen Gebühr 925
erhoben, § 36 Abs. 22 KostO.[1] Der Geschäftswert bestimmt sich gem. § 39 Abs. 3
KostO nach dem zusammengerechneten Wert der gegenwärtigen Vermögen beider
Ehegatten, wenn der Ehevertrag, wie bei Vereinbarung eines Vertragsgüterstandes
anstelle des gesetzlichen Güterstands, das Vermögen beider Ehegatten betrifft.
Betroffen ist das Vermögen nicht nur, wenn insgesamt eine eigentumsmäßige Zuordnungsänderung eintritt, wie etwa bei Vereinbarung von Gütergemeinschaft,
sondern schon dann, wenn die güterrechtlichen Regelungen, wie etwa der Zugewinnausgleich oder die Verfügungsbeschränkungen, das gesamte Vermögen erfassen.[2] Insbesondere ist bei Vereinbarung von Gütertrennung und im Fall des Ausschlusses des Zugewinnausgleichs nur für den Scheidungsfall[3] das Vermögen beider
Verlobter oder Ehegatten betroffen.[4] Eine Wertschätzung nach § 30 Abs. 1 KostO
kommt nicht in Betracht.[5]

Als Ausnahme von § 18 Abs. 3 KostO werden die Schulden abgezogen. Der Abzug erfolgt nur von dem Vermögen, auf dem die Schulden lasten. Gesamtschulden
werden von dem Vermögen abgezogen, das sie im Innenverhältnis belasten, im
Zweifel hälftig nach § 426 BGB. Die Überschuldung eines Vermögens ist nicht vom
anderen Vermögen abziehbar.[6]

Betrifft der Ehevertrag nur bestimmte Vermögensgegenstände, z.B. bei der Herausnahme einzelner Gegenstände aus dem Zugewinnausgleich oder der nachträglichen Vereinbarung von Vorbehaltsgut, so ist deren Wert maßgeblich. Hier findet
dann nach § 18 Abs. 3 KostO ein Abzug von Verbindlichkeiten nicht statt.[7]

Die einzelnen Gegenstände sind bei der Gesamt- und Einzelbewertung entsprechend §§ 19 ff. KostO zu bewerten.

Betrifft der Ehevertrag nur das Vermögen eines Ehegatten, z.B.: bei Festlegung
eines negativen Anfangsvermögens,[8] so ist nur dessen Vermögen maßgeblich.[9]

Bei Änderung eines Ehevertrages gilt § 42 KostO, wenn nur einzelne Änderungen
unter Aufrechterhaltung des Güterstandes erfolgen. Wird ein neuer Güterstand vereinbart, so gilt § 36 Abs. 2 KostO.[10]

Gegenstandsgleich mit dem Ehevertrag i.S. von § 44 Abs. 1 KostO sind die Eintragungsanträge zum Güterrechtsregister und Grundbuch, die Aufzählung einzelner
Vermögensgegenstände und die Auseinandersetzung des Gesamtguts bei Aufhebung
der Gütergemeinschaft.[11]

---

[1] *Korintenberg/Bengel* § 36 Rdn. 13.
[2] *Korintenberg/Bengel* § 39 Rdn. 72.
[3] Vgl. Rdn. 164.
[4] *Korintenberg/Bengel* § 39 Rdn. 72 m.w. N.
[5] BayObLGZ 1985, 1 = MittBayNot 1985, 50; a.A. *Lappe* NJW 1987, 1865.
[6] *Korintenberg/Bengel* § 39 Rdn. 82.
[7] *Korintenberg/Bengel* § 39 Rdn. 78.
[8] Vgl. Rdn. 177.
[9] *Korintenberg/Bengel* § 39 Rdn. 78.
[10] *Korintenberg/Bengel* § 39 Rdn. 83 f.
[11] *Korintenberg/Bengel* § 39 Rdn. 85.

Verschiedenen Gegenstand i. S. von § 44 Abs. 2 KostO haben der in der Urkunde enthaltene Überlassungsvertrag, der Erbverzichtsvertrag, sowie Vereinbarungen über eheliche Rollenverteilung, Familienunterhalt, nachehelichen Unterhalt und Versorgungsausgleich.[12] Soweit sich deren Wert, wie etwa bei vorsorgenden Verzicht der Verlobten auf nachehelichen Unterhalt und Versorgungsausgleich, nicht bestimmen läßt, ist der Regelwert des § 30 Abs. 2 KostO anzusetzen.

Erfolgen etwa die Verzichte auf nachehelichen Unterhalt und Versorgungsausgleich gegen Abfindung, so ist nach § 39 Abs. 2 KostO der Wert der Abfindung maßgeblich.

Beim Ehe- und Erbvertrag entsteht nach § 46 Abs. 3 KostO nur einmal die Gebühr nach § 36 Abs. 2 KostO nach dem Vertrag, der den höchsten Geschäftswert hat. Andere Vereinbarungen in der Urkunde werden dem so ermittelten Wert hinzugerechnet, wonach dann insgesamt die Gebühr nach § 36 Abs. 2 erhoben wird.[13]

Zu den Kosten der Rechtswahl nach Art. 14, 15 EGBGB vgl. *Korintenberg/ Reimann* § 30 Rdn. 51 ff.

---

[12] *Korintenberg/Bengel* § 39 Rdn. 86.
[13] OLG Stuttgart Rpfleger 1975, 409.

§ 2. Notargebühren bei Scheidungsvereinbarungen

Für Getrenntlebens- und Scheidungsvereinbarungen gelten dieselben Grundsätze wie bei Eheverträgen.[1] Infolge des Vereinbarungszeitpunkts läßt sich hier eher der genaue Wert etwa von Versorgungsausgleichs- und Unterhaltsverzichten bestimmen.[2] Nach § 24 Abs. 3 KostO gilt hier der fünffache Jahresbetrag der gesetzlich geschuldeten wiederkehrenden Leistung als Wert.

Entsprechendes gilt, wenn hier eine bestimmte Leistung vereinbart wird. Maßgebend ist dann der fünffache Jahresbetrag der vereinbarten Leistung. Auch der Kindesunterhalt wird, und zwar für jedes Kind getrennt, nach § 24 Abs. 3, 6 Satz 1 KostO bewertet.

Vereinbarungen über den gemeinsamen Vorschlag an das Familiengericht hinsichtlich elterlicher Sorge und Umgangsrecht und etwaige Vereinbarungen über das sonstige prozessuale Verhalten sind regelmäßig nach § 30 Abs. 2 KostO zu bewerten.

Freistellungen zwischen den Ehegatten hinsichtlich Kindesunterhalts und sonstiger Schulden sind nach dem jeweiligen Wert der Freistellung zu bewerten. Bei der Vermögensauseinandersetzung bestimmen sich die Werte nach §§ 19 ff. KostO.

§ 3. Eintragungen in das Güterrechtsregister

Für Eintragungen in das Güterrechtsregister wird nach § 81 KostO die volle Gebühr erhoben. Bei Eheverträgen ist der Geschäftswert nach § 39 Abs. 3 KostO zu berechnen. Bei sonstigen Eintragungen, etwa des Ausschlusses des Geschäftsbesorgungsrechts des § 1357 BGB, richtet sich der Wert nach §§ 29, 30 Abs. 2 KostO, ist also regelmäßig mit 5000,- DM anzunehmen.

§ 4. Anwalts- und Gerichtskosten in Scheidungssachen

Hier und zur Kostenersparnis bei notarieller Scheidungsvereinbarung[3] kann nur auf das einschlägige spezielle Schrifttum verwiesen werden.[4]

---

[1] Vgl. *Lappe* DNotZ 1983, 545.
[2] *Korintenberg/Bengel* § 39 Rdn. 87 ff. m. w. N.
[3] *Jost*, Anwaltszwang und einverständliche Scheidung, NJW 1980, 327, insbesondere S. 331 Fußn. 71 und 73 mit Berechnungsbeispielen.
[4] Z. B.: *Lappe*, Kosten in Familiensachen, 4. A. 1983 und *Rahm/Wohlnik*, Handbuch des Familiengerichtsverfahrens, Kapitel IX.

8. Kapitel. Ehevertragsgestaltung nach Ehetypen

§ 1. Grundlagen, Verfahren

I. Vorstellungen der Beteiligten über Notwendigkeit und Inhalt eines Ehevertrages

Im Beratungsgespräch teilen die Beteiligten dem Vertragsjuristen ihre Vorstellungen und Wünsche mit. Grundlegende Fehlvorstellungen und Fehlvorstellungen über Einzelfragen sind angesichts der allgemein geringen einschlägigen Kenntnisse auch der Gebildeten häufig. Die Praxis zeigt, daß diese Fehlvorstellungen in typischer Form immer wiederkehren. Der Vertragsjurist kann sich auf sie einrichten und bei der Richtigstellung auf bewährte Argumente zurückgreifen. Viele Beratungstermine über Eheverträge enden damit, daß man gemeinsam zu dem Ergebnis kommt, ein Ehevertrag sei nicht erforderlich. In einer zweiten Gruppe von Fällen wird ein Ehevertrag mit wesentlich weniger weitgehenden Regelungen abgeschlossen, als sich dies die Beteiligten vorgestellt hatten. Bei einer dritten Gruppe werden weitergehendere Regelungen getroffen, als dies die Beteiligten vorgehabt hatten. Der Einfluß des juristischen Beraters, also des Notars oder Rechtsanwalts, im Bereich von Eheverträgen ist groß. Der Vertragsjurist muß sich der damit verbundenen Verantwortung bewußt sein. Er darf weder allen Wünschen der Beteiligten vorschnell stattgeben, noch sich zum Vormund der Beteiligten aufschwingen. In jedem Fall schuldet der Vertragsjurist den Beteiligten und der Rechtsordnung die größtmöglichen Anstrengungen, um durch Aufklärung über die Rechtslage und den passenden Vertragstyp sowie den Appell an das Gerechtigkeitsgefühl eine ausgewogene Ehevertragsgestaltung zu erreichen. 929

In der Regel beschränken sich die Vorstellungen der Beteiligten auf das Ehegüterrecht und den nachehelichen Unterhalt. Stichworte sind „Gütertrennung" und „Unterhaltsverzicht". Mit diesen Begriffen verbindet man mehr oder weniger diffuse Vorstellungen. Der Versorgungsausgleich ist häufig überhaupt nicht bekannt, in anderen Fällen ist die Vereinbarungsfreiheit über den Versorgungsausgleich unbekannt. Hier muß der Berater erst das entsprechende Problembewußtsein herstellen.

Bei einer ersten Fallgruppe endet die Beratung häufig ohne Abschluß eines Ehevertrages. Viele Beratungsgespräche beginnen mit der Äußerung des Wunsches, man wolle Gütertrennung vereinbaren, weil der künftige Ehegatte voreheliche Schulden habe, weil man der Vollstreckung durch den Gerichtsvollzieher wegen der Schulden des Partners entgehen wolle und weil ein Ehegatte ein berufliches Haftungsrisiko habe, von dem der andere nicht berührt sein solle. In all diesen Fällen kann der Berater darauf hinweisen, daß der gesetzliche Güterstand ein Güterstand der Gütertrennung ist, und deshalb hier ehevertragliche Vorsorge grundsätzlich nicht erforderlich ist. Zu denken ist aber bei vorehelichen einseitigen Schulden an die Vereinbarung negativen Anfangsvermögens und bei der Abwehr von Vollstreckungsmaßnahmen an die Erstellung eines notariell beurkundeten Vermögensverzeichnisses. 930

Bei einer zweiten Fallgruppe werden zu weitgehende Wünsche der Beteiligten abgemildert, indem ein weniger einschneidender Ehevertrag abgeschlossen wird, als ihn die Beteiligten zunächst gewünscht hatten. Es sind dies vor allem die Fälle, in denen wegen einseitiger künftiger Erbschaften, Übergaben oder Ausstattungen oder 931 wegen der Beteiligung eines Ehegatten an einem Familienunternehmen Gütertrennung gewünscht wird. Hier hat es regelmäßig befriedende Wirkung, wenn man lediglich diese Vermögensmassen gegenständlich aus dem Zugewinnausgleich ausnimmt, während der Zugewinnausgleich für den sonstigen ehezeitlichen Erwerb stattfindet.

932 Der Abmilderung bedarf häufig auch das Begehren nach einem umfassenden Verzicht auf nachehelichen Unterhalt, das häufig bei Verlobten besteht, denen im Bekanntenkreis Fälle des Mißbrauchs von Unterhaltsansprüchen bekanntgeworden sind, weiterhin regelmäßig bei der Eheschließung des Unternehmers, der die lebenslange Unterhaltsknechtschaft nach Scheidung fürchtet. Hier muß der Berater die Gefahr eines völligen Unterhaltsverzichts angesichts der Unsicherheiten der künftigen Entwicklung deutlich machen und vermittelnde Lösungen anbieten, etwa bei der jungen Ehe die kindbedingte Berufsaufgabe als auflösende Bedingung für den Verzicht oder in der Unternehmerehe die Herabsetzung des Unterhaltsmaßstabs, das Abhängigmachen der Unterhaltsdauer von der Ehedauer und die Vereinbarung eines wertgesicherten Unterhaltshöchstbetrages.

933 Bei einer dritten Fallgruppe wird der schließlich abgeschlossene Ehevertrag umfangreicher, als es sich die Beteiligten gedacht hatten. Hier sind Fälle häufig, bei denen die Beteiligten nur das Ehegüterrecht im Auge hatten, während im Ergebnis nicht nur Vereinbarungen zum Eheguterrecht, sondern auch zum Versorgungsausgleich und zum nachehelichen Unterhalt getroffen werden, nicht selten auch ein ergänzender Erbvertrag geschlossen wird. Dies bewirkt die umfassende Aufklärung des Beraters über die Rechtslage und die Möglichkeit sachgerechter Gestaltungen. Insbesondere der Notar hat es im Regelfall leichter, wenn die Beteiligten nicht mit vorgefaßten und häufig unzutreffenden Vorstellungen und Wünschen zu ihm kommen, vor allem nicht mit von dritter Seite beeinflußten Wünschen, sondern sich unbefangen beraten lassen und eine ehetypgerechte Regelung wünschen.

II. Der Ablauf einer Verhandlung über den Ehevertrag

934 Eine sachgerechte Strukturierung der Ehevertragsverhandlung erleichtert die Aufklärungs- und Überzeugungsarbeit des Beraters und im Ergebnis den Abschluß eines ehetypgerechten Ehevertrages.

Die Verhandlung beginnt mit der Vergewisserung über die Personalien der Beteiligten, ihren Familienstand, ihre Berufe und ihre Staatsangehörigkeit. Danach erkundigt sich der Berater nach den Wünschen der Beteiligten, die er zunächst kommentarlos zur Kenntnis nimmt. Hiervon ausgehend befragt der Berater die Beteiligten je nach Einzelfall über die Dauer ihres bisherigen Zusammenlebens, ihre Vermögensverhältnisse, ihre Einkommensverhältnisse und ihre Pläne für die private und berufliche Zukunft einschließlich eines etwaigen Kinderwunsches und der geplanten Reaktion auf vorhersehbare Veränderungen in diesen Daten. Der Berater muß hierbei den Beteiligten in geeigneter Form deutlich machen, daß er nicht aus Neugierde fragt, sondern notwendige Daten für eine sachgerechte Gestaltung ermitteln muß.

Sodann erläutert der Berater den Beteiligten in kurzer Form und „übersetzender" Sprache die Grundzüge des ehelichen Güterrechts und der Scheidungsfolgen. Im Anschluß hieran erläutert er die Ehevertragsfreiheit in diesen Bereichen und macht vor allem deutlich, wozu die Ehevertragsfreiheit dienen soll.

Hieraus entwickelt sich dann das allseitige Gespräch über Notwendigkeit und Inhalt ehevertraglicher Vereinbarungen, bei dem dann regelmäßig auch unterschiedliche Vorstellungen der Partner über den Umfang der vom Gesetz abweichenden Regelungen zutage treten oder sich herausbilden werden. Der Berater sollte sich in diesem Stadium zurückhalten und nur im Sinne eines Moderators oder Mediators korrigierend eingreifen, wenn die Beteiligten von unzutreffenden rechtlichen Voraussetzungen ausgehen.

Der Berater wird aber dann zunehmend in das Gespräch und die sachliche Auseinandersetzung einbezogen werden und im Ergebnis durch Aufzeigen möglicher Alternativen, Hinweis auf mögliche künftige Entwicklungen sowie Hinweis auf die ehetypgerechte Gestaltung bei der Erarbeitung der Lösung mitwirken. Es wird dann entweder ein Konsens erreicht oder Dissens oder eine offene Situation festgestellt. Regelmäßig beauftragen die Beteiligten den Berater schließlich mit der Erstellung eines Entwurfs oder alternativer Entwürfe. Hiermit endet der erste Termin.

Im folgenden Termin wird entweder der zwischenzeitlich im privaten Gespräch der Beteiligten erzielte oder bestätigte Konsens in den Ehevertrag umgesetzt oder werden weitere Fragen erörtert, was zu einem dritten Termin führen kann.

Im sachlichen und im eigenen haftungsbestimmten Interesse sollte der Berater die Entwürfe mit erläuterndem Begleitschreiben zustellen, in jedem Fall aber in die Urkunde selbst entsprechende Belehrungsvermerke und auch den Hinweis auf den ersten Besprechungstermin aufnehmen. Dieses Vorgehen sichert auch dem nicht ehetypgerechten Vertrag, auf den sich beide Beteiligte schließlich geeinigt haben, den Bestand und vermeidet den Vorwurf der Pflichtverletzung gegenüber dem Berater und Vertragsgestalter.

III. Ehevertragsgestaltung nach Ehetypen

1. Grundsätze

Der Kautelarjurist ordnet auf einer ersten Stufe der Vertragsgestaltung die soziale Wirklichkeit unter rechtlichen Aspekten, indem er Fallgruppen bildet, für die er auf einer zweiten Stufe Vertragstypen entwickelt.[1] Diese Methode der Kautelarjurisprudenz exemplifiziert sich besonders eindrucksvoll im Ehevertragsbereich. Hier geht der Weg von der Unterscheidung von Ehetypen zur Erarbeitung von Ehevertragstypen, die diesen Ehetypen entsprechen.[2]

935

2. Ehetypen

In der sozialen Wirklichkeit finden sich verschiedene Ehetypen vor, die sich nach rechtlich relevanten Unterscheidungskriterien zu Fallgruppen ordnen lassen. Nach dem Kriterium der Berufstätigkeit lassen sich etwa unterscheiden die Einverdienerehe, die Zuverdienerehe, die Doppelverdienerehe und die Rentnerehe, nach dem Kriterium des Kindes die kinderlose Ehe mit Kinderwunsch, die entgültig kinderlose Ehe, die Ehe mit gemeinsamen noch zu versorgenden Kindern, die Ehe mit einseitigen noch zu versorgenden Kindern und die Ehe mit bereits versorgten Kindern, nach dem Kriterium des Lebensalters die Ehe junger Leute, die Heirat in mittlerem Alter, die Heirat bei großem Altersunterschied und die Heirat alter Leute, nach dem Kriterium des Vermögens die Ehe mit beiderseits geringem Vermögen, die Ehe mit einseitigem Vermögen, insbesondere die Ehe des Unternehmers oder des reichen Erben, und die Ehe beiderseits vermögender Eheleute.

936

3. Fallgruppenbildung

Für den Kautelarjuristen ist nicht die soziologische Unterscheidung dieser verschiedenen Ehetypen interessant, sondern ihre Unterscheidung nach rechtlichen Kri-

937

---

[1] Zu diesem Verfahren eingehend *Langenfeld*, Vertragsgestaltung 2. Aufl. 1998.
[2] *Langenfeld*, Möglichkeiten und Grenzen notarieller Vertragsgestaltung bei Eheverträgen und Scheidungsvereinbarungen, DNotZ-Sonderheft zum 22. Deutschen Notartag München 1985, 148; *Langenfeld*, Ehevertragsgestaltung nach Ehetypen – zur Fallgruppenbildung in der Kautelarjurisprudenz, FamRZ 1987, 9.

8. Kapitel. Ehevertragsgestaltung nach Ehetypen

terien. Diese rechtlichen Kriterien sind das gesetzliche Ehegüter- und Scheidungsfolgenrecht und die von ihm gewährte Freiheit zu abweichenden ehevertraglichen Regelungen. Fallgruppenbildung heißt Aufarbeitung der Lebenswirklichkeit unter rechtlichen Gesichtspunkten. Der Weg von der Fallgruppe zum Vertragstyp ist kein unzulässiger Schritt vom Sein zum Sollen, da die Fallgruppenbildung bereits unter Berücksichtigung der Sollenssätze der gesetzlichen Regelung erfolgt. Das Kriterium Berufstätigkeit in der Ehe erhält seinen rechtlichen Bezug etwa durch die an die berufsbedingte Einkommenserzielung anknüpfenden Rechtsfolgen wie den Zugewinnausgleich und den Versorgungsausgleich, das Kriterium Kind etwa durch den kindesbedingten Verzicht auf eigenen Vermögenserwerb und eigene Alterssicherung, das Kriterium Vermögen etwa durch die mögliche scheidungsbedingte Gefährdung des Betriebsvermögens des Unternehmers.

4. Die gesetzlich geregelte Fallgruppe

938 Der richtige Einsatz des Ehevertrages im Rahmen der Ehevertragsfreiheit ist nur gewährleistet, wenn man zunächst ermittelt, welchen Ehetyp das Gesetz regelt. Das gesetzliche Ehegüter- und Scheidungsfolgenrecht ist gekennzeichnet durch den Zugewinnausgleich, den Versorgungsausgleich und den nachehelichen Unterhalt. Sie dienen allesamt dem Schutz desjenigen Ehegatten, der ehe- und familienbedingt auf eigenen Vermögenserwerb und den Erwerb einer eigenen Altersversorgung verzichtet und wegen der ehebedingten Aufgabe seiner Berufstätigkeit nach der Scheidung nicht in der Lage ist, durch eigenen Verdienst seinen Unterhalt zu bestreiten. Das Gesetz regelt also die Einverdienerehe.[3]

5. Der Bereich des Ehevertrages

939 Hieraus erfolgt, daß die gesetzliche Regelung die anderen Ehetypen desto mehr verfehlt, je weiter sie sich vom Typ der kindbestimmten Einverdienerehe entfernt. Im Extremfall der Partnerschaftsehe beiderseits voll berufstätiger, kinderloser Ehegatten sind Zugewinnausgleich, Versorgungsausgleich und nachehelicher Unterhalt im Scheidungsfall nicht erforderlich, ja können zu einem ungerechten Ausgleich unterschiedlichen Arbeitsaufwandes bei unterschiedlicher beruflicher Qualifikation führen, bloß weil die Parteien verheiratet waren. Hieraus ergibt sich der Grundsatz, daß von den Möglichkeiten der Modifizierung und Abbedingung des gesetzlichen Ehegüter- und Scheidungsfolgenrechts durch Ehevertrag desto mehr Gebrauch gemacht werden kann und muß, je mehr sich der gelebte Ehetyp von der kindbestimmten Einverdienerehe entfernt. Hier bewährt sich der das analoge Denken des Kautelarjuristen kennzeichnende Grundsatz des je mehr – desto.[4]

6. Ehevertragstypen

940 Aus der Unterscheidung der Ehetypen nach Fallgruppen ergibt sich die Unterscheidung von typischen Ehevertragsgestaltungen wie etwa des Ehevertrages der Partnerschaftsehe oder des Ehevertrages der in höherem Alter wieder heiratenden Verwitweten mit jeweils einseitigen Kindern. Bei diesen Vertragstypen wird das gesetzliche Ehegüter- und Scheidungsfolgenrecht weitgehend modifiziert oder abbedungen, der Ehevertrag verschafft der Ehe ein eigenes Gesetz. Bei anderen Vertragstypen ist die Nähe zum Gesetz größer, etwa im Fall der noch kinderlosen Ehe junger Leute, wo die Problematik darin liegt, daß aus der kinderlosen Doppelverdienerehe zeitweilig oder auf immer eine Einverdienerehe mit Kind werden kann.

---

[3] *Langenfeld*, FamRZ 1987, 9.
[4] Dazu *Langenfeld*, Vertragsgestaltung Rdn. 33, 38.

§ 1. Grundlagen, Verfahren

Hier gibt sich das für die Kautelarjurisprudenz typische Prognoseproblem.[5] Als möglich absehbare Veränderungen müssen berücksichtigt werden und führen im Fall der noch kinderlosen Ehe dazu, daß ein endgültiger Ausschluß von Zugewinnausgleich, Versorgungsausgleich und nachehelichem Unterhalt nicht typgerecht wäre. Vielmehr kommen allenfalls befristete oder bedingte Ausschlüsse in Betracht. So fließend wie die Übergänge zwischen den einzelnen Ehetypen sind auch die Übergänge zwischen den Vertragstypen. Hier besteht kein numerus clausus, vielmehr ein „offenes System"[6] ineinander übergehender und modifizierbarer Typen, deren einzige Beschränkung die innere Folgerichtigkeit und Klarheit und etwaige zwingende gesetzliche Vorgaben sind. Immer dann und solange der Vertragstyp fallgruppengerecht ist, ist er legitim und konsensfähig.[7]

7. Regelungstypen

Regelungstypen sind typische Gestaltungen unterhalb der Ebene der Vertragstypen, wobei die Übergänge fließend sind und kein grundlegender Unterschied zwischen Vertrags- und Regelungstypen besteht. Bei den Regelungstypen liegt der Schwerpunkt mehr auf der rechtstechnisch richtigen Gestaltung.[8] 941

8. Erweiterter Ehevertragsbegriff

Das Gesetz versteht unter Ehevertrag die Regelung der güterrechtlichen Verhältnisse der Ehegatten durch Vertrag, § 1408 Abs. 1 BGB. Im Sinne der kautelarjuristischen Ehevertragsgestaltung nach Ehetypen gilt dagegen ein funktional erweiterter Ehevertragsbegriff, der die Gesamtheit der ehebezogenen vorsorgenden Vereinbarungen der Verlobten oder Ehegatten zur ehelichen Rollenverteilung, zum Familienunterhalt, zum Ehegüterrecht, zum Versorgungsausgleich und zum nachehelichen Unterhalt umfaßt, und zwar unabhängig davon, ob für jede einzelne Vereinbarung die Form des § 1410 BGB einzuhalten ist oder nicht. Diese der vorsorgenden vertraglichen Vereinbarung zugänglichen Materien stehen in einem Beratungs- und Regelungszusammenhang in dem Sinn, daß ihre Interdependenzen im hermeneutischen Prozeß der Willensermittlung und Willensbildung[9] zu ermitteln, offenzulegen und zu erörtern sind. Der Ehevertrag kann sich dann im Ergebnis auf einzelne Regelungen, etwa eine Vereinbarung über den Versorgungsausgleich nach § 1408 Abs. 2 BGB, beschränken. Zu erwägen und zu erläutern sind auf dem Weg dahin aber auch andere in Betracht kommende Vereinbarungen wie etwa die Gütertrennung oder der Unterhaltsverzicht. Die Vernachlässigung der Interdependenz der einzelnen Scheidungsfolgen kann zu gravierenden Fehlern führen. Hingewiesen sei nur auf den Fall der Vereinbarung von Gütertrennung für die Ehe des Unternehmers, der seine Altersversorgung auf Renditeobjekte und Kapitallebensversicherungen aufgebaut hat, mit der Beamtin, ohne daß auch gleichzeitig der Versorgungsausgleich ausgeschlossen wird. Bei Scheidung bleiben hier als Folge der Gütertrennung die Renditeobjekte und Lebensversicherungen des Mannes unangetastet, während die Frau im Versorgungsausgleich die Hälfte ihrer in der Ehezeit erworbenen Pensionsanwartschaften verliert, sofern nicht ein einsichtiger Richter über § 1587c Nr. 1 BGB hilft. 942

---

[5] *Langenfeld*, Vertragsgestaltung Rdn. 4.
[6] Dazu *Langenfeld*, Vertragsgestaltung Rdn. 83.
[7] Zum Konsens der Fachleute als Kriterium der Vertragstypenbildung vgl. *Langenfeld*, Vertragsgestaltung Rdn. 20, 80.
[8] *Langenfeld*, Vertragsgestaltung Rdn. 35, 37, 65, 145.
[9] Dazu *Langenfeld*, Vertragsgestaltung Rdn. 49, 87 ff.

§ 2. Fallgruppen und Typen des Ehevertrages

I. Grundsätze der Ehevertragsgestaltung

943   Im folgenden werden auf dem Stand der gegenwärtigen Ehevertragspraxis die Ehevertragstypen erläutert und als Muster formuliert, die sich als Standards herausgebildet haben.[1] Von ihnen ausgehend kann der Vertragsgestalter den jeweiligen Fall in einen Ehevertrag umsetzen, indem er sich zunächst an den jeweiligen Fallgruppen orientiert und den konkreten Fall einer Fallgruppe grundsätzlich zuordnet. Es sind dann die Übereinstimmungen und die Abweichungen dieses Einzelfalles von der dargestellten typischen Fallgruppe herauszuarbeiten. Dann erfolgt die Entscheidung zwischen den möglichen Gestaltungsalternativen. Bei der Gestaltung des Ehevertrages sind die Regelungen zu übernehmen, hinsichtlich derer der konkrete Fall mit der typischen Fallgruppe übereinstimmt und die Regelungen nicht zu übernehmen oder modifizieren, hinsichtlich derer der Fall von der typischen Fallgruppe abweicht. Dies geschieht aufgrund der Einigung der beteiligten Verlobten oder Eheleute und nach deren letztlich verbindlicher Entscheidung.

II. Der Ehevertrag der jungen Doppelverdienerehe mit Kinderwunsch

1. Fallgruppe

944   Gerade von jungen Verlobten und Eheleuten, die beide berufstätig sind und es grundsätzlich auch bleiben wollen, wird häufig der Wunsch geäußert, alle gesetzlichen Scheidungsfolgen ehevertraglich auszuschließen und so eine „faire" Ehe „ohne Netz und doppelten Boden" zu führen. Sie sind aufgrund ihrer jeweiligen beruflichen Position beide selbstbewusst und wollen jegliche Folgen einer etwaigen Scheidung ausschließen. Häufig bringen sie vor, dass sie aus ihrem Freundes- oder Bekanntenkreis Fälle kennen, in denen nach Scheidung der Ehe ein Ehegatte den anderen unter Ausnutzung seiner gesetzlichen Rechte ungerechtfertigt belastet, insbesondere dadurch, dass er sich seiner gesetzlichen Pflicht zur eigenen Erwerbstätigkeit nach der Scheidung treuwidrig, aber insofern nicht beweisbar entzieht und auf Kosten des anderen lebt. Derartige Konsequenzen des gesetzlichen Scheidungsfolgenrechts werden als ungerecht empfunden. In vielen Fällen hat man auch bereits längere Zeit nichtehelich zusammengelebt und möchte über den Trauschein und die Verpflichtungen bei bestehender Ehe hinaus keine Verpflichtungen begründen. Hier muss der Vertragsjurist durch den eindringlichen Hinweis gegensteuern, dass sich der gemeinsame Lebensplan durch die Geburt eines Kindes grundlegend in dem Sinne ändern kann, dass ein Ehegatte – regelmäßig die Frau – zur Kindesbetreuung seine Berufstätigkeit aufgibt und damit in der schutzwürdigen Situation ist, die das gesetzliche Ehegüter- und Scheidungsfolgenrecht voraussetzt. Die Beteiligten sehen regelmäßig ein, dass diese ehebedingt geänderte Situation nicht einseitig zulasten des kindesbetreuenden Ehegatten, also regelmäßig der Frau, gehen kann.

Will man nicht im Hinblick auf die kindbedingt künftig möglicherweise veränderte Ehesituation auf einen Ehevertrag ganz verzichten und es beim gesetzlichen Scheidungsfolgenrecht belassen, so sind Lösungen zu finden, die dem künftigen Übergang vom Ehetyp der kinderlosen Doppelverdienerehe zum Ehetyp der Einverdienerehe mit Kind Rechnung tragen. Diesen Übergang bewerkstelligt die auflösende Bedingung. Der gewünschte Ausschluss des Zugewinnausgleichs, des Versorgungs-

---

[1] Vgl. Rdn. 935 ff.

§ 2. Fallgruppen und Typen des Ehevertrages

ausgleichs und des nachehelichen Unterhalts wird unter der auflösenden Bedingung beurkundet, dass ein gemeinschaftliches Kind geboren wird und deswegen ein Ehegatte seine Berufstätigkeit ganz oder teilweise aufgibt. Ab diesem Zeitpunkt wird dann der Zugewinn und der Versorgungsausgleich berechnet und wird bei Scheidung der gesetzliche nacheheliche Unterhalt geschuldet.

2. Ehevertragstyp: Auflösend bedingter Ehevertrag

Formulierungsvorschlag

Verhandelt zu ... am ...
Vor dem Notar ... sind erschienen ... (Namen, Berufe, Geburtsdaten, Geburtsorte, Adressen)
Die Erschienenen beabsichtigen, in Kürze zu heiraten. Sie schließen den folgenden Vertrag für den Fall der Eheschließung.
Der Notar hat die Erschienenen über das gesetzliche Ehegüter- und Scheidungsfolgenrecht und die Möglichkeiten seiner vertraglichen Abbedingung und Änderung belehrt.
Vor dem heutigen Beurkundungstermin fand eine Vorbesprechung statt, im Anschluss an die den Erschienenen ein Vertragsentwurf zugeleitet wurde.
Die Erschienenen erklären den folgenden

<u>Ehevertrag</u>

I. Eheliches Güterrecht
Wir modifizieren den gesetzlichen Güterstand wie folgt:
Für den Fall der Beendigung des Güterstandes durch den Tod eines Ehegatten soll es beim Zugewinnausgleich durch Erbteilserhöhung oder güterrechtliche Lösung verbleiben. Wird jedoch der Güterstand auf andere Weise als durch den Tod eines Ehegatten beendet, also insbesondere durch Scheidung, so findet kein Zugewinnausgleich statt. Dies gilt auch für den vorzeitigen Zugewinnausgleich bei Getrenntleben.
Wir schließen die Verfügungsbeschränkungen der §§ 1365, 1369 BGB völlig aus.
Zuwendungen eines Ehegatten an den anderen können bei Scheidung der Ehe nicht zurückgefordert werden. Die Scheidung der Ehe führt nicht zum Wegfall der Geschäftsgrundlage für derartige Zuwendungen. Dies gilt unabhängig vom Verschulden am Scheitern der Ehe. Die Rückforderung ist nur dann möglich, wenn sie bei der Zuwendung ausdrücklich vorbehalten wurde. Auch ein Ausgleich in Geld findet nur statt, wenn er ausdrücklich vereinbart wurde.
Dieser Ausschluss des Zugewinnausgleichs für den Scheidungsfall ist dadurch auflösend bedingt, dass ein Ehegatte wegen der Geburt eines gemeinsamen Kindes seine Berufstätigkeit aufgibt oder einschränkt. Die Bedingung tritt mit dem Monatsersten ein, ab dem der Ehegatte nach Ablauf etwaiger Schutzfristen oder Kindererziehungszeiten wieder arbeiten müsste, aber kindbedingt nicht mehr oder nicht mehr voll arbeitet. Ab Geburt des Kindes wird gegebenenfalls der Zugewinnausgleich berechnet. Bis dahin erworbenes Vermögen ist Anfangsvermögen.

II. Versorgungsausgleich
Wir schließen den Versorgungsausgleich aus.
Der Notar hat uns über die Bedeutung und die Folgen des Ausschlusses belehrt, insbesondere darüber, dass infolge dieser Vereinbarung der vom Gesetz für den Fall der Scheidung vorgesehene Ausgleich der in der Ehezeit erworbenen Versorgungsanwartschaften nicht stattfindet. Der Notar hat weiter darauf hingewiesen, dass der Ausschluss des Versorgungsausgleichs unwirksam ist, wenn einer von uns innerhalb eines Jahres Antrag auf Scheidung der Ehe stellt.
Sollte der Ausschluss des Versorgungsausgleichs unwirksam sein oder werden, so hat dies auf die Wirksamkeit der übrigen Vertragsbestimmungen keine Auswirkungen.

> Der Ausschluss des Versorgungsausgleichs wird auflösend bedingt vereinbart. Sollte ein Ehegatte wegen der Geburt eines gemeinsamen Kindes seine Berufstätigkeit aufgeben oder einschränken, so findet der Versorgungsausgleich ab dem Monat statt, in dem der Ehegatte erstmals keine oder nur verminderte Versorgungsanwartschaften erwirbt. Für den Zeitraum davor verbleibt es beim Ausschluss des Versorgungsausgleiches.
>
> III. Nachehelicher Unterhalt
> Wir verzichten gegenseitig auf jeglichen nachehelichen Unterhalt, auch für den Fall der Not, und nehmen den Verzicht gegenseitig an.
> Der Notar hat darauf hingewiesen, dass infolge dieses Unterhaltsverzichts kein Ehegatte gegen den anderen bei Scheidung der Ehe Unterhaltsansprüche haben wird, und zwar gerade dann, wenn er selbst für seinen Unterhalt nicht sorgen kann, dass aber aufgrund der gegenwärtigen Rechtsprechung dem nach dem Gesetz unterhaltspflichtigen Ehegatten in bestimmten Fällen die Berufung auf den Verzicht versagt ist, dies insbesondere dann und solange, wie der andere Ehegatte ein gemeinsames Kind zu betreuen hat.
> Dieser Unterhaltsverzicht wird auflösend bedingt vereinbart. Wenn ein Ehegatte wegen der Geburt oder Betreuung eines gemeinsamen Kindes seine Berufstätigkeit aufgibt oder einschränkt, so entfällt der Unterhaltsverzicht völlig und endgültig und gilt bei einer etwaigen Scheidung der Ehe das gesetzliche Unterhaltsrecht.
> (Schlussvermerke)

3. Erläuterungen

946 *a) Zweistufiger Ehevertrag.* Der Ehevertragstyp ist zunächst dadurch gekennzeichnet, dass er zunächst die Doppelverdienerehe regelt und deren etwaige Scheidung durch das Entfallen des gesetzlichen Zugewinnausgleichs, des gesetzlichen Versorgungsausgleichs und des gesetzlichen nachehelichen Unterhalts erleichtert. Der Hinweis auf § 1408 Abs. 2. S. 2 BGB ist deshalb erforderlich, weil die h.L. diese Vorschrift auch auf Verlobtenverträge anwenden will.[2]

947 *b) Bedingung, Rücktrittsvorbehalt.* Weiterhin ist der Ehevertragstyp dadurch gekennzeichnet, dass er die kindbedingte Aufgabe oder Einschränkung der Berufstätigkeit eines Ehegatten, regelmäßig der Frau, zur auflösenden Bedingung für den Ausschluss des gesetzlichen Scheidungsfolgenrechts macht. Tritt die Bedingung ein, so finden im Fall einer späteren Scheidung der Zugewinnausgleich, der Versorgungsausgleich und eine Zuerkennung gesetzlichen nachehelichen Unterhalts statt. Die Einzelheiten von Voraussetzungen und Rechtsfolgen der auflösenden Bedingung unterscheiden sich bei den drei Scheidungsfolgen, weshalb sie bei jeder Scheidungsfolge getrennt zu definieren sind. Alternative zur auflösenden Bedingung ist der Rücktrittsvorbehalt.[3]

948 *c) Unterhaltsverzicht.* Der Hinweis auf die Einschränkung der Berufung auf den Unterhaltsverzicht bezieht sich auf eine Rechtsprechung des BGH,[4] nach der sich der Unterhaltspflichtige im Rahmen des Kindesbetreuungsunterhalts nach Treu und Glauben solange nicht auf den Unterhaltsverzicht berufen darf, wie der Unterhaltsberechtigte ein gemeinsames Kind zu betreuen hat. Er hat trotz Verzichts dem anderen den notdürftigen Unterhalt zu zahlen.[5] Der Hinweis erfolgt für den Fall, dass bei Scheidung die auflösende Bedingung noch nicht eingetreten ist.

---

[2] *Palandt/Brudermüller* § 1408 Rdn. 16.
[3] Vgl. Rdn. 366 f.
[4] BGH NJW 1992, 3164; BGH FamRZ 1997, 873.
[5] Dazu *Gerber* DNotZ-Sonderheft 1998, 288.

d) Modifizierte Zugewinngemeinschaft. Die regelmäßig bessere Alternative zur völligen Gütertrennung ist die modifizierte Zugewinngemeinschaft.⁶ Die modifizierte Zugewinngemeinschaft belässt es beim Zugewinnausgleich im Todesfall nach § 1371 Abs. 1 BGB durch Erhöhung des Ehegattenerbteils auf die Hälfte der Erbschaft. Insbesondere kann der überlebende Ehegatte bei der Erbschaftsteuer zusätzlich zu den Ehegattenfreibeträgen einen etwaigen Zugewinnausgleichsanspruch, wie er sich auf den Zeitpunkt des Todes berechnet ergeben würde, steuerfrei abziehen, § 5 Abs. 1 ErbStG. Deshalb ist im Regelfall die modifizierte Zugewinngemeinschaft, die bei Scheidung wie eine Gütertrennung wirkt, der völligen Gütertrennung vorzuziehen.

Alternative zum völligen Ausschluss des Versorgungsausgleichs ist der zeitanteilige Ausschluss.⁷

949

---

⁶ Vgl. Rdn. 356 ff., 951.
⁷ Vgl. Rdn. 618 ff.

§ 3. Ehevertrag der jungen Ehe mit zeitanteiligen Ausschlüssen

I. Fallgruppe

950 Der Vertragstyp kann zur Vorsorge für den Fall der Frühscheidung verwendet werden.

II. Formulierungsvorschlag

951

Verhandelt zu ... am ...
Vor dem Notar ... sind erschienen ... (Namen, Berufe, Geburtsdaten, Geburtsorte, Adressen)
Die Erschienenen beabsichtigen, in Kürze zu heiraten. Sie schließen den folgenden Vertrag für den Fall der Eheschließung.
Der Notar hat die Erschienenen über das gesetzliche Ehegüter- und Scheidungsfolgenrecht und die Möglichkeiten seiner vertraglichen Abbedingung und Änderung belehrt.
Vor dem heutigen Beurkundungstermin fanden Vorbesprechungen statt, im Anschluss an die den Erschienenen Vertragsentwürfe zugeleitet wurden.
Die Erschienenen erklären den folgenden

Ehevertrag

I. Eheliches Güterrecht
Es soll grundsätzlich beim gesetzlichen Güterstand verbleiben. Sollte jedoch von einem Ehegatten vor Ablauf von fünf Ehejahren Antrag auf Scheidung der Ehe gestellt werden und in dessen Folge die Ehe geschieden werden, so soll kein Zugewinnausgleich stattfinden.

II. Versorgungsausgleich
Der Versorgungsausgleich wird ausgeschlossen.
Jedoch soll der Versorgungsausgleich nach Maßgabe der gesetzlichen Vorschriften in den Zeiträumen stattfinden, in denen ein Ehegatte im Einverständnis mit dem anderen Ehegatten familienbedingt, also zum Zwecke der Betreuung von Kindern und zur Haushaltsführung, nicht oder nicht ganztags berufstätig war. Wurden die Versorgungsanwartschaften während dieser Zeiten freiwillig weiterhin in der bisherigen Höhe aufgestockt, so ist auch für diese Zeiten der Versorgungsausgleich ausgeschlossen.
Ist dieser zeitanteilige Ausschluss des Versorgungsausgleichs deshalb unwirksam, weil er zur Folge hätte, dass dem Ausgleichsberechtigten mehr Anwartschaften in der gesetzlichen Rentenversicherung zu übertragen wären, als ihm nach der gesetzlichen Regelung zustehen, so findet der gesetzliche Versorgungsausgleich für die gesamte Ehezeit statt.
Sollte diese Vereinbarung durch Einreichung des Scheidungsantrags innerhalb eines Jahres gemäss § 1408 Abs. 2 S. 2 BGB unwirksam sein, so soll sie dennoch als Vereinbarung gemäss § 1587o BGB Bestand behalten. Die Ehegatten betrachten die Vereinbarung als ausgewogene Regelung auch im Sinne letzterer Vorschrift. Sie wurden vom Notar darauf hingewiesen, dass in letzterem Fall die Vereinbarung der Genehmigung des Familiengerichts bedarf.

III. Nachehelicher Unterhalt
Für den Fall, dass von einem Ehegatten vor Ablauf von fünf Ehejahren Scheidungsantrag gestellt und in dessen Folge die Ehe geschieden wird, verzichten wir gegenseitig

und völlig auf jeglichen nachehelichen Unterhalt und nehmen den Verzicht gegenseitig an. Dies gilt jedoch nicht für den Fall, dass ein Ehegatte vom anderen Unterhalt nach § 1570 BGB wegen Betreuung eines gemeinschaftlichen Kindes verlangen kann. Dieser Unterhalt in voller gesetzlicher Höhe ist nur solange zu zahlen, wie die Voraussetzungen des § 1570 BGB vorliegen. Nach deren Wegfall treten Anschlusstatbestände nicht in Kraft.

(Schlussvermerke)

III. Erläuterungen

1. Vorsorge für Frühscheidung

Die Modifizierung des gesetzlichen Güterstands und der Unterhaltsverzicht für den Fall der Frühscheidung sind in dieser Form eher selten. Sie tragen der Rechtslage Rechnung, dass der Zugewinnausgleich unabhängig von der Ehedauer stattfindet und nachehelicher Unterhalt nach der Rechtsprechung zu § 1579 Nr. 1 BGB jedenfalls schon dann zugesprochen werden kann, wenn die Ehe bis zur Rechtshängigkeit des Scheidungsantrags mehr als drei Jahre gedauert hat.[1]

2. Modifizierung zeitanteiliger Versorgungsausgleich

Dagegen ist der zeitanteilige Ausschluss des Versorgungsausgleichs die häufigste Modifizierung dieser Scheidungsfolge. Die Gestaltung ist deshalb möglich, weil der Versorgungsausgleich für jeden Monat der Ehezeit getrennt berechnet wird. Sie ist als Verkürzung der maßgeblichen Ehezeit zulässig,[2] während die Verlängerung des Versorgungsausgleichs über die Ehezeit hinaus unzulässig wäre.[3] Sie hat den Vorteil, dass sie die gesamte Ehezeit umfasst, auch wenn mehrere Zeiträume unterschiedlicher Berufstätigkeit zu verzeichnen sind.

3. Verbot des Supersplittings

Die Regelung in Ziffer II Absatz 3 des Musters bezieht sich auf das sog. Verbot des Supersplittings.[4] Es ist unzulässig, durch Vereinbarung mehr Versorgungsanwartschaften zu übertragen, als dies bei Durchführung des Versorgungsausgleichs geschähe. Dieses Verbot des Supersplittings wird von der h. L. auch auf vorsorgende Vereinbarungen angewendet.[5]

Zur hilfsweisen Vereinbarung nach § 1587o BGB vgl. Rdn. 570ff.

952

953

954

---

[1] BGH FamRZ 1982, 254 = NJW 1982, 823; BGH FamRZ 1986, 886 = NJW 1986, 2832.
[2] BGH FamRZ 1990, 273.
[3] In-Prinzip vgl. *Johannsen/Heinrich/Hahne* § 1587o Rdn. 16.
[4] BGH FamRZ 1990, 273; vgl. Rdn. 583ff.
[5] *Palandt/Brudermüller* § 1408 Rdn. 10.

8. Kapitel. Ehevertragsgestaltung nach Ehetypen

§ 4. Ehevertrag des begüterten Erben

I. Fallgruppe

955 Auch bei jungen Verlobten und Eheleuten sind heute die Fälle häufig, in denen ein Ehegatte oder beide Ehegatten bereits bei Eingehung der Ehe Vermögen haben, das regelmäßig von den Eltern oder sonstigen Verwandten erworben wurde, oder in denen ein erheblicher Vermögenserwerb durch vorweggenommene Erbfolge oder Erbfolge zu erwarten ist. In diesen Fällen wollen nicht nur die Beteiligten selbst verhindern, dass künftige Wertsteigerungen dieser Vermögensgegenstände in den Zugewinnausgleich fallen, sondern es drängen auch die Eltern mit Recht auf eine ehevertragliche Vereinbarung, die dies ausschließt. Die irrige Vorstellung, dass der gesamte künftige Erwerb in den Zugewinnausgleich fällt, ist nicht selten. Sie führt dann zum Verlangen nach strikter Gütertrennung. Nach Aufklärung der Beteiligten und gegebenenfalls auch der Eltern über die Rechtslage besteht die häufig gewählte vermittelnde Lösung darin, das Anfangsvermögen und den privilegierten Erwerb im Sinne von § 1374 Abs. 2 BGB gegenständlich aus dem Zugewinnausgleich herauszunehmen. Hierdurch wird einmal dem berechtigten Anliegen nach Scheidungsfolgenfreiheit dieser Vermögensgegenstände, zum anderen aber auch dem Zugewinnausgleichsgedanken für den sonstigen ehezeitlichen Erwerb Rechnung getragen. Die insgesamt nicht sachgerechte Gütertrennung wird vermieden.

II. Vertragstyp: Gegenständliche Herausnahme aus dem Zugewinnausgleich

956 **Formulierungsvorschlag**

Verhandelt zu ... am ...
Vor dem Notar ... sind erschienen ... (Namen, Berufe, Geburtsdaten, Geburtsorte, Adressen)
Die Erschienenen beabsichtigen, in Kürze zu heiraten. Sie schließen den folgenden Vertrag für den Fall der Eheschließung.
Der Notar hat die Erschienenen über das gesetzliche Ehegüter- und Scheidungsfolgenrecht und die Möglichkeiten seiner vertraglichen Abbedingung und Änderung belehrt.
Vor dem heutigen Beurkundungstermin fand eine Vorbesprechung statt, im Anschluss an die den Erschienenen ein Vertragsentwurf zugeleitet wurde.
Die Erschienenen erklären den folgenden

Ehevertrag

I. Eheliches Güterrecht
Hinsichtlich des ehelichen Güterrechts soll es grundsätzlich beim gesetzlichen Güterstand verbleiben. Jedoch sollen alle Vermögensgegenstände jedes Ehegatten, die Anfangsvermögen im Sinne von § 1374 BGB sind, beim Zugewinnausgleich bei Beendigung der Ehe aus anderen Gründen als dem Tod eines Ehegatten, insbesondere bei Scheidung, in keiner Weise berücksichtigt werden. Sie sollen weder zur Berechnung des Anfangsvermögens noch des Endvermögens hinzugezogen werden. Auch die diese Gegenstände betreffenden Verbindlichkeiten, etwa Grundpfanddarlehen bei Grundstücken, sollen im Zugewinnausgleich keine Berücksichtigung finden. In dieser Weise sind also vom Zugewinnausgleich ausgenommen die Gegenstände, die heute im Eigentum jedes Ehegatten stehen und künftige Erwerbe von dritter Seite von Todes wegen oder mit Rücksicht auf ein künftiges Erbrecht, durch Schenkung oder Ausstattung.

§ 4. Ehevertrag des begüterten Erben

Auch Surrogate dieser aus dem Zugewinnausgleich herausgenommenen Gegenstände sollen nicht ausgleichspflichtiges Vermögen darstellen. Sie werden also bei der Berechnung des Endvermögens nicht berücksichtigt. Die Eheleute sind einander verpflichtet, über derartige Ersatzgegenstände ein Verzeichnis anzulegen und fortzuführen. Auf Verlangen hat diese Fortführung in notarieller Form zu erfolgen.
Erträge der vom Zugewinnausgleich ausgenommenen Vermögensgegenstände können auf diese Gegenstände verwendet werden, ohne dass dadurch für den anderen Ehegatten Ausgleichsansprüche entstehen. Macht jedoch ein Ehegatte aus seinem sonstigen Vermögen Verwendungen auf die in seinem Eigentum stehenden, vom Zugewinnausgleich ausgenommenen Gegenstände, so werden diese Verwendungen mit ihrem Wert zum Zeitpunkt der Verwendung dem Endvermögen des Eigentümers des Gegenstandes hinzugerechnet. Sie unterliegen also, gegebenenfalls um den Geldwertverfall berichtigt, dem Zugewinnausgleich. Zur Befriedigung der sich hieraus etwa ergebenden Zugewinnausgleichsforderung gilt das vom Zugewinnausgleich ausgenommene Vermögen im Sinne von § 1378 Abs. 2 BGB als vorhandenes Vermögen.
Macht der Ehegatte, der nicht Eigentümer des vom Zugewinnausgleich ausgenommenen Gegenstandes ist, auf diesen Gegenstand Verwendungen, so erfolgt dies mangels ausdrücklicher anderweitiger Vereinbarung darlehensweise. Das Darlehen wird bei Auflösung der Ehe nicht durch den Tod eines Ehegatten, insbesondere bei Scheidung, fällig und ist bis dahin unverzinslich. Bei Auflösung der Ehe durch den Tod erlischt das Darlehen. Die in dieser Weise darlehensweise gegebenen Geldbeträge sind zu verzeichnen.
Verwendung in diesem Sinn ist insbesondere auch die Tilgung von auf den ausgenommenen Vermögensgegenständen lastenden Verbindlichkeiten.
Bei Grundbesitz, der – wie etwa ein Miethaus – laufende Erträge erbringt, ist der Eigentümer-Ehegatte berechtigt, diese Erträge ganz oder teilweise auf einem Sonderkonto anzulegen, auch soweit sie als Instandhaltungsrücklage nicht erforderlich sind. Sämtliche Guthaben und Verbindlichkeiten auf einem solchen Sonderkonto sind ebenfalls vom Zugewinnausgleich ausgenommen.

<u>II. Versorgungsausgleich</u>
Beim gesetzlichen Versorgungsausgleich soll es verbleiben.

<u>III. Nachehelicher Unterhalt</u>
Es soll bei der gesetzlichen Regelung des nachehelichen Unterhalts verbleiben.
(Schlussvermerke)

III. Erläuterungen

Das System des gesetzlichen Zugewinnausgleichs, bei dem die in der Ehezeit erworbenen Gegenstände nicht gegenständlich verteilt werden, sondern lediglich Berechnungsposten für die Ermittlung einer Geldforderung bilden, erlaubt es, einzelne Gegenstände aus dieser Berechnung auszunehmen. Dies bewirkt, dass ehezeitliche Wertsteigerungen dieser Gegenstände nicht auszugleichen sind. Das Formular tut dies für das Anfangsvermögen und den sog. privilegierten Erwerb i.S. von § 1374 Abs. 2 BGB, der dem Anfangsvermögen hinzuzurechnen ist.
Die Regelung ist auf die anstelle dieser Gegenstände erworbenen Ersatzgegenstände, die Surrogate, zu erstrecken. Weiterhin ist zu regeln, was mit Erträgen dieser Gegenstände geschieht. Schließlich sind sonstige Verwendungen zu regeln. Verwendet im Beispielsfall der Hauseigentümer-Ehegatte Gelder, die dem Zugewinnausgleich unterliegen, auf die Instandhaltung des Hauses, so sind diese Beträge als vorhandenes Vermögen i.S. von § 1378 Abs. 2 BGB auszugleichen. Verwendet der Nichteigentümer-Ehegatte sein Geld auf das Haus des anderen, etwa indem er eine Reparatur bezahlt, so ist dies eine nach § 1380 BGB zu behandelnde Ehegattenzuwendung, wenn nicht, wie hier, Darlehen vereinbart wird.

957

§ 5. Eheverträge von Unternehmern

I. Fallgruppe

958 Die Herausarbeitung eines für alle Unternehmerehen gültigen Ehevertragstyps scheitert daran, dass es einen einheitlichen Ehetyp „Unternehmerehe" nicht gibt. Wohl aber gibt es typischen Interessenlagen und einzelne Fallgruppen von Unternehmerehen. Kennzeichnend für die Interessengegensätze in Unternehmerehen sind einerseits der Unternehmensschutz, andererseits der Schutz des betrieblich nicht beteiligten Ehegatten vor zu weitgehenden Entrechtungen unter dem Vorwand des Unternehmensschutzes. Entsprechendes gilt für die Ehe des Freiberuflers.

Traditioneller Güterstand für die Ehe des Unternehmers, selbständigen Kaufmanns und Freiberuflers war vor der Eherechtsreform die Gütertrennung. Nach der Eherechtsreform mit den erweiterten Scheidungsfolgen und angesichts einer gewandelten Scheidungsmentalität ist einerseits die völlige Gütertrennung regelmäßig keine angemessene Lösung mehr und sind andererseits noch weitere Vereinbarungen zum Versorgungsausgleich und insbesondere zum nachehelichen Unterhalt erforderlich. Beim Güterstand kann statt der völligen Gütertrennung lediglich das Betriebsvermögen gegenständlich aus dem Zugewinnausgleich herausgenommen werden.

Es geht immer um einen angemessenen Ausgleich im Einzelfall, wobei in erster Linie die Verlobten selbst versuchen müssen, nach Aufklärung über die Rechtslage und die ehevertraglichen Möglichkeiten eine Lösung auszuhandeln. Dabei müssen sie vor allem berücksichtigen, dass nur ein ausgewogener Ehevertrag der Ehe eine gute Prognose gewährleistet. Nicht selten befürchtet der Unternehmer, der Partner gehe die Ehe auch wegen der mit der Heirat verbundenen sozialen und vermögensmäßigen Verbesserung ein und könne dies bei einer späteren Scheidung ausnützen. Gegen solche Befürchtungen insbesondere im Hinblick auf die „lebenslange Unterhaltsknechtschaft" helfen angemessene Modifizierungen des gesetzlichen Scheidungsfolgenrechts, die von einem gut beratenen Partner regelmäßig akzeptiert werden, ohne dass eine Trübung des persönlichen Verhältnisses eintritt.

Die Vermögensverhältnisse der Unternehmerehe ermöglichen es zudem, gegen Verzicht auf gesetzliche Scheidungsfolgen freiwillige Vorsorge zur Unterhalts- und Versorgungssicherung zu treffen.

II. Vertragstyp: Ehevertrag über die gegenständliche Herausnahme des Betriebsvermögens aus dem Zugewinnausgleich

959 **1. Formulierungsvorschlag**

> Verhandelt zu ... am ...
> Vor dem Notar ... sind erschienen ... (Namen, Berufe, Geburtsdaten, Geburtsorte, Adressen)
> Die Erschienenen beabsichtigen, in Kürze zu heiraten. Sie schließen den folgenden Vertrag für den Fall der Eheschließung.
> Der Notar hat die Erschienenen über das gesetzliche Ehegüter- und Scheidungsfolgenrecht und die Möglichkeiten seiner vertraglichen Abbedingung und Änderung belehrt.
> Vor dem heutigen Beurkundungstermin fand eine Vorbesprechung statt, im Anschluss an die den Erschienenen ein Vertragsentwurf zugeleitet wurde.
> Die Erschienenen erklären den folgenden

Ehevertrag

I. Eheliches Güterrecht

Hinsichtlich des ehelichen Güterrechts soll es grundsätzlich beim gesetzlichen Güterstand verbleiben. Jedoch soll der Handwerksbetrieb des Ehemannes mit allen betrieblich genutzten Gegenständen aus dem Zugewinnausgleich gegenständlich ausgenommen sein. Derzeit sind dies die A-GmbH mit Sitz in B-Stadt, also die Geschäftsanteile des Ehemannes an dieser Gesellschaft und alles bilanzierte Vermögen dieser Gesellschaft, weiterhin das im Privateigentum des Mannes stehende, aber an die A-GmbH verpachtete Betriebsgrundstück (Beschrieb nach dem Grundbuch) einschließlich seiner Belastungen. Diese Gegenstände sollen beim Zugewinnausgleich bei Beendigung der Ehe aus anderen Gründen als dem Tod eines Ehegatten in keiner Weise berücksichtigt werden. Sie sollen weder zur Berechnung des Anfangsvermögens noch des Endvermögens hinzugezogen werden. Auch die diese Gegenstände betreffenden Verbindlichkeiten, etwa Betriebsdarlehen, sollen im Zugewinnausgleich keine Berücksichtigung finden.

Bei künftigen Veränderungen in der Rechtsform und im Bestand des Unternehmens sollen immer alle zu dem Unternehmen gehörenden oder ihm dienenden Gegenstände vom Zugewinnausgleich ausgenommen sein, insbesondere auch Gegenstände, die steuerlich Sonderbetriebsvermögen sind. Im Streitfall bestimmt ein von der örtlich zuständigen Handwerkskammer zu bestimmender Sachverständiger als Schiedsgutachter verbindlich, welche Gegenstände dieser Regelung unterliegen.

Erträge des Unternehmens, die den Rücklagen zugeführt werden, und Gesellschafterdarlehen sind ebenfalls vom Zugewinnausgleich ausgenommen, soweit dies den Grundsätzen einer ordnungsgemäßen Unternehmensfinanzierung entspricht. Im Streitfall entscheidet der Schiedsgutachter. Werden jedoch bereits endgültig entnommene Gewinne wieder in das Unternehmen transferiert, so unterliegen sie dem Zugewinnausgleich. Sie gelten im Sinne von § 1378 Abs. 2 BGB als vorhandenes Vermögen. Die Zwangsvollstreckung in das vom Zugewinnausgleich ausgenommene Vermögen des Unternehmers wegen Zugewinnausgleichsansprüchen ist unzulässig.

II. Versorgungsausgleich

Wir schließen den Versorgungsausgleich aus.

Der Notar hat uns über die Bedeutung und die Folgen des Ausschlusses belehrt, insbesondere darüber, dass infolge dieser Vereinbarung der vom Gesetz für den Fall der Scheidung vorgesehene Ausgleich der in der Ehezeit erworbenen Versorgungsanwartschaften nicht stattfindet. Der Notar hat weiter darauf hingewiesen, dass der Ausschluss des Versorgungsausgleichs unwirksam ist, wenn einer von uns innerhalb eines Jahres Antrag auf Scheidung der Ehe stellt.

III. Nachehelicher Unterhalt

Es soll bei der gesetzlichen Regelung des nachehelichen Unterhalts verbleiben.

IV. Ausgleichszahlung

Zum Ausgleich für die Herausnahme des Betriebsvermögens aus dem Zugewinnausgleich und den Ausschluss des Versorgungsausgleichs hat der Ehemann der Ehefrau bei Scheidung der Ehe einen Betrag von DM ... zuzüglich 4% Jahreszins ab heute zu zahlen.

Zur Sicherung dieser Zahlungsverpflichtung bestellt der Ehemann der Ehefrau hiermit an dem Grundstück (Beschrieb nach dem Grundbuch) eine brieflose Sicherungshypothek in Höhe von DM ... mit 4% Jahreszins ab heute. Die Eintragung im Grundbuch wird hiermit bewilligt und beantragt. Das Grundbuchamt erhält eine auszugsweise Ausfertigung dieses Vertrages zum Vollzug.

(Schlussvermerke)

2. Erläuterungen

960 Die Gestaltung entspricht grundsätzlich der der gegenständlichen Herausnahme von Anfangsvermögen und privilegiertem Erwerb aus dem Zugewinnausgleich.[1] Die Problematik liegt in der zweifelsfreien und streitvermeidenden Abgrenzung der ausgenommenen betrieblich genutzten Gegenstände. Der steuerliche Begriff des Betriebsvermögens ist hierzu nur begrenzt geeignet.[2] Das Steuerrecht unterscheidet ausgehend von § 247 Abs. 2 HGB notwendiges und gewillkürtes Betriebsvermögen einerseits und notwendiges Privatvermögen andererseits. Betriebsvermögen sind die Gegenstände, die bestimmt sind, dauernd dem Geschäftsbetrieb zu dienen. Die ehevertragliche Formulierung sollte klarstellen, dass hierunter auch Gegenstände fallen, die dem Betrieb – wie bei den Modellen der Betriebsaufspaltung – lediglich zur Nutzung überlassen sind. Das Muster bedient sich einer einerseits pauschalierenden, andererseits aber spezifizierenden Bezeichnung des gegenwärtigen betrieblich genutzten Vermögens mit einer Schiedsgutachterklausel nach § 317 BGB.

Wichtig ist die Vereinbarung über den Ausschluss der Zwangsvollstreckung in das betriebliche Vermögen wegen etwaiger Zugewinnausgleichsansprüche.

Der Vertragstyp ist vom BGH abgesegnet.[3]

III. Vertragstyp: Ehevertrag über Modifizierungen der Scheidungsfolgen, insbesondere des nachehelichen Unterhalts

1. Formulierungsvorschlag

961

Verhandelt zu ... am ...
Vor dem Notar ... sind erschienen ... (Namen, Berufe, Geburtsdaten, Geburtsorte, Adressen)
Der Notar hat die Erschienenen über das gesetzliche Ehegüter- und Scheidungsfolgenrecht und die Möglichkeiten seiner vertraglichen Abbedingung und Änderung belehrt. Vor dem heutigen Beurkundungstermin fand eine Vorbesprechung statt, im Anschluss an die den Erschienenen ein Vertragsentwurf zugeleitet wurde.
Die Erschienenen beabsichtigen, in Kürze zu heiraten. Sie schließen den folgenden Vertrag für den Fall der Eheschließung.
Die Erschienenen erklären den folgenden

<u>Ehevertrag</u>

<u>I. Eheliches Güterrecht</u>
Wir schließen die Verfügungsbeschränkungen des § 1365 BGB für das beiderseitige Vermögen völlig aus.
Die Beteiligung eines Ehegatten an einer Handelsgesellschaft wird für den Zugewinnausgleich so bewertet, wie es der jeweilige Gesellschaftsvertrag für die Abfindung eines durch Ausschluss oder Kündigung ausscheidenden Gesellschafters vorsieht. Enthält der jeweilige Gesellschaftsvertrag keine Bewertungsregelung oder entsteht über diese Streit, so entscheidet verbindlich ein Schätzgutachter, der auf Antrag einer Partei von der zuständigen Industrie- und Handelskammer bestimmt wird. Die Kosten des Gutachters trägt die Partei, die seine Bestimmung beantragt hat.

<u>II. Versorgungsausgleich</u>
Der zukünftige Ehemann ist verpflichtet, seine zukünftige Frau während der gesamten Dauer der Ehe bis zur Aufnahme des Getrenntlebens weiterhin in seinem Unterneh-

---
[1] Vgl. Rdn. 956.
[2] Vgl. *Tipke/Lang*, Steuerrecht, 13. A. S. 295.
[3] BGH NJW 1997, 2239 = LM § 1363 BGB Nr. 3 m. Anm. *Langenfeld*.

men als ... oder in einer vergleichbaren anderen Position zu beschäftigen und die hiermit verbundenen Beiträge zur gesetzlichen Rentenversicherung abzuführen. Sollte eine derartige Beschäftigung nicht mehr möglich sein, so ist der Ehemann verpflichtet, entsprechende Beträge freiwillig weiter zu leisten.
Im Hinblick hierauf schließen die Verlobten für die zukünftige Ehe den Versorgungsausgleich gegenseitig völlig aus. Jedoch ist die Ehefrau berechtigt, durch notarielle Erklärung, die dem Ehemann zuzustellen ist, von diesem Ausschluss zurückzutreten, wenn der Ehemann die Beiträge zur Rentenversicherung länger als drei Monate nicht geleistet hat.

III. Nachehelicher Unterhalt

Bei Scheidung wird der gesetzliche nacheheliche Unterhalt geschuldet. Jedoch wird die Höhe eines etwa vom Ehemann an die Ehefrau zu zahlenden nachehelichen Unterhalts, also sowohl des vollen Unterhalts beim alleinverdienenden Verpflichteten wie des Aufstockungsunterhalts beim höherverdienenden Verpflichteten, auf monatlich höchstens DM ... (in Worten: ... Deutsche Mark) begrenzt. Der Unterhaltsberechtigte ist verpflichtet, die zu einem Steuervorteil für den Unterhaltsverpflichteten erforderlichen Erklärungen in der erforderlichen Form abzugeben, wenn ihm der Unterhaltsverpflichtete die hieraus entstehenden Nachteile ersetzt.
Der Höchstbetrag wurde nach den heutigen Lebenshaltungskosten festgesetzt. Er verändert sich nach oben oder unten im gleichen prozentualen Verhältnis, wie sich der vom statistischen Bundesamt jährlich festgestellte Preisindex für die Lebenshaltung aller privaten Haushalte nach oben oder unten verändert. Die erste Anpassung erfolgt bei Rechtskraft der Ehescheidung durch den Vergleich des heute festgestellten Preisindex mit dem dann geltenden Preisindex. Jede weitere Anpassung erfolgt dann in jährlichem Abstand bei Veröffentlichung des neuen Preisindex durch das statistische Bundesamt.
Mit der Vereinbarung dieser wertgesicherten Höchstgrenze ist kein Anspruch auf Zahlung von nachehelichem Unterhalt verbunden. Vielmehr verbleibt es bezüglich Grund und Höhe eines etwaigen Unterhaltsanspruchs bei den gesetzlichen Bestimmungen. Nur wenn sich nach diesen ein höherer Unterhaltsanspruch eines geschiedenen Ehegatten gegen den anderen ergeben sollte, treten obige Höchstgrenzen in Kraft.
Weiterhin wird folgende zeitliche Begrenzung vereinbart:
Hat die Ehe vom Zeitpunkt der Eheschließung bis zum Zeitpunkt der Rechtshängigkeit der Scheidung nicht länger als fünf Jahre gedauert, so wird die zeitliche Höchstdauer des nachehelichen Unterhalts auf drei Jahre ab Rechtskraft der Scheidung begrenzt, soweit sich nicht nach der gesetzlichen Regelung eine kürzere Dauer ergibt. Hat die Ehe in diesem Sinne länger als fünf Jahre, aber nicht länger als zehn Jahre gedauert, so beträgt die Höchstdauer der Unterhaltsverpflichtung sieben Jahre. Bei einer Ehedauer von mehr als zehn, aber nicht mehr als fünfzehn Jahren beträgt die Höchstdauer 10 Jahre. Bei einer Ehedauer von über fünfzehn Jahren tritt keine vereinbarte Begrenzung der Höchstdauer mehr ein. Soweit und solange einem geschiedenen Ehegatten die Pflege und Erziehung eines gemeinschaftlichen ehelichen minderjährigen Kindes obliegt und von ihm auch tatsächlich wahrgenommen wird, treten obige Höchstgrenzen der Unterhaltsdauer nicht in Kraft. Nach Beendigung der Pflege und Erziehung, spätestens also mit Erreichung der Volljährigkeit des Kindes, erhält dieser Ehegatte, soweit die gesetzlichen Voraussetzungen im übrigen vorliegen, noch höchstens drei Jahre Unterhalt, es sei denn, aus den vereinbarten Fristen ohne Kindesbetreuung würde sich angesichts der Ehedauer eine längere Unterhaltsberechtigung ergeben, wobei für die Berechnung dieser etwaigen längeren Unterhaltsberechnung vom Zeitpunkt der Rechtskraft der Scheidung auszugehen ist.

(Schlussvermerke)

2. Erläuterungen

962 *a) Bewertungsvereinbarung.* Eine Alternative zur Gütertrennung bzw. zur gegenständlichen Herausnahme des betrieblich genutzten Vermögens aus dem Zugewinnausgleich (vgl. Rdn. 959) ist die Vereinbarung, dass zur Vermeidung von Bewertungsstreit und zum Schutz des Unternehmens auch für den Zugewinnausgleich die gesellschaftsvertragliche Bewertungsklausel gelten soll. Eine solche Bewertungsklausel enthält heute jeder Vertrag der Personen- oder Kapitalgesellschaft.

963 *b) Altersversorgung durch Anstellung.* Das Ehegattenarbeitsverhältnis oder die Anstellung in einem Familienunternehmen bei Abführung von Sozialversicherungsbeiträgen sind Möglichkeiten, dem Ehegatten den Erwerb eigener Altersversorgungsanwartschaften zu ermöglichen und im Gegenzug dazu den Versorgungsausgleich auszuschließen. Das Rücktrittsrecht nach Maßgabe des § 2296 BGB gibt dem Ehegatten die Möglichkeit, sich einseitig vom Ausschluss des Versorgungsausgleichs zu lösen, wenn der andere Ehegatte die Vereinbarung nicht einhält.

964 *c) Begrenzung des nachehelichen Unterhalts.* Die Begrenzung des Unterhalts der Höhe und der Dauer nach ist nach dem Unterhaltsverzicht die häufigste ehevertragliche Vereinbarung zum nachehelichen Unterhalt. Sie entspricht einer seit der Eherechtsreform 1977 gehandhabten Vertragspraxis und wurde durch § 1579 BGB in der Fassung des Unterhaltsänderungsgesetzes 1986 übernommen und bestätigt.

IV. Vertragstyp: Ehevertrag auf Gütertrennung mit Ausschluss des Versorgungsausgleichs gegen Lebensversicherung und Herabsetzung der Unterhaltsquote

1. Formulierungsvorschlag

965

Verhandelt zu ... am ...
Vor dem Notar ... sind erschienen ... (Namen, Berufe, Geburtsdaten, Geburtsorte, Adressen)
Die Erschienenen beabsichtigen, in Kürze zu heiraten. Sie schließen den folgenden Vertrag für den Fall der Eheschließung.
Der Notar hat die Erschienenen über das gesetzliche Ehegüter- und Scheidungsfolgenrecht und die Möglichkeiten seiner vertraglichen Abbedingung und Änderung belehrt.
Vor dem heutigen Beurkundungstermin fand eine Vorbesprechung statt, im Anschluss an die den Erschienenen ein Vertragsentwurf zugeleitet wurde.
Die Erschienenen erklären den folgenden

<u>Ehevertrag</u>

<u>I. Eheliches Güterrecht</u>
Wir vereinbaren für unsere künftige Ehe den Güterstand der Gütertrennung und schließen deshalb den gesetzlichen Güterstand aus.
Der Notar hat uns darauf hingewiesen, dass durch die Vereinbarung der Gütertrennung ein Ausgleich des Zugewinns bei Beendigung der Ehe, insbesondere nach einer Scheidung, nicht stattfindet, und dass sich das gesetzliche Erbrecht und das Pflichtteilsrecht vermindern können. Jeder von uns ist berechtigt, ohne Zustimmung des anderen über sein Vermögen im ganzen, auch über die ihm gehörenden Gegenstände des ehelichen Haushalts, frei zu verfügen.
Eine Eintragung im Güterrechtsregister wünschen wir nicht.
Die Errichtung eines Vermögensverzeichnisses wünschen wir nicht.

§ 5. Eheverträge von Unternehmern

Zuwendungen eines Ehegatten an den anderen sollen bei Scheidung der Ehe nicht zurückgefordert werden können. Die Scheidung der Ehe führt nicht zum Wegfall der Geschäftsgrundlage für derartige Zuwendungen. Dies gilt unabhängig vom Verschulden am Scheitern der Ehe. Die Rückforderung ist nur dann möglich, wenn sie bei der Zuwendung ausdrücklich vorbehalten wurde.

II. Versorgungsausgleich

Wir schließen den Versorgungsausgleich aus.
Der Notar hat uns über die Bedeutung und die Folgen des Ausschlusses belehrt, insbesondere darüber, dass infolge dieser Vereinbarung der vom Gesetz für den Fall der Scheidung vorgesehene Ausgleich der in der Ehezeit erworbenen Versorgungsanwartschaften nicht stattfindet. Der Notar hat weiter darauf hingewiesen, dass der Ausschluss des Versorgungsausgleichs unwirksam ist, wenn einer von uns innerhalb eines Jahres Antrag auf Scheidung der Ehe stellt.
Der Ehemann ist verpflichtet, für die Ehefrau ab dem nächsten Monatsersten bei der X-Lebensversicherung Aktiengesellschaft eine dynamische Lebensversicherung auf sein Ableben, spätestens auszahlbar bei Vollendung des 60. Lebensjahres der Frau in der Form der Kapitalversicherung mit Rentenwahlrecht abzuschließen. Der Kapitalbetrag der Lebensversicherung ist so festzusetzen, dass sich die Rente bei Ausübung des Rentenwahlrechts gegenwärtig auf DM ... belaufen würde. Der Ehemann ist verpflichtet, die Beiträge zu der Lebensversicherung pünktlich zu zahlen. Bei Verzug von mehr als drei Monaten ist die Ehefrau berechtigt, vom Ausschluss des Versorgungsausgleichs zurückzutreten. Dieser Rücktritt ist zur Urkunde eines Notars zu erklären und dem Ehemann zuzustellen. Im Streitfall über Höhe und Ausgestaltung der Lebensversicherung entscheidet verbindlich ein vom Familiengericht am Wohnsitz der Beteiligten zu bestimmender Rentenberater.

III. Nachehelicher Unterhalt

Es soll bei der gesetzlichen Regelung des nachehelichen Unterhalts verbleiben. Jedoch wird abweichend von der gesetzlichen Regelung und der Rechtsprechung vereinbart, dass die Unterhaltsquote sieben Zehntel beim Unterhaltsverpflichteten und drei Zehntel beim Unterhaltsberechtigten beträgt. An den Unterhaltsberechtigten sind also höchstens drei Zehntel der Differenz der jeweiligen anrechnungspflichtigen Einkommen bei Doppelverdienerehe bzw. drei Zehntel des anrechnungspflichtigen Einkommens des Alleinverdieners zu zahlen. Die Differenzmethode ist abweichend von der gegenwärtigen Rechtsprechung auch dann anzuwenden, wenn der Unterhaltsberechtigte erst nach Scheidung der Ehe eine Erwerbstätigkeit aufnimmt.
[Schlussvermerke]

2. Erläuterungen

Wird in der einkommens- oder vermögensstarken Ehe weder die Berufstätigkeit der Frau noch der gesetzliche Versorgungsausgleich gewünscht, so bietet sich die Möglichkeit an, für die Frau eine zur Altersversorgung geeignete Lebensversicherung abzuschließen und diese durch laufende Beiträge aufzustocken. Die privaten Lebensversicherer bieten geeignete Verträge an. Zu empfehlen ist die Klärung des gewünschten Lebensversicherungsvertrages vor Abschluss des Ehevertrages. Zur Quotierung des Unterhalts vgl. Rdn. 922 ff.

966

§ 6. Der Ehevertrag der Partnerschaftsehe

I. Fallgruppe

967 Die kinderlose Ehe beiderseits voll berufstätiger und vermögensmäßig unabhängiger Partner, die – nicht zuletzt aus steuerlichen Gründen – der nichtehelichen Lebensgemeinschaft vorgezogen wird, ist ein Ehetyp, der die Abbedingung des gesamten Scheidungsfolgenrechts in zweckmäßiger Form erlaubt und zur Vermeidung von Ungerechtigkeiten sogar erfordert. Versorgungsausgleich und nachehelicher Unterhalt können völlig ausgeschlossen werden. Beim Güterstand empfiehlt sich anstelle der völligen Gütertrennung hier die modifizierte Zugewinngemeinschaft, also die Beibehaltung des Zugewinnausgleichs im Todesfall bei Ausschluss des sonstigen Zugewinnausgleichs, um dem überlebenden Ehegatten die Möglichkeit des erbschaftsteuerfreien Zugewinnausgleichs im Todesfall zu erhalten. Auch der Erbvertrag mit gegenseitiger Erbeinsetzung ist dann empfehlenswert.

II. Vertragstyp: Ehe- und Erbvertrag der Partnerschaftsehe

1. Formulierungsvorschlag

968

Verhandelt zu ... am ...
Vor dem Notar ... sind erschienen ... (Namen, Berufe, Geburtsdaten, Geburtsorte, Adressen)
Die Erschienenen beabsichtigen, in Kürze zu heiraten. Sie schließen den folgenden Vertrag für den Fall der Eheschließung.
Die Erschienenen erklären den folgenden

<u>Ehe- und Erbvertrag</u>

<u>I. Eheliches Güterrecht</u>
Wir modifizieren den gesetzlichen Güterstand wie folgt:
Für den Fall der Beendigung des Güterstandes durch den Tod eines Ehegatten soll es beim Zugewinnausgleich durch Erbteilserhöhung oder güterrechtliche Lösung verbleiben. Wird jedoch der Güterstand auf andere Weise als durch den Tod eines Ehegatten beendet, insbesondere durch Scheidung, so findet kein Zugewinnausgleich statt. Dies gilt auch für den vorzeitigen Zugewinnausgleich bei Getrenntleben.
Die Verfügungsbeschränkungen der §§ 1365, 1369 BGB werden abbedungen. Zuwendungen eines Ehegatten an den anderen sollen bei Scheidung der Ehe nicht zurückgefordert werden können. Die Scheidung der Ehe führt nicht zum Wegfall der Geschäftsgrundlage für derartige Zuwendungen. Dies gilt unabhängig vom Verschulden am Scheitern der Ehe. Die Rückforderung ist nur dann möglich, wenn sie bei der Zuwendung ausdrücklich vorbehalten wurde. Auch ein Ausgleich in Geld findet nur statt, wenn er ausdrücklich vereinbart wurde.

<u>II. Versorgungsausgleich</u>
Wir schließen den Versorgungsausgleich aus.
Der Notar hat uns über die Bedeutung und die Folgen des Ausschlusses belehrt, insbesondere darüber, dass infolge dieser Vereinbarung der vom Gesetz für den Fall der Scheidung vorgesehene Ausgleich der in der Ehezeit erworbenen Versorgungsanwartschaften nicht stattfindet. Der Notar hat weiter darauf hingewiesen, dass der Ausschluss des Versorgungsausgleichs unwirksam ist, wenn einer von uns innerhalb eines Jahres Antrag auf Scheidung der Ehe stellt.

III. Nachehelicher Unterhalt

Wir verzichten gegenseitig auf jeglichen nachehelichen Unterhalt, auch für den Fall der Not, und nehmen den Verzicht gegenseitig an.

Der Notar hat darauf hingewiesen, dass infolge dieses Unterhaltsverzichts kein Ehegatte gegen den anderen bei Scheidung der Ehe Unterhaltsansprüche haben wird, und zwar gerade dann, wenn er selbst für seinen Unterhalt nicht sorgen kann.

IV. Erbvertrag

Erbvertraglich setzen wir uns gegenseitig zu alleinigen und unbeschränkten Erben ein. Der Rücktritt bleibt beiderseits vorbehalten.

(Schlussvermerke)

2. Erläuterungen

a) Modifizierte Zugewinngemeinschaft. Für die Modifizierung der Zugewinngemeinschaft in der Weise, dass der Zugewinnausgleich lediglich für den Fall der Scheidung oder Auflösung der Ehe ausgeschlossen wird, es aber beim Zugewinnausgleich im Fall des Todes nach § 1371 BGB verbleibt, hat sich die Bezeichnung „modifizierte Zugewinngemeinschaft" eingebürgert (vgl. Rdn. 356). Sie ist im Regelfall der völligen Gütertrennung i.S. von § 1414 BGB vorzuziehen. Wegen des Verbots von Mischgüterständen und der steuerlichen Anerkennung ist darauf zu achten, dass die Formulierung klar zum Ausdruck bringt, dass es sich lediglich um eine Abänderung des gesetzlichen Güterstandes durch teilweise Abbedingung des Zugewinnausgleichs handelt. Problematisch wäre z.B. die Formulierung: „Für den Fall der Scheidung soll Gütertrennung gelten, für den Fall der Auflösung der Ehe durch den Tod eines Ehegatten dagegen der gesetzliche Güterstand". 969

Die modifizierte Zugewinngemeinschaft schließt den nicht gewünschten Zugewinnausgleich bei Scheidung aus, erhält aber dessen zivilrechtliche und erbschaftsteuerliche Vorteile im Fall des Todes eines Ehegatten. Der überlebende Ehegatte behält den nach § 1371 BGB erhöhten Erb- und Pflichtteil. Vor allem aber kann er, wenn sein ehezeitlicher Zugewinn geringer war als der des verstorbenen Ehegatten, mit dem Finanzamt einen fiktiven Zugewinnausgleich durchführen mit der Folge, dass er den sich ergebenden Betrag bei der Erbschaftsteuer nicht zu versteuern hat, § 5 ErbStG. Zusätzlich behält er die erbschaftsteuerlichen Ehegattenfreibeträge. Diese Möglichkeit, die zu einer erheblichen Erbschaftsteuerentlastung führen kann, sollte man nicht durch Vereinbarung völliger Gütertrennung ausschließen.

b) Verfügungsbeschränkungen. Die Abbedingung der §§ 1365, 1369 BGB ist nicht notwendig, aber gerade bei der Partnerschaftsehe zweckmäßig. 970

c) Ehebedingte Zuwendungen. Die weitere Vereinbarung über die Bestandskraft ehebedingter Zuwendungen trägt der Rechtsprechung des Bundesgerichtshofs Rechnung, der in der Ehescheidung einen Wegfall der Geschäftsgrundlage ehebedingter Zuwendungen sieht mit der Folge, dass bei Ausschluss des Zugewinnausgleichs richterliche Korrekturen bis hin zur Rückabwicklung der Zuwendung über § 242 BGB möglich sind.[1] Da die Geschäftsgrundlage der vertraglichen Disposition unterliegt, kann wie im Muster vereinbart werden, dass durch die Ehescheidung die Geschäftsgrundlage für Ehegattenzuwendungen nicht berührt wird und eine Rückforderung oder ein Ausgleich in Geld nur stattfindet, wenn dies bei der Zuwendung ausdrücklich vereinbart wurde. 971

d) Erbvertrag. Die gegenseitige Erbeinsetzung ist ein Beispiel für mögliche erbvertragliche Verfügungen. Sie lösen im Rahmen eines Ehevertrages wegen Gegenstandsgleichheit nach § 46 Abs. 3 KostO keine weiteren Kosten aus.

---

[1] BGH NJW 1982, 2236; vgl. Rdn. 168 ff.

§ 7. Ehevertrag bei großem Alters- und Vermögensunterschied

I. Fallgruppe

972 Bei der Diskrepanzehe, etwa der Eheschließung des Chefarztes mit der Krankenschwester oder des Wirtschaftsanwalts mit der Anwaltsgehilfin, legt der Alters-, Vermögens- und Einkommensunterschied die Befürchtung nahe, dass ein mögliche Scheidung zu einer unangemessenen Ent- und Bereicherung führen könnte. Vorsorge kann hier durch eine Begrenzung des Umfangs der Scheidungsfolgen getroffen werden, etwa wie im Muster durch eine Herabsetzung der Quote des Zugewinnausgleichs, den Ausschluss des Versorgungsausgleichs gegen Lebensversicherung, die Bemessung des nachehelichen Unterhalts nicht nach den ehelichen Lebensverhältnissen und den Ausschluss des Aufstockungsunterhalts (sog. Nerzklausel). Derartige angemessene Begrenzungen der nachehelichen Ansprüche sind jedenfalls besser als der häufig in diesen Fällen gewünschte völlige Ausschluss aller Scheidungsfolgen.

II. Vertragstyp: Ehevertrag der Diskrepanzehe

1. Formulierungsvorschlag

973 Verhandelt zu ... am ...
Vor dem Notar ... sind erschienen ... (Namen, Berufe, Geburtsdaten, Geburtsorte, Adressen)
Die Erschienenen beabsichtigen, in Kürze zu heiraten. Sie schließen den folgenden Vertrag für den Fall der Eheschließung.
Die Erschienenen erklären den folgenden

Ehe- und Erbvertrag

I. Eheliches Güterrecht
Wir setzen für den Fall der Auflösung der Ehe durch Scheidung abweichend von § 1378 Abs. 1 BGB die Ausgleichsforderung jedes Ehegatten auf ein Viertel des Überschusses herab. Im übrigen soll es beim gesetzlichen Güterstand verbleiben.

II. Versorgungsausgleich
Wir schließen den Versorgungsausgleich aus.
Der Notar hat uns über die Bedeutung und die Folgen des Ausschlusses belehrt, insbesondere darüber, dass infolge dieser Vereinbarung der vom Gesetz für den Fall der Scheidung vorgesehene Ausgleich der in der Ehezeit erworbenen Versorgungsanwartschaften nicht stattfindet. Der Notar hat weiter darauf hingewiesen, dass der Ausschluss des Versorgungsausgleichs unwirksam ist, wenn einer von uns innerhalb eines Jahres Antrag auf Scheidung der Ehe stellt.
Der Ausschluss steht jedoch unter der Bedingung, dass der Ehemann beginnend mit dem Monat der Eheschließung für die Ehefrau eine private Kapitallebensversicherung in Höhe von DM ... auf deren 60. Lebensjahr mit Rentenwahlrecht abschließt und die Beiträge hierzu laufend zahlt. Im Falle der Scheidung der Ehe hat der Ehemann der Ehefrau den fünffachen Jahresbetrag der Beitragsleistung in einer Summer als Abfindung zu zahlen. Weitere Zahlungen schuldet er dann nicht mehr, auch nicht als Unterhalt.
Die Ehefrau kann verlangen, dass der Betrag der Kapitallebensversicherung einer etwaigen Veränderung des Geldwertes im Rahmen von Treu und Glauben unter Berücksichtigung der Zumutbarkeit laufend angepasst wird.

III. Nachehelicher Unterhalt

Soweit nachehelicher Unterhalt zu zahlen ist, so bestimmt sich das Maß des Unterhalts abweichend von § 1578 BGB nicht nach den ehelichen Lebensverhältnissen, sondern, wenn sich dadurch ein geringerer Unterhaltsanspruch ergibt, nach der beruflichen Stellung des unterhaltsberechtigten Ehegatten zum Zeitpunkt des Abschlusses dieses Ehevertrages. Der Aufstockungsanspruch nach § 1573 Abs. 2 BGB wird ausgeschlossen.

IV. Erbvertrag

Erbvertraglich setzen wir uns gegenseitig zu alleinigen und unbeschränkten Erben ein. Der Rücktritt vom Erbvertrag bleibt beiderseits vorbehalten.
(Schlussvermerke)

2. Erläuterungen

Sowohl beim Zugewinnausgleich wie beim Versorgungsausgleich kann die gesetzliche Halbteilung durch eine geringere Ausgleichsquote ersetzt werden. Alternativen hierzu sind der Ausschluss des Zugewinnausgleichs bzw. Versorgungsausgleichs gegen vermögenswirksame und versorgende Leistungen, etwa Übereignung einer Eigentumswohnung oder Zahlungen in eine Lebensversicherung. Bei der Herabsetzung des Unterhaltsmaßstabes auf die derzeitigen Lebensverhältnisse des einkommensschwächeren Ehegatten empfiehlt es sich, dessen derzeitiges Einkommen in der Vereinbarung festzuhalten. Alternative ist hier die Begrenzung von Höhe und Dauer des Unterhalts.[1]

974

---

[1] Vgl. Rdn. 961.

§ 8. Ehevertrag bei Heirat mit einem verschuldeten Partner

I. Fallgruppe

975 Bei Heirat mit einem verschuldeten Partner befürchtet der nicht verschuldete Teil, für die Schulden des anderen aufkommen zu müssen oder Pfändungen ausgesetzt zu sein. Die erstere Befürchtung lässt sich durch den Hinweis auf die Gütertrennungsstruktur des gesetzlichen Güterstandes leicht zerstreuen. Der letzteren Gefahr beugt die wahrheitsgemäße Feststellung der Eigentumsverhältnisse am Inventar der ehelichen Wohnung vor. Die Gerichtsvollzieher sehen in der Praxis bei Vorlage der notariellen Urkunde bereits von der Pfändung ab, um dem Gläubiger die erfolgreiche Vollstreckungsgegenklage des Ehegatten des Schuldners zu ersparen, §§ 1362 BGB, 771 ZPO.

Bei negativem Anfangsvermögen eines Ehegatten empfiehlt es sich, wenn der gesetzliche Güterstand beibehalten werden soll, das Anfangsvermögen ehevertraglich festzusetzen. Sonst wäre das Anfangsvermögen mit Null anzunehmen.[1] Hat z. B. der Ehemann Schulden in Höhe von 50 000,- DM, die Ehefrau weder Schulden noch Vermögen, und erwerben beide Ehegatten in der Ehezeit je 50 000,- DM, die der Mann zur Schuldentilgung verwendet und die Frau spart, so hat nach dem Gesetz die Frau dem Mann 25 000,- DM Zugewinnausgleich zu zahlen. Dieses ungerechte Ergebnis vermeidet die ehevertragliche Festsetzung des Anfangsvermögens des Mannes auf minus 50 000,- DM. Dann haben im Beispielsfall beide 50 000,- DM Zugewinn erzielt und ist nichts auszugleichen.

II. Vertragstyp: Vereinbarung negativen Anfangsvermögens

1. Formulierungsvorschlag

976 Verhandelt zu ... am ...
Vor dem Notar ... sind erschienen ... (Namen, Berufe, Geburtsdaten, Geburtsorte, Adressen)
Die Erschienenen beabsichtigen, in Kürze zu heiraten. Sie schließen den folgenden Vertrag für den Fall der Eheschließung.
Die Erschienenen erklären den folgenden

Ehevertrag

I. Eheliches Güterrecht
Die Ehefrau ist vermögenslos. Ihr Anfangsvermögen wird deshalb mit Null festgesetzt. Der Ehemann hat Schulden in Höhe von DM .... Sein Anfangsvermögen wird deshalb mit minus DM ... festgesetzt. Von diesem negativen Anfangsvermögen ausgehend wird sein Zugewinn berechnet, wobei auch das Endvermögen negativ sein kann.
Wir stellen fest, dass das gesamte Inventar der ehelichen Wohnung bis auf die persönlichen Gebrauchsgegenstände des Mannes im alleinigen Eigentum der Frau steht. Künftig erworbenes Inventar soll ebenfalls in das alleinige Eigentum der Frau fallen, wenn nicht beim Erwerb abweichendes schriftlich vereinbart wird.

II. Versorgungsausgleich
Beim gesetzlichen Versorgungsausgleich soll es verbleiben.

III. Nachehelicher Unterhalt
Es soll bei der gesetzlichen Regelung des nachehelichen Unterhalts verbleiben.

(Schlussvermerke)

---

[1] BGH FamRZ 1995, 990 = NJW 1995, 2165.

§ 9. Ehevertrag über vorehelichen Zugewinnausgleich

I. Fallgruppe

In den Fällen längerer nichtehelicher Lebensgemeinschaft vor Eingehung der Ehe kann es sachgerecht und gewünscht sein, die voreheliche Vermögensbildung in den Zugewinnausgleich miteinzubringen. Der BGH hat in einem Fall erheblicher Sach- und Arbeitsleistungen von Verlobten zum Zweck der Errichtung des Familieneigenheims auf einem im Alleineigentum eines Partners stehenden Grundstück einen den Anspruch auf Zugewinnausgleich ergänzenden Ausgleichsanspruch zugestanden, nach dem die alsdann geschlossene, im gesetzlichen Güterstand geführte Ehe gescheitert war.[1]

II. Vertragstyp: Erweiterter Zugewinnausgleich

1. Formulierungsvorschlag

Verhandelt zu ... am ...
Vor dem Notar ... sind erschienen ... (Namen, Berufe, Geburtsdaten, Geburtsorte, Adressen)
Die Erschienenen beabsichtigen, in Kürze zu heiraten. Sie schließen den folgenden Vertrag für den Fall der Eheschließung.
Die Erschienenen erklären den folgenden

Ehevertrag

I. Eheliches Güterrecht
Es soll beim gesetzlichen Güterstand verbleiben. Zur Berechnung des Zugewinnausgleichs setzen wir das Anfangsvermögen des Ehemannes mit 100 000,– DM, das Anfangsvermögen der Ehefrau mit Null fest. Das im Eigentum des Ehemanns stehende Familieneigenheim X-Straße 3, das einen heutigen Wert von 500 000,– DM hat, ist in einem etwaigen Zugewinnausgleich nur noch im Endvermögen anzusetzen.

II. Versorgungsausgleich
Beim gesetzlichen Versorgungsausgleich soll es verbleiben.

III. Nachehelicher Unterhalt
Es soll bei der gesetzlichen Regelung des nachehelichen Unterhalts verbleiben.

(Schlussvermerke)

2. Erläuterungen

Alternativen sind die Bestimmung eines vor der Eheschließung liegenden Anfangstermins für die Berechnung des Zugewinns oder die Vereinbarung eines Darlehens. Demgegenüber setzt das Vertragsmuster das tatsächliche Anfangsvermögen des Ehemannes von 500 000,– DM (Grundstück 100 000,– DM, Haus 400 000,– DM) auf 100 000,– DM (Wert des Grundstücks) herab, sodass der gemeinsam geschaffene Hauswert von 400 000,– DM dem Zugewinnausgleich unterliegt.

Die Erweiterung des schuldrechtlich erfolgenden Zugewinnausgleichs über die Ehezeit hinaus ist möglich. Beim Versorgungsausgleich stünde einer entsprechenden Vereinbarung das „In-Prinzip" entgegen.[2]

---

[1] BGH NJW 1992, 427 = LM §§ 242, 1372 ff. BGB Nr. 137 m. Anm. *Langenfeld*.
[2] Vgl. *Johannsen/Heinrich/Hahne* § 1587 o Rdn. 16.

§ 10. Ehevertrag bei Wiederverheiratung älterer Eheleute

I. Fallgruppe

980 Diese Fallgruppe gibt den Ehevertragstyp weitgehend vor. Ältere, verwitwete oder geschiedene Eheleute mit jeweils erwachsenen Kindern erster Ehe wollen wieder heiraten, ohne die jeweiligen Kinder in ihren Erbaussichten zu beeinträchtigen und ohne ein Scheidungsrisiko einzugehen. Hieraus ergibt sich die Notwendigkeit des Ausschlusses aller Scheidungsfolgen und des gegenseitigen Erb- und Pflichtteilsverzichts. Etwaige durch die Wiederverheiratung entstehende Witwen- oder Witwer-Altersversorgungen werden durch diesen Ehevertrag mit Erb- und Pflichtteilsverzicht nicht ausgeschlossen. Gibt einer der Partner seine Wohnung auf, um in das Familienheim des anderen zu ziehen, so ergibt sich die Notwendigkeit, ihm ein Wohnungsrecht für den Fall des Vorversterbens des anderen zu gewähren. Hierzu sollten die Kinder des aufnehmenden Partners, deren Pflichtteilsansprüche berührt sein können, in der Urkunde ihre Zustimmung erteilen.

II. Vertragstyp: Ehevertrag Meine Kinder – Deine Kinder

1. Formulierungsvorschlag

981

Verhandelt zu ... am ...
Vor dem Notar ... sind erschienen ... (Namen, Berufe, Geburtsdaten, Geburtsorte, Adressen)
Die Erschienenen sind beide verwitwet und haben Kinder erster Ehe. Sie beabsichtigen, in Kürze zu heiraten. Sie erklären den folgenden

<u>Ehevertrag, Erbvertrag und Pflichtteilsverzichtsvertrag:</u>
<u>I. Eheliches Güterrecht</u>
Wir vereinbaren für unsere künftige Ehe den Güterstand der Gütertrennung und schließen deshalb den gesetzlichen Güterstand aus.
Der Notar hat uns darauf hingewiesen, dass durch die Vereinbarung der Gütertrennung ein Ausgleich des Zugewinns bei Beendigung der Ehe, insbesondere nach einer Scheidung, nicht stattfindet. Jeder von uns ist berechtigt, ohne Zustimmung des anderen über sein Vermögen im ganzen, auch über die ihm gehörenden Gegenstände des ehelichen Haushalts, frei zu verfügen.
Zuwendungen eines Ehegatten an den anderen können bei Scheidung der Ehe nicht zurückgefordert werden. Die Scheidung der Ehe führt nicht zum Wegfall der Geschäftsgrundlage für derartige Zuwendungen. Dies gilt unabhängig vom Verschulden am Scheitern der Ehe. Die Rückforderung ist nur dann möglich, wenn sie bei der Zuwendung ausdrücklich vorbehalten wurde.
<u>II. Versorgungsausgleich</u>
Wir schließen den Versorgungsausgleich aus.
Der Notar hat uns über die Bedeutung und die Folgen des Ausschlusses belehrt, insbesondere darüber, dass infolge dieser Vereinbarung der vom Gesetz für den Fall der Scheidung vorgesehene Ausgleich der in der Ehezeit erworbenen Versorgungsanwartschaften nicht stattfindet. Der Notar hat weiter darauf hingewiesen, dass der Ausschluss des Versorgungsausgleichs unwirksam ist, wenn einer von uns innerhalb eines Jahres Antrag auf Scheidung der Ehe stellt.

III. Nachehelicher Unterhalt

Wir verzichten gegenseitig auf jeglichen nachehelichen Unterhalt, auch für den Fall der Not, und nehmen den Verzicht gegenseitig an.

Der Notar hat darauf hingewiesen, dass infolge dieses Unterhaltsverzichts kein Ehegatte gegen den anderen bei Scheidung der Ehe Unterhaltsansprüche haben wird, und zwar gerade dann, wenn er selbst für seinen Unterhalt nicht sorgen kann.

IV. Erbverzichtsvertrag, Erbvertrag

Wir verzichten gegenseitig auf alle gesetzlichen Erb- und Pflichtteilsrechte und nehmen den Verzicht gegenseitig an. Jedoch erhält die Ehefrau als Vermächtnis mit erbvertraglicher Bindung den lebenslangen unentgeltlichen Nießbrauch an der im Grundbuch von ... eingetragenen Eigentumswohnung ... mit der Maßgabe, dass sie für die Dauer des Nießbrauchs alle Lasten der Eigentumswohnung zu tragen hat. Zur Abgabe aller zur Eintragung des Nießbrauchs erforderlicher Erklärungen gegenüber Notar und Grundbuchamt erhält die Ehefrau hiermit vom Ehemann auf dessen Tod unwiderrufliche Vollmacht unter Befreiung von den Beschränkungen des § 181 BGB.

(Schlussvermerke)

2. Erläuterungen

Für Gütertrennung, Ausschluss des Versorgungsausgleichs und Unterhaltsverzicht gelten die allgemeinen Grundsätze. Der Erb- und Pflichtteilsverzicht ist in § 2346 BGB geregelt. Dem erbvertraglichen Nießbrauchsvermächtnis nach § 2274 ff., 2147 ff. BGB können Rechte der pflichtteilsberechtigten Abkömmlinge nach § 2306 BGB entgegenstehen. Es empfiehlt sich deshalb, die Abkömmlinge des Eigentümer-Ehegatten zur Beurkundung hinzuzuziehen und sie einen gegenständlich beschränkten Pflichtteilsverzicht des Inhalts abgeben zu lassen, die sie mit Wirkung für sich und ihre Abkömmlinge auf die Geltendmachung von Pflichtteilsansprüchen hinsichtlich des Nießbrauchsvermächtnisses verzichten.

§ 11. Ehevertrag zur Versorgung der zweiten Ehefrau

I. Fallgruppe

983 Die Ehe mit der zweiten Ehefrau hat so lange gedauert, dass der wesentlich ältere Ehemann die Ehefrau, die in etwa das Alter seiner erstehelichen Kinder hat, versorgen will. Dabei sollen ihr Auseinandersetzungen mit den Kindern erster Ehe möglichst erspart bleiben.

II. Ehevertrag über Wechsel in die Gütergemeinschaft

1. Formulierungsvorschlag

984 Verhandelt zu ... am ...
Vor dem Notar ... sind erschienen ... (Namen, Berufe, Geburtsdaten, Geburtsorte, Adressen)
Die Erschienenen sind seit 10 Jahren im gesetzlichen Güterstand verheiratet. Der Ehemann hat die vor oder während seiner ersten Ehe erworbenen Grundstücke (Beschrieb nach dem Grundbuch) in diese zweite Ehe eingebracht. Zur Versorgung der Ehefrau schließen die Erschienenen den folgenden

<u>Ehevertrag</u>

I. Wir heben den gesetzlichen Güterstand auf und vereinbaren für unsere Ehe den Güterstand der Gütergemeinschaft.

II. Vorbehaltsgut vereinbaren wir nicht.

III. Das Gesamtgut verwalten wir gemeinschaftlich. Jeder Ehegatte erteilt dem anderen hiermit die widerrufliche Vollmacht, ihn bei der Verwaltung des Gesamtgutes zu vertreten und dabei bezüglich des Gesamtgutes auch Verpflichtungen einzugehen und Verfügungen zu treffen. Jeder Ehegatte befreit den anderen hiermit insoweit von den Beschränkungen des § 181 BGB. Zur Eingehung von Grundstücksgeschäften und unentgeltlichen Veräußerungsgeschäften ist keiner der Ehegatten allein berechtigt. Widerruft einer der Ehegatten diese Vollmacht, wird auch die ihm erteilte Vollmacht unwirksam.

IV. Zugewinnausgleichsansprüche sind nicht entstanden. Sie werden vorsorglich gegenseitig ausgeschlossen.

V. Wir beantragen Grundbuchberichtigung in den Grundbüchern von ... und beauftragen den Notar, jedem Grundbuchamt eine Ausfertigung dieser Urkunde mit dem Antrag auf Vollzug zuzuleiten.

VI. Der Notar hat über die Rechtsfolgen dieser Vereinbarungen belehrt, insbesondere über
– die Entstehung von Gesamtgut nach § 1416 BGB,
– die gemeinschaftliche Verwaltung nach § 1421 BGB,
– die Haftung des Gesamtguts nach § 1459 ff. BGB,
– die Übernahme- und Wertersatzansprüche nach §§ 1477, 1478 BGB
– die Änderung des Erb- und Pflichtteilsrechts,
– die Steuerbarkeit nach § 7 Abs. 1 Nr. 4 ErbStG.

<u>(Schlussvermerke)</u>

§ 11. Ehevertrag zur Versorgung der zweiten Ehefrau

2. Erläuterungen

Bestimmender Zweck des Vertrages ist die Versorgung der zweiten, wesentlich 985
jüngeren Ehefrau nach längerer Dauer und Stabilisierung der zweiten Ehe. Willkommener Nebeneffekt ist die Vermeidung von Pflichtteilsansprüchen der Kinder aus der ersten Ehe.[1]

Im vom BGH entschiedenen Fall hatte ein geschiedener Chefarzt wieder geheiratet und mit der zweiten Frau zunächst fast zehn Jahre im Güterstand der Zugewinngemeinschaft gelebt. Dann vereinbarten die Eheleute Gütergemeinschaft, wodurch der erhebliche Grundbesitz des Mannes in das Gesamtgut einfloss. Sechs Jahre danach wurde Gütertrennung vereinbart und das Gesamtgut auseinandergesetzt. Bei dieser Auseinandersetzung wurde durch Auflassung von Grundstücken in das Alleineigentum der Frau dieser wesentlich mehr Werte zugeteilt, als es einer hälftigen Auseinandersetzungsquote entsprach. Nach dem Tod des Chefarztes machen dessen Kinder erster Ehe Pflichtteilsansprüche geltend. Der BGH hatte zu entscheiden, ob Vermögensverschiebungen zwischen Ehegatten infolge ehevertraglicher Güterstandsänderungen grundsätzlich zu Pflichtteilsergänzungsansprüchen der Abkömmlinge führen oder nicht. Dies wurde verneint. Danach waren die Fälle des Missbrauchs der Ehevertragsfreiheit auszugrenzen. Schließlich war zu entscheiden, ob und unter welchen Voraussetzungen die nicht hälftige Auseinandersetzung des Gesamtguts der durch die Vereinbarung von Gütertrennung beendeten Gütergemeinschaft ihrerseits der Pflichtteilsergänzung unterliegen kann.

Bei der Begründung der Pflichtteilsfestigkeit des Güterstandswechsels geht der BGH davon aus, dass zwar die Einigung über die Unentgeltlichkeit der Zuwendung für die Annahme einer Schenkung unentbehrlich sei, es aber nicht übersehen werden dürfe, dass auch bei einer ausschließlich durch die Ehe motivierten und völlig unbedenklichen Neuordnung des Güterstandes die dabei eintretende Bereicherung des weniger begüterten Teils von den Eheleuten als unentgeltlich empfunden und gewollt sein kann. Der BGH lehnt es aber ab, die Bereicherung schon deshalb dem Recht der Schenkung zu unterwerfen und daran die Rechtsfolgen der §§ 2325, 2329 BGB anzuknüpfen. Vielmehr stellt er auf die Ehevertragsfreiheit ab und gibt ihr den Vorzug vor Ansprüchen Dritter. Er stellt den Grundsatz auf, dass es dem Ehegatten als für das Ehegüterrecht grundlegende Befugnis und Folge der Eheschließungsfreiheit jederzeit freistehe, ihre güterrechtlichen Verhältnisse für die Zukunft zu ändern und den bis dahin geltenden Güterstand durch einen anderen zu ersetzen. Diese für das Ehegüterrecht grundlegende Befugnis müssen sowohl die Gläubiger als auch die Pflichtteilsberechtigten als eine Folge der Eheschließungsfreiheit grundsätzlich hinnehmen.

Zu beachten ist, dass der BGH Missbrauchsfälle (planmäßige Pflichtteilsvermeidung, Manipulationen beim Vorbehaltsgut, „Todesbett-Verträge") ausgrenzt.

Im Scheidungsfall braucht der Ehemann Verluste hinsichtlich des eingebrachten Vermögens nicht zu befürchten. Aus dem Zusammenspiel des Übernahmerechts nach § 1477 Abs. 2 BGB mit dem Anspruch auf Werterstattung nach § 1478 Abs. 1 BGB[2] ergibt sich, dass der Ehemann z.B. den eingebrachten Grundbesitz zurückverlangen kann und nur eine etwaige echte Wertsteigerung während der Dauer der Gütergemeinschaft zur Hälfte verliert. Dies kann regelmäßig inkauf genommen werden.

Zu beachten ist, dass der Erwerb der Ehefrau schenkungsteuerbar ist. Nach § 7 Abs. 1 Nr. 4 ErbStG gilt als Schenkung unter Lebenden die Bereicherung, die ein Ehegatte bei Vereinbarung der Gütergemeinschaft nach § 1415 BGB erfährt. Durch

---
[1] Vgl. dazu BGH NJW 1992, 558 = LM § 516 BGB Nr. 23 m. Anm. *Langenfeld*.
[2] Dazu Rdn. 489 ff.

diese Bestimmung hat sich der Gesetzgeber des ErbStG vom Grundsatz der Maßgeblichkeit des Zivilrechts für das Schenkungsteuerrecht entfernt, da zivilrechtlich die Vereinbarung von Gütergemeinschaft keine Schenkung ist.

§ 12. Ehevertrag bei Heirat mit einem Muslim

I. Fallgruppe

Ist bei Heirat einer deutschen Staatsangehörigen mit einem Muslim die Ausreise in das Heimatland des Mannes geplant oder nicht auszuschließen, so empfiehlt sich zur Wahrung der Rechte der Frau in der islamischen Rechtsordnung der Abschluss eines Ehevertrags nach folgenden Muster. Zur Beurkundung sind zwei männliche Zeugen muslimischen Glaubens hinzuzuziehen. Die Beurkundung durch einen männlichen deutschen Notar wird wohl in allen Staaten islamischer Rechtsordnung anerkannt, wenn sie vor der Eheschließung erfolgt.

986

II. Ehevertragstyp: Islamischer Ehevertrag*

1. Formulierungsvorschlag

987

Verhandelt zu ... am ...
Vor dem Notar ... sind erschienen ...
1. Frau ...
2. Herr ...

– Verlobte –

3. Herr ...
   Herr ...

– Zeugen –

Nach seiner Erklärung und der Überzeugung des Notars ist Herr ... der deutschen Sprache nicht hinreichend mächtig. Es wurde deshalb Frau ... als Dolmetscherin hinzugezogen, die die heutige Verhandlung und die Urkunde übersetzt hat. Sie hat auch den aufgrund einer Vorbesprechung vom Notar angefertigten Entwurf der heutigen Urkunde schriftlich übersetzt. Diese schriftliche Übersetzung ist der heutigen Urkunde beigefügt.
Herr ... gibt zunächst, nachdem er vom Notar über die Bedeutung einer eidesstattlichen Versicherung und die strafrechtlichen Folgen unrichtiger Angaben belehrt wurde, die folgende

eidesstattliche Versicherung

ab: Ich versichere, dass ich derzeit nicht verheiratet bin.
Sodann erklären Frau ... und Herr ...:
Wir beabsichtigen, in Kürze zu heiraten. Wir erklären deshalb folgenden

Ehevertrag

I. Rechtswahl, Vereinbarungen zum deutschen Recht
1. Für das Ehevermögensrecht und die persönlichen Wirkungen unserer Ehe wählen wir das deutsche Recht.
2. Wir vereinbaren für unsere künftige Ehe den Güterstand der Gütertrennung und schließen deshalb den gesetzlichen Güterstand aus.
   Der Notar hat uns darauf hingewiesen, dass durch die Vereinbarung der Gütertrennung ein Ausgleich des Zugewinns bei Beendigung der Ehe, insbesondere nach einer Scheidung, nicht stattfindet, und dass sich das gesetzliche Erbrecht und das Pflichtteilsrecht vermindern können. Jeder von uns ist berechtigt, ohne Zustimmung

---

* Das Muster ist identisch mit dem von Rdn. 702 und wird aus systematischen Gründen hier nochmals abgedruckt.

des anderen über sein Vermögen im ganzen, auch über die ihm gehörenden Gegenstände des ehelichen Haushalts, frei zu verfügen.
3. Wir schließen den Versorgungsausgleich aus.
Der Notar hat uns über die Bedeutung und die Folgen des Ausschlusses belehrt, insbesondere darüber, dass infolge dieser Vereinbarung der vom Gesetz für den Fall der Scheidung vorgesehene Ausgleich der in der Ehezeit erworbenen Versorgungsanwartschaften nicht stattfindet. Der Notar hat weiter darauf hingewiesen, dass der Anschluss des Versorgungsausgleichs unwirksam ist, wenn einer von uns innerhalb eines Jahres Antrag auf Scheidung der Ehe stellt.
4. Wir verzichten gegenseitig auf jeglichen nachehelichen Unterhalt, auch für den Fall der Not, und nehmen den Verzicht gegenseitig an.
Der Notar hat darauf hingewiesen, dass infolge dieses Unterhaltsverzichts kein Ehegatte gegen den anderen bei Scheidung der Ehe Unterhaltsansprüche haben wird, und zwar gerade dann, wenn er selbst für seinen Unterhalt nicht sorgen kann.

<u>II. Vereinbarungen im Hinblick auf das islamische Eherecht</u>

1. Im Hinblick auf das Heimatrecht des Bräutigams erklären die Brautleute zunächst:
Ich, die Braut, bin bereit, Dich gegen Zahlung des nachstehenden Heiratsgeldes zu ehelichen.
Ich, der Bräutigam, bin bereit, Dich zu dieser Bedingung als meine Ehefrau anzunehmen.
2. Ich, der Bräutigam, verpflichte mich, meiner zukünftigen Ehefrau ein angemessenes Heiratgeld (Morgengabe, Mahr) zu zahlen. Das Heiratsgeld beträgt mindestens eintausend Deutsche Mark oder einen gleichwertigen Betrag in der Heimatwährung des Ehemannes. Es ist auf Verlangen der Ehefrau, spätestens bei Auflösung der Ehe durch Scheidung oder Tod zu zahlen. Haben die Eheleute bei Auflösung der Ehe ihren Wohnsitz im Heimatstaat des Mannes, sind der Ehefrau neben obigem Betrag auch die sie etwa treffenden Scheidungskosten und die Kosten der Rückreise nach Deutschland zu zahlen.
3. Der Mann bevollmächtigt die Frau hiermit unwiderruflich, sich durch Scheidung aus dem ehelichen Band zu befreien, soweit dies nach dem Recht seines Heimatlandes möglich ist, und nach Maßgabe der dort jeweils geltenden Gesetze. Mit dieser Maßgabe soll die Scheidung der Frau insbesondere dann möglich sein, wenn der Mann eine andere Frau heiratet oder seine Unterhaltspflichten verletzt oder der Frau durch üble Behandlung das Leben unerträglich macht.
4. Der Mann verpflichtet sich, der Frau nach einer Scheidung, die er selbst beantragt hat oder die von der Frau aus obigen Gründen beantragt wurde, bei Bedürftigkeit angemessenen Unterhalt zu zahlen, soweit dies nach den Gesetzen seines Heimatlandes zulässig ist.
5. Wenn aus der Ehe Kinder hervorgehen, so soll im Falle der Auflösung der Ehe der über die Auflösung entscheidende Richter feststellen, bei welchem Elternteil die Kinder am Besten aufgehoben sind. Er soll sich hierbei von dem Wohl und der gesunden Entwicklung der Kinder leiten lassen. Diesem Elternteil soll er das Sorgerecht für die Kinder übertragen.
Unabhängig hiervon jedoch soll für den Fall, dass einer von uns vorzeitig stirbt, der andere von uns die elterliche Sorge für die Kinder allein erhalten.
6. Der Mann ermächtigt die Frau als seine zukünftige Ehefrau unwiderruflich, im Geschäftsleben sowie für alle Personenstands-, urkundlichen-, Pass- und registerlichen Zwecke ihren vorehelichen Familiennamen auch während der Ehe weiter zu führen.
7. Der Mann ermächtigt und bevollmächtigt hierdurch die Frau als seine zukünftige Ehefrau unwiderruflich:
einen ehrenhaften Beruf auszuüben,

§ 12. Ehevertrag bei Heirat mit einem Muslim

in der ehelichen Wohnung Besuch auch aus dem Ausland zu empfangen, insbesondere aus ihrem Heimatland,
ihre Wohnung selbst zu wählen und jederzeit frei und ohne Beschränkung zu reisen und ausreisen, sowie sich alle hierfür erforderlichen Urkunden und Genehmigungen des Ehemannes zu beschaffen. Soweit gleichwohl hierfür eine Zustimmung oder Genehmigung des Ehemannes erforderlich ist, erteilt er diese Zustimmung bzw. Genehmigung bereits durch seine nachfolgende Unterschrift unwiderruflich.

III. Weitere Vereinbarungen

1. Im Übrigen soll auch für die allgemeinen Ehewirkungen deutsches Recht maßgeblich sein. Die Vereinbarungen gemäss Abschnitt II dieser Urkunde werden nur für den Fall getroffen, dass die Eheleute ihren Wohnsitz in einem Land islamischer Rechtsordnung nehmen werden und dieses Land das deutsche Eherecht nicht anwendet.
2. Der Notar hat uns über die Auswirkungen dieses Vertrages nach deutschem Recht belehrt.
Der Notar hat über den Inhalt ausländischen Rechts nicht belehrt. Die Beteiligten haben über Form, Inhalt und Anerkennung des vorstehenden Ehevertrages nach dem Heimatrecht des Mannes selbst Erkundigungen eingezogen und wünschen seine Beurkundung, um der Frau im Heimatland des Mannes die Chance des bestmöglichen Rechtsschutzes zu geben.

(Schlussvermerke)

2. Erläuterungen

Der Ehevertrag enthält in Deutschland geltende Regelungen und Regelungen nur für den Fall der Übersiedlung in das Heimatland des Mannes. Die aufgrund Rechtswahl (vgl. § 10) für das deutsche Rechtsgebiet zu treffenden Regelungen hängen vom Einzelfall ab und müssen nicht im Ausschluss aller Scheidungsfolgen bestehen.

Bei den Regelungen für die islamische Rechtsordnung besteht die Chance, aber nicht die Gewähr der Anerkennung im Heimatland des Mannes. Dies gilt insbesondere für den nachehelichen Unterhalt und die Regelungen der elterlichen Sorge über gemeinsame Kinder. Im Einzelfall sollte versucht werden, bei einer diplomatischen oder konsularischen Vertretung des islamischen Heimatlandes des Mannes Genaues zu erfahren.

Vertiefend siehe oben Rdn. 688 ff.

8. Kapitel. Ehevertragsgestaltung nach Ehetypen

§ 13. Wahl des deutschen Ehegüterrechts bei gemischtnationaler Ehe

I. Fallgruppe

989 Es ist vom deutschen EGBGB als einseitigem nationalen Kollisionsrecht auszugehen. Danach gilt bei erstem ehelichem Wohnsitz in Deutschland nach Art. 15, 14 Abs. 1 Nr. 2 EGBGB deutsches Ehegüterrecht, was auch durch vorsorgliche Rechtswahl bestätigt werden kann. In anderen Fällen wie etwa dem im nachfolgenden Muster einleitend beschriebenen Fall kann nach Art. 15 Abs. 2 Nr. 1 EGBGB bei Beteiligung eines deutschen Staatsangehörigen deutsches Ehegüterrecht gewählt werden (1. Stufe), um dann innerhalb des deutschen Rechts alle ehevertraglichen Vereinbarungsmöglichkeiten zu haben (2. Stufe).

II. Ehevertragstyp: Rechtswahl und Ehevertrag

1. Formulierungsvorschlag

990 Geschehen zu ... am ...
Vor dem Notar ... sind erschienen ... (Namen, Berufe, Geburtsdaten, Geburtsorte, Adressen) und erklären:
Die Ehefrau ist deutsche Staatsangehörige, der Ehemann argentinischer Staatsangehöriger. Die Eheleute haben am ... in Buenos Aires geheiratet. Sie sind vor kurzem nach Deutschland übergesiedelt, wollen jetzt in Deutschland bleiben und sich deshalb auch in das deutsche Ehegüterrecht integrieren. Der Notar hat den Eheleuten die Möglichkeit der Rechtswahl, den deutschen gesetzlichen Güterstand, die Möglichkeiten seiner ehevertraglichen Modifizierung oder Abbedingung und das sonstige Scheidungsfolgenrecht eingehend erläutert. Die Eheleute erklären hierzu, dass sie es angesichts der von ihnen geführten Einverdienerehe beim gesetzlichen Güterstand und dem sonstigen gesetzlichen Scheidungsfolgenrecht belassen wollen. Weiterhin erklären sie, dass eine Abwicklung des durch die heutige Rechtswahl beendeten argentinischen Güterstandes über § 3 dieses Vertrags hinaus nicht erforderlich ist, da sie keinen Grundbesitz haben und das aus Argentinien mitgebrachte Geld zum Erwerb der in § 3 bezeichneten Vermögensgegenstände verwendet haben. Sie schließen den folgenden

Ehevertrag:

§ 1 Rechtswahl
Für die güterrechtlichen Wirkungen unserer Ehe wählen wir hiermit das deutsche Recht.
§ 2 Gesetzlicher Güterstand
Es soll beim gesetzlichen Güterstand der Zugewinngemeinschaft verbleiben. Der Zugewinnausgleich und der Versorgungsausgleich sollen ab heute berechnet werden. Das Anfangsvermögen setzen wir auf beiderseits Null an.
§ 3 Vermögen
In Auseinandersetzung der bisherigen Errungenschaftsgemeinschaft wird hiermit vereinbart:
Der PKW ... steht im Alleineigentum des Ehemannes. Der Hausrat der Ehewohnung steht in unserem je hälftigen Miteigentum. Persönliche Gebrauchsgegenstände stehen im Alleineigentum des jeweiligen Ehegatten.
(Schlussvermerke, Schlussformel, Unterschriften)

2. Erläuterungen

Bei Güterstandswechsel aus einer fremden Rechtsordnung steht, wenn es sich um 991
einen ausländischen Güterstand mit Gesamtgut handelt, die Auseinandersetzung
dieses Gesamtguts an. Hier wird der Notar regelmäßig mangels Kenntnis des ausländischen Rechts an einen zuständigen ausländischen Amtsträger verweisen müssen, insbesondere wenn es um Grundbesitz geht. Der deutsche Notar ist für die Belehrung über den Inhalt des gewählten Rechts zuständig und zu ihr verpflichtet.
Deshalb kommt regelmäßig nur die Wahl deutschen Rechts in Betracht.

8. Kapitel. Ehevertragsgestaltung nach Ehetypen

§ 14. Rechtswahl für unbewegliches Vermögen

I. Fallgruppe

992 Ausländer nicht ermittelbaren Güterstandes wollen ein Grundstück in Deutschland erwerben. Sie können für dieses Grundstück nach Art. 15 Abs. 2 Nr. 3 EGBGB das deutsche Recht wählen und sich insoweit, aber auch nur insoweit in die deutsche Rechtsordnung integrieren

II. Ehevertragstyp: Beschränkte Rechtswahl

1. Formulierungsvorschlag

993

> Geschehen zu ... am ...
> vor dem Notar ... sind erschienen ... (Namen, Berufe, Geburtsdaten, Geburtsorte, Adressen)
> Die Ehefrau ist taiwanesische, der Ehemann javanischer Staatsangehöriger. Sie sind als Wissenschaftler seit kurzem in Deutschland und wollen zusammen eine Eigentumswohnung kaufen. Der Notar hat sie gemäss § 17 Abs. 4 BeurkG darauf hingewiesen, dass er die Frage, ob sie in einem Güterstand der Gütertrennung oder Gütergemeinschaft leben, nicht ohne weitere Ermittlungen bzw. Gutachten klären kann, dass aber eine richtige Auflassung und Grundbucheintragung nach zuvoriger beschränkter Rechtswahl i.S. von Art. 15 Abs. 2 Nr. 3 EGBGB möglich ist. Hierauf erklärten die Erschienenen den folgenden
>
> Ehevertrag:
>
> Für die güterrechtlichen Wirkungen unserer Ehe wählen wir für unbewegliches Vermögen in Deutschland das deutsche Recht in der Form der Gütertrennung nach § 1414 BGB. Die Rechtswahl und der Güterstand der Gütertrennung soll für sämtliches unbewegliches Vermögen in Deutschland gelten. Wir erklären hierzu, dass wir bisher keine Rechtswahl getroffen haben und bisher kein unbewegliches Vermögen in Deutschland erworben haben.
>
> (Schlussvermerke, Schlussformel, Unterschriften)

2. Erläuterungen

994 a) *Beschränkte Rechtswahl.* Art. 15 Abs. 2 Nr. 3 EGBGB durchbricht das Gebot der Einheit des Güterstandes[1] bei Ausländern, indem er diesen die Möglichkeit eröffnet, unter Beibehaltung ihres Heimatgüterstandes für unbewegliches Vermögen das Recht des Lageortes zu wählen. Der Gesetzgeber verfolgte hiermit die erklärte Absicht, den Grundstückserwerb ausländischer Ehegatten in Deutschland zu erleichtern. Die beschränkte Vereinbarung deutschen Rechts ermöglicht der Praxis die korrekte Auflassung und Grundbucheintragung (§§ 925 BGB, 47 GBO), ohne dass es nötig wäre, die Ausländer im übrigen mit vielleicht unübersehbaren Folgen aus ihrem Heimatrecht herauszulösen.[2]

995 b) *Gütertrennung.* Es empfiehlt sich grundsätzlich, Gütertrennung zu vereinbaren, deren Prinzip und Wirkungen dem Ausländer am besten vermittelt werden kön-

---
[1] Rdn. 9.
[2] *Langenfeld* BWNotZ 1986, 153.

nen.³ Die ausländischen Eheleute können dann entscheiden, ob sie durch einen Erwerb zu je ½ Miteigentum den Vermögensausgleich oder durch den Erwerb zu Alleineigentum eines Ehegatten die Vermögenstrennung wählen wollen.

c) Einheitliche Rechtswahl. Aus dem Gebot der Einheit des Güterstandes folgt, dass die Rechtswahl nur insgesamt für den gesamten gegenwärtigen oder künftigen Grundbesitz in einem Rechtsgebiet getroffen werden kann.⁴ Nicht möglich ist es deshalb, die Rechtswahl nur für ein Grundstück zu treffen und es für andere Grundstücke im selben Rechtsbereich beim ausländischen Güterrecht zu belassen.⁵

996

---

³ *Langenfeld* BWNotZ 1986, 153; zustimmend *Böhringer* BWNotZ 1987, 104/111 und *Röll* MittBayNot 1989, 1/3.
⁴ *Langenfeld* BWNotZ 1986, 153 und FamRZ 1987, 9/13; *Kühne* IPRax 1987, 69/73; *Wegmann* NJW 1987, 1740/1743.
⁵ So aber *Palandt/Heldrich* Art. 15 Rdn. 22; *Johannsen/Henrich* Art. 15 Rdn. 12; *Lichtenberger* DNotZ 1986, 644/659; *Böhringer* BWNotZ 1987, 104; *Röll* MittBayNot 1989, 1/3.

9. Kapitel. Ehebezogene Rechtsgeschäfte

§ 1. Fallgruppen und Vertragstypen

I. Familienunterhalt

Viele Beziehungen und Geschäfte zwischen Ehegatten erhalten durch die institutionalisierte Rechtsform der Ehe eine besondere rechtliche Qualität. Dies gilt zunächst für die Kernbereiche der Ehe, die Haushaltsführung im Sinne von § 1365 BGB[1] und der Familienunterhalt im Sinne von § 1360 BGB.[2] Beide Bereiche werden durch die Einigung über die eheliche Lebensführung und die eheliche Rollenverteilung beeinflusst und sind infolge der jederzeitigen Aufkündbarkeit dieser Einigung rechtlich weitgehend unverbindlich und nicht sanktionierbar.[3] Schriftliche Vereinbarungen in diesen Bereichen sind ebenso einseitig aufkündbar wie mündliche Vereinbarungen und deshalb wenig hilfreich. Störungen in diesen Bereichen können zur Zerrüttung und Scheidung der Ehe führen.

997

II. Ehebedingte „unbenannte" Zuwendungen

Der rechtlichen Regelung zugänglich und weitgehend auch bedürftig sind die Beziehungen der Ehegatten, die über diesen Kernbereich, insbesondere den Bereich des Familienunterhalts hinaus gehen, aber dennoch durch ihre Ehebezogenheit gekennzeichnet sind.

998

Typisch sind hier ehebezogene Verträge mit besonderem familienrechtlichen Charakter wie die ehebezogenen „unbenannten" Zuwendungen. Sie beziehen sich auf die Fallgruppen, die durch den Erwerb, das Halten, das Verwalten und die Übertragung des Familienheims gekennzeichnet sind. Der Erwerb eines Familienheims wird nicht als Familienunterhalt geschuldet. Er geht über die Unterhaltspflicht hinaus, verwirklicht aber ein wesentliches ehebezogenes Ziel, ja ist in vielen Ehen etwa neben den Kindern Hauptinhalt der gemeinsamen ehelichen Anstrengungen. Die ehebezogenen Zuwendungen werden von der Rechtsprechung bei Scheidung der Ehe im gesetzlichen Güterstand dem Zugewinnausgleich zugeordnet, während sie bei Gütertrennung oder sonstigem Ausschluss des Zugewinnausgleichs Gegenstand besonderer familienrechtlicher Ausgleichsansprüche sein können. Es ist Aufgabe der Vertragsgestaltung, den Scheidungsfall insofern zu regeln.

III. Zuwendungen nahestehender Dritter

Eine weitere Fallgruppe bilden die Gestaltungen, bei denen nicht der Ehegatte dem anderen Zuwendungen im Bereich des Familienheims macht, sondern diese Zuwendungen von den Eltern eines Ehegatten dem Schwiegerkind gemacht werden, aber im Verhältnis der Ehegatten untereinander dem Ehegatten zuzurechnen sind, dessen Eltern die Zuwendung vorgenommen haben. Hier kann die Vertragsgestaltung den gestuften Charakter dieser Zuwendungen in Vertragsform bringen, was

999

---
[1] Vgl. dazu Rdn. 41 ff.
[2] Vgl. dazu Rdn. 57 ff.
[3] Vgl. Rdn. 45 ff.

steuerliche Vorteile hat und eine gerechte Rückabwicklung im Fall der Auflösung der Ehe ermöglicht.

IV. Ehegattenvermögensgesellschaften

1000 Auch über den Bereich des Familienunterhalts und dem anschließenden Bereich ehebezogener Zuwendungen hinsichtlich des Familienheims hinaus gibt es weitere Fallgruppen ehebezogener Rechtsgeschäfte, die im Rahmen des Scheidungsverfahrens nach besonderen Grundsätzen zu behandeln sind. Hierhin gehört die Vermögensbildung durch Ehegatten im Grundstücksbereich über den Bereich des Familienheims hinaus, wenn sie planmäßig und in gemeinsamem Zusammenwirken betrieben wird. Wenn alle Objekte, etwa Geschäfts- und Miethausgrundstücke, zu je hälftigem Miteigentum erworben werden, stellen sich bei Scheidung der Ehe weder im gesetzlichen Güterstand noch bei Ausschluss des Zugewinnausgleichs besondere ehebezogene Auseinandersetzungsprobleme. Anders ist dies, wenn entgegen der im Innenverhältnis gewollten gemeinschaftlichen Wertschöpfung im Außenverhältnis nur ein Ehegatte aus den abgeschlossenen Geschäften berechtigt wird. Dies ist etwa dann der Fall, wenn ein Ehegatte einseitige pflichtteilsberechtigte Abkömmlinge hat und deshalb alle Grundstücke zum Alleineigentum des anderen Ehegatten erworben werden. Die Auseinandersetzungsansprüche des nicht im Grundbuch als Eigentümer eingetragenen Ehegatten behandelt der BGH neuerdings wieder nach den Grundsätzen der Ehegatteninnengesellschaft bürgerlichen Rechts. Es ist Aufgabe der Vertragsgestaltung, hier vertragliche Vorsorge zu treffen.

§ 2. Ehebedingte „unbenannte" Zuwendungen

I. Fallgruppen der ehebedingten (unbenannten) Zuwendung

Der aufgrund einer mittlerweile gefestigten Rechtsprechung des BGH von der 1001
Kautelarjurisprudenz entwickelte Vertragstyp der ehebedingten „unbenannten" Zuwendung knüpft an in der Rechtswirklichkeit vorfindbare Fallgruppen von Ehegattenzuwendungen an, die durch ihren Bezug zum Familienheim und durch ihre Ehebezogenheit gekennzeichnet sind.

Zuwendungen eines Ehegatten an den anderen erfolgen regelmäßig zur Verwirklichung der ehelichen Lebensgemeinschaft, auch wenn sie über den angemessenen Familienunterhalt i.S. von § 1360a BGB hinausgehen. Derartige über den Familienunterhalt hinausgehende Zuwendungen stehen häufig im Zusammenhang mit dem Erwerb, der Errichtung oder der Erhaltung des Familienheims. Typische Fälle sind
– schlüsselfertiger Erwerb des Familienheims oder seine Errichtung auf erworbenem Bauplatz zu je hälftigem Miteigentum aus Mitteln, die der alleinverdienende Ehegatte während der Ehe erarbeitet hat;
– Erwerb oder Errichtung des Familienheims zu je hälftigem Miteigentum aus Anfangsvermögen eines Ehegatten nach § 1374 I BGB oder privilegiertem Erwerb eines Ehegatten nach § 1374 II BGB;
– die Weitergabe eines hälftigen Miteigentumsanteils seitens des Ehegatten, der das Haus ererbt oder im Wege vorweggenommener Erbfolge erworben hat, an den anderen Ehegatten, weil dieser sich an Umbau, Ausbau, Renovierung und Unterhaltung des Familienheims beteiligen soll;
– Verwendung von Geld oder Arbeitskraft auf das im Alleineigentum des anderen Ehegatte stehende Familienheim;
– Erwerb des Familienheims zum Alleineigentum des betrieblich nicht haftenden Ehegatten oder Übertragung des Eigentums oder Miteigentumsanteils des betrieblich haftenden Ehegatten auf den betrieblichen nicht haftenden Ehegatten zur Vermeidung eines etwaigen Gläubigerzugriffs;
– Erwerb des Familienheims durch einen Ehegatten allein zu dessen Altersversorgung, insbesondere wenn der andere Ehegatte wesentlich älter ist und Kinder aus vorangegangenen Ehen hat;
– Erwerb des auch freiberuflich oder betrieblich genutzten Hausgrundstücks durch den Ehegatten des Freiberuflers oder Betriebsinhabers zur Erzielung eines steuersparenden Verpachtungsmodells („Wiesbadener Modell").

II. Rückforderung bei Scheidung

Zuwendungen des Familienheims betreffend sind keine im Rahmen des § 1360a 1002
BGB geschuldeten laufenden Unterhaltsleistungen. Der Erwerb oder Aufbau eines Eigenheims anstelle der Mietwohnung und die im Zusammenhang damit erbrachten Aufwendungen und Zuwendungen sind vielmehr ein außerordentlicher, regelmäßig einmaliger Vorgang, den kein Ehegatte dem anderen schuldet, der aber dennoch der Verwirklichung der ehelichen Lebensgemeinschaft dient. Deshalb wird auch von den beteiligten Ehegatten das hälftige Miteigentum am Familienheim unabhängig vom Güterstand, von der Art seines Erwerbs und der Herkunft der Mittel als die „normale" ehegerechte Vermögenszuordnung angesehen, wie die notarielle Praxis zeigt.

Die Berechtigung dieser dinglichen Zuordnung bzw. des Halbteilungsgrundsatzes des schuldrechtlichen Zugewinnausgleichs wird aber häufig beim Scheitern der Ehe

von dem Ehegatten, der im Zusammenhang mit dem Familienheim dem anderen Zuwendungen gemacht hat, in Frage gestellt, wenn
- der andere Ehegatte am Scheitern der Ehe schuld ist,
- oder die Zuwendung aus Anfangsvermögen oder privilegiertem Erwerb erfolgte und ihr Wert unter Anwendung der Grundsätze des Zugewinnausgleichs nicht voll zurückzuerstatten ist,
- oder die Zuwendung die hälftige Zugewinnbeteiligung des anderen Ehegatten übersteigt und der Mehrwert unter Anwendung der Grundsätze des Zugewinnausgleichs nicht voll zurückzuerstatten ist,
- oder schließlich der dingliche Verlust des Zuwendungsobjekts auch bei geldlichem Wertausgleich durch den Zugewinnausgleich vom Zuwendenden nicht akzeptiert wird.

Der Zuwendende ist in diesen Fällen bestrebt, durch Geltendmachung von Rückforderungsrechten die vor Zuwendung bestehende dingliche Rechtslage wiederherzustellen oder eine die Vermögensaufwendungen wiederspiegelnde dingliche Rechtslage herzustellen, wobei er dann die Durchführung des Zugewinnausgleichs auf der Grundlage der korrigierten dinglichen Rechtslage akzeptiert oder aber auch den Zugewinnausgleich wegen des Scheidungsverschuldens des anderen Teils nicht dulden will. Deshalb wird versucht, die gesetzlichen Regeln des Zugewinnausgleichs zu überspielen oder zu ergänzen, dies insbesondere über den Schenkungswiderruf nach § 530 BGB, Bereicherungsansprüche nach § 812 Abs. 1 S. 2 BGB, gesellschaftsrechtliche Auseinandersetzungsansprüche oder Ansprüche auf Rückgewähr oder Wertersatz nach Billigkeit wegen Wegfalls der Geschäftsgrundlage.

III. Vertragstypen der ehebedingten (unbenannten) Zuwendung

1003 Nach der Rechtsprechung des BGH[1] und der jetzt h.L. in der Literatur[2] ist die ehebedingte Zuwendung ein eigener Vertragstyp bzw. eine Gruppe von Vertragstypen, damit schuldrechtlich ein vollwertiger Vertrag, eine causa für die versprochene Leistung, nicht nur ein qualitatives Minus i.S. einer bloßen Behaltendürfens-causa. Diese causa und damit der Vertragstyp werden gebildet und bestimmt durch den Vertragszweck.[3]

Vertragszweck der unbenannten Zuwendung ist die Verwirklichung der ehelichen Lebensgemeinschaft. Die Zuwendung geschieht um der Ehe willen und als Beitrag zur Verwirklichung oder Ausgestaltung, Erhaltung oder Sicherung der ehelichen Lebensgemeinschaft.[4] Der Bestand der Ehe ist nicht Vertragszweck und damit causa der unbenannten Zuwendung, sondern ihre Vertragsgrundlage. Die Rechtsprechung des BGH, die die Ehescheidung nicht als Wegfall des Rechtsgrundes der unbenannten Zuwendung mit der Folge der Rückabwicklung über Bereicherungsrecht begreift, sondern als Wegfall der Geschäftsgrundlage der Zuwendung, ist also trotz der teilweise missverständlichen Berufung auf die von *Manfred Lieb* formulierte „Causalosigkeit" der unbenannten Zuwendung folgerichtig und dogmatisch exakt.

Die Verwirklichung der ehelichen Lebensgemeinschaft als Vertragszweck und damit causa der unbenannten Zuwendung kennzeichnet zwar den Vertragstyp unbenannter Zuwendung in seiner grundsätzlichen Unterscheidung von anderen Vertragstypen wie Kauf oder Schenkung, bedarf aber weiterer Konkretisierung. Innerhalb des Bereichs der unbenannten Zuwendung gibt es wiederum Fallgruppen, die durch eigene Ausgangssituationen, Abläufe und Zecke gekennzeichnet sind. Die

---
[1] BGH FamRZ 1982, 910; 1987, 43; 1990, 855.
[2] Z.B. *Jaeger* DNotZ 1991, 444 f.; *Ludwig* FuR 1992, 447.
[3] *Langenfeld*, Vertragsgestaltung Rdn. 87.
[4] BGH FamRZ 1990, 600 = NJW-RR 1990, 386.

§ 2. Ehebedingte „unbenannte" Zuwendungen

Unterscheidung einzelner Typen der ehebedingten Zuwendung[5] wurde vom BGH ausdrücklich übernommen.[6] Im einzelnen gilt:

Zweck der Zuwendung kann sein, den Zuwendungsempfänger im Sinne des vorzeitigen Zugewinnausgleichs im gesetzlichen Güterstand oder freiwilligen Zugewinnausgleichs bei Gütertrennung dinglich am bisherigen ehelichen Zugewinn zu beteiligen.[7] Dies ist, wie die notarielle Praxis zeigt, häufig, ja in der Form der Verwendung von einem Ehegatten angesparter Mittel auf den Hauserwerb zu je 1/2 Miteigentum sogar der häufigste Fall der unbenannten Zuwendung.

Der Bereich der ehebedingten unbenannten Zuwendungen, die in allen Güterständen möglich sind, beschränkt sich aber nicht etwa auf die ehebedingten Zuwendungen, die wertmäßig im Rahmen eines hypothetischen Zugewinnanspruchs, berechnet auf den Zeitpunkt der Zuwendung, verbleiben. Vielmehr sind, was der BGH richtig gesehen hat, auch ehebedingte Zuwendungen des Anfangsvermögen unbenannte Zuwendungen, wenn sie der Verwirklichung der ehelichen Lebensgemeinschaft dienen.

Ein typischer Fall ist hier der, dass ein Ehegatte einen Bauplatz oder ein Hausgrundstück im Wege der vorweggenommenen Erbfolge von seinen Eltern erhält und er sogleich einen hälftigen Miteigentumsanteil an den anderen Ehegatten weitergibt, weil die Bebauung, der Ausbau oder die Sanierung gemeinsam erfolgen soll.[8] Der ehebedingte Zweck ist hier die Schaffung des Familienheims, bei der die hälftige dingliche Teilhabe beider Ehegatten von diesen ehebedingt als gerecht und angemessen empfunden wird.

Auch Zuwendungen zur Vermeidung des Gläubigerzugriffs auf den Kern des Familienvermögens, etwa das Eigentum, also Rechtsgeschäfte zwischen Ehegatten zur haftungsgünstigen Verteilung des Familienvermögens, sind ehebedingt und erfolgen zur Verwirklichung der ehelichen Lebensgemeinschaft, da sie der Sicherung der Lebensgrundlage der Ehe und Familie dienen sollen. Auch sie sind deshalb dem Vertragstyp nach unbenannte Zuwendung.[9]

Weitere Typen der ehebedingten Zuwendung werden bestimmt durch den Zweck der Versorgung, insbesondere der Altersversorgung des anderen Ehegatten[10] oder durch steuerliche Zwecke.

Was den Ablauf der unbenannten Zuwendung betrifft, so sind die Fälle direkter Zuwendung von Eigentum oder Miteigentum am Zuwendungsobjekt, regelmäßig einem Grundstück, von einem Ehegatten an den anderen von den Fällen zu unterscheiden, bei denen ein Ehegatte dem anderen die Geldmittel zum Erwerb eines Vermögensgegenstandes von einem Dritten zuwendet. Häufig ist hier der Fall, dass der Erwerb des Familienheims zu je hälftigem Miteigentum ausschließlich von einem Ehegatten finanziert wird.[11]

Was den Ausgangspunkt der unbenannten Zuwendung betrifft, so liegt zumindest im gesetzlichen Güterstand eine grundlegende, insbesondere bei der Rückforderungsproblematik zu bedenkende Unterscheidung darin, ob die unbenannte Zuwendung aus Vermögen erfolgt, das gesetzlichen Zugewinn darstellt, oder aus Vermögen, das als Anfangsvermögen nach § 1374 Abs. 1 BGB oder privilegierter Erwerb nach § 1374 Abs. 2 BGB wertmäßig dem Zugewinnausgleich entzogen ist.

---

[5] *Langenfeld*, DNotZ-Sonderheft 1985, 167/177; *Langenfeld*, Grundstückszuwendungen Rdn. 51 ff.
[6] BGH FamRZ 1990, 600 = NJW-RR 1990, 386 = MittBayNot 1990, 178 m. Anm. *Frank*.
[7] *Morhard* NJW 1987, 1734.
[8] Vgl. *Langenfeld* NJW 1986, 2541.
[9] *Langenfeld*, DNotZ-Sonderheft 1985, 177; zustimmend BGH NJW-RR 1990, 386 = FamRZ 1990, 600 = MittBayNot 1990, 178 m. Anm. *Frank*.
[10] BGH MittBayNot 1989, 157.
[11] Vgl. BGH NJW 1977, 1234; BGH FamRZ 1982, 778.

IV. Rechtsprechungsgrundsätze zur Rückabwicklung ehebedingter Zuwendungen im Scheidungsfall bei gesetzlichem Güterstand

1004 Für die Rückabwicklung von Zuwendungen nach Scheidung der Ehe gelten grundsätzlich die Regeln des gesetzlichen Zugewinnausgleichs. Der BGH sieht die Ehescheidung als Wegfall der Geschäftsgrundlage derartiger Zuwendungen an. Soweit die güterrechtlichen Bestimmungen des Zugewinnausgleichs eingreifen, bedarf es in aller Regel eines Rückgriffs auf die zum Wegfall der Geschäftsgrundlage entwickelten Grundsätze nicht. Diese werden vielmehr durch die Zugewinnausgleichsregeln als spezielle gesetzliche Ausprägung des Wegfalls der Geschäftsgrundlage bei Ehescheidung verdrängt. Lediglich im Ausnahmefall extrem ungerechter und dem Zuwendenden nicht zumutbarer Vermögensverteilung kann über § 242 BGB in der Form des Wegfalls der Geschäftsgrundlage eine dingliche Rückabwicklung der Zuwendung in Betracht kommen. Auf der Grundlage der so hergestellten dinglichen Vermögensverwendung und Zug um Zug mit deren Herstellung hat dann aber der schuldrechtliche Zugewinnausgleich zu erfolgen.

Eine Rückabwicklung der unbenannten Zuwendung über andere Anspruchsgrundlagen lehnt der BGH ab. Ein Anspruch aus § 812 Abs. 1, S. 2, 1. Alternative BGB – condictio ob causam finitam – kommt nicht in Betracht. Er setzt den Wegfall einer Verpflichtung voraus, zu deren Erfüllung geleistet worden war. Aufgrund der durch die Scheidung weggefallenen ehelichen Lebensgemeinschaft bestand aber keine Verpflichtung zur Vornahme der Zuwendung. Die eheliche Lebensgemeinschaft war lediglich die Geschäftsgrundlage der Zuwendung. Ebenso scheidet ein Anspruch aus § 812 Abs. 1, S. 2, 2. Alternative BGB – condictio ob rem – aus. Er setzt voraus, dass der mit der Leistung nach dem Inhalt des Rechtsgeschäfts bezweckte Erfolg nicht eintrifft. Der bezweckte Erfolg ist aber nicht etwa die Aufrechterhaltung der ehelichen Lebensgemeinschaft, sondern ein bestimmtes Vorhaben im Rahmen und auf der Grundlage der ehelichen Lebensgemeinschaft, also etwa die Schaffung eines Familienheims. Mit dessen Erstellung und Bezug ist und bleibt der gesetzliche Erfolg erreicht, auch wenn die Ehe dann scheitert. Mangels ausdrücklich vereinbarter Gesellschaft des bürgerlichen Rechts kann schließlich eine durch schlüssiges Verhalten zustandegekommene Ehegattengesellschaft nicht angenommen werden, wenn ein Ehegatte – wie bei Zuwendungen im Rahmen der Schaffung eines Familienheims – nur Beiträge leistet, die der Verwirklichung der ehelichen Lebensgemeinschaft dienen.

Unbenannte Zuwendungen entfalten damit regelmäßig nur im Rahmen des gesetzlichen Zugewinnausgleichs Wirkung. Soweit sie von nicht unerheblichem Wert sind, erfolgt mangels ausdrücklichen Ausschlusses ihre Anrechnung auf die Ausgleichsforderung des Empfängers gem. § 1380 BGB. Dabei kommt § 1380 BGB nur zur Anwendung, wenn der Zugewinnausgleichsanspruch des Empfängers höher ist als der Wert der Zuwendung im Zeitpunkt der Zuwendung. Dann wird der Wert der Zuwendung zur Berechnung der Ausgleichsforderung dem Vermögen des Ehegatten hinzugerechnet, der die Zuwendung gemacht hat, sowie, was das Gesetz nicht ausdrücklich anordnet, vom Vermögen des Ehegatten abgezogen, der die Zuwendung erhalten hat. Zur Neutralisierung der Zuwendung im Vermögen des Zuwendungsempfängers wird § 1374 Abs. 2 BGB also nicht benötigt. Auf den dann sich ergebenden Zugewinnausgleichsanspruch wird der Wert der Zuwendung angerechnet.

Die Anwendung von § 1380 BGB hat immer zur Folge, dass sich der Zugewinnausgleichsanspruch des Zuwendungsempfängers um die Hälfte des Wertes der Zuwendung verringert.

Bei Zuwendungen über den Ausgleichsanspruch hinaus schließt § 1380 BGB nicht etwa einen Ausgleichsanspruch des Zuwendungsempfängers aus. Vielmehr

§ 2. Ehebedingte „unbenannte" Zuwendungen

kommt § 1380 BGB nicht zur Anwendung. Der Zugewinnausgleich wird unter Berücksichtigung der tatsächlichen Vermögenssalden ohne Zu- oder Abrechnungen ermittelt.

V. Ehebedingte Zuwendungen bei Gütertrennung

Ehegattenzuwendungen im Güterstand der Gütertrennung werden entsprechend behandelt, soweit nicht die Sonderregeln des Zugewinnausgleichs eine Rolle spielen. Auch bei Zuwendungen im Güterstand der Gütertrennung handelt es sich regelmäßig nicht um Schenkungen, sondern um ehebedingte unbenannte Zuwendungen. Deren Geschäftsgrundlage fällt bei Ehescheidung weg. Die Anwendung der Grundsätze über den Wegfall der Geschäftsgrundlage wird dann aber nicht wie bei der Zugewinngemeinschaft durch spezielle güterrechtliche Auseinandersetzungsregeln verdrängt. Die Grundsätze des Wegfalls der Geschäftsgrundlage nach § 242 BGB kommen vielmehr voll zur Anwendung, wobei es auf die Umstände des Einzelfalles ankommt. Die dingliche Rückabwicklung ist nur eine extreme Möglichkeit, der regelmäßig ein angemessener Ausgleich in Geld vorzuziehen sein wird. Ob und in welcher Form ein Ausgleich gegeben ist, hängt nach dem BGH[12] von den besonderen Umständen des Falles, insbesondere der Dauer der Ehe, dem Alter der Parteien, Art und Umfang der erbrachten Leistungen, der Höhe der dadurch bedingten und noch vorhandenen Vermögensmehrung und von den Einkommens- und Vermögensverhältnissen der Ehegatten überhaupt ab.

1005

VI. Formulierungsbeispiele

1. Ehebedingte Zuwendung der Miteigentumshälfte am Familienheim im gesetzlichen Güterstand zum vorweggenommenen Zugewinnausgleich (§§ 1363 ff., 2370 BGB)

Verhandelt zu ... am ...
vor dem Notar ...
erschienen, persönlich bekannt: Eheleute ... und erklären

<u>Ehebedingte unbenannte Zuwendung:</u>

§ 1 Vertragsobjekt
(1) Der Ehemann ist Alleineigentümer des Familienheims (Beschrieb nach dem Grundbuch). Erwerb und bisherige Finanzierung erfolgten aus ehezeitlichem Zugewinn.
(2) Das Hausgrundstück ist mit einer vollstreckbaren Briefgrundschuld über 200 000,– DM für die Sparkasse ... und einer Buchgrundschuld über 50 000,– DM für die Bausparkasse ... belastet. Die Darlehen, die derzeit noch mit etwa 180 000,– DM valutieren, werden von den Eheleuten gesamtschuldnerisch geschuldet. Entstandene Eigentümerrechte werden der Ehefrau hiermit hälftig abgetreten.
§ 2 Ehebedingte Zuwendung
(1) Der Ehemann wendet der Ehefrau hiermit im Wege der ehebedingten Zuwendung zum vorzeitigen Ausgleich des Zugewinns eine Miteigentumshälfte an dem Vertragsobjekt zu.
(2) Ein Rückforderungsrecht für den Scheidungsfall wird nicht vereinbart. Der Notar hat über Möglichkeit und Inhalt derartiger Scheidungsklauseln belehrt.
§ 3 Besitzübergang, Gewährleistung
(1) Der Besitzübergang erfolgt sofort.

1006

---

[12] NJW 1982, 2236.

9. Kapitel. Ehebezogene Rechtsgeschäfte

> (2) Die eingetragenen Grundpfandrechte werden geduldet. Jegliche Gewährleistung für Sach- und Rechtsmängel aller Art ist ausgeschlossen.
> § 4 Kosten, Steuern
> Die Kosten dieses Vertrags und seines Vollzugs trägt die Ehefrau. Der Notar hat auf die Vorschriften des Erbschaft- und Schenkungssteuergesetzes hingewiesen.
> Auflassung
> Einig über den Eigentumsübergang gemäss §§ 1 und 2 dieser Urkunde bewilligen und beantragen die Beteiligten den Vollzug im Grundbuch.
> <u>Schlussvermerke, Schlussformel, Unterschriften)</u>

2. Ehebedingte Zuwendung einer Eigentumswohnung bei Gütertrennung zum freiwilligen Zugewinnausgleich

1007 *a) Formulierungsvorschlag*

> Verhandelt zu ... am ...
> Vor dem Notar ... sind erschienen: Eheleute ... und erklären
> <u>Ehebedingte unbenannte Zuwendung:</u>
> § 1 Vertragsobjekt
> (1) Der Ehemann ist Alleineigentümer des Wohnungseigentums (Beschrieb nach dem Grundbuch).
> (2) Das Wohnungseigentum ist lastenfrei. Seine Veräußerung an den Ehegatten ist nach der Teilungserklärung vom Erfordernis der Verwaltergenehmigung ausgenommen.
> § 2 Ehebedingte Zuwendung
> (1) Der Ehemann wendet der Ehefrau hiermit im Wege der ehebedingten Zuwendung zum freiwilligen Zugewinnausgleich das Vertragsobjekt zu.
> (2) Die heutige Zuwendung soll dem Empfänger auch dann endgültig verbleiben, wenn die Ehe geschieden wird. Die Rückforderung ist auf jeder Anspruchsgrundlage ausgeschlossen. Auf das Verschulden am Scheitern der Ehe kommt es nicht an. Die Scheidung führt nicht zum Wegfall der Geschäftsgrundlage der Zuwendung.
> [Schlussvermerke, Schlussformel, Unterschriften]

1008 *b) Anmerkung.* Gütertrennungs-Ehen funktionieren in der Praxis regelmäßig gut. Dies liegt vor allem auch daran, dass die Eheleute neben Vermögenstransaktionen auf den betrieblich nicht haftenden Ehegatten zur Erhaltung des Privatvermögens regelmäßig auch Zuwendungen im Wege des „freiwilligen" Zugewinnausgleichs vornehmen. Neben der Übertragung bereits im Eigentum des Zuwendenden stehender Vermögensgegenstände kommt auch der von der Interessenlage her gleichgelagerte Fall des Erwerbs etwa einer Immobilie auf den Namen eines Ehegatten aus Mitteln des anderen Ehegatten oder von diesem finanziert in Betracht. Bei derartigem freiwilligen Zugewinnausgleich handelt es sich um einen typischen Fall der ehebedingten, unbenannten Zuwendung, der auch als solche zu beurkunden ist.

Unbenannte Zuwendungen im Güterstand der Gütertrennung unterliegen, bei Scheidung der Ehe der Rückabwicklung nach den Grundsätzen des Wegfalls der Geschäftsgrundlage.[13] Die hier bestehende Rechtsunsicherheit zwingt zu ausdrücklicher vertraglicher Regelung der Rückabwicklungsfrage. Entsprechend der Interessenlage schließt das Formular jede Rückforderung aus. Die Geschäftsgrundlage steht zur vertraglichen Disposition der Beteiligten. Sie können es zur Geschäftsgrundlage der Zuwendung machen, dass diese auch im Fall der Ehescheidung Bestand haben soll.

---

[13] BGH NJW 1982, 2236.

3. Ehebedingte Zuwendungen aus Haftungsgründen

a) Fallgruppe. Die Zuordnung des Familienheims oder sonstigen privaten Grundbesitzes zum beruflich oder betrieblich nicht haftenden Ehegatten zur Vermeidung eines etwaigen Gläubigerzugriffs ist ein anerkannter Vertragstyp der ehebedingten Zuwendung.[14] Die Zuwendung zur Erzielung einer haftungsgünstigen ehelichen Vermögensordnung dient der Sicherstellung der Lebensgrundlage der Ehe und Familie und ist deshalb ehebedingte Zuwendung und keine Schenkung. Wie alle Vertragstypen der unbenannten Zuwendung ist auch dieser güterstandsunabhängig und etwa auch im Güterstand der Gütergemeinschaft als Zuwendung zum Vorbehaltsgut denkbar.

1009

b) Formulierungsbeispiel

1010

> Verhandelt zu ... am ...
> Vor dem Notar ... erschienen: Eheleute ... und erklären
>
> <u>Ehebedingte unbenannte Zuwendung:</u>
> § 1 Vertragsobjekt
> (1) Die Eheleute sind je hälftige Miteigentümer des Familienheims (Beschrieb nach dem Grundbuch). Sie haben ehevertraglich den Zugewinnausgleich im Scheidungsfall ausgeschlossen. Der Ehemann ist selbständiger Kaufmann, die Ehefrau Hausfrau.
> (2) Das Vertragsobjekt ist unbelastet.
> § 2 Ehebedingte Zuwendung
> (1) Der Ehemann wendet der Ehefrau hiermit seine Miteigentumshälfte an dem Vertragsobjekt im Wege der ehebedingten Zuwendung zur Herstellung einer zweckmässigen ehelichen Vermögensordnung zu. Einig über den Eigentumsübergang bewilligen und beantragen die Beteiligten den Vollzug im Grundbuch.
> (2) Der Ehemann kann im Falle der Scheidung oder bei Auflösung der Ehe durch den Tod der Ehefrau den heute zugewendeten Miteigentumsanteil zurückfordern. Hat die Ehefrau auf den Miteigentumsanteil aus ihrem Vermögen Verwendungen gemacht, so sind ihr oder ihren Erben diese zu erstatten. Die Kosten der Rückforderung trägt der Ehemann.
> (3) Zur Sicherung des Rückforderungsrecht ist eine Eigentumsvormerkung zum Rückerwerb des hälftigen Miteigentums für den Ehemann einzutragen, deren Eintragung hiermit bewilligt und beantragt wird.
> § 3 Sonstige Bestimmungen
> (1) Der Besitzübergang erfolgt sofort.
> (2) Jegliche Gewährleistung für Rechts- und Sachmängel aller Art ist ausgeschlossen. Die Kosten und etwaige Steuern trägt der Ehemann.
> (Schlussvermerke, Schlussformel, Unterschriften)

c) Erläuterungen. Bei diesem Vertragstyp stellen die Ehegatten regelmäßig die im Innenverhältnis als gerecht empfundene Vermögenszuordnung, im Fall des Formulars das je hälftige Miteigentum am Familienheim, hinter die aus Haftungsgründen zweckmäßige Zuordnung zurück. Realisiert sich nicht das Haftungsrisiko, sondern das Eherisiko, so muss der durch die Zuwendung enteignete Ehegatte die Möglichkeit der Rückforderung haben. Dies gilt insbesondere bei Gütertrennung oder modifizierter Zugewinngemeinschaft,[15] da hier ein Ausgleich in Geld über den Zugewinnausgleich nicht stattfindet. Deshalb ist das Rückforderungsrecht des Formulars

1011

---

[14] *Langenfeld*, DNotZ-Sonderheft 1985, 177; zustimmend BGH NJW-RR 1990, 386 = FamRZ 1990, 600 = MittBayNot 1990, 178 m. Anm. *Frank*.
[15] Dazu Rdn. 949.

unerlässlich. Seine Absicherung im Grundbuch durch Eintragung einer Vormerkung verhindert die Vereitelung des Rückforderungsrechts durch Veräußerung an einen gutgläubigen Dritten. Der Fall des Vorversterbens ist in das Rückforderungsrecht einbezogen, um die Eingliederung in den Nachlass der Ehefrau zu vermeiden.

§ 3. Erwerbsrecht für den ein Hausgrundstück finanzierenden Ehegatten

I. Fallgruppe

Wenn das Grundstück oder der Miteigentumsanteil nicht von einem Ehegatten dem anderen zugewendet wird, sondern der wirtschaftlich empfangende Ehegatte das Grundstück von einem Dritten mit Mitteln des anderen Ehegatten erwirbt, ist ein Rückforderungsrecht im technischen Sinn nicht möglich. Dies sind die Fälle des Erwerbsrechts. 1012

II. Vertragstyp

1013

Verhandelt zu ... am ...
Vor dem unterzeichneten Notar ... erschienen ...
und erklären

<u>Erwerbsrecht</u>
Die Ehefrau ist Eigentümerin des Mehrfamilienhauses (Ort, Strasse, grundbuchmäßiger Beschrieb). Das Hausgrundstück wurde aus Mitteln des Ehemannes erworben. Im Falle der Scheidung soll es in das Alleineigentum des Ehemannes übergehen, der das Hausgrundstück als seine Altersversorgung betrachtet. Es wird vereinbart, dass der Ehemann im Scheiddungsfall die Übereignung des Grundstücks auf sich verlangen kann. Die Kosten und etwaigen Steuern trägt der Ehemann. Etwaige Grundpfanddarlehen hat er zur Alleinschuld zu übernehmen. Zur Sicherung dieses Erwerbsrechts wird die Eintragung einer Vormerkung im Grundbuch bewilligt und beantragt.
<u>(Schlussvermerke, Schlussformeln, Unterschriften)</u>

III. Erläuterungen

Das Erwerbsrecht entspricht von der Interessenlage her dem Rückforderungsrecht. Auch die Zuwendung von Geld zum Grundstückserwerb ist ehebedingte unbenannte Zuwendung. 1014

Erwerb auf den anderen Ehegatten kommt in beiden Güterständen aus Haftungsgründen vor, aber auch z.B. zur Vermeidung oder Herabsetzung von Pflichtteilsansprüchen erstehelicher Abkömmlinge.

Das Erwerbsrecht sichert dem den Erwerb finanzierenden Ehegatten die wirklich gewollte Vermögensverteilung im Scheidungsfall.

9. Kapitel. Ehebezogene Rechtsgeschäfte

§ 4. Ausstattung eines Kindes mit anschließender ehebedingter Zuwendung und Rückforderungsrechte

I. Fallgruppe

1015   Gestufte Grundstückszuwendungen in der Weise, dass zunächst die Eltern dem Kind das Grundstück zuwenden, und dieses dann seinem Ehegatten einen hälftigen Miteigentumsanteil weitergibt, sind häufig. Sie haben sich in der Kautelarpraxis vorwiegend aus schenkungsteuerlichen Gründen als sog. „Kettenschenkung" entwickelt. Die direkte Zuwendung eines hälftigen Miteigentumsanteils seitens der Eltern an das Schwiegerkind empfiehlt sich schenkungsteuerlich nicht, da dessen Freibetrag nur 20000,– DM beträgt (§§ 16 Abs. 1 Nr. 4, 15 Abs. 1 ErbStG). Die gestufte Zuwendung ermöglicht dagegen die Ausnutzung der Eltern-Kind- und Ehegattenfreibeträge (§ 16 Abs. 1, 2 ErbStG). Die „Kettenschenkung" ist als steuerlich legitime Gestaltungsform anerkannt.[1] Die Berechtigung ihrer steuerlichen Anerkennung wird untermauert durch die notwendige zivilrechtliche Unterscheidung der beiden Zuwendungsgeschäfte. Die Zuwendung von den Eltern an das Kind ist vom Vertragstyp her vorweggenommene Erbfolge oder Ausstattung oder selten Schenkung, die Zuwendung zwischen den Ehegatten ehebedingte unbenannte Zuwendung. Die Unterscheidung ist insbesondere für die Rückforderungsproblematik wichtig.

II. Vertragstyp

1016   Verhandelt zu ... am ...
Vor dem Notar ... sind erschienen:
1. Herr Karl A, Kaufmann ...
2. dessen Tochter, Frau Anita B geb. A ...
3. deren Ehemann, Herr Fritz B ...
Die Erschienenen erklären die folgende

<u>Ausstattung und ehebedingte Zuwendung:</u>

A. Ausstattung
§ 1 Vertragsobjekt
Herr A ist Eigentümer des nach Auszug des bisherigen Mieters leerstehenden, nach dem Grundbuch lastenfreien Einfamilienhauses (Beschrieb).
§ 2 Ausstattung
Herr A übergibt das Vertragsobjekt im Wege der Ausstattung mit Rücksicht auf ihre Verheiratung seiner Tochter Anita B geb. A. Einig über den Eigentumsübergang bewilligen und beantragen die Beteiligten den Vollzug im Grundbuch.
§ 3 Rückforderungsrecht
  (1) Herr A kann das Vertragsobjekt zurückfordern, wenn die Ehe seiner Tochter Anita B geschieden wird. Er ist verpflichtet, auf Verlangen der B die von dieser oder ihrem Ehemann getätigten nachgewiesenen Verwendungen auf das Vertragsobjekt zu erstatten und etwa noch bestehende Finanzierungsdarlehen für Verwendungen zur Alleinschuld zu übernehmen.
  (2) Auf Sicherung des Rückforderungsrechts durch Vormerkung wird verzichtet.

---

[1] BFH BStBl 1962 III 206; *Moench* StbJb 1982/83 S. 106; *Meincke* ErbStG § 7 Rdn. 34.

§ 4. Ausstattung eines Kindes mit anschließender ehebedingter Zuwendung

§ 4 Besitzübergang, Gewährleistung
Der Besitzübergang erfolgt sofort. Jede Gewährleistung für Rechts- und Sachmängel aller Art ist ausgeschlossen.

B. Ehebedingte Zuwendung
§ 1 Zuwendung
Wegen der geplanten gemeinsamen Sanierung des Vertragsobjekts wendet Frau Anita B ihrem Ehemann Fritz B einen Miteigentumsanteil von einhalb an dem Vertragsobjekt ehebedingt zu. Einig über den Eigentumsübergang bewilligen und beantragen die Beteiligten den Vollzug im Grundbuch.
§ 2 Rückforderungsrecht
(1) Der zuwendende Ehegatte hat das Recht, im Falle der Scheidung der Ehe die Rückforderung des heute überlassenen Miteigentumsanteils verlangen zu können.
(2) Hat der Zuwendungsempfänger aus einem vorehelichen Vermögen oder aus einer während der Ehe erworbenen Erbschaft, einem Vermächtnis, einer Schenkung oder Ausstattung Verwendungen auf das Grundstück gemacht, so sind ihm diese Zug um Zug gegen Rückforderung zu erstatten.
(3) Der Zuwendende hat Zug um Zug gegen Rückforderung etwaige auf das Grundstück verwendete Grundpfanddarlehen zur Alleinschuld zu übernehmen, wobei der Zuwendungsempfänger von den Gläubigern freizustellen ist.
(4) Die Rückforderung ist nur zulässig, wenn der Zugewinn des Zuwendenden mindestens so hoch wie die in der Ehezeit eingetretene Wertsteigerung des Grundstücks nach Abzug der dem Zuwendungsempfänger gemäss obigem Absatz 2 zu erstattenden Verwendungen.
(5) Zum um Zug mit der Rückforderung nach Maßgabe obiger Vereinbarungen findet dann auf der Grundlage der nach Rückforderung und Rückerstattung von Verwendungen bestehenden Vermögenslage der gesetzliche Zugewinnausgleich statt.
(6) Zur Sicherung des Rückforderungsrechts ist für Frau Anita B eine Rückauflassungsvormerkung einzutragen, deren Eintragung bewilligt und beantragt wird.
§ 3 Besitzübergang, Gewährleistung
(1) Der Besitzübergang erfolgt sofort. Er bewilligt die Eintragung einer Rückauflassungsvormerkung für seine Ehefrau zum Erwerb des Miteigentumsanteils nach Rückforderung, deren Eintragung beantragt wird.
(2) Jegliche Gewährleistung für Sach- und Rechtsmängel aller Art ist ausgeschlossen.
II. Kosten, Steuern
§ 1 Kosten. Die Kosten dieses Vertrags und seines Vollzugs tragen Eheleute B je hälftig.
§ 2 Steuern. Anfallende Steuern trägt jeder Beteiligte für seinen Erwerb. Der Notar hat auf mögliche Schenkungsteuer hingewiesen.
(Schlussvermerke, Schlussformel, Unterschriften)

III. Erläuterungen

1. Ausstattung

Die Ausstattung als besonderer Vertragstyp im Bereich der Zuwendungsverträge ist in § 1624 BGB gesetzlich geregelt. Das Gesetz nimmt sie weitgehend vom Schenkungsrecht aus. Nicht anwendbar sind §§ 518, 521, 522 und 528ff. BGB. Dagegen sind nach § 1624 Abs. 2 BGB die Rechts- und Sachmängelgewährleistungsvorschriften der §§ 523, 524 BGB anzuwenden. Im erbrechtlichen Bereich ist nach § 2050 Abs. 1 BGB die Ausstattung zur Ausgleichung zu bringen, soweit nicht der Erblasser etwas anderes angeordnet hat. Für die Schenkung gilt nach § 2050 Abs. 3 BGB

1017

das umgekehrte Regel-Ausnahmeverhältnis. Von höchster praktischer Wichtigkeit ist, dass die Ausstattung nicht der Pflichtteilsergänzung nach § 2325 BGB unterfällt.[2] Die Ermittlung der Voraussetzungen der Ausstattung durch den Berater und Notar und die entsprechende Bezeichnung des Vertrages ist angesichts dieser Unterschiede zur Schenkung und der ihr hinsichtlich der Rechtsfolgen gleichgestellten vorweggenommenen Erbfolge nicht nur ein Gebot der Vertragstypenunterscheidung, sondern von erheblicher Bedeutung im Rechtsfolgenbereich.

Der den Vertragstyp der Ausstattung kennzeichnende Vertragszweck ist die Begründung oder Erhaltung einer selbständigen Lebensstellung des Kindes. Ihre Vertragsgrundlage ist die Verheiratung oder Existenzgründung. Scheitert die die Vertragsgrundlage bildende Ehe des Kindes, so kann sich hieraus mangels besonderer Umstände ein Rückforderungsrecht der Eltern nicht ergeben.[3] Es ist deshalb immer zu erwägen, ob Rückforderungsrechte vereinbart werden sollen.

2. Unbenannte ehebedingte Zuwendung

1018 Die zweite Stufe der „Kettenschenkung", die Weitergabe eines hälftigen Miteigentumsanteils an den Ehegatten, ist eine ehebedingte unbenannte Zuwendung. Ihr Zweck ist die Herstellung einer von den Eheleuten als angemessen empfundenen ehelichen Vermögensordnung. Der Ehegatte des von den Eltern Bedachten soll sein Vermögen und seinen künftigen Verdienst nicht auf das alleinige Eigentum des anderen verwenden müssen. Die Entscheidung für eine derartige ehebedingte Miteigentumszuwendung wird dem von den Eltern Bedachten umso leichter fallen, je geringer der Wert der Zuwendung im Vergleich zu den geplanten Investitionen auf das Zuwendungsobjekt ist. Soll also der von den Eltern stammende Bauplatz im Wert von 200 000,– DM mit einem von den Eheleuten finanzierten Haus im Wert von 800 000,– DM bebaut werden so wird der Berater den Entschluss der Eheleute zur Weitergabe eines hälftigen Miteigentumsanteils am Bauplatz nicht in Frage stellen. Anders wird dies sein, wenn das Grundstück schon bebaut ist und die erforderlichen Sanierungen durch die Eheleute nur einen Bruchteil seines Wertes ausmachen.

3. Vereinbarte Rückforderungsrechte

1019 Bei der gestuften Zuwendung ist nicht nur das Rückforderungsinteresse des zuwendenden Ehegatten im Fall der Scheidung der Ehe, sondern auch das Rückforderungsinteresse der Eltern des zuwendenden Ehegatten zu berücksichtigen. Diese wollen regelmäßig nicht, dass das zugewendete Grundstück auch im Scheidungsfall dinglich im Miteigentum des Schwiegerkindes verbleibt. Weiterhin wollen sie nicht, dass ihr Kind im Zugewinnausgleich Anfangsvermögen i.S. von § 1374 Abs. 2 BGB hälftig verliert, nur weil es dem Ehegatten eine ehebedingte Zuwendung gemacht hat. Beiden Gefahren kann nur durch Vereinbarung von Rückforderungsrechten begegnet werden. Lediglich für die Fälle, in denen der übergebende Bauplatz bei Stellung des Scheidungsantrags bereits bebaut ist, kann man statt der dinglichen Rückforderung einen Ausgleich in Geld für den zugewendeten Grundstückswert vorsehen.[4]

Vorrangige Gestaltungsaufgabe ist das Rückforderungsrecht des ehebedingt zuwendenden Ehegatten. Neben der Begründung des Rückforderungsanspruchs hat es die Verpflichtung zur Rückerstattung verwendeten Anfangsvermögens an den Rückforderungsgegner zu enthalten, ferner die Verpflichtung des Rückfordernden zur

---

[2] *Haegele* BWNotZ 1976, 29.
[3] *Staudinger/Coester* § 1624 Rdn. 20.
[4] Vorschlag von *Arend* MittRhNotK 1990, 65/74 f.

§ 4. Ausstattung eines Kindes mit anschließender ehebedingter Zuwendung

Übernahme von Grundpfanddarlehen, und schließlich die Vorsorge für den Fall, dass der Wert des Rückerwerbs im Vermögen des Rückfordernden durch Negativposten neutralisiert wird. Denn im gesetzlichen Güterstand findet auf der Grundlage der nach Rückforderung gegebenen Vermögensverteilung der Zugewinnausgleich statt. Das ausgleichspflichtige Vermögen des Rückfordernden vermehrt sich also um den Wert des Rückforderungsobjekts, sein Zugewinn damit um die Differenz zwischen dem Wert des Objekts bei Erhalt von den Eltern und dem Wert bei Rückforderung. Von dieser ausgleichspflichtigen Wertsteigerung, die etwa durch Verwendungen aus Familieneinkommen herbeigeführt sein kann, erhält der Rückforderungsverpflichtete also die Hälfte im Zugewinnausgleich in Geld zurück. Dieser Mechanismus ist gestört, wenn der Rückerwerb nicht zu einer entsprechenden Vermögensvermehrung beim Rückfordernden führt, weil er durch sonstige Negativposten neutralisiert wird. Dies wird durch den Ausschluss des Rückforderungsrechts für diesen Fall verhindert. Eine andere Lösung ist, dem Rückforderungsberechtigten in diesem Fall die Rückforderung nur Zug um Zug gegen Zahlung der hälftigen Wertsteigerung zu gestatten:[5] „Erhält der Rückforderungsverpflichtete nicht die Hälfte der von den Eheleuten in der Ehezeit durch Verwendungen aus Zugewinn herbeigeführten Wertsteigerung im Zugewinnausgleich zurück, so ist die Rückforderung nur zulässig, wenn ihm der Rückforderungsberechtigte diesen Betrag Zug um Zug gegen Rückübertragung zahlt".

Zusätzlich zum Rückforderungsrecht des ehebedingt zuwendenden Ehegatten kann auch noch ein Rückforderungsrecht für den ausstattenden Elternteil vorgesehen werden. Mit diesem Rückforderungsrecht kann sichergestellt werden, dass nur die von dem rückfordernden Elternteil zu erstattenden Verwendungen im zugewinnausgleichspflichtigen Vermögen des Kindes bleiben. Um dies sicherzustellen, sollte es dabei bleiben, dass die Eltern nur im Verhältnis zu ihrem Kind und in Übereinstimmung mit ihm "in guter Absicht" zurückfordern können, ihr Rückforderungsrecht also die vorherige Ausübung des Rückforderungsrechts des Kindes voraussetzt. Deshalb sollte auch keine Vormerkung zur Sicherung des Rückforderungsrechts der Eltern eingetragen werden, die dann auch den an das Schwiegerkind weitergegebenen Miteigentumsanteil belasten würde, sondern lediglich eine Rückauflassungsvormerkung für das Kind auf dem Miteigentumsanteil des Ehegatten.

---

[5] *Arend* MittRhNotK 1990, 65/74.

§ 5. Zuwendungen an Schwiegerkinder

I. Zuwendung von Geld zur Ablösung von Grundpfandrechten

1020 Die Fallgruppe ist vertraglich so zu gestalten, dass die Eltern dem Kind das Geld im Wege der Ausstattung oder vorweggenommenen Erbfolge zuwenden und das Kind dann die Ablösung der das Grundeigentum des Ehegatten betreffenden Kredite als ehebedingte Zuwendung mit der Vereinbarung der Rückzahlung für den Scheidungsfall vornimmt. Als Sicherheit für diesen bedingten Rückzahlungsanspruch können die eingetragenen Grundpfandrechte verwendet werden.

1021 **Formulierungsbeispiel:**

Das im Alleineigentum der Ehefrau stehende Familienheim (Beschrieb nach dem Grundbuch) ist mit einer Grundschuld über 100 000,- DM für die X-Bank belastet, die noch mit 100 000,- DM valutiert. Zur Ablösung dieser Belastung wenden die Eheleute A hiermit ihrem Sohn den Betrag von 100 000,- DM als Ausstattung zu. Der Sohn nimmt die Zuwendung an. Er wird diesen Betrag zum ... an die X-Bank zur Rückzahlung des Darlehens der Ehefrau überweisen. Diese Überweisung erfolgt im Verhältnis der Eheleute als ehebedingte Zuwendung des Ehemannes an die Ehefrau. Hinsichtlich ihrer wird vereinbart, dass der Betrag mit 4% Jahreszinsen ab ... an den Ehemann zurückzuzahlen ist, wenn die Ehe geschieden wird. Der Betrag von 100 000,- DM ist im Zugewinnausgleich privilegierter Erwerb des Ehemannes gem. § 1374 Abs. 2 BGB. Zur Sicherung dieses bedingten Rückzahlungsanspruches werden die Beteiligten die X-Bank anweisen, die eingetragene Grundschuld Zug um Zug gegen Ablösung an den Ehemann abzutreten.

II. Zuwendung von Geld zum Erwerb des Familienheims

1022 Wollen Kind und Schwiegerkind das Familienheim schlüsselfertig erwerben oder auf eigenem Grund errichten und wollen die Eltern eines Ehegatten hierzu einen finanziellen Beitrag leisten, so ist wiederum eine direkte Zuwendung an das Schwiegerkind zu vermeiden. Die einfachste Lösung besteht darin, dass das Kind so viel Miteigentumsanteile mehr als der Ehegatte erwirbt, wie dies dem zugewendeten Geldbetrag entspricht. Beträgt der Kaufpreis für die schlüsselfertig erworbene Eigentumswohnung also 300 000,- DM und geben die Eltern der Frau zum Erwerb den Eigenkapitalanteil von 100 000,- DM, während die restlichen 200 000,- DM durch ein gesamtschuldnerisch aufgenommenes Darlehen der Eheleute finanziert werden, so hat die Ehefrau zu 2/3 Miteigentum, der Ehemann zu 1/3 Miteigentum zu erwerben.

Wird diese Lösung aus anderen Gründen nicht gewünscht, wird also die Zuwendung der Eltern nicht in einen Miteigentumsanteil des Kindes umgesetzt, sondern führt zum Eigentumserwerb des Schwiegerkindes, so ist wieder die gestufte Zuwendung zu wählen. Für den Scheidungsfall hat sich dann das Kind gegenüber dem Ehegatten die Rückzahlung des zugewendeten Geldbetrages, möglichst ergänzt durch eine Absicherung durch Grundpfandrecht, vorzubehalten oder ein Erwerbsrecht nach folgendem Muster:

1023 Im Falle der Scheidung der Ehe kann der zuwendende Ehegatte die Übereignung eines Miteigentumsanteils von ... an dem Grundstück verlangen. Dieser Miteigentumsanteil ist dann mit dem heutigen Wert von DM ... Anfangsvermögen im Sinne von § 1374 Abs. 2 BGB. Zur Sicherung dieses künftigen Übereignungsanspruchs wird für den zuwendenden Ehegatten die Eintragung einer Vormerkung gem. § 883 BGB auf dem vorbezeichneten Grundstück bewilligt und beantragt.

§ 5. Zuwendungen an Schwiegerkinder

Wollen die Eltern zusätzlich noch den Fall absichern, dass das Kind vor ihnen verstirbt, so ist das folgende gestufte Erwerbsrecht zu vereinbaren:

Der der Ehefrau von ihrem Vater im Wege der Ausstattung zum Erwerb des vorbezeichneten Hausgrundstücks zugewendete Betrag ist zurückzuzahlen, wenn die Ehefrau vor dem Vater verstirbt. In Höhe von 100 000,– DM wird dieser Betrag von der Ehefrau dem Ehemann zum Erwerb eines Miteigentumsanteils von ... an dem Hausgrundstück ehebedingt zugewendet. Im Falle des Vorversterbens der Ehefrau vor ihrem Vater ist der Ehemann verpflichtet, dem Vater diesen Miteigentumsanteil zur Rückabwicklung zu übereignen. Zur Sicherung dieses bedingten Erwerbsrechts wird für den Vater die Eintragung einer Vormerkung gem. § 883 BGB auf dem vorbezeichneten Grundstück bewilligt und beantragt.

9. Kapitel. Ehebezogene Rechtsgeschäfte

§ 6. Vermögensgesellschaften zwischen Ehegatten

I. Fall und Fallgruppen

1025 Der BGH hat mit Urteil vom 30. 6. 1999[1] für die Fälle der Vermögensbildung innerhalb der Ehe über das Familieneigenheim hinaus auf die Grundsätze der Ehegatteninnengesellschaft Rekurs genommen.
Bis zu diesem Urteil hatte der BGH es in Verfolgung seiner Rechtsprechung zu den ehebedingten Zuwendungen abgelehnt, auf die Fiktion einer Ehegatteninnengesellschaft zurückzugreifen. Die neue Entscheidung erschließt nunmehr die Ehegatteninnengesellschaft für die Rückabwicklung überobligationsmäßiger Vermögensbildung in der Ehe unabhängig vom Familieneigenheim. Die Ehegatten hatten Gütertrennung vereinbart und im Laufe einer jahrzehntenlangen Ehe nach und nach erheblichen Grundbesitz erworben, dies aus verschiedenen Gründen zum Alleineigentum der Ehefrau. Nach Scheidung der Ehe machte der Ehemann einen Vermögensausgleich geltend. Der BGH sah sich insbesondere auch in Würdigung der Entscheidung der Vorinstanz veranlasst, für diese Fallgruppe auf die Innengesellschaft zurückzugreifen.
Das Urteil hat **grundlegende Bedeutung,** der der BGH durch lehrbuchmäßig strukturierte Urteilsgründe Rechnung trägt. Das OLG Schleswig als Vorinstanz war von der ständigen Rechtsprechung des BGH zum Ausgleich ehebezogener Geld- und Arbeitsleistungen auf das Familienheim in der Gütertrennungsehe ausgegangen.[2] Grundlage dieser Entscheidungen wie der Rechtsprechung zu den ehebezogenen Zuwendungen überhaupt war und ist die richtige und grundsätzlich praktikable Auffassung des BGH, dass die Ehescheidung nicht den Rechtsgrund unbenannter ehebedingter Vermögenszuwendungen und nicht als Unterhalt geschuldeter Arbeitsleistungen entfallen lässt, sondern deren Vertragsgrundlage mit der Folge, dass im gesetzlichen Güterstand die Regeln des Zugewinnausgleichs als ausschließliche Spezialregelung zur Anwendung kommen, bei Gütertrennung dagegen kein Ausgleich erfolgt, wenn nicht bei grober Unbilligkeit die Zubilligung eines Ausgleichsanspruchs nach Treu und Glauben zwingend erscheint.
Diese Rechtsprechung hat Schwächen im Bereich der Gütertrennungsehe, weil sie den bis dahin sicheren, da jeden Vermögensausgleich ausschließenden Güterstand der Gütertrennung zu einem unsicheren, da richterlicher Billigkeitsentscheidung ausgelieferten Güterstand machte, was zu der Ehevertragsgestaltung Anlass gab, die Rückforderung ehebezogener Zuwendungen ehevertraglich auszuschließen, soweit nicht bei der jeweiligen Zuwendung die Rückforderung durch Scheidungsklausel ausdrücklich geregelt wurde.

1025 a Zu welchen kaum noch nachvollziehbaren Billigkeitsentscheidungen des Richters die Festsetzung eines Ausgleichsanspruchs in diesen Fällen führen kann, verdeutlicht die Rechnung des OLG Schleswig.[3] Das OLG rechnet den Finanzierungsanteil des Nichteigentümer-Ehemannes am Erwerb des ersten Hausgrundstücks hoch und gelangt zu einem Gesamtanteil an dem nach und nach zum Alleineigentum der Ehefrau erworbenen Grundbesitz von etwa einer Million DM. Hiervon zieht es Schulden des Ehemannes ab und vermindert den Restbetrag unter Berücksichtigung der Ehedauer und der Einkommens- und Vermögensverhältnisse der Ehegatten um die Hälfte. Eine weitere hälftige Reduzierung um die Hälfte nimmt es in analoger An-

---

[1] BGH NJW 1999, 2962.
[2] BGHZ 84, 361; 127, 48.
[3] Vgl. den vom BGH aaO mitgeteilten Sachverhalt.

§ 6. Vermögensgesellschaften zwischen Ehegatten

wendung von § 1579 Nr. 2 BGB deshalb vor, weil der Ehemann die Ehefrau fortgesetzt schwer beleidigt, verleumdet und misshandelt habe. Schließlich nimmt es eine weitere „Billigkeitskorrektur" durch Kürzung um ein weiteres Zehntel vor, weil die Erbin des Ehemannes jetzt den Anspruch geltend macht. So kommt das OLG schließlich zu einem Ausgleichsanspruch von etwa 175 000,– DM. Der BGH hatte, was wohl evident ist, jeden Anlass, künftige Billigkeitsjudikatur dieser Art zu stoppen und nach festerem dogmatischem Boden für die künftige Lösung derartiger Fälle zu suchen. Dies ist ihm gelungen.

Der BGH kehrt für die Lösung der Fälle überobligationsmäßiger gemeinsamer Vermögensbildung in der Gütertrennungsehe zum Alleineigentum eines Ehegatten zur Heranziehung der Ehegatteninnengesellschaft zurück, die er anlässlich der Entwicklung der Grundsätze der ehebezogenen Zuwendung zunächst aufgegeben hatte. Es gilt angesichts dessen, den Bereich der Ehegatteninnengesellschaft entsprechend den detaillierten Ausführungen des BGH einzugrenzen, um Missverständnissen in der künftigen Gerichtspraxis vorzubeugen.

Hierzu ist festzustellen, dass die Heranziehung der Ehegatteninnengesellschaft erst dann in Frage kommt, wenn folgende **Negativvoraussetzungen vorliegen:** 1025 b

- Das Ehegüterrecht gewährleistet keine befriedigende Lösung. Diese Folge kann „insbesondere" bei der Gütertrennung auftreten, wenn eine Beibehaltung der formalen Zuordnung der in der Ehe geschaffenen Vermögenswerte zum Vermögen eines Ehegatten angesichts der finanziellen Beiträge und/oder über das eheübliche Maß hinausgehenden Arbeitsleistungen des anderen Ehegatten unbillig erscheint.
- Es liegt keine bewusste und gezielte Vermehrung des Privatvermögens nur des anderen Ehegatten vor, dem die so geschaffenen Vermögenswerte nach dem übereinstimmenden Willen der Eheleute rechtlich und wirtschaftlich allein verbleiben sollen.
- Eine ausdrückliche Abrede über einen Vermögensausgleich für den Fall der Scheidung ist nicht getroffen.

In allen Fällen, in denen eine der vorstehenden Voraussetzungen gegeben ist, scheidet die Anwendung der Regelungen der Innengesellschaft aus. Nur wenn die obigen Voraussetzungen insgesamt verneint werden können, kommt die Anwendung der §§ 722, 730 ff. BGB in Betracht.

Eine Abgrenzung hat dann weiter zu den Fällen zu erfolgen, die nach den Grundsätzen des Wegfalls der Geschäftsgrundlage bei Rückabwicklung ehebezogener Zuwendungen zu lösen sind. Hier betont der BGH, dass auf die Rechtsfigur der ehebezogenen Zuwendung zurückzugreifen ist und ein Ausgleich nach den Regeln des Wegfalls der Geschäftsgrundlage durchzuführen ist, wenn ein Ehegatte dem anderen einen Vermögenswert um der Ehe willen und als Beitrag zur Verwirklichung und Ausgestaltung, Erhaltung oder Sicherung der ehelichen Lebensgemeinschaft zukommen lässt, wobei er die Vorstellung oder Erwartung hegt, dass die eheliche Lebensgemeinschaft Bestand haben und er innerhalb dieser Gemeinschaft am Vermögenswert und dessen Früchten weiter teilhaben werde. Darin liegt die Geschäftsgrundlage der Zuwendung. Hierzu gehören nach der ausdrücklichen Feststellung des BGH auch Zuwendungen, die ein Ehegatte dem anderen im Interesse einer haftungsmäßig günstigeren Organisation des Familienvermögens macht, um es dem Zugriff von Gläubigern zu entziehen.[4] 1025 c

Aus einem derartigen ehebezogenen Rechtsgeschäft eigener Art können sich insbesondere in der Gütertrennungsehe, bei der für die Rückabwicklung die Regeln 1025 d

---

[4] Zu diesem Typ der ehebezogenen Zuwendung *Langenfeld*, DNotZ-Sonderheft 1985, 177; *Langenfeld*, Grundstückszuwendungen im Zivil- und Steuerrecht, 4. Auflage 1999, Rdn. 688.

9. Kapitel. Ehebezogene Rechtsgeschäfte

des Zugewinnausgleichs nicht zur Verfügung stehen, nach Scheitern der Ehe über den Wegfall der Geschäftsgrundlage Ausgleichsansprüche ergeben, wenn die Beibehaltung der durch die Zuwendung herbeigeführten Vermögenslage dem benachteiligten Ehegatten nicht zumutbar ist. Die ehebezogene über den Familienunterhalt hinausgehende Vermögensmehrung kann auch in Arbeitsleistungen bestehen, was der BGH als ehebezogenen Vertrag eigener Art (Kooperationsvertrag) qualifiziert und wie die ehebezogene Zuwendung behandelt. Grundfälle waren und sind die Fälle der Schaffung eines Familienheims als Basis für die Führung der Ehe. Scheitert die Ehe, so hat ein Billigkeitsausgleich regelmäßig in Geld unter Berücksichtigung aller Einzelfallumstände zu erfolgen, z.B. der Ehedauer, der Frage, wie lange und mit welchem Erfolg die Zuwendung ihrem Zweck gedient hat, des Alters der Ehegatten, der Art und des Umfangs der vom Zuwendungsempfänger innerhalb seines Aufgabenbereichs erbrachten Leistungen, des Einsatzes eigenen Vermögens, der Höhe der noch vorhandenen Vermögensmehrung und des dem Zuwendenden verbleibenden Vermögens. Mehrere ehebezogenen Zuwendungen werden jeweils einzeln gewürdigt.

1025e Nach den zutreffenden Ausführungen des BGH im vorliegenden Urteil beginnt der Bereich der **Ehegatteninnengesellschaft** erst dort, wo dieser Bereich der ehebezogenen Zuwendung überschritten wird. Zur Heranziehung der Regeln der Innengesellschaft ist damit **erforderlich:**
- Der Zweck des Zusammenwirkens der Eheleute geht über den Einsatz von Vermögen und Arbeit nur in dem Bestreben, die Voraussetzungen für die Verwirklichung der ehelichen Lebensgemeinschaft etwa durch den Bau eines Familienheims zu schaffen, hinaus.
- Ein derartiger eheüberschreitender Zweck ist die Vermögensbildung als solche.
- Die Vermögensbildung erfolgt zur Alleinberechtigung oder zum Alleineigentum lediglich eines Ehegatten, wobei dem als Motiv nicht ein Geben um der Ehe willen zugrunde liegt, sondern sich die Vermögensverteilung entweder aus einer Verkennung der dinglichen Zuordnung in der Weise ergibt, dass man irrig von einer gemeinsamen Wertschöpfung ausgeht, oder aus dem Bestreben, das Vermögen aus Haftungsgründen nur auf einen Ehegatten zu verlagern. Erforderlich ist die Vorstellung der Ehegatten, dass die Gegenstände auch bei erkannter oder nicht erkannter formal-dinglicher Zuordnung zum Alleinvermögen eines Ehegatten wirtschaftlich beiden gehören sollen.
- Es liegt eine gleichberechtigte Mitarbeit bzw. Beteiligung beider Ehegatten vor, wobei allerdings die Gleichordnung nicht im Sinne einer Gleichwertigkeit, also etwa in Form gleichhoher oder gleichartiger Beiträge an Finanzierungsmitteln oder sonstigen Leistungen zu verstehen ist.
- Nicht erforderlich ist, dass die Ehegatten ihr zweckgerichtetes Zusammenwirken bewusst als gesellschaftsrechtliche Beziehung qualifizieren. Der BGH verlangt dabei über die rein faktische Willensübereinstimmung hinaus einen zumindest schlüssig zustandegekommenen Vertrag, der dann angenommen werden kann, wenn die Ehegatten mit der Vermögensbildung einen über die bloße Verwirklichung der ehelichen Lebensgemeinschaft hinausgehenden Zweck verfolgen, dies in der Vorstellung, dass das gemeinsam geschaffene Vermögen wirtschaftlich betrachtet nicht nur dem formal berechtigten, sondern auch dem anderen Ehegatten zustehen soll. Indizien hierfür ergeben sich z.B. aus Planung, Umfang und Dauer der Vermögensbildung und Absprachen über die Verwendung und Wiederanlage erzielter Erträge.

1025f Der BGH betont, dass es bei der Heranziehung der Regelungen der Innengesellschaft in diesen Fällen nicht um die Schaffung eines neuen Gesellschaftstyps geht, sondern um die Schließung einer Regelungslücke durch Analogie, wenn weder das

§ 6. Vermögensgesellschaften zwischen Ehegatten

Schuldrecht noch das Familienrecht zu angemessenen Ausgleichslösungen führen. Eine derartige Fallgestaltung sieht der BGH mit Recht als gegeben an, wenn sich die Ehegatten nicht nur in den Dienst eines ehebezogenen Einzelprojekts gestellt haben, sondern über Jahre hinweg mit unterschiedlichen Mitteln und Leistungen zum Erwerb eines Vermögens beigetragen haben. Der Vorteil der Anwendung der §§ 722, 730 ff. BGB liegt dann darin, dass nicht über Jahre hinweg alle Vermögensverschiebungen zurückzuverfolgen sind, sondern ein Gesamtausgleich im Zweifel unter Zugrundelegung einer gleichen Beteiligung der Ehegattengesellschafter an dem erworbenen Vermögen erfolgt. Der Ausgleichsanspruch besteht in der Form eines schuldrechtlichen Anspruchs auf Zahlung des Auseinandersetzungsguthabens auf den Stichtag der Trennung der Ehegatten, der die gemeinsame Vermögensbildung beendet hat.

Es ist dem BGH gelungen, diese Fälle der gemeinsamen Vermögensmehrung außerhalb des Bereichs der Verfolgung typisch ehebedingter Zwecke wie der Schaffung eines Familienheims damit einer praktikablen Lösung zuzuführen. Aufgabe der Kautelarjurisprudenz ist es, diese gemeinsame Zweckverfolgung auf eine ausdrückliche vertragliche Grundlage zu stellen. Liegt etwa der Fall so, dass die Ehegatten den Erwerb der Grundstücke aus Haftungsgründen immer zum Alleineigentum nur eines Ehegatten vornehmen, so kann entweder bei jedem Grundstückserwerb ein Erwerbsrecht des anderen Ehegatten hinsichtlich eines hälftigen Miteigentumsanteils für den Fall der Scheidung in der notariellen Urkunde vereinbart werden, oder es kann ein ausdrücklicher Vertrag über eine Innengesellschaft bürgerlichen Rechts abgeschlossen werden, in dem die Beteiligungsquoten und gegebenenfalls auch die Modalitäten der Auseinandersetzung bei Scheidung geregelt werden. Voraussetzung ist natürlich, dass sich die Ehegatten dem Kautelarjuristen, etwa ihrem Anwalt oder Notar, insofern offenbaren, oder der für alle Beurkundungen herangezogene Notar oder der beratende Anwalt die Ehegatten auf die Problematik und die Möglichkeiten vertraglicher Vorsorge hinweist.

II. Vertragstyp Ehegattengesellschaft als Außengesellschaft

1026

Verhandelt in ... am ...
Vor dem Notar ... sind erschienen:
Eheleute MA und FA.
Die Eheleute leben im Güterstand der Gütertrennung. Für den ehezeitlichen Erwerb von Grundbesitz, der zur Vermögensbildung und zur Altersversorgung erfolgt, vereinbaren sie den folgenden Vertrag einer Ehegattengesellschaft bürgerlichen Rechts. Sie erklären:

<u>Ehegatten- Vermögensgesellschaft bürgerlichen Rechts</u>

§ 1 Rechtsform, Name
 (1) Die Gesellschaft ist eine Gesellschaft bürgerlichen Rechts.
 (2) Sie führt den Namen
 MA und FA Vermögensgesellschaft bürgerlichen Rechts.
§ 2 Zweck
Zweck der Gesellschaft ist der Erwerb, das Halten und die Verwaltung von Grundbesitz.

§ 3 Gesellschafter, Anteile
 (1) Gesellschafter sind die Eheleute MA und FA.
 (2) Die Gesellschafter sind zu gleichen Teilen an der Gesellschaft beteiligt, insbesondere an deren Gewinn und Verlust und am Auseinandersetzungsguthaben.

9. Kapitel. Ehebezogene Rechtsgeschäfte

• Variante:
(2) Der Gesellschafter MA ist an der Gesellschaft mit 40/100, die Gesellschafterin FA mit 40/100 beteiligt. Dies gilt insbesondere für die Anteile am Gewinn und Verlust der Gesellschaft und am Auseinandersetzungsguthaben.

§ 4 Einlagen
Die Gesellschafter haben ihre Einlagen durch Erwerb des Grundstücks (Beschrieb nach dem Grundbuch des ersten erworbenen Grundstücks) in Gesellschaft bürgerlichen Rechts bereits erbracht.

§ 5 Rechnungsjahr
Rechnungsjahr ist das Kalenderjahr.

§ 6 Überschussrechnung
(1) In den ersten zwei Monaten nach dem Ende eines jeden Rechnungsjahres haben die Gesellschafter einen Rechnungsabschluss über das Ergebnis des abgelaufenen Rechnungsjahres als Überschussrechnung aufzustellen.
(2) Kommt eine Einigung über diesen Rechnungsabschluss nicht zustande, ist er durch einen von der zuständigen Industrie- und Handelskammer zu bestimmenden Schiedsgutachter mit verbindlicher Wirkung für die Gesellschafter auf Kosten der Gesellschaft zu fertigen.

§ 7 Verwaltung
(1) Aufgrund des Rechnungsabschlusses des abgelaufenen Geschäftsjahres ist ein Wirtschaftsplan für das laufende Rechnungsjahr aufzustellen. Dabei gilt § 21 Abs. 5 des Wohnungseigentumsgesetzes entsprechend.
(2) Insbesondere ist eine angemessene Instandhaltungsrücklage zu bilden, die mindestens 10% des Gewinnes des abgelaufenen Rechnungsjahres beträgt.

§ 8 Überschussverteilung, Entnahmen, Vorab
(1) Der nach Abzug der Vorabentnahmen und der Instandhaltungsrücklage verbleibende und festgestellte Jahresüberschuss kann von den Gesellschaftern voll entnommen werden.
(2) Die Überschussverteilung erfolgt im Verhältnis der Gesellschaftsanteile.
(3) Die Gesellschafter können monatliche Überschussvorausentnahmen auf der Grundlage des Rechnungsabschlusses des vorausgegangenen Rechnungsjahres beschließen.

§ 9 Kündigung der Gesellschaft
(1) Die Gesellschaft kann von jedem Gesellschafter aus wichtigem Grund unter Einhaltung einer Frist von sechs Monaten auf das Ende eines Kalenderjahres, gekündigt werden. Die Einhaltung einer Kündigungsfrist ist nicht erforderlich, wenn die Gesellschafter im Hinblick auf eine Scheidung bereits ein Jahr getrennt gelebt haben.
(2) Die Kündigung hat durch eingeschriebenen Brief an den Mitgesellschafter zu erfolgen. Für die Rechtzeitigkeit der Kündigung kommt es auf das Datum des Postabgangsstempels an.
(3) Eine Kündigung hat die Auflösung der Gesellschaft zur Folge. Für die Auseinandersetzung gilt § 15 dieses Vertrages.

§ 10 Abfindung ausscheidender Gesellschafter
(1) Die Abfindung eines ausscheidenden Gesellschafters bestimmt sich nach den gesetzlichen Vorschriften der §§ 738 ff. BGB.
(2) Die Abfindungsbilanz ist für alle Beteiligten verbindlich durch einen öffentlich bestellten Grundstücksschätzer aufzustellen, dessen Person die zuständige Industrie- und Handelskammer bestimmt. Die hierdurch entstehenden Kosten trägt die Gesellschaft.

§ 11 Geschäftsführung und Vertretung
(1) Die Geschäftsführung und Vertretung der Gesellschaft erfolgt durch alle Gesellschafter gemeinschaftlich.

§ 6. Vermögensgesellschaften zwischen Ehegatten

(2) Die geschäftsführenden Gesellschafter sind von den Beschränkungen des § 181 BGB befreit.

§ 12 Gesellschafterbeschlüsse
Die Beschlüsse der Gesellschafter erfolgen einstimmig.

§ 13 Veräußerung und Belastung von Gesellschaftsanteilen
(1) Die Gesellschaftsbeteiligungen sind veräußerlich und belastbar.
(2) Die Veräußerung und Belastung bedarf zu ihrer Wirksamkeit der Zustimmung aller Gesellschafter.

§ 14 Vererbung von Gesellschaftsanteilen
(1) Beim Tod eines Gesellschafters wird die Gesellschaft mit dessen Erben fortgesetzt.
(2) Die Mitgliedschaft des verstorbenen Gesellschafters teilt sich dabei entsprechend den Erbteilen oder der Bestimmung des Erblassers zwischen den mehreren Erben auf.
(3) Testamentsvollstreckung ist zulässig.

§ 15 Auseinandersetzung bei Scheidung
Bei Scheidung der Ehe ist im Vorfeld der Scheidung eine einverständliche Auseinandersetzung anzustreben.
Kommt eine Einigung nicht zustande, so kann jeder Ehegatte nach Ablauf des Trennungsjahres die Einhaltung des folgenden Verfahrens verlangen.
1. Der vorhandene Grundbesitz wird durch einen öffentlich bestellten Grundstücksschätzer, dessen Person die Industrie- und Handelskammer am letzten gemeinsamen Wohnsitz der Eheleute bestimmt, verbindlich als Schiedsgutachter geschätzt.
2. Unter Leitung und nach Bestimmung des Schiedsgutachters wird durch das Los der Ehegatte bestimmt, der das erste Übernahmerecht hat. Der so bestimmte Ehegatte erklärt, welches Grundstück oder welchen sonstigen Grundbesitz er erwerben will. Dann erklärt der andere Ehegatte, welches Grundstück oder welchen sonstigen Grundbesitz er erwerben will. Dieses alternierende Verfahren wird solange fortgesetzt, bis der gesamte Grundbesitz verteilt ist. Das Erwerbsrecht bezieht sich jeweils auf eine wirtschaftliche Einheit, auch wenn diese wie etwa bei einem Hausgrundstück mit Nebengrundstücken oder wie bei einer Eigentumswohnung mit Garage aus mehreren Grundstücken oder grundstücksgleichen Rechten besteht. Im Streitfall bestimmt der Schiedsgutachter, was jeweils eine wirtschaftliche Einheit ist.
3. Nach Durchführung dieses alternierenden Verfahrens erfolgt auf der Grundlage des Schätzgutachtens der wertmäßige Ausgleich der jeweiligen Erwerbe unter Berücksichtigung zu übernehmender Verbindlichkeiten des jeweiligen Objekts in der Weise, dass ein möglichst geringer in Geld zu zahlender Ausgleich erforderlich wird. Die Einzelheiten bestimmt im Streitfall der Schiedsgutachter.
4. Die Kosten der Auseinandersetzung und ihres Vollzugs bei Notar und Grundbuchamt einschließlich der Kosten des Schiedsgutachters einschließlich der Grundstücksschätzung tragen die Gesellschafter entsprechend ihren Beteiligungen.

§ 16 Schriftform
Änderungen und Ergänzungen dieses Vertrages bedürfen der Schriftform. Dies gilt auch für einen Verzicht auf das Schriftformerfordernis. Etwaige weitergehende gesetzliche Formvorschriften bleiben unberührt.

§ 17 Schlussbestimmungen
(1) Sollten einzelne Bestimmungen des Vertrags sich als unwirksam erweisen, so bleibt der Vertrag im übrigen wirksam.
(2) Die unwirksame Bestimmung ist durch eine wirksame Bestimmung zu ersetzen, die den Zweck der weggefallenen Bestimmung mit größtmöglicher Näherung erreicht.
(3) Die Gesellschafter sind einander kraft Treuepflicht zu Änderungen und Ergänzungen des Gesellschaftsvertrages verpflichtet, die im Interesse der Gesellschaft geboten und den Gesellschaftern zumutbar sind.

III. Vertragstyp Ehegattengesellschaft als Innengesellschaft

1027

Verhandelt in ... am ...
Vor dem Notar ... sind erschienen:
Eheleute MA und FA.
Die Eheleute leben im Güterstand der Gütertrennung. Für den ehezeitlichen Erwerb von Grundbesitz, der zur Vermögensbildung und zur Altersversorgung erfolgt, vereinbaren sie den folgenden Vertrag einer Ehegattengesellschaft bürgerlichen Rechts. Sie erklären:

<u>Ehegatten- Vermögensgesellschaft bürgerlichen Rechts</u>

§ 1 Rechtsform
(1) Die Gesellschaft ist eine Gesellschaft bürgerlichen Rechts.
(2) Sie ist eine Innengesellschaft ohne Gesamthandsvermögen.

§ 2 Zweck
Zweck der Gesellschaft ist die Verteilung des Grundbesitzes der Ehegatten im Falle der Scheidung.

§ 3 Gesellschafter, Anteile
(1) Gesellschafter sind die Eheleute MA und FA.
(2) Die Gesellschafter sind zu gleichen Teilen an der Gesellschaft beteiligt.
• Variante:
(3) Der Gesellschafter MA ist an der Gesellschaft mit 40/100, die Gesellschafterin FA mit 40/100 beteiligt.

§ 4 Einlagen
Einlagen sind nicht zu leisten. Im Innenverhältnis der Gesellschafter-Ehegatten wird sämtlicher gegenwärtiger und künftiger Grundbesitz beider Ehegatten ohne Rücksicht auf die im Grundbuch eingetragenen Eigentumsverhältnisse als im Scheidungsfall der Verteilung unterliegendes Gesellschaftsvermögen behandelt.

§ 5 Auseinandersetzung bei Scheidung
(1) Bei Scheidung der Ehe ist im Vorfeld der Scheidung eine einverständliche Auseinandersetzung anzustreben.
(2) Kommt eine Einigung nicht zustande, so kann jeder Ehegatte nach Ablauf des Trennungsjahres die Einhaltung des folgenden Verfahrens verlangen.
1. Der vorhandene Grundbesitz jedes Ehegatten wird durch einen öffentlich bestellten Grundstücksschätzer, dessen Person die Industrie- und Handelskammer am letzten gemeinsamen Wohnsitz der Eheleute bestimmt, verbindlich als Schiedsgutachter geschätzt.
2. Unter Leitung und nach Bestimmung des Schiedsgutachters wird durch das Los der Ehegatte bestimmt, der das erste Übernahmerecht hat. Der so bestimmte Ehegatte erklärt, welches Grundstück oder welchen sonstigen Grundbesitz er behalten oder erwerben will. Dann erklärt der andere Ehegatte, welches Grundstück oder welchen sonstigen Grundbesitz er behalten oder erwerben will. Dieses alternierende Verfahren wird solange fortgesetzt, bis der gesamte Grundbesitz verteilt ist. Das Übernahmerecht bezieht sich jeweils auf eine wirtschaftliche Einheit, auch wenn diese wie etwa bei einem Hausgrundstück mit Nebengrundstücken oder wie bei einer Eigentumswohnung mit Garage aus mehreren Grundstücken oder grundstücksgleichen Rechten besteht. Im Streitfall bestimmt der Schiedsgutachter, was jeweils eine wirtschaftliche Einheit ist. Der dingliche Vollzug erfolgt durch Auflassung an den Ehegatten, der noch nicht Eigentümer des jeweiligen Objekts ist.
3. Nach Durchführung dieses alternierenden Verfahrens erfolgt auf der Grundlage des Schätzgutachtens der wertmäßige Ausgleich der jeweiligen Erwerbe unter Berücksichtigung zu übernehmender Verbindlichkeiten des jeweiligen Objekts in der Weise, dass ein möglichst geringer in Geld zu zahlender Ausgleich erforderlich wird. Die Einzelheiten bestimmt im Streitfall der Schiedsgutachter.

4. Die Kosten der Auseinandersetzung und ihres Vollzugs bei Notar und Grundbuchamt einschließlich der Kosten des Schiedsgutachters einschließlich der Grundstücksschätzung tragen die Gesellschafter entsprechend ihren Beteiligungen.

10. Kapitel. Vereinbarungen anlässlich der Ehescheidung

§ 1. Einverständliche Abwicklung der gescheiterten Ehe

I. Ziele des Gesetzgebers

Seit dem 1. Eherechtsreformgesetz ist es die Wunschvorstellung des Gesetzgebers, 1028
dass die Eheleute die im Sinne einer Zerrüttung gescheiterte Ehe einverständlich
abwickeln. Das Familiengericht soll nur da tätig werden, wo die Beteiligten keine
Einigung erzielen oder, wie beim Versorgungsausgleich, keine Verfügungsbefugnis
haben. Für die einverständliche Scheidung ist von § 630 ZPO auszugehen. Die Vorschrift wurde durch die Familienrechtsreform 1997 neu gefasst. Der Scheidungsantrag eines Ehegatten beim Familiengericht muss danach enthalten
– die Mitteilung, dass der andere Ehegatte der Scheidung zustimmt,
– die übereinstimmende Erklärung der Ehegatten, dass Anträge zur Übertragung
  der elterlichen Sorge oder eines Teils der elterlichen Sorge für die Kinder auf einen
  Elternteil und zur Regelung des Umgangs der Eltern mit den Kindern nicht gestellt werden, weil sich die Ehegatten über das Fortbestehen der Sorge und über
  den Umgang einig sind, oder, soweit eine gerichtliche Regelung erfolgen soll, die
  entsprechenden Anträge und jeweils die Zustimmung des anderen Ehegatten
  hierzu,
– die Einigung der Ehegatten über die Regelung der Unterhaltspflicht gegenüber einem Kinde,
– die Einigung der Ehegatten über den nachehelichen Ehegattenunterhalt,
– die Einigung der Ehegatten über die Rechtsverhältnisse an der Ehewohnung,
– die Einigung der Ehegatten über die Rechtsverhältnisse am Hausrat.
Das Gericht soll dem Scheidungsantrag erst stattgeben, wenn die Eheleute über
den Kindesunterhalt, den nachehelichen Unterhalt und die Rechtsverhältnisse an
Ehewohnung und Hausrat einen vollstreckbaren Schuldtitel herbeigeführt haben.
Die Herbeiführung eines derartigen Schuldtitels wird erleichtert durch die Neufassung von § 794 Abs. 1 Nr. 5 ZPO in der Fassung der Zwangsvollstreckungsnovelle 1999. Seitdem können die Notare vollstreckbare Urkunden nicht mehr lediglich über die Zahlung von Geldsummen oder Leistung einer bestimmten Menge
vertretbarer Sache oder Wertpapiere errichten, sondern allgemein über jeden Anspruch, der einer vergleichsweisen Regelung zugänglich ist, nicht auf Abgabe einer
Willenserklärung gerichtet ist und nicht den Bestand eines Mietverhältnisses über
Wohnraum betrifft. Damit ist es jetzt möglich, im Rahmen einer vollstreckbaren
Urkunde einen vollstreckbaren Schuldtitel im vollen Umfang des § 630 Abs. 3 ZPO,
also über alle dort bezeichneten Gegenstände herbeizuführen.
Über den Mindestinhalt von § 630 ZPO hinaus regelt die notarielle Scheidungsvereinbarung regelmäßig auch die Beendigung des Güterstandes durch Vereinbarung
von Gütertrennung, die Durchführung des Zugewinnausgleichs, die Auseinandersetzung über Gegenstände im gemeinschaftlichen Eigentum der Eheleute, insbesondere über das Familieneigenheim, und den Versorgungsausgleich, soweit dieser
nach § 1587o BGB oder § 1408 Abs. 2 BGB ausgeschlossen werden soll. Im idealen
Fall wird so der einverständliche Ehekonkurs in einer notariellen Urkunde durchgeführt.

II. Unterschiede zum Ehevertrag

1029 Während der Ehevertrag vorsorgend die Rechtsverhältnisse der künftigen oder der fortdauernden Ehe und den nichtgewünschten Fall der Ehescheidung mit seinen rechtlichen Folgen regelt, also vom Fortbestand der Ehe ausgeht und lediglich Scheidungsvorsorge betreibt, regelt die Scheidungsvereinbarung die konkrete Abwicklung der gescheiterten Ehe. Insofern besteht zwischen dem Ehevertrag und der Scheidungsvereinbarung ein qualitativer Unterschied, obwohl die Inhalte der Regelungen sich teilweise entsprechen können. Als Zwischentyp zwischen dem Ehevertrag und der Scheidungsvereinbarung gibt es den konkret scheidungsbezogenen Ehevertrag, wenn sich die Ehegatten noch nicht sofort scheiden lassen können oder wollen, aber im Hinblick auf die drohende Scheidung scheidungsbezogene Vereinbarungen treffen wollen. Zu diesem Zwischentyp gehört die Getrenntlebensvereinbarung und die Vereinbarung über den Ausschluss des Versorgungsausgleichs nach § 1408 Abs. 2 BGB, wenn eine Scheidungsvereinbarung über den Versorgungsausgleich nach § 1587o BGB nicht familiengerichtlich genehmigt werden kann.

III. Vorteile der Scheidungsvereinbarung

1030 Neben dem Vorteil der einverständlichen, eigenbestimmten Regelung der Abwicklung der gescheiterten Ehe als Ausdruck eines letzten Restes ehelicher Solidarität hat die Scheidungsvereinbarung erhebliche Kostenvorteile. Wenn die Scheidungsfolgen durch eine notariell beurkundete Scheidungsvereinbarung geregelt werden können, braucht nur ein Ehegatte einen Anwalt, während sonst bei streitiger Scheidung beide Ehegatten vor dem Familiengericht durch Anwälte vertreten sein müssen. Die Kosten der notariellen Scheidungsvereinbarung sind erheblich geringer als die bei streitiger Scheidung für die zu regelnden Gegenstände entstehenden Gerichts- und Anwaltsgebühren. So entstehen beispielsweise bei Regelung einer Unterhaltsverpflichtung von monatlich 2500,- DM bei notarieller Beurkundung Kosten von etwa 700,- DM. Bei gerichtlicher Protokollierung mit notwendiger anwaltlicher Vertretung durch zwei Anwälte beträgt eine Anwaltsgebühr demgegenüber bereits 1105,- DM. Insgesamt kann sich die Kostenersparnis im Bereich von mehreren Tausend DM bewegen.

IV. Darstellung an Fallgruppen und Vertragstypen

1031 Im folgenden werden die rechtlichen Probleme und Gestaltungsfragen von Scheidungsvereinbarungen an typischen Fallgruppen erläutert und in typische Vertragsmuster umgesetzt.

§ 2. Scheidungsvereinbarung nach kurzer, kinderloser Doppelverdienerehe

I. Fallgruppe

Praxishäufig sind die „Frühscheidungen" nach kurzer Doppelverdienerehe ohne Kinder, die nicht mehr kurz im Sinne des Gesetzes sind, also nach dem Gesetz alle Scheidungsfolgen auslösen, obwohl dies von den Eheleuten regelmäßig nicht gewünscht wird. Beispielsfall ist hier eine vier Jahre bestehende, kinderlose Doppelverdienerehe von Eheleuten etwa gleichen Einkommens und ohne ehezeitlichen Vermögenserwerb, die so schnell und kostengünstig wie möglich auseinander kommen wollen. 1032

II. Formulierungsvorschlag: Scheidungsvereinbarung bei Frühscheidung

Verhandelt in ... am ... 1033
Vor dem Notar ...
sind erschienen
Herr MA (Personalien) Frau FA (Personalien).
Die Erschienenen leben getrennt und beabsichtigen, sich scheiden zu lassen. Im Hinblick auf die Scheidung erklären sie die folgende

Scheidungsvereinbarung

§ 1 Güterstand, Zugewinnausgleich
Zur Beendigung des Güterstandes vereinbaren wir hiermit den Güterstand der Gütertrennung. Zugewinnausgleichsansprüche sind in der Ehezeit nicht entstanden, sie werden vorsorglich gegenseitig ausgeschlossen.
Jeder Ehegatte behält den jeweils auf seinen Namen zugelassenen Pkw, über den jeweils auch der Kfz-Brief auf den jeweiligen Eigentümer lautet.
Die Eheleute haben jeweils eine private Lebensversicherung in der Form der Kapitallebensversicherung mit Rentenwahlrecht. Sie streichen jeweils den anderen Ehegatten als Bezugsberechtigten und beauftragen den Notar, der Lebensversicherungsgesellschaft zum jeweiligen Vertrag (genaue Bezeichnung) die Streichung mitzuteilen. Der Notar hat darauf hingewiesen, dass damit die Lebensversicherungssumme in den jeweiligen Nachlass fällt, soweit nicht künftig ein anderer Bezugsberechtigter benannt wird.

§ 2 Erb- und Pflichtteilsverzicht
Da die Scheidung noch nicht eingereicht ist, verzichten die Ehegatten hiermit jeder gegenüber dem anderen auf sämtliche Erb- und Pflichtteilsrechte und nehmen die Verzichte gegenseitig an.

§ 3 Ausschluss des Versorgungsausgleichs
Die Ehegatten schließen hiermit den Versorgungsausgleich gemäss § 1587 o BGB aus. Sie erklären, dass sie während der Ehezeit jeweils etwa gleichviel Versorgungsanwartschaften erworben haben, und keiner von ihnen im Erwerb von Versorgungsanwartschaften ehebedingte Nachteile erlitten hat. Die Eheleute beantragen die Genehmigung dieser Vereinbarung gemäss § 1587 o Abs. 2 S. 3 BGB und werden diesen Antrag bei Stellung des Scheidungsantrags mit der Ausfertigung dieser Urkunde dem Familiengericht vorlegen. Sollte diese Vereinbarung nicht genehmigt werden, so sollen die übrigen Vereinbarungen gleichwohl wirksam bleiben.

§ 4 Verzicht auf nachehelichen Unterhalt, Getrenntlebensunterhalt
Die Ehegatten verzichten gegenseitig auf jeglichen nachehelichen Unterhalt und nehmen den Verzicht gegenseitig an.

> Die Ehefrau ist aus der ehelichen Wohnung ausgezogen. Da sich jeder Ehegatte von seinem unveränderten Einkommen unterhält, wird festgestellt, dass Getrenntlebensunterhalt nicht geschuldet wird. Der Notar hat darauf hingewiesen, dass auf Getrenntlebensunterhalt, soweit er gesetzlich geschuldet wird, nach § 1614 BGB nicht verzichtet werden kann.
>
> § 5 Eheliche Wohnung, Hausrat
> Der Ehemann wird die eheliche Wohnung ebenfalls aufgeben, so dass die Eheleute das bestehende Mietverhältnis, hinsichtlich dessen sie beide Mieter sind, nach den gesetzlichen Vorschriften beenden werden. Bei ihrem Auszug hat die Ehefrau den in ihrem Eigentum stehenden Hausrat, insbesondere ihre Aussteuer, mitgenommen, so dass hiermit erklärt wird, dass der Hausrat auseinandergesetzt ist und hinsichtlich der Ehewohnung nichts gerichtlich zu regeln ist.
>
> § 6 Kosten
> Die Kosten dieses Vertrags sowie des Scheidungsverfahrens einschließlich der dort entstehenden außergerichtlichen Kosten tragen wir je zur Hälfte.
> (Schlussvermerke, Urkundenschluss)

III. Erläuternde Hinweise

1. Beendigung des Güterstandes

1034   Regelmäßig empfiehlt es sich, den Güterstand durch Vereinbarung von Gütertrennung zu beenden. Das teilweise hiergegen vorgebrachte Bedenken, bei einer Versöhnung der Ehegatten bestehe dann ein nicht sachgerechter Güterstand, ist zu vernachlässigen. Von der Möglichkeit einer Vereinbarung über den Ausgleich des Zugewinns ohne Beendigung des Güterstandes nach § 1378 Abs. 3 S. 2 BGB sollte regelmäßig kein Gebrauch gemacht werden, obwohl eine derartige Vereinbarung auch schon vor Rechtshängigkeit des Scheidungsverfahrens wirksam getroffen werden kann.[1]

2. Zugewinnausgleich

1035   Mit der Beendigung des Güterstandes ist nach § 1372 BGB der Zugewinn auszugleichen. Hier können entweder genaue Berechnungen im Sinne von §§ 1373 ff. BGB beurkundet werden, oder es wird lediglich das Ergebnis der Einigung beurkundet. Im Normalfall der jungen Ehe sind keine Zugewinnausgleichsansprüche entstanden.

Soweit Gegenstände im gemeinschaftlichen Eigentum stehen, sind sie einem Ehegatten zu Alleineigentum zuzuteilen und sind die Ausgleichszahlungen gegebenenfalls zu verrechnen.

Lebensversicherungen sind, was die Bezugsberechtigung betrifft, lebzeitige Verträge zwischen dem Versicherungsnehmer und der Versicherungsgesellschaft zu Gunsten des Bezugsberechtigten gemäss § 328 BGB. Verstirbt der Versicherungsnehmer, so fällt die Versicherungssumme nicht in den Nachlass, sondern aufgrund Rechtsgeschäfts unter Lebenden dem Bezugsberechtigten zu. Ist kein Bezugsberechtigter benannt, so fällt beim Tod des Versicherungsnehmers die Versicherungssumme in dessen Nachlass.

3. Erb- und Pflichtteilsverzicht

1036   Das gesetzliche Erbrecht des überlebenden Ehegatten ist nach § 1933 BGB nicht bereits mit der Trennung der Eheleute ausgeschlossen, sondern erst dann, wenn

---

[1] BGH FamRZ 1983, 157; a. A. *Brix* FamRZ 1993, 12.

§ 2. *Scheidungsvereinbarung nach kurzer, kinderloser Doppelverdienerehe*

beim Tod des Erblassers die Voraussetzungen für die Scheidung der Ehe gegeben waren und der Erblasser die Scheidung beantragt oder ihr zugestimmt hat. Ein Erb- und Pflichtteilsverzicht ist also erst dann nicht mehr erforderlich, wenn im Falle der Scheidungsvereinbarung ein Ehegatte bereits Scheidungsantrag eingereicht hat und der andere Ehegatte gegenüber dem Familiengericht der Scheidung zugestimmt hat.

4. Grundsätze zum Ausschluss des Versorgungsausgleichs nach § 1587 o BGB

Nach § 1587 o BGB können die Ehegatten im Zusammenhang mit der Scheidung 1037 eine Vereinbarung über den Versorgungsausgleich schließen, insbesondere den Versorgungsausgleich ganz ausschließen. Die Vereinbarung muss notariell beurkundet werden und bedarf zu ihrer Wirksamkeit der Genehmigung des Familiengerichts. Nach dem teilweise unklaren und teilweise widersprüchlichen Wortlaut des § 1587 o Abs. 2 S. 4 BGB soll die Genehmigung „nur verweigert werden, wenn unter Einbeziehung der Unterhaltsregelung und der Vermögensauseinandersetzung offensichtlich die vereinbarte Leistung nicht zur Sicherung des Berechtigten für den Fall der Erwerbsunfähigkeit und des Alters geeignet ist oder zu keinem nach Art und Höhe angemessenen Ausgleich unter den Ehegatten führt".[2]

Vereinbarungen nach § 1587 o BGB sind, wenn die Scheidung konkret beabsichtigt ist, schon vor Anhängigkeit der Scheidung beim Familiengericht möglich. Die gerichtliche Inhaltskontrolle seitens des Familiengerichts durch die erforderliche Genehmigung soll verhindern, dass der sozial schwächere Ehegatte in der besonderen Situation des Scheidungsverfahrens ohne Kompensation auf ihn an sich zustehende Versorgungsanrechte verzichtet und dadurch möglicherweise im Falle des Alters und der Berufsunfähigkeit auf öffentliche Unterstützung angewiesen ist.[3] Das Tatbestandsmerkmal der Offensichtlichkeit in § 1587 o Abs. 2 S. 4 BGB soll jedoch den Vereinbarungsspielraum der Ehegatten erweitern und die Familiengerichte von der Verpflichtung entbinden, einen bis ins einzelne gehenden Vergleich zwischen den sich aus dem Vertrag ergebenden Leistungen und dem Ergebnis eines fiktiv durchgeführten Versorgungsausgleichs vorzunehmen.[4] Die Eheleute sollen die Freiheit haben, statt des vom Gesetzgeber angeordneten gesetzlichen Ausgleichs eine ihren individuellen Verhältnissen angepasste vertragliche Lösung zu suchen und zu finden.[5] Trotz dieser Grundsätze sind die Familiengerichte bei der Genehmigung von ausschließenden Vereinbarungen nach § 1587 o BGB vorsichtig, da der Genehmigungsbeschluss nicht dem Richterprivileg unterfällt und zur persönlichen Haftung des Richters führen kann.

Soweit die ehezeitlich erworbenen Versorgungsanwartschaften unterschiedlich sind, wird regelmäßig eine zur Alters- und Invaliditätssicherung geeignete Gegenleistung für den Ausschluss des Versorgungsausgleichs gefordert. Grundsätzlich geeignet sind Geldzahlungen, wenn sie in die gesetzliche Rentenversicherung oder eine private Lebensversicherung eingezahlt werden oder zum Erwerb von Sachwerten mit regelmäßigen Erträgen verwendet werden. Ebenfalls geeignet sind Unternehmensbeteiligungen, Nutzungsrechte, Grundstücke und sonstige Sachwerte, die eine gesicherte und dauerhafte Rendite abwerfen.

Eine sachgerechte Entscheidung über die Erteilung der Genehmigung setzt in der 1037 a Regel voraus, dass das Gericht die Versorgungssituation klärt oder deutlich vor Augen hat.[6] Dann ist eine Gesamtbewertung des wirtschaftlichen Ergebnisses der

---
[2] Vgl. Rdn. 765 ff.
[3] BGH DNotZ 1982, 569.
[4] BVerfG DNotZ 1982, 564/568.
[5] BGH FamRZ 1994, 234.
[6] *Dörr* NJW 1996, 2978.

10. Kapitel. Vereinbarungen anlässlich der Ehescheidung

Gesamtvereinbarung, also der Vermögensauseinandersetzung, der Unterhaltsregelung und der Versorgungsregelung vorzunehmen.[7]

Der Wortlaut des Gesetzes – „vereinbarte Leistung" – schliesst nach der Rechtsprechung in besonderen Fällen einen entschädigungslosen Verzicht auf den Versorgungsausgleich nicht aus. Dies gilt insbesondere dann, wenn der nach dem Gesetz Ausgleichsberechtigte der Anwartschaften zur Sicherung einer eigenen Altersversorgung nicht bedarf.[8] Dies ist etwa dann der Fall, wenn der ausgleichsberechtigten Frau von dem neuen Partner oder Ehemann eine angemessene Versorgung zugesagt ist. Es müssen dann aber konkrete Anhaltspunkte dafür vorliegen, dass der neue Partner ihr Eigentum übertragen oder für sie einen Lebensversicherungsvertrag abschliessen oder sie sonst absichern wird.

1037b Auch bei unterschiedlicher Versorgung kann die Vereinbarung genehmigt werden, wenn eine beidseitige Versorgungsplanung mit vollwertiger Absicherung vorliegt, insbesondere bei Ehen von Unternehmern und Freiberuflern mit Versorgungssicherung durch Vermögensbildung.[9]

Noch nicht gesichert ist der Fall, dass die Eheleute beide subjektiv angemessene, aber unterschiedlich hohe Anwartschaften erworben haben, ohne jeweils beim Erwerb von Anwartschaften ehebedingte Nachteile erlitten zu haben. Das OLG Zweibrücken[10] hat den entschädigungslosen Verzicht zweier erwerbstätiger Ehegatten nicht für genehmigungsfähig gehalten, wobei die Anwartschaften 308,20 DM und 195,08 DM betrugen.

1037c Genehmigungsfähig ist der Ausschluss des Versorgungsausgleichs jedenfalls dann, wenn dem Versorgungsausgleich eine Härte im Sinne von § 1587c BGB entgegensteht, oder wenn der Versorgungsausgleich völlig sinnlos wäre, weil der ausgleichsberechtigte Ehegatte durch die übertragenen Anwartschaften auch bei eigener künftiger Erwerbstätigkeit keine eigene Versorgung erwerben kann. Dies ist etwa dann der Fall, wenn der ausgleichsberechtigte Ehegatte Beamter ist und die Anwartschaften mangels Erfüllung gesetzlicher Wartezeiten bei ihm nicht zu einer Rente aus der gesetzlichen Rentenversicherung führen können.[11]

5. Der Unterhaltsverzicht

1038 Im Rahmen von § 1585c BGB ist beim Geschiedenenunterhalt der volle gegenseitige Unterhaltsverzicht die häufigste Form der Vereinbarung. § 1614 BGB ist auf Unterhaltsansprüche für die Zeit nach der Scheidung nicht anwendbar.[12] Beim Unterhaltsverzicht handelt es sich um einen Erlassvertrag gemäss § 397 BGB. Der Unterhaltsverzicht umfasst grundsätzlich das Unterhaltsstammrecht in seinen gesamten Ausprägungen, insbesondere und gerade auch den Fall der Not. Der scheidungsbezogene Unterhaltsverzicht ist nach § 138 BGB nichtig, wenn er deshalb zu Lasten eines Dritten geht, weil ein Ehegatte bereits Sozialhilfe in Anspruch genommen hat und die Unterhaltsansprüche des jetzt verzichtenden Ehegatten vor Abschluss des Unterhaltsverzichts gemäss § 91 BSHG auf das Sozialamt übergegangen sind.[13] Weiterhin ist nach § 138 BGB nichtig ein Unterhaltsverzicht der in Anbetracht der wirtschaftlichen Situation der Eheleute zwingend dazu führen würde, dass der Verzichtende Ehegatte der Sozialhilfe anheimfällt.[14] Auf eine Schädigungsabsicht kommt

---

[7] BGH NJW 1982, 1483.
[8] BGH FamRZ 1987, 578; BGH NJW 1994, 580.
[9] BGH DNotZ 1994, 261.
[10] OLG Zweibrücken FamRZ 1998, 1377.
[11] Vgl. unten Rdn. 1072 ff.
[12] BGH FamRZ 1991, 306.
[13] BGHZ 20, 127.
[14] BGH FamRZ 1987, 40 = NJW 1987, 1546; BGHZ 86, 82.

§ 2. *Scheidungsvereinbarung nach kurzer, kinderloser Doppelverdienerehe*

es dabei nicht an. Beurteilungszeitpunkt für die Sittenwidrigkeit ist der Augenblick des Vertragsabschlusses.[15] Spätere Entwicklungen sind im Rahmen der Prüfung des § 138 Abs. 1 BGB nicht mit einzubeziehen. Auswirkungen von Unterhaltsvereinbarungen können nur dann eine Unwirksamkeit des Vertrages gemäss § 138 Abs. 1 BGB begründen, wenn die Vereinbarungen darin bestehen, die objektiven Folgen ehebedingter Nachteile Dritten wie der Sozialhilfe oder nachrangigen Verwandten aufzubürden. Zur Unwirksamkeit der Vereinbarung können diese objektiven Folgen nur dann führen, wenn sie im Zeitpunkt des Abschlusses der Vereinbarung für die Vertragsbeteiligten sicher vorhersehbar waren.[16] Gehen die Ehegatten trotz derzeit schwieriger wirtschaftlicher Situation, etwa bei derzeitiger Arbeitslosigkeit, davon aus, dass sich die Situation alsbald verbessern wird, und jeder Ehegatte sich selbst unterhalten können wird, so liegt Sittenwidrigkeit nicht vor und wird die Vereinbarung auch nicht etwa später unwirksam, wenn sich die Erwartungen der Eheleute nicht erfüllen. In einem derartigen Fall sind also in den Wortlaut der Urkunde die das Unwerturteil der Sittenwidrigkeit ausschließenden Wertungen und Motive der Beteiligten ausdrücklich aufzunehmen.[17]

6. Formfragen

Das Gesetz schreibt für Scheidungsvereinbarungen keine einheitliche Form, etwa die notarielle Beurkundung, vor. Das Erfordernis der notariellen Beurkundung kann sich für die einzelnen Bereiche aus einzelnen Vorschriften ergeben. Soweit nach § 630 Abs. 3 ZPO ein vollstreckbarer Titel vorzulegen ist, bedarf dieser nach § 794 Abs. 1 Nr. 5 ZPO der notariellen Beurkundung. Soweit über Grundstücke verfügt wird, ist nach § 313 BGB notarielle Beurkundung erforderlich. Bei Vereinbarungen über den Versorgungsausgleich ergibt sich das Erfordernis der notariellen Beurkundung aus §§ 1408 Abs. 2, 1410 BGB bzw. § 1587o BGB. Der Erb- und Pflichtteilsverzicht bedarf nach § 2348 BGB der notariellen Beurkundung. Grundsätzlich keiner Form bedürfen Unterhaltsvereinbarungen nach § 1585c BGB. Noch nicht abschließend geklärt ist, ob etwa die Unterhaltsvereinbarung durch den sachlichen Zusammenhang mit der Regelung der anderen Scheidungsfolgen ebenfalls der Form dieser anderen Regelungen, also der notariellen Beurkundung bedarf.[18] Die Verpflichtung des Notars, den sicheren Weg einzuhalten, dürfte ihn dazu zwingen, immer die Gesamtvereinbarung zu beurkunden.

1039

7. Grundsätze der Hausratsverteilung

Zur einverständlichen Regelung der Trennungs- und Scheidungsfolgen gehören Vereinbarungen über die Rechtsverhältnisse an der ehelichen Wohnung und am ehelichen Hausrat. Dies schreibt das Gesetz in § 630 Abs. 1 Nr. 3 ZPO für die einverständliche Scheidung vor und verlangt in § 630 Abs. 3 ZPO hierüber einen vollstreckbaren Schuldtitel.

1040

Die gesetzlichen Vorgaben nach der Hausratsverordnung beinhalten, dass die Rechtsverhältnisse an der Ehewohnung für die Zeit nach der Scheidung vom Gericht nach billigem Ermessen zu regeln sind, § 2 HausratsVO. Über das Alleineigentum eines Ehegatten am Familienheim wird sich das Gericht regelmässig nicht hinwegsetzen. In Betracht kommt aber durchaus die Begründung eines Mietverhältnisses für den Nichteigentümer-Ehegatten. Handelt es sich bei der Ehewohnung um eine

---

[15] BGH FamRZ 1992, 1403.
[16] 12. Deutscher Familiengerichtstag FamRZ 1998, 473/474.
[17] *Büttner* FamRZ 1998, 4; OLG Koblenz FamRZ 1995, 171.
[18] Vgl. *Kanzleiter* NJW 1997, 217, der im Zweifel von der Unabhängigkeit der Vereinbarungen ausgeht.

Mietwohnung, so können die Ehegatten ohne den Vermieter über das Mietverhältnis nicht verfügen. Wenn der Vermieter der Vertragsänderung, etwa der Entlassung eines Ehegatten aus dem Mietvertrag, nicht zustimmt, ist eine rechtsgestaltende Regelung durch das Familiengericht nach § 5 Abs. 1 HausratsVO nicht vermeidbar. Sie ist in diesem Fall auch zulässig, wenn sich die Eheleute einig sind. Angesichts dessen empfiehlt es sich für die Eheleute, eine Einigung über das Familieneigenheim oder die Mietwohnung herbeizuführen und zu vollziehen, bevor Scheidungsantrag gestellt wird. In der Scheidungsvereinbarung kann dann festgestellt werden, dass die Rechtsverhältnisse an der Ehewohnung geregelt sind.

Auch die gerichtliche Verteilung des Hausrats nach §§ 8 ff. HausratsVO sollte vermieden werden. Das Gericht könnte sich hier nur ausnahmsweise über das Alleineigentum eines Ehegatten hinwegsetzen und derartige Hausratsgegenstände dem anderen Ehegatten zuweisen. In der Praxis einigen sich die Eheleute über die Verteilung des Hausrats, notfalls unter Aufstellung einer genauen Liste dessen, was jeder zu Alleineigentum und Alleinnutzung erhält. Dabei ist auch zu klären, wer noch nicht abbezahlte und unter Eigentumsvorbehalt stehende Hausratsgegenstände erhält und deshalb auch künftig allein abzuzahlen hat, § 10 HausratsVO. Auch diese Verteilung des Hausrates sollte im Regelfall vor Abschluss der Vereinbarung abgeschlossen werden, wobei dann die Urkunde die Feststellung enthalten sollte, dass der Hausrat bereits verteilt ist.

8. Anpassung sonstiger Rechtsverhältnisse

1041 Die Scheidungsvereinbarung hat möglichst alle künftigen dinglichen und schuldrechtlichen Gemeinschaftsverhältnisse zwischen den Ehegatten aufzuheben. Hierzu gehört die Verteilung etwaiger Schulden auch durch Schuldentlassung jeweils des freizustellenden Ehegatten im Außenverhältnis seitens der Gläubiger. Bei kleineren Schuldbeträgen, etwa beim Abzahlungskauf von Hausratsgegenständen, kann es bei der Freistellung im Innenverhältnis verbleiben. Bei größeren Verbindlichkeiten, etwa Grundpfanddarlehen für das Familienheim, ist auf der Schuldentlassung des aus dem Eigentum ausscheidenden Ehegatten zu bestehen.

9. Konkrete Regelung statt salvatorischer Klausel

1042 Salvatorische Klauseln werden oft unüberlegt verwendet und haben dann nicht sachgerechte Auswirkungen. Besser ist, konkret zu regeln, was bei Unwirksamkeit einer Vereinbarung für die übrigen Vereinbarungen gilt. Dies geschieht in § 3 letzter Satz des Formulierungsvorschlags.

10. Kostenregelung

1043 Eine Vereinbarung über die Kosten ist in § 93a Abs. 1 S. 3 ZPO vorgesehen und in der Praxis zweckmäßig.

§ 3. Scheidungsvereinbarung nach Hausfrauenehe mit Kindern ohne Grundbesitz

I. Fallgruppe

Ein Standardfall ist die Scheidung einer mehrjährigen Hausfrauenehe mit einem gemeinsamen, noch minderjährigen Kind bei normalem Einkommen des alleinverdienenden Ehegatten und ohne Familieneigenheim. Auch diese Fallgruppe ist aus Gründen der Kostenersparnis der notariellen Scheidungsvereinbarung zugänglich. Im Beispielsfall hat die Hausfrauenehe zehn Jahre bestanden, und es ist ein gemeinsames Kind im Alter von vier Jahren vorhanden. Die Familienwohnung ist gemietet.

II. Formulierungsvorschlag: Scheidungsvereinbarung nach normaler Hausfrauenehe

Verhandelt in ... am ...
Vor dem Notar ...
sind erschienen
Herr MA (Personalien) Frau FA (Personalien).
Die Erschienenen leben getrennt und beabsichtigen, sich scheiden zu lassen. Im Hinblick auf die Scheidung erklären sie die folgende

<ins>Scheidungsvereinbarung</ins>
§ 1 Güterstand, Vermögensauseinandersetzung
Zur Beendigung des Güterstandes vereinbaren wir hiermit den Güterstand der Gütertrennung. Zugewinnausgleichsansprüche sind in der Ehezeit nicht entstanden, sie werden vorsorglich gegenseitig ausgeschlossen.
Der Ehemann ist aus der gemieteten Ehewohnung ausgezogen. Die Ehefrau setzt im Einverständnis mit dem Vermieter das Mietverhältnis allein fort. Bei späterem Auszug entstehende Schönheitsreparaturen trägt die Ehefrau allein. Ihr steht auch der Anspruch auf Rückzahlung der Kaution zu.
Der Ehemann hat seine persönlichen Gegenstände und die Hausratsgegenstände mitgenommen, die in seinem Alleineigentum standen. Damit sind die Rechtsverhältnisse an der Ehewohnung geklärt und ist der Hausrat verteilt. Der Ehemann behält den in seinem Alleineigentum stehenden, auf ihn zugelassenen Pkw.
§ 2 Ehegattenunterhalt
Die Ehefrau erhält in Festsetzung des gesetzlichen Unterhaltes einen Grundunterhalt von ... DM monatlich. Bei der Berechnung dieses Unterhalts wurde von einem Nettoeinkommen von ... DM des Ehemannes ausgegangen. Die Ehefrau erhält zur Abdeckung der Kosten von Kranken- und Pflegeversicherung monatlich ... DM und einem Altersvorsorgeunterhalt von monatlich ...DM, insgesamt also monatlich ... DM.
Der Unterhaltsbetrag ist monatlich im voraus bis spätestens 1. eines jeden Monats zu zahlen. Wegen der Zahlung unterwirft sich der Ehemann der sofortigen Zwangsvollstreckung in sein gesamtes Vermögen. Vollstreckbare Ausfertigung ist zu erteilen.
§ 3 Kindesunterhalt
Die Ehegatten vereinbaren zugunsten des Kindes ... i.S. von § 328 BGB, dass diesem zu Händen der Ehefrau vom Ehemann der nachfolgende Unterhalt zu zahlen ist. Die Ehefrau ist berechtigt, neben dem Kind ebenfalls die Leistung an das Kind i.S. von § 335 BGB fordern zu können.
Der Ehemann verpflichtet sich, für das Kind (Name, Geburtsdatum) den gesetzlichen Kindesunterhalt nach der Düsseldorfer Tabelle (derzeit Stand ...) zu zahlen, und zwar

derzeit ... % des Regelbetrags abzüglich des hälftigen Kindergelds. Die Festsetzung des Unterhalts erfolgte auf der Grundlage eines anrechenbaren monatlichen Nettoeinkommens von DM ... (Jahresbruttoeinkommen minus gesetzliche Abzüge unter Berücksichtigung von Steuernachzahlungen und Steuerrückzahlungen minus 5% für berufsbedingte Aufwendungen geteilt durch zwölf). Die danach einschlägige Einkommensgruppe ... wurde um eine Stufe erhöht, da die Unterhaltspflicht nur gegenüber einem Kind besteht. Das Kindergeld ist dabei nicht berücksichtigt. Es steht jedem Ehegatten zur Hälfte zu. Fließt es der Mutter zu, so kann es hälftig in Abzug gebracht werden. Fließt es dem Vater zu, so ist es hälftig zusätzlich zu zahlen. Der Kindesunterhalt beträgt ... % des jeweiligen Regelbetrags der jeweiligen Altersstufe abzüglich des hälftigen Kindergeldanteils. Derzeit beträgt damit der monatliche Kindesunterhalt DM ... minus des hälftigen der Ehefrau zufließenden Kindergelds (derzeit 110,– DM), insgesamt also derzeit DM ...
Der Ehemann unterwirft sich wegen der vorbezeichneten Unterhaltszahlungen sowohl dem Kind gegenüber wie auch der Ehefrau gegenüber der sofortigen Zwangsvollstreckung aus dieser Urkunde in sein gesamtes Vermögen. Sowohl die Ehefrau wie auch das Kind können jederzeit eine vollstreckbare Ausfertigung dieser Urkunde verlangen.
§ 4 Getrenntlebensunterhalt
Der Getrenntlebensunterhalt richtet sich an obigem nachehelichen Unterhalt aus.
§ 5 Versorgungsausgleich
Der gesetzliche Versorgungsausgleich wird vom Familiengericht durchgeführt.
§ 6 Elterliche Sorge, Umgangsrecht
Im Scheidungsverfahren sollen keine Anträge zur Übertragung oder Teilübertragung der elterlichen Sorge auf einen Elternteil und zur Umgangsregelung gestellt werden, weil sich die Eheleute über das Fortbestehen der Sorge und über den Umgang einig sind.
Das gemeinsame Kind wird von der Mutter versorgt und betreut und hält sich gewöhnlich bei dieser auf. Der Mutter steht das Alleinentscheidungsrecht in Angelegenheiten des täglichen Lebens im Sinne von § 1687 BGB zu. Der Vater erteilt der Mutter hierzu Vollmacht, das Kind insoweit rechtsgeschäftlich nach außen zu vertreten. Der Vater erhält ein großzügiges Umgangsrecht. Er ist berechtigt, das Kind an zwei Wochenenden im Monat und entweder an Ostern oder Weihnachten zu sich zu nehmen und mit ihm einmal im Jahr einen bis zu zweiwöchigen Urlaub zu verbringen, bei Schulpflichtigkeit des Kindes in den Schulferien.
§ 7 Kosten
Der Ehemann trägt die Kosten dieser Vereinbarung und des Scheidungsverfahrens einschließlich der außergerichtlichen Kosten.

III. Erläuternde Hinweise

1. Ehegattenunterhalt

1046 *a) Konkretisierung des gesetzlichen Unterhalts.* Die Vereinbarung legt hier lediglich den gesetzlichen Unterhalt fest. Dies bedeutet, dass die Grundlagen und die Berechnung in der Vereinbarung so ausgeführt werden müssen, dass bei einer späteren Abänderungsklage nach § 323 ZPO das Familiengericht von den mitgeteilten Daten ausgehen kann. Würden die Daten in der Vereinbarung nicht festgehalten, so würde die spätere Abänderungsklage auf eine originäre Unterhaltsfestsetzung hinauslaufen, wenn das Familiengericht die ursprüngliche Unterhaltsberechnung nicht nachvollziehen kann.
Eine derartige konkretisierende Unterhaltsberechnung bringt für die beteiligten Anwälte und den beurkundenden Notar die volle Verantwortung und Haftung für

§ 3. Scheidungsvereinbarung nach Hausfrauenehe mit Kindern ohne Grundbesitz

die Richtigkeit der Unterhaltsbemessung mit sich. Hier liegen insbesondere für den Notar, der die ausufernde Rechtsprechung zum nachehelichen Unterhalt kaum völlig beherrschen kann, nicht geringe Haftungsgefahren. Soll ihnen aus dem Weg gegangen werden, so empfiehlt sich entweder die novierende Unterhaltsvereinbarung[1] oder die Festsetzung des Unterhalts durch das Gericht.

b) Unterhalt zur Kranken- und Pflegeversicherung. Nach § 1578 Abs. 2 BGB gehören zum Lebensbedarf auch die Kosten einer angemessenen Versicherung für den Fall der Krankheit und der Pflegebedürftigkeit.[2] Die Ehefrau darf die ab Rechtskraft der Scheidung laufende 3-Monatsfrist für die freiwillige Weiterversicherung in der gesetzlichen Krankenversicherung nicht versäumen (§ 9 Abs. 2 SGB V). Bei privater Krankenversicherung ist anzustreben, die bisherige Mitversicherung in eine abgeteilte Einzelversicherung umzuwandeln.[3]

1047

c) Vorsorgeunterhalt. Nach § 1578 Abs. 3 BGB gehören zum Lebensbedarf auch die Kosten einer angemessenen Versicherung für den Fall des Alters sowie der verminderten Erwerbsfähigkeit. Der Vorsorgeunterhalt wird nach der sog. „Bremer Tabelle" berechnet.[4] Die Vereinbarung kann bestimmen, wie der Vorsorgeunterhalt zu verwenden ist.

1048

Formulierungsbeispiel

Der Vorsorgeunterhalt von DM ... ist vom Ehemann direkt an die X-Lebensversicherung zugunsten des dort für die Ehefrau bestehenden Lebensversicherungsvertrages zu zahlen.

d) Ausschluss oder Modifikation der Anrechnungsmethode. Da in der Hausfrauenehe keine eheprägenden Einkünfte der Ehefrau erzielt wurden, wird die Frau bei späterer Aufnahme einer Berufstätigkeit durch die Anwendung der Anrechnungsstatt der Differenzmethode benachteiligt.[5] Will man nicht insgesamt die Anwendung der Differenzmethode vereinbaren, so kann man eine zeitlich begrenzte nur teilweise Anrechnung vereinbaren.

Formulierungsbeispiel

Von der Ehefrau erzielte Einkünfte werden bis zur Vollendung des 15. Lebensjahres des jüngsten Kindes nur zur Hälfte angerechnet.

e) Vereinbarungen zum Abänderungsverfahren nach § 323 ZPO. Die gesetzliche Regelung des Abänderungsverfahrens nach § 323 ZPO gibt keine materiellen Regeln für das Ob und Wie der Abänderung von Unterhaltsvereinbarungen vor. Entscheidend hierfür ist nach § 242 BGB, ob in den Verhältnissen, die die Parteien zur Grundlage ihres Vertrages gemacht haben, derart gewichtige Änderungen eingetreten sind, dass ein unverändertes Festhalten an den vereinbarten Leistungen gegen Treu und Glauben verstoßen würde und daher dem Schuldner nicht zumutbar wäre. Allein der Parteiwille entscheidet über die Frage, welche Verhältnisse zur Grundlage der Vereinbarung gehören und wie sie zu bewerten sind.[6] Der Richter der Abänderungsklage hat den Parteiwillen durch Auslegung zu ermitteln.

1050

---

[1] Vgl. Rdn. 821.
[2] Vgl. zur Höhe § 240 SGB V.
[3] Vgl. *Husheer* FamRZ 1991, 264, 267.
[4] Vgl. Rdn. 296 ff.
[5] Vgl. Rdn. 292 ff.
[6] BGH FamRZ 1991, 542; 1992, 538; 1994, 1101; 1995, 665.

10. Kapitel. Vereinbarungen anlässlich der Ehescheidung

Die Parteien können auch ausdrückliche Vereinbarungen über eine Abänderung treffen. So kann der Ehegattenunterhalt in entsprechender Anwendung der Grundsätze des Regelunterhalts von Kindern dynamisiert werden.

> **Formulierungsbeispiel**
>
> Der Ehegattenunterhalt von DM ... ändert sich im gleichen Verhältnis, in dem sich die Regelbeträge gemäß § 1612a Abs. 4 BGB ändern, erstmals zum ...

Es kann eine Wesentlichkeitsgrenze vereinbart werden.

> **Formulierungsbeispiel**
>
> Bei einer Änderung der Verhältnisse soll eine Anpassung der Unterhaltsverpflichtungen nur stattfinden, wenn sich bei der Neuberechnung eine Änderung von mehr als zehn vom Hundert ergibt.

Die Abänderung für die Vergangenheit kann ausgeschlossen werden (vgl. § 323 Abs. 3 ZPO n. F.).

> **Formulierungsbeispiel**
>
> Die Abänderung des Unterhalts kann für die Vergangenheit erst vom Zeitpunkt des Zugangs eines bezifferten schriftlichen Auskunfts- oder Abänderungsverlangens an begehrt werden.

2. Kindesunterhalt

1051 *a) Vertretung minderjähriger Kinder.* Die Vertretung minderjähriger Kinder ist durch das Kindschaftsrechtsreformgesetz beeinflusst worden. Nach § 1629 Abs. 2 S. 2 BGB kann der Elternteil, in dessen Obhut sich das Kind befindet, Unterhaltsansprüche gegen den anderen Elternteil geltend machen, dies nach ab 1. 7. 1998 geltendem Recht über die Rechtskraft der Scheidung hinaus. Nach § 1629 Abs. 3 S. 1 BGB hat, sobald und solange die Ehegatten getrennt leben oder eine Ehesache zwischen ihnen anhängig ist, eine gerichtliche Geltendmachung im eigenen Namen in Prozessstandschaft für das Kind zu erfolgen. Dabei ist nach wie vor die offene Vertretung auf das gerichtliche Verfahren beschränkt. In der notariellen Urkunde ist ein Vertrag zu Gunsten Dritter zweckmäßig.[7]

1052 *b) Höhe des Kindesunterhalts.* Die Höhe des Kindesunterhalts wird einer der gängigen Tabellen entnommen, regelmäßig den unterhaltsrechtlichen Leitlinien des Oberlandesgerichts Düsseldorf „Düsseldorfer Tabelle", die jährlich in NJW und FamRZ veröffentlicht werden. Am 1. 7. 1998 ist das Gesetz zur Vereinheitlichung des Unterhaltsrechts minderjähriger Kinder[8] in Kraft getreten. Eheliche wie nichteheliche minderjährige Kinder erhalten danach entweder einen festen Betrag oder einen Vomhundertsatz der neu eingeführten Regelbeträge, §§ 1612a–d BGB. Kern des Gesetzes ist die Einführung dynamisierter Unterhaltsansprüche und deren Titulierung in einem vereinfachten Verfahren.[9]

1053 *c) Vereinbarungen zum Kindesunterhalt.* Ein Unterhaltstitel für das Kind i.S. von § 794 Abs. 1 Nr. 5 ZPO durch notarielle Urkunde kann unter Berücksichtigung des Kindesunterhalts als Vomhundertsatz des Regelbetrages nach §§ 1612a, b BGB in

---

[7] Vgl. Rdn. 843.
[8] Kindesunterhaltsgesetz BGBl I 1998, 666.
[9] Vgl. Rdn. 310.

§ 3. Scheidungsvereinbarung nach Hausfrauenehe mit Kindern ohne Grundbesitz

dynamischer und trotzdem vollstreckungsfähiger Form geschaffen werden. Die Vereinbarung lediglich eines Geldbetrags sollte die Ausnahme werden. Die Vomhundertsätze ergeben sich dabei aus der Division der Unterhaltsbedarfssätze der einschlägigen Tabelle zum Kindesunterhalt durch den jeweiligen Regelbetrag. Nach § 1612a Abs. 2 BGB ist die Division auf eine Dezimalstelle zu begrenzen und ist der sich ergebende Unterhalt auf volle DM aufzurunden. (Beispiel: 480/355 = 135,2%. 355 × 1,352 = 479,96 = 480 DM).

3. Elterliche Sorge, Umgangsrecht

Nach § 1626 Abs. 1 BGB in der Fassung des Kindschaftsrechtsreformgesetzes haben die Eltern die Pflicht und das Recht, für das minderjährige Kind zu sorgen. Im Gegensatz zum bisherigen Recht, nachdem das Familiengericht die elterliche Sorge im Scheidungsverbund von Amts wegen regelmäßig auf einen Ehegatten zu übertragen hatte, ist der Regelfall jetzt die gemeinschaftliche elterliche Sorge, die keiner gerichtlichen Entscheidung bedarf. Lediglich dann, wenn die elterliche Sorge oder ein Teil der elterlichen Sorge auf nur einen Elternteil übertragen werden soll, hat das Gericht auf Antrag zu entscheiden.[10]

1054

Auch wenn sich die Eltern grundsätzlich für den Fortbestand der gemeinsamen elterlichen Sorge entscheiden, besteht Regelungsbedarf für das jeweilige Betreuungsmodell (Präsidenz- bzw. Eingliederungsmodell oder Wechselmodell), für die Regelung der Vertretung der Kinder nach außen und im Innenverhältnis der Elternteile zueinander, und für die Regelung der Erbringung des Unterhaltes durch Barzahlung oder Naturalleistung.[11]

---

[10] Vgl. Rdn. 312.
[11] Vgl. Rdn. 847 ff.

10. Kapitel. Vereinbarungen anlässlich der Ehescheidung

§ 4. Scheidungsvereinbarung mit Auseinandersetzung über das Familienheim und novierender Unterhaltsvereinbarung

I. Fallgruppe

1055　Viele Scheidungsvereinbarungen werden wesentlich mitbestimmt durch die Auseinandersetzung über das im je hälftigen Miteigentum stehende Familienheim, das häufig noch mit Grundpfanddarlehen belastet ist. Die Beteiligten wollen regelmäßig das Familienheim nicht veräußern, sondern im Eigentum eines Ehegatten erhalten. Dies setzt die Übertragung des hälftigen Miteigentumsanteils des anderen Ehegatten auf den künftigen Alleineigentümer und die Schuldübernahme durch diesen zur künftigen Alleinschuld voraus. Soweit die Erhaltung des Familienheims im Eigentum eines Ehegatten nach dessen Einkommensverhältnissen unter Berücksichtigung der sonstigen Scheidungslasten möglich ist, entlassen die Banken regelmäßig den anderen Ehegatten aus der Schuld. Im folgenden Vertragsmuster ist neben der Auseinandersetzung über das Familienheim noch ein Unterhaltsverzicht gegen Leibrente formuliert, der dem unterhaltsberechtigten Ehegatten einen sicheren künftigen Anspruch in wertgesicherter Form verleiht und künftige Abänderungsklagen vermeidet. Weiterhin haben die Eheleute des Beispielsfalles ein volljähriges gemeinsames Kind, das als Student noch unterhaltsberechtigt ist. Hinsichtlich des Kindesunterhalts wird eine Freistellungsvereinbarung zwischen den Eheleuten getroffen.

II. Formulierungsbeispiel

1056　Verhandelt in ... am ...
vor dem Notar ...
sind erschienen: Eheleute MA und MB.
Die Eheleute leben seit ... getrennt. Im Hinblick auf die künftige Scheidung erklären sie die folgende

<u>Scheidungsvereinbarung</u>
§ 1 Vermögensauseinandersetzung
Die Beteiligten beenden den gesetzlichen Güterstand, indem sie hiermit den Güterstand der Gütertrennung vereinbaren.
Der eheliche Zugewinn ist dadurch bereits ausgeglichen, dass das Familienheim (Beschrieb nach dem Grundbuch) zu je einhalb Miteigentum erworben wurde und aus den möglichen Ersparnissen fortlaufend abbezahlt wurde. Das Hausgrundstück ist noch belastet mit einer Grundschuld über DM ... für die Bank ..., die auf den ... noch mit DM ... valutiert. Die Eheleute sind Gesamtschuldner. Die Bank hat zugesagt, die Ehefrau, die ihren Miteigentumsanteil dem Ehemann übertragen will, aus der Schuld und Haftung zu entlassen und die Ehefrau künftig aus der Zweckerklärung für die Grundschuld zu streichen. Die Ehefrau verpflichtet sich nach dieser Maßgabe, dem Ehemann ihren hälftigen Miteigentumsanteil zu übertragen.
Die Beteiligten sind sich darüber einig, dass der hälftige Miteigentumsanteil der Ehefrau an dem vorbezeichneten Hausgrundstück auf den Ehemann übergeht. Sie bewilligen und beantragen die Eintragung des Eigentumswechsels im Grundbuch.
Der Wert des Hausgrundstücks wird mit DM ... angenommen. Hiervon erhält die Ehefrau als Entgelt für ihren Miteigentumsanteil die Hälfte, also DM ... Auf diesen Betrag wird die Hälfte des Schuldsaldos des vorbezeichneten Grundpfanddarlehens angerechnet, sodass der Ehefrau noch der Betrag von DM ... zu zahlen ist. Dieser Betrag wird am ... zahlungsfällig und ist ab dann im Falle der Nichtzahlung mit

§ 4. Scheidungsvereinbarung mit Auseinandersetzung über das Familienheim

... Prozent jährlich zu verzinsen. Wegen der Zahlung dieses Betrages nebst Zinsen unterwirft sich der Ehemann hiermit der sofortigen Zwangsvollstreckung in sein gesamtes Vermögen.
Der Ehemann übernimmt hiermit das vorbezeichnete Grundpfanddarlehen ab ... zur alleinigen Verzinsung und Rückzahlung. Er hat der Ehefrau umgehend eine Erklärung der Bank ... über die Schuldentlassung zu übergeben. Auf den Zeitpunkt der Schuldentlassung tritt die Ehefrau hiermit dem Ehemann alle Eigentümerrechte hinsichtlich der vorbezeichneten Grundschuld mit Verfügungsvollmacht ab.

§ 2 Ehewohnung, Hausrat
Die Ehefrau ist aus dem Familienheim ausgezogen. Sie hat den ihr gehörenden Hausrat mitgenommen. Damit ist hinsichtlich Ehewohnung und Hausrat vom Gericht nichts mehr zu regeln.

§ 3 Unterhaltsverzicht gegen Leibrente
Die Beteiligten verzichten gegenseitig und völlig auf jeglichen nachehelichen gesetzlichen Unterhalt und nehmen den Verzicht gegenseitig an.
Als Abfindung für ihren Verzicht erhält die Ehefrau die folgende Leibrente. Für diese Leibrente wird die entsprechende oder ergänzende Anwendung der gesetzlichen Vorschriften über den nachehelichen Unterhalt ausdrücklich ausgeschlossen. Eine Anpassung über die vereinbarte Wertsicherung hinaus findet nicht statt. Die Abänderung nach § 323 ZPO wird ausdrücklich ausgeschlossen.
Die Leibrente beträgt monatlich DM ... und ist ab dem der Rechtskraft der Scheidung folgenden Monatsersten im Voraus zum ersten eines jeden Monats zu zahlen. Sie erlischt mit dem Tod der Ehefrau. Sie erlischt weiter, sobald die Ehefrau aus der im Versorgungsausgleich erworbenen gesetzlichen Rentenversicherung eine Rente erhält.
Verändert sich der vom Statistischen Bundesamt festgestellte Preisindex für die Lebenshaltung aller privaten Haushalte in Deutschland (... = 100), so verändert sich der Betrag der Rente entsprechend. Eine Anpassung findet jedoch nur statt, wenn sich eine Veränderung des Index um mehr als 5% eingestellt hat, wobei jeweils von der letzten Anpassung auszugehen ist. Die Rente erhöht oder ermäßigt sich ab dem der Anpassung folgenden Monatsersten. Rückwirkende Anpassung kann nicht verlangt werden.
Wegen der Zahlung des Ausgangsbetrages von DM ... monatlich und, soweit zulässig, auch wegen künftiger indexbedingter Erhöhungen, unterwirft sich der Ehemann hiermit der sofortigen Zwangsvollstreckung in sein gesamtes Vermögen.
Zur Sicherung dieser veränderlichen Leibrentenverpflichtung ist auf dem vorbezeichneten Grundstück zugunsten der Ehefrau an rangbereiter Stelle eine Reallast einzutragen, deren Eintragung hiermit bewilligt und beantragt wird.

§ 4 Versorgungsausgleich
In der gesamten Ehezeit war nur der Ehemann berufstätig und hat nur er Versorgungsanwartschaften in der gesetzlichen Rentenversicherung erworben. Der Versorgungsausgleich wird vom Familiengericht durchgeführt.

§ 5 Kindesunterhalt
Der gemeinsame Sohn ... wohnt und studiert außerhalb. Er erhält bisher eine monatliche Zahlung von DM ... Unbeschadet der gesetzlichen Unterhaltsansprüche des Sohnes gegen beide Ehegatten vereinbaren die Ehegatten hiermit in ihrem Innenverhältnis, dass der Ehemann den Barunterhalt des Sohnes alleine trägt, ihm dafür aber auch staatliche Leistungen oder Steuervorteile allein zustehen. Der Ehemann ist berechtigt, bei der jeweiligen Behörde entsprechende Anträge zu stellen. Hilfsweise erfolgt die Übertragung der Leistung oder Steuervorteile im Innenverhältnis.

§ 6 Kosten
Die Kosten dieser Vereinbarung und ihres Vollzugs im Grundbuch trägt der Ehemann.

III. Hinweise

1. Auseinandersetzung über das Familienheim

1057   Die entscheidende Frage ist, ob ein Ehegatte allein das Familienheim unter völliger Freistellung des anderen von Schulden und Lasten weiter finanzieren kann, und ob die Grundpfandgläubiger den ausscheidenden Ehegatten aus seiner Mitschuld entlassen. Nur bei Bejahung dieser Frage kann die Veräußerung des Familienheims vermieden werden. Eine Vergemeinschaftung der Scheidungsparteien über die Scheidung hinaus etwa durch Belassung der Gesamtschuld bei Freistellung im Innenverhältnis ist keine praktikable Lösung. Auch die bisweilen gewünschte Übertragung des Familienheims auf die Kinder oder eine erbvertragliche Bindung zu Gunsten der Kinder ist keine taugliche Lösung.

Bei der befreienden Schuldübernahme ist zu beachten, dass die Bank dem aus dem Objekt ausscheidenden Ehegatten die Schuldentlassung schriftlich bescheinigt, und dass weiterhin die Zweckerklärung für die bestehen bleibenden Grundpfandrechte auf Verbindlichkeiten des übernehmenden Ehegatten beschränkt wird. Sonst besteht die Gefahr, dass die Bank die Grundschuld für künftige sonstige Verbindlichkeiten des ausscheidenden Ehegatten zu verwerten versucht.

Steuerlich ist die Möglichkeit des Objektverbrauchs (§ 7b Abs. 6 EStG, § 10e Abs. 5 EStG, § 6 EigZulG) zu beachten.[1] Bei Auseinandersetzung innerhalb des Zeitraums nach § 26 Abs. 1 EStG kann der Objektverbrauch vermieden werden.[2]

2. Novierende Unterhaltsvereinbarung

1058   Der Ausschluss des gesetzlichen Unterhaltsrechts gegen Vereinbarung einer Leibrente ermöglicht insbesondere in Luxusfällen, aber auch in den Fällen, in denen die Zahlungspflicht zeitlich begrenzt sein soll, eine für beide Teile vorhersehbare und sichere Gestaltung. Derartige novierende, also die Unterhaltszahlungspflicht selbständig begründende Vereinbarungen sollten häufiger getroffen werden.

Voraussetzung des selbständigen Unterhaltsvertrags ist regelmäßig der gegenseitige Verzicht auf den nachehelichen Unterhalt. Als Abfindung für den Verzicht erhält dann der gesetzliche unterhaltsberechtigte Ehegatte ein Leibrentenstammrecht im Sinne von § 761 BGB. Durch die Überlassung des Stammrechts ist der gesetzliche Unterhaltsanspruch abgegolten. Die einzelnen Renten entfließen dem Stammrecht als Rechtsfrüchte. Sie haben nicht den Charakter gesetzlicher Unterhaltsrenten. Das Leibrentenstammrecht begründet Ansprüche auf regelmäßige wiederkehrende Leistungen ohne Rücksicht auf Bedürftigkeit und Leistungsfähigkeit. Da insofern die anspruchsbegründenden Tatsachen feststehen, ist § 323 ZPO nicht anwendbar. Er wird in der Praxis regelmäßig ausdrücklich ausgeschlossen. Die Berufung auf den Wegfall der Geschäftsgrundlage ist nur im Extremfall möglich. Üblich ist die Vereinbarung einer Wertsicherung etwa durch Anpassung an einen amtlichen Preisindex für die Lebenshaltung. Eine zeitliche Befristung abweichend vom Tode des Berechtigten ist möglich, etwa das Erlöschen bei Wiederverheiratung des Berechtigten, oder beim Tod des Verpflichteten. Ist die Leibrente auf Lebenszeit des Berechtigten bestellt, so geht die Leibrentenverpflichtung auf die Erben über.

3. Freistellungsvereinbarung hinsichtlich des Kindesunterhalts

1059   Das volljährige Kind erhält keinen Regelunterhalt nach §§ 1612a BGH mehr, sondern Unterhalt nach §§ 1601ff. BGB.

---

[1] Vgl. *Richter* DStR 1997, 841.
[2] *Schmidt* EStG Anm. 6a, ja zu § 10e EStG.

§ 4. Scheidungsvereinbarung mit Auseinandersetzung über das Familienheim

Die unverzichtbaren Unterhaltsansprüche des Kindes gegen jeden Elternteil können die Eltern mit Wirkung gegenüber dem Kind nicht einschränken, § 1614 BGB. Wohl aber können sie im Verhältnis zueinander regeln, wer die Unterhaltslast gegen Freistellung im Innenverhältnis zu tragen hat. Kommt der im Innenverhältnis leistungspflichtige Elternteil dieser Verpflichtung nach, so hat das Kind mangels Bedarfs gegen den anderen Elternteil keinen Unterhaltsanspruch mehr.

§ 5. Scheidungsvereinbarung bei einseitiger Loslösung eines Ehegatten aus der Ehe

I. Fallgruppe

1060 Die Ehefrau löst sich nach mehrjähriger Zuverdienerehe wegen einer Beziehung zu ihrem Chef aus der Ehe. Dieser hat ihr eine Aufstockung ihres Arbeitsverhältnisses zugesagt, sodass sie über ausreichendes eigenes Einkommen verfügen wird. Das Familienheim steht im Alleineigentum des Ehemanns, dem es von seinen Eltern übergeben wurde. Im Hinblick auf § 1579 Nr. 6 BGB und die Freistellung vom Kindesunterhalt verzichtet die Ehefrau auf nachehelichen Unterhalt. Der Ehemann soll die alleinige elterliche Sorge für den 8-jährigen Sohn erhalten.

II. Formulierungsbeispiel

1061 Verhandelt in ... am ...
Vor dem Notar ...
sind erschienen: Eheleute MA und FA.
Die Ehefrau ist aus dem Familienheim ausgezogen. Im Hinblick auf die künftige Scheidung erklären die Eheleute die folgende

Scheidungsvereinbarung

§ 1 Vermögensauseinandersetzung
Der gesetzliche Güterstand wird dadurch beendet, dass hiermit Gütertrennung vereinbart wird.
Die Ehefrau verzichtet auf die Berechnung und Geltendmachung etwaiger Zugewinnausgleichsansprüche. Der Hausrat ist verteilt.

§ 2 Nachehelicher Unterhalt
Es besteht Einigkeit darüber, dass ein Unterhaltsanspruch der Ehefrau gegen den Ehemann nach § 1579 Nr. 6 BGB zu versagen wäre. Im Hinblick hierauf wird gegenseitig auf jeglichen nachehelichen Unterhalt verzichtet.

§ 3 Versorgungsausgleich
Der Versorgungsausgleich wird vom Familiengericht durchgeführt.

§ 4 Elterliche Sorge, Umgangsrecht
Der Ehemann wird beim Familiengericht beantragen, ihm die alleinige elterliche Sorge für den gemeinsamen Sohn ... zu übertragen. Die Ehefrau erklärt hierzu bereits jetzt ihre Zustimmung.
Über das Umgangsrecht der Ehefrau mit dem Sohn haben sich die Eheleute so geeinigt, dass die Mutter den Sohn in vierzehntägigen Abständen von Freitag, 18:00 Uhr bis Sonntag, 18:00 Uhr und für die ersten beiden Wochen der Sommerferien zu sich nehmen kann. Die Eheleute regen an und der Ehemann beantragt mit Zustimmung der Ehefrau vorsorglich, dass sich das Familiengericht diese Einigung genehmigend zu Eigen macht.

§ 5 Freistellung vom Kindesunterhalt
Der Ehemann verpflichtet sich, für den Unterhalt des gemeinsamen Sohnes ... allein aufzukommen und die Ehefrau im Innenverhältnis von jeder Inanspruchnahme durch den Sohn freizustellen.

III. Hinweise

1. Unterhaltsverzicht bei Unterhaltsausschluss

Soweit ein Unterhaltsanspruch bei gerichtlicher Entscheidung nach § 1579 BGB zu versagen wäre, ist ein vereinbarter Unterhaltsverzicht selbst dann unproblematisch, wenn der Verzichtende seinen nachehelichen Unterhalt nicht selbst bestreiten kann. Nichtigkeit nach § 138 BGB wegen Drittbelastung kommt nicht in Betracht, weil kein Unterhaltsanspruch gegen den geschiedenen Ehegatten besteht. Im Ausgangsfall ist aber zudem nach der begründeten Vorstellung der Eheleute der Unterhalt der Frau künftig gesichert. 1062

2. Übertragung der elterlichen Sorge

Die vom Familiengericht auszusprechende Übertragung der elterlichen Sorge auf den Vater allein mit Zustimmung der Mutter ist in § 1671 BGB geregelt. Das Familiengericht hat dem Antrag nach § 1671 Abs. 2 Nr. 1 BGB stattzugeben. Die Notwendigkeit eines gleichzeitigen Antrags zum Umgangsrecht ergibt sich aus § 630 Abs. 1 Nr. 2 ZPO. Zu obiger Praktikerlösung vgl. Rdn. 852. 1063

In geeigneten Fällen kommt auch eine Übertragung lediglich eines Teils der elterlichen Sorge auf einen Elternteil allein in Betracht.

Formulierungsbeispiel

Die Eheleute sind sich darüber einig, dass ihnen die elterliche Sorge über die gemeinsamen Kinder ... grundsätzlich auch weiterhin gemeinsam zustehen soll. Die Ehefrau wird jedoch bei dem Familiengericht beantragen, ihr gemäß § 1671 II Nr. 1 BGB das Recht über die Bestimmung des Aufenthalts der Kinder, das Alleinentscheidungsrecht in Angelegenheiten des täglichen Lebens i. S. des § 1687 BGB, das Recht zur alleinigen Entscheidung bei medizinischen Eingriffen sowie das Recht zur Vertretung der Kinder gegenüber Kreditinstituten bei Anlage des Vermögens der Kinder zu übertragen. Der Ehemann stimmt einem solchen Antrag bereits jetzt zu.

3. Freistellung vom Kindesunterhalt

Durch die Freistellungsvereinbarung der Ehegatten können die Kinder an der Geltendmachung ihrer nach § 1614 BGB unverzichtbaren gesetzlichen Unterhaltsansprüche nicht gehindert werden. Der freigestellte Elternteil kann aber vom anderen Freihaltung bzw. Erstattung seiner Aufwendungen verlangen.[1] 1064

---

[1] BGH FamRZ 1986, 254.

§ 6. Scheidungsvereinbarung bei gehobenen Einkommens- und Vermögensverhältnissen

I. Fallgruppe

1065 Bei gehobenen Einkommens- und Vermögensverhältnissen ist es besonders angezeigt, die Umstände und Kosten einer streitigen Scheidung zu vermeiden. Es kann den Eheleuten nur geraten werden, sich gegenseitig grosszügig zu zeigen. Im Beispielsfall wird eine kinderlose Unternehmerehe geschieden. Ehevertraglich war Gütertrennung vereinbart. Die Ehe hat zehn Jahre gedauert.

II. Formulierungsbeispiel

1066 Verhandelt in ... am ...
vor dem Notar ...
sind erschienen: Eheleute MA und MB.
Die Eheleute leben seit ... getrennt. Im Hinblick auf die künftige Scheidung erklären sie die folgende

<u>Scheidungsvereinbarung</u>
§ 1 Vermögensauseinandersetzung
Infolge der vor Eheschließung vereinbarten Gütertrennung findet ein Zugewinnausgleich nicht statt. Die Bezugsberechtigung der Ehefrau bei den Lebensversicherungsverträgen des Mannes wurde bereits gestrichen. Gemeinsame Bankkonten bestehen nicht. Kontovollmachten wurden bereits widerrufen. Die Ehefrau hat das im Alleineigentum des Mannes stehende Familieneigenheim verlassen und ist in die nachbezeichnete Eigentumswohnung gezogen, die ihr heute übereignet wird. Sie hat ihre persönlichen Gegenstände und den in ihrem Eigentum stehenden Hausrat mitgenommen. Das Familiengericht hat also hinsichtlich Ehewohnung und Hausrat nichts zu regeln.
§ 2 Unterhaltsverzicht
Die Eheleute verzichten gegenseitig auf jeglichen nachehelichen Unterhalt, auch für den Fall der Not, und nehmen den Verzicht gegenseitig an.
§ 3 Ausschluss des Versorgungsausgleichs
Die Eheleute schließen den Versorgungsausgleich aus.
Der Notar hat die Eheleute über die Bedeutung und die Folgen des Ausschlusses belehrt, insbesondere darüber, dass infolge dieser Vereinbarung der vom Gesetz für den Fall der Scheidung vorgesehene Ausgleich der in der Ehezeit erworbenen Versorgungsanwartschaften nicht stattfindet. Der Notar hat weiter darauf hingewiesen, dass der Ausschluss des Versorgungsausgleichs unwirksam ist, wenn einer der Eheleute innerhalb eines Jahres Antrag auf Scheidung der Ehe stellt.
Sollte diese Vereinbarung durch Einreichung des Scheidungsantrags innerhalb eines Jahres gemäss § 1408 Abs. 2 S. 2 BGB unwirksam sein, so soll sie dennoch als Vereinbarung gemäss § 1587o BGB Bestand behalten. Die Ehegatten betrachten die Vereinbarung als ausgewogene Regelung auch im Sinne letzterer Vorschrift. Sie wurden vom Notar darauf hingewiesen, dass in letzterem Fall die Vereinbarung der Genehmigung des Familiengerichts bedarf.
§ 4 Gegenleistungen für den Unterhaltsverzicht und den Ausschluss des Versorgungsausgleichs
Als Gegenleistung für die Vereinbarungen nach §§ 2 und 3 dieser Urkunde erhält die Ehefrau vom Ehemann zunächst eine einmalige Geldzahlung von DM ... Dieser

§ 6. Scheidungsvereinbarung bei gehobenen Eink.- und Vermögensverhältnissen

> Betrag wird der Ehefrau nicht in bar ausgezahlt, sondern vom Ehemann direkt an die Lebensversicherungsgesellschaft ... auf den bereits abgeschlossenen Lebensversicherungsvertrag über eine Vertragssumme von DM ... als Einmalzahlung geleistet.
> Als weitere Gegenleistung erhält die Ehefrau zu ihrem Alleineigentum die im Grundbuch von ... Blatt ... für den Ehemann lastenfrei eingetragene Eigentumswohnung (Beschrieb nach dem Grundbuch), und zwar mit sofortigem Besitzübergang und ohne jede Gewährleistung. Einig über diesen Eigentumsübergang bewilligen und beantragen die Beteiligten die Eintragung des Eigentumswechsels im Grundbuch.
> § 5 Kosten
> Die Kosten dieser Vereinbarung und ihres Vollzugs im Grundbuch trägt der Ehemann.

III. Hinweise

1. Unterhaltsabfindung

Der in direkter Anwendung seltene § 1585 Abs. 2 BGB, wonach der Unterhaltsberechtigte Abfindung in Kapital verlangen kann, wenn ein wichtiger Grund vorliegt und der Unterhaltsverpflichtete dadurch nicht unbillig belastet wird, kann in eine Abfindungsvereinbarung umgesetzt werden. 1067

2. Scheidungsbezogener Ausschluss des Versorgungsausgleichs nach § 1408 Abs. 2 BGB

Vor Rechtshängigkeit des Scheidungsantrags sind sowohl Vereinbarungen nach § 1408 Abs. 2 BGB wie nach § 1587o BGB möglich. Dabei ist zu beachten, dass eine nicht vorsorgende, sondern gezielt für die beabsichtigte Scheidung abgeschlossene Vereinbarung nach § 1408 Abs. 2 BGB nicht unzulässig, sondern alternativ zur Vereinbarung nach § 1587o BGB möglich ist. Im Bereich des § 1408 Abs. 2 BGB geht die Vereinbarungsfreiheit bis zur Grenze der Sittenwidrigkeit, ohne dass über ein Genehmigungserfordernis eine gerichtliche Inhaltskontrolle erfolgt. Hier ist insbesondere auch der gegenseitige völlige Ausschluss des Versorgungsausgleichs ohne Gegenleistung möglich. Angesichts dieser grundsätzlichen gefährlichen Vertragsfreiheit bestimmt § 1408 Abs. 2 Satz 2 BGB, dass der Ausschluss und damit jede ehevertragliche Vereinbarung über den Versorgungsausgleich unwirksam ist, wenn innerhalb eines Jahres nach Beurkundung Antrag auf Scheidung der Ehe gestellt wird. Diese Sperrfrist soll im Verhältnis der Ehegatten untereinander dem Schutz desjenigen Ehegatten dienen, der sich ahnungslos auf eine Vereinbarung über den Versorgungsausgleich mit dem insgeheim bereits scheidungswilligen Partner einlässt. Sie soll verhindern, dass die in § 1408 Abs. 2 Satz 1 BGB eingeräumte Vertragsfreiheit im Hinblick auf eine nahe Scheidung missbraucht wird. 1068

Aus diesem legislatorischem Zweck folgt, dass die Sperrfrist dann zu einem rein zeitlichen, aufgrund des Gesetzeswortlauts zu beachtenden, aber der Steuerung der Ehegatten unterliegenden Hindernis für eine Vereinbarung nach § 1408 Abs. 2 wird, wenn die Scheidungsabsicht auch nur eines Teils beiden Ehegatten bekannt ist. Die Ehegatten können also im Hinblick auf die beabsichtigte einverständliche Scheidung statt einer Vereinbarung nach § 1587o BGB auch eine Vereinbarung nach § 1408 Abs. 2 BGB mit ihrer größeren Vertragsfreiheit und ohne richterliche Genehmigungspflicht schließen, sofern sie dann nur die Karenzzeit des § 1408 Abs. 2 Satz 2 BGB beachten. 1068a

Dieser Vertragstyp der scheidungsbezogenen Vereinbarung nach § 1408 Abs. 2 BGB hat sich zu einer praxishäufigen Gestaltung entwickelt, von der immer dann

Gebrauch gemacht wird, wenn die Beteiligten die gerichtliche Inhaltskontrolle nicht wünschen oder wenn diese nicht zu einer Genehmigung der gewünschten Vereinbarung führen würde. Die Beteiligten nehmen hier in Kauf, dass sie bis zum Einreichen des Scheidungsantrags noch ein Jahr abwarten müssen.

1068 b Bei einer derartigen Vereinbarung ist immer zu bedenken, dass es gleich aus welchen Gründen doch zu einer Einreichung des Scheidungsantrags vor Ablauf der Jahresfrist kommen kann. Die Umdeutung der dann unwirksam gewordenen Vereinbarung nach § 1408 Abs. 2 in eine Vereinbarung nach § 1587o BGB ist nach allgemeiner Meinung wegen des besonderen Schutzzweckes letzteren Vereinbarungstyps nicht möglich, auch wenn die Vereinbarung den Kriterien des § 1587o Abs. 2 S. 4 BGB genügen würde.

Zulässig ist es aber, ausdrücklich zu bestimmen, dass eine Vereinbarung nach § 1408 Abs. 2 BGB im Falle der Einreichung des Scheidungsantrags innerhalb der Jahresfrist hilfsweise als Vereinbarung nach § 1587o BGB gelten soll. Letztere Vereinbarung bedarf dann der familiengerichtlichen Genehmigung, weshalb die Vereinbarung insgesamt den engeren Voraussetzungen des § 1587o BGB genügen muss.

3. Steuerrechtliche Fragen

1069 Die Scheidung bringt für die Beteiligten infolge des Wegfalls des steuerlichen Familienlastenausgleichs und des Ehegattensplittings sowie durch geänderte Lohnsteuerklassen erhebliche steuerliche Mehrbelastungen mit sich. Zugewinn- und Versorgungsausgleich sind steuerneutral. Bei Auseinandersetzung über Grundbesitz entsteht keine Grunderwerbsteuer. Unterhaltszahlungen sind nach § 12 Nr. 1 und 2 EStG weder vom Empfänger zu versteuern noch beim Leistenden abziehbar. Bei unterschiedlicher Steuerprogression kann das begrenzte Realsplitting nach § 10 Abs. 1 Nr. 1 EStG per Saldo zu einer Entlastung führen. Unterhaltsleistungen können auch als außergewöhnliche Belastung nach § 33a Abs. 1 EStG berücksichtigt werden. Weiterhin greift das Abzugsverbot des § 12 Nr. 2 EStG nicht ein, wenn der Unterhaltsleistung eine ausreichende Gegenleistung gegenübersteht. Als Gegenleistungen des Unterhaltsberechtigten kommen in Betracht die Übertragung von Grundstücken, des Gewerbebetriebs und sonstiger Gegenstände sowie der Verzicht auf Versorgungsausgleichsansprüche und Zugewinnausgleichsansprüche. Die Gegenleistung muss bei überschlägiger und großzügiger Berechnung mehr als die Hälfte des Wertes der Unterhaltsleistungsverpflichtung ausmachen.

Insgesamt unterliegen steuerliche Gestaltungen den schnellen Wechsel von Gesetzen und Rechtsprechung. Sie sind nur mit Hilfe des Steuerberaters zu erschließen. Zivilrechtlich gilt der Grundsatz, dass der Unterhaltsverpflichtete zur Mitwirkung bei steuersparenden Gestaltungen verpflichtet ist, wenn ihm dies keine Nachteile bringt oder wenn ihm entstehende Nachteile ersetzt werden.

4. Weitere Gegenleistungsregelungen

1070 Soweit noch kein Lebensversicherungsvertrag besteht kann, als Gegenleistung für den Ausschluss des Versorgungsausgleichs der Abschluss eines derartigen Vertrages vereinbart werden.

Als Richtschnur kann hierbei § 1587I III 2 BGB dienen (Fälligkeit im Fall des Todes oder des Erlebens des 65. oder früheren Lebensjahres; Gewinnanteile müssen zur Erhöhung der Versicherungsleistungen verwendet werden). Es kommt die Versicherung einer Kapitalleistung mit Rentenoption oder von Rentenleistungen mit Kapitaloption in Frage; der Einschluss der Berufsunfähigkeitsversicherung des Ausgleichsberechtigten ist zu prüfen; Leistungen können erfolgen in Form eines Beitragsdepots, einer Einmalleistung oder einer laufenden Beitragszahlung. Deren Höhe

§ 6. Scheidungsvereinbarung bei gehobenen Eink.- und Vermögensverhältnissen

ergibt sich aus der Summe der Beiträge, die für den Ausgleich in der gesetzlichen Rentenversicherung erforderlich wären.[1]

Formulierungsbeispiel 1071

Auf das Leben der Ehefrau ist für diese als versicherte Person, Rentenbegünstigte und Versicherungsnehmerin eine Leibrentenversicherung für eine Anwartschaft von ... DM monatlicher Altersrente abzuschließen. Rentenbeginn für die Altersrente ist das vollende 60. Lebensjahr der Ehefrau. Beitragszahler ist der Ehemann. Er ist verpflichtet, zur Sicherung der Beitragszahlung bei der Lebensversicherungsgesellschaft durch einmalige Zahlung innerhalb eines Monats nach Rechtskraft der Scheidung ein entsprechendes Beitragsdepot einzurichten, das unkündbar ist und einschließlich der anlaufenden Zinsen zur Beitragsdeckung verwendet wird. Von diesem Beitragsdepot werden die laufenden Beiträge abgebucht. Sollte das Depot zur Abdeckung der letzten Beiträge nicht ausreichen, ist der Ehemann zum Nachschuss verpflichtet. Für den Fall des Todes der Ehefrau vor Rentenbeginn ist ein unwiderrufliches Bezugsrecht des Ehemannes zu vereinbaren. Ebenso ist für den Tod der Ehefrau nach Rentenbeginn die Rückgewähr der gezahlten Beiträge abzüglich der gezahlten Rente zu vereinbaren. Ist der Ehemann vorverstorben, stehen diese Rechte seinen Erben zu. Die laufenden Gewinnanteile sind zur Rentenerhöhung zu verwenden. Das Bezugsrecht der Ehefrau ist unwiderruflich und nicht abtretbar. Wegen der Zahlung des Einmalbetrags zum Beitragsdepot unterwirft sich der Ehemann der sofortigen Zwangsvollstreckung in sein gesamtes Vermögen.

---

[1] *Palandt/Brudermüller* § 1587 L BGB Rdn. 9.

10. Kapitel. Vereinbarungen anlässlich der Ehescheidung

§ 7. Scheidungsvereinbarung bei Beamtenehe

I. Fallgruppe

1072   Die Eheleute sind Beamte unterschiedlicher Besoldungsgruppen. Der Zugewinnausgleich ist ausgeschlossen, ebenso wurde vor Eheschließung ehevertraglich auf nachehelichen Unterhalt verzichtet. Der Versorgungsausgleich soll durchgeführt werden. Dabei würde der öffentlich-rechtliche Versorgungsausgleich nicht zu einer Rente in der gesetzlichen Rentenversicherung führen, da die Mindestwartezeit nicht erreicht wird. Deshalb soll der schuldrechtliche Versorgungsausgleich vereinbart werden.

II. Formulierungsbeispiel

1073   Verhandelt in ... am ...
Vor dem Notar ...
sind erschienen
Herr MA (Personalien) Frau FA (Personalien).
Die Erschienenen leben getrennt und beabsichtigen, sich scheiden zu lassen. Im Hinblick auf die Scheidung erklären sie die folgende

<u>Scheidungsvereinbarung</u>

Die in der Ehezeit erworbenen Versorgungsanwartschaften des Ehemannes übersteigen die der Ehefrau um ... DM. Unter Anwendung der Formel des § 52 SGB VI für die Umrechnung von Anwartschaften in Wartezeit ergibt sich, dass die der Ehefrau im öffentlich-rechtlichen Versorgungsausgleich zu übertragenden Anwartschaften die allgemeine Wartezeit von fünf Jahren nach § 50 SGB VI nicht ergeben und die übertragenen Anwartschaften verloren gehen würden. Da der Versorgungsausgleich durch Begründung von Rentenanwartschaften in der gesetzlichen Rentenversicherung damit i. S. von § 1587 b Abs. 4 BGB unwirtschaftlich wäre, schließen die Eheleute diesen Versorgungsausgleich aus und vereinbaren gemäß § 1587 o BGB den schuldrechtlichen Versorgungsausgleich. Sie beantragen die Genehmigung des Familiengerichts hierzu.

III. Hinweise

1. Vereinbarung des schuldrechtlichen Versorgungsausgleichs

1074   Der schuldrechtliche Versorgungsausgleich stellt den ausgleichsberechtigten Ehegatten in verschiedener Hinsicht grundsätzlich schlechter als der öffentlich-rechtliche Versorgungsausgleich.[1] Insbesondere enden die Leistungen mit dem Tod des Verpflichteten. Die Verlängerung des schuldrechtlichen Versorgungsausgleichs nach § 22 BeamtVG tritt nicht ein, da § 22 BeamtVG nur auf § 1587 f Nr. 2 BGB, nicht aber auf § 1587 f Nr. 5 BGB verweist. Dennoch ist hier der eingeschränkte schuldrechtliche Versorgungsausgleich immer noch besser als der Verlust der übertragenen Anwartschaften im öffentlichrechtlichen Versorgungsausgleich.

---

[1] Dazu *Palandt/Brudermüller* § 1587 f BGB Rdn. 3.

2. Unterhaltsverzicht und beamtenrechtlicher Familienzuschlag

Bei Scheidung einer Beamtenehe führt ein Verzicht auf nachehelichen Unterhalt zu Nachteilen beim Familienzuschlag. Den höchsten Familienzuschlag der Stufe 1 erhalten geschiedene Beamte oder Ruhestandsbeamte nur, wenn sie aus der Ehe zum Unterhalt verpflichtet sind (§ 40 Abs. 1 Nr. 3 BBesG, § 5 BeamtVG).

1075

Sachregister

Die Zahlenangaben bezeichnen die Randnummern

Altersvorsorge 113 ff.
Anfechtung von Eheverträgen 24
Anfechtung von Eheverträgen 8
Auskunftsanspruch beim nachehelichen Unterhalt 298 ff.
Auslandsberührung 662 ff.
Ausstattung 1015 ff.
Ausübungskontrolle bei Eheverträgen 29

Bankkonten 81 f.
Bedarfsdeckungsgeschäfte nach § 1357 BGB 65 ff.
Bedingung des Zugewinnausgleichs 363
Bedürftigkeit, nachehelicher Unterhalt 272
Befristung des Zugewinnausgleichs 363
Begleitname 50
Begrenztes Supersplitting 255
Beschränkte Rechtswahl 677
Besteuerung der Ehe 119 ff.
Bewertungsfragen im Zugewinnausgleich 148 ff.
Bewertungsvereinbarung beim Zugewinnausgleich 396 ff.

Differenzmethode beim nachehelichen Unterhalt 292
Drittwirkung von Ehegattenzuwendungen 889 ff.

Ehe- und Erbvertrag 658
Ehebedingte Zuwendung 168 ff. (vgl. Ehegattenzuwendung)
Ehebezogene Rechtsgeschäfte 997 ff.
Ehebezogene Zuwendung 168 ff. (vgl. Ehegattenzuwendung)
Ehegattengesellschaft 219 ff.
Ehegatteninnengesellschaft 219 ff.
Ehegattenschenkung 223 ff.
Ehegattentestamente 868
Ehegattenvermögensgesellschaften 1025 ff.
Ehegattenzuwendung, Fallgruppen 169 ff.
Ehegattenzuwendung, Steuerfolgen 236 f.
Ehegattenzuwendungen 168 ff.
– Drittwirkungen 889 ff.
– Rückforderungsrechte 870 ff.
– Scheidungsklauseln 870 ff.
– Vertragstypen 173 ff.
– im Zugewinnausgleich 191 ff.
Ehelehren 38 ff.
Eheliche Rollenverteilung 37 ff., 41 ff.

Ehename 48 f.
Ehenamensrecht 48 ff.
Ehetypen, Ehevertragsgestaltung 929 ff.
Ehevertrag
– Abgrenzung 10
– Begriff 1 ff.
– Gläubigerbenachteiligung 8
– Grundlagen 1 ff.
– Schranken 9
– über den nachehelichen Unterhalt 629 ff.
– über den Versorgungsausgleich 544 ff.
Ehevertragsfreiheit 5 ff.
Ehevertragsgestaltung nach Ehetypen 18 ff., 929 ff.
Eigenheim 73 ff.
Eigentumsvermutung nach § 1362 BGB 83 ff.
Elterliche Sorge
– Grundzüge 311 ff.
– Scheidungsvereinbarungen 846 ff.
Erbrechtliche Lösung 132
Erweiterter Ehevertragsbegriff 3
Erwerbsrecht 1012 ff.

Fallgruppen des Ehevertrags 943 ff.
Fallgruppen von Ehegattenzuwendungen 1001 ff.
Fallgruppenbildung 21
Familieneigenheim 73 ff.
Familienheim, Auseinandersetzung 735 ff.
Familienunterhalt, Grundsätze 57 ff.
FGB-Güterstand, Überleitung 703 ff.

Gebühren 925 ff.
Gegenständliche Beschränkung des Zugewinnausgleichs 369 ff.
Gesamtschuldnerausgleich zwischen Ehegatten 238 ff.
Gesetzlicher Güterstand, Grundzüge 126 ff.
Getrenntleben 125
Getrenntlebensunterhalt 302 ff.
Getrenntlebensvereinbarungen 723 ff.
Gläubigerbenachteiligung beim Ehevertrag 8
Gütergemeinschaft, Grundzüge 418 ff.
Güterrechtsregister 661
Güterstandswechsel 242 ff.
Gütertrennung, Grundzüge 409 ff.

Haushaltskosten 58
Hausratsverordnung, Grundsätze 317 ff.
Hausratsverteilung nach HausratsVO 160

425

Sachregister

Inflationsbedingte Wertsteigerungen 155
Inhaltskontrolle von Eheverträgen 30
Internationales Privatrecht 662 ff.
Islamisches Eherecht 688 ff.

Kettenschenkung 1015 ff.
Kindesbetreuungsunterhalt 262
Kindesunterhalt
– Grundzüge 306 ff.
– Scheidungsvereinbarungen 842 ff.
Kosten 925 ff.
Krankenversicherung beim Kindesunterhalt 309

Leistungsfähigkeit, nachehelicher Unterhalt 277

Mietwohnung 72
Mischgüterstand 9
Mitarbeitspflicht des Ehegatten 116
Modifizierende Unterhaltsvereinbarungen 820, 822 ff.
Modifizierte Zugewinngemeinschaft 356 ff.
Modifizierung des nachehelichen Unterhalts 652 ff.
Modifizierung der Zugewinngemeinschaft 338 ff.

Nachehelicher Unterhalt
– Eheverträge 629 ff.
– ehevertragliche Modifizierungen 652 ff.
– Grundzüge 258 ff.
– Scheidungsvereinbarungen 798 ff.
– Steuerfragen 855 ff.
Naturalunterhalt beim Kindesunterhalt 307
Negatives Anfangsvermögen 386
Novierende Unterhaltsvereinbarung 821

Phantasiegüterstand 9

Quasisplitting im Versorgungsausgleich 252

Rangverhältnisse, nachehelicher Unterhalt 278 ff.
Realteilung im Versorgungsausgleich 253
Rechtswahl 672 ff.
Regelbetrags-VO 310
Rückabwicklung von Ehegattenzuwendungen 184 ff., 209 ff.
– bei Gütertrennung 218 ff.
Rückforderung von Ehegattenzuwendungen 209 ff.

Sättigungsgrenze, nachehelicher Unterhalt 291
Schadensersatz, eheliche Rollenverteilung 45
Scheidung
– Grundzüge 123 ff.
– Steuerfolgen 331 ff.
Scheidungsausschlussvereinbarung 13
Scheidungsklauseln bei Ehegattenzuwendungen 870 ff.

Scheidungsvereinbarung
– Abgrenzung 36
– Formfragen 35
– Grundlagen 32
– Prozessuales 33
Scheidungsvereinbarungen
– Erb- und Pflichtteilsverzicht 854
– Fallgruppen 1028 ff.
– über das Umgangsrecht 850 ff.
– über den Kindesunterhalt 842 ff.
– über den nachehelichen Unterhalt 798 ff.
– über den Versorgungsausgleich 745 ff.
– über den Versorgungsausgleich, Fallgruppen 773 ff.
– über die elterliche Sorge 846 ff.
– über die Vermögensauseinandersetzung 729 ff.
– Vertragstypen 1028 ff.
Scheidungsverfahren 124
Schenkung zwischen Ehegatten 223 ff.
Schlüsselgewalt 65 ff.
Schranken von Eheverträgen 9
Schuldrechtlicher Versorgungsausgleich 256
Schwiegerkinder, Zuwendungen 883 ff.
Sittenwidrigkeit
– von Eheverträgen 26 ff.
– von Unterhaltsverzichten 811 ff.
Splitting im Versorgungsausgleich 251
Steuerfolgen der Ehe 119 ff.
Steuerfolgen der Scheidung 331 ff.
Steuerfragen des nachehelichen Unterhalts 855 ff.
Steuergünstiger Ehevertrag 408
Subtraktionsmethode beim nachehelichen Unterhalt 293 f.
Supersplitting 583 ff.
– begrenztes 255
– Verbot 754

Tabellenunterhalt beim Kindesunterhalt 308
Taschengeld des Ehegatten 59
Typen des Ehevertrags 943 ff.

Umgangsrecht
– Grundzüge 315 f.
– Scheidungsvereinbarungen 850 ff.
Unbenannte Zuwendung, 168 ff. (vgl. Ehegattenzuwendung)
Unterhalt, nachehelicher 258 ff.
Unterhaltsbemessung, nachehelicher Unterhalt 280 ff.
Unterhaltstatbestände 262 ff.
Unterhaltsvereinbarung
– Abänderungsklage 826 ff.
– Wertsicherung 824 f.
Unterhaltsverzicht
– Grundsätze 641 ff.

Sachregister

Die Zahlenangaben bezeichnen die Randnummern

Altersvorsorge 113 ff.
Anfechtung von Eheverträgen 24
Anfechtung von Eheverträgen 8
Auskunftsanspruch beim nachehelichen Unterhalt 298 ff.
Auslandsberührung 662 ff.
Ausstattung 1015 ff.
Ausübungskontrolle bei Eheverträgen 29

Bankkonten 81 f.
Bedarfsdeckungsgeschäfte nach § 1357 BGB 65 ff.
Bedingung des Zugewinnausgleichs 363
Bedürftigkeit, nachehelicher Unterhalt 272
Befristung des Zugewinnausgleichs 363
Begleitname 50
Begrenztes Supersplitting 255
Beschränkte Rechtswahl 677
Besteuerung der Ehe 119 ff.
Bewertungsfragen im Zugewinnausgleich 148 ff.
Bewertungsvereinbarung beim Zugewinnausgleich 396 ff.

Differenzmethode beim nachehelichen Unterhalt 292
Drittwirkung von Ehegattenzuwendungen 889 ff.

Ehe- und Erbvertrag 658
Ehebedingte Zuwendung 168 ff. (vgl. Ehegattenzuwendung)
Ehebezogene Rechtsgeschäfte 997 ff.
Ehebezogene Zuwendung 168 ff. (vgl. Ehegattenzuwendung)
Ehegattengesellschaft 219 ff.
Ehegatteninnengesellschaft 219 ff.
Ehegattenschenkung 223 ff.
Ehegattentestamente 868
Ehegattenvermögensgesellschaften 1025 ff.
Ehegattenzuwendung, Fallgruppen 169 ff.
Ehegattenzuwendung, Steuerfolgen 236 f.
Ehegattenzuwendungen 168 ff.
– Drittwirkungen 889 ff.
– Rückforderungsrechte 870 ff.
– Scheidungsklauseln 870 ff.
– Vertragstypen 173 ff.
– im Zugewinnausgleich 191 ff.
Ehelehren 38 ff.
Eheliche Rollenverteilung 37 ff., 41 ff.

Ehename 48 f.
Ehenamensrecht 48 ff.
Ehetypen, Ehevertragsgestaltung 929 ff.
Ehevertrag
– Abgrenzung 10
– Begriff 1 ff.
– Gläubigerbenachteiligung 8
– Grundlagen 1 ff.
– Schranken 9
– über den nachehelichen Unterhalt 629 ff.
– über den Versorgungsausgleich 544 ff.
Ehevertragsfreiheit 5 ff.
Ehevertragsgestaltung nach Ehetypen 18 ff., 929 ff.
Eigenheim 73 ff.
Eigentumsvermutung nach § 1362 BGB 83 ff.
Elterliche Sorge
– Grundzüge 311 ff.
– Scheidungsvereinbarungen 846 ff.
Erbrechtliche Lösung 132
Erweiterter Ehevertragsbegriff 3
Erwerbsrecht 1012 ff.

Fallgruppen des Ehevertrags 943 ff.
Fallgruppen von Ehegattenzuwendungen 1001 ff.
Fallgruppenbildung 21
Familieneigenheim 73 ff.
Familienheim, Auseinandersetzung 735 ff.
Familienunterhalt, Grundsätze 57 ff.
FGB-Güterstand, Überleitung 703 ff.

Gebühren 925 ff.
Gegenständliche Beschränkung des Zugewinnausgleichs 369 ff.
Gesamtschuldnerausgleich zwischen Ehegatten 238 ff.
Gesetzlicher Güterstand, Grundzüge 126 ff.
Getrenntleben 125
Getrenntlebensunterhalt 302 ff.
Getrenntlebensvereinbarungen 723 ff.
Gläubigerbenachteiligung beim Ehevertrag 8
Gütergemeinschaft, Grundzüge 418 ff.
Güterrechtsregister 661
Güterstandswechsel 242 ff.
Gütertrennung, Grundzüge 409 ff.

Haushaltskosten 58
Hausratsverordnung, Grundsätze 317 ff.
Hausratsverteilung nach HausratsVO 160

425

Sachregister

Inflationsbedingte Wertsteigerungen 155
Inhaltskontrolle von Eheverträgen 30
Internationales Privatrecht 662 ff.
Islamisches Eherecht 688 ff.

Kettenschenkung 1015 ff.
Kindesbetreuungsunterhalt 262
Kindesunterhalt
– Grundzüge 306 ff.
– Scheidungsvereinbarungen 842 ff.
Kosten 925 ff.
Krankenversicherung beim Kindesunterhalt 309

Leistungsfähigkeit, nachehelicher Unterhalt 277

Mietwohnung 72
Mischgüterstand 9
Mitarbeitspflicht des Ehegatten 116
Modifizierende Unterhaltsvereinbarungen 820, 822 ff.
Modifizierte Zugewinngemeinschaft 356 ff.
Modifizierung des nachehelichen Unterhalts 652 ff.
Modifizierung der Zugewinngemeinschaft 338 ff.

Nachehelicher Unterhalt
– Eheverträge 629 ff.
– ehevertragliche Modifizierungen 652 ff.
– Grundzüge 258 ff.
– Scheidungsvereinbarungen 798 ff.
– Steuerfragen 855 ff.
Naturalunterhalt beim Kindesunterhalt 307
Negatives Anfangsvermögen 386
Novierende Unterhaltsvereinbarung 821

Phantasiegüterstand 9

Quasisplitting im Versorgungsausgleich 252

Rangverhältnisse, nachehelicher Unterhalt 278 ff.
Realteilung im Versorgungsausgleich 253
Rechtswahl 672 ff.
Regelbetrags-VO 310
Rückabwicklung von Ehegattenzuwendungen 184 ff., 209 ff.
– bei Gütertrennung 218 ff.
Rückforderung von Ehegattenzuwendungen 209 ff.

Sättigungsgrenze, nachehelicher Unterhalt 291
Schadensersatz, eheliche Rollenverteilung 45
Scheidung
– Grundzüge 123 ff.
– Steuerfolgen 331 ff.
Scheidungsausschlussvereinbarung 13
Scheidungsklauseln bei Ehegattenzuwendungen 870 ff.

Scheidungsvereinbarung
– Abgrenzung 36
– Formfragen 35
– Grundlagen 32
– Prozessuales 33
Scheidungsvereinbarungen
– Erb- und Pflichtteilsverzicht 854
– Fallgruppen 1028 ff.
– über das Umgangsrecht 850 ff.
– über den Kindesunterhalt 842 ff.
– über den nachehelichen Unterhalt 798 ff.
– über den Versorgungsausgleich 745 ff.
– über den Versorgungsausgleich, Fallgruppen 773 ff.
– über die elterliche Sorge 846 ff.
– über die Vermögensauseinandersetzung 729 ff.
– Vertragstypen 1028 ff.
Scheidungsverfahren 124
Schenkung zwischen Ehegatten 223 ff.
Schlüsselgewalt 65 ff.
Schranken von Eheverträgen 9
Schuldrechtlicher Versorgungsausgleich 256
Schwiegerkinder, Zuwendungen 883 ff.
Sittenwidrigkeit
– von Eheverträgen 26 ff.
– von Unterhaltsverzichten 811 ff.
Splitting im Versorgungsausgleich 251
Steuerfolgen der Ehe 119 ff.
Steuerfolgen der Scheidung 331 ff.
Steuerfragen des nachehelichen Unterhalts 855 ff.
Steuergünstiger Ehevertrag 408
Subtraktionsmethode beim nachehelichen Unterhalt 293 f.
Supersplitting 583 ff.
– begrenztes 255
– Verbot 754

Tabellenunterhalt beim Kindesunterhalt 308
Taschengeld des Ehegatten 59
Typen des Ehevertrags 943 ff.

Umgangsrecht
– Grundzüge 315 f.
– Scheidungsvereinbarungen 850 ff.
Unbenannte Zuwendung, 168 ff. (vgl. Ehegattenzuwendung)
Unterhalt, nachehelicher 258 ff.
Unterhaltsbemessung, nachehelicher Unterhalt 280 ff.
Unterhaltstatbestände 262 ff.
Unterhaltsvereinbarung
– Abänderungsklage 826 ff.
– Wertsicherung 824 f.
Unterhaltsverzicht
– Grundsätze 641 ff.

426

Sachregister

– Scheidungsvereinbarung 809 ff.
– Sittenwidrigkeit 635 ff., 811 ff.
Unternehmensbewertung im Zugewinnausgleich 151 ff.

Verbot des Supersplitting 583 ff., 754
Vereinbarungen zur ehelichen Rollenverteilung 657
Verfügungsbeschränkungen 94 ff.
Verlobtenehevertrag 16
Vermögensverzeichnis 88
Verschuldensprinzip, Vereinbarung 14
Versorgungsausgleich
– Abänderung nach VAHRG 598
– Ausschluss 624 ff.
– Bedingung und Befristung 609
– Eheverträge 544 ff.
– Ermittlung der Anwartschaften 765 ff.
– Grundzüge 245
– Modifizierungen 576 ff.
– Scheidungsbezogener Ehevertrag 570 ff.
– Scheidungsvereinbarungen 745 ff.
– Verbot des Supersplittings 583 ff.
– Vereinbarung des schuldrechtlichen Versorgungsausgleichs 621 ff.
– Vereinbarungen zur Ausgleichsquote 600 ff.
– Vereinbarungsmöglichkeiten 600 ff.
– zeitanteiliger Ausschluss 618 ff.
Versorgungsausgleichsvereinbarungen, Jahressperrfrist 553 ff.
Vertragsstrafe, eheliche Rollenverteilung 45
Vertragstypen von Ehegattenzuwendungen 1001 ff.
Vertretung beim Ehevertrag 17
Verzichtsverbot beim Getrenntlebensunterhalt 302
Vollmacht beim Ehevertrag 17
Vollmachten 867
Vorsorgeunterhalt 295 ff.

Wegfall der Geschäftsgrundlage
– bei Ehegattenzuwendungen 211 ff.
– bei Eheverträgen 25
Wertsteigerungen im Zugewinnausgleich 155

Zerrüttungsprinzip 123
Zugewinnausgleich
– gegenständliche Beschränkung 369 ff.
– Grundzüge 126 ff., 135 ff.
– im Todesfall 132 ff.
Zugewinngemeinschaft, Grundzüge 126 ff.
Zuwendungen an Schwiegerkinder 883 ff., 1020 ff.